岳阳年鉴

（2016）

岳阳市人民政府主办
中共岳阳市委史志办编

方志出版社
Publishing House of Local Records

图书在版编目（CIP）数据

岳阳年鉴.2016/中共岳阳市委党史市志办公室编
. —— 北京：方志出版社，2016.9
ISBN 978-7-5144-2111-8

Ⅰ.①岳… Ⅱ.①中… Ⅲ.①岳阳—2016—年鉴
Ⅳ.①Z526.43

中国版本图书馆CIP数据核字（2016）第238891号

岳阳年鉴（2016）

编　　者：中共岳阳市委党史市志办公室

责任编辑：齐　笑

出 版 人：冀祥德
出 版 者：方志出版社
地址　北京市朝阳区潘家园东里9号（国家方志馆4层）
邮编　100021
网址　http://www.fzph.org
发　　行：方志出版社发行中心
电话　（010）67110500
经　　销：各地新华书店
印　　刷：岳阳鑫容印刷有限公司

开　　本：889×1194　1/16
印　　张：25
字　　数：904千字
版　　次：2016年9月第1版　2016年9月第1次印刷
印　　数：0001～2500册

ISBN 978-7-5144-2111-8　定价：260.00元

编 辑 说 明

一、《岳阳年鉴》是岳阳市人民政府主办，中共岳阳市委党史市志办公室承编，岳阳地区各有关部门（包括国家部委、湖南省、解放军驻岳有关单位）共同参与编纂，全面反映岳阳市情的大型综合性年刊，每年出版一卷。《岳阳年鉴（2016）》卷为总第19卷，本卷以邓小平理论、“三个代表”重要思想、科学发展观为指导，深入贯彻总书记习近平系列重要讲话精神，主要记载2015年岳阳市自然、政治、经济、文化和社会等方面的基本情况，为社会各界及海内外人士了解、研究岳阳提供基本资料。

二、本年鉴采用分类编辑法，主体内容分类目、分目、条目3个层次，部分分目下设子分目，以条目作为记述的基本形式，条目标题统一用黑体加【 】表示。本年鉴检索系统包括中英文目录和主题索引，附全文检索光盘，方便读者查阅。

三、本年鉴记述时限为2015年1月1日至12月31日，特载、人物部分内容涉及2016年。所载领导人名录以2015年12月31日在职为准，当年任免的分别予以注明。

四、本卷年鉴采用全彩色印刷，纪实性彩色专版，形象生动、鲜明直观地体现岳阳风采，以达到图文并茂的效果，增强信息量和观赏性。

五、本年鉴所载稿件内容和数据均由各部门、各单位提供，并经撰稿单位领导审核。主要数据由市统计局提供。

六、本年鉴的编辑出版，得到各级领导大力支持和相关单位的通力协作，在此谨致谢意。鉴于我们编辑水平有限，书中难免出现疏漏，不妥之处，恳请读者批评指正。

《岳阳年鉴》编辑委员会

禹　辉	岳阳市商务粮食局局长
李建雄	岳阳市人民政府金融工作办公室主任
许平亚	岳阳市统计局局长
焦铎辉	岳阳市房产管理局局长
李石道	岳阳市国家税务局局长
龙晓红	岳阳市地方税务局局长
文春芳	岳阳经济技术开发区管委会主任
李运帷	湖南城陵矶临港产业新区管委会主任
尹家辉	岳阳市南湖新区管委会主任
黄伟雄	平江县人民政府县长
曾平原	岳阳县人民政府代县长
陶伟军	华容县人民政府代县长
李镇江	湘阴县人民政府代县长
魏淑萍	临湘市人民政府代市长
朱平波	汨罗市人民政府代市长
黄建文	岳阳楼区人民政府代区长
余良勇	云溪区人民政府区长
李　勇	君山区人民政府代区长
金　晨	屈原管理区管委会主任

《岳阳年鉴》理事会

《岳阳年鉴（2016）》编审人员

主　　编	陈奇达　唐道明　苏耀辉
常务副主编	陈念军
副 主 编	易　林　胡萍萍　朱　平　戴长明
执行副主编	易　林
副 总 纂	戴长明
编辑部主任	刘兴汉
编辑部副主任	邹　青
编　　辑	（按姓氏笔画排列）
	王　艳　刘兴汉　肖　卫　邹　青　胡萍萍
	贺红霞　黄玉祥　曹春友　龚英明　屈胜龙
编　　务	穆利国　刘　静　毛以粮
图片编辑	王　艳
英文翻译	汤　球

《岳阳年鉴（2016）》组稿人

（按姓氏笔画为序）

万 勇	万欢爱	于 雷	文正辉	方吉良	方言学
毛伟华	毛志坚	王 平	王 锋	王立群	王兴华
王志应	王振华	王春华	王海燕	王培奇	邓 平
邓旭红	邓爱平	付红伟	付寒昭	兰 岚	卢长裕
卢奕良	甘 奇	甘爱军	田 攀	白石华	艾传刚
艾志军	伏 虎	刘 刚	刘 创	刘 彬	刘 斌
刘 端	刘中华	刘风波	刘红艳	刘贡献	刘国平
刘金德	刘冠群	刘乾辉	刘跃新	刘新华	刘演林
刘臻荣	孙七喜	孙胜举	朱 秘	朱归臣	朱艺璇
许 赞	许 辉	江东红	何 喜	何石朝	何超群
何军霆	肖长久	吴 飞	吴 勇	吴腾彪	宋君明
张 莹	张 湖	张兴中	张昭林	张军建	张志勇
张明富	张朝东	张国强	李 航	李 情	李 貌
李 为	李 鹏	李大林	李小明	李少华	李利平
李岳良	李庆国	李侁樾	李奇明	李海波	李爱龙
李素萍	李跃龙	李渡江	李滚源	李燕波	杨 波
杨 颖	杨飞跃	杨大智	杨子成	杨亚中	杨尚才
杨振兴	肖 安	肖 永	邱玉强	闵孚君	陈 文
陈飞鹏	陈平刚	陈立新	陈宏伟	陈启洲	陈志宇
陈德华	陈林祥	陈泽君	陈秋荣	陈桑桑	陈海强
陈艳飞	周 光	周 静	周 涔	周正良	周洪勇
周傲文	易 朋	易哲夫	易新文	林 荡	林建国
林琼芳	欧阳锋	欧阳德儒	罗 奇	罗 平	罗培文
范 艳	郑小峰	姚泽阳	柳 毅	胡 蓉	胡 明
胡君健	胡晓临	胡曼君	廖 岚	胥正旺	郝 纯
钟 肯	钟 鸣	钟发宇	钟永辉	赵 军	凌 辉
唐肱庆	夏 玮	夏佩华	徐 宁	徐亚龙	徐远归
浣 勇	高浩源	高达乾	曹 风	曹向林	曹清国
龚凤珍	隋秉华	黄 岗	黄 林	黄 勇	黄 毅
黄 洋	黄万坤	章怀春	喻应康	曾文奇	曾志刚
曾泽民	彭 典	彭 星	彭 标	彭长城	彭兴国
彭公穆	谌国华	湛应根	葛取兵	覃春琳	覃文力
傅 峰	曾四海	谢 亢	谢庆国	谢模满	熊 伟
熊 勇	熊 斌	熊阳凯	熊厚辉	蔡 奔	蔡尚宏
蔡建军	谭 启	黎建平	黎艳平	黎雄斌	戴日升
戴桂勋					

目　录
CONTENTS

图片专辑
PICTURE COLLECTION

特　载
SPECLAL EDITION

大 事 记
THE CHRONICLE OF EVENTS

综　述
GENERAL INTRODUCTION

中共岳阳市委员会
THE COMMUNIST PARTY OF CHINA YUEYANG MUNICIPAL PARTY COMMITTEE

岳阳市人民代表大会
YUEYANG PEOPLES CONGRESS

岳阳市人民政府
THE PEOPLES GOVERNMENT OF YUE YANG

政协岳阳市委员会
C.P.P.C.C.YUEYANG MUNICIPAL PARTY COMMITTEE

民主党派·工商联
DEMOCRATIC PARTY ASSOCIATION OF INDUSTRY AND COMMERCE

社会群众团体
Social Mass Organizations

法　治
RULE OF LAW

国防建设
NATIONAL DEFENSE

经济监督与管理
ECONOMIC SUPERVISION AND ADMINISTRATION

财政·税务·审计
FINANCIAL TAX AUDIT

金　融
FINANCE

工 业
INDUSTRY

信息产业
INFORMATION INDUSTRY

农　业
AGRICULTURE

交通・邮政
TRAFFIC POST

商务·口岸
PORT & COMMERCIAL COUNSELLOR

城乡建设与管理
URBAN CONSTRUCTION AND MANAGEMENT

开发区·新区
DEVELOPMENT ZONE·NEW ZONE

环境保护
ENVIRONMENTAL PROTECTION

旅游·外事·侨务
TOURISM - FOREIGN - AFFAIRS

科学技术 SCIENCE AND TECHNOLOGY

教育·体育 EDUCATION - SPORTS

文 化
CULTURE

卫 生
HEALTH

社会民生
SOCIAL AND LIVELIHOOD

县市区概况
SURVEY OF DISTRICT COUNTY AND CITY

人 物
FIGURES

统计资料
STATISTICAL DATA

附 录
APPENDIX

彩色插页
COLOR INSERTS

岳阳市地图

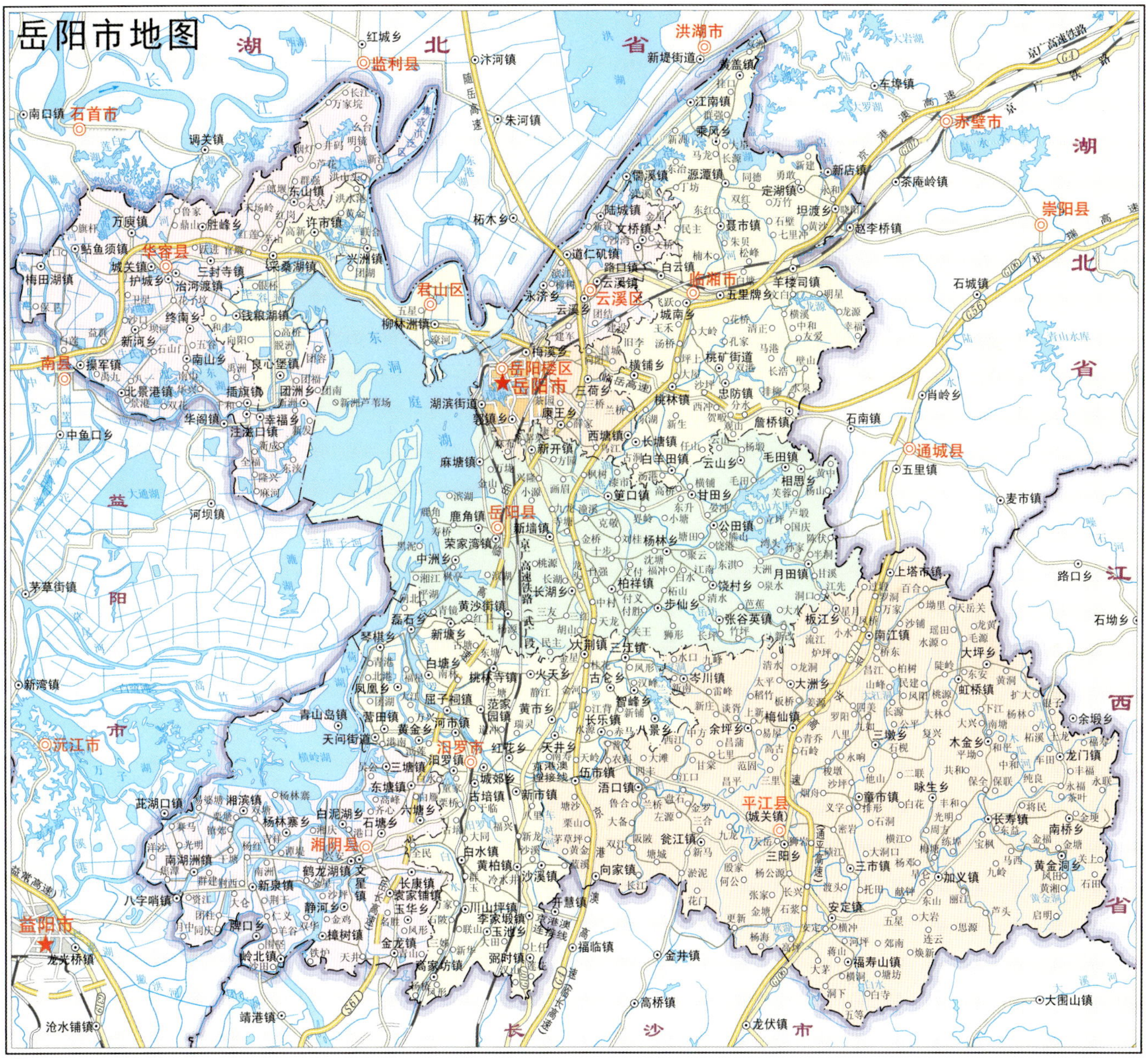

地市级行政中心 县级行政中心 乡镇 景点 省界 地市界 县区界 铁路 武广高速铁路 高速 在建高速 国道 省道 县乡道

地图审图号：湘S(2014)060号，湖南地图出版社编制

岳阳市城区图

至君山、华容
洞庭湖大桥
至城陵矶
东风湖
西瓜山
东风湖
洞庭街道
七家畈
洞庭大道
汴河
九华山
北门
市造船厂
洞庭化工厂
市化肥厂
洞庭
湖
至君山
至君山
自来水公司
市一中
岳阳楼街道
岳阳楼
岳阳楼旅游区
剪刀池
岳阳楼
枫桥湖路
北湖
枫桥湖街道
岳城
枫桥湖
岳阳市中医院
北环路
洞庭苎麻纺织印染厂
岳阳市汽车西站
樱花
鹰山
巴陵石化
巴陵石化鹰山医院
湘爱园
岳阳火车站
岳城小学
望城
市中医院
气象局
鲁肃墓
文庙
二中
市供电公司
肉类加工厂
站前路街道
新胜
巴陵汽车站
市邮政中心大楼
万佳
铁路
岳阳城区供电局
十二中学
五里中学
庙前街
郭亮
东茅岭
锦虹
九龙商厦
中银
中达
站前路
电力大厦
连云路
洞庭之星
汉森
巴陵西路
观音阁
桥头
德胜
泰和
新站
巴陵中路
吕仙亭街道
岳港
市一医院
年丰巷
湘苑
东茅岭街道
柴家山
长城
康特
汽车新站
岳阳楼区
梅溪桥
学坡
市旅游局
税务局
文化局
炮台山
高山坡
三辉大厦
市电业局
五里牌街道
慈氏塔
市三中
云梦
物资局
环保局
国际大厦
东风广场
吕仙观
芋头田
岳阳南站
太子庙
炮台山
市审计局
市规划局
市四中
市建委
化工部四化建公司
古井
郏家冲
岳州饭店
岳荣
铁路医院
螺丝港
新桥巷
福星
金海
市教育局
市司法局
吕仙亭
六中
万家坡
金鹗山公园
市三医院
杨树塘
市十中
市日用化工总厂
太子庙湖
寓园
市广播电视局
四化建
市啤酒厂
南津港
市国土局
磨子山
市电机厂
岳阳大道
岳阳晚报社
市委
市中心血站
金都
市检察院
鹗西路
市科协
岳阳铁中
大桥湖
市制药二厂
市体委
市体育馆
市科委
市图书馆
白杨坡
市政府
湘都
金鹗山
湖南理工学院(西院)
岳纸集团
华泰木材总公司
求索街道
医药管理局
岳阳职业技术学院
良万
市中级人民法院
夏万路
岳阳乐园
岳阳海关
市八中
湖畔
市民政局
金鹗山街道
市林业局
市技术监督局
岳阳海事局
李家冲
市氮肥厂
求索西路
楼区民政局
市财政局
求索东路
渔光
南湖
南湖广场
大桥湖
雉鸡山
市食品厂
南湖风景区管委会
麦子港
天灯
南湖街道
刘山庙
南津港
南津港大堤
南湖
岳阳博物馆
富岳外语学校
麦子港
南湖欢乐城
京广铁路
南湖
南湖
岳阳中学
市委党校
圣安寺

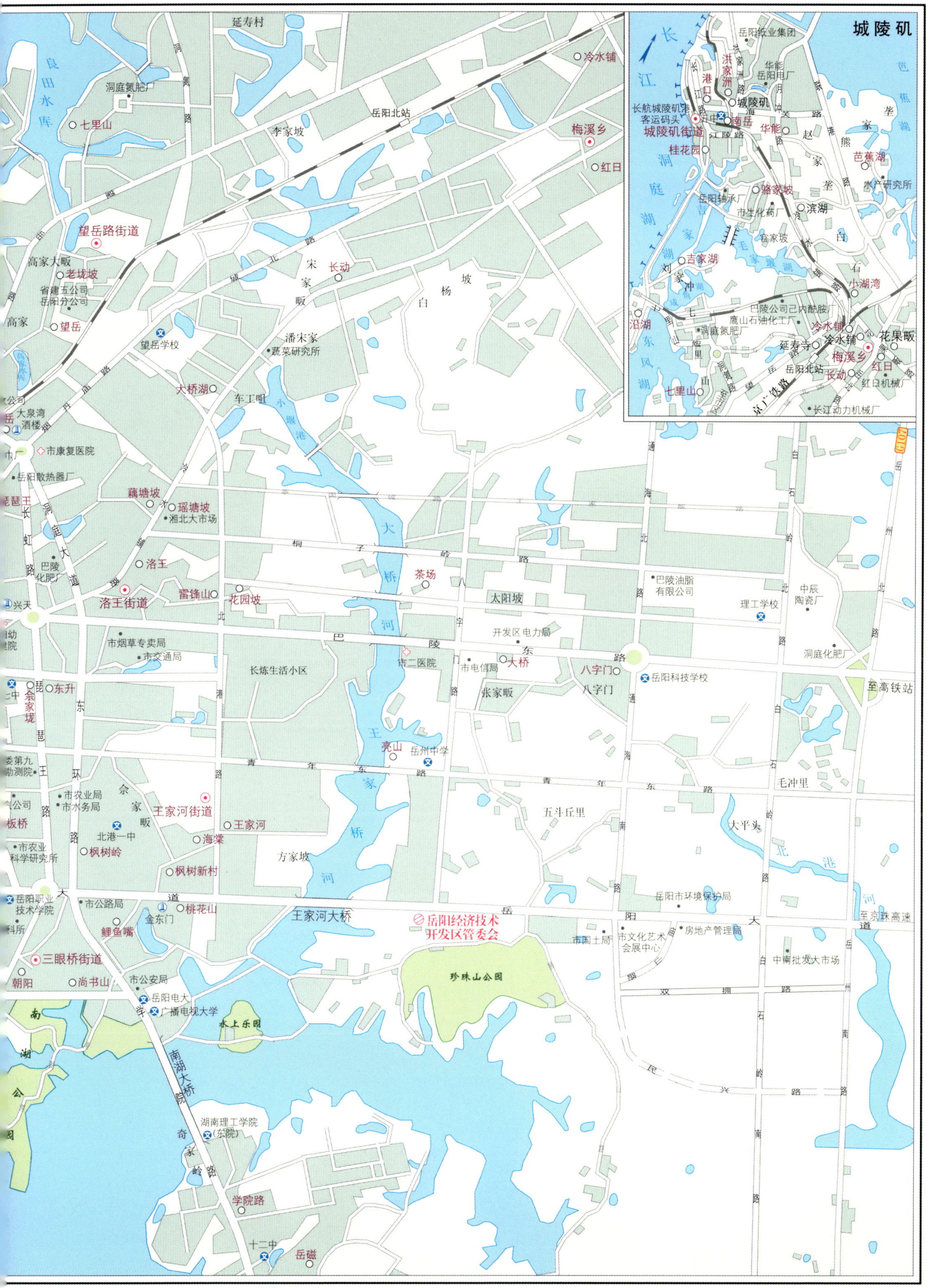

地图审图号：湘S(2014)060号，湖南地图出版社编制

数字岳阳 2015

全市总面积	1.5万平方公里
全市总人口	562.92万人
全市生产总值	2886.28亿元
其中：第一产业增加值	317.16亿元
第二产业增加值	1446.83亿元
第三产业增加值	1122.29亿元
财政总收入	302.82亿元
全年工业增加值	1307.5亿元
规模以上工业企业实现利润	138.93亿元
全社会建筑业增加值	141.36亿元
固定资产总投资	2154.71亿元
民间固定资产投资	1169.0亿元
房地产开发投资	151.4亿元
上市公司	9家
证券公司营业部	18家
全市期货公司	3家
证券交易额	5608.5亿元
货物运输总量	2.75亿吨
货物进出口总额	11.34亿美元
全年肉类总产量	53.22万吨

全年旅客运输总量	1.22亿人次
国内旅游收入	332.68亿元
国际旅游外汇	1.02亿美元
专利申请	1824件
广播覆盖率	98.80%
电视覆盖率	99.17%
卫生机构	4808个
医疗床位数	26247张
社会消费品零售总额	1020.64亿元
城镇居民人均可支配收入	25202元
全年城镇新增就业	5.55万人
农村居民人均可支配收入	12091元
城镇居民人均消费支出	17614元
农村居民人均消费支出	10855元
城镇基本医疗保险人数	167.42万人
参加失业保险人数	37.48万人
参加工伤保险人数	77.0万人
参加生育保险人数	40.51万人

岳阳奋力建设“一极三宜”江湖名城

2015年7月15日，中共岳阳市第六届委员会第十一次全体（扩大）会议召开。岳阳市委书记盛荣华在会上指出：岳阳发展迎来了难得的重大机遇，肩负着新的时代使命，要乘势而上，发挥优势，坚持一张蓝图绘到底，保持定力，久久为功，奋力建设“一极三宜”江湖名城。这一发展战略目标是贯彻中央“四个全面”战略部署的地方化实践，是落实省委省政府“四化两型”“三量齐升”发展战略的具体行动，是历届市委市政府执政理念和思路的继承性发展，切合岳阳实际。他强调，“一极三宜”是战略目标。打造湖南发展新增长极，就是要始终坚持发展第一要务不放松、不懈怠，通过坚持不懈努力，将岳阳真正打造成为现代产业聚集区、开放合作引领区、新型城镇拓展区、生态文明示范区和长江中游重要的航运物流中心、环湖区域发展辐射中心；宜居宜业宜游是对内有向心力和凝聚力、对外有吸引力和综合竞争力的集中体现，宜居即建设山清水秀、生活便利、平安文明、适宜健康养生、可以惬意深呼吸的民生福地，宜业即建设就业渠道广、创业机会多、产业发展旺、创新能力强、充满生机与活力的创新创业高地，宜游即建设要素齐备、服务优良、人气兴旺、独具魅力、令人流连忘返的旅游目的地。“江湖名城”是品牌形象。岳阳因江湖而生，因江湖而名，也将因江湖而富，因江湖而强。要做好做足大江大湖水文章，打响岳阳滨江畔湖的区位品牌、江湖形胜的生态品牌、通江达海的开放品牌、浩瀚包容的文化品牌，让江湖名城岳阳走出中国、走向世界。

2015年9月23日，岳阳‘一极三宜’江湖名城建设”研讨会在中央党校举行

2015年7月2日，全力把岳阳打造成湖南发展新增长极座谈会在长沙举行

2015年12月11日，第八届洞庭湖（岳阳）国际观鸟节暨首届洞庭湖生态经济区绿色发展论坛

环南湖三圈健步行

岳阳楼

王家河风光

岳阳塔

千亩湖

园林小景

湖南城陵矶临港产业新区

在建的洞庭湖上交通线

岳阳东高铁站

岳阳保税区一期工程

十里荷香

油菜花节

新农村建设

农业机械化

春耕

金龙闹巴陵

南湖人家

休闲时光

老有所乐

汨罗义诊

志愿者服务社区

小学武术操表演

摄影：范向辉　吴锡标　彭宏伟　傅　锋　许辉波　刘　广
刘　默　龚学文　陈　浩　李德源　王　艳　叶旭峰

非物质文化遗产

——洞庭渔歌

洞庭渔歌源自战国时期，最迟在北宋年间，就已广泛流传于古岳阳地区，范仲淹《岳阳楼记》中有“渔歌互答，此乐何极”的描述。

洞庭渔歌曲调流畅、婉转、有浓厚的地方风味，节奏鲜明，曲调丰富、辽阔，带有很浓的地方风格，由领歌人起首，　唱众和，音调高亢、婉转，饶有风味。有对唱、独唱、合唱等等，在洞庭湖区广泛流传。有情歌，绝大部分反映洞庭渔民对幸福生活的追求，刻划了渔民真挚朴素的爱情和高尚纯洁的情操。有儿歌，内容诙谐有趣，富有知识性和娱乐性。分为耍歌、盘歌和骂歌。有劳动歌曲，是渔民在行船时，为了消除疲劳，调节情绪而演唱的歌曲，内容以即兴抒怀和传授知识为主。代表作有《湖风吹老少年郎》《养女莫嫁驾船郎》《河水哪有我眼泪多》《十二月渔民苦》《我撒网子妻荡浆》《阳雀子唤醒打鱼人》《送郎一条花手巾》《赶郎不到是冤家》《篙子一响船要开》《情姐下河洗茼蒿》《郎想姐来口难开》《蓑衣歌》《情姐爱的打鱼郎》《吃茶歌》《盘渔歌》《洞庭仙》等300余首。

摄影：汪培康　杨一九

2016年1月10日，陈奇达当选为市政协主席

2016年1月13日，岳阳市第七届人民代表大会第五次会议召开

2016年1月10日，中国人民政治协商会议岳阳市第七届委员会第四次会议召开

摄影：彭宏伟　李孟超

特　载

乘势而上　扬帆竞发
为把岳阳建设成“一极三宜”江湖名城而接力奋进

——在市委六届十一次全体（扩大）会议上的讲话

中共岳阳市委书记　盛荣华

（2015年7月15日）

市委书记　盛荣华

同志们：

这次会议的任务是，市委常委会向全会报告上半年工作情况，研究部署新形势下加快岳阳发展的思路和举措，进一步动员全市上下统一思想，凝聚力量，继往开来，真抓实干，为把岳阳建设成“一极三宜”江湖名城而接力奋进。

一、充分肯定上半年工作成绩，确保全面完成全年目标任务

今年以来，在省委、省政府的坚强领导下，市委团结带领全市干部群众，认真落实“四个全面”战略布局，积极推进“四化两型”，促进“三量齐升”，努力克服宏观环境复杂多变、经济下行压力大、洪涝灾害频发等各种困难，全力抓好建设湖南发展新增长极、全面深化改革、保障改善民生、“三严三实”专题教育等重点工作，全市经济社会保持平稳健康发展，领导班子和干部队伍建设得到加强，社会大局和谐稳定。

1.新增长极建设强势启动。出台《全力把岳阳打造成湖南新增长极行动方案（2015—2020年）》（简称“621行动”），并明确为今后一个时期全市经济社会发展的路线图、任务书和时间表。相应成立由市委常委会成员牵头负责、几大家班子领导参与的“六大战略”领导小组，加强领导，明确责任，强力推进。召开口岸经济发展战略推进会，出台《关于促进“一区一港四口岸”加快发展奖励办法》等系列文件，“六大战略”开篇破题、落子见效。深入开展打造新增长极大讨论活动，邀请有关领导和国内知名专家在省会召开打造新增长极座谈会，起到吸纳智慧、扩大宣传的良好效果。加大新增长极建设专题招商力度，成功举办首届岳商大会，激发寓外岳商回乡投资创业的热情；到长沙、重庆、武汉、上海、香港等地开展口岸平台专题招商推介活动；到国家发改委、水利部、交通部、工信部、中国工程院、长江委、长航局等部委汇报争取支持；对接中石化、中交、五矿、华电、国投、神华集团等央企；加快推进与上港集团合作成立的湖南城陵矶国际港务集团资产重组步伐，新增长极建设开局良好。

2.经济发展持稳向好。坚持抓重点、攻难点，积极应对经济下行压力，集中精力抓好稳增长工作，全市经济发展打了一个“翻身仗”。主要经济指标完成“双过半”任务，实现赶超进位。预计上半年完成生产总值1205.3亿元，增长7.8%，增速排名全省第六；规模工业增加值增长7.7%，排名全省第四；固定资产投资增长21.1%、社会消费品零售总额增长13.2%、进出口总额增长194%，均排名全省第一；公共财政预算收入增长21%，排名全省第二。深入开展重点产业和重点民营企业帮扶行动，推动产业转型升级，第三产业比重同比提高1.6个百分点，旅游总收入增长22.1%，高新技术产业增加值增长9.3%，地方工业、非公经济稳步发展。狠抓重大项目建设“双百工程”“三个一批”竞赛活动，1500万吨炼化一体化及100万吨芳烃项目取得新进展，高速公路“两路一桥”、乌江收费站西移工程、华电平江电厂、神华国华岳阳电厂、环南湖旅游交通三圈等重大项目进展顺利。强力推进禁拆治违和土地依法征收“百日攻坚”行动，市本级新增建设用地申报全面解冻，项目建设用地保障逐步增强。加快推进重点园区发展，“135”工程进展顺利，标准化厂房建设和招商引资积极有效，城陵矶新港物流园跻身全省首批8个示范园区，岳阳绿色化工产业园挂牌省石化化工产业园，岳阳电子商务产业园成功创建国家电子商务产业示范基地。

3.改革开放深化扩大。九大类65项改革任务全部实行责任到人、时间倒排，清理和公布“二清单二目录”、行政审批制度改革等任务取得阶段性成果，政府行政权力精简32%，工商登记制度改革、农村土地确权登记试点稳步推进，临湘“多规合一”改革成为全省唯一的全国性试点，汨罗跻身全省首批“飞地经济”试点县市。着力抓好“一区一港四口岸”建设，综合保税区、汽车整车进口口岸即将接受正式验收，出口退税启运港启动实施，进口肉类指定口岸、进口粮食指定口岸和固废进口指定口岸投入运营。“一区一港四口岸”正在成为彰显岳阳通江达海开放优势的战略资源和金字招牌。上半年完成集装箱量11.7万标箱，实现进出口总额8.2亿美元，实现内联引资项目350个，到位资金210亿元，增幅位居全省前列。

4.民生福祉持续改善。认真办好民生实事，25项省市重点民生实事有序推进，小街巷改造、更换新能源公交车、城区交通秩序整治、棚户区改造和保障性住房建设等惠民实事深受市民好评。防汛抗灾有力有序有效，成功应对中心城区“4·3”特大暴雨，城区严重低洼地段渍水整治三年攻坚行动发挥了重要作用。全力抗击临湘“6·1”特大山洪地质灾害，保证受灾群众“有饭吃、有衣穿、有干净水喝、有临时住所、学生有学上、看病有保障”，灾后重建扎实开展。积极做好“东方之星”客轮翻沉事件搜救与善后工作，沿江6个县市区、相关市直部门以及解放军、武警、消防、公安紧密配合、全力参与，得到党中央、国务院和省委、省政府的高度肯定。深化文明城市建设，成功入选全国文明城市，城乡环境更加秀美宜居。积极推进法治岳阳、平安岳阳建设，全市社会大局和谐稳定。上半年全省综治民调工作我市排名第二，10个县市区有6个进入全省前30位，其中，屈原排名第三，君山排名第五。

5.队伍建设切实加强。认真抓好群众路线教育实践活动整改工作，积极开展“三严三实”专题教育，市委常委率先示范，带头讲党课、带头学习研讨、带头抓好落实，带动专题教育深入开展。“三超两乱”等专项治理成效明显，市政府机构改革班子和干部配备全部到位。精心组织基层党组织书记集中轮训，在农村、社区推行社会治理新模式，村级和社区运转保障经费稳步递增。积极实施巴陵人才工程，四海揽才计划、重点人才支持计划等初见成效。密切配合省委巡视组开展工作，认真落实整改意见，对各级领导班子和领导干部进行了一次严格的“政治体检”。坚决落实党风廉政建设“两个责任”，持之以恒纠正“四风”，严厉惩治腐败，努力营造风清气正的政治生态。

在充分肯定成绩的同时，我们要清醒地看到存在的困难和问题。比如，经济下行压力加大，完成全年目标任务困难不小；产业结构不优、县域经济实力不强、开放型经济不活等困难短时难以突破；一些干部状态不佳、作风不实、“为官不为”“为官乱为”的现象不可小视；有的地方和单位组织执行力和工作推动力不强，甘当尾巴拖后腿，等等。我们必须高度重视这些困难和问题，进一步落实“四个全面”的战略部署，抓紧进行半年工作“回头看”，切实加强经济运行调度，扎实推进项目建设、“135”工程、禁拆治违、土地依法征收“百日攻坚”行动、全面小康建设、民生实事办理等重点工作，全力维护社会和谐稳定，确保完成全年目标任务。

二、坚持一张蓝图绘到底，奋力建设“一极三宜”江湖名城

一个地方的发展，是一个历史的延续和累积过程，要靠一任任领导班子带领干部群众接力奋斗。这些年来，历届市委市政府在岳阳的不同发展阶段，提出了“建设湖南第二大经济强市”“民本岳阳五市一极”“四三六工程”“现代幸福岳阳”等发展目标和重点任务，一任接着一任干，取得了一系列历史性成就，得到了岳阳广大干部群众的拥护支持。实践证明，只要我们坚持既定目标不折腾，咬定青山不放松，当好“运动员”，跑好“接力赛”，就一定能够不断开创岳阳改革发展稳定的新局面。

当前，岳阳发展迎来了难得的重大机遇，肩负着新的时代使命。党的十八大以来，以习近平同志为总书记的党中央作出了“四个全面”的战略布局，是我们做好

各项工作的根本指针。去年以来，省委、省政府提出把岳阳建设成湖南通江达海的新增长极，这是对岳阳发展的新定位、新要求，赋予了岳阳前所未有的历史重任。长江经济带、洞庭湖生态经济区、长江中游城市群等国家战略叠加岳阳，岳阳加快发展、和谐崛起，其时已至，其势已成，机不可失，时不再来。我们只有乘势而上，发挥优势，坚持一张蓝图绘到底，保持定力，久久为功，才能抢抓历史机遇，完成历史重任。当前，绘就岳阳发展的这张蓝图就是建设“一极三宜”江湖名城，即把岳阳打造成湖南发展新增长极、建设成中国宜居宜业宜游的江湖名城。

——“一极三宜”是战略目标。打造湖南发展新增长极，就是始终坚持发展第一要务不放松、不懈怠，清醒认识发展不充分这一根本矛盾，努力做大经济总量、提升发展质量、增加人均均量，将岳阳真正打造成为具有较强经济拉动力、市场辐射力和区域影响力的名副其实的湖南新一极。一极的内核就是“四区两中心”，即现代产业聚集区，深度对接“互联网+”“中国制造2025”，推进产业园区化、集群化、两型化发展，建设中南地区重要的绿色石油化工基地、食品加工基地、造纸基地、电力能源基地、北斗卫星导航产业基地和再生资源产业基地，形成若干具有全省乃至全国影响的产业集群。开放合作引领区，立足通江达海、黄金节点的区位优势，以“一区一港四口岸”为依托，主动融入长江经济带，呼应“长三角”，着眼“中三角”，对接“长株潭”，打造中部地区重要的承接产业转移、外贸加工示范基地和湖南对外开放的桥头堡。新型城镇拓展区，抢抓国家推进长江中游城市群发展机遇，构筑以沿江开发为龙头、重要交通干线为骨架、中心城区为核心、县城和小城镇为节点的新型城镇体系，谋划和推动岳阳长江新区建设，打造一批长江沿线滨江镇、省市边界镇、历史文化名镇、特色产业强镇、生态旅游镇等具有岳阳特色的示范城镇。生态文明示范区，充分发挥江湖交汇、山青水秀的生态优势，推动绿色发展、循环发展、低碳发展，在沿江地区率先形成资源节约和环境友好的空间格局、产业结构和生产生活方式，唱响水墨丹青岳阳品牌。长江中游重要的航运物流中心，加快完善区域性综合交通运输体系，构建人流、物流、资金流快速集散、大进大出新格局，打造长江中游地区联通三湘四水、辐射川渝鄂赣周边的重要航运物流枢纽。环湖区域发展辐射中心，树立洞庭湖生态经济区的龙头地位，不断提升要素资源吸纳吞吐能力和区域经济辐射牵引能力，争当环湖区域经济社会发展的先行者、引领者、示范者。力争到2020年，主要经济指标占全省比重12%左右；到2025年，占全省比重15%左右。

宜居宜业宜游彰显的是民本岳阳、执政为民的发展理念，追求的是可持续发展的绿色GDP，折射的是岳阳人民幸福指数的不断攀升，蕴涵着富强、文明、生态、和谐、幸福的价值内核，是生产发展、生活富裕、生态良好的高度统一，是对内有向心力和凝聚力、对外有吸引力和综合竞争力的集中体现。“宜居”即建设山青水秀、生活便利、平安文明、适宜健康养生、可以惬意深呼吸的民生福地；“宜业”即建设就业渠道广、创业机会多、产业发展旺、创新能力强、充满生机与活力的创新创业高地；“宜游”即建设要素齐备、服务优良、人气兴旺、独具魅力、令人流连忘返的旅游目的地。

——“江湖名城”是品牌形象。岳阳因江湖而生，因江湖而名，也将因江湖而富，因江湖而强。滚滚长江、浩浩湘江、“蓝墨水的上游”汨罗江、烟波浩渺的洞庭湖、山水辉映的南湖和芭蕉湖等，是岳阳得天独厚的资源禀赋，也是岳阳独具魅力的鲜明特色。做好做足大江大湖水文章，是岳阳发挥优势的必然要求，也是岳阳加快发展的必然选择。通过多年的持续奋斗，岳阳拥有中国历史文化名城、国家首批沿江对外开放城市、国家卫生城市、国家园林城市、中国最具幸福感城市、中国优秀旅游城市、中国最具文化软实力城市、全国文明城市和岳阳楼—君山岛国家AAAAA级景区等一张张闪亮名片，是名副其实的名城，我们要把这一块块金字招牌擦得更亮，让岳阳的知名度更高、美誉度更响。江湖名城是岳阳这座城市最美的形象、最靓的品牌，既凸显江河纵横、湖泊广布的地域特色，又植根于璀璨绚丽、积淀深厚的文化底蕴，更寄寓着包容万汇、开放进取的时代精神，是城市历史生成和现实抉择的有机耦合。大江大湖经济时代已经到来，我们要立足江湖特色，抢抓机遇，挖掘潜力，优势优先，以优制胜，打响岳阳滨江畔湖的区位品牌、江湖形胜的生态品牌、通江达海的开放品牌、浩瀚包容的文化品牌，让江湖名城岳阳走出中国、走向世界。

——“621行动”是发展路径。“621行动”凝聚了全市上下的智慧，是岳阳经济社会发展的总抓手。只有扎实推进“621行动”，建设“一极三宜”江湖名城才能逐项落地，逐步实现。口岸经济发展、基础设施先导、产业转型升级、县域经济壮大、城镇扩容提质、全民创新创业这“六大战略”就是岳阳当前和今后一个时期经济社会发展的六大增长面；“20项工程”就是激活力、补短板、强实体的20条增长线；“100项工作”就是件件具体、项项实在的100个增长点，三者是紧密关联、相互支撑、完整统一的有机体系，通过“点、线、面”的有机结合，构建湖南发展新增长一“极”。

“一极三宜”江湖名城的发展战略目标，是在深刻领会中央、省委省政府系列重大决策部署，紧密结合岳阳现实情况和发展需要的基础上提出来的。这是贯彻中央“四个全面”战略布局的地方化实践，“一极三宜”包含经济、社会、文化、生态全面发展的内在要求，是全面小康目标在岳阳的具体体现，又需要全面深化改革来推进，需要全面依法治国、全面从严治党来落实和保障。这是落实省委省政府“四化两型”“三量齐升”发展战略的具体化行动，只有快速持续做大总量、提升质量、扩张均量，“一极三宜”才有现实基础、持久动力。这是历届市委市政府执政理念和思路的继承性发展，“一极三宜”与“建设湖南第二大经济强市”“民本岳阳五市一极”“四三六工程”“现代幸福岳阳”等发展思路的内涵一脉相承，同时又适应新的时代要求，是保持发展稳定性、连续性、开创性的有机统一。这是对全市人民共同追求和美好愿景的历史性承诺，顺应了各方面对岳阳发展的期望要求，回应了人民群众过上幸福美好生活的现实期待，是中国梦的岳阳篇章。把建设“一极三宜”江湖名城作为岳阳今后一个时期的奋斗目标和行动指南，是历史和时代赋予我们的使命。只要我们坚持一张蓝图绘到底、一项行动抓到底、一个“实”字干到底、一支队伍严到底、一条底线守到底，宏伟蓝图就一定会成为美好现实！

三、全力推进“621行动”，迅速掀起新增长极建设热潮

一打纲领不如一个行动。全力推进“621行动”，这是当前最中心的工作、最紧迫的任务之一。全市上下要服从和服务于“621行动”，迅速统一思想，全面动员部署，扎实有力推进，坚决完成各项工作任务，力争早日把岳阳打造成为名副其实的新增长极。

1.强化责任担当，领导率先行动。“六大战略”的牵头市级领导要担当责任、挂帅出征，迅速组建工作班子，落实人员力量，各大战略领导小组要在7月底前出台实施方案，将100项工作任务全部分解下去，落实到责任单位和责任人，实行挂图作战、倒排时间、倒逼任务，开展定期督战、定期讲评、定期通报。20项工程和100项工作的牵头单位主要负责人要敢于担当，主动作为，一项一项工程去推进，一件一件工作抓落实。各级领导干部要以只争朝夕、不甘落后的工作激情，踏石留印、抓铁有痕的工作作风，抓住重点，精准发力，率先垂范，带动全市形成推进“621行动”的浓厚氛围。

2.瞄准先进标杆，发奋努力赶超。推进“621行动”，要对照先进标杆，开展“比学赶超”，坚持问题导向，瞄准一流标准、发扬一流作风、创造一流业绩。对岳阳来说具体目标就是追长沙、赶宜昌、超九江。追长沙，就是在全省发展的大格局中，牢牢巩固经济总量全省第二的位置，与长沙的距离要越追越近，与第三第四的位置要越拉越远。赶宜昌、超九江，就是把岳阳放到长江经济带中来寻座标、找位置。在长江经济带13个地级城市中，宜昌、九江与岳阳相邻，经济总量相近，各方面条件类似，前几年宜昌、九江落后于岳阳，现在我们则落后于人。仅与九江相比，除了经济总量之外，九江很多指标都高于岳阳，其经济结构比岳阳要优，发展质量比岳阳要好，如财政收入特别是地方财政收入总量，税收占财政收入的比重、财政收入占GDP的比重等，都比岳阳要高。特别是县域经济普遍比岳阳要强，这也是九江比岳阳综合经济实力要强的重要因素。因此，市委市政府将于7月下旬在全市范围内开展“比九江、学九江、超九江”的讨论实践活动，中省和市直相关部门单位主要指标都要对口瞄准九江，各县市区都要瞄准九江一个县。通过考察学习和讨论交流，想清楚弄明白“比九江，差距在哪里？学九江，经验是什么？超九江，工作怎么干？”通过比学赶超，开阔眼界、拓展思路，提高工作标准，提升工作水平，实现工作突破。各县市区、各部门单位之间也要开展比拼竞赛活动，形成你追我赶、争先创优的良好态势。

3.突出项目建设，形成有力支撑。推进“621行动”，项目是引擎，是第一推动力。必须紧紧扭住项目建设这个“牛鼻子”，突出抓好项目建设“双百工程”，以跑的劲头、钻的毅力、拼的精神，争取和实施一批大项目、好项目，形成强劲的支撑力。要紧跟国家和省重点发展战略及投资领域，深挖政策机遇“含金量”，着力策划、开发、包装一批重大项目，努力挤进国家和省“十三五”规划笼子，争取更多支持。要建立健全新增长极建设重大项目库，完善项目审批绿色通道，建立项目协同推进机制，每年重点推进50个左右重大基础设施和产业发展项目。要加快推进“135”工程、土地依法征收“百日攻坚”行动，依托“五园一区”（绿色化工产业园、北斗卫星产业园、洞庭湖博览园、电子商务产业园、循环经济产业园和综合保税区），瞄准国际国内500强、重点央企名企等开展专业化招商、产业链招商、点对点招商，着力提高招商引资精准度和实效性。要深入开展11大重点产业、57个重大项目和37家重点民企联手帮扶行动，扎实做好协调服务工作，加快在建项目进度，调动企业积极性，形成更多实物工程量，确保实体经济健康发展。扎实办好一批民生实事项目，扩大投资需求，拉动消费增长，助推新增长极建设。

4.坚持改革开路，激发创新活力。改革创新是打造新增长极的开路先锋，是推进“621行动”的制胜法宝。要以改革创新增活力，充分发挥市场在资源配置中的决定性作用，激发各类市场主体和社会主体的活力，重点完善港区园区的管理体制和运作机制，在打破区划、消除壁垒、整合资源以及产业项目招商、投融资、人才开发等方面大胆突破，积极发现和培育新的增长点。要以改革创新促转型，实施创新驱动发展战略，加快创新平台建设，推动关键技术攻关和成果转化，促进石化、食品、能源、造纸等传统产业转型升级，推进生物医药、北斗卫星导航、循环经济等新兴产业加快发展，引导企业转型创新发展，提升经济发展的质量和效益。要以改革创新提效能，政府及其职能部门要勇于革自己的命、削自己的权、让自己的利，积极推行权力清单、负面清单和责任清单，深化行政审批制度改革，进一步简政放权，打破或拆除“玻璃门”“弹簧门”“旋转门”，切实提高行政效率。要以改革创新破难题，加快完成市级投融资平台公司规范整合，实现向市场化、实体化转型发展；千方百计破解用地难、用工难、融资难、征拆难等瓶颈问题，强化生产要素保障，为加快发展创造有利条件。

5.整体协作联动，强化考核督查。推进“621行动”，是一项系统工程，需要全市各级各部门同心协力，紧密配合，整体联动。要广泛凝聚力量，各级党政领导要做推进“621行动”的明白人、实干家、领头雁，调动和凝聚各方力量，立足本职，自我加压，为推进“621行动”献计出力、争做贡献。各群团社团组织要充分发挥党和政府联系群众的桥梁纽带作用，动员和组织广大群众理解支持、积极参与新增长极建设，形成社会共识和合力。要优化发展环境，市直各部门和中省驻岳各单位要主动担当作为，既要全力完成各自目标任务，又要服从服务大局，积极配合、搭桥铺路，坚决杜绝各自为政、推诿扯皮、应付了事等现象。要加强法治岳阳建设，主动运用法治思维谋划和推进工作，特别是公检

法机关要围绕中心、服务大局，依法打击和清除各种影响发展的顽瘴痼疾，为新增长极建设提供坚强的法治保障。要继续按照“三提升”的总体要求，加大环境整治力度，严肃查处“三乱”“三抢”“三强”等破坏经济环境的违法行为，努力营造更加稳定和谐的社会环境。要严格督促问效，结合年度综合考评，出台推进“621行动”工作督查和考核办法，领导小组办公室、市委市政府督查室、各推进工作领导小组，要对照推进计划及考核办法，盯住一项项目标任务、追紧一个个时间节点，加强督促检查，强化跟踪问效，实行严格奖惩，确保工作落实。

四、践行“三严三实”，为建设“一极三宜”江湖名城提供坚强队伍保障

建设“一极三宜”江湖名城，关键在人、关键在干部队伍。要坚持党要管党、从严治党，全面加强党的思想、组织、作风、制度和反腐倡廉建设，不断提高党的建设科学化水平。高度重视思想政治建设，加强理论武装，坚定理想信念，提高党性修养，始终与党中央保持高度一致，坚决贯彻落实中央、省委省政府的决策部署，当前在岳阳就是要把各级党组织和广大党员干部的思想认识高度统一到建设“一极三宜”江湖名城的发展战略上来；持续深入改进作风，巩固和扩大教育实践活动成果，扎实开展“三严三实”专题教育，把良好作风体现到攻坚克难、干事创业的精气神上；扎实推进党风廉政建设，着力强化“两个责任”，加强反腐倡廉教育和廉政文化建设，以“零容忍”态度惩治腐败，营造山青水秀、风清气正的政治生态；积极推进党的建设制度改革，建立健全科学的考核评价、选人用人、组织建设、权力运行、作风纪律等方面制度体系，用制度管党治党强党。

加强党的建设，选人用人是关键。要按照习近平总书记提出的领导干部“四有”、做“四种人”和省委书记徐守盛同志强调的“四个干事”的好干部标准，突出抓好领导班子和干部队伍建设，坚持“五个看重”，实施“三个办法”，着力打造一支“信念坚定、为民服务、勤政务实、敢于担当、清正廉洁”的干部队伍，为建设“一极三宜”江湖名城提供坚强的干部队伍保障。

1.用准用顺干部，点燃干事创业激情。用什么样的干部，就是树什么样的旗帜，就会直接影响一个地方的改革发展稳定和民生福祉。所以说，用准、用顺干部至关重要。何谓用准？那就是坚持德才兼备、以德为先的干部标准，努力做到知人善用、用当其时、人尽其才，把好干部及时发现出来、合理使用起来。选拔任用上来的干部，要是政治过硬、本领过硬、作风过硬、廉洁过硬的干部，要是人岗相适、有利于推动工作的干部，要是组织信任与群众公认相统一的干部，要能达到干部任用的最佳综合效应。如何用准？那就要坚持“五个看重”，即看重忠诚，对忠诚于党和人民、忠诚于事业，政治立场坚定、组织执行力强的干部要特别看重、提拔重用；看重实干，对求真务实、埋头苦干、善抓落实、精益求精、实绩突出的干部要特别看重、提拔重用；看重担当，对面对矛盾敢于迎难而上，面对危机敢于挺身而出，面对失误敢于承担责任，面对歪风邪气敢于坚决斗争，特别是在推进“621行动”、项目建设“双百工程”、禁拆治违、土地依法征收“百日攻坚”、化解矛盾维护稳定等任务中敢打硬仗、敢啃硬骨头的干部要特别看重、提拔重用；看重基层，对长期工作在基层一线，爱岗敬业、吃苦耐劳、踏实干事、不跑不要的干部要特别看重、提拔重用；看重口碑，对正派做人、干净干事、群众口碑好的干部要特别看重、提拔重用。通过“五个看重”的鲜明导向，把干部想事干事成事的激情燃烧起来，干劲鼓舞起来。何谓用顺？那就是严格规范选人用人程序，扩大干部工作民主，选的人配的班子，大多数干部心服气顺，能够稳定干部升迁预期，有利于优化班子结构，有利于促进班子团结，有利于调动广大干部积极性。用准用顺干部，就必须坚决贯彻执行党的干部路线方针政策，坚持五湖四海，坚持公道正派，坚持选贤任能，在政治上以忠诚论英雄，在发展上以项目论英雄，在作风上以实干论英雄，在廉洁上以干净论英雄。

2.配优配强班子，构筑坚强战斗堡垒。火车跑得快，全靠车头带。领导班子就是一个地方、一个单位的火车头。要着眼事业发展，配优配强各级领导班子。怎么配优配强？那就需要综合考量班子成员的年龄、专业、能力结构和性格气质，做到梯次结构、多元组合、合理搭配，既使班子成员个体素质优良，更使班子整体结构和功能优化。要根据我市市县党政领导班子的现状，立足于明年领导班子换届需要，着眼于领导班子的长远建设，加大年轻干部、女干部、党外干部选拔培养的力度，做到扩大视野、拓宽渠道、不拘一格。特别是要注重选配好党政正职，按照习近平总书记提出的“政治的明白人、发展的开路人、群众的贴心人和班子的带头人”的要求选优配强；对那些政治立场不坚定、执行党的路线方针政策阳奉阴违、对组织口是心非的“两面人”，对那些碰到困难就退缩、遇到矛盾就绕道、只为落后找借口、不为成功想办法的“太平官”，对那些作风漂浮、华而不实、好图虚名、只有唱功没有做功的“空谈家”，对那些律己不严格、为官不干净、群众口碑不好的“带病者”，坚决不能用到领导岗位尤其是“一把手”岗位上，已经上去的也要坚决调整下来。以坚持正确的用人导向，使各级领导班子战斗力强、群众形象好，成为建设“一极三宜”江湖名城的坚强堡垒。

3.管严管实队伍，营造良好政治生态。建设一支高素质的干部队伍，关键要在管严管实上下功夫，严字当头，实字为本，做到真管真严、敢管敢严、长管长严。特别是要针对当前少数干部中存在的为官不正、为官不为、为官乱为等问题，出台一些实在具体、行之有效的制度措施，把“三严三实”的要求落实、落地、落细，努力营造一心一意干事业、全力以赴抓发展的浓厚氛围。市委在反复研究的基础上，制定了“三个办法”，今天提交全会审议。一是关于激励干部想事干事成事的办法。树立起“五个看重”的用人导向，注重选拔安心基层、爱岗敬业、踏实干事、群众公认的优秀基层干部和在急难险重工作、重点项目建设中敢抓敢管、实绩突出的实干型干部；实行重点工作表扬嘉奖制度，

对中心工作、重点工作完成任务出色的单位和个人，以市委市政府名义进行通报表扬和嘉奖，并在绩效考核中加分；宣传推介先进典型，市委市政府定期开展优秀共产党员、先进基层党组织书记、优秀领导干部等评选表彰活动，并大力宣传推介，今年要开展评选优秀乡镇党委书记和村党组织书记活动。出台一些提高干部尤其是基层干部经济待遇的补贴措施，落实干部带薪休假制度等等。通过这些措施，体现正确的用人导向，体现对干部的关心爱护，从而激励干部想事干事成事。二是关于进一步严格监督管理干部的暂行办法。重点推行“四项制度”，即巡查制度、市管领导班子运行情况碰头会制度、主要领导谈心谈话制度、部分重点班子年中考核制度，对群众反映大、问题比较多、推动工作不力、执行落实不到位的班子和干部，开展专项巡查，并进行谈心谈话，提醒教育，对部分班子进行年中考核，发现问题及时批评教育，该调整的坚决调整，形成日常化、常态化、长效化的干部监督管理机制，防微杜渐，防患未然。三是关于对“为官不为”“为官乱为”实行问责的暂行办法。根据中央、省委精神，进一步修改完善已经出台的有错无为问责制，加大实施力度，对为官不为者坚决问责，对为官乱为者坚决查处。

4.爱才重才聚才，打造人才智力高地。建设“一极三宜”江湖名城，离不开一支规模宏大的高素质人才队伍。要坚持党管人才原则，加强党对人才工作的领导，积极推进人才强市战略，大力实施巴陵人才工程，拓宽引才渠道，加大育才力度，特别注意引进培养一批紧缺急需的发展开放型经济的创新型、开拓型、经营型人才，搭建平台，优化服务，提供绿色通道，让各类人才更好地在建设“一极三宜”江湖名城的广阔舞台上施展才华、建功立业，形成大众创业、万众创新的生动局面。

同志们，蓝图已经绘就，号角已经吹响。让我们紧密团结在以习近平同志为总书记的党中央周围，在省委省政府的坚强领导下，坚定信心，真抓实干，攻坚克难，不断开创岳阳科学发展的新局面，奋力谱写建设“一极三宜”江湖名城的崭新篇章！

在市委经济工作会议上的讲话

中共岳阳市委书记　盛荣华

（2015年12月30日）

同志们：

这次市委经济工作会议的主要任务是，深入学习贯彻中央、省委经济工作会议精神，回顾总结2015年经济工作，分析当前形势，研究部署2016年经济工作。

省委经济工作会议一结束，我们就组织召开全市项目建设流动现场会，两天半的时间里，大家边走边看，边评边议，边学边思，都有很多收获和感悟，达到了交流借鉴、相互促进、比学赶超的预期目的，既为开好市委经济工作会议作了热身铺垫，也为做好明年经济工作进行了战前动员。下面，我讲五个方面的问题。

一、认真传达学习中央、省委经济工作会议精神

12月18日至21日，中央经济工作会议在北京召开。习近平总书记、李克强总理分别作了重要讲话，明确了明年经济工作的指导思想、基本思路和重点任务。会议充分肯定了2015年经济社会发展成绩，经济运行总体平稳，稳中有进，稳中有好，经济结构优化，改革开放向纵深迈进，民生持续改善，社会大局总体稳定。会议认为，引领新常态，要努力实现多方面工作重点转变，即推动经济发展，要更加注重提高发展质量和效益；稳定经济增长，要更加注重供给侧结构性改革；实施宏观调控，要更加注重引导市场行为和社会心理预期；调整产业结构，要更加注重加减乘除并举；推进城镇化，要更加注重以人为核心；促进区域发展，要更加注重人口经济和资源环境空间均衡；保护生态环境，要更加注重促进形成绿色生产方式和消费方式；保障改善民生，要更加注重对特定人群特殊困难的精准帮扶；进行资源配置，要更加注重使市场在资源配置中起决定性作用；扩大对外开放，要更加注重推进高水平双向开放。会议明确提出了明年经济工作的总体要求。即全面贯彻党的十八大和十八届三中、四中、五中全会精神，牢固树立和贯彻落实创新、协调、绿色、开放、共享的发展理念，适应经济发展新常态，坚持改革开放，坚持稳中求进工作总基调，坚持稳增长、调结构、惠民生、防风险，实行宏观政策要稳、产业政策要准、微观政策要活、改革政策要实、社会政策要托底的总体思路，保持经济运行在合理区间，着力加强结构性改革，在适度扩大总需求的同时，去产能、去库存、去杠杆、降成本、补短板，提高供给体系质量和效率，提高投资有效性，加快培育新的发展动能，改造提升传统比较优势，增强持续增长动力，推动我国社会生产力水平整体改善，努力实现“十三五”时期经济社会发展的良好开局。会议全面部署了明年经济工作的五大任务。积极稳妥化解产能过剩；帮助企业降低成本；化解房地产库存；扩大有效供给；防范化解金融风险。

12月26日至27日，省委召开经济工作会议，守盛书记、家毫省长分别作了重要讲话。守盛书记的讲话，简要总结了今年的经济工作，经济保持中高速增长，全省预计地区生产总值增长8.5%以上，总量接近3万亿元，9大类65项重点改革顺利实施，结构调整不断深化，民生福祉持续改善。明确了明年经济工作的总体要求和主要预期目标，经济增长8.5%左右，居民消费价格指数控制在3%左右，新增城镇就业70万人以上，一般公共预算收入增长8%以上，城乡居民收入分别增长8.5%和9%左右。部署了明年经济工作的六大任务，大力推进供给侧结构性改革，提高有效供给能力；加强需求侧管理，充分挖掘释放内需潜力；深化改革开放，进一步增强经济发展动力活力；推动绿色发展，促进形成绿色生产方式和消费方式；抓好统筹协调，优化城乡区域格局；着力保障改善民生，不断提高人民生活水平和质量。强调要不断提高领导经济社会发展的能力和水平，充分调动党员干部、基层一线、市场主体等方方面面干事创业的积极性，努力解决“不会为”“不善为”的问题。家毫省长在讲话中就做好明年经济工作提出了“八个着力”：即在对接“中国制造2025”上着力，提高发展质量和效益；在供需两侧着力，不断增强经济发展原动力；在品质提升和建设上着力，提高农业现代化水平；在落实改革政策上着力，充分调动各方面的积极性、主动性和创造性；在抢抓国家战略机遇上着力，不断拓展发展新空间；在城市规划、建设和管理上着力，加快推进以人为核心的新型城镇化；在重点区域、重点行业、重点工作上着力，促进形成绿色生产方式和消费方式；在打好脱贫攻坚战上着力，迈出共享发展的坚实步伐。家毫省长在总结讲话中还就会议精神的落实和做好当前工作进行了强调，要求抓紧做好岁末扫尾、今冬明春农业生产、加强经济运行调度、安排好困难群众生活、努力维护社会稳定等工作。会上还下发了综治、计生、安全生产工作考核评估情况的通报。我们要结合岳阳实际，认真贯

彻落实中央、省委经济工作会议精神，更加扎实有效做好明年的经济工作。

二、2015年经济工作卓有成效，实现了“十二五”规划圆满收官

今年以来，面对复杂多变的宏观环境和持续加大的经济下行压力，全市上下认真贯彻落实中央、省委省政府各项决策部署，统筹改革发展稳定工作全局，全力推进“一极三宜”江湖名城建设，主要经济指标达到预期目标，实现了“十二五”规划圆满收官。

1.经济运行持续稳进向好。坚持稳增长、调结构并重，切实加强经济形势研判，扎实推进“621”行动，狠抓重大项目建设，全市经济运行总体平稳健康，发展质量和效益不断提高。预计全年地区生产总值增长9.5%，公共财政预算收入增长18%，固定资产投资增长19.7%，社会消费品零售总额增长12.8%，新兴产业增加值占规模工业比重达到22.3%，万元GDP能耗下降23.1%，公共财政预算收入、固定资产投资、规模工业增加值、社会消费品零售总额等主要经济指标增速处于全省前列。

2.改革开放取得积极进展。有序推进10大类63项改革任务，行政审批、商事制度等改革成效明显，政府行政权力精简32.3%，新登记企业主体、新增企业注册资本分别增长24.3%、143.1%。对外开放步伐加快，“一区一港四口岸”建设成绩卓著，专题招商推介活动成果丰硕，开放型经济水平进一步提升，前11月全市完成进出口总额66.6亿元，增长43.1%，居全省第一。

3.重点工作推进有力有效。全面小康工作与经济发展同步推进，有望实现整体提升6个百分点的年度目标。成功举办三批重大项目集中开工、一批重大项目集中竣工仪式，前11月全市固定资产投资增长20.1%，增幅居全省第一。“135”工程建设加快推进，园区规模工业增加值占全市规模工业比重达到52.7%。禁拆治违和土地依法征收“百日攻坚”行动深入开展，新增违法建设基本得到遏制，完成61个拆迁项目任务，腾地10761亩。

4.民生保障水平不断提升。民生投入持续增加，民生类支出占一般公共预算支出的70%以上，34项民生实事任务全面完成，小街巷改造、更换新能源公交车、城区交通秩序整治等一批惠民利民实事深受市民好评。脱贫攻坚力度加大，全年减少贫困人口8万人以上。防汛抗灾和灾后重建工作扎实有效，安全生产形势持续向好，法治岳阳、平安岳阳建设深入推进，社会大局保持和谐稳定。

5.干事创业氛围日益浓厚。结合“三严三实”专题教育，出台实施“三个办法”，打出一套干部激励监督问责“组合拳”，干部作风进一步转变，队伍活力进一步激发，发展压力进一步传导，各级领导干部的理解力、执行力愈来愈增强，真抓实干、风清气正的良好氛围愈来愈浓厚。

在肯定成绩的同时，我们也要清醒看到经济发展中存在的困难和问题。主要表现为“两减两增”：经济发展速度减缓，受宏观经济大环境影响，经济增速由前几年的10%以上回落到9.5%，新常态下保持高基数上的高增长已不可持续。传统增长动力减弱，工业经济面临多重挑战，新的增长点培育壮大尚需时日，产业接续能力不足，新旧动力转换面临“青黄不接”。经济下行压力增大，部分行业和企业生产经营困难，传统优势产业效益下降，实体经济特别是小微企业正处于爬坡过坎阶段。风险隐患增多，财政收支矛盾、政府债务、金融、安全生产等风险点渐增，应对不当就可能集中显露，等等。对这些问题，我们必须高度重视，科学应对，积极防范。

三、正确研判形势，牢牢把握明年经济工作主动权

做好明年经济工作，必须正确分析、准确把握国际国内形势，把思想和行动统一到中央、省委省政府的重大判断和决策部署上来，切实增强工作的预见性和主动性。

最基本的是适应经济发展新常态。中央和省委经济工作会议反复强调，认识新常态、适应新常态、引领新常态，是当前和今后一个时期经济发展的大逻辑。从我市实际情况来看，虽然对大逻辑的认识逐步深入，适应更趋主动，但在有的同志头脑里，还没有完全摆脱传统的思维定势。因此，我们适应新常态，必须切切实实提高思想自觉，增强行动自觉，在对新常态“怎么看、怎么干”上统一认识和步调，把新常态作为谋划部署经济工作的基本遵循，按照中央“十个更加注重”的要求，精准施策发力，不断提升领导发展的能力水平，引领和推动经济发展迈上新台阶。

最核心的是坚持稳中求进总基调。从明年宏观经济形势来看，世界经济在深度调整中曲折复苏，我国仍处于大有作为的重要战略机遇期，将为我市经济发展创造良好环境、提供难得机遇，但同时，国内外市场需求持续低迷，经济增长仍然疲弱，经济增速换挡、结构调整阵痛、动能转换困难相互交织，有效供给不足和有效需求乏力并存。从岳阳发展态势来看，随着长江经济带、洞庭湖生态经济区、长江中游城市群等国家战略纵深推进，“一区一港四口岸”开放平台科学运营，一批重大战略项目强力推进，我市经济发展持稳向好的基本面没有变，但面临的困难挑战不小，尤其是长岭炼化、巴陵石化两厂明年将实行停产检修，预计将减少产值50亿元、税收20亿元，给全市稳增长带来的影响不可低估。从我市现实基础来看，经过多年的持续快速发展，岳阳经济总量接近3000亿元，已连续多年保持全省第二，这在一定程度上为我们应对一些局部性、行业性风险，奠定了较为厚实的物质和技术基础，形成了较强的适应能力和调整能力。从老百姓的感受来看，他们更看重、更关心就业增长、收入增加、生活改善，并没有一定要求高速度、快增长，这正是我们从容应对经济下行压力的群众基础、民意基础所在。因此，做好明年经济工作，必须坚持稳中求进工作总基调，着力在经济运行上保“稳”，保持经济平稳增长、就业稳定增加、物价平稳运行、社会稳定和谐。着力在调整经济结构和深化改革开放上求“进”，推动产业转型升级、开放型经济发展、县域经济发展、金融经济发展实现新突破、进入快进键。

最关键的是狠抓结构性改革。中央强调明年及今后

一个时期，在适度扩大总需求的同时，着力加强供给侧结构性改革，实施宏观、产业、微观、改革、社会五大政策支柱，抓好去产能、去库存、去杠杆、降成本、补短板五大任务。省委经济工作会议把推进供给侧结构性改革，提高有效供给能力作为明年经济工作的首要任务。对这一改革举措，我们少数同志认识上还比较模糊，认为中央提出的供给侧结构性改革，是着眼全国作出的决策部署，跟岳阳关系不大，离县市区更远，思想准备和工作准备都不充分。其实不然，就岳阳来讲，影响经济增长的突出问题既有总量问题，更有结构性问题，特别是供给结构不适应需求结构，很多产业、产品层次低、附加值不高。比如，岳阳作为传统的重化工业城市，六大高耗能行业占规模工业比重高达35.7%，去产能、调结构任务艰巨繁重，而石化行业的产能过剩与煤炭、钢铁等行业的总量全面过剩不同，主要体现为结构性过剩，也就是中低端产业过剩、高端产业不足，大路货产品过剩、特种产品短缺。还有与我们生产生活密切相关的农产品、日用品等，都有供给过剩和供给质量不高的问题，所以才会出现买鸡蛋要到农村买土的、买米要买泰国米和东北米、喝牛奶要喝澳大利亚和新西兰产的，甚至连个马桶盖都要大老远跑到日本去买的不正常现象。因此，明年我们要把加强结构性改革摆在更加突出的位置，特别是要通过深化供给侧结构性改革，提高供给体系质量和效率，着力解决制约发展的深层次问题，为经济发展提供更多新动能。

最紧要的是加快新增长极建设。去年年底省委、省政府提出将岳阳建设成为湖南通江达海的新增长极，经过一年来的艰辛探索和实践，取得了明显成效。一方面，新增长极建设开局良好、强势推进；另一方面，我们对建设一个什么样的新增长极、如何建设新增长极，有了更加深刻的认识、更加清晰的定位、更加准确的把握。我们要建设的新增长极，不仅仅是一个经济总量占比达到全省12%至15%的新增长极，更是一个贯彻中央“五个发展”新理念、具有鲜明岳阳特色的新增长极。要通过发挥临江畔湖优势，突出航道建设、航线开辟、通关一体化、深化与上港集团合作等重点，建设湖南融入长江经济带的“桥头堡”、对接世界的“出海口”、长江中游重要的航运物流中心，从而打造通江达海的新增长极。要通过发挥资源富集优势，加快现代工业、现代航运物流业、现代旅游业和现代农业发展，培育壮大新兴产业，构建特色鲜明、多点支撑、集群发展的现代产业体系，从而打造产业兴旺的新增长极。要通过发挥口岸平台和空港优势，加强“一区一港四口岸”专题招商推介和科学运营管理，加快规划建设中国大陆航空货物运输核心枢纽城市和低成本航空客运基地，提升资源要素吸纳吞吐能力和区域经济辐射牵引力，从而打造开放共赢的新增长极。要通过发挥生态环境优势，加快绿色岳阳建设，坚持走生产发展、生活富裕、生态良好的文明发展之路，建设天更蓝、水更清、地更绿、生态环境更优美、可以惬意深呼吸的水墨丹青岳阳，从而打造绿色发展的新增长极。要通过继续全面实施“621”行动和深入推进“学长沙、赶宜昌、超九江”活动，使新增长极建设抓到实处、取得实效。

明年是全面建成小康社会决胜阶段的第一年，是“十三五”开局之年，也是全面推进结构性改革的攻坚之年。做好明年经济工作，必须全面贯彻落实党的十八届五中全会、省委十届十五次全会、市委六届十二次全会和中央、省委经济工作会议精神，按照“五位一体”总体布局和“四个全面”战略布局的要求，牢固树立和贯彻落实创新、协调、绿色、开放、共享的发展理念，主动适应经济发展新常态，坚持稳中求进工作总基调，坚持改革开放，坚持稳增长、调结构、惠民生、防风险，促进“三量齐升”，实施“五化同步”，推进“621”行动，狠抓结构性改革，着力转型升级，培育发展新动能，加强民生保障，推动经济平稳健康发展和社会和谐稳定，加快全面建成小康社会步伐，不断开拓“一极三宜”江湖名城建设新局面。

市委考虑，明年经济增长预期目标为9%左右，公共财政预算收入增长10%左右，固定资产投资增长18%，规模工业增加值增长9%左右，社会消费品零售总额增长13%，新增城镇就业5.2万人，城乡居民收入分别增长9.5%和10%。

应该说，确定这样的目标，既充分遵循了新常态下经济增速调整的规律，又紧密结合了岳阳发展阶段性特征、考虑了打造湖南发展新增长极和全面建成小康社会的需要；既贯彻了中央、省委经济工作会议的部署要求，又紧扣了我市“十三五”规划“一个高于、两个率先、三大提升”的目标指向；既是积极进取的，又是稳妥适当的。当然，经济增长目标是预期性的，具体执行时应该注意从实际出发，各地也应当结合自身情况合理确定增长目标。总的来说，就是要跳起来摘桃子，既要跳起来，又要摘得到。

四、紧抓重点发力，推动经济持稳健康发展

实现明年经济发展各项预期目标，任务艰巨繁重，战略上要坚持稳中求进，把握好节奏和力度，战术上要抓住重点、精准发力。

1.着力转方式调结构，积极培育发展新动能。无论是推进供给侧改革，还是加强需求侧管理，最终目的都是要转方式调结构，培育新的发展动能。要坚持供需两端发力，重点在“调优、培新、强基、搞活、转绿”上下功夫，努力实现更高质量、更有效率、更可持续的发展。一要调优。岳阳发展的结构性问题一直比较突出，经济结构中三产业比重偏低，远低于全国、全省平均水平；产业结构中传统产业比重偏大，“一化独大”的局面短期内难以改变；产品结构中粗加工、低端型的产品还比较多。要在巩固提升传统优势产业的基础上，加快发展地方工业、非公经济和新兴产业，积极培育教育文化、健康养老、旅游休闲、网络信息、汽车住房等消费热点，大幅提升现代服务业比重。需要强调的是，调结构并不是推倒重来，大家都去搞“高大上”“一刀切”，如果像猴子掰玉米一样，喜新厌旧，顾此失彼，不但已有优势可能丧失，新的动能也难以集聚。比如，石化产业是我们的传统优势产业，在经济发展中占比和贡献都很大，不仅不能一“去”了之，而且还要努力做大做强。今年以来，面对化工市场低迷带来的压力，巴

陵石化积极实行技术升级和挖潜改造，在困境中实现逆势上扬，全年预计上缴税收38亿元。这说明，改造提升传统产业同样能实现转型创新发展，有时甚至比培育一个新兴产业见效更快、更直接。要顺应产业发展规律，对那些“两符三有”的产业加大技术改造力度，创新管理机制，进一步提高科技含量、质量效益和竞争能力，让传统产业“老树发新芽”，焕发新活力。二要培新。李克强总理强调，互联网+双创+中国制造2025，将会催生一场“新工业革命”。我们要抢抓机遇，主动对接，找准岳阳的“风口”，大力发展新产业、新产品、新技术、新模式，培育壮大电子商务、互联网金融、物联网、大数据等新兴业态，加快发展一批成长性好、带动性强的战略性新兴产业。特别要加快推进“135”工程建设，完善基础设施，建好标准厂房，创新服务平台，提升吸纳能力，通过引进一批创新型企业，集聚更多的新产业，催生更多的新业态，生产更多的新产品。从明年起，要从全市11大产业帮扶中再突出几个新兴产业，重点进行帮扶、狠抓几年，作为新的增长点来培育。三要强基。当前，岳阳的短板除了产业结构不优、县域经济实力不强、开放型经济不活外，还存在软硬基础设施不完善的问题，特别是互联互通的能力、公共服务的水平等与群众需求差距较大。要加大城市地下管网、交通基础设施、生态移民搬迁、环境保护和治理等领域投资力度，推动形成市场化、可持续的投入机制和运营机制，提高投资有效性和精准性，通过优化投资结构使软件更硬、硬件更优，保障有效供给，增强发展后劲。四要搞活。企业是市场经济的主体，也是转方式调结构的主力军。一方面，要积极稳妥推进企业优胜劣汰，加大兼并重组、破产清算力度，清理淘汰一批长期亏损、债台高筑、无药可救的“僵尸企业”；另一方面，对那些产品有市场、经营有效益但暂时遇到困难的企业，要加强技术改造和市场拓展，减少行政干预，减轻企业负担，增强企业发展活力。五要转绿。牢固树立绿色发展理念，坚定不移走绿色低碳循环发展之路，构建绿色产业体系和空间格局，引导形成绿色生产方式和消费方式，大力推动绿色清洁生产、资源综合利用，加快推广节能环保新技术、新装备、新产品，为转型升级增添绿色发展动力。

2.狠抓重大项目建设，不断扩大有效需求。这些年来，市委市政府始终突出项目建设，坚持以项目看实绩、论高低、比能力，应该说成效是显著的，今年我市固定资产投资增速排名全省第一，就是最好的证明。但同时也要看到，我们抓项目建设还有很大的潜力和空间，投资不是多了而是少了，投资效益不是高了而是低了。特别是从这次流动现场会的情况来看，尽管各地项目建设的氛围日益浓厚，但深层次的共性问题仍然比较突出，主要是：项目质量不高，财税效益好、科技含量高、带动能力强的大项目好项目新项目不多，亿元项目投资占比有所下滑；项目分布不均，基础设施项目偏多，产业项目相对较少，“一锤子买卖”的项目多，“借鸡生蛋”的项目少；投资结构不优，依托国家政策支持投入的多，撬动社会资本参与的少，PPP等新型融资模式还刚刚起步。我几次强调过的“五园一区”重点招商行动力度不大、效果欠佳。

做好明年的经济工作，必须把项目建设摆在更加突出的位置，进一步发挥好投资的关键作用。要瞄准新一轮产业发展方向和国家政策导向，围绕经济社会发展薄弱环节和关键领域，及时组织实施一批以基础设施、基础产业、民生工程为主体的重大项目建设，增强经济持续增长动力。要继续推进项目建设“双百工程”、重大项目集中开工、集中竣工等活动，落实领导牵头推进重大项目制度，通过集中精力抓、倒排时间逼、加强调度督，进一步形成大抓项目、抓大项目的热潮。这次流动现场会给我的一个强烈感受就是，哪个地方的领导重视、带头抓项目，哪个地方的项目建设就搞得热火朝天。湘阴县能在今年省委经济工作会议上作典型发言，很重要的一点就是项目建设抓得比较得力。各级领导干部要进一步强化项目建设意识，沉下心，扑下身，拿出足够的精力和时间抓项目，着力提高招商引资的精准度和实效性，主动加强项目跟进服务，确保项目进得来、落得地、长得大、留得住。

3.全面深化改革开放，增强发展动力和活力。明年是全面深化改革的攻坚突破之年，中央将在国企、财税、价格、金融、养老保险等领域推出一系列重大改革举措，省里也将确定一批重点改革任务，我们要结合岳阳实际，认真抓好贯彻落实。要按照“突出问题导向、突出精准发力、突出完善制度、突出督查落实”的要求，着力推进公共资源交易平台组建、投融资平台规范整合、金融业改革创新、农村土地确权、海绵城市规划和建设、行政村调整等重点改革事项，确保改革取得预期成效。改革能否释放红利，关键还是要落实落地。市委改革办和各专项小组要根据中央、省市委要求，重点抓好改革任务分解落实和分步推进，列出时间表，明确责任人，坚决打通改革“最后一公里”，确保各项改革任务按照既定要求和时间节点稳步推进。

目前岳阳开放型经济发展总体滞后，外贸依存度低、利用外资水平低、进出口总额小，不仅与九江、宜昌等长江沿线同类城市不在同一等量级上，甚至落后于省内其他地市。我们必须知不足而后行，进一步增强开放意识，拓宽开放通道，营造开放环境，主动作为，奋发赶超，努力提升我市开放型经济发展水平。要坚持引进来与走出去相结合、对内开放和对外开放“两手抓”，特别是要建好用活“一区一港四口岸”等国家级平台，深入研究中韩、中澳自贸协定生效后，对我市相关产业和外经外贸格局带来的新机遇，加强政策对接和市场对接，促进货物、资本、人员等自由流动，让老百姓在家门口就能享受到平价优质国外产品的福利。要依托口岸平台全方位开展专题招商推介，坚持靠大联强、招大引新，积极承接产业转移，引进更多的战略投资者，吸引各类资源要素集聚，借力助跑、撑竿起跳，加快形成对外开放新格局。

创新是引领发展的第一动力，也是深化改革开放的重要引擎。要深入实施创新驱动战略，加快各类创新平台建设，促进创新创业深度融合，通过创新培育新的竞争力。要打破体制机制束缚，以“放”为取向加快政府职能转变，以“活”为核心壮大各类市场主体，大力发展众创、众包、众扶、众筹等平台，加大政策扶持力度，为大众创业、万众创新加把油、添把劲，全力支持本土人才大胆创业、务工人员返乡创业、成功人士回乡兴业，让创新血液在全社会自由流动，让创业活动在巴陵大地蔚然成风。

4.大力实施精准扶贫，加快全面建成小康社会。扶贫攻坚是“十三五”发展的重头戏，也是开局之年就必须牢牢抓在手上的大事。我们提出开展精准扶贫三年攻坚行动，时间节点与全面建成小康社会基本同步，可以说，扶贫开发的成效直接关乎全面小康建设成败。要按照中央和省委省政府的部署要求，坚持在精准施策上出实招、在精准推进上下实功、在精准落地上见实效。一是底子要摸清。尽管全市贫困户已建档立卡，并由县市区进行了初步核实，但仍存在对象不准、核实不严的问题，要进一步加强复核甄别，对建档立卡工作进行“回头看”，把贫困人口、贫困程度、致贫原因等真正搞清楚，做到因户施策、逐户帮扶，确保真扶贫、扶真贫。二是措施要具体。根据贫困地区和贫困人口的具体情况，每个年度减少多少贫困人口，增加多少收入？每个村具体脱贫计划怎么定？包括采取什么措施、发展什么产业、难题怎么解决、资金怎么投、重点投向在哪里？等等，都要有具体可行的措施。在做好政策落实、结对帮扶、督查考核等工作的同时，要注重发挥基层干部群众的首创精神，引导他们依靠辛勤劳动改变贫困落后面貌，防止大包大揽，使扶贫变成“独角戏”。三是责任要强化。各级党政主要负责人要亲自调研、部署、督查，发挥示范带头作用；有关部门单位要把精干力量选派到一线，把政策、项目和资金向贫困地区倾斜；要积极鼓励引导企业、各类社会组织和成功人士、爱心人士参与脱贫攻坚，形成全社会共同扶贫的强大合力。我在这里再强调一下，明年市县乡同步换届，各级代表、委员候选人中，是工商等社会人士的，一定要看其扶贫帮困、慈善救济的业绩，从现在起要加强这方面的宣传。

5.统筹城乡发展，优化城乡区域格局。要认真贯彻落实中央城市工作会议精神，加快推进新型城镇化，大力实施城镇扩容提质战略，构筑以沿江开发为龙头、重要交通干线为骨架、中心城区为核心、县城和小城镇为节点、新农村为依托的新型城镇体系，加快建成一批有示范效应的长江沿线中心镇、省际边界镇、特色产业镇、历史文化名镇。要全面实施城市规划建设管理大升级行动，继续加力推进中心城区“十大片区”改造、环南湖“13118”综合工程和“两房两棚、两供两治”工作，构建综合交通运输体系，完善城区交通微循环，解决城区停车难和部分时段车行不畅的问题，大力发展城市公交，积极推进城市地下管廊和海绵城市建设，不断提升城市供给能力和宜居性。要把加快农民工市民化作为推进新型城镇化的核心任务，落实中央关于户籍制度、住房制度改革任务，扩大有效住房需求，打通房地产供需通道，在逐步消化房地产库存的同时，让农业转移人口放心安心在城镇生活。

实现城乡统筹发展，必须高度重视“三农”工作。要认真贯彻落实中央农村工作会议精神，在牢牢守住保障粮食安全基本底线的基础上，着力加强农业供给侧结构性改革，真正形成结构合理、保障有力的农产品有效供给。要切实转变农业发展方式，认真实施“百企千社万户”和“百片千园万名”工程，大力发展农产品加工业，加快发展休闲农业、城市农业、创意农业等新型业态，培育农业农村经济新增长点，促进农民增产增收。要统筹抓好农村各项改革，规范并加快土地经营权有序流转，积极发展专业大户、家庭农场、农民合作社、农业产业化龙头企业等新型农业经营主体，进一步提升农业生产规模化、标准化、机械化、工厂化、合作化、品牌化水平。要坚持推进农村环境整治与规范农村村民建房并行发力，继续深入开展“四清”行动，提高农村基础设施和公共服务水平，切实改善农村生产生活条件，建设一大批美丽乡村。

推动区域协调发展，关键是要形成核心引领、极区联动、多点支撑的竞相发展新格局。市委六届十二次全会提出“一核两极两区多点”区域发展格局后，根据讨论反馈的意见，经过反复研究论证，最终形成了“一核三极两区多点”的空间布局，这既是落实中央协调发展理念的具体体现，也是对我市“三大板块”区域发展战略的深化、细化。中心城区这“一核”是全市的政治、经济、文化中心，代表岳阳城市的整体形象，综合优势和功能地位独特，要充分发挥核心引领作用，带头推进创新创业和转型发展，在做精做美做优城市上下功夫，着力提升吸引力和竞争力，扩大知名度和美誉度，努力打造成岳阳的一张靓丽名片。城陵矶新港区、岳阳经济技术开发区、湖南岳阳绿色化工产业园这“三极”是产业发展的新高地，既有国家政策支持，又有良好发展基础，要坚持产业和园区两手抓，通过园区集聚产业，通过产业壮大园区，形成若干具有全省乃至全国影响力的产业集群，真正成为拉动全市经济发展的“新引擎”和“加速器”。沿江环湖地区和邻长地区这“两区”是县域经济发展的主战场，要根据各自发展阶段和区位条件，进一步找准目标定位，明确发展方向，主动对接国家和省里发展战略，因地制宜、分类施策，突出产业培育、园区发展、转型升级、生态环保等重点，打造特色鲜明、优势互补、扬帆竞发的县域经济“船队”。“多点”就是要依托县城和各类园区，引导生产要素和公共资源集聚，提高综合承载能力和公共服务水平，加快形成新的产业增长点、需求增长点、民生增长点和创新创业增长点，真正实现多点发力、多点开花。要全面实施县域经济壮大战略，健全完善“六个一”的考核机制，以此推动县域经济加快发展、提升实力。

6.切实保障改善民生，促进社会和谐稳定。要按照保住基本民生、兜住底线的要求，以为民办实事为抓手，更多地关心低收入群体和困难群众生活，统筹做好教育、医疗、卫生、文化、社保、社会救助、保障性住房和居住环境改善等重点工作，不断提升民生工作质量和水平，让人民群众有更多获得感。做好明年民生工作，要综合考虑经济下行、结构性改革、财税增收放缓等新形势新情况，既尽力而为，又量力而行。明年我市财政收支矛盾会比较大，各级都要有过紧日子的思想准备，按照可持续、保基本的原则，统筹安排好民生支出，做到该保的一定要保住，该压的一定要压掉。这里，我着重强调一下就业、生态和稳定问题。

就业是最大的民生。明年，我市就业形势面临一些新形势、新挑战。一方面，中央提出化解过剩产能，推进企业优胜劣汰，可能会带来部分职工下岗，失业人员总量会有所增加；另一方面，经济增长放缓，沿海发达地区吸纳就业能力将出现一定程度下降，可能会带来外出农民工失业返乡潮。对此，各级各部门要提前做好准备，加强监测、制定预案，加大就业支持力度，千方百计稳定就业，特别是做好失业人员再就业工作。要在加强政府公共就业服务的基础上，更好地发挥市场在促进就业中的作用，大力推进大众创业、万众创新，以创业带动就业，确保完成明年就业目标任务。

生态环境也是改善民生的重要内容。近年来，全国许多省市雾霾天气频发，环境问题越来越受到全社会的高度关注。尽管岳阳的生态环境总体较好，但也不能掉以轻心，必须像抓经济建设一样抓好生态环境建设，坚决保护好岳阳的青山绿水。要深入开展城乡环境综合整治，大力实施大气、水、土壤三大污染防治行动，加强洞庭湖、湘江流域、南湖、王家河、铁山水库等重点水域保护治理，加快土地生态修复和污染源治理。要建立更加严格的生态环境保护责任追究和损害赔偿制度，对破坏生态环境的行为严处重罚、公开曝光，决不以牺牲环境为代价换取一时的发展。

改善民生离不开和谐稳定的环境。要正确处理好改革发展稳定之间的关系，把维护安全稳定时刻记在心上、牢牢抓在手上，继续深化法治岳阳、平安岳阳建设，加快社会治安防控体系建设，落实重大决策社会稳定风险评估机制，加强网络舆情管控引导，扎实做好安全生产、食品药品安全工作，持续开展“五打五整治”专项行动，不断提升人民群众的安全感和满意度。当前正值岁末年初，要时刻绷紧安全稳定这根弦，毫不松懈地抓好信访维稳、应急处突、社会治安、安全生产、综合治理等工作，确保社会大局和谐稳定。

五、强化保障措施，努力实现“十三五”发展良好开局

做好明年的各项工作，事关“十三五”发展能否起好步、开好局。要切实强化保障措施，集中各方面的智慧和力量，调动各方面的积极性和主动性，确保各项工作任务落到实处。

1.强化发展环境保障。环境是生产力，也是竞争力。这些年来，我们通过狠抓发展环境优化，开展系列主题活动和整治行动，取得了一定成效，但总的来看还不够理想，有些问题企业和群众反映仍然比较强烈。当前，随着发展进入新常态，土地、劳动力等低成本优势正在逐步减弱，地方之间的竞争已从基础设施等硬环境的比拼转变成政策、服务等软环境的较量。各级各部门要牢固树立“抓环境就是抓发展，抓发展必须抓环境”的理念，像抓项目建设一样狠抓发展环境，在软硬环境上同时发力。要优化政策环境，深入吃透政策、主动对接政策、精准实施政策，废除和整合一些门类繁多、“碎片化”的优惠政策，把政策的叠加效应、乘数效应不断释放出来。要优化市场环境，继续开展联手帮扶重点产业和企业行动，打好降低实体经济成本“组合拳”，充分调动企业投资兴业的积极性。要优化政务环境，坚持做“减法”与做“加法”并举，加快转变政府职能，深入推进简政放权，不断提高行政效能和办事效率，从根本上杜绝“群众跑来跑去，领导批来批去，部门转来转去，开会议来议去，最后问题还是哪来哪去”的怪象。要优化舆论环境，守住意识形态主阵地，提高舆论引导能力，充分发挥主流媒体的导向带动作用，唱响岳阳好声音，讲述岳阳好故事，凝聚加快发展的强大正能量。要加大环境整治力度，严肃查处“三乱”“三抢”“三强”等破坏经济环境的违法行为，动真格、出实招、下重手，以“零容忍”的态度为经济发展保驾护航。

2.强化资源要素保障。新常态下，土地、资金等生产要素供应偏紧将是一个长期问题。要保持经济中高速增长，加快打造湖南发展的新增长极，必须下大力气解决好要素保障问题，提高全要素生产率。资金方面，在争取政策支持、用好用活财政资金的同时，要把重点放在市场运作、多元投入上。要坚持改革的办法、创新的思维，着力破除准入限制、项目审批等制度性障碍，完善和运用PPP等投融资模式，进一步拓展民间投资领域和空间；要大力发展资本市场，重点支持一批发展潜力大、产业带动力强、有利于加快转型升级的企业挂牌上市，鼓励企业利用资本市场加快并购重组，缓解融资难、融资贵、融资乱的问题；要在尽量不增加“债务率”的前提下，用好专项建设基金、地方融资平台、债券市场等工具，保持适度政府良性债务规模，维持合理的政府投资力度。土地方面，要在继续盘活存量、提高土地利用效率上下功夫，积极稳妥推进农地流转，坚决控制建设用地无序扩张，切实保障项目建设和城市发展合理用地需求。今年我们推进禁拆治违和土地依法征收“百日攻坚”行动，应该说成效是非常明显的。当初少数干部对此不太理解，事实上通过这一行动，有效破解了土地供需矛盾，有力保障和推动了项目建设，不但利好当前，而且惠及长远。明年要乘势追击，加力加速推进这两项工作，巩固和扩大战果，构建常态长效机制。人才方面，要扎实推进巴陵人才工程，重点引进和培养一批高层次创新创业人才、应用型专业人才和产业急需紧缺人才。同时，要高度重视“用工难”问题，加强劳务培训，改善用工条件，促进富余劳动力就地转移，不断优化人力资源结构，为发展补充人口红利。

3.强化干部队伍保障。完成明年各项目标任务，干部队伍是核心力量、是关键因素。要坚持正确选人用人导向，按照“五个看重”“两个倾斜”的要求，着力打造一支想干事、能干事、干成事、不出事的干部队伍，引领带动全市上下形成一心一意谋发展、凝心聚力抓落实的生动局面。要加大市委“三个办法”落实力度，坚持激励和约束并重，在加强思想教育、压实工作责任、严格监督管理、加强督查问责的同时，更加重视正面激励、积极引导的作用，主动创造条件、搭建平台、提供保障，调动干部干事创业的积极性。对那些想干事、敢干事、干成事的干部，我们要高看一等、厚爱一层，更加涵养宽容失败、允许失误的胸襟，不仅要在他们做出

成绩时给予应有的表扬和激励，也要在他们遭受非议不公时主动为他们打气撑腰、鼓劲加油。要着力提升领导发展的能力和水平，坚持中国特色社会主义政治经济学，积极钻研新常态的新内涵、领会结构性改革的新要求，着力转变领导经济工作的观念、体制和方式方法，努力解决“不敢为”“不善为”的问题。要大力提高各级领导干部的理解力和执行力，做到令行禁止、政令畅通。对那些组织观念淡薄，搞上有政策、下有对策，知行不一、表里不一的领导干部，该调的坚决调，该下的坚决下。要切实抓好党风廉政建设和反腐败工作，驰而不息深化作风建设，全面开展打牌赌博、收受红包礼金、借婚丧嫁娶敛财、涉毒等“四大恶习”整治行动，特别是元旦、春节将至，要高度警惕“四风”问题反弹回潮，紧盯违规公款吃喝、公款旅游、公款购买赠送年货节礼等突出问题，发现一起查处一起。明年是市县乡同级领导班子换届之年，各级各部门党委（党组）要严密组织领导、严格把握政策、严肃换届纪律，耐心细致做好思想政治工作，教育和引导广大干部正确对待进退留转，自觉服从组织安排，确保换届工作风清气正、干部队伍心齐气顺。

4.强化基层基础保障。基层党组织是我们全部工作和战斗力的基础。各级各部门要坚持把基层党建当成主责主业，一以贯之重视基层、大抓基层，推动政策向基层倾斜、资金向基层投入、力量向基层沉淀，把基层基础筑牢夯实。要按照守盛书记提出的“再苦不能苦基层、再穷不能穷基层干部”的要求，扎实开展大投入、大培训、大调整“三大行动”，全面提升基层党建工作水平，努力使每一个基层党组织都成为坚强的战斗堡垒。要抓紧推进乡镇区划调整工作，牢牢守住稳定和纪律这两条底线，确保春节前全部到位。要及早谋划和推进合村并村工作，调优配强村（社区）“两委”班子，下决心调整“一大三低”村（社区）党组织书记，特别是要选配好贫困村党支部书记，选派好担任贫困村“第一书记”的驻村干部，不断强化精准扶贫第一线的核心力量。总的来说，对广大基层干部，既要严格教育、严格监督，又要给予更多信任、更多关心和更多机会，尽力提高基层干部待遇，改善工作生活条件，引导和激励他们扎根基层、建功基层。

同志们，做好明年的经济工作，责任重大、任务艰巨。让我们紧密团结在以习近平同志为总书记的党中央周围，全面贯彻落实中央、省委、市委决策部署，坚定信心、保持定力、精准发力、开拓进取，确保完成明年经济社会发展各项目标任务，为全面建成小康社会、建设“一极三宜”江湖名城打下坚实基础！

政府工作报告

——在岳阳市第七届人民代表大会第五次会议上

岳阳市人民政府市长　刘和生

（2016年1月12日）

市长　刘和生

各位代表：

现在，我代表市人民政府，向大会报告政府工作，请予审议，并请市政协委员和其他列席人员提出意见。

“十二五”及2015年工作回顾

“十二五”时期是岳阳发展历程中极不平凡的五年，也是我市改革发展取得重大成就的五年。在中共岳阳市委坚强领导下，我们深入贯彻党中央、国务院和省委、省政府各项决策部署，团结拼搏、克难奋进，较好完成“十二五”规划任务，成功获评全国文明城市、全国绿化模范城市、全国宜居城市百强、中国最具幸福感城市、中国最具文化软实力城市等荣誉称号，岳阳正以新的面貌、新的姿态、新的形象，阔步迈上“一极三宜”江湖名城建设新征程！

经济实力实现新跨越。2015年全市GDP达2886.3亿元，比2010年基本翻一番，年均增长10.9%。规模工业增加值年均增长12.8%，固定资产投资、社会消费品零售总额、公共财政预算收入、城乡居民人均可支配收入分别达2154.7亿元、1020.6亿元、302.8亿元、25202元和12091元，年均分别增长27.7%、14.4%、16.7%、10.8%和13.9%。县域经济实力增强，经开区公共财政预算收入突破30亿元，6个县市区过10亿元，汨罗进入全省县域经济十强。

转型升级取得新成效。三次产业结构继续优化，由“十一五”末14：54.2：31.8调整为11：50.1：38.9。形成石化、食品两大千亿产业和10个省级以上工业园区，湖南岳阳绿色化工产业园获批国家首批低碳工业试点园区，岳阳电子商务产业园获批国家电子商务示范基地。2015年全市园区工业增加值占规模工业比重60.1%，非公经济占GDP比重62.1%，高新技术产业占GDP比重18.6%，较2010年提高6.1个百分点。实现旅游总收入332.7亿元，年均增长26.5%。市级以上农业产业化龙头企业267家，农业综合机械化水平67%，完成环洞庭湖基本农田建设重大工程，屈原、华容跻身国家现代农业示范区，君山获评全国农产品质量安全示范区，岳阳县获评全国绿色食品原料标准化生产基地。万元GDP能耗年均下降6.6%，主要污染物排放削减率超额完成省定任务，岳阳获评全国节水型社会建设示范区。

口岸经济获得新突破。综合保税区、汽车整车进口口岸、进口肉类指定口岸、进口粮食指定口岸、固废进口指定口岸获批运营，城陵矶港纳入启运港退税政策试点范围，成为全国唯一拥有6个国家级开放平台的地级市。成功开通城陵矶至港澳台和上海洋山港直达航线、21世纪海上丝绸之路岳阳——东盟接力航线。湖南城陵矶国际港务集团正式运营，岳阳港获批全国绿色循环低碳港口试点，集装箱吞吐量、进出口总额年均分别增长13.9%、24.1%。岳阳开放开发风帆正举，其势已成，来势更加看好，走势更加强劲！

城乡面貌得到新改观。开展“五创提质”“秀美系列”评选和“美好社区、温馨家园”创建活动，中心城区严重低洼渍水地段整治成效明显，改造小街巷1153条，市体育中心、王家河流域生态休闲和历史文化记忆长廊等标志性工程加快建设，污水日集中处理能力比“十一五”末提高6.5倍，城镇垃圾无害化处理率98%，城镇化率54%。城乡基础设施大为改善，蒙华铁路岳阳段加快推进，随岳、通平、岳常、石华高速和芙蓉大道湘阴段建成通车，公路通车里程突破2万公里；实施农田水利“百千万”工程，完成中小河流治理、水库除险、堤防加固等各类工程22.1万处；投产输变电项目59个，升级改造农网2445个村。完成湘江保护与治理第一个“三年行动计划”，开展“洞庭风雷”行动，加强铁山水资源保护，是全省唯一设立重要水源地保护专项资金的市州。

深化改革迈出新步伐。启动实施九大类109项改革，发展活力与动能更加强劲。深化农村改革。率先全省完成国有林场改革；农村土地承包经营权确权登记颁证、农民住房财产权抵押贷款试点扎实推进；实施农业“三项补贴”改革；临湘列为全省第一批粮食适度规模经营“财银保”项目试点县，华容列为全省唯一农业改革试点县。深化经济体制改革。投融资体制、商事登记制度改革有效推进；引进3家股份制商业银行、2家村镇银行，新增3家上市企业；建立全口径政府预算管理体系，预决算和“三公”经费全面公开，“营改增”试点全面落实；基本完成第一轮国有企业改革。深化行政体制改革。完成市本级机构改革任务，压减各类行政许可事项160项，精简46.1%，率先全省不再保留非行政许可事项；实施乡镇区划调整改革，撤并乡镇52个，调减1/3；优化调整中心城区管理体制，组建南湖新区、城陵矶新港区；临湘列为全国“多规合一”试点市，平江列为省直管县经济体制改革试点县。

社会事业开创新局面。五年建成义务教育合格学校、农村公办幼儿园830所，创建国家改革示范职业学校5所，职业教育、未成年人思想道德建设获评全国先进，湖南理工学院获批硕士学位授予单位。广泛开展爱国主义教育和精神文明创建活动，巴陵戏《远在江湖》获田汉大奖。成功举办全国体育舞蹈大赛、全省第八届少数民族运动会。完成县级医院、乡镇卫生院改扩建等项目599个，人口年均自然增长率6.5‰。新增各类保障房7.5万套，完成棚户区改造15.5万户、农村危（旧）房改造7.7万户。城乡居民养老保险、新农合、城镇医保覆盖率97%以上。城乡低保、五保保障标准进一步提高，特困家庭大病医疗救助获第八届“中华慈善奖”。新增城镇就业27.8万人、农村劳动力转移就业31.9万人。解决农村饮水不安全人数278.4万人。实施公交优先“三年行动计划”，更换新能源公交车415台。完成第九次村委会换届选举和“六五”普法任务。安全生产、信访工作保持全省先进，岳阳楼区获评全国社区治理和服务创新实验区。

2015年是“十二五”收官之年。面对复杂多变的宏观环境、持续加大的经济下行压力、艰巨繁重的改革发展稳定任务，我们全力统筹稳增长、调结构、促改革、惠民生、防风险，经济社会持稳发展。全市GDP增长8.7%，规模工业增加值增长8.3%，固定资产投资增长20.4%，社会消费品零售总额增长12.7%，公共财政预算收入增长18.1%，城乡居民人均可支配收入分别增长9%、9.3%，主要经济指标增幅居全省第一方阵。一年来，我们突出抓了以下工作：

一是抓重大项目建设。牢固树立“项目为大、项目为重、项目为要”理念，组织举办4次“一区一港四口岸”专题招商推介会、4次重大项目集中开工和集中竣工仪式，形成大干快上项目建设热潮。持续开展禁拆治违、土地依法征收“百日攻坚”行动，中心城区拆除违法建设62.9万平方米，依法征收土地717.4公顷，是近年工作力度最大的一年。“双百工程”重大项目开工115个、竣工69个；岳阳三荷机场、洞庭湖博览园、神华国华岳阳电厂、华电平江电厂等一批打基础、管长远的项目开工建设；高速公路“两路一桥”、临湖公路、环南湖旅游交通三圈等一批重点督办的项目加快推进；综合保税区一期、京港澳高速岳阳收费站改扩建等一批重大项目投入运营；株冶绿色改造升级、中粮城陵矶产业园等一批项目成功落地；岳阳端午文化产业整体开发、云溪静脉产业园生活垃圾焚烧发电等9个项目进入全国、全省PPP示范项目库。

二是抓新增长点培育。一年来，我们充分发掘经济增长新动力，以新增长点支撑新增长极建设。大力培育园区经济增长点。市委、市政府出台《关于进一步促进园区产业发展的意见》，强力推进“135”工程，竣工标准化厂房204.5万平方米，超年度计划21%。出台支持大众创业、万众创新政策，新登记企业主体6688家，增长24.3%。经开区获批国家级小微型企业创新创业示范基地。大力培育旅游经济增长点。围绕旅游总人数、总收入两年翻番目标，谋划推进君山岛景区（芦苇荡）和野生荷花世界景区整体开发，创新岳阳楼景区旅游收入激励机制，成功举办“天下江湖、畅游岳阳”、第二届黄茶文化节、第八届洞庭湖国际观鸟节等活动，牵手中央电视台“乡约”栏目走进岳阳。石牛寨、亚马逊水上乐园等景区人气火爆，平江旅游异军突起。尽管目前我市旅游经济还是经济发展中的一块短板，但只要长抓不懈、久久为功，旅游强市梦想是一定可以实现的！大力培育新兴业态增长点。以新兴业态抢占发展制高点，全力扶持电子信息、生物医药、节能环保等产业发展，新兴产业增加值占规模工业比重22.2%。岳阳获批“宽带中国”示范城市，汨罗列为全国电子商务进农村综合示范县。大力培育县域经济增长点。开展“学长沙、赶宜昌、超九江”活动，出台“三年行动方案”，13个县市区实行“一对一”赶超；创新县域经济评价办法，明确“六个一”工作重点，发展导向更加明确、路径更加清晰、抓手更加集中。

三是抓民生福祉改善。加大财政民生投入力度，2015年完成25项38件省市民生实事。率先在全省启动规范农村村民建房试点，强力推进城市棚户（旧城）区和农村危（旧）房改造，中心城区“十大片区”改造全面铺开，1.97万农户享受到农村危房改造惠民政策，是近年来规模最大、成效显著的一年，“两房两棚、两供两治”工作经验在全省推介。启动“精准扶贫三年攻坚行动”，着力帮扶412个贫困村，脱贫8.1万人。出台高校毕业生就业创业扶持政策，大学毕业生就业动态清零。开展大气污染防治攻坚行动，空气质量达标率88.3%。成功应对中心城区“4·3”特大暴雨、临湘“6·1”特大山洪地质灾害、“东方之星”客轮翻沉事件，防汛抗旱救灾有力有效。

四是抓社会治理创新。以改革精神推动社会治理创新，把政府建到群众家门口。推进政务服务重心下移，支持岳阳楼区将85项公共服务事项下放社区办理，打通服务群众“最后一公里”。启动社区网格化管理试点，探索推进居民自治，社会治理服务能力进一步增强。推行大城管模式和火车站地区综合执法，持续开展“打非治违”“治理车辆超限超载”“五打五整治”等专项行动，推进“信访工作双向规范”主题活动，安全生产形势持稳向好，综治民调排名全省第二位，屈原、君山分别排名全省第三、第五位。

其他各项事业协调发展，国防动员和后备力量建设取得新成绩，武警、消防、国安、人防、统计、审计、史志、档案、保密、老龄、民宗、科协、残联、气象、外侨、联络接待、公积金、移民、烟草、盐业、邮政、通信等工作实现新进步，工会、共青团、妇联及各民主党派、工商联、无党派人士在经济社会发展中做出新贡献。

各位代表，5年的发展成就有目共睹，5年的工作经验弥足珍贵。这就是：必须坚持科学谋划。遵循发展规律，理清发展思路，突出发展重点，坚持一张蓝图干到底，一任接着一任干，保持定力，精准发力，确保了岳阳好的发展势头。必须坚持改革创新。主动适应引领经济发展新常态，破除思维定势、工作惯性和路径依赖，以思想观念创新、体制机制创新、工作方法创新开创发展新局面。必须坚持民生为本。把保障改善民生作为政府工作的出发点和落脚点，持之以恒办实事、抓脱贫、兜底线、解难题，让广大群众共享更多改革发展成果。必须坚持依法行政。将法治思维、法治方式贯穿政府工作全过程，依法履行政府职责，认真办理市人大议案、代表建议和市政协建议案、委员提案，加快建设法治政府。必须坚持从严从实。严格执行中央“八项规定”，深入开展党的群众路线教育实践活动、“三严三实”专题教育和“三提升”主题活动，认真落实市委“三个办法”，努力提振广大干部的精气神，广泛凝聚干事创业的正能量！

各位代表，岳阳经济社会发展取得的重大成就，是省委省政府和市委正确领导的结果，是市人大、市政协监督支持的结果，是全市上下共同努力的结果。在此，我代表市人民政府，向全市人民，向所有关心支持岳阳改革发展的社会各界人士，表示衷心的感谢和崇高的敬意！

成绩令人鼓舞，发展任重道远。我们清醒认识到，岳阳发展还面临不少困难和问题。主要是：经济增长动能不足，新增长点培育还有待加快；经济结构不优，县域经济、开放型经济、金融经济还有待突破；民生改善任务繁重，社会保障能力还有待提高；风险隐患依然较多，社会治理创新还有待加力；行政效能仍需提升，政府自身建设还有待加强。对这些困难和问题，我们将采取有力措施，认真加以解决。

“十三五”发展目标和主要任务

“十三五”时期，是全面深化改革的攻坚期、全面建成小康社会的收官期、全面推进依法治市的关键期，也是全球经济进入大调整大转型、国内经济步入中高速发展新常态的挑战期，更是岳阳推进“一极三宜”江湖名城建设的战略机遇期。未来五年，我国经济长期向好的基本面没有变，经济韧性好、潜力足、回旋空间大的基本特质没有变，经济持续增长的良好支撑基础和条件没有变，经济结构调整优化的前进态势没有变，特别是国家“一带一路”、洞庭湖生态经济区、长江经济带、长江中游城市群、“两横三纵”城市化，以及湖南“一核三极四带多点”区域布局等一批重大战略深入实施，岳阳面临的战略机遇持续叠加，必将进入新一轮发展“黄金期”。我们必须坚定信心、抢抓机遇、加速赶超，在引领发展新常态中赢得主动，在集聚发展新动能上取得突破，全力推动经济“双中高”发展，全力推动岳阳迈向基本现代化。

“十三五”时期政府工作总体要求是：认真贯彻落实党的十八届五中全会、省委十届十五次全会、市委六届十二次全会精神，按照“五位一体”总体布局和“四个全面”战略布局，贯彻创新、协调、绿色、开放、共享发展理念，促进“三量齐升”，实施“五化同步”，推进“621”行动，加快转型升级，深化改革开放，强化生态保护，统筹城乡发展，保障改善民生，确保全面建成小康社会，加快建设“一极三宜”江湖名城。

主要目标是：

——确保“一个高于”：主要经济指标增速高于全省平均水平，GDP迈上5000亿元台阶，公共财政预算收入迈上500亿元台阶。

——实现“两个率先”：率先在洞庭湖地区全面建成小康社会，率先在全省建成通江达海、产业兴旺、开放共赢、绿色发展的新增长极。

——达到“三大提升”：经济总量占全省比重有较大提升，达到12%以上；发展质量和效益有较大提升，高新技术产业增加值占GDP比重24%以上，万元GDP能耗下降15%；人均均量和群众获得感有较大提升，城乡居民人均可支配收入突破3万元，全民素质和社会文明程度明显提高。

主要任务是：

一、坚持跨越发展，全面加快新增长极建设

今后五年，我们要扩大有效供给与需求，既要稳住速度，又要提高效益，确保经济实现更高水平、更高质量、更可持续发展。

突出新型工业带动。岳阳工业有基础、有潜力、有希望，要强化“地方实力看工业”的理念，充分发挥工业主导经济增长作用，力争规模工业增加值年均增长10%左右。做大做强工业园区，进一步完善基础设施，创新体制机制，大力招商引资，“十三五”期间力争4个园区技工贸总收入突破千亿元，6个园区突破500亿元，园区工业增加值占规模工业比重70%以上。培育发展新兴产业，积极对接“中国制造2025”和“互联网+”，实施重大产业和重点企业帮扶行动，支持现代装备制造、军民融合、生物医药、电力能源、节能环保等产业发展，培育壮大优势企业、骨干企业，引领工业向中高端水平迈进。

突出有效投资拉动。当前，岳阳投资总量不是多了而是少了，投资效益不是高了而是低了，必须充分发挥有效投资拉动经济增长的关键作用，力争固定资产投资年均增长18%。积极对接国家、省“十三五”发展重大战略，紧跟政策走向、资金投向，加强项目开发储备，深挖基础设施、生态环保、扶贫开发、民生保障等领域投资潜力。维持合理的政府投资力度，用好专项建设基金、地方融资平台、债券市场等工具，发挥政府投资“四两拨千斤”的作用。拓宽非公企业、民间投资领域和空间，破解准入限制、项目审批等制度性障碍，在更大范围、更广领域激发社会资本参与投资的热情。

突出消费需求推动。顺应多样化、个性化消费需求趋势，培育新的消费热点，发展新的消费模式，力争社会消费品零售总额年均增长13%。重点促进移动互联网、健康养老、旅游、信息、绿色等新兴消费，完善云计算、大数据平台，提升金融、物流、零售等领域在线化、智能化水平。着力化解房地产库存，推动房地产业持稳健康发展。把旅游作为第三产业龙头来抓，加快构建以岳阳楼景区、岳州古城等为重点的古城旅游板块，以洞庭湖博览园、环南湖“13118”综合工程等为重点的江湖旅游板块，以天岳幕阜山、大云山等为重点的山岳旅游板块，打响“游山玩水登楼逛古城”旅游新品牌。谋划推进游客服务中心、主题公园、旅游公路等配套建设，促进旅游与文化深度融合，加快建设令人流连忘返的旅游目的地，把旅游业培育成投资的重点、消费的热点、开放的亮点！

二、坚持开放发展，不断提高外向型经济水平

今后五年，我们要依托岳阳拥有163公里长江岸线资源、占有洞庭湖50%以上水域面积、作为湖南唯一通江达海港口城市的优势，全方位拓展外向型经济发展新空间，开创开放发展新局面。

筑牢港口平台。我市拥有“一区一港四口岸”开放平台优势，一定要利用好这个优势，发挥好这个优势。要在“一区一港四口岸”的基础上，建成运营湖南航运交易所、汨罗公路口岸、七里山铁路口岸和岳阳电子口岸，构建现代口岸体系。整合港口水运资源，加快港口码头群建设，实施荆江航道整治二期工程，打造长江中游区域性航运物流中心。用好用活启运港退税政策，推进21世纪海上丝绸之路岳阳—东盟、岳阳—澳大利亚接力航线和城陵矶至港澳台直航常态化，开通城陵矶至日本、韩国、东南亚等近海直达航线，拓宽湖南通往世界的出海口。

培育开放主体。依托岳阳三荷机场区位和空域优势，着眼中国大陆货物航空核心枢纽城市和低成本客运航空基地的战略定位，加快规划建设空港产业园。深化与上港集团合作，做大做强湖南城陵矶国际港务集团。加快城陵矶综合物流园、临港冷链和农产品物流园、华菱欣港物流总部经济、南翔万商国际商贸物流城等项目建设。扶持5—10家年营业额10亿—20亿元物流企业，引进2—3家10亿美元以上加工贸易企业，新增10家上市企业，吸引更多开放主体集聚岳阳，推动开放经济扩量倍增。

加强区域合作。积极对接国家“一带一路”和湖南“一带一部”战略，支持本土企业到海外扩张市场，鼓励外地客商来岳投资创业。加强与沿江环湖和高铁沿线城市在基础设施、航运物流、旅游开发等领域合作，促进区域融合发展。深化与长株潭城市群合作，加快“两型社会”滨湖示范区建设，大力发展“飞地经济”，支持长沙经开区汨罗产业园发展，打造区域共建共享示范窗口。

三、坚持创新发展，充分激发市场活力

今后五年，我们要加快实施创新驱动发展战略，确保在重要领域、关键环节取得突破，坚决破除发展的体制机制障碍。

深化改革创新。科学把握改革力度与节奏，突出抓好供给侧结构性改革。深化行政体制改革，继续精简行政审批事项。统筹化解国企改制遗留问题，加快建立健全现代企业制度。推进财政体制改革，强化全口径预算管理，实行跨年度预算平衡机制和中期财政规划管理，完善政府举债融资机制。深化金融体制改革，规范民间投融资市场和互联网金融，发展普惠金融，提高金融服务实体经济效率。统筹抓好农村土地征收、集体经营性建设用地入市、宅基地制度改革为代表的“三块地”改革和社会领域改革，激发市场活力和社会创造力。

加快科技创新。发挥科技创新引领作用，依托骨干企业、高等院校、科研机构新建一批重点实验室、企业技术中心和科技成果转化中心，“十三五”期间新增17家省级以上技术创新平台、5支省级科技创新人才团队，推进产学研用深度融合。强化企业创新主体地位和主导作用，鼓励企业开展产品创新和技术革新，新增发明专利授权量800件、高新技术企业70家。健全科技成果转化利益共享机制，增强企业和园区科技创新孵化能力。

支持创业创新。实施“百优资助工程”，加强创新创业基地建设，积极发展众创、众包、众扶、众筹空间，新增创业基地13个、众创空间10个、创业主体15万个以上。鼓励有意愿、有实力、有技能的创业者就地创业、返乡创业，形成大众创业、万众创新“千帆竞发”的民营经济发展态势。

四、坚持协调发展，大力推进城乡一体化

今后五年，我们要科学统筹城乡发展，推动城乡要素平等交换和公共资源均衡配置，形成以城带乡、城乡互动的一体化格局。

推进新型城镇化。坚持规划先行，强化规划管控，推动“多规合一”，实现县城、乡镇和中心村规划全覆盖。拓展城市发展空间，加快南湖新区、洞庭新城、高铁新城、空港片区、芭蕉湖片区等重点区域开发，加强地下综合管廊、海绵城市、人防工程和数字城管、智慧交通建设，积极推广大城管模式，增强城市综合承载功能。推动县城和重点镇协调发展，着力打造一批具有示范作用的沿江中心镇、省际边界镇、特色产业镇、历史文化名镇。加快农民工市民化，稳步提高户籍人口城镇化率，力争城镇化率达到60%。

推进农业现代化。加快农村一、二、三产业融合发展，推动资源、要素、技术、市场需求在农村整合集成和优化重组。大力发展粮食、水产、茶叶、蔬菜、饲料等优势产业，重点打造“一个300万亩、三个50万亩”特

色生产基地。加快岳阳台湾农民创业园、洞庭湖绿色食品产业园和屈原、华容国家现代农业示范区建设。重点扶持20家农业产业化龙头企业、100个特色农业产业园区，大力培育家庭农场、农民合作社等新型农业经营主体。引导工商资本下乡，促进农村土地有序流转，鼓励农业适度规模经营，推广良种良法和先进适用农机，加快农村电商发展。

统筹推进城乡基础设施建设。科学整合项目资金，形成集中财力办大事的投入机制，构建完善城乡交通、水利、能源、信息四张网。统筹城乡交通建设。建成运营岳阳三荷机场、蒙华铁路岳阳段、平益高速公路；启动岳长、长平汨城际铁路，常岳九、月益铁路岳阳段建设，谋划推进环洞庭湖公路、湘江北路建设，构建水陆空综合交通体系。统筹城乡水利建设。完成洞庭湖区沟渠疏浚任务；大力实施中小河流治理、城镇防洪和三峡后续影响工程；加快推进小农水项目县、农田水利“百千万”工程，实现100%乡镇、90%行政村通自来水。统筹城乡能源建设。加快小墨山核电、福寿山抽水蓄能电站等项目进程；完成农村电网升级改造；基本实现重点乡镇燃气管道化。统筹城乡信息化建设。实施城市基础网络完善工程和“宽带乡村”工程，推进城区光纤到户和“三网融合”，建设“无线”城市。通过统筹城乡基础设施建设，让城市享有农村的清新秀美，让农村享有城市的现代文明！

五、坚持绿色发展，加快建设水墨丹青岳阳

今后五年，我们要把生态文明建设融入经济社会发展全过程，强化生态环境保护和治理，让绿水青山与金山银山共建共生。

严格推进节能减排。实施节能减排低碳发展行动计划，推动华能电厂、巴陵石化、长岭炼化等重点企业节能改造，确保万元规模工业增加值能耗降低20%；加快淘汰落后产能，严禁新上“三高一资”项目，关停一批环境污染大、资源消耗高企业。实施循环发展引领计划，推进湖南岳阳绿色化工产业园循环化改造试点、汨罗循环经济和临湘资源型城市转型发展。推广建筑节能技术和可再生能源建筑应用，加快形成绿色生态、绿色生产、绿色消费“两型”发展模式。

严格整治生态环境。实施大气污染防治行动，推进电力、石化等行业脱硫脱硝工程，加快淘汰“黄标车”，让“岳阳蓝”成为城市空气质量的一种品牌。加强水环境整治，落实最严格的水资源管理制度，强力推进洞庭湖水环境综合整治、湘江保护与治理省政府“一号重点工程”，加强中心城区“四湖两河”和汨罗江、新墙河、华容河、黄盖湖、松杨湖等河湖治理。对破坏生态环境的人和事，坚决做到“零容忍”、出重拳、严处罚，不管涉及谁，都严格追究、决不姑息，只有这样才能留住岳阳的蓝天白云、绿水青山！

严格保护生态功能区。坚持保护优先、自然恢复为主，加强洞庭湖湿地保护，提高生态涵养功能。加强国家、省级森林公园保护与开发，大力植树造林，提高生态承载能力。加强水源地保护和重要水源地达标建设，突出抓好铁山水库外引水源工程和“两保”工作，规划建设金凤湖生态示范区，力争重要水功能区、饮用水源地水质达标率分别提高到95%和100%，让广大市民始终喝上安全水、放心水、优质水！

六、坚持共享发展，努力提升人民幸福指数

今后五年，我们要把保障改善民生摆在重中之重位置，让全市人民的日子过得更加美好、更加红火。

推进精准扶贫。全面建成小康社会，最艰巨、最繁重的任务在贫困地区，党和政府最牵挂、最关切的焦点在贫困地区。要强力推进“精准扶贫三年攻坚行动”，重点以平江山区、铁山库区作为扶贫攻坚主战场，加快实施基础设施“六到农家”工程和公共服务“六个落实”，确保贫困村电网改造、交通通畅、互联网覆盖、饮水安全比率达100%。强化产业扶持、转移就业、易地搬迁、教育支持、医疗救助、社保政策兜底等措施，确保35.2万贫困人口整体脱贫，坚决打赢脱贫攻坚战，让贫困群众与全市人民共建全面小康、共享美好生活！

繁荣社会事业。坚持教育优先。均衡配置教育资源，“十三五”期间全市新增初级中学、城镇小学、公办幼儿园123所，加快农村偏远地区寄宿制学校和教师队伍建设，建成20个省级特色专业和教育公共信息云服务体系，加快普及高中阶段教育，支持湖南理工学院创办全省一流高校。建设健康岳阳。广泛开展全民健身运动，加快市体育中心、全民健身馆建设；推进县级公立医院改革，完成县级医院和乡镇卫生院标准化建设，新建城市医养服务中心10个，实现居民健康“一卡通”；坚持计划生育基本国策，全面落实一对夫妇可以生育两个小孩政策。发展文化事业。加快市档案馆、图书馆、科技馆、青少年活动中心、妇女儿童活动中心等文化基础设施建设，新建一批社区和村级文化中心，实施文化惠民工程，加大精品创作力度，丰富群众文化生活。

健全保障体系。建立完善城乡统一的公共就业服务体系，推进屈原统筹城乡就业示范区建设，实施“零就业”家庭、大学毕业生就业动态清零，城镇登记失业率控制在4.3%以内。稳妥推进机关事业单位和企业职工养老金并轨，实行基本医疗保险异地就医结算，加大医疗救助和贫困家庭重特大疾病救助力度，稳步提高城乡低保标准。推进住房保障货币化，完成中心城区“十大片区”棚户（旧城）区改造和农村危（旧）房改造三年计划，逐步规范农村村民建房，着力解决“安居难”问题，与广大困难群众一道协力共建“暖心房”、早日共圆“安居梦”！

加强社会治理。推进法治岳阳、平安岳阳建设。建成社会治安立体防控体系，深入开展禁毒人民战争，依法打击各类违法犯罪。突出抓好安全生产和车辆超限超载整治，严厉“打非治违”，坚决遏制重特大事故发生。实施质量强市战略，建成食品安全检测中心，强化农产品、食品药品质量安全监管，严惩制售假冒伪劣行为。加大非法集资打击力度。推广社区网格化管理，实现政府治理和社会调节、居民自治良性互动。推进阳光信访、责任信访、法治信访。健全社会诚信体系，积极开展志愿者服务，巩固提升文明创建成果。

2016年工作重点和主要措施

2016年是“十三五”开局之年，做好今年工作至关重要。必须全面落实中央、省委、市委经济工作会议精神，在适度扩大总需求的同时，坚定不移去产能、去库存、去杠杆、降成本、补短板，全力推进经济社会平稳健康发展。主要发展目标是：GDP增长9%左右，规模工业增加值增长9%左右，固定资产投资增长18%，社会消费品零售总额增长13%，公共财政预算收入增长10%左右，城乡居民人均可支配收入分别增长9.5%和10%。实现上述目标，要突出抓好五项工作：

一要加快实施一批重大项目。坚持把“大抓项目、抓大项目”作为一种常态，深入开展项目大招商、大竞赛、大帮扶活动，推动项目建设攻坚提速。以重大产业项目推动经济转型发展。重点抓好军民融合产业园、中粮城陵矶产业园、神华国华岳阳电厂、华电平江电厂、中航浮空器、株冶绿色改造升级等项目建设，支持长岭炼化、巴陵石化等技改升级，鼓励中航长动、金秋红日等企业“退二进三”。推进韩国首尔大学岳阳数字化医院、友谊阿波罗、金悦洋商业广场、海吉星农产品市场等项目建设。以基础设施项目提升综合承载能力。推进杭瑞高速洞庭湖大桥、岳阳东和岳阳南客运枢纽站、皇姑塘立交桥、武警长沙直升机场进场公路和G240岳阳城区至湘阴段、临湖公路城区段、进港铁路、松杨湖鸭栏专线等项目建设，建成岳望、大岳高速公路和京港澳高速新开联络线。启动第二批农村水电增效扩容改造。投产4个110千伏、5个35千伏输变电项目。推进钱粮湖垸、大通湖东垸蓄洪安全工程建设，完成集成安合、白泥湖、义合金鸡、君山垸加固工程扫尾和23座重点病险水库整治、474座水库除险加固、65平方公里水土流失治理。以生态环保项目构筑绿色保护屏障。扎实推进洞庭湖水环境综合整治、湘江保护与治理第二个“三年行动计划”，继续开展“洞庭风雷”、南湖水环境综合治理、铁山水库等饮用水源地保护攻坚行动，加快推进整县市区农村环境整治，坚决守住生态保护红线。

二要强力推进一批升级行动。岳阳发展已经到了一个十分重要的节点，必须牢牢抓住发展的“牛鼻子”，强力推进“五区”建设，构建多元支撑、多点发力的新格局，打造岳阳发展升级版。进一步提升城区品位品质。加快城市总体规划修改。抓好中心城区“十大片区”棚户（旧城）区改造和南湖、芭蕉湖区域开发建设，将“十片两湖”区域逐步建设成为中心城区宜居宜业宜游的新亮点。推进九华山、珍珠山公园建设和城市主干道、桥梁立体绿化改造，丰富城市空间景观。完善城区道路微循环系统，加快治理交通“堵点”，规划建设一批停车场。进一步提升园区发展水平。全面落实市委市政府“园区十条”，对省级以上产业园区实行灵活的审批、用人、分配政策，推动园区提速发展。加快洞庭湖电子商务新城、健康医药产业园、现代装备产业园等示范基地建设。突出抓好“135”工程，建成标准化厂房259万平方米，引进创新创业企业250家以上，经开区、城陵矶新港区引进投资过20亿元项目1个以上，其他园区引进投资过5亿元项目2个以上。支持企业孵化、技术研发、质量检测等平台建设，新增著名商标20个、名牌产品12个。进一步提升港区运营效益。依托“一区一港四口岸”，大力引进国际国内500强企业、央省企业、大型企业集团和进口加工类、贸易服务类产业链项目，推动临港产业集聚发展。强化通关转关服务，加快建设江海轮船队，提高通关效率与航线运力。在更大范围内组织货源、拓展市场，延伸港口经济腹地。进一步提升景区人气指数。突出抓好岳州古城、洞庭湖博览园、环南湖“13118”综合工程、屈子文化产业园、洋沙湖国际旅游度假区、张谷英古建筑群等项目建设，丰富景区内涵。创新景区运营机制，推进景区所有权和经营权分离，加快君山岛景区（芦苇荡）和野生荷花世界景区整体开发。开展“热游岳阳”活动，加大创意及营销策划力度，重点推介3—4条精品旅游线路，运用市场手段办好特色旅游节会。进一步提升县区综合实力。牢固树立“强县才能强市”理念。按照“一核三极两区多点”空间布局，坚持宜农则农、宜工则工、宜商则商、宜游则游，走错位竞争、特色发展之路，力争3—5个县市区综合实力进入全省20强。突出县域经济“六个一”工作重点，着力解决“指挥棒”过多的问题，支持各县市区依托区位优势、资源禀赋和产业基础，培育壮大主导产业。继续开展“学长沙、赶宜昌、超九江”活动，力争2个以上县市区率先实现对标赶超，进一步昂起县域经济“龙头”，挺起市域经济“脊梁”！

三要坚决落实一批改革任务。改革是发展的动力，只有进行时，没有完成时，再难也要向前推进，特别是要从供给和需求两端发力，让我市改革取得看得见、摸得着的成效。经济体制改革：深化投融资体制改革，整合融资平台，设立城市建设发展基金，稳妥推进农商行改革。大力引进股份制商业银行和村镇银行，促进保险证券业和地方小微金融稳健发展。推进财政收入管理、预算管理、体制管理、资金管理改革，逐步建立现代财政制度。整合建立统一的公共资源交易平台。加强政府性债务管理，防范债务风险。推进住房制度改革。做好第三次全国农业普查。行政体制改革：完成公车改革和行政村调整。建立不动产统一登记制度。稳步推进事业单位分类改革、司法体制与行政执法体制改革。严格执行权力清单、责任清单、负面清单制，加快转变政府职能。社会体制改革：启动“县管校用”教师人事制度、校长职级制度改革，实行区域内校长、教师交流制度，促进教育公平。加快公立医院改革，推进基本药物制度全覆盖，落实社会办医优惠政策，探索建立分级诊疗制度。深化城市管理体制改革。推进信访制度改革，依法依规依程序处理信访问题。农村体制改革：探索推进农村产权制度改革试点，深化农村土地确权登记颁证和土地承包经营权抵押贷款等改革，依法推进农民住房财产权抵押、担保、转让，增加农民财产性收入。

四要努力破解一批发展难题。当前，我们面临的发展难题还很多，这些问题不能回避、不能遮掩，必须坚持问题导向，一个一个地具体研究、具体解决。强化要素保障。促进金融与财政、产业政策融合，加强对重大项目、中小微企业、高新产业、县域经济发展的金融支持，新增贷款100亿元以上。发展多层次资本市场，积极培育上市后备资源，构建多元融资体系。深入开展禁拆治违行动，以铁的决心、铁的措施、铁的纪律继续整治违法建设。加大土地依法征收力度，严格清查闲置土地，盘活存量土地。实施“巴陵人才工程”，促成更多中高端人才进驻岳阳，共同为改革想招、为发展出力！强化环境保障。全面落实创新创业和惠企政策，继续实施企业“宁静日”“缴费清单”“围墙法则”等制度，严厉整治破坏发展环境的行为。始终把人民生命安全放在首位，强化安全生产底线思维和红线意识，严格落实安全生产党政同责、一岗双责、失职追责，扎实开展“安全生产监管执法年”活动，加强社会治安综合治理和信访维稳工作，为发展提供和谐稳定的社会环境。

五要扎实办好一批民生实事。悠悠万事，民生为大。我们要始终坚持促发展与惠民生并重，认真抓好普惠性、基础性、兜底性民生建设，织牢织密民生保障网。强力推进精准扶贫，制定完善水、电、路等10个重点攻坚规划，贫困个体技能培训和就业等5个专项攻坚规划，精准施策、靶向施治，确保脱贫11.6万人。统筹推进农村危（旧）房改造与规范农村村民建房，加快2个省级示范点、10个市级示范点建设，完成4万户农村危（旧）房改造任务。突出抓好就业创业工作，新增城镇就业5.2万人、农村劳动力转移就业3.5万人、失业人员再就业2.7万人。加快中心城区中小学校“六建六扩”步伐，努力解决“大班额”问题，完成市十四中置换搬迁，启动市十六中建设，新建村小和教学点合格学校72所、农村普惠性幼儿园68所。加快市中心医院、市妇女儿童医院、市中医院骨伤大楼建设，救治救助贫困重性精神疾病患者800人，新增养老服务床位5000张。建成市广电中心，加快推进岳阳文庙修缮工程，成功创建国家公共文化服务体系示范区。我们要通过办好一件件、一桩桩民生实事，坚决托住民生底线，让广大群众幸福感、获得感更加强烈浓厚！

各位代表，未来五年，岳阳的发展任务特别繁重、责任十分重大，要做好政府各项工作，加强政府自身建设至关重要。我们将努力做到：依法用权“不任性”。每一条法律法规都是权力的“防腐剂”，是政府工作人员用权行事的“硬杠杠”。我们将始终把法治作为政府工作第一准则，带头尊法学法守法用法，自觉接受人大、政协和全社会监督。严格依法科学民主决策，严格实施“两清单两目录”，严格做到公正文明执法，为行政权力划定法治轨道，把权力关进制度“笼子”，决不允许政府工作人员目无法纪、践踏法纪。服务群众“零距离”。为人民服务是政府的天职。我们将始终把服务群众作为第一职责，推动更多公共资源向民生聚焦、更多公共平台向基层倾斜、更多公共服务事项下放社区办理，拉近政府与老百姓的距离，让广大群众享受到更便捷、更贴心、更温暖的服务。敢于担当“重落实”。政府工作是老老实实的工作，来不得半点虚假与“花招”。我们将始终把求真务实作为第一要求，力戒形式主义、“假大空”和表面文章，凡重大决策一以贯之，坚决落地落细，决不动摇折腾；凡重大项目一抓到底，严格督促督查，决不半途而废；凡重大任务一鼓作气，全程问责问效，决不无果而终。清廉从政“守底线”。政府的每一名工作人员不论职务高低，都是人民的公仆，必须清醒认识到权力是为人民服务的工具，决不能利用手中权力谋私利、徇私情。我们将始终把廉洁从政作为第一形象，严格落实党风廉政建设“一岗双责”，严格践行“八项规定”和“三严三实”，严格强化重点领域、关键环节监管，坚决反对“五种陋习”，旗帜鲜明反腐败、反“四风”，持之以恒转作风、正行风，努力建设人民满意政府。

各位代表，岳阳发展已经站上了一个新的起点。面对“十三五”跨越发展的新任务、人民群众的新期待，让我们在中共岳阳市委的坚强领导下，协力同心、攻坚克难、开拓奋进，为全面建成小康社会、加快建设“一极三宜”江湖名城而努力奋斗！

岳阳市人民代表大会常务委员会工作报告

——在岳阳市第七届人民代表大会第五次会议上

岳阳市人大常委会主任　李湘岳

（2016年1月13日）

市人大常委会主任　李湘岳

各位代表：

我受岳阳市第七届人民代表大会常务委员会的委托，向大会报告工作，请予审查。

2015年，常委会在中共岳阳市委的坚强领导下，认真学习贯彻党的十八大和十八届三中、四中、五中全会精神，紧扣全市工作大局，认真履行宪法和法律赋予的职责，圆满完成了市七届人大三次会议确定的各项任务，为加快推进“一极三宜”江湖名城建设，促进全市经济社会发展和民主法治建设做出了积极贡献。全年举行常委会会议9次，主任会议19次，听取和审议“一府两院”专项工作报告28项，人大常委会专项工作报告1项，执法检查报告2项。作出决议决定7个。开展专题视察3次。

一、服务发展大局，助力“一极三宜”江湖名城建设

常委会围绕建设“一极三宜”江湖名城，认真开展工作，全力服务经济社会发展大局。

积极推进“一极三宜”建设。常委会把推进“一极三宜”江湖名城建设作为工作的重中之重。对“十二五”规划执行、“十三五”规划编制、2015年度国民经济和社会发展计划执行情况进行调查了解与跟踪监督。听取了岳阳市“十三五”规划编制情况的报告，建议政府主动对接融入长江经济带、洞庭湖生态经济区等国家区域发展战略，充分发挥“一区一港四口岸”平台优势，积极应对区域产业转移与承接，推动石化、能源、造纸、食品加工等传统优势产业转型升级，培育发展高新技术产业和战略新兴产业，加快构建具有区域特色的开放型现代产业体系。听取和审议了2015年上半年国民经济和社会发展计划执行情况的报告，针对经济下行压力较大、产业转型升级乏力、固定资产投资后劲不足等问题，督促政府科学研判宏观经济形势，主动适应经济发展新常态，优化经济发展环境，抢抓发展机遇，全力推进“621”行动，努力打造新的经济增长极。专题听取第三次经济普查工作情况，推动普查资料共享，最大限度利用好普查成果。专题调研和审议2014年城建项目资金计划执行及2015年计划编制情况，针对城建项目计划执行不够严肃、项目计划编制不够规范等问题，督促政府及有关单位强化法律意识和计划意识，严格执行城建计划，提高资金使用绩效，重点保障民生项目。审议批准岳阳城市原点建设方案，推进城市原点建设。专项调研政府性债务情况，督促政府认真做好监管工作，积极防范政府性债务风险。开展国有资产监督管理情况调研，进一步健全完善监管制度，优化资源配置，实现国有资产保值增值。高度重视县域经济发展，主任会议成员分别带领8个视察组对经济开发区、临港产业新区、绿色化工产业园和各县市工业园区进行了视察调研，全面深入了解园区发展情况及存在的制约因素，建议政府精准定位园区发展方向，创新园区管理机制，加快推进园区转型升级，打造县域经济发展新引擎。

不断促进预算决算规范。在代表大会审查批准市级财政预算的基础上，常委会听取和审议了2015年市本级财政专项资金（基金）细化预算，2015年上半年预算执行及2014年财政决算情况的报告，对2014年度专项资金、政府性基金使用情况进行了审查。针对部分财政资

金项目管理不够完善、预算执行约束力有待加强、预算科学性和透明性有待提高、资金使用效益有待提升等问题，督促政府进一步强化专项资金（基金）预算管理，规范编制程序，细化编制项目，强化预算约束，提高资金效益，充分发挥专项资金（基金）作用。听取和审议了2014年度市本级预算执行和其他财政收支的审计工作报告及审计查出问题整改情况报告，19个被审计单位专题向常委会作了整改情况汇报。审计工作报告中指出的103个问题，有关单位整改到位97个，基本整改1个，正在整改5个，解缴财政资金1.45亿元，按原资金渠道归位10.25亿元，制定和完善相关工作制度24个。对财政绩效管理工作开展专题调研，督促财政部门进一步完善财政绩效评价指标综合体系，科学运用评价成果，切实提高财政资金使用效益。积极推进财政公开，将部门预算决算、审计工作报告及审计查出问题整改情况报告、专项资金分配使用情况在市人大、政府、财政、审计的门户网站进行全面公开，接受社会各界监督。

依法审议决定人事任免。常委会坚持党管干部原则，自觉接受党的领导，充分发扬民主，严格依法办事，依法行使人事任免权。坚持拟任命人选任前法律知识考试、供职发言和颁发任命书等制度，切实强化被任命人员的公仆意识、责任意识和法律意识。一年来，常委会依法任免国家机关工作人员53人次，接受辞职13人次，接受省十二届人大代表辞职6人，补选省人大代表5名。

二、改进监督工作，切实增强监督实效

常委会坚持问题导向，突出监督重点，改进监督方式，不断提高监督水平。

开展法律监督，建设法治岳阳。常委会组织开展《农产品质量安全法》《人民防空法》《安全生产法》《湖南省安全生产条例》贯彻实施情况执法检查，配合全国、省人大常委会开展《水污染防治法》《仲裁法》《职业教育法》《湖南省职业教育条例》执法检查或调研，跟踪督促义务教育法、旅游法、植物检疫条例执法检查审议意见的落实，促进“一府两院”依法行政、公正司法，确保法律法规全面正确贯彻实施。针对农产品质量安全监督体系建设滞后、检验检测工作基础不牢、质量安全难以得到有效保障等问题，督促加强监管体系建设，充实专业技术队伍，整合检测资源，更新检测设备，提高科学监管能力，提升农产品质量安全水平。针对生产经营单位安全生产主体责任落实不够到位、生产安全事故应急救援能力不强、重点行业领域安全生产隐患依然存在等问题，督促落实企业主体责任，严格责任追究，加强安全生产基础设施建设，提升应急救援能力，全面推进企业安全生产标准化建设。依法开展规范性文件备案审查工作，全年接收报备规范性文件49件，向省人大常委会报备规范性文件4件。

加强工作监督，督促依法行政。常委会改进工作评议方式，力求了解全貌，抓住关键，评出实效，促进工作。2015年，常委会根据全市经济社会发展情况，确定对全市职业教育发展、城镇污水处理设施建设及运行、市中级人民法院民事审判等三项工作进行评议。主任会议成员分别带领调查组深入各县市区及市直有关单位全面深入了解被评议专项工作情况，听取各方面意见。常委会第21次会议开展专项工作评议，并进行满意度测评。实事求是肯定工作成绩，客观中肯指出存在问题，切合实际提出整改建议，并要求在规定时间内报告整改情况。跟踪督促上年度专项工作评议意见的落实，确保工作评议取得实效。听取和审议全市检察机关民事行政检察工作情况报告，督促检察机关进一步强化民事行政检察监督意识，创新监督方法，彰显工作效果。首次专题听取年度城市规划实施和环境保护工作情况报告，推进建设宜居岳阳。对中心城区周边非金属矿山无序开采问题开展专项督查，督促政府科学规划，严格监管，推进非金属矿产开采有序进行。听取干部学法用法考试情况汇报。专题调研全市对外经贸工作、科技创新工作、司法鉴定工作、人民陪审员制度实施、检察机关查办和预防职务犯罪工作情况。

组织专项行动，促进民生改善。市人大相关专门委员会抓住人民群众最关心最直接最现实的民生热点问题，认真组织开展专项行动，促进持续改善民生福祉。岳阳环保世纪行以水污染防治为重点，围绕饮用水安全保护和水体污染防治工作开展系列活动，督促政府编制饮用水水源保护规划，全市划定69个重点饮用水水源保护区。分组视察农村安全饮水工程建设情况，促进农村安全饮水工作持久良性发展。推进王家河水环境综合治理，启动东风湖水环境治理。湘阴县对重点污染源实行分类施治，淘汰长江化肥等用水量大的企业10多家。汨罗市加大对污染违法行为打击力度，关停各类小作坊140多家。农产品质量安全行围绕“畜禽产品质量安全整治”主题，推进农产品质量检验检测体系建设，各县市区健全农产品质量检验检测机构，各乡镇设立农产品质量安全监督站。“农民健康行”组织开展以“卫生室建设与农民健康”为主题的农民健康教育周活动，举办健康知识讲座26场，免费发放健康知识宣传读本20000多份，组织医疗专家为公民义诊4000多人次。民族团结进步行动加强民族政策宣传，推动建立少数民族流动人员服务管理工作机制。

常委会组成人员集中视察岳阳市烈士陵园建设情况。深入调研全市移民工作和残疾人康复工作情况。专题听取全市妇女儿童工作情况报告，促进保障妇女儿童合法权益。

三、发挥主体作用，保障代表依法履职

常委会紧紧依靠代表开展工作，创新代表活动形式，丰富代表活动内容，激励代表积极履职，充分发挥代表主体作用。

督办议案建议。常委会主任会议成员分别带队到市政府和各县市区继续督办“美好社区、温馨家园”议案办理工作。全市“美好社区、温馨家园”建设持续推进。市政府提出创建美好社区“一体三化六有”新要求，完善社区组织运转经费保障机制，并将建设30个示范社区列入年度实事任务，全市社区基础设施改造工作有效开展。中心城区分为十大片区实施旧城改造项目15个。岳阳县改造背街小巷25条，新建居民休闲游园3个。

湘阴县实施背街小巷提质改造工程和社区环卫配套设施建设。平江县推进城区污水管网保畅工作，完善环卫保洁配套设施。临湘市全面实施街道提质升级。屈原管理区建成55公里三纵三横主排水管道。汨罗市、云溪区、君山区实施社区基础设施改造提质亮化工程。岳阳楼区开展社区管理和服务网络化试点，被评为“全国和谐社区建设示范城区”。华容县被评为全省“和谐社区建设示范县”。

市七届人大三次会议期间及闭会后收到代表建议、批评和意见168件。常委会进一步规范建议办理工作，力求通过办理建议，以点带面解决一些实际问题。市政府及有关单位牢牢把握交办、承办、督办、验收等环节，促进办理工作按程序要求、时间节点和工作目标顺利推进。目前，全部建议办理完毕，建议所提问题得到解决或基本解决44件，代表满意率为91.7%。

丰富代表活动。组织编组在岳全国人大代表围绕“大力发展港口经济，打造湖南新的增长极”主题进行专题调研。安排省、市人大代表开展调研。委托各县市区人大常委会组织市人大代表开展集中视察活动，深入了解全市经济社会发展情况。认真落实代表列席常委会会议制度，全年安排11名国、省人大代表列席省人大常委会会议，邀请47名市人大代表列席市人大常委会会议。组织代表参加调研视察、执法检查、工作评议、建议督办等活动。推荐52名代表担任党风、政风、行风监督员，努力拓宽代表履职渠道。

强化履职保障。努力为代表履行职责提供优质高效服务，继续为市人大代表征订《中国人大》《人民之友》等杂志，寄送《人大导刊》《常委会公报》等资料文件。督促“一府两院”及时向代表通报重要工作和全市经济社会发展情况，确保代表知情知政。扎实推进代表联系群众工作平台建设，安排专项资金100万元，全年新建平台64个，基本实现平台建设全覆盖。各级人大代表充分发挥平台效用，积极开展联系服务选民活动，收集各类意见、建议5000多条。注重代表履职能力提升，组织98名基层人大代表进行履职培训，选派12名省人大代表参加专题学习班。坚持联系走访代表制度，市级领导和常委会组成人员深入走访联系人大代表。继续做好代表履职登记工作，强化代表履职意识。

四、推进自身建设，着力提高履职水平

常委会高度重视自身建设，不断改进工作作风，努力提升工作效能。

抓好能力建设。认真开展“三严三实”专题教育，围绕“严以修身、严以律己、严以用权”集中开展三次专题学习研讨。严格遵守党的政治纪律和政治规矩，切实增强政治定力，牢牢把握政治方向，坚决贯彻落实中央、省委和市委决策部署。坚持会前学法制度，结合常委会审议议题，先后集中学习安全生产法、农产品质量安全法、立法法等法律法规，不断提高依法履职能力。组织市县人大干部集中开展培训，全面提高业务能力。扎实开展设区的市行使地方立法权筹备工作，2015年12月4日，省人大常委会赋予岳阳地方立法权。

切实改进作风。常委会把接待办理好群众来信来访作为联系群众、了解社情民意的重要渠道，全年受理群众来信来访446件次，督促解决实际问题138个。紧扣常委会会议议题，深入实际调研，为常委会审议决定提供参考。加强对基层人大工作的指导，上下联动开展工作，增强监督合力。常委会机关积极参与市委中心工作和重大项目建设，较好完成文明劝导、禁违拆违治违、联手帮扶企业与产业、新农村建设、精准扶贫等中心工作任务。机关党员干部深入汨罗市包山村开展“一进二访”结对帮扶活动，做好扶贫帮困工作。严格落实党风廉政建设“两个主体”责任，努力建设清廉机关。推进机关文化建设，开展道德讲堂。

注重宣传研讨。常委会牢牢把握新形势下人大宣传工作的规律和特点，紧紧扣住人大工作重点和人民代表大会制度做好宣传工作，努力营造良好的工作氛围。对常委会会议、主任会议、执法检查、专题视察、专项活动等重要履职活动进行全方位报道，全面推介全市人大工作情况，不断拓展人大工作的社会影响。巩固人大宣传阵地，精心编办《人大导刊》和岳阳人大信息网，努力提升办刊办网水平。把开展人民代表大会制度理论研讨与促进人大工作创新有机结合，组织全市人大工作者和各级人大代表围绕“深入贯彻落实党的十八届四中全会精神，充分发挥人大推进依法治国的作用”主题开展理论研讨，进一步拓展理论研究的深度和广度。

我们也清醒地认识到，常委会的工作与人民的期望、代表的要求还有一定差距，还存在一些问题与不足。主要是：监督实效有待进一步增强，推动解决影响经济社会发展和人民群众关心的问题的力度有待进一步加大；讨论决定重大事项的机制有待进一步健全；代表议案建议办理实效有待进一步增强；加强常委会同代表、人民群众的联系有待进一步做细做实，等等。我们将自觉接受人民监督，虚心听取代表意见，在今后的工作中努力加以改进，更好地行使宪法和法律赋予的各项职权。

各位代表：

2016年是“十三五”规划实施的开局之年，是我市行使地方立法权的第一年，也是市县乡三级人大的换届选举之年。在新的一年里，常委会要在中共岳阳市委的坚强领导下，深入学习贯彻党的十八大、十八届三中、四中、五中全会精神和习近平总书记治国理政系列重要讲话，围绕市委决策部署，服务服从全市发展大局，依法积极行使职权，扎实推进社会主义民主法治进程，加快“一极三宜”江湖名城建设，促进经济社会协调发展，促进民生持续改善。

一、认真开展地方立法

省十二届人大常委会第二十九次会议确定授权我市开始制定地方性法规，我市成为新修改的立法法实施后，全省首批可行使地方立法权的城市。我们要依法高效行使地方立法权，牢牢抓住立法质量这个关键，深入推进科学立法、民主立法、公开立法。积极发挥人大在地方立法中的主导作用，完善人大主导立法工作的机制和程序。组织起草审议《岳阳市立法条例（草案）》，健全和落实立法起草、论证、协调、审议、表决机制。

完善立法项目征集和论证制度，健全立法公开、听证、评估、咨询制度和公众意见采纳反馈机制，拓宽公民有序参与立法途径。充分发挥立法的引领和推动作用，主动适应改革和经济社会发展需要，审议讨论《岳阳市历史文化名城保护条例（草案）》。积极做好规范性文件备案审查工作，加强备案审查制度和能力建设。

二、科学决定重大事项

围绕市委决策部署，选择事关全市改革发展全局性、根本性、长远性的事项，适时作出决议决定。提高讨论决定重大事项的针对性，推进决议决定的贯彻执行。常委会将听取和审议国民经济和社会发展计划及财政预算上半年执行情况，2015年财政决算、审计工作及审计指出问题整改落实情况，市本级财政专项资金、政府性基金细化预算编制、地方政府债券资金安排情况，2015年城建项目实施及2016年计划编制、《城市总体规划》修改情况等重大事项，根据实际情况依法作出决议决定，加速推进“一极三宜”江湖名城建设。坚持党管干部与常委会依法审议决定人事事项相统一，规范工作程序，做好人事任免工作。认真落实宪法宣誓制度。加强对人大及其常委会选举任命人员的任后监督。

三、努力增强监督实效

围绕事关改革发展稳定的重大问题、涉及人民群众切身利益、社会普遍关注的热点难点问题，强化对行政权力的制约和监督，加强对法律法规实施情况和司法活动的监督，促进依法行政、公正司法。常委会将对《中华人民共和国食品安全法》《中华人民共和国水法》《物业管理条例》进行执法检查或调研。专题听取全市劳动监察、2015年环境保护、2015年城乡规划实施、全市农村村民规范建房等工作情况报告。对全市农产品检验检测体系建设、城市重大工程建设、公安信息化建设情况进行视察。加强对人民法院民事审判工作、人民检察院开展规范司法行为专项整治活动的监督，推进司法为民。同时，深入调研农村学校教师队伍建设、乡镇区划调整改革、青年创新创业创优等工作情况。跟踪督促上年度执法检查、工作评议等监督事项审议意见、评议意见的整改落实。深入开展岳阳环保世纪行、三湘农产品质量安全行、三湘农民健康行、民族团结进步行动等活动，拓展活动领域，增强活动效果。热情接待和认真办理督办人民群众来信来访，努力维护群众合法权益。

四、充分发挥代表作用

认真贯彻实施代表法，加强和改进代表工作，支持和保障各级代表依法执行代表职务。继续抓好代表培训，注重代表学习培训的系统性和针对性，增强培训工作成效。组织代表以小组为单位开展学习和专题自学，不断提升履职意识和履职水平。完善市情政情通报制度，切实保障代表知情知政权利。认真组织和开展代表闭会期间活动，邀请代表参加执法检查、督办议案建议、专题调研、行风监督、民主测评，列席常委会会议等活动。继续支持和推进代表工作平台建设，通过代表工作平台密切联系群众和服务选民。加大议案和建议的办理督办力度，增强代表议案建议办理实效，进一步提高建议所提问题的解决率和代表的满意率，确保办出实实在在的效果。

五、依法组织换届选举

根据省委决定和统一部署，今年下半年，市、县、乡三级人大将进行换届选举。常委会要在中共岳阳市委的正确领导下，充分发扬民主，严格依法办事，依法组织开展全市人大换届选举工作。加强对县乡人大换届选举工作的指导，确保全市人大换届选举工作圆满顺利进行。要加强人大及其常委会的组织建设，综合考虑专业性、代表性等各方面因素，不断优化常委会组成人员构成。要严把代表入口关，健全代表候选人准入审查机制。要加强代表资源库建设，把全市各行各业、各个阶层的优秀分子纳入代表资源库。要优化代表结构，畅通民意表达渠道。

六、全面加强自身建设

进一步加强常委会自身建设，努力提高人大工作水平，不断提升常委会依法履职效能。坚持常委会组成人员学习制度，加强思想理论武装，坚定理想信念。巩固和深化党的群众路线教育实践活动和“三严三实”专题教育成果，严格遵守中央八项规定，自觉坚持为民务实清廉，进一步改进作风，使常委会各项工作更好集中群众智慧，反映群众意愿。深入开展调查研究，尽心尽力察民情、听民声、聚民意、维民权、护民利。加强常委会机关组织建设，认真落实党风廉政责任制。加强人大干部队伍建设，提高干部队伍整体素质。加强和改进人大新闻宣传工作，推进人民代表大会制度理论探讨与工作创新。加强对基层人大工作的指导，总结推广基层人大工作经验，推动全市人大工作不断发展。

各位代表，岳阳已经踏上全面腾飞的新征程，人民的期待在激励着我们，责任与使命在召唤着我们。我们要以时不我待的责任意识、勇于担当的为民情怀和奋发有为的工作激情，更加紧密地团结在以习近平同志为总书记的党中央周围，在中共岳阳市委的正确领导下，凝心聚力，积极作为，为加快建设“一极三宜”江湖名城做出新的更大的贡献！

中国人民政治协商会议
岳阳市委员会常务委员会工作报告

——在政协岳阳市第七届委员会第四次会议上

市政协副主席　李可波

（2016年1月10日）

市政协副主席　李可波

各位委员、同志们：

我受政协岳阳市第七届委员会常务委员会的委托，向大会报告工作，请各位委员审议，并请列席会议的同志提出意见。

2015年主要工作回顾

2015年，市政协在中共岳阳市委的坚强领导下，坚持围绕中心、服务大局，创新实干、积极作为，忠实履行政治协商、民主监督、参政议政的职能，在服务助推我市“四个全面”建设中奉献了人民政协的智慧和力量。

一、围绕中心积极作为

一年来，我们始终围绕建设“一极三宜”江湖名城这个中心谋划布局、履行职能。

积极建言献策。去年年初召开的七届三次全会上，市政协向全市各级政协组织、各界别、广大政协委员发出倡议，广泛开展“为把岳阳打造成湖南通江达海的新增长极献计出力”的主题活动。各级政协组织和广大政协委员积极响应市政协这一倡议，在开展界别活动、委员视察、反映社情民意等活动中，都把新增长极建设作为履职的重点。组织百名政协委员建言新增长极建设，采集90余篇、10多万字真知灼见编撰成册。组织开展专题调研，“加快平江生态旅游发展”调研将旅游与产业扶贫、项目招商相结合，促成市城建投与平江县幕阜山旅游开发合作项目。“县域工业园区转型升级提质增效”课题调研为县域工业园区发展把脉开方，调研成果为我市“十三五”规划编制和市委市政府决策出台“园区十条”提供了一手资料。

放大平台优势。借助协商、调研、提案、大会发言等政协独特优势，在省级甚至国家级的平台上发出岳阳好声音。在省政协双周协商会上，我们先后3次围绕岳阳市委市政府制定的“621”行动计划，就加快湖南长江经济带建设作了专题发言；驻岳省政协委员提出了“规划申报湖南自由贸易试验区”“规划基础设施升级版”“培育具有区域竞争优势的产业群”等多项建议；积极争取省政协的重视与支持，省政协领导在省委常委会议、省委经济工作务虚会等重要会议上多次为岳阳新增长极建设鼓与呼。

给力重点工程。市委交办的产业转型升级战略、洞庭新城项目建设、环南湖旅游交通三圈建设工程、中心城区禁违拆违治违、城区十大片区棚户区改造、岳阳静脉产业园等重点工程和中心工作，牵头负责的主席、副主席们坚持靠前指挥、落小落细，有力有序地推进了各项重点工程与项目建设；倡议、参与并成功举办“首届岳商大会”，推介岳阳市情及一批重点产业招商项目，举办乡友大会、专家论坛、实地考察等活动，通过商会牵线、活动搭台、经贸唱戏，签约35个项目，达成意向投资159.32亿元；对口平江县石牛寨镇孚西村开展扶贫工作，帮助村级基础设施建设加大投入，建立主席会议成员、委室主任与贫困户一对一精准帮扶脱贫机制，将扶贫工作与“一进二访”、党员干部联社区、送医送药送文化“三下乡”等活动有机结合。

二、协商民主规范有序

发挥人民政协作为协商民主重要渠道和专门协商机构作用，搭建机制化、常态化的协商平台，坚持和完善全体会议、常委会议、专题协商会等制度，积极开展专题协商、对口协商、界别协商、提案办理协商，推动我市政协协商民主更加广泛多层地开展，更为灵活经常地进行。特别是我们推出的月度协商，打造“五有”特色：

有制度安排。去年年初，市委常委会专题研究政协协商民主工作，制订了10项专题协商计划，市委、市政府“两办”专门下发《关于认真组织落实2015年协商工作计划的通知》，明确协商主题、协商时间、协商组织、成果转化等具体要求。有高层通道。每次专题协商会都有相关的市委常委或副市长参加听取协商建言，盛荣华书记、刘和生市长、李志坚副书记、陈奇达常务副市长等都先后亲自参加，与委员们面对面协商交流。有精心准备。为落实好月度专题协商活动方案，每一项专题协商前，都精心研究制定协商方案，组织委员认真开展前期调研，作好充分准备；每次协商会上，都邀请了市委市政府相关主管领导、市直相关单位负责人参加，组织部分委员从不同角度作协商发言。有形式创新。采用“1+1+1”的模式，即1名主席会议成员牵头、1个民主党派参与、1个委室承办，既明确分工，又整合资源。有的月度协商还专门录制播放专题片，直面问题，直观震撼。有成果转化。全年有172位委员参加协商，提出建言建议366条，所开展的“把岳阳建设成湖南新的增长极”“动员寓外乡友回乡投资创业”“加大中心城区禁违拆违治违的力度”“加速推进依法治市”“加强农村教师队伍建设”“加快重点提案办理”“岳阳市‘十三五’规划编制建议”“铁山饮用水水源保护与库区民生保障”等专题协商，都得到了市委市政府的充分肯定，一些建议和意见得到了重视与落实，产生了良好的社会效果和影响。

三、民主监督力度加大

始终秉持寓监督于支持之中的理念，坚持适度有效地开展民主监督。

小组活动有声有色。建立主席会议成员联系指导、办公室统筹协调、各专委会具体组织的民主监督小组工作机制。成立6个民主监督小组，每个小组选聘15名政协委员为监督员，对市中级人民法院、市规划局、市国土局、市交通运输局、市卫生计生委、市民族宗教事务管理局等六家市直部门开展了民主监督。同时，在行风评议、重大事项听证、电视问政等活动中，也活跃着政协委员的身影，发出了民主监督的声音。

制度建设初成体系。为使民主监督落到实处、产生实效，逐步健全完善年度民主监督计划、民主监督告知、民主监督全年度跟踪反馈、民主监督考核奖励等机制、制度，明确民主监督的规定与要求，促进民主监督的制度化、规范化、程序化。

委员视察富有成效。一年来，市政协组织广大政协委员就我市农村城乡环境整治、重点提案的承办落实情况、南湖水环境综合治理等开展视察20余次，拓宽委员知情明政渠道，丰富委员履职活动，提高民主监督的影响力。

社情民意长足进步。各民主党派、市政协各专委会、县市区政协与政协委员报送社情民意信息156条，其中被省以上政协《社情民意》专刊采用22条，在全省政协系统量化考核中排名靠前。

四、提案工作提质增效

力抓提案办理。全年有15件提案被列为重点提案，并以市委市政府“两办”名义下发文件，市委书记、市长及全体市委常委、副市长领衔督办提案，市委市政府将提案工作纳入对县市区和市直单位综合考评内容，有效地促进提案办理落到实处。

推动提案升级。在省政协的大力支持下，市政协还力促提案升级，以提案为抓手争取对岳阳重大课题、重点项目的重视与支持。一年来，有20余件提案上升为省政协甚至是全国政协重点提案，有的提案还得到省委省政府主要领导批示批办。

强化提案督办。重点提案办理坚持高层次、高规格督办，坚持采取“办前见报公示、办中强化督促、办结会议通报、办后民主测评”的四步督办法。专题开展提案办理民主评议和测评，由政协委员和市民代表对18家提案承办单位面对面开展评议。切实增强提案办理实效，重点提案办复率、见面率、满意率、落实率均为100%。

五、自身建设再上台阶

机关建设严实相济。以“三严三实”专题教育活动为契机，结合日常的中心组学习、暑期读书班活动、年度民主生活会等内容，把专题教育融入经常性学习教育之中，融入政协工作之中。量化细化专委会工作，开展“一二三四五”活动：明确专委会每年开展一个专题调研，组织两次委员视察，牵头督办三个重点提案，反映四条高质量的社情民意信息，深入组织政协委员开展“五个一”活动。编辑出版《美丽岳阳》《三战三捷——抗日战争中的长沙大会战》等文史资料。大力提倡“政协干部要走出政协大院开展活动”的理念，开展“会写、会说、会办事、会协调”干部队伍建设活动，政协干部服务中心、服务群众、服务委员的能力和水平不断提高。开展市级“文明标兵单位”创建活动，政协机关更美丽、更文明、更和谐。

委员“五个一”活动精彩纷呈。委员们在建言献策、招商引资、扶贫济困、公益慈善等活动中充分发挥作用。一年来，市政协委员反映社情民意信息100多条，开展视察调研活动20多次、捐资捐物300多万元。“五个一”活动已成为我市委员履职能力建设的重要抓手，成为委员参政议政的主旋律和委员履职的主阵地。

界别活动特色鲜明。健全主席会议成员和专委会对口联系界别制度，明确界别活动内容形式。以界别为单位组织活动30多次，融洽委员感情，充实界别内容；以界别形式提交集体提案7件，减少提案数量，提升提案质量；以界别为单位组织大会发言5次，使发言的质量更高、代表性更强，委员的个人智慧转化成界别的整体优势。

县市区政协工作各领风骚。平江县政协的重点课题调研、提案电视追踪督办；岳阳县政协的调研建言课题优选、重大课题对接承接；华容县政协的季度协商成果转化、县直部门民主评议；湘阴县政协的联合监督、委员履职数据库建设；临湘市政协的“4+1”协商机制、委员活动“呈报制”；汨罗市政协的《咨政专刊》、“提案工作质量年”活动；岳阳楼区政协的“五创精品”、政协委员工作室；云溪区政协的《议政专报》、专委会对口督办；君山区政协的提案跟踪督办、“五联”竞赛；屈原区政协联络工委的提案督办“回头看”、扶贫帮困工作等，都成为去年全市政协工作的亮丽风景线。经开区、南湖新区、城陵矶新港区政协联络联谊工作也各具特色、成效显著。

各位委员，过去一年市政协常委会所取得的成绩，是中共岳阳市委正确领导，是各级党委、人大、政府和社会各界热情帮助、鼎力支持，是政协各参加单位、各级政协组织、广大政协委员团结一心、努力工作的结果。在这里，我代表市政协常委会表示衷心的感谢！借此机会，还要特别感谢社光主席，他担任政协主席四年多来，始终倡导并力行创新实干、积极作为，始终坚持紧扣中心专题调研、通过政协平台为岳阳发展争取重视与支持、组织委员开展“五个一”活动、量化专委会考核、彰显政协界别特色等，为推动岳阳政协事业和民主政治发展恪尽职守，他的忠诚、担当、勤勉、笃实、宽容、大度，值得我们敬重和学习。我提议我们以热烈掌声向社光主席致以崇高敬意和衷心感谢！

在总结成绩的同时，我们也要清醒地认识到存在的问题和差距：调查研究、建言献策的质量水平还要不断提高;协商议政实效性有待进一步增强;民主监督仍需加强；发挥委员主体作用、提高履职能力现代化水平任重道远。这些都要在今年和今后的工作中不断改进。

2016年工作安排

2016年是“十三五”规划的开局之年，是建设“一极三宜”江湖名城的关键之年。我市政协工作要以中共十八大、十八届三中、四中、五中全会和习近平总书记系列重要讲话精神为指导，践行“创新、协调、绿色、开放、共享”理念，以服务“十三五”发展为主线，以助力“一极三宜”江湖名城建设为主题，忠实履行政治协商、民主监督、参政议政职能，发挥人民政协凝聚共识、汇聚力量、建言献策、服务大局的作用，做到服务中心有新作为、协商民主有新气象、凝聚人心有新能量、民主监督有新探索、自身建设有新提升，为我市全面建成小康社会、加快建设“一极三宜”江湖名城作出新贡献。

一、围绕“一极三宜”江湖名城建设，积极献计出力

把岳阳打造成湖南发展新增长极、建设成宜居宜业宜游的江湖名城，是市委作出的战略部署，也是全市人民向往的美好愿景，围绕这个中心同心协力、献计出力，人民政协责无旁贷、义不容辞。

紧扣中心建言。紧扣市委提出的“一个高于”“两个率先”“三大提升”目标协商建言、参政议政，深入开展“我为‘一极三宜’江湖名城建设献计出力”的主题活动，围绕市委全会布局的树牢发展新理念、增强发展新动力、实现发展新突破、构建发展新格局、防范发展新风险、共享发展新成果，引导广大政协委员共议发展之道、共谋改革之计、共献创新之策。突出中心献策。聚焦全面建成小康社会和“一极三宜”江湖名城建设，结合市委经济工作会议明确的重大项目建设、县域经济发展、做强产业园区、促进旅游经济发展、做旺口岸经济、城市棚户区和农村危房改造、洞庭湖和湘江保护治理等目标任务，围绕“岳阳文化旅游产业发展、洞庭湖生态经济区湿地保护补偿机制、充分发挥政协委员在精准扶贫中的主体作用以及加快培育工业强镇、商贸大镇、旅游名镇、边际重镇”等课题，深入实地调查研究，倾听群众意见建议，力求使调研靠事实和数据说话，使对策建议更加符合实情、反映民意、有助决策。服务中心出力。坚持把服务“621”工程、推进重点项目建设作为重中之重，按照市委统一部署，完成好主席会议成员承担的联系重点项目和重点工程任务。

二、搭建协商平台，推进协商民主

抓住科学选题、调查研究、互动交流、成果转化等重点流程和关键环节，推动协商民主广泛、多层、制度化发展。

选题“求准”。早谋划、早衔接，以“党委重视、群众关注、政协可为”为选题原则，注重目标导向和问题导向，围绕党政关注和群众关切选题，加强向市委汇报，协助市委科学制定2016年度协商工作计划。策划“求精”。按照精细、精心、精彩的要求，由专委会牵头，集合党派、界别力量，拟就“切实关注全面建成小康社会中城区贫困群体、洞庭湖湿地生态保护补偿机制、市域金融法制环境建设、巴陵戏传承与发展、乡镇和中心村规划全覆盖、中心城区大城管模式、现代农业示范区建设、健康岳阳建设”等主题，全年组织8次高质量的专题协商活动。谏言“求广”。广纳群言、广谋良策、广聚共识，创造条件，邀请与课题相关的利益代表、专家学者、网民、新闻媒体代表参加并发言，多听和而不同的声音、多听尖锐而不极端的批评。效果“求实”。通过协商会议纪要、建议案、会议发言、委员提案、社情民意等多种形式推动协商成果转化。协商意见送达后，加强与办理部门的沟通协调，确保每项协商成果都有跟踪问效，有反馈通报。

三、坚持问题导向，加强民主监督

民主监督作为人民政协三大职能之一，要在创新中改进、在完善中加强。通过建立健全民主监督选题酝酿、沟通协调、组织领导、一线督查、汇集民意、协商建言、成果报送和促进采纳反馈等机制，做到开展监督有计划、有课题、有载体、有成效。

选好角度。有所侧重、有所取舍，重点围绕提高政府效能、促进司法公正、办好民生实事等，更多地参与到对经济社会发展的重点、难点和人民群众普遍关注的热点、焦点等重大问题的监督中去。把握适度。积极探索行之有效的监督途径和监督载体，激发敢于监督的热情，提升善于监督的能力，既积极主动、尽心尽责，又量力而行、稳妥适度，做到“监督不越位、帮忙不添乱”，寓监督于支持之中。拓展深度。继续抓好6个民

主监督小组对市公安局、市城市管理和行政执法局、市旅游外事侨务办、市质量技术监督局、市食品药品监督局、市房地产管理局6家市直部门的监督，增强民主监督的针对性和精准度。试行民主评议、视察与评议相结合等新的监督形式，探索民主监督与新闻舆论监督、行政监督、司法监督、党内监督等相结合的横向联合监督。

坚持“围绕中心，服务大局，提高质量，讲求实效”，重点抓好提案立案改革、提案办理协商和提案视察评议，突出抓好6件领导批办提案和12件重点督办提案的办理。从严格立案、规范程序、加强督办入手，推进提案工作制度化、规范化、程序化，使政协提案真正成为反映民情、关注民生、推动发展的绿色通道。同时，积极争取省政协重视支持，将“洞庭湖生态补偿机制”升级为全国提案，将“铁山水资源生态功能区建设”升级为省级提案，使提案工作更加有效地服务我市经济社会发展。

发挥社情民意“直通车”作用。升级网上社情民意信息提交系统，及时发布报送要点，畅通反映渠道，强化政协信息的党派特色、界别特色，加强对前瞻性意见和预警性情况的反映，更好地发挥民意汇集和决策参考作用。

四、发挥桥梁纽带作用，凝聚广泛力量

“天地之气，莫大于和。”要充分发挥人民政协联系面广、包容性强的优势，聚合发展之力，激发人和之气，成就奋发之势。

在团结民主、同心同行中凝心聚力。关注和反映各党派团体和各族各界人士的愿望要求，积极协助党委政府做好群众诉求表达、利益协调、权益保障等工作，促进政党关系、民族关系、宗教关系、阶层关系和海内外同胞关系和谐，营造众志成城、和衷共济、共谋发展的良好局面。通过界别活动、联合调研、集体提案等形式，积极组织各民主党派、工商联和无党派委员参政议政、建言献策。

在为民履职、履职为民中凝心聚力。更加充分地发挥政协界别联系面广的特点和优势，特别关注农村贫困人口、城镇失地居民、企业破产改制下岗职工、旧城区棚户区纯城镇居民中老弱病残等弱势群体；特别关注“南湖新区‘13118’工程项目规划精度和建设质量”“农民工转化为新市民享受均等服务”“中心城区时段性交通拥堵”“村镇规划滞后”等突出问题。及时、准确地聚合、表达各界群众的利益要求，使不同利益诉求在政策、法律层面得到保障。

在加强联络、扩大交流中凝心聚力。以乡情、亲情、友情为纽带，联络好、团结好广大海外侨胞、港澳台同胞和寓外乡友；引导有实力的企业家委员回家乡投资兴业；鼓励特聘委员为岳阳“一极三宜”江湖名城建设的宏伟大业牵线搭桥、招商引资、招才引智。在岳阳电视台开设“政协之声”，努力提高政协工作的社会开放度和社会参与度，创造条件让委员和群众更多地参与政协活动。邀请市民代表列席政协有关会议，完善市民提案线索征集、转化、办理和监督互动机制。完成人民政协理论研究会换届选举，发挥好文史资料“存史、资政、团结、育人”功能。

五、提升履职能力，强化自身建设

以“五个一”活动引领委员主体作用。要继续将“五个一”活动作为委员履职的主要抓手和重要载体，健全完善实施方案与委员履职量化考核制度，试点创建委员工作室；加强委员管理和联络，健全委员产生机制和退出机制，建立委员履职评价系统；分期分批举办市政协常委、委员以及县市区政协主席会议成员专题研修班，提升委员履职能力。广大政协委员要增强委员意识，着力提升能力与素质，保持良好形象，做到懂政协、会协商、能监督、善议政、有担当，特别是要积极响应市委号召，通过产业帮扶、结对帮扶、助学帮扶等形式，投身到精准扶贫的战役中去。

以量化考核激活专委会和界别活动小组基础作用。完善由专委会联系界别、界别联系委员、委员联系群众机制；继续推行专委会量化考核，开展“一二三四五”活动，使专委会工作“动起来”“实起来”“活起来”；强化界别工作，建立和完善界别小组召集人工作机制，让更多的界别履职成果以界别提案、调研报告、大会发言等形式得以转化，实现界别委员组织化、界别活动常态化。

以“四型”机关创建提升政协履职能力。开展书香型、文明型、严实型、活力型机关创建活动。启动委员“学习书架”，实施委员“阅读工程”；争创省级文明机关；持续推进“三严三实”专题教育活动，贯彻落实《条例》《准则》；严格执行“三个办法”，贯彻“五个看重、两个倾斜”，激励机关干部想事干事成事。

各位委员、各位领导，新征程承载新使命，新蓝图呼唤新作为，让我们紧密团结在以习近平同志为总书记的党中央周围，在中共岳阳市委的坚强领导下，求真务实，开拓创新，为建设“一极三宜”江湖名城的宏伟事业而努力奋斗！

责任编校　胡萍萍

大事记

1月

1日　海峡两岸洪淑慧亲子共读《岳阳楼记》展演会在岳阳楼瞻岳门前举行。市委常委、宣传部部长徐新启出席。

△　湖南第二座洞庭湖大桥——杭瑞高速岳阳洞庭湖大桥主桥墩水下部分建成。

4日　市长盛荣华主持召开市政府第34次常务会议。

5日　岳阳市委召开各县市区委书记履行基层党建工作责任述职评议会，12位县市区委书记就履行基层党建工作责任情况述职并接受评议。

△　市长盛荣华主持召开洞庭湖博物馆设计方案汇报会。

6日　市委书记卿渐伟到建设扶贫点平江县浯口镇四合村，了解农民生产生活情况，察看扶贫建设项目进展，调研基层党建工作，看望慰问困难党员和群众。市委常委、市委秘书长樊进军陪同调研。

△　市长盛荣华到长沙拜会省发改委主任谢建辉，就岳阳打造湖南通江达海的新增长极，进行对接，争取支持。

7日　市委书记卿渐伟主持召开中共岳阳市委第六届第82次常委会议。

△　市长盛荣华主持召开全力推进全省通江达海的新增长极建设专题会议，研究岳阳市申请纳入湖南长江经济带基础设施重大项目规划、关于促进城陵矶“一区三口岸”加快发展的意见（试行）。市委常委、常务副市长陈奇达出席。

8日　市委书记卿渐伟到岳阳楼区督查、指导党的群众路线教育实践活动整改落实“回头看”工作。市人大常委会副主任、市委驻岳阳楼区督导组组长许伟奇参加。

△　中国少年儿童新闻出版总社在北京举行“坚守经典，续力畅销”——新书发布会，推介岳阳作家阮梅新作《罪童泪》。

9日　中石化巴陵石化牵头完成的“新一代高性能苯乙烯类热塑性弹性体成套技术”项目，获2014年度国家科学技术进步二等奖。

10日　安徽省委常委、合肥市委书记吴存荣率团到岳考察岳阳市城市建设情况，市领导卿渐伟、樊进军陪同考察。

11—14日　政协岳阳市第七届委员会第三次会议在文化艺术会展中心召开，市委书记卿渐伟代表中共岳阳市委到会祝贺。

△　市委书记卿渐伟看望国家科技进步二等奖获奖者、市政协委员梁红文。

13日　岳阳市第七届人民代表大会第三次会议开幕。市长盛荣华作《政府工作报告》。16日会议胜利闭幕。

15日　湖南省环洞庭湖水鸟调查从13日开始，15日结束，监测到51种水鸟13.13万只。

17日　著名表演艺术家周里京、唐国强主演的电影《共和国反腐枪声》在平江县开机。

20日　省委驻岳阳督导组组长陈叔红率省委督导组到岳阳市，就党的群众路线教育实践活动整改落实“回头看”工作进行督查。

△　长江航务管理局和省交通运输厅在岳阳举行合力推进长江湖南段黄金水道建设座谈会。长航局局长唐冠军，市长盛荣华出席。

△　市长盛荣华主持召开市政府第35次常务会议。

△　岳阳市公安局向社会发布消息：2014年，全市立现行命案29起，破29起，破案率为100%，连续五年命案下降。

21日　国务院国资委秘书长阎晓峰率督查组，就岳阳市安全生产工作督查情况进行反馈。市委书记卿渐伟听取意见反馈。

22日　市委书记卿渐伟主持召开中共岳阳市委第六届第83次常委会议。

△　岳阳市召开政府职能转变和机构改革动员大会。

△　岳阳军分区党委九届四次全体（扩大）会议召开。市委书记、军分区党委第一书记卿渐伟出席。

23日　市委书记卿渐伟主持召开岳阳市党的群众路线教育实践活动整改落实“回头看”工作向省委党的群众路线教育实践活动办督查组汇报会。市委常委、组织部部长、统战部部长王瑰曙汇报整改落实“回头看”工作情况。

△　岳阳城陵矶“一区一港四

口岸”招商推介会在长沙举行。岳阳市首次发布《促进岳阳城陵矶“一区一港四口岸”加快发展的奖励办法（试行）》，现场签约项目3个。省人大常委会党组成员陈叔红，市领导盛荣华、李志坚参会。

△ 市长盛荣华主持召开推进PPP项目建设专题会议。

28日 副省长何报翔、黄兰香到省十二届人大四次会议岳阳市代表团听取意见。

29日 省长杜家毫，省领导黄建国、韩永文到省十二届人大四次会议岳阳代表团，和代表们审议省政府工作报告，听取建议意见。

△ 岳阳市委组织部组织举办全市乡镇（街道）党务专职副书记培训班，全市156个乡镇、22个街道的党务专职副书记参训。

31日 省政协主席陈求发到湖南省十二届人大四次会议岳阳代表团参加讨论，听取代表意见建议。

2月

2日 岳阳城陵矶“一区一港四口岸”专题招商推介会在武汉举行。市领导卿渐伟、盛荣华、李志坚参会。

3日 岳阳市首届全民创新创业大赛决赛暨颁奖典礼在市广播电视台演播大厅举行。

3—4日 全国总工会书记处书记、党组成员赵世洪到岳阳慰问困难企业职工和劳模。

4日 岳阳市召开市委党的群众路线教育实践活动督导组工作总结会议。市委书记卿渐伟出席会议并讲话。

△ 市长盛荣华主持召开市政府第36次常务会议。

5日 国家开发银行湖南省分行行长梁庆凯到岳阳就共同推进湖南经济新增长极建设进行调研。市长盛荣华出席。

6日 岳阳市召开传达学习贯彻全省两会精神会议。市委书记卿渐伟讲话，市长盛荣华主持。市人大常委会主任李湘岳、市政协主席赖社光分别传达省十二届人大四次会议、省政协十一届三次会议精神。盛荣华传达省长杜家毫，省领导陈求发、黄建国、何报翔、黄兰香等参加岳阳代表团审议时的讲话精神。全体在家市领导参加。

△ 岳阳市召开2014年省管领导班子和领导干部年度考核述职测评会。

△ 市委书记卿渐伟主持召开中共岳阳市委第六届第84次常委会议。

10日 中共岳阳市第六届纪委第七次全会暨全市反腐败工作会议召开。市委书记卿渐伟出席并讲话。市长盛荣华主持会议并传达李克强总理在国务院第三次廉政工作会议上的讲话精神。市委常委、市纪委书记康代四代表市纪委常委会作工作报告。

11日 省长杜家毫、副省长戴道晋到岳阳走访慰问困难企业职工和农户。市委书记卿渐伟、市长盛荣华陪同。

△ 副省长何报翔到湘阴县、汨罗市考察市场建设及春节物资供应情况。

12日 市委书记卿渐伟听取市委办公室系统工作汇报。

13日 岳阳市举行2015年迎新春团拜会。市委书记卿渐伟出席并致词，市长盛荣华主持，全体在家市领导出席。

△ 市委书记卿渐伟看望慰问老科技工作者蒋逊平、晏彼得。市委常委、市委秘书长樊进军陪同。

15日 市长盛荣华主持召开市政府第37次常务会议。

25日 市委书记卿渐伟主持召开市委常委碰头会议，传达学习习近平、刘云山在省部级主要领导干部学习贯彻党的十八届四中全会精神全面推进依法治国专题研讨班上的讲话。

△ 市委书记卿渐伟到临港新区督战项目建设。市领导李志坚、樊进军同往。

△ 市长盛荣华主持召开市政府专题会议，听取春节期间安全生产、交通秩序、社会治安、禁拆治违、市场供应保障等工作情况汇报，研究部署重点工作。

28日 第四届全国文明城市表彰大会在北京人民大会堂举行。岳阳被评为第四届全国文明城市。市委书记卿渐伟出席会议，从中央领导人手中捧回了全国文明城市的奖牌。全国文明单位中石化巴陵石化公司代表李大为、全国文明城市（县级）提名资格城市岳阳县代表毛知兵与会。岳阳楼—君山岛景区、岳阳市一人民医院等7家单位获得全国文明单位称号，临湘市江南镇、岳阳县新墙镇清水村等5个村镇获得全国文明村镇称号。

3月

2日 岳阳市召开市县乡负责干部会议，市委书记卿渐伟作报告。

3—5日 市委书记卿渐伟、市长盛荣华到京向国家发改委、交通运输部、水利部、国家电网公司、华电集团、中国工程院等部委和单位汇报衔接长江经济带建设、1500万吨炼化一体化和100万吨芳烃项目、华电平江电厂项目、中央防汛抗旱物资岳阳仓库搬迁及码头建设等重点工作。

3日 市长盛荣华参加“3·5”学雷锋志愿者日主题活动，为“公益格子铺”“公益阅读吧”揭牌。市委常委、宣传部部长徐新启参加。

△ 市长盛荣华主持召开洞庭湖博物馆及“一馆两中心”（科技馆、青少年活动中心、妇女儿童活动中心）规划设计方案汇报会。

6日 市委书记卿渐伟看望慰问岳阳市女性创业典型、先进群体及困难家庭，送上节日祝福。市委常委、市委秘书长樊进军陪同慰问。

△ 市委书记卿渐伟主持召开全市创建文明城市领导小组暨市文明委全会会议。

△ 岳阳市与广州市城投集团、广州市产业基金公司、广州市南粤基金公司项目签约仪式在南湖宾馆举行。广州市委常委、增城市委书记欧阳卫民，市领导盛荣华、陈奇达、宋爱华及3家公司负责人参加仪式。

9日 市委书记卿渐伟主持召开市委法治岳阳建设领导小组第一次全体会议。

10日 岳阳市召开市委政法工作暨综治民调动员会议。

11日 市委书记卿渐伟主持召开中共岳阳市委第六届第85次常委

会议。

△ 副省长张硕辅到洞庭湖区调研水利工程项目建设。市长盛荣华陪同调研。

12日 市领导卿渐伟、盛荣华、李志坚、赖社光、康代四、徐新启、向伟雄到市森林生态博览园参加义务植树活动。

13日 市政协举行“打造湖南经济新增长极”专题协商会，市委书记卿渐伟参加讨论并讲话，市政协主席赖社光主持会议。

16日 市长盛荣华主持召开岳阳三荷机场、京港澳高速公路岳阳收费站西移、岳阳东客运枢纽站项目建设推进会。

△ 中国航空科工集团湖南航天管理局浮空器项目与岳阳经济技术开发区签约并落户。

17日 市长盛荣华主持召开市政府第38次常务会议。

18日 省委巡视第八组巡视岳阳市工作动员会召开，组长孙剑霖作动员讲话，市委书记卿渐伟主持会议并讲话。

△ 市委书记卿渐伟主持召开中共岳阳市委第六届第86次常委会议。

△ 省商务厅厅长徐湘平率队到岳阳调研“一区一港四口岸”建设。市领导盛荣华、李志坚出席座谈会。

19日 市长盛荣华主持召开2015年市中心城区城建计划及旧城（棚户区）改造计划方案专题会。

20日 市长盛荣华到临港产业新区调研并主持召开第三次“一区一港四口岸”建设推进会。市委副书记李志坚参加。

21日 市长盛荣华主持召开洞庭湖博物馆（综合馆、江豚馆、鸟类馆）建筑设计方案汇报会。

△ 市长盛荣华主持召开专题会议，研究部署重点产业重大项目建设责任分解工作。

23日 中央国家机关工委副书记部旭军一行到岳阳调研“机关党建如何落实从严治党要求”。市委书记卿渐伟主持座谈会，市委常委、市委秘书长、市直机关工委第一书记樊进军汇报岳阳市机关党建工作情况。

24日 全国政协常委、人口资源环境委员会主任贾治邦，副主任解振华率队到岳阳调研“长江经济带开发中的湿地保护”。省政协副主席杨维刚，市领导卿渐伟、盛荣华、赖社光陪同。

△ 市长盛荣华主持召开推进创新创业园区“135”工程专题会议（集中两年时间，重点扶持10个创新创业园区、建设300万平米以上的标准化厂房、引进500家以上创新创业企业）。

△ 市长盛荣华会见台湾企业家代表团团长李厚业一行。市领导李志坚、王瑰曙参加。

25日 市委书记卿渐伟主持召开中共岳阳市委第六届第87次常委会议。

26日 国家防总副总指挥、水利部部长陈雷率国家防总长江防汛抗旱检查组到岳阳市检查防汛抗旱工作。长江防总常务副总指挥、长江委主任刘雅鸣参加。副省长张硕辅，省水利厅厅长詹晓安、市长盛荣华陪同。

27日 农业部、环保部、中科院及湘鄂赣三省联合开展长江江豚迁地保护行动，从江西鄱阳湖迁移4头江豚，投放华容县境内长江故道。农业部副部长于康震、湖北省副省长曹广晶、湖南省人大常委会副主任徐明华出席。

28日 岳阳市台湾同胞投资企业协会成立2周年庆典暨招商推介大会举行。市领导卿渐伟、李湘岳、赖社光、樊进军、王瑰曙参会。

30日 岳阳市召开创建全国文明城市工作总结表彰大会，市委书记卿渐伟讲话，市长盛荣华主持。

△ 中共岳阳市第六届委员会第十次全体（扩大）会议召开。

31日 市长盛荣华主持召开市政府第39次常务会议。

△ 岳阳市确定巴陵广场瞻岳门门洞中线与巴陵路中线交点作为城市原点标志实施地点，确定以交点为中心向四周城市衍拓、以环状树形图为形式的《岳阳之眼》为实施方案。

4月

1日 岳阳市召开主城区禁拆治违工作会，市委书记卿渐伟、市长盛荣华讲话，市委副书记李志坚主持。

2日 来自北京、河南、广东、湖南、贵州、四川等地的100余名屈氏后裔代表，齐聚汨罗江畔屈子祠，举行庄严古朴的祭祀典礼。

3日 “首届岳商大会”开幕。副省长何报翔，市领导卿渐伟、盛荣华、李湘岳、赖社光、樊进军参会。市委副书记李志坚主持会议。

△ 十一届全国人大常委会委员、原交通运输部部长黄镇东一行到岳阳，实地考察大岳高速洞庭湖大桥项目建设。市领导卿渐伟、樊进军陪同。

6日 市长盛荣华主持召开防汛会商会。

8日 省长杜家毫到岳阳调研春耕生产情况，实地察看君山区、岳阳县、汨罗市等地“百千万工程”项目实施进展。副省长张硕辅，市领导卿渐伟、盛荣华参加调研。

9日 岳阳市2015—2017年驻村扶贫工作启动。

△ 长沙海关关长黎对贞到岳阳市调研“一区一港四口岸”建设运营工作。

10日 市委召开石化产业帮扶工作推进会。

△ 市委书记卿渐伟到市信访局主持召开岳阳楼区三眼桥鲤鱼嘴社区金东门枫叶巷积水信访问题协调会。

△ 市长盛荣华主持召开PPP项目建设专题会议。

11日 市长盛荣华到南湖风景区调研生态保护、文物修缮和文化旅游产业开发工作。

13日 市委书记卿渐伟到平江县加义镇横许村调研扶贫工作。

14日 市委书记卿渐伟主持召开中共岳阳市委第六届第88次常委会议。

15日 全省水稻生产全程机械化推进会在汨罗市召开。

16日 省政协副主席、民革省委原主委刘晓率省文物局到平江县，查看抗战阵亡将士墓葬遗址修缮工作。

△ 市长盛荣华分别主持召开市城乡规划委员会2015年第一次全会和市土地出让委员会2015年第一次会议。

20日　市长盛荣华到深圳农产品公司，对接该公司落户城陵矶临港产业新区的海吉星农产品物流产业园项目。

21日　市委书记卿渐伟主持召开中共岳阳市委第六届第89次常委会议。

△　市长盛荣华主持召开市政府第40次常务会议。

24日　湖南华光国际船务代理有限公司承运的7500吨级“长江新星”江海轮从岳阳城陵矶新港码头起航，标志着城陵矶口岸至上海洋山港直航开通。同时，城陵矶口岸启运港退税政策正式落地实施。副省长何报翔代表省政府对洋山直航开通和启运退税实施表示祝贺。市委书记卿渐伟宣布直航开通和启运港退税政策试点启动。市长盛荣华发来贺电，市委副书记李志坚致辞。

29日　城陵矶“一区一港四口岸”专题招商推介会在上海举行。市领导盛荣华、李志坚参会。

5月

4日　岳阳市召开“四公开、四整治”专项活动动员大会。

5日　市委书记卿渐伟主持召开中共岳阳市委第六届第90次常委会议。

△　市长盛荣华主持召开市政府第41次常务会议。

6—10日　市委书记卿渐伟率岳阳市党政代表团到重庆、成都、宜昌三市考察长江经济带港口和保税区建设、城市管理和休闲旅游产业等工作。市领导赖社光、唐道明、樊进军参加。

6日　岳阳市职业教育工作会议召开。

7日　岳阳市环保志愿者协会被命名为首批“全国志愿服务示范团队”，成为湖南省唯一获此殊荣的志愿服务组织。

11日　岳阳市组织开展“严明政治纪律严守政治规矩”暨落实“两个责任”专题培训，市委书记卿渐伟作主题报告。市长盛荣华、市委副书记李志坚分别主持上午和下午的集中学习活动，市委常委、市纪委书记康代四作专题报告，省纪委法规室主任张泽军作专题辅导，全体在家市领导参加。

12日　岳阳市召开城区2015年土地依法征收“百日攻坚”行动动员大会。

△　岳阳市社会科学界联合会第三次代表大会召开。

△　岳阳市在长沙举行“岳阳市与长沙地区高校人才合作交流座谈会”。

13日　21世纪海上丝绸之路岳阳至东盟接力航线在岳阳市城陵矶国际集装箱码头正式开通。省长杜家毫宣布起航。上海市委常委、常务副市长屠光绍，省市领导张剑飞、戴道晋、卿渐伟、盛荣华、李志坚、李湘岳、赖社光、陈奇达、唐道明、樊进军出席。

△　省长杜家毫到岳阳考察防汛工作。

△　副省长张剑飞察看杭瑞高速公路岳阳段建设工地。

△　中国文联党组成员、副主席、书记处书记夏潮到岳阳市文联调研。市委常委、宣传部部长徐新启参加。

15日　岳阳市召开县市区委书记、县市区长座谈会暨全面建成小康社会推进工作会议。市委书记卿渐伟、市委副书记李志坚分别讲话。

△　市长盛荣华到环保部、中国铁路总公司衔接工作。

△　中国社会科学院发布“2015年城市竞争力蓝皮书”——《中国城市竞争力第13次报告》。根据该报告，岳阳的综合经济竞争力在全国294个纳入评估的城市中排名第83位。

18日　省委常委、常务副省长陈肇雄到岳阳市考察化工产业发展情况。市领导卿渐伟、陈奇达陪同考察。

△　岳阳金悦洋商业公园暨居然之家项目落户岳阳经济技术开发区。

△　岳阳市举行2015年科技活动周启动仪式暨银行、科技型中小微企业合作签约仪式，签约资金12.45亿元。

19日　岳阳市召开“三严三实”专题教育工作座谈会，市委书记卿渐伟讲专题党课，市长盛荣华主持。

△　市长盛荣华主持召开市政府第42次常务会议。

21日　市长盛荣华到岳阳经济技术开发区调研督查重点项目建设。

22日　市委书记卿渐伟主持召开中共岳阳市委第六届第91次常委会议。

24日　市长盛荣华主持召开洞庭湖博物馆建筑设计方案汇报会。

25日　国家旅游局公布首批1801家“全国旅游价格信得过景区”名单，岳阳市岳阳楼—君山岛旅游区、任弼时纪念馆、君山野生荷花世界旅游区、五尖山森林公园、华容县博物馆景区、6501风景区及湖南十三村三国“食”文化产业园上榜。

26日　市长盛荣华主持召开市政府第42次常务会议。

△　岳阳市召开市防汛抗旱指挥部全体成员会议。

△　岳阳市举行第三届岳阳文学艺术奖颁奖大会暨市文联四届六次全委会，评定岳阳文学艺术终身成就奖2人、特别贡献奖1人、文学艺术奖作品76件。

27日　市委书记卿渐伟主持市委学习中心组2015年第三次集中学习。

△　岳阳市山洪防御水库防守城市防涝工作座谈会在汨罗市召开。

28日　中国战略文化促进会常务副会长兼秘书长、中国军事科学院世界军事研究部原副部长、博士生导师罗援少将在“市民大课堂”讲“我国周边安全环境和国家软实力”国防教育课。

△　中信银行岳阳分行正式营业。

29日　市政府党组（扩大）“三严三实”专题教育工作座谈会召开，市长盛荣华讲党课。

6月

1日　21时30分，重庆东方轮船公司“东方之星”客轮从南京驶往重庆，途径长江中游湖北监利水域时沉没。沉船事件引起党和国家领导人高度重视。湖南省、岳阳市党政领导及有关单位负责人立即赶赴现场，协助开展搜救。截至6月13日

16时，岳阳市设置搜救点27个，组织人员5416人14796人次，船只276艘1103船次参与搜救，救起2人，打捞遇难者遗体26具。经最终核实，“东方之星”号客轮上有454人，其中获救12人，遇难442人。

1—2日 临湘市普降大到暴雨，降雨量200毫米以上的站点达8个，暴雨集中在羊楼司镇境内，引发当地山体滑坡，造成数人死亡、失踪。

1日 市长盛荣华率团到香港参加2015湖南（香港）投资贸易洽谈周，并接受凤凰卫视专访。

2日 省商务厅和岳阳市联合在香港举行2015“港洽周”湖南城陵矶“一区一港四口岸”专题招商推介会。副省长何报翔，市长盛荣华参加。

3日 受省委书记徐守盛、省长杜家毫委派，副省长戴道晋到临湘市羊楼司镇龙源村查看灾情、指导救灾工作、看望慰问受灾群众。市委书记卿渐伟同往。

4日 受省委书记徐守盛、省长杜家毫委托，副省长黄兰香到临湘市龙源村检查指导抗灾救灾工作。

5日 副省长黄兰香到扶贫联系点平江县瓮江镇塔兴村督查调研扶贫开发工作。市委常委、副市长唐道明陪同。

△ 民政部救灾司副巡视员方志勇率检查组到临湘市“6·1”山洪地质灾害受灾地区实地察看灾情，指导抗灾救灾工作。

8日 岳阳市领导干部会议召开。省委组织部常务副部长林武出席会议并宣布省委决定：卿渐伟同志不再担任岳阳市委书记职务，盛荣华同志任岳阳市委书记，提名免去其岳阳市人民政府市长职务，刘和生同志任岳阳市委副书记，提名为岳阳市人民政府市长候选人。

9日 岳阳市卫生系统首个博士后科研工作站——市中医院博士后科研流动站协作中心授牌。

10日 省委常委、省委秘书长韩永文到临湘市、云溪区检查指导防汛抗灾工作，看望慰问受灾群众。

12日 市委书记盛荣华主持召开中共岳阳市委第六届第二十次常委扩大会议。

△ 岳阳信达物联科技有限公司举行上海股交所“科创板”挂牌上市签约仪式。

14日 2015年“文化遗产日”湖南非遗展演活动启动仪式在韶山举行，岳阳的洞庭渔歌入选第四批国家非物质文化遗产代表性项目名录。

15日 市委副书记、市长候选人刘和生主持召开市政府专题会议。

△ 岳阳老古板生态农业公司在上海股权托管交易中心中小企业股权报价系统“Q板”挂牌上市成功。

16日 岳阳电子商务产业园项目经国家商务部评审通过，获第二批“国家电子商务示范基地”称号。

△ 岳阳市44家单位联合举行2015年“安全生产月”宣传咨询活动。

17日 省委巡视第八组组长孙剑霖向岳阳市反馈巡视情况，市委书记盛荣华讲话。

19日 市委书记盛荣华到临港产业新区调研并主持召开全市口岸经济发展战略推进会，研究部署“一区一港四口岸”建设运营工作。

20日 第十一届中国汨罗江国际龙舟节在汨罗江国际龙舟竞渡中心开幕。

23日 中国首家棉文化博物馆在华容县建成开馆。

24日 清华五道口金融学院EMBA潇湘行考察团20多名商界代表到岳阳市参观考察。

25日 全省创新创业先进典型巡回报告会在岳阳市举行，全市30名创新创业先进典型受到表彰。

△ 全省高考成绩揭晓，岳阳市3.06万人报名参加高考。

26日 市委书记盛荣华主持召开中共岳阳市委第六届第92次常委会议。

△ 市委书记盛荣华会见新兴际华集团总经理沙鸣，就加快洞庭3517文化旅游新城和临港新区际华3517橡胶制品产业园项目建设等事宜进行深入交流。市委常委、市委秘书长樊进军参加会见。

△ 湖南省第十次党代会岳阳代表团党代表到临港新区调研。

28日 岳阳市下发《关于严明党员干部在市城区土地依法征收“百日攻坚”行动中有关纪律要求的通知》。

29日 市委常委会“三严三实”专题教育第一次集中学习研讨在任弼时纪念馆举行，省委常委、省委统战部部长李微微出席并讲话。

△ 省委常委、省委统战部部长李微微到城陵矶临港产业新区调研。

△ 中国仓储协会第十届仓储业大会在岳阳召开，市委副书记、市长候选人刘和生出席开幕式并致辞，市委副书记李志坚作市情推介。

30日 岳阳市图书馆被中国图书馆学会授予“2014年全民阅读优秀组织奖”，是省内唯一获得该奖项的公共图书馆。

7月

1日 市委书记盛荣华到北京拜会中交集团，就加快湖南城陵矶国际港务集团资产重组工作进行商讨。

2日 由湖南省社科联和岳阳市政府联合主办的全力把岳阳打造成湖南发展新增长极座谈会在长沙举行，国内省内宏观经济领域知名专家学者共同研讨新增长极建设战略思路和发展举措。省委常委、常务副省长陈肇雄出席并讲话，省社科联党组书记周发源主持，市委书记盛荣华致辞，市委副书记、市长候选人刘和生介绍情况，市领导李志坚、李湘岳、陈奇达、徐新启、樊进军出席。

3日 全国文化志愿服务管理培训班暨长江经济带国家公共文化服务体系建设示范区城市、创建城市文化志愿服务成果展启动仪式在岳阳举行。

5—12日 2015南台湾青少年学生“湖湘文化之旅”暨岳阳楼海峡两岸交流基地启动仪式在岳阳举行。

6日 市委副书记、市长候选人刘和生考察临湖公路项目建设情况。

7—8日　副省长蔡振红到岳阳市调研。

△　由市政协和市委宣传部联合举办的“铭记历史，开创未来——纪念中国人民抗日战争胜利70周年书画展”在文化艺术会展中心开幕。

8日　宣布岳阳军分区党委第一书记任职暨司令员调整命令大会召开。省军区政委马必强宣读中央军委命令和省军区党内任职通知，市委书记盛荣华任岳阳军分区党委第一书记，刘亚兵任湖南预备役师师长，黄大军任岳阳军分区司令员。

9日　岳阳市七届人大四次会议开幕，市七届人大常委会主任、大会执行主席李湘岳宣布大会开幕，大会执行主席盛荣华、刘和生、李志坚、李湘岳、陈奇达、康代四、王瑰曙、向伟雄、陈国荣、余炳锐、包忠清、刘美树、许伟奇、陈志莲、彭先政、孔福建出席；10日，岳阳市七届人大四次会议第二次全体会议举行，刘和生当选为市人民政府市长。大会主席团常务主席、执行主席陈国荣主持会议。大会执行主席盛荣华、刘和生、李志坚、李湘岳、陈奇达、康代四、王瑰曙、向伟雄、余炳锐、包忠清、刘美树、许伟奇、陈志莲、彭先政、孔福建在大会主席台前排就座。市领导赖社光、徐新启、张作坤出席；10日下午，大会闭幕。

10日　中共十八届中央候补委员、中国社科院副院长、中国地方志指导小组常务副组长李培林到岳阳调研地方志工作。市委常委、市委秘书长樊进军，市政府副巡视员苏耀辉参加调研。

13日　省委巡视第十组从即日开始，对临湘市、岳阳县进行为期两个月的集中巡视。

△　住房和城乡建设部、国家旅游局下发《关于公布第三批全国特色景观旅游名镇名村示范名单的通知》，岳阳市岳阳县张谷英镇张谷英村入选。

14日　市委书记盛荣华主持召开中共岳阳市委第六届第93次常委会议。

△　市长刘和生主持召开市政府第43次常务会议。

15日　中共岳阳市第六届委员会第十一次全体（扩大）会议召开。

△　岳阳市召开巡视整改工作动员会。市委书记盛荣华讲话，市长刘和生主持。

16日　环南湖旅游交通三圈工程建设项目开工仪式举行。

△　中部地区首个汽车整车进口口岸——岳阳城陵矶汽车整车进口口岸，通过海关总署、商务部、国家发改委、国家质检总局、工业和信息化部5部委联合验收组验收。省政府副秘书长熊方平主持验收纪要签署仪式，市领导刘和生、李志坚出席。

17日　岳阳韩国首尔大学医院项目举行签约仪式。

18日　由市工商联、团市委联合举办的“纪念抗战胜利70周年·情系抗战老兵慈善拍卖会”开槌。

20日　岳阳市召开“一极三宜”江湖名城发展战略研讨会。

△　《湖南省新型城镇化试点工作总体实施方案》印发。岳阳市进入试点地级市名单，华容县进入试点县市区名单，平江县长寿镇、临湘市羊楼司镇进入试点建制镇名单。

△　华能岳阳电厂6号机组正式并网发电，成为湖南省首台“超低排放”燃煤机组。

21日　市委书记盛荣华主持召开中共岳阳市委第六届第21次常委扩大会议。

△　首届全省党报融合发展战略合作座谈会在岳阳市举行。

△　“打造湖南发展新增长极，建设宜游江湖名城”——“天下江湖、畅游岳阳”活动启动仪式在岳阳楼景区举行。

22日　岳阳市举行上半年“135”工程建设项目流动现场会。

22—23日　市委书记盛荣华率市党政代表团到江西省九江市学习考察。

27—29日　市委书记盛荣华、市长刘和生赴京，就1500万吨炼化一体化和100万吨芳烃项目、中粮城陵矶产业园项目、神华国华岳阳电厂项目分别与中石化集团公司、中粮集团、神华国华电力公司进行对接。

30—31日　副省长戴道晋到君山区、华容县调研环洞庭湖区水利建设情况。

30日　岳阳市召开上半年经济形势分析暨增长极建设重点工作讲评会。

31日　市委书记、军分区党委第一书记盛荣华主持召开市委议军会议。

△　市委书记、军分区党委第一书记盛荣华率市五大家领导到岳阳军分区郭镇训练基地参加“军事日”活动。

△　市长刘和生到平江县指导平江县委常委会“三严三实”专题教育第一次集中学习研讨。

8月

2日　岳阳市妇幼保健院首例自主培育试管婴儿顺利出生，填补岳阳市生殖医学领域的空白。

4日　华容县集成长江故道县级江豚自然保护区升级为省级江豚自然保护区。

5日　巴陵戏大型新编历史剧《远在江湖》首次彩排。10月28日。该剧在岳阳文化艺术会展中心上演。11月12日，该剧到湖南省花鼓戏剧院大舞台参加第五届湖南艺术节优秀剧目展演暨比赛。

6日　岳阳市召开综治民调工作讲评暨深化平安岳阳建设会议。

6—9日　岳阳市委宣传部、市文广新局与中国音乐家协会竹笛学会在岳阳联合举办首届“中国竹笛艺术展”。

7日　副省长、公安厅厅长黄关春到岳阳市调研公安工作。

△　岳阳市召开新增长极建设六大战略推进会，市委书记盛荣华讲话

8日　上海市委统战部副部长、市工商联党组书记赵福禧率上海知名企业家负责人到岳阳考察。

10日　岳阳市党政代表团到长沙学习考察城市规划建设管理、禁拆治违、产业园区发展成功经验。

11日　市长刘和生会见日本滋贺县知事三日月大造。

12日　市委书记盛荣华主持召开禁拆治违和城区2015年土地依法

征收“百日攻坚”行动推进会。

△ 岳阳市召开引导农村村民规范建房工作动员会。

13日 市委书记盛荣华主持召开中共岳阳市委第六届第94次常委会议。

△ 岳阳市岳阳县大云山“三战三捷”摩崖石刻入选第二批国家级抗战纪念设施、遗址名录。

14日 市长刘和生会见中国民生投资集团副总裁、中民嘉业投资公司董事长张志超。

△ 市长刘和生会见中国农业发展银行湖南省分行党委书记、行长谢文。

14—16日，省人大常委会党组书记、副主任于来山率省人大常委会水污染防治法执法检查组到岳阳市检查指导工作。

17日 岳阳市召开精准扶贫三年（2015—2017年）攻坚行动动员大会。

18日 岳阳市举行“学习长沙、三大升级”研讨会。

19日 市长刘和生主持召开市政府第44次常务会议。

20日 岳阳市2015年第一批重大项目集中开工仪式在城陵矶新港区举行。

△ 岳阳市举行“一区一港四口岸”大招商行动推进会。

△ 市委书记盛荣华会见省建工集团董事长叶新平。

21日 市委书记盛荣华主持召开重大项目建设专题会，调度洞庭湖博物馆、岳阳韩国首尔医院项目建设。

23日 岳阳市园区产业发展专题培训班在新加坡国立大学苏州研究院开班。

24日 湖南省社会主义新农村建设工作推进会在岳阳举行。省委副书记孙金龙出席并讲话，副省长戴道晋主持。

△ 国家发改委、环保部、住建部、水利部等部门组成的洞庭湖水环境调研组到岳阳，就如何恢复“一湖清水”开展考察调研，市领导刘和生、陈奇达参加考察。

△ 副省长戴道晋率省安全生产工作督查组到岳阳检查安全生产工作。市领导刘和生、唐道明参加。

25日 市委书记盛荣华主持召开中共岳阳市委第六届第95次常委会议。

26日 国家旅游局副局长李世宏率国务院安委会安全生产第十一督查组到岳阳市督查安全生产工作。

27日 副省长张剑飞到岳阳市督查高速公路项目建设。

28日 国土资源部副部长、党组成员，国家测绘地理信息局党组书记、局长库热西·买合苏提率国家测绘地理信息调研组到岳考察调研。

31日 市委书记盛荣华主持市委常委会“三严三实”专题教育第二次集中学习研讨。

△ 市委书记盛荣华主持召开市委全面深化改革领导小组第六次会议，听取情况汇报，研究审议有关改革方案。

9月

1日 省委常委、常务副省长陈肇雄到岳阳考察长江经济带和洞庭湖生态经济区建设。

△ 市委书记盛荣华到城区看望慰问抗战离休干部，为他们佩戴由中共中央、国务院、中央军委统一制作下发的抗战胜利纪念勋章。

△ 省政协副主席杨维刚到岳阳调研产业园区发展情况。

2日 市委书记盛荣华到市委办公室系统调研工作，他要求办公室干部做到忠诚、认真、好学、奉献、勤廉。

3日 纪念中国人民抗日战争暨世界反法西斯战争胜利70周年大会在北京天安门广场举行。岳阳市抗战老兵文正国和谢慈友作为国民革命军抗战老兵代表参加大阅兵，接受中共中央总书记、国家主席、中央军委主席习近平检阅。

7日 十一届全国政协委员、国防大学战略研究所原所长、著名军事战略学专家和军史专家、博士生导师金一南少将到岳阳作《从百年沉沦到伟大复兴——纪念抗日战争胜利70周年》专题报告。

8日 市委学习中心组第五次集中（扩大）学习暨“清正在心”系列教育第三次集中学习和市委党校秋季开学典礼仪式在市委党校举行，市委书记盛荣华作专题党课辅导。

9日 市长刘和生主持召开市城乡规划委员会2015年第二次全会。

10日 市委书记盛荣华主持召开中共岳阳市委第六届第96次常委会议。

11日 岳阳市推进落实市委“三个办法”暨市直单位第一轮巡查和考核工作部署会召开。

14日 市委书记盛荣华，市领导樊进军、王瑰曙到贵州省贵阳市学习调研。

△ 中央军委授予岳阳市湘阴籍军人谭清泉“砺剑先锋”荣誉称号命名大会第二炮兵某基地举行。

15日 市委书记盛荣华会见到岳阳考察的中国五矿集团副总裁李福利。市委副书记李志坚参加。

△ 省委调研组到岳阳调研洞庭湖及湘江流域环保治理。

15—16日 省人大常委会副主任谢勇率省“六五”普法工作检查验收组到岳阳考察“六五普法”工作。

16日 市委书记盛荣华主持召开中共岳阳市委第六届第97次常委会议。

△ 由市委宣传部、岳阳军分区政治部主办的“向岳阳抗战老兵致敬典礼”在岳阳文化艺术会展中心举行。

18日 岳阳市禁毒工作会召开。

20日 2015“全国科普日”岳阳市主场活动在岳阳楼景区汴河街瞻岳门北广场启动。

21日 市委巡查组第一轮巡查进驻市国土局、岳阳日报社、市民政局、市林业局、市长江修防处等5个市直单位，开展为期1个月的巡查。

△ 市长刘和生主持召开市政府第45次常务会议。

22日 武警湖南省总队直升机授装接装仪式在位于湘阴县樟树镇的直升机大队举行。武警部队司令员王宁授装，省委书记、省人大常委会主任徐守盛，省委副书记、省长杜家毫为直升机大队揭牌，武警部队副司令员潘昌杰讲话。

23日 由中央党校、湖南省委

党校和岳阳市委市政府共同举办的“促进国家区域经济发展，推动岳阳‘一极三宜’江湖名城建设”研讨会在中央党校举行。

24日　2015年湖南水上搜救演习在东洞庭湖岳阳楼水域举行。

△　市长刘和生主持召开岳阳市城区土地储备与出让委员会2015年第二次会议。

25日　中央电视台大型户外交友节目《乡约》到君山岛景区录制。

△　岳阳市纪念抗日战争胜利70周年大合唱在文化艺术会展中心举行。

29日　市委书记盛荣华主持召开中共岳阳市委第六届第22次常委扩大会议。

△　市委书记盛荣华主持召开中共岳阳市委第六届第98次常委会议。

30日　岳阳市烈士纪念日公祭活动在市烈士陵园举行。

△　市委书记盛荣华会见外交部派驻新西兰奥克兰总领馆总领事许尔文女士及其丈夫外交部大使岳晓勇先生。

10月

8日　市委书记盛荣华到岳阳经济技术开发区、临港产业新区、云溪区调研重点民营企业帮扶工作。

8—9日，湘港青年交流促进会主席梁宏正率香港青年代表团到岳阳交流访问。

9日　岳阳市召开文化旅游产业调度会，听取全市文化旅游产业工作汇报，研究部署3517文旅新城、洞庭湖博物馆、岳阳韩国首尔大学医院等项目建设工作。

△　市委书记盛荣华接受省委巡视办“2015年第一轮被巡视地区晒整改”活动专访。

11日　国家发改委党组副书记、副主任何立峰到岳阳调研洞庭湖水环境综合治理等工作。

11—12日　省政府督查组第七组组长、省商务厅厅长徐湘平到岳阳，就落实省政府稳增长重大政策措施落实情况进行实地调研和督查。

13日　岳阳市2015年第二批重大项目集中开工仪式在岳阳经开区木里港工业园举行。

△　市长刘和生出席皇姑塘立交桥开工建设仪式并宣布项目开工。

16日　岳阳市法学会举行第三次会员代表大会，选举产生新一届领导班子。

18日　“洞庭秋月·诗会岳阳”诗歌朗诵会在岳阳楼举行。

19日　市委书记盛荣华会见到岳阳调研的新华社湖南分社社长邹云。

19—20日　省委巡视第十组组长张迎龙一行先后到临湘市、岳阳县专题反馈巡视情况，并就巡视整改工作提出意见建议。

20日　市委书记盛荣华主持召开中共岳阳市委第六届第23次常委扩大会议。

△　市委书记盛荣华主持召开中共岳阳市委第六届第99次常委会议。

△　岳阳市举行岳阳老年大学建校20周年庆祝大会。

21日　岳阳市举行2015年三季度经济形势分析暨重点工作讲评会。

△　市委书记盛荣华与各县市区党政负责人开展安全生产谈心对话。

△　市长刘和生在澳门接受澳亚卫视专访，重点介绍岳阳市开放型经济发展和旅游业情况。

22日　省人大常委会副主任刘莲玉到岳阳调研科技创新工作。

△　第二十届澳门国际贸易投资展览会在澳门威尼斯人酒店开幕，首次参展的岳阳代表团派出21家企业参展。

△　岳阳市第七届人民代表大会常务委员会第二十二次会议决定，设立岳阳市人民代表大会常务委员会法制工作委员会。

23日　岳阳市在澳门特别行政区举行湖南城陵矶“一区一港四口岸”专题招商推介会。

26日　市委书记盛荣华调研督查南湖水环境综合治理工程。

27日　市人大常委会组织十二届全国人大代表岳阳小组围绕岳阳市港口经济发展情况开展专题调研。

28日　市委书记盛荣华主持召开中共岳阳市委第六届第100次常委会议。

△　岳阳市举行优秀基层党组织书记座谈会。

10月29日—11月1日　日本沼津市市长栗原裕康率友好代表团到岳阳市访问，参加两市缔结友好城市30周年纪念活动。市领导刘和生、李湘岳参加。

29日　市长刘和生主持召开市政府第46次常务会议。

30日　市委书记盛荣华到上海拜会上港集团董事长陈戌源，双方就加快湖南城陵矶国际港务集团运营，实现良性发展，打造长江中游港航龙头企业达成共识。市委常委、市委秘书长樊进军参加。

△　市长刘和生主持召开市政府第46次常务会议。

11月

1日　2015中国（国际）休闲发展论坛在浙江杭州举行，岳阳市获得“2015中国十大活力休闲城市”称号。

2日　市委书记盛荣华主持召开中共岳阳市委第六届第24次常委扩大会议。

△　市委书记盛荣华主持召开中共岳阳市委第六届第101次常委会议。

3日　岳阳市召开深化全国文明城市建设工作推进大会。

4日　湖南省大中型水库特困移民避险解困试点项目启动仪式在平江举行，副省长戴道晋宣布活动启动。

5日　岳阳市大学生村官能力素质培训班在市委党校开班，300多名大学生村官参加培训。

6—14日　市委书记盛荣华率团对越南、印度尼西亚、印度进行友好访问和项目对接。

9日　市长刘和生主持召开市政府第47次常务会议。

13日　岳阳市政府与中国空间技术研究院签订战略合作框架协议。

17日　湖南省人大常委会副主任陈君文率调查组到岳阳市调研人民防空法律法规贯彻执行情况。

18日　湖南省“两房两棚、两供两治”工作现场会在岳阳市召开。

19日　蒙华铁路湖南段征地拆迁工作动员大会在岳阳召开。

19—20日　共青团岳阳市第六次代表大会在岳阳文化艺术会展中心召开。

19—20日　省计划生育综合检查组到岳阳检查计生工作并反馈情况。

20日　岳阳市召开乡镇区划调整改革工作调度会。

△　岳阳市召开全面建成小康社会工作约谈会。

23日　城陵矶综合保税区（一期）预验收纪要签署仪式举行。

26日　省委宣讲团党的十八届五中全会精神报告会暨市委中心组第六次集中（扩大）学习，在岳阳文化艺术会展中心举行。省委宣讲团成员、省委改革办专职副主任、经济学博士秦国文作专题宣讲报告，市委书记盛荣华主持。

27日　省委常委、省委秘书长许又声到岳阳市检查考核党风廉政建设责任制落实情况。

△　市委书记盛荣华主持召开传达学习省委十届十五次全会精神会议。

28日　2015年第二届岳阳黄茶文化节暨岳阳茶业博览会在岳阳文化艺术会展中心开幕。

30日　市委书记盛荣华到国家旅游局汇报对接工作，国家旅游局局长李金早会见盛荣华。

12月

1日　《岳阳手机报》上线试运行。

1—2日　省委常委、宣传部部长张文雄到岳阳调研。

2日　湖南省纪念第30个国际志愿者日“向志愿者致敬”颁奖典礼举行。岳阳市陈华、苏萍、袁刚、易朝、姚平、袁硕望6人获得“最美志愿者”称号，岳阳楼区五里牌街道杨树塘社区、岳阳巴陵石化七里山社区获评湖南省最美志愿服务社区，岳阳市江豚保护协会获评湖南省最佳志愿服务组织，岳阳市公益格子铺&阅读吧项目获评湖南省最佳志愿服务项目。

3日　副省长李友志到岳阳调研教育、文化、卫生等工作。

△　湖南丰惠有限公司汨罗生产基地落成暨国家生化工程技术研究中心研究生工作站授牌典礼在汨罗市桃林寺镇举行。中国工程院院士、省政协副主席袁隆平出席。

△　市委书记盛荣华接受湖南卫视《十二五·遇见你》专题报道组的专访。

△　岳阳市地方志工作会议召开。

4日　市长刘和生主持召开市政府第48次常务会议。

8日　岳阳市2015年重大项目集中竣工仪式在城陵矶新港区举行，全市67个重大项目竣工，完成投资123.8亿元。

△　市长刘和生接受湖南日报、湖南卫视等省内主流媒体采访。

9日　《湖南日报》刊发市委书记盛荣华《抓好意识形态工作，为建设“一极三宜”江湖名城铸魂聚力》的文章。

10日　岳阳市2015年第三批重大项目集中开工仪式在岳阳三荷机场建设现场举行。

△　中粮集团董事长宁高宁到岳阳考察，并出席中粮岳阳城陵矶产业园建设项目签约仪式。

11日　第八届洞庭湖（岳阳）国际观鸟节暨首届洞庭湖生态经济区绿色发展论坛在岳阳文化艺术会展中心开幕。

△　首届洞庭湖生态经济区绿色发展论坛在岳阳市会展中心开幕。

△　湖南省水利建设工作推进会在岳阳召开，副省长戴道晋讲话。

△　市委书记盛荣华就举办首届洞庭湖生态经济区绿色发展论坛等话题接受中央电视台、人民日报、新华网等媒体专访。

△　岳阳市委学习中心组2015年第八次集中（扩大）学习暨第十一期巴陵名师讲堂在岳阳文化艺术会展中心举行。

14日　市委书记盛荣华主持召开中共岳阳市委第六届第102次常委会议。

△　岳阳市召开精准扶贫工作推进会。

17日　中共岳阳市委六届十二次全体（扩大）会议召开。

△　市委书记盛荣华会见华能湖南分公司党组书记、总经理傅启阳。

18日　湖南省重点建设项目——神华国华华容电厂煤炭清洁高效利用示范工程建设在华容县东山镇启动。

22日　国家联合验收工作组对岳阳城陵矶综合保税区（一期）项目进行正式验收。

△　市委书记盛荣华主持召开中共岳阳市委第六届第103次常委会议。

23日　岳阳市举行县市区委书记履行基层党建工作责任述职评议会，各县市区委书记集中向市委常委会述职。

△　市委书记盛荣华会见上海浦东发展银行长沙分行行长李征。

△　市长刘和生主持召开市政府第49次常务会议。

24日　中共岳阳市委召开统战工作会议。

25日　市委书记盛荣华主持召开中共岳阳市委第六届第104次常委会议。

△　岳阳市与广东龙浩集团签订岳阳三荷机场航空物流核心枢纽及空港经济区建设战略合作框架协议。

28日　洞庭湖博物馆暨洞庭湖生态经济区规划展览馆在君山开工建设。

△　岳阳市档案局被人社部、国家档案局授予“全国档案系统先进集体”称号。

30日　中共岳阳市委经济工作会议召开。

△　城陵矶汽车整车进口口岸正式运营，首批36辆平行进口汽车达到城陵矶口岸。

31日　“2016年新年音乐会”在岳阳文化艺术会展中心举行。

△　岳阳市2015年完成公共财政预算收入302.8亿元，成为湖南省第二个财政收入突破300亿元的市州。

责任编校　屈胜龙

综　述

概　况

【地理位置】　岳阳市位于湖南东北部，素称“湘北门户”。地处北纬28° 25′ 33″ —29° 51′ 00″，东经112° 18′ 31″ —114° 09′ 06″ 之间。东邻江西省铜鼓、修水县和湖北省通城县，南抵湖南省浏阳市、长沙县、望城区，西接湖南省南县、安乡县、沅江县，北界湖北省赤壁市、洪湖市、监利县、石首县。市东西横跨177.84千米，南北纵长157.87千米。土地总面积1.5万平方千米，占全省总面积的7.05%。城市规划区面积845平方千米，其中市区建成区面积83.73平方千米。

【历史沿革】　岳阳历史悠久。早在20万年前，就出现人类活动。距今9000年前，先民们就在这里繁衍生息，用石制器具，拓现远古文明。夏、商时为“三苗”之地。春秋战国时期属楚，秦代属长沙郡。汉高祖五年（公元前202年），东属长沙国下隽县、罗县，西属南郡华容县、武陵郡孱陵县。建安十五年（210年），孙权分长沙郡北的下隽、罗县建汉昌郡，郡治设今平江县金铺观。建安十九年（214年），孙权遣鲁肃率万人屯巴丘邸阁，筑巴丘城（今岳阳楼区）。晋武帝太康元年（280年），分下隽县西部建巴陵县。元康元年（291年），分长沙郡北部四县建立建昌郡，郡治设巴陵县城。南朝宋元嘉十六年（439年）置巴陵郡。隋开皇九年（589年）废巴陵郡为巴州，十一年（591年）改为岳州。元为岳州路。明为岳州府。民国2年（1913年）废府，后设湖南第一行政督察区，并改巴陵县为岳阳县。1949年7月，境内各县相继解放，现辖区东部属长沙专区，后改属湘潭专区，西部华容县属常德专区。1960年1月，以岳阳县城关镇建立岳阳市。1962年10月，撤销复为城关镇。1964年9月，设岳阳专区，辖岳阳、临湘、华容、平江、湘阴5县。1966年2月，拆分湘阴县为湘阴、汨罗县。1975年12月，恢复岳阳市，实行县、市分治。1981年10月，撤销岳阳县，行政区划并入岳阳市。1983年7月，岳阳市升为省辖市，实行地、市分设。1986年1月，撤销岳阳地区，所辖县并入岳阳市，实行市管县体制。1996年4月，撤销岳阳市南区、郊区，设立岳阳楼区、君山区，北区更名为云溪区。2000年，撤黄盖湖农场建镇，归临湘市管辖，撤君山农场、钱粮湖农场建镇，归君山区管辖，同年12月，撤屈原农场，建屈原管理区。1992年，岳阳被列为长江沿岸对外开放城市，1994年，被列为国家历史文化名城，1998年，被批准为中国优秀旅游城市，2003年，被评为国家卫生城市，2006年，被列为国家园林城市。2007年，中国野生动物保护协会授予岳阳市中国观鸟之都。2013年4月，岳阳市被全国绿化委评为全国绿化模范城市。2014年获评为全国文明城市。　（严　柯）

【行政区划】　2015年，圆满完成全市乡镇合并工作任务，截至11月30日，撤并乡镇52个，具体调整如下：

平江县：南桥乡、黄金洞乡、长寿镇成建制合并设立长寿镇，咏生乡、加义镇成建制合并设立加义镇。

岳阳县：城关镇、鹿角镇、麻塘镇成建制合并设立荣家湾镇，云山乡、毛田镇、相思乡成建制合并设立毛田镇，甘田乡、公田镇成建制合并设立公田镇，张谷英镇、饶村乡成建制合并设立张谷英镇，步仙乡撤乡设镇。

华容县：护城乡、胜峰乡与城关镇成建制合并设立章华镇，新建乡与梅田湖镇成建制合并设立梅田湖镇，终南乡与南山乡成建制合并设立禹山镇，宋家嘴镇与鲇鱼须镇成建制合并设立鲇鱼须镇，幸福乡与注滋口镇成建制合并设立注滋口镇。

湘阴县：文星镇、石塘乡、白泥湖乡、袁家铺镇、长康镇成建制合并设立文星镇，青山岛镇与三塘镇成建制合并设立三塘镇。

临湘市：横铺乡、桃林镇成建制合并设立桃林镇，定湖镇、坦渡乡成建制合并设立坦渡镇，儒溪镇、江南镇成建制合并设立江南镇，乘风乡、源潭镇、聂市镇成建制合并设立聂市镇，白云镇、城南乡、长安街道成建制合并设立长安街道，五里牌乡、桥东街道成建制合并设立五里牌街道。

汨罗市：白塘乡、磊石乡成建制合并设立白塘镇，三江镇、智峰乡、八景乡成建制合并设立三江镇，大荆镇、古仑乡成建制合并设立大荆镇，红花乡、黄市乡、天井乡成建制合并设立罗江镇，桃林寺镇、火天乡、新塘乡成建制合并设立桃林寺镇，城关镇、城郊乡成建制合并设立归义镇，黄柏镇、沙溪镇成建制合并设立神鼎山镇，河市镇、黄金乡成建制合并设立河市镇，凤凰乡、琴棋乡成建制合并设立凤凰乡，屈子祠镇、范家园镇成建制合并设立屈子祠镇，将原种场代管的前进、华中、大华、全民4个建制村划归白水镇管辖，李家塅镇、弼时镇成建制合并设立弼时镇，高家坊镇、川山坪镇成建制合并设立川山坪镇，撤销玉池乡建制，将其行政区域分别划入弼时镇、川山坪镇。

岳阳楼区：梅溪乡、洛王街道成建制合并设立洛王街道，三荷乡、西塘镇成建制合并设立西塘镇。

云溪区：云溪乡、永济乡、云溪镇成建制合并设立云溪镇，文桥镇、路口镇成建制合并设立路口镇，道仁矶镇、陆城镇成建制合并设立陆城镇。

君山区：将柳林洲镇与西城街道成建制合并设立柳林洲街道，钱粮湖镇与采桑湖镇成建制合并设立钱粮湖镇。

完成省界——赣湘线（岳阳段），县界（岳阳/华容线、岳阳楼/云溪线、岳阳楼/临湘线）的联检任务。成立岳阳市全国地名普查领导小组，下发《岳阳市第二次全国地名普查实施方案》，收集地名普查相关资料书和工具书50余本，全面完成地名普查前期准备工作。完成中心城区建筑物命名36起，补设门牌200余块，增设路牌20余块。

（吴　伟）

2015年岳阳市行政（管理）区划

表1　　单位：个

单位	街道办事处（管理处）	镇	乡
华容县		东山、三封寺、注滋口、插旗、禹山、操军、鲇鱼须、万庾、梅田湖、治河渡、北景港、章华	团洲、新河
平江县		汉昌、三市、安定、福寿山、加义、长寿、龙门、石牛寨、虹桥、上塔市、南江、梅仙、余坪、岑川、瓮江、浯口、伍市、向家、童市	三阳、板江、大洲、木金、三墩
湘阴县		文星、樟树、金龙、东塘、鹤龙湖、新泉、岭北、湘滨、南湖洲、三塘	静河、玉华、六塘、杨林寨
岳阳县		荣家湾、新开、筻口、公田、毛田、月田、张谷英、柏祥、新墙、黄沙街、步仙	杨林、长湖、中洲
临湘市	长安、五里牌、桃矿	江南、聂市、黄盖、坦渡、羊楼司、忠防、桃林、詹桥、长塘、白羊田	
汨罗市		白塘、长乐、三江、归义、汨罗、新市、大荆、罗江、神鼎山、弼时、桃林寺、屈子祠、古培、白水、川山坪	
岳阳楼区	洛王、东茅岭、岳阳楼、洞庭、枫桥湖、望岳路、王家河、三眼桥、五里牌、吕仙亭、站前路、金鹗山、奇家岭、城陵矶		郭镇
君山区	柳林洲	钱粮湖、良心堡、广兴洲、许市	
云溪区	长岭	云溪、路口、陆城	
屈原管理区	天问	营田、河市	凤凰
岳阳经济开发区		西塘	康王
岳阳南湖风景区	求索、湖滨、南湖		

【自然资源】　地质、地貌：岳阳市位于新华夏系巨型第二沉降带，地貌组合复杂，拥有山地、丘陵、岗地、平原、水面5种地貌，丘陵与平原是构成地貌的主体。地势东高西低，呈阶梯状向洞庭湖盆倾斜。东部是连绵起伏的山岳地带，中部以岗地丘陵为主，西部是河湖冲积的平原。最高海拔1600.3米（平江县境内连云山主峰），最低海拔23米。平原面积38.78万公顷，占全市国土总面积的26%，丘陵35.78万公顷，占24%，岗地26.8万公顷，占18%，山地23.8万公顷，占16%，水面23.8万公顷（其中，东洞庭湖面

积7.6万公顷、横岭湖面积4.3万公顷），占16%。

气候：岳阳市属于东亚热带季风性（湿润）气候，具有光热资源丰富，雨量充沛，山区略多湖区，生产季节光热水基本协调，四季分明，春秋多变等特点。年平均气温17.3℃，极端最高气温40.4℃（1966年8月11日临湘市），极端最低气温-18.1℃（1969年1月31日临湘市），系湖南省极端最低气温之最。

土壤：岳阳市土壤种类繁多，有8个土类、21个亚类、76个土属，222个土种，357个变种。其中，红壤土地面积占总面积的52.1%，其次为水稻土，占25.2%，潮土占15.7%，其他有紫色土、山地黄壤、菜园土、黄棕壤、山地草甸土占7%。

植被：岳阳市属中亚热带阔叶林带区，同时具备中亚热带向北亚热带过度的明显特征，植被种类繁多，区系成分复杂。特别是幕阜山及连云山区天然针阔叶林植被群落和君山岛繁杂的刚竹属植被类群，成为全省重要的天然物种基因库之一。由于地理条件悬殊和水热条件不同，植被分布也存在着明显的地区性差异，东部中山区从山麓到山顶，由常绿阔叶林向落叶阔叶林过度的地带性明显，中部丘陵及环湖丘岗区以常绿阔叶林为主，洞庭湖平原区以落叶阔叶林为主。有野生植物、栽培植物90多科300多属1118种，属国家保护的古树古木有19种。其中，属国家一级保护的植物有银杏、水杉、红豆杉等3种，属国家二级保护植物的有樟树、金钱松、闽楠等3种。

野生动物资源：岳阳市是野生动物栖息繁衍的良好场所，野生动物资源比较丰富，有以洞庭湖为核心的湿地生态类型（水禽为主），以幕阜山、药菇山为核心的森林生态类型（兽类为主），境内各类动物23目84科近600种。其中，属国家一类保护的有云豹、黄腹角雉、金雕、白鹤、白头鹤、东方白鹳、黑鹳、大鸨、中华秋沙鸭、白尾海雕、草号11种，属国家二类保护的有河豚、穿山甲、灰鹤、白枕鹤、虎纹蛙、猛禽类等36种。鸟类资源极其丰富，仅东洞庭湖自然保护区内观测记录的鸟类有338种，其中，属国家一类保护的有7种。鱼类资源有11目22科124种，其中，国家一类保护的有中华鲟、白鲟等。

水资源：岳阳市水系发达，河湖密布，雨量充沛，过境水量大，水资源丰富，湘江和资水、汨罗江和新墙河、华容河和藕池河分别从南、东、北三面汇入洞庭湖，经城陵矶注入长江。境内长江堤岸线180千米，环洞庭湖堤岸线250千米。50千米以上河流6条，5千米以上的河流265条，在大小湖泊165个，内湖面积达3.2亿平方米，大小水库3659座，其中，大型水库1座，中型水库19座。全市大型水库蓄水总量3.7099亿立方米，比2014年年末蓄水量减少28.8%。据测算分析，在正常年景，地表水年径流总量95.21亿立方米，地下补给水量年均20.06亿立方米，为地表水资源的21%，长江干流、洞庭湖水系年过境水量6477亿立方米，其中，客水6381.79亿立方米，洞庭湖出口年平均径流总量为3035亿立方米，其中，客水2939.74亿立方米。水能资源多年平均理论蕴藏量为41.5万千瓦。全年人均水资源2325立方米。全年总用水量31.147亿立方米，比2014年下降2.2%。人均用水量553立方米，下降2.8%。

矿藏：岳阳市矿产资源比较丰富，发现矿种49种，探明资源储量的矿种31种，其中，能源矿产3种，金属矿产20种，非金属矿产7种，水气矿产1种。实施地质勘查项目（含续作项目）83个，实施老矿山边深部找矿项目4个。国家地质公园1个。矿泉水达到饮料标准的26处，达到命名标准的9处，其中以温泉命名的有2处。

【人口状况】 2015年年末，岳阳市常住人口为562.92万人，比2014年年末增加3.41万人，其中城镇常住人口为304.02万人，占总人口比重为54.0%。全年出生人口7.63万人，出生率为13.6‰。死亡人口3.84万人，死亡率为6.84‰。自然增长率为6.76‰。

【民族宗教】 岳阳市是一个多民族散杂而居的市，有已识别少数民族成分51个，人口12928人，约占全市总人口的2.36%。超过1000人的少数民族有土家族、苗族等。岳阳有佛教、道教、基督教、天主教、伊斯兰教。三国时吴赤乌十年（247年），吴国在罗县隐居山（今汨罗市铜盆乡）建宏济寺，佛教逐渐传入岳阳。佛教寺庵有岳阳的乾明寺、圣安禅寺，汨罗资圣寺，湘阴双林寺、至源寺，平江东山古寺。晋太康年间（280年—289年），道教开始在岳阳建观传道。著名的宫观有吕仙道观、大云山祖师殿、真君殿，特别是大云山祖师殿始建于唐，迄今约1300年历史。伊斯兰教于南宋德裕元年（1275年）、天主教于清康熙四十三年（1704年）传入岳阳。基督教于1990年1月由美国复初会牧师海维礼传入岳阳。全市有宗教活动场所100余处。

【语言文化】 岳阳话，俗称“巴陵话”或“巴陵腔”，属汉语北方话语系。境域洞庭湖以西，长江以北，与西南官语区相接，幕阜山、连云山以东，是赣方言地域，南部与湘语的典型——长沙话连成一片。这种地理特点，造成境内方言的差异。历史上政区隶属关系的演变、人口的迁徙、以及交通条件的发展，使岳阳话经历一个由与北趋同变为与南趋同的过程。岳阳是湖湘文化的重要发源地，以“先忧后乐”“团结求索”为精髓的岳阳文化，底蕴丰富。包括汨罗江畔端午习俗在内的中国端午节被联合国教科文组织列入“世界人类非物质文化遗产名录”。岳阳巴陵戏、平江九龙舞、岳阳花鼓戏、临湘花鼓戏、汨罗长乐故事被列入首批国家级非物质文化遗产名录，华容夹叶点子、洞庭渔歌、平江花灯戏、汨罗抬阁故事、临湘嗡琴戏等13项列入湖南省非物质文化遗产代表作名录，云山高腔、临湘天狮、汨罗饮茶习俗等26项列入市级非物质文化遗产名录。

【风景名胜】 岳阳市是一座历史文化名城，是中国优秀旅游城市，以“洞庭天下水、岳阳天下楼”著称于世。全市有各类文物点1800多处。其中，国家重点文物保护单位17处，省级重点文物保护单位44

处，市级重点文物保护单位24处，国家AAAAA级景区1处，AAAA级景区4处，AAA级景区9处，国家历史文化名镇名村1处，国家重点风景名胜区2处，国家森林公园3处，国家级自然保护区1处。东洞庭湖湿地入选国际重要湿地，岳阳楼和君山岛旅游区为国家AAAAA级旅游区。著名的历史文化古迹有古楼（岳阳楼）、古庙（岳州文庙）、古塔（慈氏塔）、古祠（湘妃祠、屈子祠）、古屋（张谷英古建筑群）、古桥（三眼桥）、古亭（朗吟亭、三醉亭、独醒亭）等。岳阳楼景区尽显古城风貌、衬托楼湖风光、再现巴陵胜状。屈原投江殉国的汨罗江是龙舟文化的发源地。以爱情文化为主题的君山岛被誉为“东方伊甸园”。团湖荷花公园，被上海大世界吉尼斯评为“面积最大的野生荷花成处聚生地”。有“东方日内瓦”之美誉的南湖，湖内绿岛耸立，呈现“一龙赶九龟”的奇观，湖畔修建环湖旅游走廊和总面积15万平方米的南湖广场。

【交通状况】 岳阳承东联西、贯穿南北，区位优势明显。港口：城陵矶港是国家对外开放的一类口岸，是湖南唯一的国际标准集装箱港口，也是湖南首个亿吨级港口。铁路：有京广铁路，武广高速铁路。公路：京珠高速公路、京港澳复线，随岳高速公路，岳长高速公路，岳宜高速公路，岳汝高速公路。城市公交：线路52条，其中，19路、29路、41路、49路、20路、39路、5路、55路、52路、56路（夜班）游1、游2为豪华公交。

【市树市花】 1985年，岳阳市开展市树、市花评选工作，评选出杜英树为市树，栀子花为市花。杜英树干形高大，树冠广阔，枝繁叶茂。树叶红绿相间，大方美观，喜温暖湿润环境，是理想的庭院风景林树种。栀子花属茜草科，四季常青，品种较多，喜光稍耐荫，喜肥耐瘠薄干旱，分布面广，尤具本地特色。花洁白无瑕，芳香馥郁，备受岳阳人喜爱。

【2015年气候】 岳阳市全年气温偏高。四季入季均正常，无霜期较往年长。强暖冬，未现严寒期，春温偏高有倒春寒，凉夏有暑热期显闷热，秋高气爽时段短。年内气温变化剧烈，1月温高创纪录，7月温低刷新值。全年降水偏多雨日多，降水时空不均匀，春夏频现强降水，出现多段雨水集中期。全年日照时数偏少，仍续2014年“寡照”主题词。

气温。全市年平均气温为17.8℃，属偏高，与2014年相比偏高0.1℃。各地年平均气温为17.5℃（汨罗市）–18.1℃（湘阴县），呈西高东低的分布态势。全市年平均最低气温为14.9℃，为历年同期第二高值。各地年平均最低气温为14.3℃（平江县）–15.6℃（岳阳县）。全市年极端日最低气温为–3.9℃（平江县，12月17日）。全市年平均低温日数为6天，较常年偏少12天，创历年同期新少值。全市年平均最高气温为22.0℃。全市年平均高温日数为11天，较常年偏少10天。全市无霜期较长，为300天，与常年同期相比，偏长33天。

降水。全市年平均降水量为1696.9毫米，比2014年偏多234.8毫米。全市平均年雨日为156天，各地年降水量为1500.2毫米（华容县）~2028.8毫米（临湘市），呈西少东多分布态势，湘阴县、汨罗市属正常，华容县、平江县属偏多，岳阳县、临湘市属显著偏多。

日照。全市年平均日照时数为1409.8小时，比2014年偏多12.7小时。各地年日照时数呈西北向东南递减的分布态势，华容县属正常，其余各地均属偏少。（章　鸿）

【主要天气气候事件】 2015年受厄尔尼诺事件影响，年内暴雨洪涝、强对流发生频繁，创极端新值，引发城市内涝、山体滑坡、泥石流等次生灾害，致灾程度与2014年相比，造成的农作物受灾面积大，死亡人数偏多，各类经济损失较重。气象干旱、低温冷冻害、雾霾给全市交通运输及人体健康等造成一定的影响。

强暖冬。冬季全市平均气温为7.8℃，比常年同期偏高1.6℃，根据气象术语和分级标准，属暖冬，并成为全市有气象纪录以来第二个强暖冬（最强暖冬为1999年）。各地冬季平均气温与常年同期相比，偏高1.3℃（平江县）–2.0℃（湘阴县），均达到暖冬的标准。其中湘阴县为当地历年最强暖冬之一，平1999年纪录，华容县、岳阳县、临湘市为第二位的强暖冬，汨罗市、平江县为第四位的强暖冬。暖冬导致雾霾天气重、森林火险等级偏高，农作物抗寒能力降低，农业病虫害加重。但使越冬作物能安全越冬，油菜冬前壮苗，有利于冬季蔬菜和大棚作物生长，使冬季蔬菜普遍提前上市，产量有所增加。

寒潮与低温雨雪冰。由于强冷空气活动较少，冬季前期全市呈现“干暖”特征。1月下旬后期开始受较强冷空气的影响，出现一次大范围低温雨雪冰冻天气过程，全市开启冬季的“湿冷”模式。全市除平江未出现冰冻外，共有5县市出现冰冻，均达到轻度冰冻标准。1月5日受强冷空气影响全市出现大幅降温，各地48小时降温幅度达9.6℃~12.3℃，最低气温为2.6℃~4.3℃，均达到强冷空气强度标准，其中临湘市和汨罗市达寒潮标准。11月7日受较强冷空气影响，临湘市和汨市罗48小时降温幅度达11.5~14.2℃，最低气温为7.3℃~7.7℃，达到强冷空气标准。11月23日受强冷空气影响，全市遭遇“速冻”模式，48小时内各地气温下降幅度为12.2~13.9℃，最低气温为1.3℃~2.2℃，各地均达到寒潮标准。

极端降水。全市出现极端短历时降水事件3站次，极端降水事件6站次。4月3日岳阳县、临湘市1小时最大降水量、最大连续2小时、3小时、4小时、5小时、6小时降水量、最大连续12小时降水量均达到极端短历时降水事件，华容最大连续12小时降水量达到极端短历时降水事件，其中岳阳12小时降水量为建站以来历史极值。4月2日岳阳县、临湘市1日最大降水量、最大连续2日、3日、4日降水量均达到极端降水事件标准。6月1日，华容县、临湘市1天最大降水量分别为110.2毫米、165.8毫米，最大连续2天分别为132.6毫米、174.3毫米，均达极端降水事件标准。6月7日，平江县降水量为106.6毫米，一天最大降水量达极端降水事件标准。7月22日，华容县降水量为120.9毫米，一天最大降水量达极端降水事件标准。

暴雨洪涝。全市全年遭受15轮暴雨过程，出现31站次的暴雨，5站次的大暴雨。其中5月25日—6月4日，有44个乡镇达轻度洪涝，27个乡镇达中度洪涝，36个乡镇达重度洪涝。5月29日—6月8日，华容县、平江县累积降水量分别为218.2毫米、247.0毫米，达轻度洪涝标准。6月13—22日，有44个乡镇达轻度洪涝，12个乡镇达中度洪涝，1个乡镇达重度洪涝，洪涝主要出现在临湘市、汨罗市、湘阴县和平江县。暴雨天气过程致使本地出现水位上涨、农田渍涝、城市内涝，并在局地造成明显的灾害性影响，引发的次生灾害造成人员伤亡和重大经济损失。暴雨洪涝是造成全市各项经济损失的主要气象灾害。据民政局、农业委、防汛办数据综合统计，全市因暴雨洪涝及次生灾害至受灾人口达107万人次，因灾死亡8人，因灾失踪2人，紧急转移安置56323人次，农作物受灾面积75920公顷，倒塌房屋2065间，严重损房5276间，一般损房3904间，直接经济损失12亿元，其中农业经济损失5.17亿元，工业信息运输业直接经济损失1.14亿元，水利设施直接经济损失1.58亿元，家庭财产损失2.23亿元。

强对流。4月3日，受中低层切变影响，全市北部地区出现大暴雨、局地特大暴雨的强降水天气过程，并伴有大风、雷暴、冰雹等局地强对流天气，极大风速达17.1米/秒（临湘）、21.5米/秒（岳阳），最大冰雹目测达20毫米。受灾地区主要集中在岳阳市区及临湘，造成农作物受损、大树倒塌。5月1日，全市出现强对流天气过程，极大风速达17.8米/秒（临湘）、21.0米/秒（汨罗）。强对流天气主要对汨罗市磊石镇、汨罗镇造成影响，损坏房屋30间，各种农作物损毁300公顷。7月15日，全市出现强对流天气，极大风速达18.4米/秒（岳阳）、17.3米/秒（湘阴）、17.0米/秒（汨罗），同时伴有雷电、强降水。强对流天气主要造成华容县新建乡道路受阻、电力全部瘫痪，农户房屋倒塌38户、吹掉顶盖292户、吹落窗户11户，共损坏房间1023间，吹断各种树木13377根，拦腰截断电杆84根，毁坏电线12700米，各种农作物损毁136公顷，12户养殖户翻池。10月25日，岳阳、汨罗的极大风速均达17.2米/秒，但此次大风天气过程未造成明显损失。

雾与霾。全市年平均雾日数为37天，较历年平均偏多10天。各地雾日数为湘阴县9天，汨罗市90天。其中2015年春季岳阳县、汨罗市雾日分别创当地历年同期新多值。全市年平均霾日数为69天，较历年偏多62天。各地霾日数为临湘市25天，华容县111天，霾日距平为临湘市10天，华容县110天。（覃　鸿）

国民经济和社会发展

【国民经济稳定增长】 2015年，岳阳市实现地区生产总值2886.28亿元，比2014年增长8.7%。其中，第一产业增加值317.16亿元，增长3.9%，第二产业增加值1446.83亿元，增长7.8%，第三产业增加值1122.29亿元，增长11.6%。第一产业增加值占国内生产总值的比重为11.0%，第二产业增加值比重为50.1%，第三产业增加值比重为38.9%。 财政收入稳定增长。全年全市公共财政预算收入302.82亿元，比2014年增加46.48亿元，增长18.1%。其中税收收入234.46亿元，增加43.66亿元，增长22.9%。地方公共财政预算收入128.02亿元，比2014年增加6.28亿元，增长5.2%，其中税收收入61.39亿元，增加3.61亿元，增长6.2%。

【农业发展】 2015年，全市粮食种植面积56.2万公顷，比2014年增长1.3%。棉花种植面积3.67万公顷，下降5.3%。油料种植面积12.94万公顷，增长3.5%。蔬菜种植面积9.98万公顷，增长2.5%。粮食再获丰收。全年粮食产量324.11万吨，比2014年增产1.7%。棉花产量5.34万吨，减产5.3%。油料产量22.16万吨，增产2.5%。蔬菜产量324.45万吨，增产3.7%。茶叶产量1.81万吨，增产1.7%。全年猪、牛、羊肉总产量53.22万吨，比2014年下降1.7%。其中，猪肉产量50.45万吨，下降2.2%。禽蛋产量8.09万吨，增产3.4%。水产品产量51.3万吨，增长6.4%。

【工业生产平稳增长】 2015年，全市全部工业增加值1307.5亿元，比2014年增长8.1%。规模以上工业增加值增长8.3%。在规模以上工业中，分经济类型看，国有企业增长9.8%；集体企业下降13.6%，股份制企业增长8.8%，外商及港澳台商投资企业增长13.2%。

全年规模以上工业中，全市九大优势产业增加值多数增长：石化业同比增长10.3%，食品业增长12.0%，医药业增长2.8%，造纸业增长11.9%，机械业增长11.5%，建材业下降6.1%，有色及循环业增长12.8%，纺织业增长3.9%，电力行业下降7.6%。农产品加工业增加值比2014年增长11.7%，其中农副食品加工业增长10.8%。六大高耗能行业增加值比2014年增长6.3%。高技术产业增加值比2014年增长4.0%，占规模以上工业增加值的比重为7.2%。高加工度工业增加值增长6.8%，占规模以上工业增加值的比重为26.6%。

全年规模以上工业企业实现利润138.93亿元，比2014年增长23.2%，其中，国有企业1.75亿元，增长1.8%，集体企业1.08亿元，下降3.5%，股份制企业116.13亿元，增长26.0%，外商及港澳台商投资企业8.04亿元，增长5.7%。

全年全社会建筑业增加值141.36亿元，比2014年增长5.1%。全市具有资质等级的总承包和专业承包建筑业企业实现利润16.17亿元，增长15.1%。

【固定资产投资】 2015年，全年固定资产投资2154.71亿元，比2014年增长20.4%。其中，第一产业投资90.4亿元，比2014年增长38.2%，第二产业投资1077.4亿元，增长18.1%，第三产业投资986.9亿元，增长21.4%。民间固定资产投资1169.0亿元，增长15.5%，占固定资产投资的比重为54.3%。全年房地产开发投资151.4亿元，比2014年增长14.9%。

【国内外贸易】　2015年，全年社会消费品零售总额1020.64亿元，比2014年增长12.7%。按经营地统计，城镇消费品零售额889.06亿元，增长12.7%，乡村消费品零售额131.59亿元，增长12.7%。限额以上法人批发零售业商品零售额中，粮油、食品类比2014年增长21.1%，烟酒类增长26.5%，服装、鞋帽、针纺织品类增长15.1%，化妆品类增长19.9%，金银珠宝类增长33.9%，日用品类增长8.8%，书报杂志类增长25.4%，家用电器和音像器材类增长12.9%，中西药品类增长26.6%，文化办公用品类增长13.8%，家具类增长5.7%，通信器材类增长21.0%，石油及制品类增长5.0%，建筑及装潢材料类增长43.3%，汽车类增长18.1%。全年货物进出口总额11.34亿美元，比2014年增长43.2%。其中，出口8.62亿美元，增长59.2%，进口2.71亿美元，增长8.4%。进出口差额（出口减进口）5.91亿美元。

【交通、邮电】　2015年，交通运输平稳增长。全年货物运输总量2.75亿吨，比2014年增长2.8%。货物运输周转量368.29亿吨公里，增长3.6%（注：货物运输周转量不含铁路）。

全年旅客运输总量1.22亿人次，比2014年下降2.7%。旅客运输周转量60.44亿人公里，增长2.3%（旅客运输周转量不含铁路）。年末全市民用汽车保有量达到34.78万辆，比2014年末增长17.7%，本年新注册汽车5.96万辆，增长12.0%，其中轿车3.26万辆，增长8.3%。

邮电业务快速增长。全年完成邮电业务总量（2010年不变价）47.0亿元，比2014年增长17.7%。其中，邮政业务总量5.17亿元，增长106.0%；电信业务总量41.83亿元，增长11.8%。电信业年末局用交换机总容量777.79万门，增长1.8%。年末全市固定电话用户64.2万户，增长2.4%，移动电话用户392.88万户，下降2.7%。固定电话普及率下降至11.25部/百人。年末互联网宽带接入用户58.9万户，增长0.5%。宽带联网普及率达到32.75%。

【金融发展】　2015年年末，岳阳金融机构本外币各项存款余额1733.47亿元，比年初增加258.61亿元，其中非金融企业存款304.92亿元，增加71.25亿元，机关团体存款252.98亿元，增加46.75亿元，住户存款1091.39亿元，增加126.12亿元。全部金融机构本外币各项贷款余额894.48亿元，增加112.79亿元，其中短期贷款360.77亿元，增加41.15亿元，中长期贷款522.28亿元，增加66.65亿元。

全年上市公司9家，新增1家。A股上市公司总股本37亿股，A股上市公司总市值585.7亿元。年末证券公司营业部18家，证券交易额5608.5亿元。年末期货公司3家。

全年保险公司原保险保费收入46.12亿元，比2014年增长20.2%。其中，寿险业务原保险保费收入28.84亿元，增长22.8%，财产险业务原保险保费收入17.28亿元，增长16.1%。支付各类赔款及给付18.29亿元，增长8.5%。其中，寿险业务给付8.71亿元，下降1.8%，财产险业务赔款9.59亿元，增长20.3%。

【人民生活和社会保障】　2015年，岳阳城镇居民人均可支配收入25202元，比2014年增长9.0%。农村居民人均可支配收入12091元，比2014年增长9.3%。全市居民人均消费支出14395元，比2014年增长5.5%。按常住地分，城镇居民人均消费支出17614元，增长5.0%；农村居民人均消费支出10855元，增长5.8%。

参加城镇基本医疗保险人数167.42万人。其中，参加职工基本医疗保险人数60.99万人；参加居民基本医疗保险人数106.43万人。参加失业保险人数37.48万人，增长2.2%。年末全市领取失业保险金人数3.15万人。参加工伤保险人数77.0万人，增长3.0%。参加生育保险人数40.51万人。全年城镇新增就业5.55万人。年末城镇登记失业率为2.8%。失业人员再就业2.90万人。

价格水平涨幅较低。全年居民消费价格比2014年上涨1.7%，其中食品价格上涨2.9%。商品零售价格下降0.2%。固定资产投资价格上涨0.4%。工业生产者出厂价格下降3.7%。

【科教文卫旅游】　2015年，岳阳市中等职业教育招生1.96万人，在校生5.18万人，毕业生1.68万人。普通高中招生2.78万人，在校生8.28万人，毕业生2.75万人。初中招生5.33万人，在校生16.24万人，毕业生5.34万人。普通小学招生6.53万人，在校生34.21万人，毕业生5.26万人。特殊教育招生330人，在校生1040人，毕业生62人。幼儿园在园幼儿16.77万人。

全市有建设国家工程技术研究中心1个，省级工程技术研究中心12个，市级工程技术研究中心58个。获得国家科技进步奖励1项，获得国家技术发明奖励1项。科技成果登记数40项。全年专利申请1824件，授权专利权2172件，增加348件。全年签订技术合同45项，技术合同成交金额1980万元。

年末新增产品检测实验室1个，总数达9个，其中国家产品质量监督检验中心1个。全市有法定计量技术机构7个，特种设备检验机构1个。工业产品定期抽查合格率96.7%，工业产品生产许可证5张，食品生产许可证1019张。全年强制检定计量器具12.3万台（件）。全年参与制订国家标准2项，组织制定地方标准2项。为经济社会发展提供大地成果45点，为经济社会发展提供各种航摄成果1687片，基础地理信息数据成果296幅。

年末全市文化系统有艺术表演团体58个，新增40个。群众艺术馆、文化馆11个。公共图书馆11个，博物馆、纪念馆12个，放映农村公益电影3.67万场。全市广播电台1座，广播综合人口覆盖率98.8%。电视台1座，电视综合人口覆盖率99.17%，有线电视用户61.6万户。出版各类报纸3种，各类期刊2种，期刊出版量0.27万册，图书出版量8.2万册。年末全市有档案馆20个。全市国家级非物质文化遗产保护目录7个，省级非物质文化遗产保护目录9个。

全市有体育场地7314个，其中体育馆21座，新增3座。全市经常参加体育锻炼人数187万人，开展全民健身项目510项次。新建农民体育健身工程的行政村1462个。3人获得世界冠军，1人获得亚洲冠军，3人获得全国冠军。

卫生和社会服务事业不断改善。年末全市有医疗卫生机构4808个，其中，医院、卫生院242个，妇幼保健院10个，专科疾病防治院（所、站）21个，村卫生室3442个。卫生技术人员27502人，其中，执业医师和执业助理医师13220人，注册护士9344人。全市疾病预防控制中心（防疫站）11个，卫生监督所（中心）10个。医疗卫生机构床位26247张，新增2716张。全年国内旅游收入332.68亿元，增长34.5%。国际旅游外汇收入1.02亿美元，增长32.1%。

（本栏撰稿　谢　亢）

全面深化改革

【科学谋划改革】 2015年，市委书记、市委全面深化改革领导小组组长盛荣华高度重视改革，多次指出“改革创新既是打造新增长极的开路先锋，更是推进全市‘621行动’的制胜法宝”“要突出深化改革，增强发展新动力，推动发展动能平稳接续和有效转换”。市委全面深化改革领导小组始终坚持遵循中央、省委精神，紧扣“一极三宜”江湖名城发展目标科学谋划改革，组织召开3次市委全面深化改革领导小组会议、4次全市改革工作推进会，制定《岳阳市贯彻落实党的十八届三中全会重要改革举措实施规划（2015—2020年）》和《市委全面深化改革领导小组2015年工作要点》，积极探索创新国家、省级17个改革试点项目，有序出台《岳阳市深化党的建设制度改革实施办法（2014—2020年）》《党的纪律检查体制改革实施方案》《关于国有林场体制改革的实施意见》《加快构建现代公共文化服务体系的实施意见》《岳阳市不动产统一登记工作实施方案》等20多项重要改革方案。

【改革机制基本健全】 2015年，市委全面深化改革领导小组主要领导亲力亲为，在议改革、抓改革、督改革的过程中对改革工作给予极大的关心和支持，全市改革系统上行下效、令行禁止、执行到位。一是理顺工作机制。市委全面深化改革领导小组办公室专职工作人员均按编制、职数落实到位，大多数县市区人员编制基本到位，分领域设置10个专项改革小组，明确将专项小组下设办公室，办公室主任由所在部门的主职或正处实职领导干部担任，并确定专人负责联络工作，各改革事项牵头的市直单位都明确分管领导和具体业务承办科室，建立改革咨询和评估专家库。二是突出宣传推介。建立报送经验的长效机制，推出一批典型经验，在《改革调研》《改革简报》等刊物选编刊发51期，向省委全面深化改革领导小组及其办公室选送《以“阳光服务”为切入点推进教育改革》《东洞庭湖自然保护区“四大机制”创新湿地保护模式》《做好“四字”文章推进PPP模式》等10多篇典型材料，开辟全面深化改革专栏，在《岳阳日报》上对工商注册登记改革、简政放权惠民生等一些关系群众切身利益的改革作重点宣传，全年在各类媒体上发表理论文章20多篇。三是强化改革督察。市委全面深化改革领导小组注重创新督察方式，采取重点督察为主、日常督察为辅的方式，对全年的改革任务开展2次重点督察、3次专项督察。全省启动合乡并村改革后，市委全面深化改革领导小组主动把这项改革列入督察内容，收集汇总各县市区每周工作进展，岳阳市有7条信息被省委改革办纳入对守盛书记合乡并村的周报当中。

【改革成效持续显现】 2015年，市委全面深化改革领导小组扭住关键，精准施策，奋力开拓，狠抓改革举措落实落地，在一批重点改革领域取得关键性成效，在全省绩效考核中，岳阳市全面深化改革基础分得到满分，在一些特色项目上还取得加分。一是经济发展活力得到释放。经济体制改革领域，建立PPP市级项目库，入库项目14个，总投资约259亿元，其中，国家示范项目2个，省级示范项目9个，排名居全省第一，启动“三证一码”制度改革，新增和培育市场创业主体6.16万户，基本完成第一轮国有企业改革，市直10家融资平台公司清理整合转型取得阶段成果，建立全口径政府预算管理体系，预决算和“三公”经费全面公开，“营改增”试点全面落实；引进股份制商业银行3家、村镇银行2家，新增上市企业3家，岳阳经开区被挂牌“国家级中小企业创新创业示范基地”，岳阳电子商务产业园成功申报国家电子商务示范基地，汨罗市与长沙经开区合作探索建设飞地工业园，进入省级试点。行政体制改革领域，全面完成市本级政府机构改革任务，促进简政放权，减少各类行政审批项目196项，精简幅度达51%，在全省率先不再保留非行政许可事项，对外公布政府工作部门权力事项和权力清单，最终确认政府工作部门行政权力事项2947项，精简幅度达32.3%，区划调整改革方面，全市撤并乡镇52个，调减1/3，优化调整中心城区管理体制，组建南湖新区、城陵矶新港区。二是社会治理水平得到提升。民主法制改革领域，理顺城市管理机制，建设完成湘北网络问政平台并正式上线，岳阳楼区被评为第三批全国社区治理和服务创新实验区。司法体制改革领域，成为全省第一批被正式赋予立法权的地级市，拥有在城乡建设与管理、环境保护、历史文化保护等方面的立法权限，君山区开展的社区矫正、公共法律服务、社区戒毒（康复）及政府购买社区矫正服务改革试点，是湖南省唯一一个集4项试点于一身的司改试点项目。社会体制改革领域，人社工作社区公共服务网络平台顺利上线，89项人社业务下放至社区，启动24家县级公立医院综合改革，实行医保支付和资金拨付改革。三是党建纪检制度逐步完善。党的建设制度改革领域，出台《关于激励干部想事成事干事的暂行办法》《关于进一步严格监督管理干部的暂行办法》《岳阳市“为官不为”“为官乱为”问责暂行办法》“三个办法”，推出《巴陵人才工程实施方案》和《关于加强高层次创新创业人才引进工作的实施办法（试行）》，全面实施人才引进、培养、选拔、激励等各环节的系统工程。党的纪律检查体制改革领域，下发《岳阳市委巡查办法（试行）》和《岳阳市2015年巡查工作方案》，第一批完成对市直5家单位集中巡查，重点巡查为官不为、为官乱为、落实不力、监管缺失、“中梗阻”等问题。四是群众的实惠得到提升。农村改革领域，全市发展各类家庭农场3944家，培训新型职业农民4048人，平江县第一批“农业支持保护补贴”款发放到位，为21.95万农户派发6277.6万元，临湘市列为全省第一批粮食适度规模经营“财银保”项目试点县市区，平江县、岳阳县、华容县、湘阴县、汨罗市、云溪区6地被纳入全省整县推进农村土地承包经营权确权登记颁证名单，累计发放抵押贷款3290万元，屈原管理区在全国286个国家现代农业示范区建设水平监测评估报告中排名第18位、湖南省第1位，率先迈入基本实现农业现代化阶段，湘阴县探索“建立农村土地收益挂钩的乡镇财力保障制度”取得阶段成果，建立全县乡镇机关、村（社区）运转保障机制，华容县列为全省唯一农业改革试点县，国有林场体制改革在全省率先完成验收。文化体制改革领域，成为继长沙之后全省第二个入选国家公共文化服务体系示范区创建城市，全年送书进村10000多册，送戏送电影下乡40000多场，群众文化活动和剧场演出1800多场，美术馆、博物馆展览近100场，建成非物质文化遗产传习基地18个。生态文明体制改革领域，形成生态环境保护多方联动、齐抓共管的工作机制，挂牌成立公安局驻环保局工作联络室；建立健全生态补偿机制，全年征收排污权有偿使用费1188万元；在华容县、君山区等地区开展湿地生态效益补偿试点，云溪区白泥湖湿地纳入国家湿地公园试点；临湘市列为全国“多规合一”试点县（市），投入1000万元编制涵盖城镇发展、农业生产、生态保护的“多规合一”总体规划。

（本栏撰稿　邓岳平）

全面小康社会建设

【概况】　2015年岳阳市小康工作整体推进、较快提升。市级实现程度达到92%，排名全省第三，较2014年提升7.5个百分点，获得全省全面小康“综合优秀奖”，综合得分排第二位；县市区小康工作协调发展，各县市区平均提升8个百分点，有5个县市区获奖，其中，云溪区获“全面小康推进工作前十位县”奖，岳阳楼区、湘阴县、华容县获“全面小康推进工作十快进县”奖，汨罗市再次获“经济强县”奖，岳阳楼区和云溪区还获全面小康达标认定授牌。

一、争取重视，高位推进。积极向市委、市政府主要领导作好汇报，争取对小康工作高度重视和大力支持，将全面小康推进工作摆到重中之重的位置。3月底全省小康工作会议一结束，市委市政府先后召开2次市委常委会、1次市政府常务会，专题研究小康工作。全年市委、市政府共召开全面小康专项推进会议2次，工作讲评会2次，集体约谈会1次。市委书记盛荣华、市长刘和生高度重视小康工作，多次亲自召开会议推进，市委副书记李志坚、常务副市长陈奇达、市委秘书长樊进军等市级领导亲抓亲管，先后6次开展小康工作调度，3次带队到省里对接协调工作。市委、市政府强力推动，在全市上下掀起齐抓小康、大抓小康的热潮。

二、明确目标，争先创优。按照省委省政府提出的洞庭湖地区2017年率先实现全面小康的要求，市小康办注重深入调研，为市委市政府当好参谋，在年初提出2015年全市小康总体实现程度提升6个百分点、达到90%以上的工作目标。结合工作实际，起草《岳阳市全面建成小康社会2015年指导目标任务》《各县市区全面建成小康社会2015年指导目标任务》，将市级39项、县市区22—24项指标年度目标任务，逐项分解到县市区及市直部门，实现小康推进有据、任务细化、目标落地。市委常委会、市政府常务会分别对此专题研究，下发专门文件，进一步明确目标、强化举措，激励各地各部门“跳起来摘桃子”，奋力争先创优。

三、落实责任，传导压力。突出小康指标责任分解，层层压实推进责任。进一步强化主要领导责任，明确县市区党政负责人是小康推进工作第一责任人。要求县市区和相关部门主要负责人亲自挂帅、靠前指挥、强化调度，特别是对短板指标，明确一把手亲自抓、勤调度、负总责。进一步细化分解工作任务，各县市区将目标任务分解到县直部门、乡镇（街道）、村场（居委会），层层传导压力。进一步强化市直部门推进责任，要求市直部门在完成本单位相关指标任务的同时，加强对县市区部门的管理和监测，指导、督促完成目标任务。进一步明确统计监测部门责任，要求加强动态监测、业务指导、数据报送等工作，严把数据统计关。进一步强化市县小康办的指导、督查、调度、协调等职责，促进全面小康工作顺利推进。

四、突出短板，强力攻坚。通过深入分析2014年监测数据，摸清市级和各县市区小康指标的主要短板，并以短板指标作为提升和突破重点，全面开展攻坚行动。将市本级55项一二级指标按照一个指标一个函的形式分解到部门，要求责任部门制订推进方案，细化工作措施。特别是针对短板指标，逐项分析、比较、研究，找出症结所在。建立小康突出问题编号销号制度，将在县市区和市直部门督查过程中发现的问题编号，确定解决问题的责任单位，一一交办处理。针对推进较慢、提升滞后的指标，向责任单位主要负责人下发督办函，分析指标情况，明确后段重点，要求按时完成。对一些难度较大的综合性问题，一方面借力调度，争取市委市政府主要领导出面，先后召开6次工作调度会议，高位推动指标提升。另一方面，先后30多次召开指标调度会，召集单个或多个部门，专门研究小康指标推进措施。同时，单独约谈部门负责人或具体业务工作负责人25次，务求工作抓实抓细，形成合力推进，千方百计提升短板指标。

五、严格督查，加强调度。注重加强督查调度，推动工作落实。按照李志坚副书记“一月一调度，一季一讲评”的指示，通过不定期、不定点督查，督促各地、各部门将小康推进工作抓实抓好抓到位。一是开展联合督查。先后3次联合市委督查室、市政府督查室，对各县市区和市直部门小康工作开展全面督查，并下发督查通报，限期改进工作；二是加强专项督查。单独对各县市区开展2次统一督查，对各部门开展专项督查30多次，对工作推进不力的部门，采取上门或去函督办等形式，重点督促落实指标责任，加快推进工作，力求取得实效。对冲击省小康“十先进”“十快进”“经济强县”“经济快县”等先进希望比较大的县市区，开展点对点的指导，确保全市全面小康推进工作始终劲头不松、力度不减。

六、完善考核，奖优罚劣。注重发挥全面小康考评的“指挥棒”作用，进一步修订完善小康考评方案，联合市考评办修改出台《岳阳市加快建设“一极三宜”江湖名城2015年度综合绩效考评方案》，对市直部门考核分值由60分增加到110分对县市区考评中，小康工作与新增长极建设在1000分中占660分。修改完善《岳阳市2015年度全面小康推进工作考核计分办法》，重点从市直部门和县市区责任指标实现程度、提升幅度、目标任务完成情况、进位情况和向上对接情况等方面进行考核。特别是注重增加短板指标考评权重，通过强化考核评比来推工作、促提升、保进度。

七、重视统计，加强对接。坚持全程监测，按月调度，每季分析，及时掌握全市小康工作进程。在半年度、三季度和年底，联合市统计局，对市级和各县市区小康指标进行3次全面统计监测。并积极争取市委、市政府高度重视，在上半年和前三季度经济工作讲评会上，对监测结果进行通报，将问题点到部门，在全市上下反响强烈。根据监测反映的小康指标变化情况，及时做好工作预警，调整工作措施，指导各地各部门加快工作进度。在9月和12月，积极联合市统计局，对各地各部门小康人员进行2次业务培训，提高统计监测水平，确保应统尽统，杜绝漏统错统。认真做好上下对接工作，先后6次赴省小康办、省统计局汇报对接，并邀请省统计局科研所专家为岳阳市小康数据统计人员进行业务辅导。督促各地各部门加强与省直厅局对接，弄清统计口径，确保数据认定。在做好向上对接的同时，加强横向交流和对下指导，组织赴郴州、株洲等地学习调研，学习外地推进工作先进经验；帮助县市区和市直部门分析数据，研判形势，攻克难点，推动小康指标稳步提升。

八、全面宣传，营造氛围。加强全面小康工作宣传，利用广播、电视、报纸、宣传栏、横幅、板报、手机短信、互联网等形式，集中宣传全面小康工作。办好《岳阳小康》内部刊物，2015年刊发20期，及时推介各地各部门的小康工作情况；在岳阳电视台、岳阳日报开设“全面小康在岳阳”专题专栏，及时播报、刊发小康典型节目、文章。目前，在市级以上新闻媒体刊播小康消息文章60多篇次。特别是在《岳阳日报》推出《打响全面小康攻坚战》重头文章，进一步引起全市上下对小康工作的重视关注，形成人人关心小康、参与小康的良好氛围。

（郑卓之　杨　滔）

实事项目建设

【办实事任务全面完成】 2015年，省市重点民生实事25项38个指标全部完成或超额完成目标任务，在全省绩效评估中，岳阳市重点民生实事工作获得满分，为全市在全省争取好名次做出了较大贡献。

一、加强组织领导。市委市政府高度重视省市重点民生实事办理工作。对于每项市级实事的设置，市委市政府主要领导亲自把关，并在全市范围内广泛征求意见，对于每项实事任务的责任分解，市政府领导都要审核把关。市直各责任单位进一步充实和调整了重点民生实事领导力量，成立了由一把手任组长的领导小组，明确了专抓领导和具体承办的科室及责任人。

二、抓好责任分解。市实事办根据省市实事任务逐项进行分解，明确了牵头领导、责任单位、责任人、协办单位，下发了考核验收标准；按照“每项目标任务对应成立一套工作班子，落实一套实施方案”的要求，市直各责任单位和各县市区都制订了实施方案，细化工作任务，明确工作进度和时间安排。

三、严格督查督办。一是加强调度。市实事办实行“月调度、季讲评、半年检查、年终验收”的督查机制，全年召开调度会8次，下发督查通报8次。市环保局、市卫生和计划生育委员会、市人力资源和社会保障局、岳阳县政府、君山区政府对实事办理工作实行定期调度，平江县委书记每月听取实事工作情况汇报，县长多次调度实事工作，临湘市委市政府召开办公会议7次，专题研究解决实事项目工作中存在的困难和问题。二是严格督查。市实事办将根据省市重点民生实事指标进度情况，对进度滞后的考核指标点对点下发督办函，针对督办后进度仍然滞后的目标任务，开展上门督查，督促各责任单位按时间进度要求推进工作任务落实，全年下发督办函21次，开展上门督查9次。同时，督促各责任单位进一步健全督查责任制和领导挂点跟踪督办责任制，及时发现解决工作中存在的矛盾和问题，加快省市实事任务办理进度。

四、加强宣传引导。市实事办会同市委宣传部在全市范围内开展“2015百姓点赞十大民生实事”评选活动，受到广大群众关注，共获得51.3万群众投票，网络微信关注浏览量超百万。市实事办及时总结民生实事办理过程中好的经验做法及取得的成效，全年向省实事办上报信息材料42篇，被湖南民生网采用10篇。市残联、市水务局、市房产局、市住房和城乡建设局以及华容县、湘阴县、临湘市等单位通过报纸上登文字、电视上播画面、广播里出声音、工地上竖牌子等宣传措施，及时公示每项实事的办理进度，展示实事项目取得的成效，努力营造浓厚的舆论氛围，形成正确的评价导向。

（黄雷军）

2015年1—12月岳阳市为民办实事项目指标完成情况

表2

序号	事项		单位	全市工作目标	全年完成	全年完成率（%）	备注
1	建设30个美好社区		个	30	30	100	
2	建成市流浪未成年人救助保护中心		座	1	1	100	
3	建成市老年护理中心		座	1	1	100	
4	完成400条小街巷改造		条	400	400	100	
5	整治中心城区建筑工地施工噪声扰民	投诉受理率达到100%	%	100	100	100	
		投诉按期处理率达到100%	%	100	100	100	
6	市城区更新100台新能源公交车		台	31	31	100.0	
7	新增农村劳动力转移就业		万人	3.5	4.1098	117.4	
8	新建、提质改造公厕56座和垃圾站18座	提质改造垃圾站	座	16	16	100.0	
		新建垃圾站	座	2	2	100.0	
		提质改造公厕	座	50	50	100.0	
		新建公厕	座	6	6	100.0	
9	完成14所乡镇卫生院建设		所	14	14	100	
10	整治重点减排治污项目		个	11	11	100	

2015年省级重点民生实事项目完成情况

表3

序号	考核指标		单位	工作目标	完成情况	完成率（%）	备注
1	农村公路建设	建设农村公路289公里	公里	289	293.4	101.5	
		完成1858公里普通公路安保设施建设	公里	1858	1858.3	100.0	
2	解决农村人口饮水安全问题		万人	31.5	122.0	387.4	
3	新增城镇就业		万人	5.2	5.458	105.0	
4	中小学校和幼儿园建设	建设义务教育合格学校45所	所	45	45	100.0	
		建设农村公办幼儿园21所	所	21	21	100.0	
5	“两房两棚”建设	农村危房改造7600户	户	7600	19700	259.2	
		农垦危房改造12978户	户	12978	14143	109.0	
		新增公共租赁住房10500套	套	10500	13084	124.6	
		城市棚户区改造11000套	套	11000	16137	146.7	
		国有工矿棚户区改造1000套	套	1000	1260	126.0	
6	“两供两治”设施建设	新增管输天然气用户27800户	户	27800	38342	137.9	
		10个市县以上城镇公共供水厂水质达到《生活饮用水卫生标准（GB5749-2006）》要求	个	10	10	100.0	
		县以上城镇污水处理率达到88%以上	%	88	91.3	超3.3个百分点	
		县以上城镇生活垃圾无害化处理率达到90%以上	%	90	99.5	超9.5个百分点	
7	帮助0—7岁残疾儿童实施抢救性康复		名	390	395	101.3	
8	重性精神疾病患者救治救助工程	救治救助贫困重性精神疾病患者800人	人	800	800	100.0	
		改扩建精神卫生服务机构2家	家	2	2	100.0	
9	新增社会治安视频监控摄像头		个	1600	1600	100.0	
10	建设社区矫正中心		个	3	3	100.0	
11	新增养老服务床位		张	1775	1775	100.0	
12	农贸市场标准化改造		个	24	24	100.0	
13	农村环境综合整治		个	76	76	100.0	
14	农村广播村村响		个	1102	1102	100.0	
15	行政村配电网改造		个	40	40	100.0	

精神文明建设

【核心价值观宣传教育持续深入】 2015年，按照全国文明城市测评体系要求，动员部署全市学习宣传贯彻习近平总书记系列重要讲话精神和中办印发的《关于培育和践行社会主义核心价值观的意见》的有关精神，制定《岳阳市培育和践行社会主义核心价值观工作方案》，通过多种形式，广泛开展社会主义核心价值观宣传教育。深入推进公益广告“十进一上”（“十进”即进社区、进庭院、进楼道、进商场、进机关、进学校、进企业、进公园、进村镇、进广场。“一上”即上街道）。云溪区、君山区开展公益广告进乡村活动，实现以街道为主线、村（社区）道路为支线、建筑工地围挡为补充，采用文化墙、宣传牌、宣传栏、LED显示屏、横幅等多种载体宣传公益广告。公交公司将中央文明办的公益广告品牌形象“梦娃”搬上移动电视。

同步举行第五届全国、省级和市级道德模范评选，广泛发动群众推荐评选身边的道德典型，黄政伟被授予湖南省第五届道德模范提名奖荣誉称号，李立华等14人被授予岳阳市第五届道德模范荣誉称号，易朝等7人被授予岳阳市第五届道德模范提名奖。广泛开展“最美系列”（最美医生、护士、教师、交警、环卫工人）人物评选表彰活动，弘扬社会正能量。

大力开展弘扬勤俭持家、孝老爱亲、友善关爱的优良家风，如云溪区组织开展的“家规家训进农家”活动被中央文明委评为“改革开放三十年精神文明建设典型案例”。5月9日，云溪区在全省培育和践行社会主义核心价值观调研座谈会上作典型发言，受到中央政治局常委刘云山的充分肯定。4月7日《湖南日报》刊发平江籍开国将军钟伟的家风故事后，人民网等多家媒体转载。岳阳县张谷英村被誉为“天下第一村”，数百年来，恪守“崇廉洁”的家训，为官清正廉洁，办事公平公正，留下难得的声誉和政绩，赢得后人的景仰和赞颂。8月11日，中央纪委监察部网站专栏“中国传统中的家规”第七期以《耕读继世、孝友传家》为题，对张谷英村的家训族戒进行专题报道。充分运用“道德讲堂”阵地。使道德讲堂成为宣传道德模范、提升市民素质、开展志愿服务活动的有效载体。全市建立道德讲堂860多所，开展活动3000场次以上。

【深化全国文明城市建设】 2015年，岳阳市召开2次深化全国文明城市建设工作推进大会，市党政主要领导，县市区和各单位一把手参加会议，下发《深化文明城市建设的实施意见》，提出实施“市民素质提升、学雷锋志愿服务、未成年人思想道德建设、环境秩序整治”等“十项工程”目标任务，着力打造“管理更严、要求更高、市民更满意”的全国文明城市。市委市政府对各级各部门文明城市建设工作实行严格的考评考核，并纳入年终绩效考核内容，委托市城调队每季度对全市进行一次模拟测评，测评成绩打分排位，进行奖罚，并在媒体公布，市电视台就文明创建工作进行2期电视问政。市委督查室和政府督查室坚持不定期开展文明城市建设工作专项督查，全年发督查通报12期，下达督查整改函68份。

评选表彰20家文明餐饮示范店和20家文明食堂；开展以“与文明同行，为旅游添彩”为主题的“5·19”旅游日大型宣传活动，文明旅游进社区、进企业、进学校活动，开展“百万驾驶人分享朋友圈”暨不文明交通违法行为曝光活动。通过新媒体的交通安全宣教功能不断增强交通参与人的法制意识和文明意识。

【深化农村精神文明建设】 2015年，广泛开展文明村镇、文明集镇、文明农户为主要内容的三评活动，以点带面，形成人人争优、户户争星，村村争创的良好创建氛围。建立日常化宣传阵地，引导各村在醒目位置建立寓教于乐、图文并茂的道德文化墙，把图解社会主义核心价值观、村规民约、二十四孝、美德家庭评选、善行义举榜、星级农户、公益广告等群众喜闻乐见的内容，以故事、漫画等形式刊登上文化墙。在建设完善乡村文化站、文化大院、乡村少年宫等基础上，大力实施文化惠民工程，汨罗的赛龙舟、长乐故事会，平江九龙舞，华容、君山渔歌，湘阴、屈原的花鼓戏长年为农民送来健康向上的文化艺术大餐。

围绕家庭和睦，开展“最美家庭”和好儿媳、好公婆、好邻居、好妯娌等系列评选活动，在互评互议、互比互学、互相监督中提高文明素质。推广云溪区“家规家训进农家”的成功经验，大力开展家风家训进农家活动，弘扬勤俭持家、孝老爱亲、友善关爱的优良家风。围绕空

2015年11月25日，岳阳市第五届道德模范合影　（张志强　摄）

巢老人、留守儿童、特困户、五保户等弱势群体，深入开展“邻里守望，情暖乡村”志愿服务活动，为弱势群体送去关爱和温暖，全市共结成帮扶对子4500多户，帮助办实事好事1万多件。抓好环境整治，大力开展清洁家园、清洁田园、清洁水源和清洁能源行动。

【志愿服务制度化建设日趋完善】

2015年，市文明办组织开展志愿服务活动，努力推进志愿服务制度化。在全省最美志愿服务系列评选活动中，陈华等6位志愿者当选“最美志愿者”，杨树塘社区和七里山社区当选“最美志愿服务社区”，岳阳市江豚保护协会当选“最佳志愿服务组织”，“岳阳公益格子铺&阅读吧”项目当选“最佳志愿服务项目”。组建岳阳市志愿服务组织联合会。全市注册志愿服务团队达1243个，基本实现志愿服务组织的全覆盖。在社区、学校、医院、车站、码头、旅游景点等人群密集的公共场所建设1169个学雷锋志愿服务岗，每个服务岗常备便民伞、医药箱等用品，为市民和外地游客提供服务。举办“弘扬雷锋精神，践行‘三严三实’宣讲活动”、志愿服务组织能力建设培训、应急救护知识培训等方面的系列培训52场，培训志愿者10万人次。开展“共建爱心城市公益集市”活动。公益集市由志愿服务、公益演出、一对一助学、爱心捐赠、义卖等部分组成，拟定不同公益主题，定期开展活动，2015年连续开展5场，累积参与活动8万余人次。先后对接资助贫困学生100名，为各公益团队筹措项目经费10余万元，收到各类捐赠物资20余万元，成为岳阳最具有品牌效益的群众公益项目。策划实施“岳阳公益格子铺&公益阅读吧”创意公益项目。开展认领微心愿，实现微梦想”活动。动志愿者参与“东方之星”沉船救援，成功打捞5名遇难者遗体。新华社、人民网、凤凰卫视等20多家媒体进行集中报道。

【诚信建设制度化全面推进】

2015年，贯彻落实中央文明委《关于推进诚信建设制度化的意见》的文件精神，成立“信用岳阳”建设工作领导小组，出台《关于岳阳市社会信用体系建设的实施意见》《岳阳市社会信用体系建设工作方案》。各级媒体刊登宣传诚信建设的报道200多篇（条），举办“电话问政”活动24次，“电视问政”3期，组织诚信建设公益广告宣传巡展8场。深入开展“履约守信”“百城万店无假货”“质量兴商”“6·14”信用日宣传、质量安全月和首届“十佳诚信企业”“十佳诚信人物”评选表彰等活动，在全市形成见贤思齐、诚实守信的浓厚氛围。在10家市级媒体和内网发布诚信企业“红名单”860家，发布失信企业“黑名单”127家，“老赖”290名。200多家守信企业被评为“重合同、守信用”企业，2家企业各获得20万元市长基金奖励。160多家失信违法企业被通报，30多家企业被“约谈”，19家不诚信企业被查封，8家被吊销营业执照。组织食药监、质检、工商等部门开展专项行动18次，依法取缔非法经营门店26家，销毁假冒伪劣产品46吨。组织市人大代表、市政协委员多次到服务窗口和公共场所明察暗访。

【未成年人思想道德建设稳步提升】

2015年，以立德树人为根本任务，广泛开展道德教育和实践活动，动员各级各部门和社会各界共同关注未成年人健康成长。召开2015年未成年人思想道德建设工作推进会。推进乡村学校少年宫建设和完善心理健康教育辅导中心建设。落实乡村学校少年宫申报项目10个。建立覆盖全市的学校心理健康教育网络，一年接待案例近1000人次。开展“健康心理，快乐人生”的心理健康教育校园行系列活动5次，辅导学生3000多人次。聘请湖南师大和湖南农大专家教授，对辅导站志愿者进行专业培训。

开展美德少年评选表彰活动。开展岳阳市第三届“十佳”“百优”美德少年评选表彰活动，评选表彰何子瑜等10名“十佳”美德少年，彭皓泽等100名“百优”美德少年。举办“童心向党”歌咏比赛。湖南民院附小、市七中等15所学校参赛，整场活动8月15日在中国文明网上进行展播。开展《心得乐》特别节目“穷娃盼过年”主题活动。2月14日在市体育馆举办“穷娃盼过年”面对面捐助活动，募集善款2622983.5元，现场确定100名资助对象（湘西自治州10名，岳阳市90名）。

（本栏撰稿　孙晓青）

责任编校　王　艳

组织机构及负责人名单

（负责人任职时间截至2015年12月31日）

中国共产党岳阳市委员会

书　记　卿渐伟（2015年5月免）
　　　　盛荣华（2015年5月任）
副书记　盛荣华（2015年5月免）
　　　　刘和生（2015年5月任）
　　　　李志坚
常　委　陈奇达　康代四
　　　　唐道明（2015年3月任）
　　　　徐新启　樊进军
　　　　陈四海（2015年2月免）
　　　　王瑰曙　张作坤　向伟雄
秘书长　樊进军
常务副秘书长　倪慧君
副秘书长　刘岳华（2015年9月退）
　　　　任小娟
　　　　王文选（2015年4月免）
　　　　丁源源（2015年4月任）
　　　　吴敬文　杨志军　王家树
　　　　余良勇（2015年5月免）
　　　　孙志诚（援藏）
　　　　胡　玮
秘书长办公会成员　许　杨
　　　　钟剑毅（2015年11月退）
　　　　余岳雄（2015年8月免）
　　　　陈念军
　　　　王智勇（2015年9月任）

岳阳市人民代表大会常务委员会

主任、党组书记　李湘岳
副主任、党组副书记　陈国荣
副主任　余炳锐　包忠清　刘美树
　　　　许伟奇　陈志莲　彭先政
党组成员　李开龙
　　　　谢卫东（2015年4月免）
秘书长　谢卫东（2015年4月免）
　　　　孔福建（2015年7月任）
副秘书长　杨岳斌
　　　　曾君华（2015年6月免）
　　　　黄国华（2015年5月免）
　　　　万旦明（2015年6月免）
　　　　方平波（2015年12月任）
　　　　戴　丽（2015年8月任）

岳阳市人民政府

市长、党组书记　盛荣华（2015年5月免去市长职务，2015年6月免去党组书记职务）
　　　　刘和生（2015年5月提名市长候选人，2015年6月任党组书记职务，2015年7月当选市长）
常务副市长、党组副书记
　　　　陈奇达（2015年11月免）
副市长　陈四海（2015年2月免）
　　　　唐道明（2015年4月任）
　　　　宋爱华　李　为　陈恢清
　　　　熊　炜　唐文发
正厅级干部　周　哲（2015年8月退）
副巡视员　苏耀辉
副厅级干部、党组成员　张益民
秘书长　谈正红
市长助理　王益民（2015年4月退）
副秘书长　费荣新　陈正文
　　　　陈　峰　廖长生
　　　　廖星辉　易兴吾
　　　　张　翎
　　　　刘衡岳（2015年6月任）
　　　　胡宗明（2015年1月任）
　　　　李建雄（2015年12月任）

中国人民政治协商会议岳阳市委员会

主　席　赖社光
党组书记　赖社光（2015年12月免）
　　　　陈奇达（2015年12月任）
副主席、党组副书记　李可波
副主席　欧江平　罗陆平
　　　　黎四清　李　平
秘书长　江玉祖
副秘书长　苑　欣
　　　　方建中（2015年1月退）
　　　　吴建国（2015年5月退）

中国共产党岳阳市纪律检查委员会（监察局）

书　记　康代四
副书记　陈光荣　任茂辉　贺名良
常　委　汪四新　曹克强　付汉家
　　　　黄定军　陈　平
监察局局长　陈光荣
副局长　汪四新　曹克强　陆敏刚
预防腐败局局长　陈光荣
副局长　张志辉
中共岳阳市委巡视联络办公室主任
　　　　杨福鉴（2015年11月退）
　　　　黄定军（2015年12月任）
办公室主任　陈岳林（2015年9月免）
组织部部长　胡　敏
宣传部部长　黎罗清
党风政风监督室主任　刘陆军
信访室主任
　　　　郑　星（2015年8月任）
案件监督管理室主任　刘　润
第二纪检监察室主任　邓　森
第三纪检监察室主任　何选军
第四纪检监察室主任　何素琴
第五纪检监察室主任　陈绍东
第六纪检监察室主任　杨革新
案件审理室主任　甘定辉
预防腐败室主任
　　　　陈高飞（2015年8月任）

岳阳军分区

司令员　刘亚兵（2015年6月免）
　　　　黄大军（2015年6月任）
政　委　张作坤
副司令员　胡小合
参谋长　袁建华
政治部主任　雷体全（2015年9月免）
　　　　易长运（2015年9月任）
后勤部部长　刘晓荡

临港新区、经开区、市南湖新区

湖南城陵矶临港产业新区
第一书记　李志坚（兼）
工委书记　李永丰
工委副书记、管委会主任　李运帷
工委副书记、纪工委书记　王文华
工委委员、管委会副主任　林军华
　　　　李建华
综合管理部部长　彭公穆
财政金融部部长　范星飞
开发投资公司总经理　贺正哲
招商联络部部长　刘　勇
社会发展部部长　黄红晖
国土资源管理处主任　任军强
国土规划建设部部长　冯　锦
岳阳经济技术开发区
工委书记　王小中
工委副书记、管委会主任　文春芳
工委副书记　刘光明
管委会副主任　罗同乐　黄小年
　　　　严若鹏　谭国良
纪工委书记　胥棉桃
工委委员　郑德明　李兴吾
市南湖新区
工委书记　李美云
工委副书记、管委会主任　尹家辉
工委副书记、管委会副主任　雷　欣

纪工委书记　李军辉
管委会副主任　夏金城　李精明
李征兵　苏正明
工委委员、总经济师　姜　华
工委委员　张朝东　张幼明

岳阳市中级人民法院

党组书记、院长　彭世理
党组副书记、常务副院长
王雨田（2015年3月任）
党组副书记、副院长　龙建新
副院长　姜跃军　袁小文
纪检组组长　刘亚洲
工会主席　田光辉
执行局局长　聂晴晓
政治部主任　付小勇

岳阳市人民检察院

党组书记、检察长　罗　青
党组副书记、常务副检察长　邱建国
副检察长　黄志强　何旭光
白尊三　许　太
政治部主任　仇新华
反贪局局长　周　湘
工会主席　许乐平

市委机构

市委办公室
主　任　樊进军（兼）
纪检组组长　许　杨
副主任　钟剑毅（2015年11月退）
冯元满（兼）
市委政策研究室
主　任　杨志军
副主任　侯喜保（2015年8月任）
余友安　汤跃军
市委改革办
主　任　樊进军（兼）
副主任　谈正红（兼）
王家树（兼）
杨志军（兼）
专职副主任　李　术（2015年3月任）
张　莉（2015年3月任）
市委党史市志办公室
党组书记、主任　陈念军
副主任　周友珍（2015年5月退）
吴青萍（2015年9月退）
易　林
胡萍萍（2015年8月任）
朱　平（2015年12月任）

纪检组组长
张秀娥（2015年5月退）
任弼时纪念馆
党组书记　吴敬文
副馆长　符国凡
夏剑光（2015年9月任）
市委督查室
主　任　王智勇
市国家保密局
局　长　刘利民
市委机要局（市国家密码管理局）
局　长　邹青松
市委组织部
部　长　王瑰曙
常务副部长　赵岳平
副部长　刘传汉　张　赟　罗忠勇
刘腊干（2015年5月任）
纪检组组长
周立社（2015年8月退）
张中霏（2015年8月任）
部务会成员　任栩栩
市委状态调研与问责处理办公室
主　任　胡武斌（2015年5月退）
谭立华（2015年8月任）
党员教育中心
主　任　杨志红
市基层党建工作领导小组办公室
主　任　蔡吉伟
市直机关工作委员会
工委第一书记　樊进军（兼）
书　记　胡　伟（2015年5月免）
李桂华（2015年12月任）
副书记　毛永明　吕敬国　周雄勇
副书记、纪工委书记　翁桂萍
委　员　方克君　周　劲
市委机构编制委员会办公室
党组书记、主任　罗　荣
党组副书记、副主任　荣般芝
副主任　袁益志
纪检组组长
郑雄辉（2015年8月任）
市事业单位登记管理局
局　长　杨九年
市委党校、市行政学院、市社会主义学院
第一校长　李志坚（兼）
常务副校（院）长　王伊亮
副校（院）长　刘宇赤　廖社华
刘光明　霍益辉
纪检组组长　李革凤
教育长　付文兴（2015年8月任）
市老干部局
党组书记、局长
张　赟（2015年5月免）
刘腊干（2015年5月任）
党委副书记、副局长　周　兰
副局长　余长庚　胡向荣
纪检组组长
尹少勇（2015年5月退）
韩　英（2015年12月任）
市老干部活动中心主任
丁立秋（2015年5月任）
市委宣传部
部　长　徐新启
常务副部长
罗光辉（2015年4月免）
许卫国（2015年4月任）
副部长　徐元杰（2015年4月任）
彭东明
纪检组组长
罗　岚（2015年8月任）
市网络文化建设管理中心
主　任　冯元满
市精神文明建设指导委员会办公室
主　任　许卫国（2015年4月免）
章宏平（2015年8月任）
市文化广电新闻出版局
党组书记、局长　黄建文
副局长　何立夫　甘学红
范泽容　姚正国
丁建兵（2015年8月任）
纪检组组长　罗　雯
总工程师　余国荣
市新华书店
党委书记、总经理　陈胤夫
市文化市场综合执法局
局　长　方争奇（2015年5月免）
党组书记、局长
陶沙岸2015年5月任）
副局长　熊少先
吴春华（2015年7月任）
朱　霞（2015年7月任）
纪检组组长　李玉新
市广播电视台
党组书记、台长　曾平原
党组副书记、总编辑　周泽柱
副台长　张立军　罗永明　陈国柱
纪检组组长　陈　勇
副总编　周钟声　施卫军
工会主席　夏建华
总工程师　周　巍
市电视转播台
台　长　章宏平（2015年8月免）
邹文锋（2015年9月任）
岳阳日报社
党组书记、社长

戴文慧（2015年12月免）
党组副书记、总编辑 刘朝晖
党组副书记、纪检组组长 皮露基
副社长 肖艳娟 金海军
工会主席 黄俊拔
副总编辑 袁乐之

市委讲师团

主 任 李桂华（2015年12月免）
戴文慧（2015年12月任）
副主任 蔡吉跃 李卫兵

市委政法委员会

书 记 向伟雄
常务副书记
刘孝纯（2015年3月免）
张群望（2015年4月任）
副书记 李健安 蒋仁凯 贯建湘
许 雄 李湘滨
纪检组组长 李军威
委 员 彭兴国 罗维维
市维护稳定领导办公室
主 任 胡 卫

市社会管理综合治理办公室

主 任 刘孝纯（2015年3月免）
许 雄（2015年5月兼）
副主任 汤 露

市委统战部

部 长 王瑰曙
常务副部长 邓有根
副部长 李建群 方亚华 王亚丹
纪检组组长 梁旭光

市委台湾工作办公室

主 任 罗 纯
副主任 刘中力 张志勇

市人大常委会机构

内务司法委员会

主任委员 刘孟虎
副主任委员 吴德仁 周 升

财政经济委员会

主任委员 彭友池（2015年12月免）
副主任委员 李耀华 杨旅华

教育科学文化卫生委员会

主任委员 徐登源（2015年5月免）
卢宗仁（2015年7月任）
副主任委员
汤文彬（2015年12月免）

城乡建设与环境资源保护委员会

主任委员 万方平
副主任委员 许晓早 鲁 勇

农业与农村工作委员会

主任委员 李新洲（2015年5月免）
万旦明（2015年7月任）
副主任委员
李首元
黄小清（2015年10月任）

选举任免联络工作委员会

主 任 王双凡（2015年5月免）
曾君华（2015年6月任）
副主任 戴 斌
黄三梅（2015年8月任）

预算工作委员会

主 任 李耀华
副主任 刘志强 余子鹏

法制工作委员会

主 任 姜 彬（2015年10月任）
副主任 刘沧海（2015年10月任）

办公室

主 任 谢卫东（2015年4月免）
孔福建（2015年4月任）
副主任 黄三梅（2015年8月免）
戴 丽（2015年8月免）
黄淑平（2015年8月任）
张恩科（2015年9月任）
纪检组组长 徐舒翔

研究室

主 任 方平波（2015年12月免）
汤文彬（2015年12月任）
副主任 李正钧
湛国华（2015年12月任）

信访办

主 任 沈小星（2015年8月免）
张扩军（2015年10月任）

市政府机构

市政府办公室

党组书记、主任 谈正红
党组副书记 林霞辉
副主任 刘衡岳（2015年6月免）
何四军
李海林（2015年6月任）
纪检组组长 陈文亮
常务秘书 李海林（2015年6月免）
胡 巍（2015年5月任）
应急办主任
刘 贫（2015年5月退）

市政府研究室

主 任 甘 勇
副主任 李文伟 陈平刚 叶 罡
纪检组组长 陆亚超

市政府法制办公室

主 任 何季如
副主任 向元宗 赵 瑾 柴 青
纪检组组长 高 峰

市信访局

党组书记、局长 廖星辉
党组副书记、副局长 向阳春
副局长 李 霖 沈晓初 刘迪虎

市委市政府接待处

党组书记、处长 钱丹青
副处长 孙建秋 张碧华

市政府驻北京联络处

主 任 郑绍华
副主任 杨啸非 袁 波 祖庆恒
彭忠益 谢朝春

市政府驻上海联络处

主 任 卢志平
副主任 徐 鸿 蔡志芳

市移民开发局

局 长 柳 怀
副局长 陈卫成
市无线电管理处
主 任 李湘驹
市电子政务管理办公室
主 任 谢芳茂
市爱国卫生运动委员会办公室
主 任 黎 明

市政府民族宗教事务局

局 长 查 宜
副局长 熊 伟
市人民政府政务服务中心
主 任 徐继兴
市住房公积金管理中心
主 任 刘跃红

市公共资源交易中心

主 任 余国祥（2015年8月任）
副主任 刘月平（2015年8月任）

市发展和改革委员会

党组书记、主任 谢春生
副主任 张 鑫 伏沛根 欧阳思平
韩保新 张志超 周孝元
付传贵 陈 辉 周文健
周和平 彭 晟 夏安民
总经济师 蒋仕林
市优化办
主 任 陈岳林
市经济建设投资中心
主任 颜鸿钊

市金融工作办公室

党组书记、主任 李建雄
副主任 彭怡明 张 炯 白锁铭
宋元喜 许爱秋
纪检组组长 何 雄

市经济和信息化委员会

党委书记、主任 殷清华
副主任 李 煌 李岳星 陈岳红
程 均 姚海燕 向 阳
工会主任 刘建武

总经济师 陈 丰
纪委书记 周洪兵
总工程师 李 智

市科学技术局

党组书记、局长 曹合群
党组副书记、副局长 黄跃文
副局长 李立平 彭波涛 何厚德
张 忠 李争元
纪检组组长 戴本柱
党组成员 袁 武
总工程师 罗明亮
市地震局
局 长 吴奇良

市教育体育局

党组书记、局长 王德华
党组副书记、副局长 喻玲玲
副局长 万五龙 朱新和 宋杰林
刘志高 程岳华 李永波
王志红 陈育文
工会主席 张诗文
纪检组组长 周 赞
党组成员 童卓君
市招生考试委员会办公室
主 任 刘益良
市大中专学校毕业生就业管理办公室
主 任 曹金钟

市公安局

党委书记、局长 唐文发
党委副书记 罗小康
党委副书记、副局长 仇岳刚
副局长 喻伟民 苗晓光 曾新韬
王景亮 廖亚文 刘 卫
纪委书记 毛贻忠（2015年5月免）
夏荣才（2015年9月任）
政治部主任 欧阳德儒
市刑事侦查支队
支队长 邹坤光（2015年5月免）
陈文化（2015年8月任）
市治安支队
支队长 张 伟（2015年5月免）
阳文益（2015年8月任）
市巡特警支队
支队长 张政协（2015年5月免）
刘修赫（2015年8月任）
市交通警察支队
支队长 方年文
政 委 杨建波
市监所管理支队
支队长 易 昊
政 委 万艳秋
市警官培训中心
主 任 张伟明

市委警卫处

处 长 周湘亚

市司法局

党组书记、局长 王湘涛
副局长 胡进良 赵碧喜 郑志辉
纪检组组长 陈绍华
政治部主任
黎鹏飞（2015年8月任）
市依法治市办
主 任 张 韬
市强制隔离戒毒所
所 长 陈文联
政 委 阳海威

市民政局

党组书记、局长 刘树平
党组副书记、副局长
陈 平（2015年8月任）
副局长 曹远鹏 李建军
杨书生 谭应兵
纪检书记 李 晔
党组成员 周伟祥
市康复医院
院 长 曾建国
市特困大病慈善办公室
主 任 周拥军

市财政局

党组书记、局长 邹三友
党组副书记、副局长 方新群
副局长 洪建军 熊建伍 谢建华
谭 辉 羊卫东
总会计师 周继祥
总经济师 何 斌
纪检组组长 彭 坚
工会主席 李向阳
市非税收入征收管理局
局 长 陈 辉（2015年11月退）
陈定宝（2015年6月任）
市财政国库集中支付局核算中心
主 任 隋 蕾
市农业综合开发办公室
主 任 钟 肯

市城市建设投资集团有限公司

董事长、党委书记 邹岳湘
总经理、党委副书记 游志坚
纪委书记、监理会主席 易轩
副总经理 刘宝山 龙 强
易 放

市人力资源和社会保障局

党组书记、局长 罗忠勇
党组副书记、副局长 卢进星
何卫宏
副局长 朱六斌（2015年4月退）
陈 彬 晏桃宝
何文忠 文飞宇
党组成员 李鹏杰 邹望春
姜继辉
纪检组组长 李有星
工会主席 卢景辉
总会计师 谈 抒
市人才服务中心
主 任 邹望春
市劳动就业服务局
局 长 李鹏杰
市社会保险事业管理处
处 长 姜继辉
市医疗生育保险基金管理服务处
主 任 易惠军
市工伤保险基金管理服务处
处 长 李胜军
市劳动人事争议仲裁院
院 长 姜汀兰
市劳动保障监察支队
支队长 刘跃欲

市住房和城乡建设局

党组书记、局长 罗黑皮
党组副书记、副局长 叶建国
副局长 程志忠 艾更知
谢 卿（2015年8月任）
总工程师 刘新华
纪检组组长 胡列宇
党组成员 易立先

市交通局

党组书记、局长
龚柏松（2015年4月免）
刘海波（2015年4月任）
党组副书记、副局长 徐浩明
刘勇强
副局长 方全民 张建辉
刘泽江 胡荣满
总工程师 孙晓红
党组成员 彭旅京 刘强国
纪检组组长
臧石田（2015年8月任）
市道路运输管理局
党委书记、局长 李 晖
市公共交通总公司
总经理 卢 平
党委书记 胡春山
市交通质量和安全监督管理局
局 长 谢 钢

市邮政管理局

党组书记、局长 胡荣满
市107国道管理处
主 任 范 律

市农业委员会（市委农村工作办公室）

主 任 张群望（2015年4月免）
湛锡光（2015年4月任）

副主任　彭略武　李新生　邹国良
　　　　刘利文　施永国　黄玉祥
　　　　黄泽根　陈　刚　左仕庚
　　　　周　泉　肖　强　付明中
市农村经营管理局
局　长　晏春华
市政府扶贫开发领导小组办公室
主　任　李赐军（2015年12月免）
　　　　李永胜（2015年12月任）
市水务局
党组书记、局长　骆岳梨
党组副书记、副局长　李超军
副局长　曾革军　许　杰　丁文奇
　　　　刘固华　刘湘龙　徐育才
纪检组组长　吴建平
总工程师　方　潭
工会主席　毛再斌
市防汛抗旱指挥部办公室
主　任　冯楚生
市农业科学研究所
书记、所长　彭高文
市林业局
局　长　万五龙（2015年4月免）
　　　　何祚云（2015年4月任）
党组书记、副局长　方归农
党组副书记、副局长　邱少雄
副局长　曹道伍　李永胜
　　　　孟正兴　杨大成
总工程师　李洪泽
纪检组组长　邓金洲
党组成员、联合工会主席　黄景文
湖南东洞庭湖国家级自然保护区管理局
局　长　赵启鸿
市畜牧水产局
党组书记、局长
　　　　陈克祥（2015年6月免）
　　　　李学勇（2015年6月任）
副局长　高四新　蒋文胜　曾新保
总工程师　李亚白
纪检组组长　赵志坚
总畜牧师　徐　勇
市铁山供水工程管理局
党委书记、局长
　　　　刘海波（2015年5月免）
　　　　熊树林（2015年5月任）
党委副书记、副局长　尹　山
副局长　李新武　任伟明　骆新保
　　　　许泽波　许石兵
纪委书记　付路明
总经济师　余东球
市农业机械管理局
党组书记、局长
　　　　熊树林（2015年5月免）
　　　　巢桃平（2015年5月任）
副局长　涂亚明　徐福保
纪检组组长　范　瑛
总工程师　彭小星
市长江修防处
党组书记、处长　蔡冬华
副处长　胡世忠　谢月秋
　　　　杨　烈　杨天强
纪检组组长　余　渊
总工程师　吴文胜
市贸促会
会　长　方争奇（2015年5月任）
党组书记　何　晖（2015年8月任）
副会长　刘友才　罗爱慧　杨政文
纪检组组长　唐立德
市商务粮食局
党组书记、局长　禹　辉
党组副书记、副局长　张善保
副局长　吴　桐　陈文斌　吴新平
　　　　许德煌　冯庆新　蔡宇志
　　　　黄时正　司马孟军　吴　灿
纪检组组长　廖敬东
市市场建设管理处
主　任　周月殿
市卫计委
党组书记、主任
　　　　彭纲要（2015年4月任）
党组副书记、副主任　吴小青
副主任　任浩波　孙　奕　胡小军
　　　　徐伟科　刘志敏　邵爱军
　　　　王耀平　周立标
纪检组组长　董艳萍
工会主任　李江辉
党组成员　赵曙光　黄岳四
市疾病预防控制中心
主　任　黄岳四
市卫生监督中心
主　任　张壮军
市中心血站
站　长　方奎明
市红十字会
常务副会长　李一锋
市审计局
党组书记、局长　谌亚忠
副局长　邓春初　杨如松　李星吾
　　　　陈　超　丁湘平
总审计师　干忠叶
纪检组组长　曾建国
党组成员　万春霞
市环境保护局
党组书记、局长
　　　　李国保（2015年4月退）
　　　　王文选（2015年4月任）
党组副书记、副局长　余岳良
副局长　李石六　卿　漪　蒋　卉
　　　　万四良　付　平　王　新
总工程师　程育芝
纪检组组长　周　兴
市环境监察支队
支队长　魏锦鑫
市环境监测中心
主　任　钟亚军
市统计局
党组书记、局长
　　　　焦铎辉（2015年4月免）
　　　　许平亚（2015年4月任）
党组副书记、副局长　许勇球
副局长　徐光明　吴龙标
　　　　邓兴亮　殷　俊
纪检组组长　许万景
市政府旅游外事侨务办公室
党组书记、主任
　　　　任焱辉（2015年4月任）
副主任　卢　谦　杨川勇　王诗宽
　　　　吴　波　欧阳娟　黄　立
纪检组组长　巢岳农
侨联专职副主席　毛伟华
市规划局
党组书记、局长　曲安江
党组副书记、副局长　许　淞
副局长　易湘清　杨建军　张世愚
党组成员　李建军　刘雪梅
总工程师　胡伟华
纪检组组长　罗　湘
市人民防空办公室
党组书记、主任
　　　　丁源源（2015年4月免）
　　　　范安琿（2015年4月任）
副主任　贾建中　徐光华　李佳军
　　　　刘绍斌　李永红
纪检组组长
　　　　任伟明（2015年9月任）
市档案局
党组书记、局长　任欣欣
副局长　陈祯祥　余伏良
纪检组组长　马岳生
市安全生产监督管理局
党组书记、局长　毛绍武
副局长　李春光　赵珍彩　童俏冰
　　　　方延子　陈卫兵
纪检组组长　李荣华
市国有资产监督管理委员会
党委书记、主任　黄岳山
副主任　刘其元　付维民　曹冠军
纪委书记　余良成

总经济师　贾双彬
工会主席　陈解建

市食品药品监督管理局

党组书记、局长　卢大平
党组副书记、副局长
王亚明2015年8月任）
副局长　周志宏　邓艺文　王如松
徐焕斌　李岳玲
纪检组组长　欧阳藏修
市食品药品检验所
所　长　毛谊平

市供销合作联社

党组书记、理事会主任　陈琪钢
党组副书记、监事会主任　彭岳武
理事会副主任　陈眺军　刘立蒙
周传龙
纪检组组长　陈　城
监事会副主任　李贻华

市口岸管理办公室

党组书记、主任　何移兵
党组副书记、副主任　宋振权
副主任　彭受宗　刘师迅　肖德根
纪检组组长　李季平

市公路管理局

党委书记、局长　冯嘉皇
副局长　李茂文　付瑞祥　高建勋
吴岳新　余欲晓
总工程师　徐　军

市洞庭湖大桥管理局

党组书记、局长　彭旅京
副局长　钟鉴波　李文新
李华云　杨涛广
总工程师　伏晓宁
纪检组组长　缪小新

岳阳三荷机场投资建设管理有限公司

董事长　李炎云
总经理　刘爱军
监事会主席
李　铮（2015年9月任）
副总经理　梁盛发（2015年9月任）
冯建坤（2015年9月任）
付旭光（2015年9月任）

市地方海事局

党委书记、局长　李白才
副局长　杨德华　李中汉　钟爱国
邓跃飞　戴武会　李志勋
总经济师　黄　河

市城市管理局

党组书记、局长　陈克祥
党组副书记、副局长　柳泗明
副局长　鲍京平　许心豪　李国伟
陈定乾　胡荣华　樊　卫
邓晓峰
总会计师　袁本德
纪检组组长　周　峰
总工程师　陈　鑫
市风景园林局
局　长　黄达江
市市容环境卫生管理局
局长　方欲林
市城市管理行政执法支队
支队长　刘其汉

市房地产管理局

党委书记、局长
李大元（2015年4月退）
焦铎辉（2015年4月任）
党委副书记、副局长　易红卫
赵海波
副局长　张胡根　付　荣　葛文斌
叶湘林　刘高但
总工程师　陈　宏
纪委书记　许阳春
市住房制度改革领导小组办公室
主　任　杨康乐

市政协机构

办公室

党组书记、主任　江玉祖
副主任　黄建平　田　军
副处级纪检员　王东培

提案委员会

主　任　柳海平（2015年6月免）
毕金林（2015年8月任）
副主任　李　星

经济科技委员会

主　任　潘刚强
副主任　姚海根

文化教育卫生体育委员会

主　任　段　春（2015年4月免）
郭介川（2015年6月任）
副主任　任浩波（2015年8月免）
刘岸芳（2015年8月任）

法制群团人口资源环境委员会

主　任　陈慧君
副主任　谢志武
罗　湘（2015年8月免）

文史和学习委员会

主　任　王志龙
副主任　王馥兰　安立萍

港澳台侨民族宗教外事委员会

主　任　杨　玲
副主任　杨驰军　田德年

研究室

主　任　徐　煜

驻岳部队

湖南陆军预备役步兵师第三团

团　长　王如良
政　委　王向东
参谋长　谢伟雄
政治处主任　李子新
后勤和装备处处长　李训民

武警岳阳市支队

支队长　蒋建军（2015年9月任）
第一政委　唐文发
政　委　周　齐
副支队长　蔡　琪　陈雪纯
副政委　宋　炀
参谋长　刘　辉
政治处主任　毛建国
后勤处处长　刘　冰

市消防支队

政　委　何超群
支队长　黄　超
副支队长　杨胜利　王　雷
副政委　王明科
参谋长　秦绍兴
政治处主任　谢立辉
后勤处处长　戴敏章
防火监督处处长　韩灏凌

市边防检查站

党委副书记站长　陈亚玲
党委书记、政委　程　强

省主管机构、银行

国家统计局岳阳调查队

党组书记、队长　吴当时
副队长　刘爱玲
纪检组组长　李　俞

市国土资源局

党组书记、局长　胡　辉
党组副书记、副局长　易拓新
副局长　万岳斌　刘险峰
艾鲜枝　严　菲
总工程师　彭四林
执法监察支队支队长　李志宏
总经济师　陈湘栋
工会主席　陈金龙
纪检组组长　周治中

市国家税务局

党组书记、局长　李石道
副局长　李森岩　张登炎
朱春辉　练建平
纪检组组长　肖标志

市地方税务局

党组书记、局长　龙晓红
党组副书记、副局长　张　军
副局长　黎　毅　罗平原
总经济师　龙伟华
总会计师　余爱华
纪检组组长　田平力

市工商行政管理局

党组书记、局长　王星耀
党组副书记、副局长　张长庚
副局长　罗岳锋　颜石湘　杨彦华

市质量技术监督局

党组书记、局长　蒋跃进
副局长　赵奇志　胡力平　周　喆
党组成员　刘正光
纪检组组长　刘荣保
总工程师　杨建良

中华人民共和国岳阳海关

党组书记、关长　刘探担
副关长、缉私分局副局长　杨胜前
副关长　刘庆君　洪余喆
驻城陵矶办事处主任
龚先明（2015年4月任）

中华人民共和国岳阳海事局

党委书记、局长
龙营华（2015年4月免）
樊哲斌（2015年4月任）
政委、党委副书记、纪检组组长
汪阳生（2015年11月免）
朱远志（2015年11月任）
副局长　夏乐群　杜国平
张　帆（2015年12月任）
局长助理　黄建国

岳阳出入境检验检疫局

党组书记、局长　盛胜军
副局长　林建军
纪检组组长　谢忻然

国网岳阳供电公司

总经理　王　健
副总经理　杨五一　姚维平
彭劲松　朱盛开
纪委书记、工会主席　李泽龙
总会计师　郭宜刚

市邮政公司

党委书记、总经理　李胜军
副总经理　狄　洪　范湘彤
党委委员　黄　华

中国电信股份有限公司岳阳分公司

总经理　丑文亚
副总经理、工会主席　万建湘
副总经理、纪委书记　符传剑
副总经理　陶　涛　李清华

湖南移动通信有限责任公司岳阳分公司

党委书记、总经理　武　樵
副总经理　朱振辉
副总经理、纪委书记、工会主席
吴　铸
党委委员、总经理助理　曾卫华

中国联合网络通信有限公司岳阳市分公司

总经理　杨锜顺
副总经理　张　波　刘　永
余　惠
人力资源部经理　张弛宇

市烟草专卖局（公司）

党组书记、局长、经理　吴奇林
副局长　全小东
副经理　邓　杰　毛岳胜
纪检组组长　李雄伟

市盐务管理局（公司）

总经理　周　伟
党委书记、局长　李克才
副总经理　张森林　方卫平

市气象局

党组书记、局长
邹用昌（2015年4月免）
党组副书记、副局长
彭　洁（主持工作）
副局长　李东阳
纪检组组长　向良权

岳阳监狱

党委书记、监狱长
龚　跃（2015年8月免）
颜忠毅（2015年8月任）
党委副书记、政委　袁冰可
党委副书记、纪委书记　张运良
副监狱长　高常陆　程志文
工会主席　艾祥卫
政治处主任　李　剑
党委委员　陈志刚　康　健

中国石化销售有限公司

经　理　元立峰
党委书记　张庆湘
副经理　谷秋林　周文辉　卢　颖

湖南省血吸虫病防治研究所

党委书记、所长　罗志红
党委副书记　邓维成
副所长　任光辉　贺宏斌
彭先平　肖翠兰
工会主席、纪委书记　肖　群

中国人民银行岳阳市中心支行

党委书记、行长　谢汉阳
副行长　王晓毛　袁曙光　李利华
纪委书记　张晓峰（2015年11月免）
兰红梅（2015年11月任）

中国银行业监督管理委员会岳阳监管分局

党委书记、局长
李孔永（2015年7月免）
易　文（2015年7月任）
副局长　金爱钦　贺爱卿
纪委书记　李雁新

中国农业银行岳阳市分行

党委书记、行长　刘友明
党委副书记、副行长　伍高琴
副行长　彭　勇　吕桂玲
副行长、纪委书记　王跃虎

中国银行股份有限公司岳阳分行

党委书记、行长
滕小明（2015年9月免）
吕　军（2015年9月任）
副行长、纪委书记　赵　勇
副行长　符日明　蔡　旭　刘飞舟

中国农业发展银行岳阳市分行

行　长　周芳华
副行长　唐双华　刘夷夫

交通银行股份有限公司岳阳分行

党委书记、行长　马学军
副行长　彭政红　胡　昕　曾　明

中国工商银行股份有限公司岳阳分行

党委书记、行长　杨　林
副行长　柳会刚　陈飞宝
罗　健　袁校刚
纪委书记　李俊厚

中国建设银行股份有限公司岳阳市分行

党委书记、行长
彭　辉（2015年7月免）
刘　星（2015年7月任）
副行长、纪委书记、工会主任
梁运胜
副行长　杨　林　周　强
王逸辉　周栋兵

华融湘江银行岳阳分行

党委书记、行长
殷六荣（2015年7月免）
郑　武（2015年7月任）
副行长、纪委书记　王湘平
副行长　李满家
党委委员　尹　红　刘　倩

中国邮政储蓄银行岳阳市分行

党委书记、行长　屈春友
副行长　郑精兵　刘　飞
谈　磁　胡　军

中国光大银行岳阳分行

党委书记　刘　林
纪委书记　赵　祯
党委委员　孙晓龙

湖南省农村信用社联合社岳阳办事处

党组书记、主任 刘汉军
副主任 黄亚平 朱晓华
兴业银行岳阳分行
行 长 周 坤
副行长 胡定邦

社会群众团体

市总工会
主 席 彭先政
党组书记、副主席 谭志兰
党组副书记、副主席 彭慕侬
副主席 冯胜建 杨红杰
纪检组组长 彭城华
党组成员、经审委主任 刘 沅
市妇女联合委员会
党组书记、主席 魏淑萍
副主席 杨 勤 胡晓明 吴玉玺
纪检组组长 曾 琴
共青团岳阳市委员会
书 记 白再兴
副书记 李 乐 綦小广
市社会科学界联合会
党组书记、主席 魏 星
副主席 李平辉 张 萍
郑立新
市文学艺术界联合会
党组书记、主席 周 迅
党组副书记 刘子华
副主席 徐喜德
市科学技术协会
党组书记 吴罗生（2015年6月免）
吴奋发（2015年6月任）
主 席 何祚云（2015年6月免）
徐载满（2015年6月任）
副主席 傅道德 彭晓霞
副主席候选人
唐 慧（2015年12月任）
纪检组组长 陈 虎
市残疾人联合会
党组书记、理事长 向科军
副理事长 李正望 巢向阳

民主党派·工商联

中国国民党革命委员会岳阳市委员会
主 委 任浩波
专职副主委 陈立新
中国民主同盟岳阳市委员会
主 委 万岳斌
副主委 黎雄兵（2015年12月任）
李石夫
中国民主建国会岳阳市委员会
主 委 方争奇
专职副主委 梁志军
副主委 王五星 李永波
中国民主促进会岳阳市委员会
主 委 张世愚
专职副主委兼秘书长 李尧瑶
副主委 袁公平 丁卫平
中国农工民主党岳阳市委员会
主 委 李 为
专职副主委 周 波
兼职副主委 林 辉
中国致公党岳阳市委员会
主 委 余炳锐
专职副主委 陈跃平
兼职副主委 黄玉祥 丁湘平
李 文
九三学社岳阳市委员会
主 委 李 平
专职副主委 郭跃平
副主委 付 萍
市工商业联合会
主 席 刘晓英
党组书记 方亚华
副主席 赵小龙 张 超
纪检组组长 肖华斌
党组成员 周宇岳

学校（院）、医院

湖南理工学院
党委书记 李 明
党委副书记、院长 余三定
副院长 易健民 邱绍雄 卢先明
李 文 张松德 钟 华
纪委书记 刘亦工
岳阳职业技术学院
党委书记 喻岳兰
党委副书记、院长 张 建
党委副书记 潘岳生
常务副院长 李应龙
副院长 吴丽文 李晚林
纪委书记 胡振东
工会主席 陈卫东
湖南民族职业学院
党委书记 李 红
党委副书记、院长 吴顺发
党委副书记 童和钦
常务副院长 戴南海
副 院 长 文小华 李葵模
纪委书记 杨火保
工会主席 戴金波
岳阳广播电视大学
党委书记 陈美中
党委副书记、校长
黄湖滨（2015年12月免）
袁 征（2015年12月任）
副校长 江家立 封 屹
纪委书记 乐艳华
党委委员 熊 灏
湖南石油化工职业技术学院
党委书记 雷放华
院 长 徐 方
副院长 孙 雷 刘 滔
郭丽荣 符文文
工会主席 刘三青
湖南省工业技术学院（中南工业学校）
党委书记 唐世林
院 长 张文兵
副院长 方柏年 章传美
张旭辉 李 勇
党委副书记、纪委书记 曾红彪
工会主席 吴细细
市第一中学
校 长 廖炳晔
党委书记 李赞辉
市第十四中学
校 长 符新培
党委书记 杨 锋
岳阳中学
党委书记、校长 林 立
副校长 孙 瑾 李仲芬 毛小平
纪委书记 李阳春
市第十五中学
校长、书记 宋卓辉
市第一职业中等专业学校
校 长 孙光友
市一人民医院
院长、党委副书记 唐 敏
党委书记 曾 强
副院长 李自华 夏伟瑜
余飞跃（2015年12月免）
许文杰
纪委书记 王学明
工会主席 陆海湖
党委委员 张建安
市二人民医院
院 长 吴晓球（2015年12月免）
余飞跃（2015年12月任）
党委书记 李 岳（2015年5月免）
党委副书记 王松柏
副院长 应民政 方兴旺
刘 芳 杨福炎
纪委书记 刘文龙
工会主席 方志明
党委委员 林春龙
市中医院

院　长　向明波
党委书记　司马雄翼
副院长　邹智国　余绍清
　　　　钟利明　张　伟
纪委书记　陈　剑
市三人民医院
院长、党委副书记　葛华阶
党委书记　文立波
市妇幼保健院
院　长　袁劲进
党委书记　陈　卓

部·省·市属企业单位

中国石油化工股份有限公司巴陵分公司
中国石化集团资产经营管理有限公司巴陵石化分公司
总经理、党委副书记　李大为
党委书记、副总经理　李德刚
副总经理　许世政　彭鸽威
　　　　胡先红
总会计师　皮明生
纪委书记　阳　忠
中国石油化工股份有限公司长岭分公司
中国石化集团资产经营管理有限公司长岭分公司
长岭炼化公司董事长、党委副书记、总经理　李　华
长岭股份分公司总经理　李　华
长岭炼化公司党委书记、副总经理、股份长岭分公司副总经理　文志成
股份长岭股份分公司副总经理
　　　　谯培武　刘建平
　　　　谢型样　蒋文军
纪委书记、监事会主席　胡先红
总会计师　谯培武
华能湖南岳阳发电有限责任公司
（华能岳阳电厂）
总经理、厂长　尹开颜
党委书记、副厂长　唐明华
副总经理、副厂长　李亚强
　　　　李海滨
副总经理、工会主席　彭新龙
纪委书记　周祖芳
总工程师　郑伟德
岳阳林纸股份有限公司
党委书记、董事长　黄　欣
党委副书记、总经理　蒋利亚
常务副总经理　刘敬东
党委副书记、副总经理　叶　蒙
党委副书记、纪委书记、工会主席
　　　　袁国利
副总经理　徐远梅　肖亚非
　　　　万春华　李　飞
　　　　李正国
党委委员　施湘燕　唐作钧
总工程师　朱宏伟
湖南华升洞庭麻业有限公司
董事长　黄云晴
总经理　宋学军
党委书记　荣金莲
常务副总经理　陈继无
工会主席　曾建云
纪委书记　易章元
副总经理　汤翠娥
际华3517橡胶制品有限公司
执行董事　容三友
党委书记　傅　胜
总经理　孙贤进
中国化学工程第四建设公司
董事长、党委书记　刘德辉
总经理　胡流芳
副总经理　钱家林　陈荣仓
　　　　周　鸿　周　栗　周水柏
监事会主席、党委副书记、纪委书记、工会主席　何玉文
总工程师　孙　韵
湖南龙骧神驰运输集团有限责任公司
董事长、党委书记　袁　俊
总经理、党委副书记　胡太勋
党委副书记、纪委书记　汪景林
监事会主席、工会主席　李宏伟
董事、副总经理　李載良　罗辉进
副总经理　戴文力　许　峰
　　　　张怀国
长江动力机械厂
第一厂长　彭天祥
厂　长　徐义军
党委书记、副厂长　周　华
党委副书记、副厂长、纪委书记、工会主席　向　前
副厂长、总工程师　童俊威
副厂长、总会计师　胡国明
副厂长　丁立辉　周　耿　吴　杰
岳阳城陵矶新港有限公司
总经理　徐忠诚
副总经理　邓隆标
国信军创（岳阳）六九零六科技有限公司
董事长　向志明
总经理　张万英
党委书记　涂永良
副总经理　邓　涛　涂永良
　　　　贾　坤　郭智俊
　　　　张　云
岳阳金秋红日工业有限公司
执行董事、总经理、党委副书记
　　　　彭欣荣（2015年9月任）
党委书记、副总经理
　　　　罗成孝（2015年9月任）
常务副总经理　黄力群
副总经理　黄建强　廖　斌
纪委书记、工会主席　黄建荣

责任编校　贺红霞

中共岳阳市委员会

综 述

【概况】 2015年，中共岳阳市委坚持以党的十八大和十八届三中、四中、五中全会精神为指导，坚决执行中央、省委、省政府各项决策部署，团结带领全市干部群众，统筹改革发展稳定工作全局，强化问题导向，实行精准发力，全面推进“一极三宜”江湖名城建设，全市经济社会发展保持稳进向好的良好态势，各项事业取得新的进步。

一、抢抓重大战略机遇，科学谋划“一极三宜”江湖名城发展战略

市委按照省委、省政府打造湖南通江达海新增长极的新定位、新要求，立足经济发展新常态，提出并实施“一极三宜”江湖名城发展战略。“一极”就是湖南发展新增长极，其内核就是建设“四区两中心”，即现代产业聚集区、开放合作引领区、新型城镇拓展区、生态文明示范区、长江中游重要的航运物流中心、环湖区域发展辐射中心，力争到2020年主要经济指标占全省比重12%左右，到2025年占全省比重15%左右，率先在全省建成通江达海、产业兴旺、开放共赢、绿色发展的新增长极，真正成为具有较强经济拉动力、市场辐射力和区域影响力的名副其实的湖南新一极。“三宜”就是宜居宜业宜游，“宜居”即建设山清水秀、生活便利、平安文明、适宜健康养生、可以惬意深呼吸的民生福地；“宜业”即建设就业渠道广、创业机会多、产业发展旺、创新能力强、充满生机与活力的创新创业高地；“宜游”即建设要素齐备、服务优良、人气兴旺、独具魅力、令人流连忘返的旅游目的地。“江湖名城”是品牌形象，即做好做足大江大湖水文章，发展大江大湖经济，打响岳阳滨江畔湖的区位品牌、江湖形胜的生态品牌、通江达海的开放品牌、浩瀚包容的文化品牌，让江湖名城岳阳走出中国、走向世界。

二、全力推进新增长极建设，经济保持平稳较快发展

一是推进“621”行动。2015年年初，市委召开六届十次全体（扩大）会议，审议通过《全力把岳阳打造成湖南新增长极行动方案（2015—2020年）》，简称“621”行动，“6”就是六大战略，包括口岸经济发展、基础设施先导、产业转型升级、县域经济壮大、城镇扩容提质、全民创新创业等战略，“2”就是六大战略下的20项工程，“1”就是20项工程下的100项重点工作，并明确为今后一个时期全市经济社会发展的路线图、任务书和责任状。成立“六大战略”领导小组，分别召开新增长极建设六大战略工作推进会，制定六大战略具体的实施方案，将20项工程和100项重点工作任务全部分解落实到责任单位和责任人，实行挂图作战、倒排时间、倒逼任务，开展定期督战、定期讲评、定期通报，新增长极建设各项工作全面铺开、强势推进。

二是开展“学赶超”活动。在全市广泛开展“学长沙、赶宜昌、超九江”系列活动，先后组织市党政代表团赴九江、长沙等地学习考察，召开“比九江、学九江、超九江”和“学习长沙、三大升级”两个专题研讨会，围绕“岳阳差距在哪里、外地经验是什么、实现赶超怎么干”三个问题，进行广泛深入的讨论，理清发展思路、明确努力方向。在此基础上制订“学赶超”活动三年行动方案，健全完善“六个一”的考核机制，明确要求各县市区和市直主要经济部门都要对应瞄准九江市一个县市区或部门，强化问题导向，实现赶超进位；在学习长沙的基础上，全面推进岳阳城市规划建设管理、禁拆治违工作、产业园区发展三大升级，力争到2018年全市主要经济社会发展指标与长沙差距缩小、与宜昌基本靠近、比九江多数超越。

三是建设重大项目。持续开展项目建设“三个一批”竞赛、重大项目“双百工程”活动，建立“621”行动重大项目库，加强与国家有关部委、央企的汇报对接，组织举办三批重大项目集中开工、一批重大项目集中竣工仪式，“双百工程”重大项目开工115个、竣工69个。岳阳三荷机场、华电平江电厂、神华国华岳阳电厂、中粮城陵矶产业园、“气化湖南”工程、

北斗卫星产业园、环南湖“13118”综合工程（以治理好“一湖水”为龙头，建设旅游交通三圈和酒吧一条街、茶文化一条街、商业步行水街等三街，开发好龙山植物园，保护好教会学校，建设好尚书清风、太白赊月、南津古渡、仙台问道、天灯指南、龙赶九龟、圣安祈福、半岛寻梅等八景）、洞庭湖博览园、高速公路“两路一桥”（岳望高速、大岳高速，洞庭湖大桥）、临湖公路（临湘至湖滨公路）等一批打基础、管长远、利当前的重大项目进展顺利，京港澳高速岳阳收费站改扩建工程等一批项目投入运营。

四是攻坚重点工作。以季度总结讲评的形式，对全面小康建设、重大项目建设、“135”工程（重点扶持10个创新创业园区、重点建设300万平方米以上的标准厂房、重点引进500家以上创新创业企业）、禁拆治违和土地依法征收“百日攻坚”行动五项重点工作进行督查调度，克难攻坚，强力推进。专题研究部署全面小康建设，集体约谈县市区委书记加压鼓劲。推进禁拆治违和土地依法征收“百日攻坚”行动，市本级新增建设用地申报全面解冻，全市有61个拆迁项目完成房屋拆迁任务，共腾地717.4公顷。推进“135”工程建设，全市标准厂房开工面积323.1万平方米，竣工204.5万平方米，超年度计划21%，入驻企业133家，园区工业增加值占规模工业比重60%。

五是转方式调结构。开展重点产业和重点民营企业帮扶行动，由市级领导牵头，对11大重点产业、57个重大项目和37家重点民企实施联手帮扶，促进实体经济健康发展。培育新的增长动力，扶持电子信息、生物医药、节能环保等新兴产业发展。获批“宽带中国”示范城市，引进电商实体企业43家，岳阳电子商务产业园被授予国家级示范基地，汨罗市纳入全国电子商务进农村综合示范县。举办第八届洞庭湖(岳阳)国际观鸟节暨首届洞庭湖生态经济区绿色发展论坛和“天下江湖、畅游岳阳”系列活动，全市旅游总收入增长34.5%，居全省第2位。出台支持大众创业、万众创新政策，新登记企业主体6688家，新增企业注册资本807亿元，分别比2014年增长24.3%、143.1%。

三、全面深化改革开放，发展活力不断释放

一是推进改革。市委全面深化改革领导小组召开7次会议，专题部署推进10大类63项改革任务，到年底，有52项改革完成年度任务。研究出台财税体制改革、投融资体制改革、社会管理体制改革等重大改革方案，行政审批制度改革成效明显，清理和公布“二清单二目录”，政府行政权力精简32.3%，乡镇区划调整、农村综合改革、商事制度改革等稳步推进，临湘“多规合一”改革成为全省唯一的全国性试点，汨罗跻身全省首批“飞地经济”试点县市。

二是依托口岸招商引资。加强口岸平台的建设和运营，召开“一区一港四口岸”（岳阳城陵矶综合保税区，启运港退税政策试点港，汽车整车进口口岸、进口肉类指定口岸、进口粮食指定口岸和固废进口指定口岸）大招商行动推进会，市政府出台支持“一区一港四口岸”平台建设13条政策措施，先后在重庆、武汉、长沙、上海、深圳、香港、澳门等地开展专题招商推介活动，成功举办首届岳商大会，全力招大引强、招新引高。城陵矶港务集团与上港集团合作运营正式启动，深圳农产品公司、黑龙江恒阳集团等一批大企业落子布局城陵矶新港区。

三是发展外向型经济。启动全国检验检疫通关一体化，汽车、肉类、粮食、固废进口指定口岸投入运营，综合保税区通过国家十部委的联合验收，城陵矶港纳入启运港退税政策试点范围。成功开通城陵矶至上海洋山港直达航线、21世纪海上丝绸之路岳阳至东盟、澳大利亚接力航线，岳阳港获批全国绿色循环低碳港口试点，全年完成进出口货物1960万吨、集装箱吞吐量24万标箱、进出口总额10.6亿美元，分别增长6.8%、14.1%、26.3%。

四、突出改善民生福祉，社会大局和谐稳定

一是实施精准扶贫。召开全市精准扶贫三年攻坚行动动员会和工作推进会，出台《岳阳市精准扶贫三年攻坚行动方案》，扎实开展结对帮扶，选派1038名机关干部到412个贫困村进驻帮扶，实现驻村帮扶全覆盖。扎实推进精准扶贫“六到农家”（实施水、电、路、气、房、环境治理）和“六个落实”（抓好就医、就学、养老、低保、五保、村级集体经济发展），统筹解决好产业发展、帮扶就业、危房改造、教育扶贫、搬迁安置、基础设施、政策兜底等问题，加快贫困地区全面建成小康社会、贫困群众脱贫致富步伐，全年减少贫困人口8万人。

二是保障改善民生。认真落实中央、省委省政府惠民政策，持续加大民生投入，全年民生支出占财政总支出比例超过70%。坚持把扩大就业作为首要任务，全市新增城镇就业5.5万人，完成全年目标任务的105%。城乡居民收入增长继续快于经济增长，农村居民收入增长持续快于城镇居民，城乡居民收入分别增长9.1%、10%。扎实办好民生实事，25项38件省市实事全面完成，千条小街巷改造惠民行动、更换新能源公交车、城区交通秩序整治、城区严重低洼渍水地段整治、棚户区改造和保障性住房建设等惠民实事深受市民好评。中心城区“十大片区”（九华山片区、洛王社区周边、青年东路北侧、杨树塘片区、四化建片区、琵琶王立交桥东南角、市七中南侧、体育中心西侧、步行街南辅道北侧、洞庭新城白水磨子山片区）改造全面铺开，“两房两棚”（公共租赁房、农村危房和城市棚户区、工矿棚户区）开工建设6.43万套，“两供两治”（城市供水供气、城市污水垃圾治理）和农村饮水安全工程进展顺利，中心城区污水处理率91.3%，垃圾无害化处理率100%。全省“两房两棚、两供两治”工作在岳阳召开现场经验交流会。深化文明城市建设，成功入选全国文明城市，圆满完成文明城市复查测评迎检工作。扎实推进美丽乡村建设，积极引导农村村民规范建房，全省新农村建设、水利建设工作推进会分别在岳阳召开。加强生态文明建设，持续推进湘江保护与治理“一号重点工程”“洞庭风雷”行动，加大铁山水资源保护和大气、水、土壤污染防治力度，城乡环境进一步改观，万元GDP能耗下降23.1%。社会保障体系不断完善，基本实现大学毕业生就业动态清零，大病保险、养老金并轨等工作有序推进。加快全国公共文化服务体系示范区建设，实施文化惠民工程，推进“十大工程”（市青少年活动中心、市档案馆、市图书馆新馆、市体育馆新馆、市广播电视中心、洞庭湖博物馆、市美术馆、市巴陵戏剧传承展演基地、岳阳城市形象文化标志、大型实景剧）、“六项整治”，广泛开展文明单位、文明村镇等创建活动，常年开展送戏下乡、“周末一元剧场”等惠民活动，“远在江湖”巴陵戏获第五届湖南艺术节金奖。

三是维护社会稳定。开展防汛抗灾，成功应对中心城区“4·3”特大暴雨，全力抗击临湘“6·1”特大山洪地质灾害，妥善安排受灾群众生产生活，灾后重建进展顺利。全力参与“东方之星”客轮翻沉事件搜救与善后工作，得到党中央、国务院和省委、省政府高度肯定。加强社会治安综合治理，实施大城管模式和火车站片区综合执法，持续开展“打非治违”“治理车辆超载超限”等专项行动，强化食品药品安全监管，安全形势持续向好，全市没有发生重大安全责任事故，安全生产排名全省前列。推进“信访工作双向规范”主题活动，实行网上信访、诉访分离，把涉法涉诉信访纳入法治轨道，有效预防化解矛盾纠纷，信访形势平稳可控。深化法治岳阳、平安岳阳建设，推进网格化管理和社会治安防控体系建设，开展重大项目社会稳定风险评估工作，开展“四公开、四整治”专项活动，召开全市禁毒工作会议，保持对毒品“零容忍”，加强反恐、反邪教工作，社会大局保持和谐稳定。

四是凝聚发展力量。加强学习型党组织建设，开展“党委（党组）一把手谈意识形态工作”专题活动，“千名书记讲党课”活动作为全省市州唯一代表被中宣部入选全国创新百例，经验向全国推广。

2015年6月10日，省委常委、省委秘书长韩永文到临湘市、云溪区，检查指导防汛抗灾工作，市委书记盛荣华陪同 （范向辉 摄）

开展中国特色社会主义和中国梦教育，引导广大干部群众不断增强“三个自信”（道路自信、理论自信、制度自信），进一步坚定理想信念，站稳政治立场。组织开展第五届道德模范、第三届美德少年等系列评选表彰活动，积极营造良好社会风尚。突出抓好高校、社科组织意识形态工作，依法管网治网，确保互联网可管可控可用。精心策划系列对外主题宣传，讲好岳阳故事，传播岳阳声音。实施“同心工程”，举办全市统一战线革命传统教育暨暑期谈心活动，召开市委统战工作会议，高度重视党外干部培养选拔工作。全面落实中央党的群团工作会议精神，召开全市共青团第六次代表大会。加强民主政治建设，支持市人大、市政府、市政协依法依规依章履行职能，进一步密切同各民主党派、工商联和无党派人士的合作共事，高度重视加强国防和后备力量建设，形成凝心聚力干事业、齐心协力抓发展、群策群力促和谐的生动局面。

五、坚持全面从严治党，切实加强领导班子和干部队伍建设

一是抓领导班子和干部队伍建设。加强和改进干部培训工作，举办各类专题培训班12期、巴陵名师讲堂7期，干部政治素质和领导发展的能力进一步提升。全面贯彻新修订的《干部任用条例》，提拔重用干部坚持“五个看重”（看重忠诚、看重实干、看重担当、看重干净、看重基层）、实行“两个倾斜”（对那些爱岗敬业、踏实干事、群众公认的优秀基层干部和在急难险重任务、重点项目建设中敢抓敢管、实绩突出的实干型干部，优先予以提拔重用），对长期扎根基层、业绩突出的5名乡镇党委书记、1名乡镇长提拔进县市区和市直党政领导班子，在全市评选9名优秀乡镇（街道）党（工）委书记和20名优秀村（社区）党组织书记，进一步树立公道正派、注重实绩、担当干净的用人导向，社会反响良好。严格干部监督管理，出台《关于进一步激励干部想事干事成事的暂行办法》《关于进一步严格管理和监督干部的暂行办法》《岳阳市“为官不为”“为官乱为”问责暂行办法》3个文件，打出一套干部激励、监管、问责“组合拳”，用纪律和规矩管严管实队伍，干部干事创业激情进一步迸发。大力推进巴陵人才工程，启动实施科技创新创业人才团队、巴陵青年英才、“四海揽才”计划、名师名医等10个重大人才项目，选派61名干部和科技人员到55家企业工作，全市爱才重才聚才氛围日益浓厚。

二是提升基层党建工作水平。落实基层党建工作责任制，加强基层党建工作，出台关于完善村、社区运转经费保障机制等6个党建规范性文件，督导县乡书记抓党建、谋

发展，所有县市区委书记和部分市直单位党组（党委）书记在《岳阳日报》作出公开承诺，逐级传导压力，着力形成“书记抓、抓书记”的党建工作格局。巩固基层组织建设，整顿软弱涣散基层党组织318个，对全市3915名乡镇街道、村和社区及非公经济、社会组织党组织书记全面轮训。推动政策、资金和服务资源向基层倾斜，全市村级运转经费平均达7万元，中心城区社区工作经费平均达25万元。开展县市区委书记和部分市直单位党委（党组）书记抓党建工作责任述职评议考核，推行村级治理、社区管理新模式，乡镇机关“五小”设施建设普遍到位，基层便民服务站点建设不断改善。岳阳市基层党建工作在全省述职评议中位居前列。

三是推进党风廉政建设和反腐败工作。始终绷紧政治纪律和政治规矩这根弦，强化“两个责任”（落实党风廉政建设责任制，党委负主体责任，纪委负监督责任），市委常委会先后4次召开会议专题研究党风廉政建设工作，学习贯彻《中国共产党廉洁自律准则》《中国共产党纪律处分条例》等重大政策文件，推进党风廉政建设责任具体化，层层分解任务，级级传导压力，推动责任落实。加大责任追究，对临湘市落实党风廉政建设主体责任和监督责任不到位的问题进行追责处理，全市问责“两个责任”落实不力典型问题41个，给予党纪政纪处分和组织处理56人。出台实施市管领导班子巡查制、领导班子运行情况分析会制、干部廉政谈话制、重点领导班子年中考核制等“四项制度”，切实把纪律和规矩挺在前面。设立5个市委巡查工作组和考核组，对10个市直单位开展专项巡查和年中考核；充分运用好巡查制、年中考核制成果，对不胜任现职的领导干部进行调整，市委市政府班子成员分级分批对63名党政主要负责人进行集中廉政谈话和廉政约谈。加大执纪监督力度，大力支持纪检机关依法履职，始终保持惩治腐败高压态势，严肃查处龚卫国、曹青松、刘群林等一批违法违纪案件。全市各级纪检监察机关立案618件，结案560件，给予党纪政纪处分595人。密切配合省委巡视组开展工作，认真落实整改意见，按照省委巡视组要求，对6个方面23个具体问题逐一梳理整合，加大整改落实力度。到年底，8项短期整改任务全部完成，3项中期整改任务取得阶段性成果，8项长期整改任务有序推进；交办的9起重要问题线索和539件信访件基本办结。抓好作风建设，全年查处“四风”方面问题377件，对53起违反作风建设规定精神的典型问题进行公开曝光。

四是开展“三严三实”专题教育。按照中央和省委的统一部署，切实履行责任，精心组织实施，坚持以上率下、突出问题导向、贯彻从严要求，既落实规定动作，又创新自选动作，取得明显成效。抓住领导干部这个“关键少数”，市委常委会组成人员分别联系1个县市区加强具体指导，带头讲党课，带头开展专题学习研讨，带头开展“一进二访”活动，发挥示范作用，带动全市各级党员干部积极参与。学习海南“乐东经验”，及时推介专题教育的好经验和优秀典型事迹，利用任弼时纪念馆等红色基地举办“三严三实”专题展览，开展体验式教育，增强直观感受。按照“两对照三联系”要求，认真查找“不严不实”问题，坚持边学边查边改，制定整改清单，明确整改措施，扎实抓好教育实践活动后续整改工作，推动新老问题一起解决。召开市委常委班子专题民主生活会，严肃认真开展批评和自我批评，达到深化认识、统一思想、增进团结、促进工作的目的。注重统筹兼顾，把开展专题教育与抓好改革发展稳定工作结合起来，特别是在项目建设、禁拆治违、土地依法征收等重点工作中，大力倡导严的要求和实的作风，推动各级干部更加奋发有为、干事创业，把专题教育成果体现到建设“一极三宜”江湖名城的实际成效上。

（本栏撰稿　杨　滔）

重要会议

【中国共产党岳阳市第六届委员会第十次全体（扩大）会议】 2015年3月30日由市委书记卿渐伟主持召开。市委书记卿渐伟代表市委常委会向全会报告2014年工作，部署2015年市委工作，并提请全会讨论审议《关于全力把岳阳打造成湖南经济新增长极行动方案(讨论稿)》，动员全会进一步统一思想、协调行动，率先示范、真抓实干，全面完成2015年工作任务，为打造经济新增长极开好头、起好步。

会议指出，2014年，面对复杂多变的宏观经济形势和市域经济运行的特殊困难，市委常委会在省委的坚强领导下，切实发挥领导核心作用，团结带领全市广大干部群众，认真贯彻党的十八大和十八届三中、四中全会精神和中央、省委决策部署，扎实推进各项工作，岳阳改革发展取得良好成绩。2015年1—2月主要经济指标继续保持平稳增长态势。岳阳成功入选第四届全国文明城市。

会议指出，2015年是全面深化改革的关键之年，全面推进依法治市的开局之年，也是全面完成“十二五”规划的收官之年，是把岳阳打造成为湖南经济新增长极的起步之年，市委的工作艰巨繁重、意义重大。市委常委会按照“四个全面”战略布局，根据中央、省委有关精神，结合岳阳实际，研究出台了《市委常委会2015年工作要点》，重点强调几个方面工作：一是全面推进小康建设，奋力打造湖南经济新的增长极。二是全面推进深化改革，确保改革取得关键性突破。三是全面推进依法治市，努力建设法治岳阳。四是全面推进从严治党，切实提高管党治党的科学化、制度化、规范化水平。

会议指出，市委认真抓好省委省政府决策部署的贯彻落实，旗帜鲜明地把打造新增长极确定为未来一个时期岳阳发展的主题主线和共同奋斗目标。经过深入研究论证，广泛征求意见，形成《关于全力把岳阳打造成湖南经济新增长极行动方案(2015—2020年)》方案文本。3月25日，《行动方案》(送审稿)提交市委常委会议研究审议并原则通过，经修改后提交全会讨论。

会议强调，全市上下要把新增长极建设作为最重大的政治任务和最核心的中心工作来抓，力争早日把岳阳打造成具有较强经济拉动力、市场辐射力和区域影响力的新增长极。

【中国共产党岳阳市第六届委员会第十一次全体（扩大）会议】

2015年7月15日由市委书记盛荣华主持召开。盛荣华代表市委常委会向全会报告上半年工作情况，研究部署新形势下加快岳阳发展的思路、目标和措施，提请全会讨论审议《关于进一步激励干部想事干事成事的暂行办法(讨论稿)》《关于进一步严格监督管理干部的暂行办法（讨论稿）》《“为官不为”“为官乱为”问责暂行办法（讨论稿）》，进一步动员全市上下统一思想，凝聚力量，继往开来，真抓实干，为把岳阳建设成“一极三宜”江湖名城而接力奋进。

盛荣华指出，2015年以来，市委常委会认真落实“四个全面”战略布局，积极推进“四化两型”（新型工业化、农业现代化、新型城镇化、信息化，资源节约型、环境友好型），促进“三量齐升”（经济总量、人均均量和运行质量的同步提升），全力抓好建设湖南发展新增长极、全面深化改革、保障改善民生、“三严三实”专题教育等重点工作，全市经济社会保持平稳健康发展，领导班子和干部队伍建设取得新的成绩，社会大局和谐稳定。要抓紧进行半年工作“回头看”，切实加强经济运行调度，扎实推进项目建设、“135”工程、禁拆治违、土地依法征收“百日攻坚”行动、全面小康建设、民生实事办理等重点工作，全力维护社会和谐稳定，确保全面完成全年目标任务。

盛荣华指出，岳阳发展正迎来难得的重大机遇，肩负着新的时代使命，要乘势而上，发挥优势，坚持一张蓝图绘到底，保持定力，久久为功，奋力建设“一极三宜”江湖名城。“一极三宜”是战略目标。打造湖南发展新增长极，就是要始终坚持发展第一要务不放松、不懈怠，通过坚持不懈努力，将岳阳真正打造成为现代产业聚集区、开放合作引领区、新型城镇拓展区、生态文明示范区和长江中游重要的航运物流中心、环湖区域发展辐射中心；宜居宜业宜游是对内有向心力和凝聚力、对外有吸引力和综合竞争力的集中体现，宜居即建设山清水秀、生活便利、平安文明、适宜健康养生、可以惬意深呼吸的民生福地，宜业即建设就业渠道广、创业机会多、产业发展旺、创新能力强、充满生机与活力的创新创业高地，宜游即建设要素齐备、服务优良、人气兴旺、独具魅力、令人流连忘返的旅游目的地。“江湖名城”是品牌形象。岳阳因江湖而生，因江湖而名，也将因江湖而富，因江湖而强。要做好做足大江大湖水文章，打响岳阳滨江畔湖的区位品牌、江湖形胜的生态品牌、通江达海的开放品牌、浩瀚包容的文化品牌，让江湖名城岳阳走出中国、走向世界。“621行动”是发展路径。6大战略是岳阳当前和今后一个时期经济社会发展的六大增长面，20项工程是激活力、补短板、强实力的20条增长线，100项工作是件件具体、项项实在的100个增长点，通过点、线、面有机结合，构建湖南发展新增长一“极”。

盛荣华强调，全市上下要迅速掀起新增长极建设热潮。要强化责任担当，领导率先行动，带动全市形成“621行动”的浓厚氛围；要瞄准先进标杆，按照“追长沙、赶宜昌、超九江”的具体目标，通过考察学习和讨论交流，奋发努力赶超；要突出抓好项目建设“双百工程”，着力策划、开发和包装一批重大项目，加快推进“135”工程、土地依法征收“百日攻坚”行动，依托“五园一区”开展专业化、产业链和点对点招商，深入实施联手帮扶行动，形成加快新增长极建设的有力支撑；要坚持改革开路，充分发挥市场在资源配置中的决定性作用，实施创新驱动发展战略，深化行政审批制度改革，进一步简政放权，激发创新活力；要整体协作联动，广泛凝聚力量，强化考核督查，确保工作落实。

盛荣华要求，践行“三严三实”，为建设“一极三宜”江湖名城提供坚强队伍保障。要用准用顺干部，点燃干事创业激情。要配优配强班子，构筑坚强战斗堡垒。综合考量班子成员的年龄、专业、能力结构和性格气质，加大年轻干部、女干部、党外干部选拔培养的力度，特别是要按照习近平总书记提出的“做政治的明白人、发展的开路人、群众的贴心人和班子的带头人”的要求，选优配强党政正职，以坚持正确的用人导向，使各级领导班子战斗力强、群众形象好。要管严管实队伍，营造良好政治生态。重点推行巡查制、市管领导班子运行情况碰头会制、主要领导谈心谈话制、部分重点班子年中考核制等制度，实行重点工作表扬嘉奖、先进典型宣传推介、努力提高干部工作和生活条件，一方面通过树立正确用人导向，注重选拔安心基层、爱岗敬业、踏实干事、群众公认的优秀基层干部和在急难险重工作、重点项目建设中敢抓敢管、实绩突出的实干型干部，激励干部想事干事成事；另一方面通过严格监督管理干部，形成日常化、常态化、长效化的监管机制，防微杜渐，防患未然。要爱才重才聚才，积极推进人才强市战略，大力实施巴陵人才工程，特别注重引进培养一批紧缺急需的发展开放型经济的创新型、开拓型、经营型人才，打造人才智力高地，形成大众创业、万众创新的生动局面，奋力谱写建设“一极三宜”江湖名城的崭新篇章。

市委副书记、市长刘和生要求，要深入推进全面建成小康社会、全面深化改革、法治岳阳建设、“三严三实”等工作，统筹抓好项目建设、民生实事办理、农业生产、防汛抗旱、安全稳定等工作，确保全面完成全年工作目标任务，为建设“一极三宜”江湖名城奠定坚实基础。

【中国共产党岳阳市第六届委员会第十二次全体（扩大）会议】

2015年12月17日召开。全会认真贯彻落实党的十八届五中全会和省委十届十五次全会精神，听取并讨论市委常委会工作报告和《岳阳市国民经济和社会发展第十三个五年规划纲要（草案）》，动员全市上下坚定信心，鼓足干劲，真抓实干，开拓奋进，在全面建成小康社会、建设“一极三宜”江湖名城的道路上阔步前进。市委书记盛荣华受市委常委会委托向全会报告工作并发表讲话，市委副书记、市长刘和生就《纲要（草案）》向全会作说明。

全会认为，2015年以来，市委常委会坚持以党的十八大和十八届三中、四中、五中全会精神为指导，认真学习贯彻习近平总书记系列重要讲话精神，坚决执行中央、省委省政府各项决策部署，团结带领全市人民，顶住宏观经济下行压力，统筹改革发展稳定工作全局，强化问题导向，实行精准发力，着力抓好“一极三宜”江湖名城发展战略谋划、新增长极建设、深化改革开放、精准扶贫、保障改善民生、维护社会大局稳定、宣传思想文化工作、干部队伍和基层党组织建设、党风廉政建设和反腐败工作、“三严三实”专题教育等重点，全面推进“一极三宜”江湖名城建设，全市经济社会发展保持稳进向好的良好态势。市委常委会坚持不懈加强自身建设，带头讲政治、讲责任、讲担当、讲奉献、讲团结，始终坚定政治立场，始终坚持发展第一要务，始终维护班子团结，始终注重宏观谋划，始终锲而不舍抓落实，始终加强民主政治建设，形成了凝心聚力干事业、齐心协力抓发展、群策群力促和谐的生动局面。

全会指出，“十二五”时期，市委坚持一张蓝图绘到底，坚持优势优先促发展，坚持着眼长远蓄后劲，坚持改革创新添活力，坚持以民为本办实事，坚持从严治党转作风，全市综合实力迈上新台阶，结构调整实现新突破，改革开放取得新进展，城乡面貌发生新变化，人民生活获得新改善，党的建设得到新加强，发展成就鼓舞人心。

全会分析了“十三五”时期岳阳发展环境的基本特征，提出确定发展目标任务时，要重点把握好三个方面的要求：准确把握形势，科学谋划“十三五”发展，确保“一个高于”，即主要经济指标增速高于全省平均水平。实现“两个率先”，即率先在洞庭湖地区全面建成小康社会，率先在全省建成通江达海、产业兴旺、开放共赢、绿色发展的新增长极。达到“三大提升”，即经济总量占全省比重有较大提升、发展质量和效益有较大提升、人均均量和群众获得感有较大提升。

全会认为，经济发展进入新常态，这是谋划和推动“十三五”发展的重要前提和遵循，要树牢“五个发展”新理念，真正用发展新理念引领发展新实践。要把握“三量齐升”（做大经济总量、提升发展质量、提高人均均量）、“五化同步”（协同推进新型工业化、信息化、城镇化、农业化和绿色化）新要求，聚焦突出问题和明显短板，努力实现有质量、有效益、可持续的发展。要坚持“一极三宜”江湖名城新战略，以全面建成小康社会为总目标，以“621”行动为总抓手，一年接着一年干，一件接着一件做，让美好蓝图尽快变成美丽现实。要突出深化改革、扩大开放、项目建设和创新创业，增强发展新动力，推动发展动能平稳接续和有效转换。要找准支点、精准发力，以重点突破带动全局工作，实现产业转型升级、开放型经济发展、县域经济发展和金融经济发展有新突破。要突出区域特色、产业特色，促进“一核两极两区多点”联动发展（一核：中心城区，两极：城陵矶新港区和经开区，两区：沿江环湖和邻长地区，多点：县城和省级工业园区、工业集中区、服务业集聚区），促进城乡一体统筹发展，促进产城互动融合发展，促进物质文明和精神文明协调发展。要防范经济运行、公共安全、环境保护、思想舆论和干部作风风险。要坚决打赢脱贫攻坚战，织密扎牢社会保障网，健全完善公共服务链，全力办好惠民利民事，不断增强人民群众获得感，让发展更有温度，让幸福更有质感。

全会强调，坚持全面从严治党，为“十三五”发展提供坚强保证。要始终坚持“五个看重”“两个倾斜”的用人导向，进一步激发干部干事创业的激情和动力。要着力提高领导发展的能力水平，增强领导干部“本领恐慌”意识，不断提升战略思维、改革创新、落实落地、依法办事和群众工作的能力。要大力弘扬抓铁有痕的工作作风，严格践行“三严三实”要求，继续深化“学赶超”系列活动，进一步加大市委“三个办法”的贯彻落实力度，做到条条兑现、落地见效。要深入推进党风廉政建设和反腐败工作，始终把落实“两个责任”牢牢扛在肩上，把纪律和规矩立起来严起来，坚持以零容忍态度惩治腐败，努力营造风清气正的良好政治生态。

全会强调，各级各部门要以党的十八届五中全会、省委十届十五次全会和此次市委全会精神为指导，准确把握新形势、新理念、新要求，精心编制“十三五”规划，建好项目库，力争更多项目进入国家和省里的笼子。要瞄准重要指标、重点工作、重大项目和民生实事，全力攻坚冲刺，努力完成全年目标任务。要始终绷紧安全稳定这根弦，毫不松懈抓好信访维稳、应急处突、社会治安、安全生产、综合治理等工作，全力维护社会和谐稳定。要科学谋划2016年工作，积极稳妥推进乡镇区划调整改革，抓紧谋划部署市县乡同步换届，抓紧抓实基层党建工作，确保“十三五”开好局、起好步。

全会号召，要在党中央和省委、省政府的坚强领导下，高举中国特色社会主义伟大旗帜，解放思想，锐意进取，开拓创新，扎实工作，为全面建成小康社会、加快建设“一极三宜”江湖名城而努力奋斗，共同谱写岳阳“十三五”发展的崭新篇章。

【市委经济工作会议】 2015年12月30日，市委经济工作会议召开，会议深入学习贯彻中央、省委经济工作会议精神，回顾总结2015年经济工作，分析当前形势，研究部署2016年经济工作。

会议指出，2015年以来，面对复杂多变的宏观环境和持续加大的经济下行压力，全市上下认真贯彻落实中央、省委省政府决策部署，统筹改革发展稳定工作全局，全力推进“一极三宜”江湖名城建设，经济运行持续稳进向好，改革开放取得积极进展，重点工作推进有力有效，民生保障水平不断提升，干事创业氛围日益浓厚，实现“十二五”圆满收官。但是，仍面临着经济发展速度减缓、传统增长动力减弱、经济下行压力增大、风险隐患增多等困难和问题，必须高度重视，科学应对，积极防范。

会议提出，2016年全市经济工作的总体要求是：全面贯彻落实党的十八届五中全会、省委十届十五次全会、市委六届十二次全会和中央、省委经济工作会议精神，按照“五位一体”总体布局和“四个全面”战略布局的要求，牢固树立和贯彻落实创新、协调、绿色、开放、共享的发展理念，主动适应经济发展新常态，坚持稳中求进工作总基调，坚持改革开放，坚持稳增长、调结构、惠民生、防风险，促进“三量齐升”，实施“五化同步”（新型工业化、城镇化、信息化、农业现代化、绿色化），推进“621”行动，狠抓结构性改革，着力转型升级，培育发展新动能，加强民生保障，推动经济平稳健康发展和社会和谐稳定，加快全面建成小康社会步伐，不断开拓“一极三宜”江湖名城建设新局面。

市委书记盛荣华指出，2016年是全面建成小康社会决胜阶段的第一年，是“十三五”开局之年，也是全面推进结构性改革的攻坚之年。做好2016年经济工作，最基本的是适应经济发展新常态，最核心的是坚持稳中求进总基调，最关键的是狠抓结构性改革，最紧要的是加快新增长极建设，必须正确研判形势，牢牢把握2016年经济工作主动权。

盛荣华要求，紧抓重点发力，推动经济持续健康发展。要着力转方式调结构，坚持供需两端发力，重点在“调优、培新、强基、搞活、转绿”上下功夫，积极培育发展新动能。要狠抓重大项目建设，进一步形成大抓项目、抓大项目的热潮，不断扩大有效需求。要全面深化改革开放，着力推进公共资源交易平台组建、投融资平台规范整合、金融业改革创新等重点事项，建好用活“一区一港四口岸”等国家级平台，深入实施创新驱动战略，大力推进大众创业、万众创新，增强发展动力和活力。要大力实施精准扶贫，坚持在精准施策上出实招、在精准推进上下实功、在精准落地上见实效，加快全面建成小康社会。要统筹城乡发展，抓好城市工作，加快推进新型城镇化，着力加强农业供给侧结构性改革，加快建设“一核三极两区多点”，优化城乡区域格局。要切实保障改善民生，按照保住基本民生、兜住底线的要求，突出抓好就业、生态和稳定等重点，促进社会和谐稳定，让人民群众有更多获得感。

盛荣华强调，强化保障措施，努力实现“十三五”发展良好开局。要强化发展环境保障，在软硬环境上同时发力。要强化资源要素保障，下大力气解决好资金、土地、人才等要素供应偏紧的问题，提高全要素生产率。要强化干部队伍保障，坚持正确选人用人导向，加大市委“三个办法”落实力度，着力提升领导发展的能力和水平，切实抓好党风廉政建设和反腐败工作。要强化基层基础保障，坚持把基层党建当成主责主业，扎实开展“三大行动”，抓紧推进乡镇区划调整工作，调优配强村（社区）“两委”班子，不断强化精准扶贫第一线的核心力量，确保完成2016年经济社会发展各项目标任务，为全面建成小康社会、建设“一极三宜”江湖名城打下坚实基础。

市委副书记、市长刘和生指出，抓好2016年工作，要把握好抓经济工作必须注重经济效益、发挥投资拉动经济增长的关键作用、积极应对防范经济工作风险等重点。要进一步加大项目招商、建设和调度等工作力度，大造氛围、狠抓调度、强化保障。要锁定县域经济“六个一”发展重点，下定决心做大做强县域经济。要进一步加大产业园区政策支持力度，实行灵活的审批、用人和分配政策，抓好“135”工程建设，加快项目集聚进度，加强有效投资强度。要把旅游业作为第三产业的龙头，加快景区建设，搞活景区机制，整合景区线路，使之成为推动全市经济发展的强大引擎。要充分发挥“一区一港四口岸”的平台作用与效益，围绕招商引资、转关通关和航线运营发挥平台功能，努力把城陵矶新港区打造成为湖南对外开放的桥头堡、长江中游区域性航运物流中心。要抓好城市棚户（旧城）区改造和农村危房改造工作，确保每一项任务都按计划顺利推进。要以洞庭湖治理和湘江保护与治理第二个“三年行动计划”实施为新起点，精准施策，确保取得实效。要突出抓好精准扶贫，确保年度脱贫任务全面完成。

刘和生要求，要科学谋划2016年农业生产，抓好两节、两会保障，加强综治维稳和安全生产工作，深入开展走访慰问，全力维护社会大局和谐稳定。

【岳阳市市县乡负责干部会议】

2015年3月2日，全市召开市县乡负责干部会议。会议主要任务是传达学习习近平总书记在省部级主要领导干部全面推进依法治国专题研讨班上的重要讲话精神和省委书记徐守盛在全省市厅级主要领导干部依法治国专题研讨班上的讲话精神，总结表彰2014年度工作，部署2015年工作等。市委书记卿渐伟强调，要进一步贯彻落实中央、省委、市委经济工作会议精神和省市两会精神，动员全市上下统一思想，凝心聚力，真抓实干，努力把岳阳打造成湖南新的增长极。

卿渐伟指出，2014年全市上下团结奋斗，克难前行，岳阳经济社会保持平稳健康发展，一批战略性项目纳入国家和省规划布局，成功申报“一区一港四口岸”，开放开发取得重大突破性进展；城乡面貌出现新变化，岳阳成功入选第四届全国文明城市，在22个地级市中列第九位；民生福祉持续改善，岳阳被评为中国最具幸福感城市和最具文化软实力城市，人口计生、社会管理综合治理、安全生产等工作走在全省前列；党的群众路线教育实践活动扎实开展，干部队伍作风明显转变。

卿渐伟指出，党的十八大以来，以习近平同志为总书记的党中央从坚持和发展中国特色社会主义全局出发，提出并形成了全面建成小康社会、全面深化改革、全面依法治国、全面从严治党的战略布局。“四个全面”内涵丰富、意蕴深远、作用重大。全市上下要切实将思想和行动统一到“四个全面”的战略布局上来，统一到中央和省委的决策部署上来，在“四个全面”的统领下，扎实推进岳阳经济、政治、文化、社会和生态文明建设，奋力把岳阳打造成湖南经济新的增长极。

卿渐伟强调，要深入领会、认真贯彻十八届四中全会精神和依法治省专题研讨班上省委书记徐守盛的重要讲话精神，始终坚持法治建设的正确方向，切实抓好领导干部这个“关键少数”，把法治建设任务抓细抓实，坚持法治与德治“两手抓，两手都要硬”，加快法治岳阳建设步伐。打造新增长极是省委省政府适应新形势作出的重大战略部署，是岳阳积极主动融入长江经济带发展的科学抉择，也是岳阳面临的一场历史性“大考”。全市上下要把思想和行动统一到省委省政府的重大决策部署上来，统一到打造新增长极的各项要求上来，切实担当起时代赋予的历史使命，着眼长远，实干当前。

市委副书记、市长盛荣华就抓好2015年工作提出六点要求：一是抓口岸，促开放。加快航道疏浚，深化港口合作，完善港口功能，科学运营管理，提升开放型经济发展水平。二是抓产业，优结构。坚持传统产业与新兴产业双轮驱动，坚持央省企业与地方企业互补互促，坚持生活性服务业与生产性服务业齐头并进，坚持农业发展与农民收入同步提升。三是抓项目，扩投资。向上积极争取项目，加快推进项目建设，提升项目建设保障能力，在全市掀起大上项目、大干项目的热潮。四是抓改革，增活力。坚决完成一批改革任务，扎实推进一批改革，大力推进全民创新创业。五是抓基层，强基础。加强城乡基础设施建设，提升城乡公共服务水平，推进城乡环境整治，提高城乡社会治理能力。六是抓当前，开好局。各级干部要集中精力抓好春耕备耕、企业复产、项目建设和计划生育等工作，确保全年工作开好局、起好步。

【岳阳市“三严三实”专题教育工作座谈会】 2015年5月19日，岳阳市召开“三严三实”专题教育工作座谈会，市委书记卿渐伟围绕“三严三实”主题讲专题党课。

卿渐伟指出，“三严三实”是党的建设理论的一次重大丰富和发展，为加强新形势下党的思想政治建设和作风建设提供了重要遵循。学习践行“三严三实”，是应对国内外各种风险挑战、永葆党的先进性和纯洁性的坚实基础；是巩固教育实践活动成果，推动形成作风建设长效机制的迫切需要；是落实“四个全面”战略，推动事业发展的重要保障。要深刻认识“三严三实”的丰富内涵和重大意义，扎实深入开展好专题教育，把严的意识、严的规矩、严的风气树起来，把实的作风、实的责任、实的措施立起来，以实际成效巩固拓展党的作风建设成果。

卿渐伟要求，党员领导干部要把“三严三实”作为基本准则和目标追求，切实增强思想自觉和行动自觉，努力做心中有党、心中有民、心中有责、心中有戒的好干部，真正以崇“严”崇“实”的过硬作风树形象、聚民心、促发展。卿渐伟从六个方面点出“不严不实”的具体表现。他要求每一位党员干部都要自觉对照“三严三实”要求，对照焦裕禄、谷文昌等先贤先进，认真学、仔细查，查深入、查具体，一个问题一个问题查到位，切忌见事不见人，更不能手电筒只照别人不照自己。要自觉把查找和解决问题贯穿于专题教育全过程，用解决问题的成果检验专题教育的成效。

卿渐伟强调，各级党委(党组)要切实履行政治责任，把“三严三实”贯穿管党治党全过程。要从严落实管党治党责任，从严教育管理干部，从严加强作风建设和反腐倡廉建设，从严扎紧制度笼子，不断提高党的执政水平。全市各级领导干部要以从严从实作风投入到专题教育中，突出问题导向，坚持以上率下，强化组织领导，做好结合文章，把专题教育与做好当前改革发展稳定各项工作、完成本地区本部门本单位重点工作任务、帮助企业和基层解决发展难题、帮助群众解决最关心最直接最现实的利益问题相结合，以经济社会发展成果检验专题教育成效。

市委副书记、市长盛荣华强调，各地各部门各单位要突出教育为先，把专题教育融入领导干部经常性学习教育，与中心组学习、“三会一课”、年度民主生活会等结合起来，形成常态长效。突出从严从实，坚持高质量、高标准，防止走过场、搞形式。突出示范带动，各级党委（党组）要严格落实主体责任，带头把“三严三实”融入到党性修养的全过程，贯穿到为官用权的各方面，体现到干事创业的实践中。突出统筹兼顾，把专题教育与当前市委、市政府的中心工作相结合，与本地区本单位的重点工作相结合，与帮助群众解决最关心最直接最现实利益问题相结合，统筹安排，同步推进。

【“一极三宜”江湖名城建设研讨会】 2015年9月23日，由中央党校、省委党校和岳阳市委市政府共同举办的“促进国家区域经济发展，推动岳阳‘一极三宜’江湖名城建设”研讨会在中央党校举行。来自国内的知名专家学者为岳阳加快融入国家战略，推进“一极三宜”江湖名城建设建言献策。

市委书记盛荣华介绍岳阳市经济社会发展情况，恳请与会领导、专家为岳阳加快发展献智助力。

中央党校副校长王东京指出，“一极三宜”江湖名城发展战略，既符合中央、湖南的发展思路和要求，又具有鲜明的岳阳特色；既注重经济社会的科学发展，又彰显发展目的的人民指向；既是对历届班子智慧、经验的传承，又是立足新的发展阶段的现实谋划和战略思考；既有经济社会发展的具体目标，又有务实的配套举措。希望岳阳处理好“一极”与“三宜”的关系，更加注重问题导向，坚持底线思维，多做打基础利长远的工作，在加快发展的同时，保护好青山绿水、清新空气。

省委副书记孙金龙指出，岳阳结合实际情况和发展需求，科学谋划提出建设“一极三宜”江湖名城发展战略，这是贯彻落实中央“四个全面”战略布局和省委省政府“三量齐升”“四化两型”战略部署的地方实践和具体体现，是促进区域经济发展的理念创新和生动探索，目标鼓舞人心，前景令人期待。要用好用足此次研讨成果，在全省发展大局中发挥更大作用。要抢抓重大机遇，深度对接国家战略，培育壮大更多新的增长点。要发挥独特优势，全面扩大对外开放，打造湖南对外开放的“出海口”和“桥头堡”。要加快转型升级，着力提升发展质量，决不以牺牲环境为代价盲目发展。要突出改革创新，增强发展内生动力，努力营造大众创业、万众创新的政策和制度环境。要发扬严实作风，狠抓工作落地落细，一步一个脚印，积小胜为大胜。

【市委第六届第二十次常委扩大会议】　2015年6月12日，由市委书记盛荣华主持召开。听取全市“6·1”强降雨受灾情况和临湘市防汛救灾情况的汇报，研究部署全市防汛救灾工作。

【市委第六届第二十一次常委扩大会议】　2015年7月21日，由市委书记盛荣华主持召开。传达学习省委十届十三次全体（扩大）会议精神，研究审定洞庭湖博物馆暨洞庭湖生态经济区规划馆设计方案。

【市委第六届第二十二次常委扩大会议】　2015年9月29日，由市委书记盛荣华主持召开。传达全省乡镇行政区划调整改革工作会议精神，研究全市乡镇行政区划调整改革工作。

【市委第六届第二十三次常委扩大会议】　2015年10月20日，由市委书记盛荣华主持召开。审定中心城区智慧交通系统建设和治堵保畅工作方案。

【市委第六届第二十四次常委扩大会议】　2015年11月2日，由市委书记盛荣华主持召开。传达学习十八届五中全会精神及《中国共产党廉洁自律准则》《中国共产党纪律处分条例》精神。

【市委第六届第八十二次常委会议】

2015年1月7日，由市委书记卿渐伟主持召开。审议市政府工作报告，听取市发改委关于2014年国民经济和社会发展计划执行情况及2015年计划有关情况的汇报，市财政局关于2014年财政预算执行情况及2015年财政预算有关情况的汇报，听取关于群众路线教育实践活动重点整改项目及回头看工作汇报、关于“建设长江经济带、打造湖南新的增长极”的初步工作方案和新闻宣传工作方案的汇报、关于党内规范性文件清理的汇报和春节前主要活动安排说明，研究审定《关于加快发展现代职业教育的意见》和《关于深入推进禁毒工作社会化的实施细则》。

【市委第六届第八十三次常委会议】

2015年1月22日，由市委书记卿渐伟主持召开。听取中央政法工作会议精神的汇报、全省组织部长会议精神的汇报、市县乡负责干部会议相关事项的汇报、市委常委会组成人员春节前后工作的汇报、市信访局关于信访工作的汇报，审议市纪委已审结的有关案件。

【市委第六届第八十四次常委会议】

2015年2月6日，由市委书记卿渐伟主持召开。听取中纪委、省纪委有关会议精神汇报，讨论市纪委全会暨反腐败工作会议报告，听取中央、省委农村工作会议、全省宣传部长会议、全省统战部长会议精神汇报，听取2014年度全面小康综合绩效考评汇总情况、2014年度全市党风廉政建设考核情况及有关工作考核情况汇报、市人口计生委关于全市人口计生工作情况汇报，研究审定《关于基层组织运转经费保障的通知》。

【市委第六届第八十五次常委会议】

2015年3月11日，由市委书记卿渐伟主持召开。研究审定2015年市委工作要点，听取2014年市委书记党建述职问题整改情况的汇报，听取首届岳商大会活动筹备工作有关情况的汇报，市地方海事局关于洞庭湖大桥至三江口水域砂石锚地迁移工作情况的汇报，市人社局关于国办发〔2015〕3号文件调整机关事业单位基本工资标准、离退休费的汇报，市委组织部关于市管领导干部人事档案集中审核工作的汇报，讨论研究政府机构改革有关干部政策。

【市委第六届第八十六次常委会议】

2015年3月18日，由市委书记卿渐伟主持召开。研究市政府机构改革有关工作，传达第十二届全国人民代表大会第三次会议精神。

【市委第六届第八十七次常委会议】

2015年3月25日，由市委书记卿渐伟主持召开。听取市小康办关于省全面建成小康社会推进工作会议精神的汇报、市民宗局关于省民族宗教工作会议精神的汇报、市外侨办关于省外事侨务工作会议精神的汇报、市委活动办关于中央和省委教育实践活动后续整改及基层党建工作主要精神的汇报、市文明办关于文明创建工作相关情况的汇报、市规划局关于禁违拆违治违工作大会相关情况的汇报、市扶贫办关于全市扶贫开发工作相关情况的汇报，研究审定市级领导继续实行重大项目牵头负责方案和全市重点产业重大项目建设工作电视电话会方案、《关于全力推进湖南新增长极建设行动方案（2015—2020年）》。

【市委第六届第八十八次常委会议】

2015年4月14日，由市委书记卿渐伟主持召开。研究有关人事工作。

【市委第六届第八十九次常委会议】

2015年4月21日，由市委书记卿渐伟主持召开。研究全面深化改革工作，研究全面建成小康社会工作，研究审定《关于做好2015年度全面小康综合绩效考评工作的通知》，研究党风廉政建设责任制工作，听取依法治市“四公开四整治”有关情况的汇报。

【市委第六届第九十次常委会议】

2015年5月5日，由市委书记卿渐伟主持召开。听取全国纪检机关监督中央八项规定精神电视电话会议和全省反腐败国际追逃追赃工作业务培训班精神的汇报，听取市总工会关于全市工会工作情况的汇报、团市委关于全市共青团和青年工作情况的汇报、市妇联工作情况的汇报、市公安局关于处置非法集资犯罪专项工作情况的汇报，研究审定《关于在全市退役军人中开展“双带双促”活动的实施意见》《岳阳市2015年市本级土地征收“百日攻坚”行动实施方案》《岳阳市各级党委（党组）贯彻执行民主集中制的实施办法（试行）》。

【市委第六届第九十一次常委会议】

2015年5月22日，由市委书记卿渐伟主持召开。学习刘云山在湖南省“三严三实”专题教育座谈会上的讲话精神，传达全省山洪防御、水库防守、城市防涝工作座谈会议精神，听取市委市政府督查组关于贯彻“899”规定精神和一季度经济运行督查调研情况、省委省政府第四督查调研组对岳阳市作风建设督查情况反馈意见的汇报，研究审定《关于进一步加强对领导干部的监督管理的通知》，听取岳阳地方立法权行使工作筹备领导小组汇报有关筹备工作，听取市委台办对台工作情况、机关党建工作情况的汇报，研究审定《岳阳市森林防火工作责任追究暂行办法》。

【市委第六届第九十二次常委会议】

2015年6月26日，由市委书记盛荣华主持召开。传达学习《习近平、俞正声、孙春兰在中央统战工作会议上的讲话》和中央关于意识形态领域形势的通报精神，讨论研究近期召开市人大代表大会的有关事项，听取全市政法工作及民间借贷风险防范处置工作有关情况的汇报。

【市委第六届第九十三次常委会议】

2015年7月14日，由市委书记盛荣华主持召开。传达习近平总书记在部分省市区扶贫攻坚工作座谈会上的讲话精神，审议市委六届十一次全体会议报告，研究审定《关于进一步激励干部想事干事成事的暂行办法》《关于对为官不为与为官乱为实行问责的暂行办法》《关于进一步严格干部监督管理的暂行办法》。

【市委第六届第九十四次常委会议】

2015年8月13日，由市委书记盛荣华主持召开。传达学习《习近平、刘云山在中央党的群团工作会议上的讲话》精神，听取市委编办关于南湖新区机构名称有关问题的汇报，传达省委学习习近平总书记关于扶贫开发工作系列重要讲话精神培训班精神，研究审定《岳阳市精准扶贫三年攻坚行动方案》《岳阳市地方党政和市直部门领导班子和领导干部精准扶贫责任考核方案》，听取市纪委有关情况汇报。

【市委第六届第九十五次常委会议】

2015年8月25日，由市委书记盛荣华主持召开。研究讨论共青团岳阳市第六次代表大会有关事项，研究审定《岳阳市创建全省全国双拥模范城活动实施方案》，听取全省组织工作推进会和农村基层党建工作座谈会精神的汇报，研究审定《中国共产党岳阳市代表大会代表提案暂行办法》《中国共产党岳阳市代表大会代表提议暂行办法》《中国共产党岳阳市代表大会代表询问暂行办法》，研究审定《中共岳阳市委2015年度政党协商计划》，研究有关人事工作。

【市委第六届第九十六次常委会议】

2015年9月10日，由市委书记盛荣华主持召开。听取市级融资平台公司清理情况及处理意见的汇报。

【市委第六届第九十七次常委会议】

2015年9月16日，由市委书记盛荣华主持召开。讨论研究有关上访问题处理工作。

【市委第六届第九十八次常委会议】

2015年9月29日，由市委书记盛荣华主持召开。传达省委统战工作会议精神、全国社会治安防控体系建设工作会议精神和省委书记徐守盛有关政法工作系列讲话精神，听取市法学会换届工作情况汇报，听取关于临湘市系列案处理及相关后续整治工作进展情况的汇报。

【市委第六届第九十九次常委会议】

2015年10月20日，由市委书记盛荣华主持召开。讨论研究设置市人大法制委员会和市人大常委会法制工作委员会有关事项，听取关于全省信访工作制度改革交流推进会议精神的汇报。

【市委第六届第一百次常委会议】

2015年10月28日，由市委书记盛荣华主持召开。传达中央关于部分省市县党委书记违法违纪案件及其教训警示的通报精神和省委书记徐守盛在省委常委扩大会议上的讲话精神、省委关于调整换届时间实现全省市县乡同级领导班子同步换届的通知精神。

【市委第六届第一〇一次常委会议】

2015年11月2日，由市委书记盛荣华主持召开。研究审定《关于做好2015年度综合绩效考评工作的补充通知》，听取关于启动岳阳市机关事业单位养老保险制度改革的汇报。

【市委第六届第一〇二次常委会议】

2015年12月14日，由市委书记盛荣华主持召开。审议中共岳阳市六届十二次全体（扩大）会议上关于市委常委会工作的报告，审定《关于做好2015年度综合绩效考评工作的补充通知》，听取岳阳市“十三五”规划、岳阳市交通运输“十三五”规划有关情况的汇报，听取全省农村精神文明工作经验交流会精神汇报，听取全省社会治安防控体系建设工作电视电话会议精神及贯彻落实情况汇报。

【市委第六届第一〇三次常委会议】

2015年12月22日，由市委书记盛荣华主持召开。听取市委改革办工作情况汇报，讨论市人大政协两会有关工作。

【市委第六届第一〇四次常委会议】

2015年12月25日，由市委书记盛荣华主持召开。传达省委意识形态工作会议精神，听取财政工作情况汇报，听取省委党的群团工作会议精神汇报，听取关于中央保密委员会全体会议、全国保密工作会议精神的汇报，听取市委党内规范性文件第二阶段清理情况汇报，讨论研究全市反邪教工作，听取巴陵人才工程实施情况汇报。

（本栏撰稿 谢文辉 许 祺）

重大决策及活动

【《岳阳市人民政府职能转变和机构改革方案的实施意见》】 2015年1月20日，岳阳市委市政府提出该意见。一是指导思想和基本原则。切实转变政府职能，因地制宜推进改革，依法依规加强管理，积极稳妥有序实施，严格控制机构编制。二是加快政府职能转变。推进简政放权，激发市场、社会和基层活力；改善政府管理，强化事中事后监管；依法行政，规范行政权力运行。三是深化市政府机构改革。优化组织结构，合理设置政府工作部门；理顺部门职责关系，规范机构设置；加强协调配套，统筹推进相关改革。四是严格控制机构编制。严控机构编制总量，创新机构编制管理，严肃机构编制纪律，严明机构改革政策。五是切实抓好组织实施。加强组织领导，抓好方案实施，严肃改革纪律。

【《巴陵人才工程实施方案》和《关于加强高层次创新创业人才引进工作的实施办法（试行）》】

2015年2月5日，岳阳市委市政府制定下发该方案和办法。巴陵人才工程主要内容：一是重点人才支持计划，二是市政府特殊津贴专家选拔计划，三是骨干人才培养计划，四是选派优秀干部和科技人员进企业计划，五是四海揽才计划。加强高层次创新创业人才引进工作实施办法主要从人才引进标准、引进方式、优惠政策、引进程序、引进奖励、工作保障等方面作出详细规定和说明。

【《关于加快发展现代职业教育的意见》】 2015年2月9日，岳阳市委市政府提出该意见。一是整合资源，构建岳阳现代职业教育体系。提高认识、明确职责，科学规划职业教育发展，促进普职协调发展。二是优化布局，提升职业教育整体水平。加强学校布局调整，加强专业布局调整，积极发展多种形式的继续教育。三是培优扶强，建立健全长效发展机制。加大职业教育投入，加强教师队伍建设，扶持民办职业教育发展。四是特色发展，提高人才培养质量。加强和改进德育工作，深化教育教学改革，积极推进信息化建设，健全产教融合机制。五是加强督导，优化职业教育发展环境。健全就业和用人的保障政策，强化督导与问责，营造良好环境。

【《全力把岳阳打造成湖南新增长极行动方案（2015—2020年）》】

2015年4月7日，岳阳市委市政府制定该方案。一是指导思想和发展目标。指导思想：认真贯彻落实党的十八大和十八届三中、四中全会及省委经济工作会议精神，主动适应和引领经济发展新常态，积极抢抓长江经济带、洞庭湖生态经济区、长江中游城市群发展等战略叠加机遇，紧紧围绕建设“桥头堡”、呼应“长三角”、着眼“中三角”、对接长株潭、辐射环湖区五条基本路径，突出实施口岸经济发展、基础设施先导、产业转型升级、县域经济壮大、城镇扩容提质和全民创新创业六大战略，通过做大经济总量、提升发展质量、增加人均均量，努力将岳阳打造成为湖南乃至长江中游地区重要的物流中心和开放桥头堡，建成湖南新的增长极。发展目标：极化作用初步呈现，开放水平大幅提升，创新驱动格局加速形成，综合承载能力显著增强。二是主要任务和工作重点。围绕建设新增长极的目标要求，全面实施“621行动”，即6大战略、20项工程、100项工作。口岸经济发展战略：口岸平台升级工程、航运物流通达工程、通关协作一体化工程、外贸扩量增效工程。基础设施先导战略：交通枢纽组织网工程、湘北能源基地建设工程、水利安全保障工程、信息互联共享工程。产业转型升级战略：传统产业提质工程、新兴产业培育工程、龙头企业集聚工程。县域经济壮大战略：优势产业扩张工程、工业园区扩园提质工程、民营企业帮扶工程。城镇扩容提质战略：大都市区构建工程、特色城镇示范工程、城镇管理增效工程。全民创新创业战略：平台载体搭建工程、巴陵人才工程、服务环境优化工程。三是保障措施。加强组织领导，突出项目支撑，强化要素保障，优化发展环境，争取政策支持，营造舆论氛围，严格督查考核。

【干部管理和监督“三个办法”】

2015年8月11日，岳阳市委市政府制定下发“三个办法”。《关于进一步激励干部想事干事成事的暂行办法》主要内容：坚持正确用人导向，加大干部交流培养力度，建立重点工作表扬嘉奖制度，大力宣传推介先进典型，优化职数和编制设置，进一步提高干部待遇，强化干部能力培训，营造干事宽松环境，维护干部正当权益，关心爱护干部，加大基层扶持力度。《关于进一步严格管理和监督干部的暂行办法》主要内容：加强思想政治教育，建立巡查制度，建立市管领导班子运行情况分析会制度，健全干部谈心谈话制度，推行市管领导班子年中考核制度，试行领导干部德的反向测评，落实重大事项请示报告制度，加强经常性监督，严肃查处违纪违规行为，实行干部监督管理工作责任制和责任追究制。《关于岳阳市“为官不为”“为官乱为”问责暂行办法》着力从严整治“为官不为”“为官乱为”，推进问责工作制度化、程序化，进一步促进全市各级领导干部忠诚履职、干事创业，加快“一极三宜”江湖名城建设。

【《岳阳市精准扶贫三年（2015—2017年）攻坚行动方案》】 2015年8月17日，岳阳市委市政府制定下发该方案。指导思想：以习近平总书记系列重要讲话精神为指引，深入贯彻落实中央、省关于精准扶贫工作部署，推进基础建设“补短板”、培育产业“强支撑”、教育培训“治穷根”、易地搬迁“挪穷窝”、兜底保障“全覆盖”，集中解决贫困对象的生产生活突出困难，加快贫困群众脱贫致富、贫困地区全面小康步伐。总体目标：到2017年，现有建档立卡贫困人口整体脱贫，建档立卡贫困村基础设施、基本公共服务主要领域指标接近全市平均水平，贫困村农民人均可支配收入超过8000元，到2020年超过10000元。重点工作：党建扶贫，教育扶贫，产业扶贫，项目扶贫，就业扶贫，安居扶贫，救助扶贫，财政扶贫，金融扶贫，社会扶贫。实施步骤：建档立卡，分类规划，精准扶持，分级考核。组织保障：加强组织领导，强化队伍建设，精准督查考评。

【《关于推进创新创业带动就业的若干意见》】 2015年9月30日，岳阳市委市政府提出该意见。一是壮大各类创新创业主体，二是全面拓宽创新创业领域，三是加大创新创业财政投入，四是加强创新创业金融支持，五是建立完善创新创业载体，六是落实创新创业税收优惠，七是构建创新创业服务体系，八是提供创新创业人才保障，九是优化创新创业社会环境，十是强化创新创业工作责任。

【《岳阳市乡镇区划调整改革工作实施方案》】 2015年11月9日，岳阳市委市政府制定该方案。目标任务：合并乡镇52个，减幅约33.3%；合并建制村1686个，减幅约54.44%。全市平均每个乡镇预期规模为人口4.6万人左右、面积140平方公里左右。重点调大调强县市区人民政府驻地镇，全市平均每个建制村人口预期规模为3000人左右。时限要求：合并乡镇工作2015年下半年启动，2016年春节前基本完成。合并建制村工作2016年春节后启动，2016年底前完成，2017年上半年选举产生新一届村委会。合并原则及审批程序：要从实际出发，因地制宜，充分考虑自然条件、历史沿革、风俗习惯和群众意愿等因素，科学合理确定乡镇、建制村的规模。各地乡镇合并方案确定后，要依法按程序报批。文件就乡镇建制、乡镇人民政府和村委会驻地、新设乡镇和建制村名称确定、特殊形态政区代管乡镇的合并工作、并乡镇合村债权债务和资产处置和乡镇区划调整改革后行政区划图的制作等事项均有详细说明和规定。保障措施：加强组织领导，科学制定方案，严格落实责任，严明纪律要求，营造良好氛围，保障工作经费。

【湖南武警首批直升机授装接装】 2015年9月22日，武警湖南省总队直升机授装接装仪式在位于湘阴县樟树镇的直升机大队举行。首批5架直升机正式列装武警湖南省总队直升机大队，这标志着武警部队空中力量建设又向前迈出坚实一步。武警部队司令员王宁授装，并与省委书记、省人大常委会主任徐守盛，省委副书记、省长杜家毫一起为直升机大队揭牌，武警部队副司令员潘昌杰讲话，省领导李微微、许又声、黄跃进、黄关春，市领导盛荣华、刘和生、樊进军、唐文发出席仪式。

武警湖南省总队直升机大队是湖南省内唯一一支武警空中机动力量，将主要担负以湖南为中心、辐射中南六省的处突反恐、应急救援、侦察指挥、空中运输、宣传震慑、森林灭火等任务。上午9时30分，授装仪式在激昂雄壮的国歌声中开始，接装官兵庄严宣誓。

潘昌杰在讲话中说，武警湖南省总队举行直升机授装接装仪式，是武警部队特别是湖南总队推进现代化建设进程中的一件大事和喜事。全体官兵要不辱使命，刻苦训练，不断提高遂行任务能力，确保遇有情况能快速反应，按时到位，真正成为遂行任务的空中劲旅，为促进湖南及东南部地区社会稳定、经济发展，保障人民安居乐业作出应有贡献。

2015年9月22日，武警湖南省总队直升机授装接装仪式在位于湘阴县樟树镇的直升机大队举行 （范向辉 摄）

【城陵矶综合保税区（一期）通过国家验收】 2015年12月22日，由国家海关总署牵头，国家发展改革委、财政部、国土资源部、住房城乡建设部、商务部、税务总局、工商总局、质检总局、外汇管理局等10部委组成的联合验收工作组认为，岳阳城陵矶综合保税区（一期）范围内的基础和监管设施符合《海关特殊监管区域基础和监管设施验收标准》，同意对项目进行正式验收。副省长何报翔，国家联合验收组组长、海关总署加贸司副司长李志辉，市领导盛荣华、刘和生、李志坚、樊进军、宋爱华等参加验收或出席颁证仪式。

仪式上，国家联合验收组与省政府签署《岳阳城陵矶综合保税区（一期）项目验收纪要》，向城陵矶综保区颁发《综合保税区验收合格证书》，标志着城陵矶综保区已具备正式封关运营的条件。

市委书记盛荣华在致辞中说，岳阳市将以城陵矶综保区正式通过验收为新的起点，紧紧围绕“一年有进度，两年有形象，三年大发展”的目标，高起点、高标准建设好、运营好、管理好城陵矶综保区，努力将城陵矶综保区打造成为岳阳对外开放的“桥头堡”、促进经济转型升级的“新引擎”，为建设“一极三宜”江湖名城、推动岳阳乃至全省开放型经济发展做出新的更大贡献。

李志辉代表海关总署、联合验收组对岳阳城陵矶综保区正式通过验收表示热烈祝贺。他表示，将一如既往支持湖南经济社会发展，不断加大对岳阳城陵矶综保区的支持和指导力度，助推城陵矶综保区健康快速可持续发展。

何报翔在讲话中代表省政府对城陵矶综保区顺利通过国家验收表示祝贺。他指出，岳阳要自我加压，找准发展定位，围绕建设湖南发展新增长极、湖南对接长江经济带桥头堡、洞庭湖区域经济发展领头羊、大宗商品集散地、湖南开放型经济发展推动器的要求，抓紧抓实城陵矶综保区的建设和招商，加快吸引企业入园，进一步拓展功能，使之真正成为进出口商品的集散地、新兴产业的集聚地、“铁、公、水”物流的集合地。省直各相关部门要进一步解放思想，加快改革步伐，更加重视和支持城陵矶综保区的建设和发展，努力打造湖南乃至全国的一流综保区。

（本栏撰稿　杨　滔）

纪检监察

【概况】 2015年，市委切实担负管党治党的政治责任，各级党组织认真落实党风廉政建设责任制，各级纪检监察机关严格监督执纪问责，广大党员干部和人民群众积极支持参与，全市党风廉政建设和反腐败斗争取得新进展，党风政风呈现新气象。

一、狠抓责任落实，增强履责意识。市委高度重视党风廉政建设和反腐败工作，以落实“两个责任”为抓手，推动各级党组织履行管党治党的政治责任。依托“清正在心”系列教育活动，组织开展《论述摘编》专题学习、“两个责任”专题培训，在《岳阳日报》开设“‘两个责任’书记谈”专栏等，进一步增强各级领导干部的责任意识。认真贯彻省委《关于落实党风廉政建设党委主体责任和纪委监督责任的意见》，牵头制定落实省委《意见》的实施办法，对市党风廉政建设责任制工作领导小组、市委市政府领导班子成员以及市直单位、市属国有控股企业党风廉政建设进行任务分工和责任分解，形成健全完善的责任体系。市委、市政府领导身体力行落实主体责任，带队开展落实“两个责任”调研督查、廉政谈话，组织述责述廉和年度检查考核，通过示范引领，层层传导责任压力。坚持“一案双查”，全年问责履行“两个责任”不到位的问题42件，给予党纪政纪处分和组织处理47人，对7起典型案件进行公开通报，持续释放有责必问、问责必严的强烈信号。

二、坚持从严执纪，加大审查力度。坚持把纪律和规矩挺在前面，用严明的纪律管住党员干部。高度重视群众信访反映的突出问题，进一步畅通举报渠道。坚持党员领导干部问题线索集中管理、集体排查，严格按照五类标准和方式进行处置。2015年，全市纪检监察机关受理信访举报2992件（次），立案799件，结案767件，给予党纪政纪处分819人。其中市纪委立案47件，结案50件，查处县处级干部22人。严肃查处市安监局原党组副书记、副局长龙卓煌，临湘市原副市长、公安局原局长曹青松，临湘市检察院原检察长刘群林等一批领导干部严重违纪涉嫌违法案件。全市检察机关立案侦查贪污贿赂、渎职侵权等职务犯罪136案147人，全市法院系统审结贪污贿赂、渎职侵权等职务犯罪46案66人。注重抓早抓小，市纪委对452名领导干部开展函询，对17名领导干部进行诫勉谈话，对苗头性问题早打招呼早提醒。加强反腐败国际追赃追逃工作，劝返外逃人员1名。

三、深化作风建设，遏制“四风”问题。坚持在重要时间节点和时段开展作风督查，驰而不息纠正“四风”。市县两级纪检监察机关在元旦、春节、“五一”、端午、中秋、国庆等重要节点开展集中检查，查处“四风”方面问题377件。在巴陵风纪网等新闻媒体设立“四风”问题监督举报曝光专区，对53起典型问题点名道姓进行公开通报。推进“三公”经费预决算公开，强化公务卡制度改革，落实因公（私）出国境登记备案制，严格执行厉行节约制度，全市“三公”经费逐年下降。加强重点问题整治，查处党员干部打牌赌博、违规使用公车、违规操办婚丧喜庆事宜和机关单位违规发放津补贴、公款旅游等方面问题66件，给予党纪政纪处分80人。加强对中央和省委、市委重大决策部署贯彻落实情况的监督检查，推进涉农资金监管、环境保护、安全生产、食品药品安全监管等专项整治，严肃查处禁违拆违治违、土地依法征收“百日攻坚”等重点工作中违纪违规党员干部，加大问责力度，确保政令畅通。

四、强化教育监督，规范从政行为。加强对党规党纪特别是新修订的《中国共产党廉洁自律准则》《中国共产党纪律处分条例》的宣传和解读，强化党员干部纪律教育。坚持开展警示教育、任前廉政培训和测试、新录用公务员廉政培训等。加强廉政文化建设，挖掘宣传良好家风故事，创作展演廉政文艺作品，引领社会清风正气。坚持把从严治党的要求落实到对党员干部的日常监督管理中，按照市委“三个办法”要求，强化纪律规矩约束。积极配合省委巡视组对市本级以及五个县市区开展巡视工作，开展巡视整改，确保巡视反馈的问题得到解决。探索开展市级巡查工作，组成5个巡查组，完成第一批对市国土资源局等5家单位的集中巡查，督促被巡查党组织对巡查发现的问题对账销号、逐项整改。制定落实市管领导班子廉政情况季度分析制度，市委市政府领导与63名党政主要负责同志开展廉政工作谈话，及时掌握了解市管领导班子和领导干部的廉政建设情况，加强问题研判和督促整改。强化选人用人监督，对14批239名拟提拔重用市管干部的廉政情况进行审核把关。加强廉洁自律工作，全市“5910”廉政账户收缴红包礼金843.14万元。推进制度廉洁性评估工作，对532份文件进行评估把关和备案审查，有效防止“问题文件”出台。

五、始终严格要求，加强自身建设。开展“三严三实”专题教育，落实“一月一课一考”学习制度，探索与高校合作办学模式，组织开展业务培训活动，着力提高纪检监察干部的政治素质和执纪水平。推进纪律检查体制改革，落实“三转”（转职能、转方式、转作风）要求，制定《县市区纪委书记、副书记提名考察办法（试行）》等三个提名考察办法，完成县级纪检监察机关内设机构调整，增强基层一线执纪监督力量。贯彻落实《湖南省纪检监察干部监督工作暂行办法》，严格工作制度和工作程序。加强纪检监察机关信息化建设，建成市县两级网络综合办公平台。加强对县市区纪委监察局班子的监督，对105名班子成员开展谈心谈话活动。坚持正人先正己，以“零容忍”态度严肃处理纪检监察干部违纪违规问题，全市查处纪检监察干部违纪案件16 件，立案19人，涉及处级干部1人，科级干部18人。

【市第六届纪委第七次全会暨全市反腐败工作会议】 2015年2月10日，中共岳阳市第六届纪委第七次全会暨全市反腐败工作会议召开。市委副书记、市长盛荣华主持，市委常委、市纪委书记康代四作工作报告，市委书记卿渐伟讲话，市领导李志坚、李湘岳、赖社光、陈奇达、徐新启、樊进军、陈吉辉、王瑰曙、唐道明等出席。会上，2014年度岳阳市反腐倡廉建设先进单位和纪检监察工作先进单位受到表彰，各县市区负责人递交2015年度党风廉政建设和反腐败工作责任状。

会议提出，2015年党风廉政建设和反腐败工作的总体要求是：深入贯彻党的十八大、十八届三中、四中全会和中央纪委、省纪委全会精神，认真贯彻习近平总书记系列重要讲话精神，坚持全面从严治党、依规治党，严明党的纪律，积极推进纪律检查体制改革，严格落实党风廉政建设主体责任和监督责任，锲而不舍落实作风建设规定精神，始终保持惩治腐败的高压态势，强化对权力的监督制约，以更严的纪律管好纪检监察干部，坚定不移推进党风廉政建设和反腐败斗争。

卿渐伟强调，坚定不移地落实中央、省委决策部署，切实抓好反腐倡廉工作，责无旁贷、任务艰巨。中央反腐倡廉的决心坚定不移，当前反腐败斗争的形势仍然严峻，要认清形势，坚定信心，主动适应反腐倡廉新常态；要履职尽责，突出重点，努力开创反腐倡廉新局面，严明政治纪律和政治规矩，持之以恒纠正“四风”，坚定不移惩治腐败，坚持按标准选人用人管人，扎实推进源头预防腐败；要深化改革，强化保障，积极落实反腐倡廉新要求，全面落实“两个责任”，积极推进纪检体制改革，切实加强纪检监察队伍建设，纪检监察干部要有案必办，严格依纪依法办案，各级党委要旗帜鲜明地支持纪检监察机关履行职责，关心爱护纪检监察干部，要保障人员编制，保证办案经费需要。要把党风廉政建设和反腐败工作不断推向深入，为加快推进富民强市步伐、打造湖南新的增长极提供坚强保障。

【五项机制助推“两个责任”落地生根】 2015年，岳阳市纪委监察局履行监督责任，发挥参谋助手、组织协调、监督检查工作职责，推动“两个责任”工作落实，在开展述责述廉、加大检查考核、严肃责任追究的同时，重点从宣传教育、日常督导、谈话提醒、廉政分析、巡视督查五个方面创新机制，固化工作程序，层层传导压力，形成上下一体、齐抓共管的工作格局，推动“两个责任”落实常态化、具体化、长效化。

一、创新宣传教育机制。在宣传、教育、引导三个方面下功夫，让党员领导干部廉政教育形成机制。一是立体化宣传。在《岳阳日报》和巴陵风纪网同步开设“‘两个责任’书记谈”专栏，精选刊发负责同志撰写的体会文章80余篇，推动“两个责任”落实。采取户外阅报栏、LED飞字等形式，加大对“两个责任”的宣传力度。在巴陵风纪网及时公布“两个责任”追究典型案件。在岳阳电视台开设《党风廉政建设》《深入推进反腐倡廉建设》专栏，扩大社会影响。开展“家规家训进万家”活动，深化党员领导干部自我教育，全市有13万个家庭参与活动，200多个村、社区举行家风家训评议会、家风故事会、好家风学习宣传活动306场次，营造风清气正的社会氛围。二是多层次教育。市级领导层面，市委常委会3次研究党风廉政建设，研究制定一系列有关党风廉政建设的文件，强化主体责任。市委书记在“清正在心”系列教育第二次集中活动上，以“落实‘两个责任’，深入推进党风廉政建设和反腐败斗争”为题讲党课，重点对“两个责任”内涵和责任边界，责任追究的范围、方式、程序进行讲解。县处级干部层面，以“落实‘两个责任’宣传教育年”和“清正在心”系列教育活动为主要载体，坚持“每季一次活动，每次一个主题”，构建规范化、制度化的廉政教育机制。开展带头讲廉政党课活动，倒逼领导干部加强学习，全市各级党政主要负责人讲授党课2300场次。在普通干部层面，开展典型示范教育、警示教育。在巴陵风纪网开设“专家带您学《摘编》”专栏，引导党员干部广泛开展自学，撰写心得体会文章。三是树典型引导。市纪委联合市妇联等单位，在全市13万个家庭中开展寻找“最美家规家训家风”活动，征集家训近3000条。岳阳县张谷英村以“耕读继世、孝友传家”为题形成“家训族戒”，在中纪委、监察部网站《中国传统中的家规》栏目得到推介。屈原管理区纪委创作廉政花鼓小戏《大夫殉国》、临湘市纪委创作现代大型廉政花鼓戏《铁面税官》，中纪委监察部网站、省纪委三湘风纪网予以专题报道。岳阳县创作《助廉好了歌》《尺秤与良心》等廉政文艺歌曲、小品、戏曲作品，还挂牌成立廉政文化艺术团。

二、创新日常督导机制。印发《2015年度市委市政府领导班子成员落实党风廉政建设“两个责任”

调研督查工作方案》，建立市委市政府领导班子成员“两个责任”调研督查机制，强化督查考核，及时掌握情况，层层传导压力。一是范围广覆盖。在督查调研对象上，由市委市政府领导班子成员根据职责分工，分别到责任范围内的13个县市区和88个市直单位开展“两个责任”落实情况调研督查，实现县市区和市直单位党委（党组）班子的“全覆盖”。在督查调研内容上，既包括党委（党组）领导班子履行党风廉政建设主体责任8个方面工作情况，又包括纪委（纪检机构）履行监督责任8个方面工作情况，同时还包括党委（党组）班子成员履行责任范围内4个方面履行党风廉政建设工作责任情况，督查调研内容做到“全方位”。二是督查多方式。在督查方式方法上，采取听取汇报、谈话了解、查阅资料、随机抽查等方式进行，全面深入了解各地“两个责任”落实情况。在对县市区的调研督查安排上，11名市委常委到13个县市区点对点开展调研督查，系统听取当地“两个责任”工作情况，安排工作人员查阅相关资料，随机抽查乡镇或县直部门单位，查找存在的问题与不足，并提出整改要求。在对市直单位的调研督查安排上，7名市政府副市长分别组织分管联系范围内的市直单位党委（党组）、纪委（纪检机构）主要负责人召开落实“两个责任”专题会议，调研各单位情况汇报，分析问题，部署安排下阶段工作。三是成果重运用。对调研督查掌握的情况，由市党风廉政建设工作责任制领导小组办公室汇总后形成专题调研督查报告向市委常委会汇报，将调研结果作为2015年度落实党风廉政建设“两个责任”目标管理考核、建设“一极三宜”江湖名城综合绩效考评的重要依据。对发现的问题，“点对点”向相关责任单位提出整改建议，督促限期整改落实。对好经验、好做法予以推介。

三、创新谈话提醒机制。按照抓早抓小、防微杜渐和把纪律挺在前面的要求，出台制度、明确职责，形成常态化工作机制。一是制度定标。出台《岳阳市领导干部廉政谈话制度》《市委市政府领导班子成员同下级党委（党组）主要负责人廉政谈话方案》《关于对党员领导干部进行诫勉谈话的具体操作规程》，对廉政谈话、廉政约谈、诫勉谈话三个方面制度进行细化和完善，明确谈话内容、权限、程序及要求，建立完善“三书一台账”（约谈通知书、约谈记录书、约谈整改通知书和约谈督办事项台账谈话流程），落实一人一个谈话方案、一套谈话提纲、一份“签字背书”要求。二是谈话明责。明确各级党委（党组）及主要负责人要履行党风廉政建设领导责任的主体责任，落实“四个亲自”要求，及时传达上级有关党风廉政建设和反腐败工作部署、要求，定期向市委和市纪委报告工作；督促落实党风廉政建设工作目标任务完成，督促领导班子成员和下一级党委(党组)领导班子履行“一岗双责”，推动党风廉政建设责任落实；管班子带队伍，支持纪检监察机关履职。明确纪律要求：个人带头执行党的政治纪律和政治规矩，贯彻执行党的路线、方针、政策和上级决策指示、工作部署；带头遵守党纪国法和廉洁从政、作风建设方面相关规定；执行民主集中制，坚持科学决策、民主决策、依法决策；执行规范亲属经商、担任公职和社会组织职务、出国（境）定居有关规定，管好亲属和身边工作人员。三是提醒预防。注重抓早抓小，对发现的苗头性问题及时谈话提醒。对落实“两个责任”不力、履职缺位、错位、越位和在党风廉政建设责任制年度考核中被评为“一般”的单位领导班子开展集体谈话；对新提拔任用、交流的党员干部进行任前谈话；对重要时段、重要时间节点和重要领域、关键岗位的党员干部不定期提醒谈话；对在党风党纪方面存在的苗头性、倾向性问题的领导干部，进行警示谈话；对上级督办、交办、群众来信来访、监督检查等渠道反映的工作执行不力，不作为、慢作为、乱作为等苗头性问题，实施告诫谈话。2015年，市委市政府领导班子成员对各县市区、市直单位63名党政主要负责人进行廉政谈话。

四、创新廉政分析机制。印发《岳阳市市管领导班子廉政情况分析会制度》，每季度对全市党风廉政建设和市管领导班子廉政情况进行分析研判。一是分析定期。明确市管领导班子廉政情况分析会每季度召开一次，由市委主要负责人主持，市纪委书记、市委组织部部长、市检察院检察长和相关负责人参加。二是内容聚焦。主要是分析判断市管领导班子党风廉政建设总体情况；研究全市党风廉政建设工作中的重点、难点、热点问题；听取专项检查、工作督查、专项巡查情况汇报和领导干部经济责任审计、项目审计情况汇报；研究查办案件过程中需要协调的重要事项和基层存在的长期性、突出性问题等。三是程序规范。由市党风廉政建设责任制工作领导小组办公室收集整理并提出会议议题，按程序报批审定。会议确定的事项，由领导小组分管领导同志按照责任分工牵头实施，相关职能部门负责落实，领导小组办公室负责跟踪督查。8月27日，市委书记盛荣华主持召开2015年第三季度市管领导班子运行情况和廉政情况分析会。通过分析市管领导班子廉政情况，决定对群众反映较多的市国土资源局、《岳阳日报》社等5家单位开展集中巡查。

五、创新市级巡查机制。市委组建5个巡查组，针对“两个责任”落实不够到位的5个单位开展第一轮巡查。一是巡前充分准备。制定《岳阳市委巡查办法（试行）》《岳阳市2015年巡查工作方案》，召开巡查和考核工作部署会议。开展业务培训，组织巡查人员学习《巡查工作规则》《巡视工作条例》和《岳阳市委巡查办法（试行）》，学习巡查工作实务和规范。做好巡前服务，优化巡查力量，确保工作顺利开展。二是巡中突出重点。安排专门力量向市纪委了解案件线索情况，向市委组织部了解班子成员测评情况，向市公安局了解出入境和违法犯罪情况，到审计局调取审计报告，向市财政局了解资金使用和政府采购情况，向市人社局了解人员录用情况，向市检察院了解信访及渎职情况。巡查组突出重点领域、重点人员、“两个责任”落实情况和政治纪律、政治规矩执行情况，着力发现被巡查单位在作风、纪律和党风廉政、选人用人等方面的问题，重点了解为官不为、落实不力、监管缺失、懒政怠政等问题。三是巡后处置到位。2015年，5个巡查组座谈走访党员干部421人，查阅资料3430份，接待来信来访30次，召开相关会议63次，发现问题线索308条，开展核实调查44次、明察暗访13次，立行立改问题18个,提出意见建议13条。市巡视办对巡查发现的问题进行汇总分类，报市委研究，督促做好巡查整改和巡查回访工作，对发现的案件线索分类移交，确保问题处置到位。

通过五项机制，有效助推“两个责任”落地生根，产生积极效果。一是责任意识增强。各地各部门党委（党组）领导班子真正把党风廉政建设抓在手上、扛在肩上，注重与业务同安排、同部署、同落实。2015年11月，市委市政府16名领导班子成员深入联系县市区和分管市直单位开展“两个责任”调研督查和对下级主要负责人进行廉政谈话，层层传导工作压力，各县市区和市直各单位领导班子成员责任意识明显增强。二是责任落实加力。市委制定落实党风廉政建设“两个责任”“1+3”（岳阳市委落实省委《意见》的实施办法，《岳阳市委市政府领导班子成员党风廉政建设责任分解》《岳阳市党风廉政建设责任制工作领导小组主要职责、组成人员、任务分工的通知》《2015年度落实“两个责任”目标管理考核实施办法》）4个文件，使各地各单位在落实责任时目标明确、措施具体。通过明责、督责、追责等措施，形成党委主抓，职能部门配合的工作格局。三是责任倒查有据。通过日常督导、市级巡查，及时发现存在的问题并记录在案，让责任追究有据可查。2015年，全市问责落实“两个责任”不到位的典型问题42件，给予党纪政纪处分和组织处理47人。重点对在临湘市原市长龚卫国吸毒案中失职渎职的有关领导干部进行立案查处，追究相关人员责任。在全市公开通报7起问责典型案件，形成严肃追责问责的有力震慑。

【岳阳市作风建设情况综述】

2015年，岳阳市纪委把纪律挺在前面，突出工作重点，强化监督执纪问责，层层传导责任压力，推动作风建设落地生根，成为常态。

一、聚焦中心，严明纪律，层层压实主体责任。一是定责任。协助市委制定《关于落实〈中共湖南省委关于落实党风廉政建设党委主体责任和纪委监督责任的意见〉的实施办法》，将贯彻落实中央、省委、市委作风建设相关规定精神，建立健全作风建设常态化机制等8项作风建设内容列为党委主体责任的重要内容。督促县市区和市直单位对作风建设“两个责任”层层分解，全市13个县市区、20余个市直单位制定“两个责任”具体落实细则。二是明规矩。开展主题教育和廉政培训，强化党员干部纪律规矩意识。组织开展“清正在心”系列教育活动，先后邀请中共中央文献研究室、中国纪检监察学院、省纪委监察厅的专家和领导，为全市正处级以上领导干部进行3次集中专题辅导。将中央八项规定精神纳入全市新任职干部廉政法规知识测试内容。通过电视报刊、新闻网站、户外广告等，加强对党纪条规特别是《准则》《条例》的宣传和解读。三是抓落实。牵头制定“两个责任”调研督查和廉政谈话工作方案，组织协调16名市委市政府领导对13个县市区和88个市直单位开展专题调研，发挥市级领导的带头示范作用。发挥考核“指挥棒”作用，将贯彻落实中央八项规定精神、纠正“四风”工作情况纳入全市《2015年综合绩效考评办法》《2015年落实党风廉政建设责任制推进惩治和预防腐败体系建设检查考核办法》，督促各地各单位党委（党组）和纪委（纪检机构）落实作风建设“两个责任”。

二、紧抓节点，步步为营，把纪律挺在最前沿。紧盯元旦、春节、“五一”、端午、中秋、国庆等“四风”问题高发期，一个一个节点抓，把纪律挺在最前沿。一是严格防范。重大节日前夕，向全市各级各单位重申节俭文明过节的规定，做到教育在前。2015年，围绕节点下发贯彻落实中央八项规定精神的专门通知8个、召开专题会议6次、制定专项方案5个。注重宣传引导，以“一报一台一网一短信”为载体，着力营造全市纠正“四风”的舆论氛围。年内在湖南卫视、三湘风纪网、《岳阳日报》、岳阳电视台刊发纠正“四风”方面的专题报道16篇。二是严密督查。由纪检监察机关和财政、审计、税务等有关职能部门参加，加大两节期间明察暗访力度。制定严密的督查方案，重点要求各级党委和纪委层层传导压力，对查实顶风违纪的要快查快办，严肃追责，并对典型问题通报曝光。各县市区和市直单位围绕重点场合、重要时段开展明察暗访，点穴式抽查。市纪委在重要节日期间开展集中检查6次，组织暗访组42个，检查单位300家，发现“四风”方面问题线索377件。三是严肃处理。针对节日期间督查发现的问题线索，节后在第一时间进行进一步核实，及时处理。2015年，先后对元旦、春节、“五一”、端午、中秋、国庆的督查情况及时汇总，按程序报省纪委和市委市政府领导，确保数据准确、汇总全面，报告及时。

三、创新手段，多方联动，织密织牢监督之网。一是剖析式检查。2015年，通过剖析式的检查方式，发现平江县教育局在会议费中列支机关工作人员伙食费、岳阳县政法委用公款购买高档烟酒、市教建投存在购买大额办公用品无明细等问题，并进行相应处理。二是立体式监督。畅通“12388”监督举报渠道，建立纠正“四风”监督举报直通车。在巴陵风纪网醒目位置设立“四风”问题举报专区和曝光专栏，实时接受群众举报。在《岳阳日报》、岳阳电视台上公开作风建设举报电话。建立市、县联动快速反应机制，对群众举报反映违反作风问题快速查办、即查即办。三是科技式防控。充分发挥北斗导航车载管理系统对公车管理使用的监督作用，通过实时监控、历史轨迹回放、行驶区域限定、报警分发等功能，对发现的部分异动公车进行现场核查，对疑似公车异动情况，向车辆所属单位发出公车异动核实处理函，及时核实处理。湖南卫视新闻联播《岳阳：北斗监控公车“不放假”》对国庆节我市公车监督情况进行专题报道。继续推进公务卡支付改革。实行公务卡刷卡动态监控，狠刹违规职务消费和公款吃喝风，全市公务卡制度覆盖到所有财政预算单位。2015年全市公务卡消费支出占授权支付比重57.2%，公务卡成为“廉政卡”。

四、强化执纪，重拳出击，形成高压震慑态势。一是严肃查处。2015年查处党员干部打牌赌博、违规使用公车、违规操办婚丧喜庆事宜和机关单位违规发放津补贴、公款旅游等方面问题66起，给予党纪政纪处分80人。对作风建设“两个责任”落实不力的单位和个人实施责任追究，重点处理临湘市畜牧局、湘阴县人社局等单位违反中央八项规定精神、滥发福利补助、公款旅游等问题，对单位一把手、分管领导和纪检组长严肃问责。二是公开曝光。2015年，下发作风建设专题通报4期，对53起违反作风建设规定精神的典型问题进行公开曝光，充分发挥典型案件的警示教育作用，强化“不敢”氛围。其中通报批评的岳阳县公田镇邮政支局局长违规饮酒、湘阴县人社局副局长公款旅游、岳阳县政法委公款购买高档烟、市国税局巴陵分局工作人员上班时间打牌等典型问题引起较大社会反响。三是强力整改。针对纠正“四风”问题专项监督检查活动中发现的问题，按照属地管理原则，点对点发督办函，组织各地各单位对发现的相关问题进行核实，并上报核实整改情况。2015年，向各县市区、市直单位下发作风建设方面的督办函、问题核实处理函以及交办函78份，督促各地对各类问题线索及时核实、及时处置，并将问题核实处理及整改情况形成综合汇报材料，12次向省纪委及市委市政府领导进行专题报告。

（本栏撰稿　涂　範）

组织工作

【概况】 2015年，中共岳阳市委组织部（简称市委组织部）认真贯彻全国、全省组织部长会议精神，按照中组部、省委组织部的要求和市委的部署，围绕中心、服务大局，履职尽责，真抓实干，全面完成各项工作任务，为把岳阳建设成为“一极三宜”江湖名城提供了坚强组织保证和人才支撑。

一、组织开展“三严三实”专题教育，改进干部作风。开展“三严三实”专题教育，讲好专题党课，组织学习研讨，筹备专题民主生活会和组织生活会，做好整改落实和立规执纪工作，党员干部作风得到转变。在任弼时纪念馆举办“弘扬骆驼精神，践行‘三严三实’”专展，全市130多家单位、省内外游客20万人次参观展览。开展“一进二访三帮”扶贫帮困活动，全市3.2万名干部帮扶10万户贫困户，实现结对帮扶全覆盖。

二、出台实施“三个办法”，激发干部干事创业激情。起草并以市委名义出台《关于进一步激励干部想事干事成事的暂行办法》《关于进一步严格管理和监督干部的暂行办法》《岳阳市“为官不为”“为官乱为”问责暂行办法》，有效调动广大干部的积极性。《湖南日报》头版头条对岳阳市出台实施“三个办法”的做法进行报道。一是注重正向激励，点燃干部干事激情。树立“五个看重”“两个倾斜”的用人导向，择优提拔5名乡镇党委书记进入县市区党政领导班子、1名乡镇长进入市直单位领导班子。集中评选表彰9名优秀乡镇（街道）党（工）委书记和20名优秀村（社区）党支部书记。举办干部教育重点培训项目12期，培训干部、企业家700人。开办巴陵名师讲堂，举办高端讲座11期。在香港金融管理学院挂牌成立岳阳市海外人才引进及培训基地，首次成功举办岳阳市“公务员法制、廉洁、高效赴港高级研修班”。在市委党校举办处干班、中青班等20个主体班，培训干部1100余人次。完成中组部、省委组织部39人次调训任务。完成机关事业单位工资制度改革有关工作，实行乡镇工作补贴制度。二是注重靶向监管，鞭策干部遵规守矩。建立市管领导班子年中考核制度，对5家市直单位进行年中考核。落实干部谈心谈话制度，实行领导班子运行情况分析会制度，配合市纪委对首批5家市直单位开展专项巡查，发现各类问题线索332个。认真开展领导干部个人有关事项报告抽查核实工作，暂缓选拔任用程序5人。受理“12380”举报41件，经查核后免职1人，取消任职决定3人，暂缓研究任免1人。统筹推进机构改革人事安排和超配领导职数整改消化工作。开展干部人事档案专项审核工作，完成1513名市管干部档案信息组织认定。开展违规办理和持有因私出国（境）证件专项治理工作，审核备案登记科级以上干部1.26万名。三是注重反向问责，促使干部依法作为。围绕全市经济社会发展大局和推进“621行动”、项目建设“双百工程”、禁拆治违、土地依法征收“百日攻坚”、化解矛盾维护稳定等重点工作开展问责，促使全市各级领导干部忠诚履职、干事创业。

三、强化党建责任落实，提升基层党建工作水平。完善村级组织运转经费保障机制，市财政安排311万专项经费补贴偏远困难村。基本完成村社区服务场所建设，试点开展村干部参加城乡居民养老保险。在基层党组织和党员干部中部署开展“巴陵先锋先行”主题实践活动，4家试点单位活动全面铺开。积极推动基层党建责任落实，在12月9日全省市州委书记履行基层党建工作责任述职评议会上，我市基层党建工作获全省第三名。发挥党代表作用，出台市党代表提案、提议、询问等三个暂行办法。拓展党员教育空间，完成岳阳红星网改版升级，推出“岳阳党员E家”党建工作综合微信平台。做好任弼时纪念馆、平江起义纪念馆、左宗棠文化园三个“网上展馆”建设。对全市基层党组织书记开展轮训，举办农村实用人才、无职党员培训班8期。

四、实施巴陵人才工程，发挥人才智力支撑作用。出台《巴陵人才工程实施方案》等政策文件，推出重点人才支持计划等10个重点人才项目，选拔科技创新创业团队13个和各类优秀人才79名，90名专业技术人才入选岳阳市首批市政府特殊津贴专家。3次组团赴武汉、深圳、长沙等地开展人才招聘活动，与武汉大学等16所知名高校建立人才合作关系。岳阳市实施巴陵人才工程的做法，被中组部《党建研究》《组工通讯》《中国组织人事报》《新华社高管信息·湖南领导参考》《湖南日报》《新湘评论》等媒体推介，被《中国人才》杂志评选为全国基层人才工作创新优秀案例。

【出台“三个办法”】 2015年，市委出台实施《关于进一步激励干部想事干事成事的暂行办法》《关于进一步严格管理和监督干部的暂行办法》《岳阳市“为官不为”“为官乱为”问责暂行办法》。岳阳红星网、《岳阳日报》、岳阳电视台分别开设“三个办法”专页、专栏和专播进行宣传推介。市委书记盛荣华到华容县、湘阴县、汨罗市、岳阳县等地调研“三个办法”的贯彻落实情况，推动“三个办法”深入人心、落实生根。“三个办法”的出台实施，得到省委和上级组织部门的充分肯定，受到省内外媒体的高度关注，《湖南日报》头版头条、《中国组织人事报》“特别关注”版相继进行重点报道。

【“三严三实”专题教育】 2015年，市委组织部扎实抓好专题党课、专题学习研讨、查摆不严不实问题各项任务落实，服务联络市委常委会专题教育工作。积极探索创新，创设“四专”（在岳阳红星网开设专页，在《岳阳日报》开设“三严三实大家谈”专栏，刊发领导干部署名文章32篇，在岳阳电视台开设“三严三实我践行”专播，播发稿件74条，在任弼时纪念馆开设“弘扬骆驼精神，践行三严三实”专展，全市130多家单位、省内外游客20余万人次参观展览）栏目，增强专题教育实效，深入开展“一进二访三帮”活动。动员全市各级领导干部在进村入户、访困问需、访贫问计，结合实际突出帮困、帮业、帮智，增强活动实效。全市3.2万名各级干部帮扶10万户贫困户，实现结对帮扶全覆盖。10月12日，《湖南日报》市州新闻版头条以《岳阳逐户把脉贴心扶贫》为题作报道。

【优秀基层党组织书记评选表彰活动】 2015年，市委组织部下发《关于推荐评选全市优秀乡镇街道党（工）委书记、村（社区）党组织书记的通知》。突出“五个看重”（看重忠诚、看重实干、看重担当、看重干净、看重基层）评选条件，经县市区委推荐、实地考察、征求意见及先后两次公示等环节，全市评选表彰9名优秀乡镇党委书记、20名优秀村党组织书记。10月28日，市委召开优秀基层党组织书记座谈会进行集中表彰，并组织到医院体检。创新形式，在《岳阳日报》、岳阳电视台、岳阳党员E家微信平台等媒体宣传先进典型事迹，产生良好反响。

【巴陵人才工程】 2015年，市委市政府推出“巴陵人才工程”，制定《关于印发〈巴陵人才工程实施方案〉和〈关于加强高层次创新创业人才引进工作的实施办法（试行）〉的通知》。以“巴陵人才工程”为总揽，部署实施重点人才支持计划（其中包括科技创新创业人才团队、巴陵青年英才、“文艺岳家军”、名师、名医、扎根基层优秀人才等6个人才子项目）、市政府特殊津贴专家选拔计划、骨干人才培养计划、选派优秀干部和科技人员进企业计划、四海揽才计划等5个人才项目，选拔、资助13个科技创新创业人才团队、89个各行业重点支持人才和90名市政府特殊津贴专家。

（本栏撰稿 易 灿）

宣传思想工作

【概况】 2015年，中共岳阳市委宣传部（简称市委宣传部）按照“胸怀大局、把握大势、着眼大事”的总要求，围绕市委市政府“一极三宜”江湖名城发展战略目标，以培育践行社会主义核心价值观为主线，推动各方面工作不断取得新进展新成效，巩固和发展积极健康向上的良好态势，为“一极三宜”江湖名城建设提供强大的精神文化力量。

一、强化意识形态领域工作。贯彻落实中央、省、市关于加强意识形态工作的部署要求，坚守马克思主义在意识形态领域的主阵地，强化党委(党组)意识形态工作责任制。市委常委会组织学习传达中央新出台的《党委（党组）意识形态工作责任制实施办法》，研究制定具体落实举措。开展“党委(党组)一把手谈意识形态工作”专题活动，市委书记盛荣华带头调研宣传文化工作，研究解决难点问题，在全省各市州委书记中率先发表相关理论文章。市委副书记、市长刘和生重视支持意识形态和宣传思想文化阵地建设，多次到市广电中心建设工地调研解难。出台关于加强社科理论类论坛管理工作的文件并组织督查，推动全市各级党委(党组)切实担负起意识形态工作主体责任。组织深入学习宣传习近平总书记系列重要讲话精神，在全市党员干部中开展“学讲话用讲话”心得交流活动。改进创新各级党委（党组）学习中心组的学习，健全理论学习服务体系，强化督查考评，开展“热点话题谈心录”形势政策教育和“四中全会进基层”百姓微宣讲活动，推动四中全会精神进机关、进校园、进企业、进农村、进社区，全市举办百姓微宣讲活动3000场次。启动十八届五中全会精神的学习宣传，举办全会精神专题研讨暨备课会，培训宣讲骨干150人，组建市委宣讲团和县市区宣讲小分队，分赴各地开展宣传宣讲。着力打造“千名书记讲党课”“市民大课堂”“全民读书月”“巴陵名师讲堂”“岳州讲坛”等学习品牌。开展社科研究、普及与宣传，有效推进学习型党组织、学习型社会建设。其中，“千名书记讲党课”活动入选中宣部《党的十八大以来全国宣传思想工作创新百例》，全省仅四例，岳阳是地市级唯一一例。

二、推进“一极三宜”江湖名城主题宣传。市委市政府作出建设“一极三宜”江湖名城的战略部署后，全市宣传思想战线迅速行动，掀起宣传热潮。专门下发通知，组建宣讲团，在全市开展宣讲，增进全市广大干群对“一极三宜”江湖名城战略的认知与了解。市委市政府先后与省社科联和中央党校在长沙、北京联合举办“一极三宜”江湖名城发展战略研讨会，中央、省部有关领导和专家学者为岳阳如何加快融入国家发展战略，推进“一极三宜”江湖名城建设出谋划策，产生广泛影响。以“一极三宜”江湖名城建设为主题，组织市内各媒体开辟专栏专题，全方位宣传报道，在中央、省级媒体发稿1000篇（次）。对接外地媒体及凤凰卫视、大公报、香港商报等境外媒体，宣传“一极三宜”江湖名城，刊发宣传报道200篇，150家重要网站转载。在城区和县市区重要地段制作悬挂一批户外大型广告牌，营造强力推进“一极三宜”江湖名城建设的浓厚氛围。推进新闻发布的规范化、制度化建设，全年召开“港洽周”“黄茶文化节”等新闻发布会30场次。举办“天下洞庭·端午源头”国际摄影大赛、“走进洞庭湖生态经济区”大型采访等活动，配合央视拍摄《洞庭湖的冬天》并向全球播出，进一步提升江湖名城岳阳的知名度、美誉度和影响力。

三、深化全国文明城市建设。2015年2月28日，岳阳市获得全国文明城市称号。市委宣传部巩固和扩大文明城市创建成果，按照建设“标准更严、水平更高、市民更加满意的文明城市”的目标，扎实开展群众性精神文明创建活动。推进梯度创建格局，市委市政府出台《深化文明城市建设的实施意见》，推进“十大工程”“六项整治”，开展文明单位、文明村镇等创建活动。岳阳六个县市全部进入文明县城行列，华容县、岳阳县被评为全国文明县城，其他县市被评为省级文明县城。以推动社会主义核心价值观落细落小落实为目标，刊载核心价值观公益广告，在媒体连续开辟“建设社会主义核心价值观·岳阳故事”专栏，全年推介典型事迹120例。开展“千名书记讲核心价值观”，组织24字进课堂和“微宣讲”活动。网络文明传播志愿者每周发布一条践行核心价值观的“微倡议”，岳阳市居全国网络文明传播活跃地区第10位。开办道德讲堂678所，建立善行义举榜1120块，举办第五届道德模范、身边好人、岳阳好网民、“我推荐我评议岳阳好人”、系列“最美人物”等评选表彰活动，宣传好人好事。积极推进诚信建设制度化，评选全市首届十佳诚信企业和个人，建立岳阳诚信网，收集信用信息40万条。针对制售假冒伪劣和银行“老赖”，建立“诚信黑榜”发布制度，在媒体发布制售假冒伪劣产品的企业500家、银行“老赖”黑名单1711人，涉及金额9亿元，400人被发布后迅速还款。系统挖掘推介钟伟、喻杰等家风建设典型，推介岳阳县张谷英村“耕读继世，孝友传家”的家训族戒，开展“寻找最美家庭”等活动。平江、云溪、君山、南湖新区等地组织“家规家训进家庭”“道德评议进农家”和“关爱留守儿童”等活动。着力加强未成年人思想道德建设，推进乡村和城市少年宫建设，举办第三届全市美德少年表彰活动，净化社会文化环境，在全市开展“扫黄打非·护苗2015”专项行动之“绿书签”系列宣传活动，为青少年健康成长营造良好氛围。推动志愿服务制度化、常态化，建立健全志愿者注册培训、活动运行、服务记录、服务供需对接、回馈激励等机制，财政安排150万元作为道德模范和志愿者关爱帮扶专项资金，大力营造“善有善报、好人好报”的社会氛围。成立岳阳市志愿服务组织联合会，全市登记注册志愿者60万人，志愿服务组织1200个。举办学雷锋“邻里守望”“诚信经营”“党员志愿服务先锋行”“大学生志愿服务社区行”等系列志愿服务活动。3月4日，市长盛荣华参加“学雷锋志愿者日”主题活动，为“公益格子铺”“公益阅读吧”揭牌，启动岳阳志愿服务网。推动全民公益活动，各媒体架设“公益桥”，各网站开设公益专栏，让有困难的人及时得到帮助，把开展全民公益活动作为培育践行核心价值观的重要平台，使公益活动制度化、常态化，涌现出一大批优秀志愿服务团队和志愿者。岳阳志愿者积极参与“东方之星”救援与善后。市环保志愿者协会被评为首批“全国志愿服务示范团队”。

四、加强网络文化建设与管理。确立“一办三中心”（网信办和网络文化建设管理中心、网络文明传播中心、新媒体发展中心）的“大网管”工作格局，县市区普遍创办手机报和官方微信平台，实施百万用户全覆盖“直达工程”。组建岳阳市“新媒体联盟”，引导岳阳新媒体、自媒体健康发展，网上主流思想舆论不断壮大。与湖南红网达成合作意向，打造新的全媒体平台和新闻培训基地。组织全市文明单位、网络文明传播志愿者开展“好人365”“我为岳阳点赞”“我给道德模范的微祝福”“文明创建永远在路上”等互动性强的网络文明传播活动，聘请36名道德模范、诚信人物为网络文明观察员，网络精神文明建设工作处于全国前列。部署开展“网络敲诈和有偿删帖”专项整治，打击网络不正之风。加强网络宣传和网络舆情管理，出台《全市网络宣传一体化建设实施办法》，在新华网、人民网、腾讯、湖南红网等中央、省级新闻网站刊发宣传稿件8000篇次。实行24小时监看网络舆情，对舆情进行快速研判、报送、处置和反馈，实施省、市、县三级联动处置机制，处置“平江火电”“龚卫国涉嫌吸毒被查处”“东方之星号客轮倾覆”“乡镇区划改革”等舆情100余起。逐步完善市级领导网络舆情特报、特批、特办常态机制，2015年累计编发网络舆情信息310期，网络舆情回复率90%，领导批办200条次。

五、加快全国公共文化服务体系示范区建设。改善文化民生，加快全国公共文化服务体系示范区建设，做实“文化惠民”，开展“演艺惠民”送戏下乡进社区活动，举办“周末一元剧场”“万人免费K歌”活动，每月举办一次大型美术书法摄影展，每月举办一次高雅艺术系列演出，每周放映三场广场公益电影。实施公共文化场馆免费开放，市新华书店门店改造转型，打造新华书苑“国学讲堂”文化品牌。加强文艺创作生产，组织文艺家参与“深入生活·扎根人民”主题实践活动。临湘市、屈原管理区分别创作的廉政花鼓戏《铁面税官》和《大夫殉国》在全市巡演。筹措文艺奖励基金900万元，评选表彰第三届岳阳文学艺术奖。以“滕子京重修岳阳楼、范仲淹写岳阳楼记”为题材的新编巴陵戏《远在江湖》，参加湖南艺术节演出获“田汉大奖”。2015年，省艺术节18个获奖小戏中，岳阳获“两金一银一铜”四个奖项。抓好文化遗产传承保护，修缮慈氏塔、岳阳文庙、市教会学校遗址，岳阳博物馆完成《洞庭长歌——岳阳古代文明陈列》提质改造。平江县福寿山公园、岳阳县张谷英村被确定为全省首批文艺创作基地。开展抗战胜利70周年系列纪念活动，对全市广大干群进行爱国主义教育。推进文化基础设施建设，全面实现电视“村村通”，加快广播“村村响”工程，汨罗、临湘、华容、君山区、经开区广播“村村响”全面建成。湘阴左宗棠文化园、平江周令钊美术馆、岳阳县新墙河抗战史料陈列馆建成开放，推进屈子文化园、市广电中心、洞庭湖博物馆、市图书馆新馆、市农村文化建设示范点、市巴陵戏传承展演基地等重点文化工程建设。

六、促进文化改革发展。印发《岳阳市文化体制改革实施方案（2015—2020）》，以更大决心推进文化体制改革。深入推动《长江信息报》、《洞庭之声》报和《新生活》杂志社“两报一刊”转企改制，探索建立国有文化资产管理体系，实现“管人管事管资产管导向”相统一。推动传统媒体与网络新兴媒体融合发展，《岳阳日报》社建立《掌上岳阳》新闻客户端、《岳阳手机报》、“三报一网”官方微信及岳阳微楼市APP客户端，岳阳广播电视台建立岳阳广电官方微信和官方微博。市网管中心通过PPP模式，引进社会资本合作建立岳阳市网络新媒公司，建立《岳阳发布》官方政务微信、微博平台，致力打造岳阳新兴媒体政务服务矩阵。开展文化市场综合执法和管理体制改革，健全文化市场监管体系，提升综合执法水平，查处一批大案要案，其中，查办的“顺丰速运投递违禁出版物”案产生极大影响，被文化部评为“2015年度文化市场综合执法百佳案例”。推进软件正版化，通过国家验收，为省市争得荣誉。开展文化产业普查工作，建立全市文化单位名录库。开展文化产业发展调研，组织编制文化产业发展“十三五”规划。推进项目建设，启动文化产业项目库建设，积极筹建项目信息管理系统。2015年争取省文化产业引导资金扶持项目9个，申报省级文化产业示范基地2个、示范园区1个。洞庭三五一七文旅新城、君山爱情岛项目、巴陵春黄茶博览园、岳州窑青瓷研发等项目进展顺利，文化产业呈现转型升级的良好发展态势。

七、提升宣传文化工作队伍建设水平。推进“基层工作加强年”活动，开展“基层宣传思想文化工作创新奖”评选，宣传文化战线阵地建设得到加强。强化调研舆情信息工作，全年报送调研报告及舆情信息7300篇（条），一大批信息被中宣部、省委宣传部采用并得到中央、中宣部领导批示。组织学习宣传贯彻市委干部管理“三个办法”，多次组织部务会、全体干部职工学习讨论。制订出台部机关带薪休假制度和干部轮休办法，建立重点工作表扬嘉奖制度。开展“谈心谈话”活动，做到真诚沟通、督促提醒。严格遵守《干部选拔任用条例》，做好干部选拔任用工作，杜绝“三超两乱”现象发生。培养宣传文化人才，启动文艺人才重点扶持工作，市财政拿出100万元重点扶持20人的文艺创作项目。市财政安排90万元，支持市委宣传部依托复旦大学和浙江大学，与市委组织部联合举办新媒体融合发展和文艺创作培训班，并对社区文艺骨干和文化志愿者进行集中培训。开展“三严三实”专题教育，学习《中国共产党廉洁自律准则》《中国共产党纪律处分条例》，抓好宣传文化工作者的学习提升和作风建设，巩固反“四风”成果。组织开展“三提升”“市直新闻单位媒体记者到基层挂职锻炼”等活动，强化内部管理和机关建设，树立宣传文化工作者“忠诚、干净、担当”形象。

【“千名书记讲党课”活动】 2015年，岳阳市扎实开展学习型党组织建设，找准工作载体，创新工作方式，充分发挥基层党组织书记的领学作用，组织创新开展“千名书记讲党课”活动。通过“抓书记、书记抓”，锤炼全市各级党组织负责人“抓学习、带班子”的能力，营造“重学习、比学习、强素质”的良好氛围，形成“讲党课、强素质、创先进、促发展”的态势，有效推进全市学习型党组织建设。“千名书记讲党课”活动中，基层党组织书记深入机关、社区、学校、农村、企业，以座谈会、讨论会和面对面交流等形式开展宣讲，为基层百姓释疑解惑，替高危人群疏堵减压，将中央和省、市最新文件精神送到老百姓的心坎上。“千名书记讲党课”活动被省委评为“十大建设学习型党组织工作平台”“湖南省优秀学习活动”，中国共产党新闻网、《湖南日报》、湖南卫视、红网等媒体报道岳阳市“千名书记讲党课”活动开展情况，中宣部《舆情摘报》第226期和中央学习办《工作简报》第59期专门向全国推介这一活动。

【举办纪念抗日战争暨世界反法西斯战争胜利70周年系列爱国主义教育活动】 2015年是抗日战争暨世界反法西斯战争胜利70周年。市委宣传部根据中央、省委、市委的统一部署，按照“热烈、务实、简朴”的原则，把握“中国共产党是全民族抗战的中流砥柱”导向，精心谋划，适时开展面向群众的系列主题教育活动，用广泛深入的爱国主义提振全市人民的精气神。举办十大活动：举办“市民大课堂”，邀请著名军事问题专家金一南教授向广大市民讲授关于全民抗战的历史；组织发放“中国人民抗日战争胜利70周年”纪念章；举办以纪念岳阳抗战胜利70周年为主题的群众性歌咏活动和《黄河颂》大型交响音乐会；组织市属媒体推出《烽火湘北》系列报道；选编出版岳阳抗战史志资料；组织党员干部、社会群众、青少年学生等阅读抗战图书、观看抗战电影、电视剧；组织举办征文比赛和书法作品展；组织大中小学生开展“开学第一课”活动；组织网上群众性纪念活动；

在12月13日（南京大屠杀国家公祭日）鸣响一次防空警报。通过以上活动，对全市广大干群进行生动深刻的爱国主义教育，有效激发全市人民的爱国热情，坚定为实现“中国梦”、建设“一极三宜”江湖名城而努力奋斗的信心与决心。

【“一极三宜”江湖名城研讨会】 2015年9月23日，岳阳市委市政府在中央党校举办“促进国家区域经济发展、推动岳阳‘一极三宜’江湖名城发展战略”研讨会。市委宣传部认真筹划、精心组织，协调《人民日报》、新华社、新华网、中央电视台、《经济日报》、人民网、经济网等中央主流媒体，湖南卫视、湖南经视、《湖南日报》等省级主流媒体，《岳阳日报》、岳阳电视台等市本级主流媒体全程参与活动报道，圆满完成活动新闻宣传工作。2015年10月8日，《人民日报》整版报道研讨会情况。中央电视台、《经济日报》、经济网、人民网、湖南卫视、湖南经视、《湖南日报》等中央、省级媒体均作相关报道和链接，新华网、新华社客户端、新华社微信公众平台推出活动报道和书记专访，点击率100万余次。《岳阳日报》以图文并茂和专栏刊发《建设“一极三宜”江湖名城，谱写中国梦的岳阳篇章》，第一时间报道研讨会情况和对盛荣华书记的专访，以《高屋建瓴谋划岳阳发展，激励创业不负时代使命》为题，整版刊发与会领导和专家的发言。

【评选表彰岳阳市首届“十佳诚信企业”“十佳诚信人物”】 2015年，市文明委、市诚信领导小组在全市组织开展全市首届“十佳诚信企业”“十佳诚信人物”考核活动。通过基层推荐，市考核组考核，评委会认真审核，同时在市级媒体组织公众投票、媒体公示，最终确定湖南金叶众望科技股份有限公司等10家企业为岳阳市首届“十佳诚信企业”、湖南科伦制药有限公司等5家企业为“十佳诚信企业”提名企业，刘德辉等10名个人为岳阳市首届“十佳诚信人物”、白邦宏等5人为“十佳诚信人物”提名个人。2015年11月25日，岳阳市召开第五届道德模范暨首届诚信企业诚信个人表彰座谈会，对获奖单位和个人进行通报。市委副书记李志坚代表市委、市文明委，向受到表彰的诚信企业、诚信人物表示热烈祝贺，号召全市人民投身公民道德建设和实践活动，提高道德素质和道德素养，提升社会道德水平和诚信程度，为“一极三宜”江湖名城建设提供坚强有力的道德支撑和诚信力量。

（本栏撰稿　肖　真）

统一战线工作

【概况】 2015年，岳阳市统一战线认真贯彻落实中央、省、市委统战工作会议精神，着眼服务“一极三宜”江湖名城建设，树立“同心”理念，推进“同心工程”，各项工作取得良好成效。岳阳市统一战线“湖南省民主党派和无党派人士社会服务平江基地”“岳阳市统一战线助推绿色化工产业升级项目”“临湘市羊楼司镇”等3个项目获评省级“四同创建”示范点。“创新开展坚持和发展中国特色社会主义学习实践活动”“打造‘爱在高墙’品牌，同心关爱失足人员”等2项工作荣获2015年全省统战工作实践创新奖。市委统战部获全省统战信息工作特别贡献奖、全省统战调研工作先进单位2个奖项。

一、落实中央、省委统战工作会议精神。市委统战部认真贯彻落实中央、省委统战工作会议和《中国共产党统一战线工作条例（试行）》精神，向市委常委会汇报，制定《贯彻落实中央、省委统战工作会议和〈中国共产党统一战线工作条例（试行）〉工作方案》，省委常委、省委统战部部长黄兰香到岳阳作学习辅导报告。召开市委统战工作会议，市委书记盛荣华出席会议并讲话，市委副书记、市长刘和生主持会议。在全省率先成立以市委书记为组长的统战工作领导小组。县市区党委学习中心组对会议和《条例》精神开展学习讨论，汨罗市、湘阴县、华容县、岳阳楼区邀请省社院专家为党政干部培训班作专题辅导报告。

二、组织实施“同心工程”。整合统一战线要素资源，建设一批“四同创建”示范点。组织开展“同心服务‘一带一区’建设建言献策”活动，引导党外人士围绕“四个全面”战略布局及产业发展、园区建设、惠农工程、口岸建设等开展联合调研，有关建议得到张高丽、王勇等中央领导批示。举办参政议政专题调研成果汇报会，推动成果转化。开展“同心·服务洞庭湖生态经济区建设实践基地”建设，组织召开协调会，引导统战成员开展调研建言、民主监督、项目对接、技术合作、创新创业、服务民生等工作。以岳阳楼区为重点，引导各民主党派分别联系一批社区，党派成员分别联系帮扶一批困难群众，成功打造一批“同心社区”。推进“同心·服务湖南绿色化工产业升级项目”“同心洋利生态农业产业园”“岳阳台湾农民创业园”建设。协办首届岳商大会、台湾同胞投资企业协会成立两周年庆典暨招商推介大会，引进一批两型企业和项目落户园区。开展“联手帮扶重点非公企业”行动，建立统战干部联系非公企业制度，帮助园区企业解决贷款融资、员工招聘、法律维权等方面的困难。整合优势力量打造华容县新生村、岳阳县黄秀村等“同心示范乡村”。组织党外人士开展“科教、文化、卫生进乡村”等社会服务活动，改善农村基础设施建设，支持产业发展，丰富群众精神文化生活，助推城乡统筹发展。

三、推进多党合作事业健康发展。推进协商民主，制定出台《中共岳阳市委2015年度政党协商计划》，召开党风廉政建设情况通报会。落实与党外人士交朋友制度，市委下发《关于调整市委常委与党外代表人士交朋友名单的通知》，11名市委常委与35名党外代表人士结成朋友。开展暑期谈心活动，9月，在贵州遵义举办党外代表人士暑期谈心活动暨革命传统教育，市委书记盛荣华出席开班仪式，并与党外人士集体谈心。加强党外代表人士队伍建设，在浙江大学举办“岳阳市统一战线同心服务新增长极”专题研讨班。在市林业局、市贸促会、市科协、市政协内设委室安排4名党外正职。

四、维护和谐稳定。高度重视民族宗教工作，加强城市少数民族流动人口服务和管理，推进宗教“教风建设年”创建活动，开展“私设滥建”专项治理，完成市伊斯兰教协会换届，妥善处理一批民宗领域突发事件和矛盾。开展“一家一”助学就业·同心温暖工程，组织统一战线成员参与扶贫开发、捐资助学、抗击自然灾害等慈善公益事业。组织统战人士赴“东方之星”客轮翻沉现场协助搜救，动员非公人士为临湘山洪地质灾区捐钱物120万元。中央统战部《统战工作》以《岳阳统一战线积极参与“东方之星”客轮翻沉事件搜救工作》为题向全国推介。

【市委统战工作会议】 2015年12月24日，市委统战工作会议召开，市委书记盛荣华出席并讲话，市委副书记、市长刘和生主持会议，市委常委、组织部长、统战部长王瑰曙作工作报告，市领导李湘岳、赖社光、陈奇达、康代四、唐道明、徐新启、樊进军、张作坤、向伟雄出席。盛荣华指出，统一战线是我党的三大法宝之一。党的十八大以来，中央、省委对做好统战工作提出一系列新理念、新举措和新要求，充分说明统一战线所处的地位很重要，发挥的作用很特殊，面临的形势很复杂，要强化思想认识，深刻领会、准确把握、融会贯通，切实增强做好新时期统战工作的责任感和使命感。刘和生要求，要迅速传达学习会议精神，深刻领会精神实质，把思想和行动统一到中央和省、市委的决策部署上来。要突出工作重点，坚持问题导向，着力抓好中央和省、市委重要政策规定的贯彻，扎实推进统战工作。要切实履职尽责，形成全市上下合力共推统一战线工作的良好格局，为建设“一极三宜”江湖名城贡献积极力量。市委常委、组织部长、统战部长王瑰曙表示，全市各级统战部门将贯彻落实好中央和省、市委统战工作会议精神，站准方位，在紧跟时代脉搏中赢得主动；把握重点，立足岗位，在开启新的征程中彰显作为，努力画出最大最美同心圆。岳阳市委组织部、湘阴县委、岳阳楼区委、湖南理工学院党委在会上分别作典型发言。

【革命传统教育暨暑期谈心活动】 2015年9月14日—18日，岳阳市统一战线革命传统教育暨暑期谈心活动在贵州省贵阳市、遵义市举行。市委书记盛荣华出席活动开班式，与党外人士集体谈心。市委常委、市委秘书长樊进军，市委常委、组织部部长、统战部部长王瑰曙参加开班式。组织党外代表人士在遵义干部学院聆听《遵义会议——决定中国历史命运的转折点》专题讲座，参观遵义会议旧址、遵义红军山、青岩红军指挥部旧址，并分组谈心，收集意见建议200条。

（本栏撰稿　张艺弘）

政策研究工作

【概况】 2015年，中共岳阳市委政策研究室（简称市委政研室）按照“忠诚、认真、勤奋、严密”工作方针和“六个好”工作目标，发挥参谋助手作用，竭诚服务，积极进取，求实创新，圆满完成市委和市委主要领导交办的各项工作任务，市委政研室党支部被评为市直机关优秀党支部。

一、发挥辅政作用。紧贴建设“一极三宜”江湖名城发展战略，以做好前瞻性、战略性与对策性研究为宗旨，积极主动为市委市政府重大战略决策和重要工作部署提供决策参考。完成《市委六届十二次全会上关于市委常委会工作的报告》《全力把岳阳打造成湖南新增长极行动方案（2015—2020年）》等文稿的起草。服务中心工作，起草完成100多篇市领导在全市重要工作会议上的讲话稿。为市委主要领导接受新华社、《人民日报》、中央电视台、新华网、人民网、《湖南日报》、湖南卫视、湖南经视等多家中央、省内外主要媒体采访准备参考材料。加强理论研究和经验总结，为领导起草系列署名文章，其中《践行“三严三实”，用好管好干部》《既要谋好“势”，又要落好“子”》《抓好意识形态工作，为建设“一极三宜”江湖名城聚魂助力》等在《湖南日报》上发表，《努力建设“一极三宜”江湖名城》一文在2015年第22期《新湘评论》上发表。

二、提升调研水平。市委政研室与省委政研室和长沙市委政研室就高铁经济对城市发展带来的影响这一课题开展调研，联合民主党派对长江经济带的发展思路进行系列调研，形成多篇调研报告，以不同形式报送省、市领导决策参考。发挥市委政研室在全市调研工作中的牵头引领作用，进一步健全完善全市政研工作联系网络，促进各地各部门加强课题交流与合作，组织县市区政研室就一批重点课题开展调研。

三、增强“喉舌”功能。提高市委、市政府机关刊物《民本岳阳》办刊质量与水平。坚持增强时效性，2015年7月新开辟专栏《建设“一极三宜”江湖名城》，11月新开辟专栏《落实“三个办法”》。在促进国家区域经济发展·推动岳阳“一极三宜”江湖名城建设研讨会后及时出版特刊。坚持突出思想性，用正确的理性思考引导社会舆论。坚持发扬贴近性，选用一些短小精悍、生动活泼、带着泥土气息的稿件，记录基层人物的生活点滴，增强党刊的可读性。坚持提高艺术性，从标题制作、排版位置、字体字号和配图、色彩、留白等方面创新形式，提高党刊阅读的愉悦度。全年编印《民本岳阳》12期。搜集各类资料及图片，整理编辑重要文稿集、活动集等资料多本，计100万字。

四、推进小康工作。积极向市委、市政府主要领导汇报，专门出台《岳阳市全面建成小康社会2015年指导目标任务》《各县市区全面建成小康社会2015年指导目标任务》，将市级39项、县市区22~24项指标年度目标任务，逐项分解到县市区及市直部门，实现小康推进有据、任务细化、目标落地。市小康办6次到省小康办、省统计局对接汇报工作。摸清市级和各县市区小康短板指标，将市本级55项指标按一个指标一个函的形式分解到部门，建立小康突出问题挂号销号制度。市委、市政府主要领导召开工作调度会议6次，市小康办召开指标调度会30次，专门研究小康推进工作。联合市考评办，修改出台《岳阳市加快建设“一极三宜”江湖名城2015年度综合绩效考评方案》，利用广播、电视、报纸、宣传栏、横幅、手机短信、互联网等形式，全方位宣传小康工作。《岳阳小康》内部刊物刊发20期，在岳阳电视台、《岳阳日报》开设《全面小康在岳阳》专题专栏，及时播报、刊发小康典型节目、文章。

（本栏撰稿　凌丹华）

党史地方志工作

【概况】　2015年，中共岳阳市委党史市志办公室（简称市委史志办）贴近市委市政府中心工作，服务大局，认真做好党史研究、党史联络、修志、年鉴、资政育人等工作。编辑党史地方志类书籍5部，192万字；指导编辑、审阅、阅读史志书籍13部，785万字；发表史志文章21篇；全面完成上级业务部门、市委市政府交办的调研、征集、撰稿等各项任务。被省委党史研究室评为年度全省党史工作先进单位，被省地方志编纂委员会评为年度全省地方志系统先进集体。

一、党史编研有成效。推进《中国共产党岳阳市历史》第三卷编写工作。对篇目进行研究、修订，定稿为4篇29章107节近300个目。印发《关于做好〈中国共产党岳阳市历史（1978—2012年）〉第三卷资料征集工作的通知》，向全市征集资料，开始进行编写工作。指导县市区党史正本编写。审定《中国共产党岳阳楼区历史》，审阅《中国共产党岳阳县历史》。全市有6个县市区完成党史正本出版或编撰工作。庆祝抗战胜利70周年，积极编审出版书籍，组织发表文章。抢救党史资料。走访地下党员，整理解放战争时期湘鄂边游击队活动的有关资料。完成“湘鄂赣苏区红军史”课题。落实省委党史研究室下达的组稿工作任务。为《湖南省党委工作纪事》组稿12篇，完成《湖南著名抗战人物》组稿任务，提供《湖南省抗日战争图片集》等图片资料，为《湖南改革开放实录·2015卷》组稿《循环经济发展的汨罗模式》。

二、地方志工作有进展。攻坚二轮修志，评审《湘阴县志》《岳阳楼区志》《岳阳县志》《云溪区志》4部志稿，市县两级第二轮修志全部评审完毕。出版《屈原管理区志》，县市区二轮志已出版5部。参加省级志稿评审。审阅《湘西州志》《湘潭市志》《株洲市志》等，写出书面评审意见2万多字。完成《文献与人物》的组稿编辑任务，编辑文稿4.5万字。助力“一极三宜”江湖名城建设，编修湖南省特色志《岳阳楼志》，撰写初稿30万字。组织实施《湖南乡镇简志·岳阳卷》编修工作，平江县有5个乡镇完成乡镇志的编写，岳阳县、华容县、湘阴县、临湘市、汨罗市已完成组稿任务。指导部门志编修。出版《湘阴畜牧志》《华容教育志》等3部。编辑出版《岳阳年鉴（2015）卷》，97万字。组织协调指导县市区年鉴编纂出版工作，10个县市区均出版年鉴，计570万字。

三、党史联络工作有作为。市委史志办为市党史联络组开展工作做好协调与服务。市党史联络组开展多次调研活动，形成《关于加快岳阳旅游产业发展的调查与建议》，就岳阳旅游业的中长期规划、资源发掘、景点建设、市场化运作提出意见和建议，市委书记、市长批示落实。市委党史市志办编辑出版《回首当年》第9辑，23万字。开展口述资料收集，整理珍贵史料3篇。为省党史联络组编辑出版《回忆录》（第21辑）组稿5篇。县市区党史联络组积极参与当地经济社会发展工作。湘阴县党史联络组撰写《规范农村村容建设的建议》等文章3篇。汨罗市党史联络组老同志深入调查考证，完成4万多字的《汨罗工业发展史》。华容县完成《往事——华容老干部回忆录》第3辑资料征集。

【全市地方志工作会议】　2015年12月3日，岳阳市地方志工作会议召开，市委常委、常务副市长陈奇达，市委常委、市委秘书长樊进军，市政府党组成员、副巡视员苏耀辉出席会议并讲话。会议传达贯彻第五次全国地方志工作会议、第七次全省地方志工作会议和《全国地方志事业发展规划纲要（2015—2020年）》精神。强调要全面完成第二轮修志任务，积极准备第三轮修志，推进部门志编修，启动地方志资料年报工作，推动市县两级地方综合年鉴提质提速，加快地方志

市委常委、常务副市长陈奇达，市委常委、市委秘书长樊进军出席全市地方志工作会议并讲话

（王　艳　摄）

工作基础建设，做好地方志资源开发利用，加强地方志工作队伍建设等工作。

【编撰出版纪念抗战胜利70周年系列史籍】 2015年，市委史志办为庆祝抗日战争胜利70周年，积极编印、审阅书籍，组织发表记录抗战、纪念先烈的文章，弘扬抗战精神，鼓舞激励后人。对原有资料调整、补充和考证，6月底编印出37万字的《湖南省岳阳市抗战时期人员伤亡和财产损失》。审阅《岳阳著名抗战青年英杰》《血火湘北》《平江抗日战争史》《铁血九岭》等。推动县市区出版大量抗战书籍。平江县编印《忆当年》第9辑《不容忘却的历史》，湘阴县出版《干城碧血——湘阴抗战史料汇编》，临湘市出版《一寸山河一寸血》，汨罗市编辑《汨罗抗日史话》，云溪区组织“纪念中国人民抗日战争胜利七十周年图片展览”，君山区编写出版《君山抗战史实》《君山记忆·抗战篇》。

【出版《岳阳年鉴（2015）》卷】 2015年10月，《岳阳年鉴（2015）》卷由方志出版社出版发行。全书围绕市委市政府中心工作、各县市区和各部办局重点工作、社会关心的热点工作进行编辑，共35个部类，97万字，76个彩版。在编辑过程中，优化工作程序、创新工作思路、突出地方特色，提高出版质量。一是突出重点。围绕市委、市政府中心工作，紧扣岳阳社会发展重点、社会热点和民众关注焦点，全面反映各县市区、各系统、各战线的主要工作任务和成绩。二是创新框架。突出工作重点和亮点，《特载》增加人大和政协工作报告。《综述》增加《全面深化改革》《文明创建有关活动》。三是核准条目。召开编研会认真推敲字、词、句，以及条目、分目、篇章，从严审核，谨慎取舍。四是彰显特色。突出地方特色，在公共版面推出《岳阳市地图》《数字岳阳》《岳阳市荣膺全国文明城市》《非物质文化遗产·临湘花鼓戏》等栏目。

【创新史志宣传教育】 2015年，市委史志办促进媒体融合，打造一批宣传品牌。一是发挥传统媒体作用。与岳阳电视台等单位合作，摄制《烽火湘北》系列报道67集，在《岳阳新闻》栏目黄金时段播出。与《岳阳日报》社、《洞庭之声报》社共同策划，开辟为期4个月的《烽火湘北》专栏，推出20多个专版。二是开发利用互联网络。岳阳市情网网站完成改版升级，调整栏目设置，丰富史志内容，网站覆盖面和影响力扩大，点击量达229万次。指导4个有条件的县市区建立史志网站（网页）。三是深耕史志刊物。创新抓好《湘潮》发行工作，超过省里确定的优秀目标任务。《古今华容》《平江风情》《汨罗春秋》等史志刊物进一步提高质量，扩大发行。四是做实党史阵地建设。在重要纪念日等时间节点，引导群众参观任弼时纪念馆、平江起义纪念馆、新墙河抗战史实陈列馆。协调和指导遗址的保护与开发，参加平江县南江镇露江山抗日英雄纪念园开园仪式暨第一届湘北抗战文化研讨会。

【加强史志资料信息服务】 2015年，市委史志办开展史志资料的交流与利用，做好史志服务工作。与全国各地史志单位、史志收藏爱好者交流收集史志书籍60多册。接待省内外查阅档案资料、咨询有关史实的单位和个人70余人次，查阅借阅档案、图书资料310多册（卷）。为洞庭新城建设、湖南省高铁新城建设规划等重大项目建设和经济活动提供文献史料，提出意见建议。

（本栏撰稿　黄玉祥）

任弼时纪念馆

【概况】 2015年，任弼时纪念馆深入开展“三严三实”专题教育，以“创优馆区环境，实现赶超发展”为目标，强素质、改作风、优服务、促发展。全年接待游客68万人次，任弼时生平业绩陈列被评为“湖南省10年博物馆精品陈列展”，文物“一普”（第一次全国可移动文物普查工作）登录工作圆满完成。

【“三严三实”专题展览】 2015年，任弼时纪念馆策划制作“传承骆驼精神，践行三严三实”专题展览，开展“三个一”（重温一次入党誓词、参观一个专题展览、举行一次专题学习研讨）特色教育活动，形象展示任弼时同志“崇严尚实”的优良作风，为广大党员干部开辟生动的“三严三实”教育课堂。6月29日，专题展览正式对外展出，岳阳市委常委会首次在任弼时

6月29日，市委常委会“三严三实”专题教育第一次集中学习研讨在任弼时纪念馆举行 （范向辉　摄）

纪念馆举行专题教育活动，省委常委、统战部部长李微微，岳阳市委常委会组成人员及市人大常委会、市政府、市政协领导班子成员参加活动。李微微作重要讲话，对展览给予充分肯定，湖南卫视进行报道。展出期间，接待全省各级部门单位150家，参观游客15万人次，省纪委、省委组织部、省委巡视组等20家省级部门单位到馆举行学习教育活动。

【扎实做好文物保护与社教工作】

2015年，任弼时纪念馆对馆藏文物开展“一普”登记工作。抽调人手，详细分工，对库藏文物进行清点登记，按进度完成馆藏2017件（幅）文物的定名、断代、分类、测量和拍摄等数据登录工作。征集雕花床、柜、桌椅、石磨、水车等民俗文物900件。新改版的任弼时生平业绩陈列被评为湖南省10年精品陈列展，湖南电视台、湖南教育电视台对任弼时崇高风范进行宣传报道。发表《坚守一生践行苏区精神的楷模——任弼时》《任弼时故居复原陈列实践与探索》两篇高质量学术论文。更新升级纪念馆网站，与红网联合制作网上纪念馆，完成4期《馆刊》编辑发行。组织开展“国际博物馆日美丽校园行”流动展览，在当地中小学普及宣传主题活动，弘扬任弼时精神。

（本栏撰稿　张　赛）

督查工作

【概况】　2015年，市委督查室围绕全市中心工作和党委重大决策部署，坚持问题导向，发扬严实作风，真督实查，精准发力，全面完成各项工作任务。开展决策督查12次，调研督查15次，会议督查12次。办理批示件170件，建议提案33件。协助省委10个专项督查组开展督查调研活动12次，编发《岳阳督查报告》19期，《岳阳督查通报》9期，《岳阳督查专报》12期，《岳阳督查交流》5期。向省委省政府和省委督查室报送材料26篇，在《湖南日报》《岳阳日报》刊发署名文章9篇。

【围绕中心工作督落实】　2015年，市委督查室按照建设“一极三宜”江湖名城战略目标要求，紧扣“621”行动和干部管理“三个办法”，突出全面建成小康社会、135工程、项目建设“双百工程”、土地依法征收“百日攻坚”行动和禁违拆违治违五大重点工作，采取“一月一督查、一季一通报”的形式，开展专项工作督查，有力推进市委市政府中心工作落实。一是督查“621行动”落实。向“621行动”六大战略牵头常委分别送达督办函，开展六大战略推进情况督查，形成《“621行动”六大战略工作机制建设督查情况报告》，推动六大战略形成良好开局。协调市增长极办和相关市直单位，制定2015年度“621”行动考核办法，每月开展专项督查，各项工作任务在规定时间内完成。二是督查“三个办法”落实。组织对“三个办法”进行专项督查，抽查39个乡镇（街办）及部分县（市、区）直部门和市直单位，形成督查通报向市委书记盛荣华汇报，促使全市各级党员干部深入学习宣传贯彻落实“三个办法”，营造一心一意干事业、全力以赴抓发展的氛围。三是督查禁违拆违治违和土地依法征收“百日攻坚行动”落实。采取天天督查、周周通报的办法，按时间节点对市城区80个项目的土地依法征收情况开展督查，掌握工作情况，提出对策建议。抽调2名同志到学长沙禁违拆违治违前线指挥部开展督查考评工作，有效推动工作落实。土地依法征收“百日攻坚”行动中，依法拆迁房屋1524户39.16万平方米，如期完成年度工作任务，80个攻坚项目清零61个，其余19个项目进入法律程序。四是督查全国文明城市迎检落实。7月，市委督查室会同市政府督查室、市文明办和岳阳调查队，组成5个督查组，对5个区及相关市直单位深化文明城市建设工作开展专项督查。11月，组成3个组对5个区及部分中央、省驻岳单位开展文明城市迎检工作督查，抽查24条主次干道、28个办事处、96个社区、18个农集贸市场和23家中央、省驻岳单位，确保迎检工作程序到位、检查到位、考核到位、问责到位。五是督查水资源保护落实。开展湘江流域三年行动计划、铁山水资源保护、南湖水污染治理等工作督查。为加强对南湖水环境综合整治工作的监督检查，与市政府督查室、市纪委组成联合督查组，对20个部门单位的15项工作开展两轮监督检查，向相关单位下发整改函，促进工作有序推进，推动污水处理厂达标排放、排污口整治、生猪禁养等重点问题的解决。多次开展铁山库区集镇污水处理厂建设督查。

【强化协调服务当参谋】　2015年，市委督查室围绕省委和市委主要领导交办工作，加强调查研究，搞好协调服务，注重分析，注重总结，为省委、市委科学决策当好参谋。一是办好专项批示。全年办理省委、市委领导重要批示件170件，到期165件，办结165件，办结率100%。其中，办结省委书记批示件和省委办公厅、省委督查室交办件21件，市委书记批示件144件。督办市人大代表建议和政协委员提案33件，到期办结率均为100%。突出解决湘阴县六塘液化气站安全隐患问题、汨罗市巢某某工伤待遇问题、南湖新区龚某某子女就学问题等一批热点难点问题。二是服务上级督查。2015年，市委督查室派出专门人员，加强与到岳阳督查的10个省委省政府督查组对接，跟踪服务。为落实省委省政府第四督查调研组反馈意见，市委督查室组织12个督查组，对13个县市区、18个市直单位贯彻落实中央八项规定、省委九项规定和市委九条规定情况开展督查调研，约谈192名领导干部，抽查县市区“四大家”机关、县直部门、乡镇及市直单位机关、二级机构财务账目，暗访470个单位的上班到岗情况，现场向被督查单位反馈意见。三是督促决策落实。对市委全会、市委常委会、市委专题工作会、市委书记调研会等重大会议决定的事项，开展跟踪督查。每月汇总工作进展情况，分类造册登记，重大事项向市委主要领导报告，确保市委决策部署全面落实。市委六届十一次全体（扩大）会议后，市委督查室牵头组成4个督查组，对全市13个县市区、24个市直和省驻岳单位就会议贯彻落实情况开展专项督查，抽查乡镇（街办）及市直单位二级机构56个，查阅党委(党组)会议记录87本，学习笔记209本，发放调查问卷186份。四是督查会风会纪。市委督查室对全市性会议和市委主要领导参加的重要会议逢会必督。7月15日，联合市委问责办、市直机关工委对市委六届十一次全会会风会纪督查，提出会风会纪方面存在的问题。9月18日，联合市委政法委对全市禁毒工作会议会风会纪进行督查，并向全市通报。全市会风会纪出现根本好转。

【完善综合绩效考评办法】　2015年，市委督查室组织起草《关于做好岳阳市加快推进湖南发展新增长极建设2015年度综合绩效考评工作的通知》。市委六届十一次全体（扩大）会议召开后，市委督查室牵头对原2015年度综合绩效考评办法作调整、修改和完善，增加新增长极建设、干部管理“三个办法”落实、脱贫攻坚等重点工作考评内容，经过市政府常务会议和市委常委会议审定，下发2015年度综合绩效考评工作补充通知。对综合绩效考评指标一一登记造册，每月开展跟踪督查，确保台账清晰，日常管理到位，为年终考评提供有力支撑。2015年，岳阳全面建成小康社会推进工作考评全省排名第二，省政府绩效考核全省排名第三，市州委书记履行基层党建工作责任述职评议全省排名第三，各项主要经济指标总量和增幅居全省前列。

（本栏撰稿　贺　政）

保密工作

【概况】　2015年，市国家保密局抓实保密宣传教育、监督检查和技术防范三项工作，较好完成各项保密工作任务。一是深入开展保密法规宣传教育。开展保密宣传教育进中心组、进党校、进学校、进企业、进单位等“五进”活动，先后举办保密要害部门（部位）新进保密人员培训班、涉密定点维修维护单位从业人员保密培训班。到市委党校4个主体班、初任公务员培训班和市直单位、企业开展保密辅导20场（次）。借助广播电视、报刊杂志、移动通信等媒体平台，开展“送教上门、主题宣讲、以案说法”主题活动，购买发放各类保密宣教资料3600本（册）。通过短信平台向市领导和涉密人员发送保密提醒12期2万条。《保密工作》《湖南保密》刊用岳阳市工作简讯17篇。完成《保密工作》杂志社到岳阳调研专题采访活动。二是加快推动保密工作规范化管理。加强和完善保密工作目标绩效管理，将县（市、区）和市直机关单位执行《党政领导干部保密工作责任制规定》《党政机关和涉密单位网络保密管理规定》情况纳入《岳阳市加快推进湖南发展新增长极建设2015年度综合绩效考评办法》，履行对全市保密工作的指导、协调、监督、服务职能。抓好涉密人员管理。加强网络保密管理，通过保密技术防范设备对全市重点单位、部门的涉密计算机和网络实施不间断监控。做好涉密载体销毁工作。做好保密服务，主动上门指导军工科研生产单位开展保密工作自查整改。三是加强保密技术防范和监督检查。完善保密技术检查和防范装备的配备，为市直机关单位新申报的涉密计算机安装保密技术防范设备和管理软件。对全市涉密单位和保密要害部门（部位）分别组织开展保密环境技术检测、涉密科研项目、国家统一考试、试卷保密室、互联网门户网站涉密信息等保密检查，及时有效化解泄密风险。对存在严重泄密隐患的情况进行调查，按程序对相关责任单位和责任人进行问责。9月24日，中央保密办副主任、国家保密局副局长梁建生，省委保密委员会副主任、省国家保密局局长熊剑勇到岳阳调研保密工作，对市国家保密局的工作予以肯定，批示全省向岳阳学习。

（本栏撰稿　何文波）

接待工作

【概况】　2015年，中共岳阳市委岳阳市人民政府接待处（简称市接待处）突出精细化服务，圆满完成全年各项工作任务。接待到岳宾客2100批3.2万人次，其中，接待党和国家领导人1次，接待省、部级领导125批186位，接待重要客商70位，指导协调各类会议、活动108场次，服务大型会议28场（次）。接待原中央政治局常委李长春，全国政协常委、人口资源环境委员会主任贾治邦等。协调服务市人大、政协两会，首届岳商大会、全省社会主义新农村建设工作推进会、全省两房两棚两供两治工作现场会、第二届岳阳黄茶文化节、第八届洞庭湖（岳阳）国际观鸟节，接待到岳参观考察的广东省增城市党政代表团等。

【突出宣传推介岳阳】　2015年，市接待处坚持服务大局，树立“岳阳发展我自豪，我为岳阳树形象”的观念，为到岳领导和宾客提供高效优质的接待服务，宣传推介岳阳。一是推介“一极三宜”江湖名城建设。将最新市情概况、经济社会发展成果、城市建设管理提质等亮点工作及“一极三宜”江湖名城发展战略形成简要的文字和精美的图片，精心设计制作成接待单、宴会单、席位卡等资料，要求工作人员熟记能背，向客人宣传推广。将市委办编辑的市委、市政府关于“一极三宜”江湖名城发展战略的文件、“621”工程、“三个办法”等重要资料送至相关领导房间，让其了解岳阳的工作规划、工作力度和工作特色。二是参与部门接待活动。对不属于市接待处负责接待，有对口单位接待的领导和宾客,市接待处主动与对口单位对接，配合安排住房、餐厅、会议室，指导摆放席位卡，树立优质服务形象。三是服务外出考察活动。协调服务岳阳党政主要领导外出考察和招商活动，做好在长沙举办的“全力把岳阳打造成湖南发展新增长极座谈会”，岳阳党政代表团赴九江、长沙、苏州、贵阳考察活动的后勤服务工作。9月23—24日，随市委书记盛荣华赴中央党校参加由中央党校、省委党校和岳阳市共同举办的“促进国家区域经济发展，推动岳阳‘一极三宜’江湖名城建设”研讨会，发挥主人翁精神，用专家的眼光、专业的水准做好会议接待服务工作，确保每一个环节不出差错。严格按规定安排住房，按当地餐饮特色审定菜单。

【突出精细简约服务】　2015年，市接待处精心谋划、超前部署每一次接待活动，按职责分成若干小组，明确一名处级领导牵头，任务到人到时。从领导行程安排到就餐座椅摆放，都精心布置，严格落实，实现零失误、零差错。做到“晴天备帽、雨天备伞、天热备扇、路远备茶”。接待工作做到既遵守新规又突出地方风味，既节约成本又有效宣传岳阳特色。一是用餐方面，实行量化用餐标准，遏制“舌尖上的浪费”。严格控制陪餐人数，接待对象在10人以内的，陪餐人数不得超过3人；超过10人的，不得超过接待对象人数的三分之一。严控工作餐用餐人数，确保不留剩菜。不使用高档酒水，一律使用本省、市地方酒，不上香烟，及时回收使用剩余酒水。尽量安排自助餐，重点加强自助餐菜品研发。南湖宾馆取缔高档菜肴原材料采购，撤走粤菜师傅，以岳阳本地家常菜为主，不使用鲍鱼、燕窝、鱼翅等高档菜肴和用野生保护动物制作的菜肴。二是住宿方面，严格执行省部级以上领导住标准套间、厅以上领导一律住单间、其他人员住标准间的要求，住房不再额外配发洗漱用品。三是会务方面，上级领导到岳阳市调研时召开的各类会议，会场布置简洁，不制作背景板，不摆放花草、香烟、水果，不安排茶歇，不发放材料袋、笔和笔记本，不再赠送土特产品。

（本栏撰稿　黎　雯）

市直机关党建工作

【概况】　2015年，中共岳阳市委直属机关工委（简称市直机关工委）围绕建设“一极三宜”江湖名城发展目标，把握“服务中心、建设队伍”工作任务，开拓进取，务实求为，机关党的工作取得实效。

一、加强理论武装。以学习党的十八大、十八届三中、四中、五中全会和习近平总书记系列重要讲话精神为核心内容，突出理想理论、党章党纪、先辈先进主题，在机关大力开展理论学习和思想教育，引导党员干部坚定理想信念、提升综合素质。通过以会代训、集中轮训、经验交流等方式，组织本级和市直单位、县市区党务干部30人次赴西宁、长沙、延安等地学习。举办一期入党积极分子培训班，297名发展对象参加培训。配合组织10名市直单位党组（党委）书记在《岳阳日报》、市广播电视台专栏进行“书记谈党建”活动。组织561名机关党员干部参加全省党务干部党建知识及党纪条规网上知识竞赛。开展机关党建和思想政治理论研讨活动，收集研讨文章21篇。

二、夯实组织基础。深化中央《条例》贯彻，主动与市直单位党组（党委）主要领导协调、对接、反馈，强化对市直单位机关党委的领导，党组（党委）书记履行党建职责、“三会一课”、人员配备、经费保障等难点问题得到有效解决，机关党组织协助监督作用明显增强。中央国家机关工委、省直机关工委领导先后4次到岳阳调研，肯定岳阳机关党的工作。突出固本强基，对16个机关党组织换届工作进行指导，对29个机关党委成员进行调整，配齐2个单位纪委班子，纠正1个单位专职副书记不专的问题。加大对市直单位党内生活的督导检查，对6个系统26个单位“三会一课”的真实性、即时性、绩效性等情况进行专项督查。加大创新力度，首次组织市直单位党组（党委）书记履行党建工作责任述职评议大会，市领导逐个进行点评，明确整改时限，进行专项跟踪督查，常德市、怀化市、湘西自治州等市州机关工委专程到岳阳学习借鉴经验。首次组织市直机关103名党务干部到井冈山接受理想信念教育，开展重温誓词、向烈士敬献花圈、重走挑粮小道、与红军后代互动、慰问革命老区贫困家庭等系列活动。广泛开展“基层党建示范单位”创建活动，推进党建工作与业务工作深度融合，发挥先进典型的示范、辐射、带动作用。

三、推进正风肃纪。围绕建设“一极三宜”江湖名城发展目标，优化发展环境，抓实作风建设和反腐倡廉建设。开展“三严三实”专题教育，推动作风持续转变，各单位党组（党委）书记带头，坚持问题导向，一批不严不实问题得到解决，推进“一进二访三帮”活动。开展“门难进、脸难看、事难办”和“庸懒散”专项整治行动，采取不定期明查暗访方式，对市直窗口服务单位、政务中心为群众服务情况进行督查。认真受理群众投诉，全年接待上访群众53批次，受理群众投诉意见69件，出具转办函处理投诉意见69件。广泛开展多层次、多形式、全方位的廉政教育活动，组织对市直机关新提拔的249名科级干部进行廉政法规知识测试，对个人成绩进行通报、入档。学习贯彻落实市委“三个办法”，加大违纪查处力度，配合市纪委、市委组织部等相关单位联合开展2次作风督查和1次会风督查，严格依纪依规自办、协办违纪案件7件，查处党员干部7人，其中党内警告处分4人，开除党籍处分2人，开除公职1人。

四、积极服务中心。围绕市委中心工作研究部署机关党的工作，积极引导市直机关党员干部发挥党员先锋模范作用，立足岗位实际，在劳动就业、社会保障、教育、医疗、食品安全、社会管理等方面为群众提供安全、方便、快捷的服务，形成建设“一极三宜”江湖名城的浓厚氛围。开展“五员竞赛”和“我为群众当义工”活动，号召市直单位在职党员“不限时间、不限地点、不搞宣传、不做报道”，主动为群众办实事。组织“结对帮扶贫困残疾人家庭”活动，开展党员干部“走进贫困残疾人家庭活动月”活动，市直各级党组织普遍帮扶5户以上贫困残疾人家庭，全市结对帮扶残疾人家庭912户，办理实事200件，发放帮扶资金70万元及一批食用油、大米等慰问物资。

五、凝聚群团力量。市直机关各级党组织加强对群团工作的领导。市直工会工委组织指导4个市直单位机关工会进行换届，指导6个市直单位加强“职工之家”建设，推荐评选出5名省级劳模。组织开展第二期医疗互助活动，为30名市直单位困难职工申请医疗互助。筹集资金10万元，对123名市直单位困难党员、老党员、困难职工进行慰问。牵头激发共青团、妇委会、志愿服务组织作用，举办全市首届机关乒乓球比赛和市直机关职工篮球赛，近600名干部职工参加，市直机关5名厅级领导、8个正处级单位的主要领导及27名副处级干部亲自上阵，带头参与活动。

（本栏撰稿 陈 虎）

机构编制工作

【概况】 2015年，中共岳阳市委机构编制委员会办公室（简称市委编办）围绕中心、服务大局，扎实推进政府职能转变和体制机制改革，科学配置机构编制资源，加强事业单位法人监管，各项工作取得新成效。

一、实施市县政府机构改革。市委编办按照全面深化改革和行政体制改革的要求，积极推进政府职能转变，完善体制机制，着力建立精干高效的市县政府组织体系。1月22日，率先在全省召开市政府机构改革动员大会，迅速组织实施。年底，市本级改革全面完成，撤并正处级机构8个、副处级机构12个；县市区撤并正科级机构47个、副科级机构62个。完成全市工商、质监行政管理体制改革和食品药品监管体制改革任务。

二、理顺部门职责体制机制。按照同一件事情由一个部门负责的原则，最大限度解决部门职责交叉和分散问题。市本级调整部门职责203项，其中理顺交叉33项、下放和取消92项、增加和强化42项、调整转移36项，较好解决一批主次不分、关系不顺、政出多门、推诿扯皮的问题。

三、深化事业单位改革和管理。坚持政府机构改革与事业单位分类改革协调推进，着重解决行政职能“体外循环”的问题。市本级对市公路局等35家承担行政职能的事业单位，将其行政职能划归相关行政机构或转为行政机构。完善事业单位法人登记，全年办理104家事业单位法人设立、变更和注销登记手续。全面推进事业单位年度报告公示工作，对全市3500家事业单位年度报告进行公示，其中市直事业单位467家。加强事业单位法人监督管理，将市人防安全质量监督站等6家事业单位法人作为履职评估重点，开展调查走访50次，征求意见建议152条，督促被评估单位解决涉及群众切身利益问题26个，撤销2家履职缺位和不到位的事业单位，对相关职责进行调整。受理市土地整理复垦中心等57家事业单位的离任审计申请，委托市审计局或相关主管部门对申请单位法定代表人进行离任审计，实现法定代表人上任、履任、离任等多个环节的监督。

四、加快行政审批制度改革。做好承接和下放审批权限工作，市交通运输局等20家市直部门承接省级经济社会管理权限48项，进一步增强经济社会发展的动力和活力。围绕促进产业园区发展，认真研究进一步依法赋予岳阳经济技术开发区、城陵矶新港区拥有市级行政审批权限，积极推动两区实行“一口受理、全程代办、限时办结”。推进市政府工作部门权力清单制度工作，经严格审核，最终确认市政府工作部门行政权力事项2947项，与各部门申报的4356项行政权力事项相比减少1409项，精简32.3%。

五、优化机构编制资源配置。围绕中央和省提出的财政供养人员“只减不增”的目标，进一步规范审批、创新管理，在编制总量有所减少的情况下，盘活存量，精准核定各系统各单位的编制数，确保每名编制都用在“刀刃上”。一是做好“减法”。深化县市区人员编制总量控制和年度用编计划管理。年初，根据县市区编制总量、经济社会发展需求和上一年度自然减员数量，按编制类别分别确定年度用编进人控制计划。市直部门单位严格执行用编审批制度，空编内进人根据单位承担职责予以核准。2013年以来，全市在编人员总量连续三年实现“负增长”，净减1714人。积极参与市本级公务用车制度改革，冻结一般公务用车的用编审批，确保一般公务用车数量“只减不增”。二是善做“加法”。按照“撤一建一”或“撤多建少”原则，增设市政维护管理处等14家事关民生保障的公益类事业单位，新成立市乡镇区划调整改革领导小组等12家事关经济社会发展大局的议事协调机构。通过市直行政类事业单位改革，收回事业编制163名；从市直撤销机构和职能弱化单位调剂97名编制，充实教育、环境保护和社会保障等民生领域公共服务需求。三是强化监督。规范机构编制实名制管理制度和工作流程，全市机构编制实名制数据全部导入系统，已实现用编审核、出入编登记网上管理。加强市直单位科级领导职数使用监督管理，审核101家市直单位新任和调整280名科级领导干部的职数条件，杜绝超职数配备科级领导干部现象。开展县市区政府机构改革、控编减编和机构编制日常管理工作督查，对督查中发现的20个问题下发整改通知，督促整改到位，有效维护机构编制工作的严肃性。

（本栏撰稿 李宗阳）

党校工作

【概况】 2015年，市委党校以教育培训为中心，围绕提高培训质量、增强培训实效，不断深化教学改革，扩大培训规模，充分发挥培训主渠道主阵地作用。全年培训8913人次，培训人数创历史新高。其中，举办主体班24个，培训党员领导干部和党外干部1195人；举办社会培训班51期，培训各类社会人员7500人次；新录取在职研究生64人，在读在职研究生班3个、218人。一是科学设置班次。调整规范为培训班、进修班、专题研讨班和集中轮训班四种形式，实行分层次分类别设置，根据市委、市政府工作部署办好专题研讨班和集中轮训班。二是丰富教学内容。坚持把党的理论教育和党性教育作为党校教学的首要任务，安排系列教学专题151个，开设“四个全面”、十八届五中全会精神和“一极三宜”江湖名城建设专题课程，及时把党委政府中心工作和重大战略部署纳入主体班培训内容。三是创新教学方式。坚持能力培训，加大应用研讨式、体验式、模拟式、互动式等教学方法的力度，组织主体班开展演讲比赛、电视问政、电视访谈、现场观摩教学、异地培训、实地调研、先进模范人物事迹报告会等教学活动，请领导、专家学者来校举办专题报告会18场次。四是严格管理学员。落实中组部关于加强学风建设的要求，坚持持之以恒抓学风。抓学员到课率、住校率、就餐率，坚持领导住校值班，加强考勤管理，主体班学风持续向好。年初，市委党校抓学风建设的做法得到市委主要领导批示表扬。

【科研咨政】 2015年，市委党校坚持为教育培训服务、为党委政府决策服务的科研工作方向，出版《力量与能力》《经济与社会发展专题研究》和《国家区域战略中的岳阳发展研究》3部著作，在《红旗文稿》《中国领导科学》等省级以上报刊发表论文36篇。聚焦党和国家中心工作、党委和政府重大决策部署、社会热点难点问题进行研究，主持或参与完成省级以上课题13个，其中首次参与完成国家社科基金课题“农村公共文化服务体系建设及评估研究”。主持省社科基金重点委托项目“洞庭湖生态经济区新型城镇化发展路径研究”、湖南省情与决策咨询研究课题“完善洞庭湖生态经济区生态补偿制度研究”，承担“发挥岳阳桥头堡作用打造湖南通江达海新增长极对策研究”和“君山饮食文化旅游资源及其开发研究”等两个市委市政府委托咨政课题，课题成果得到市委市政府领导肯定。开展学术交流，参加中国领导科学研究会年会、全国党外领导人才与女性领导人才成长研讨会、全球治理与国家责任国际研讨会、全省党校系统理论研讨会等多个高层次学术交流活动，获奖8个，编辑出版《岳阳论坛》两期。

【参与组织“一极三宜”江湖名城建设北京研讨会】 2015年9月23日，中共中央党校中国马克思主义研究基金会、中共湖南省委党校和中共岳阳市委、岳阳市人民政府共同举办的“促进国家区域经济发展，推动岳阳‘一极三宜’江湖名城建设”研讨会在中央党校举行。研讨会规格高，邀请的专家、学者都具有一定影响，所提意见具有很强的指导性和操作性，中央及省市主流媒体进行集中报道，对宣传岳阳，提升岳阳的知名度、影响力，推动“一极三宜”江湖名城建设产生积极意义。市委党校在研讨会的策划、组织过程中贡献突出，受到市委通报表扬。

（本栏撰稿　彭亚林）

老干部工作

【概况】 2015年，中共岳阳市委老干部局（简称市委老干部局）以“让党放心、让老干部满意”为目标，深入开展“三严三实”专题教育活动，认真贯彻落实市委建设“一极三宜”江湖名城战略部署和加强干部队伍建设“三个办法”的文件精神，推动老干部工作上新台阶，为党的事业增添正能量。

一、市委市政府重视老干部工作。3月17日、26日，分别召开市老干部工作领导小组会，全市离退休干部“双先”表彰暨老干部工作会议。市委书记盛荣华，市委副书记、市长刘和生对市“四大家”厅级离退休干部进行普遍走访。7月31日，召开全市厅级离退休干部座谈会，通报上半年经济形势，就加快建设“一极三宜”江湖名城征求老同志意见。10月20日，举行庆祝第三个法定老年节暨岳阳老年大学建校20周年庆祝大会，市委书记盛荣华出席会议并发表讲话，市委副书记、刘和生市长主持会议，市领导李湘岳、赖社光、陈奇达、徐新启、樊进军等参加。12月24日，召开《政府工作报告》征求老同志意见座谈会。春节、“七一”、重阳节期间，市委、市政府主要领导上门走访看望老同志，向老同志通报经济社会发展情况，在全市营造出关心尊重老干部、重视支持老干部工作的良好氛围。

二、老干部党建工作有实效。在全省14个市州中率先成立离退休干部党工委，统筹协调抓好全市离退休干部党建工作。举办全市离退休干部党支部书记培训班，组织130名离退休干部党支部书记参加学习，老同志思想政治教育进一步增强。岳阳市离休干部王忠向组织缴纳15万元特殊党费的先进事迹，被新华社记者采访报道，在社会上引起强烈反响。开展离退休干部党建故事征集活动，征集各类党建故事50个，举办“离退休干部党建故事会”。开展“示范性服务型离退休干部党组织”创建活动，为全市首批16个“示范性服务型离退休干部党支部”授牌。岳阳市老干部党建工作位于全省前列。

三、服务老干部细致周到。坚持老干部阅文、听报告等制度，巩固“三个机制”，全面落实老干部政治待遇、生活待遇。召开市级老同志迎新春座谈会、上半年经济形势通报会，组织市级老同志代表参加重大会议和活动，参加《政府工作报告》、市“十三五”规划、市委常委民主生活会征求意见建议座谈会。组织四大家老领导和市直单位离休干部到怀化芷江参观学习考察，加强爱国主义教育。全年帮扶特困老干部63人，帮扶资金7.8万元。针对离休干部进入后高龄期、后高发病期，开展“四就近”服务，建成26个“四就近”服务社区点，为离退休干部建立详细台账，制定医疗、生活照料、定期上门看望等工作制度，发放亲情服务卡和联络电话。

四、举办活动增添正能量。开展“谈家风、传作风、赞新风”和“我的幸福晚年生活”书画、摄影作品展，征集各类文章和书画摄影作品200篇（幅）。与《岳阳日报》社联合开展“铭记历史、珍惜当下、展望未来”主题访谈活动，采访报道20位抗战老干部。与市老年诗词楹联文学协会联合开展纪念抗战胜利70周年诗词、楹联、抗战故事征集活动，征集诗词、楹联、故事1000首（篇）。在《民本岳阳》《岳阳日报》开办《听老同志讲传统》《最美不过夕阳红》专栏，宣传30名“五好老干部”的先进事迹。加强老干部网宣工作，开展“助老上网、激浊扬清”网宣活动，举办3期网宣员培训班，组织网宣骨干开展“‘一极三宜’看岳阳”活动，在新华网、人民网、红网、共产党员网等主流媒体刊发博文、图片2000篇（幅）。老干部网宣员曾国辉、邹震江发表的博文《老百姓眼中的习近平》《像焦裕禄那样做人》《我看“一极三宜”江湖名城》《美丽岳阳我的家》访问量突破100万，产生良好反响。

五、丰富老干部精神文化生活。稳步推进老干部学习活动阵地建设，市新老干部活动中心进入内部装修设计阶段。华容县新的老干部活动中心投入使用。平江县、屈原管理区等地老干部活动中心已立项。发挥老干部活动中心和老年大学的主阵地作用，市老年大学开办113个班，学员5800人次，每天有1000名学员在校学习活动。组织老同志开展文体活动。6月份举行“卫计杯”全市老干部钓鱼赛，200名老干部参加。9月22—24日，在华容县举行全市老干部门球赛，来自市“四大家”和各县市区的18支代表队、300名老干部参加。10月，举行庆祝第三个法定老年节暨岳阳老年大学20周年文艺汇演，演出10多个精彩节目，各级领导和老同志代表1000人参加。市关工委系统举办学习贯彻习近平总书记重要指示暨办公室工作业务培训班，引导青少年树立和践行社会主义核心价值观。市老年书画协会在会展中心举行纪念抗战胜利70周年书画展，展出300幅书画作品，市领导、老同志和社会各界人士300人参加。市老科协、市老年保健协会、金秋艺术团等10多个老年组织举办各种有意义的活动。

六、服务中心工作积极有为。积极服务“一极三宜”江湖名城建设。一是开展老同志学习教育。让老领导老同志及时了解“一极三宜”江湖名城建设战略，把思想认识统一到市委市政府的决策部署上来。二是开展献计献策活动。在离退休干部中开展“我为‘一极三宜’做什么”大讨论，激发老同志献智出力的热情。组织老干部网宣员在新华网、人民网发表“点赞‘一极三宜’江湖名城战略”等博文、图片，宣传岳阳的发展和变化。积极发挥在京离退休家乡老领导的作用，为家乡的工作提供指导，献计献策。邀请全国政协委员、国家发改委原副主任徐宪平为市委学习中心组作《全面小康与经济转型，从“十二五”看“十三五”》专题辅导报告。三是积极服务中心工作。做好精准扶贫、“双联”、联社区、帮扶企业、文明创建、综治民调等工作。4次到临湘市五里乡白塘村指导，制订扶贫“两规划两方案”，落实扶贫资金13.6万元。赴双联单位市立新服装厂慰问困难职工，送上慰问金2.6万元。组织在职党员干部到联点社区开展走访慰问、贫困帮扶、学习宣传等志愿服务活动。充分利用“老字号”资源，号召发动广大老干部、老年大学学员围绕全国文明城市创建开展文明劝导、政策宣传、环境保洁等活动。

【市级老同志上半年经济形势通报会】　2015年7月31日，岳阳市举行市级老同志上半年经济形势通报会，征求加快“一极三宜”江湖名城建设的意见与建议。市委书记盛荣华表示，把老同志的鼓励化作动力，一心一意抓发展，聚精会神推进“一极三宜”江湖名城建设，决不辜负岳阳人民和各位老领导的期望。市委副书记、市长刘和生作情况通报，市委副书记李志坚主持会议，市领导李湘岳、赖社光、陈奇达、王瑰曙和老同志梅楚波、黄甲喜、罗传根、高碧云、刘泗元、陈志刚、张治雄、罗典苏、赵协成、白尊贤、方贵吾等出席。

【庆祝第三个法定老年节暨岳阳老年大学20周年文艺汇演】　2015年10月20日，岳阳市举行庆祝第三个法定老年节暨岳阳老年大学建校20周年庆祝大会。市委副书记、市长刘和生主持，市委书记盛荣华讲话。省委老干部局副局长乐奕致辞，市领导李湘岳、赖社光、陈奇达、徐新启、樊进军、彭先政、李为、李可波，老同志梅楚波、黄甲喜、罗传根、高碧云、陈志刚、张治雄、罗典苏、赵协成、白尊贤等出席。

（本栏撰稿　杨亚中）

讲师团工作

【概况】　2015年，市委讲师团以服务党委中心组学习为重点，以宣讲习近平总书记系列重要讲话精神和党的十八届四中、五中全会精神为主线，围绕中心、服务大局，全面完成全年工作任务。全年组织市委中心组学习8次14天，承办全省讲师团系统学习贯彻党的十八届五中全会精神专题研讨暨备课会，举办全市宣传理论骨干培训班2期，授课229场（次），出版专著和编著3部，主持完成省、市社科立项课题2个，参与完成省市社科课题1个，发表和获奖的各类文章100多篇，在全省讲师团系统先进单位考评中获一等奖。

【做好党委中心组学习服务工作】

2015年，市委讲师团积极服务党委中心组学习。一是制定市委中心组年度理论学习计划并组织学习。研究制定《2015年市委中心组理论学习安排意见》，报市委主要领导审定，以岳市宣联〔2015〕5号文件下发，确定全年6个重点学习专题和5个专题讲座，指导全市副处级以上单位党委（党组）中心组理论学习。先后邀请孙业礼、张泽军、吴金明、罗援等专家学者来岳阳作专题辅导，组织市委中心组集中（扩大）学习8次14天，超额完成年度学习计划。二是加强对中心组学习秘书的管理和培训。4月和11月，与市委宣传部联合举办两期全市宣传思想理论骨干培训班，培训学员280人。组织参加省委宣传部、省委讲师团举办的培训班2次，培训理论骨干20余人。三是开展旁听督查工作。5月，邀请省委讲师团副主任邓清柯旁听市委中心组第三次集中学习，派出5位同志旁听各县市区委中心组学习，发挥督学、促学作用。与市委宣传部联合下发专项调研督查通知，9月14日—10月16日，分三个督查组对全市116个副处级以上单位党委（党组）中心组学习进行专项调研督查，下发专项调研督查通报。

【开展重大理论宣讲活动】　2015年，市委讲师团积极开展重大理论宣讲活动。一是策划重点专题开展理论集中宣讲。开展学习习近平总书记系列重要讲话精神、党的十八届五中全会精神、“三严三实”专题教育活动等重大主题宣讲活动，发布包含50个专题的“2015年理论学习专题菜单”。扎实开展集体备课，组织专题备课会8次，制作多媒体课件30个。2015年11月，配合市委成立党的十八届五中全会精神宣讲团，到县市区和市直单位、厂矿企业开展专题宣讲60堂次。二是结合理论热点开展理论宣讲。全年为市直各单位、县市区、厂矿企业、部队、学校、乡镇（街道）和社区讲课229场（次），听众达3万人（次）。授课专题涉及党的十八届四中、五中全会精神、“三严三实”专题教育活动、“一极三宜”江湖名城建设、新修订的《中国共产党廉洁自律准则》和《中国共产党纪律处分条例》精神解读等20个方面。编写《岳阳市2015年党员干部理论学习专题讲座》。

【组织课题调研与理论研究】

2015年，市委讲师团重视课题调研和理论研究，一是开展重大课题调研。出版专著和编著3部。分别为邹震江专著《站着说话》、刘生康专著《党委中心组学习制度研究》、蔡吉跃等编著《国防教育十八讲》。蔡吉跃主持的省团立项课题《新形势下国防教育普及与加强对策研究》、岳阳市软科学立项课题《新常态下岳阳农业产业集群发展研究》均已结题。李桂华参与的湖南省社会主义学院系统招标课题《西方协商民主对我国协商民主的借鉴和启示》已结题。二是撰写理论研讨文章。全年在《学习导刊》等省级刊物上发表理论文章8篇，在《湖南日报》等省级新闻媒体发表文章4篇，在市级理论刊物及媒体发表文章90篇，发表时评、阅评文章130篇。11月，在全省讲师团系统学习党的十八届五中全会精神研讨会上提交理论文章6篇。其中，《习近平总书记全面从严治党思想的重大意义、深刻内涵和实践逻辑》《建设“一极三宜”江湖名城是“四个全面”战略布局的岳阳实践》获二等奖，《深入推进党风廉政建设和反腐败斗争研究》《新常态下未来经济的挑战与思路对策》获三等奖。三是参与省团各类活动。在全省讲师团系统习近平总书记系列讲话精神备课会暨全省“微宣讲”活动和微课程宣讲比赛中，两次获优秀奖。两次派7位同志参加省委宣传部、省委讲师团举办的理论培训班学习。12月，派出三名同志参加全省讲师团系统“协调推进‘四个全面’引领湖南改革发展”理论研讨会并在会上发言，1篇论文被编入《理论研讨会论文集》。

（本栏撰稿　王　随）

对台工作

【开展对台招商活动】 2015年3月24—29日，中共岳阳市委台湾工作办公室（简称市台办）举办台湾同胞投资企业协会成立两周年庆典暨招商推介活动。国民党前第一副主席洪秀柱，台湾湖南同乡会联合会总会长、高雄旺业机构总裁李厚业，全国台企联荣誉会长张汉文，全国台企联华中片区会长余明进及广州、武汉、成都、昆山、东莞等50多家台协会长、重要台商100余人参加，活动历时6天。11月1—3日，全国台企联华中片区第六次会长联谊会在岳阳举行，国台办经济局副局长于红、全国台企联副会长郑聪俊、全国台企联华中片区会长余明进及各地台协会长等60人参加。两次活动均以会搭台、招商唱戏，行程安排紧扣招商主题，组织开展市情推介、现场考察、座谈交流和项目对接等系列活动。台商陈尔谟在华容洪山头工业区成立新能源船舶制造公司，投资1.5亿；在华容县插旗镇成立新建筑材料公司，投资4000万元。台商周习之成立岳阳海弘进出口贸易公司，投资580万元。

【建立岳阳楼海峡两岸交流基地】

2015年3月，岳阳市岳阳楼景区获批为省级海峡两岸交流基地。7月，举行基地挂牌仪式并正式启动对台交流活动，全年接待台湾客人360人次。7月6日，国务院台办2015年重点对台新闻交流项目、第一届台湾高校新闻传播专业学生参访团一行25人到岳参观考察，登临岳阳楼，体验中华文化，感受湖湘情怀。10月，以“家国情怀”为主题的“诗意江湖——十月·中国岳阳楼国际诗会”在岳阳楼举行，国内外诗人、学者、评论家，《诗刊》《十月》《星星》《诗歌月刊》《海燕》等刊物积极参加，活动取得圆满成功，在台湾社会引起强烈反响。

【台创园加快发展】 2015年，湖南岳阳台湾农民创业园累计完成核心区征地146.67公顷，完成园区1600米双向主干道路、1.26万平方米入口广场、万伏高压线路、日供1万立方米自来水厂及排水管道、污水处理系统、通信设施等基础设施建设。引进企业8家，总投资14.45亿元。其中，湖南相佳牧业、岳阳牛牛农业科技等4个项目于年初启动建设，完成投资3.5亿元。

（本栏撰稿　李　杰）

责任编校　屈胜龙

岳阳市人民代表大会

综 述

【概况】 2015年，岳阳市人民代表大会常务委员会（简称市人大常委会）围绕全市工作大局履行职责，完成市七届人大三次会议确定的各项任务，为促进全市经济社会发展和民主法治建设做贡献。全年举行常委会会议9次，主任会议19次，听取和审议“一府两院”专项工作报告28项，人大常委会专项工作报告1项，执法检查报告2项，作出决议决定7个，开展专题视察3次。

【助力“一极三宜”江湖名城建设】 2015年，市人大常委会围绕建设“一极三宜”江湖名城开展工作。一是全力服务经济社会发展大局。调查了解与跟踪监督岳阳市“十二五”规划执行、“十三五”规划编制、2015年度国民经济和社会发展计划执行情况。听取岳阳市“十三五”规划编制情况的报告，建议政府主动对接融入长江经济带、洞庭湖生态经济区等国家区域发展战略，发挥“一区一港四口岸”平台优势，应对区域产业转移，推动石化、能源、造纸、食品加工等传统优势产业转型升级，培育发展高新技术产业和战略新兴产业，构建具有区域特色的开放型现代产业体系。听取和审议2015年上半年国民经济和社会发展计划执行情况的报告，督促政府科学研判宏观经济形势，优化经济发展环境，抢抓发展机遇，推进“621”行动，打造新的经济增长极。专题听取第三次经济普查工作情况，推动普查资料共享，利用好普查成果。专题调研和审议2014年城建项目资金计划执行及2015年计划编制情况，督促政府及有关单位加强法律意识和计划意识，严格执行城建计划，提高资金使用绩效，重点保障民生项目。审议批准岳阳城市原点建设方案，推进城市原点建设。专项调研政府性债务情况，督促政府做好监管工作，防范政府性债务风险。开展国有资产监督管理情况调研，健全完善监管制度，优化资源配置，实现国有资产保值增值。重视县域经济发展，主任会议成员分别带领8个视察组到市经济技术开发区、湖南城陵矶临港产业新区、绿色化工产业园和各县市工业园区视察调研，了解园区发展情况及存在的制约因素，建议政府精准定位园区发展方向，创新园区管理机制，加快推进园区转型升级，打造县域经济发展新引擎。二是促进预算决算规范。在代表大会审查批准市级财政预算的基础上，常委会听取和审议2015年市本级财政专项资金（基金）细化预算，2015年上半年预算执行及2014年财政决算情况的报告，审查2014年度专项资金、政府性基金使用情况。督促政府加强专项资金（基金）预算管理，规范编制程序，细化编制项目，强化预算约束，提高资金效益，发挥专项资金（基金）作用。听取和审议2014年度市本级预算执行和其他财政收支的审计工作报告及审计查出问题整改情况报告，19个被审计单位专题向常委会作整改情况汇报。审计工作报告中指出的103个问题，整改到位97个，基本整改1个，正在整改5个，解缴财政资金1.45亿元，按原资金渠道归位10.25亿元，制定和完善相关工作制度24个。专题调研财政绩效管理工作，督促财政部门进一步完善财政绩效评价指标综合体系，提高财政资金使用效益。推进财政公开，将部门预算决算、审计工作报告及审计查出问题整改情况报告、专项资金分配使用情况在市人大、政府、财政、审计的门户网站公开，接受社会各界监督。三是依法审议决定人事任免。常委会坚持党管干部原则，自觉接受党的领导，充分发扬民主，依法行使人事任免权。坚持拟任命人选任前法律知识考试、发言和颁发任命书等制度，增强被任命人员的公仆意识、责任意识和法律意识。全年依法任免国家机关工作人员53人次，接受辞职13人次，接受省十二届人大代表辞职6人，补选省人大代表5名。

【增强监督实效】 2015年，市人大常委会坚持问题导向，突出监督重点，改进监督方式，不断提高监督水平。一是开展法律监督。组织开展农产品质量安全法、人民防空法、安全生产法、湖南省安全生产条例贯彻实施情况执法检查。配合全国人大常委会、省人大常委会开展水污染防治法、仲裁法、职业教育法、湖南省职业教育条例执法检查或调研，跟踪督促义务教育法、旅游法、植物检疫条例执法检查审议意见的落实，促进“一府两院”依法行政、公正司法，确保法律法规全面正确贯彻实施。督促加强监管体系建设，充实专业技术队伍，整合检测资源，更新检测设备，提高科学监管能力，提升农产品质量安全水平。督促落实企业主体责任，严格责任追究，加强安全生产基础设施建设，提升应急救援能力，推进企业安全生产标准化建设。开展规范性文件备案审查工作，全年接收报备规范性文件49件，向省人大常委会报备规范性文件4件。二是加强工作监督。改进工作评议方式。评议全市职业教育发展、城镇污水处理设施建设及运行、市中级人民法院民事审判等三项工作。主任会议成员分别带领调查组到各县市区及市直有关单位了解被评议专项工作情况，听取各方面意见。市人大常委会第21次会议开展专项工作评议，进行满意度测评，实事求是肯定工作成绩，指出存在问题，提出整改建议，并要求在规定时间内报告整改情况。跟踪督促上年度专项工作评议意见的落实，确保取得实效。听取和审议全市检察机关民事行政检察工作情况报告，督促增强民事行政检察监督意识，创新监督方法。首次专题听取年度城市规划实施和环境保护工作情况报告，推进宜居岳阳建设。对中心城区周边非金属矿山无序开采问题开展专项督查，督促政府科学规划，严格监管，推进非金属矿产开采有序进行。听取干部学法用法考试情况汇报。专题调研全市对外经贸、科技创新、司法鉴定、人民陪审员制度实施、检察机关查办和预防职务犯罪等工作情况。三是促进民生改善。市人大相关专门委员会抓住人民群众最关心的民生热点问题，组织开展专项行动，促进民生福祉改善。岳阳环保世纪行以水污染防治为重点，围绕饮用水安全保护和水体污染防治工作开展系列活动，督促政府编制饮用水水源保护规划，全市划定69个重点饮用水水源保护区。分组视察农村安全饮水工程建设情况，促进农村安全饮水工作良性发展。推进王家河水环境综合治理，启动东风湖水环境治理。农产品质量安全行围绕“畜禽产品质量安全整治”主题，推进农产品质量检验检测体系建设，各县市区健全农产品质量检验检测机构，各乡镇设立农产品质量安全监督站。“农民健康行”组织开展以“卫生室建设与农民健康”为主题的农民健康教育周活动，举办健康知识讲座26场，免费发放健康知识宣传读本2万多份，组织医疗专家为公民义诊4000多人次。民族团结进步行动加强民族政策宣传，推动建立少数民族流动人员服务管理工作机制。市人大常委会组成人员视察岳阳市烈士陵园建设情况。调研全市移民工作和残疾人康复工作情况。专题听取全市妇女儿童工作情况报告，促进保障妇女儿童合法权益。

【保障代表依法履职】 2015年，市人大常委会创新代表活动形式，丰富代表活动内容，激励代表积极履职，发挥代表主体作用。督办议案建议。常委会主任会议成员分别带队到市政府和各县市区继续督办“美好社区、温馨家园”议案办理工作。市七届人大三次会议期间及闭会后共收到代表建议、批评和意见168件。至年底，全部建议办理完毕，建议所提问题得到解决或基本解决的44件，代表满意率为91.7%；丰富代表活动。组织编组在岳全国人大代表围绕“大力发展港口经济，打造湖南新的增长极”主题进行专题调研。安排省、市人大代表开展调研。委托各县市区人大常委会组织市人大代表开展视察活动，了解全市经济社会发展情况。落实代表列席常委会会议制度，全年安排11名全国、省人大代表列席省人大常委会会议，邀请47名市人大代表列席市人大常委会会议。组织代表参加调研视察、执法检查、工作评议、建议督办等活动，推荐52名代表担任党风、政风、行风监督员，拓宽代表履职渠道；强化履职保障。努力为代表履行职责提供优质高效服务，继续为市人大代表征订《中国人大》《人民之友》等杂志，寄送《人大导刊》《常委会公报》等资料文件。督促“一府两院”及时向代表通报重要工作和全市经济社会发展情况。推进代表联系群众工作平台建设，安排专项资金100万元，全年新建平台64个，努力实现平台建设全覆盖。各级人大代表发挥平台效用，开展联系服务选民活动，收集各类意见、建议5000多条。注重代表履职能力提升，组织98名基层人大代表履职培训，选派12名省人大代表参加专题学习班。坚持联系走访代表制度，市级领导和常委会组成人员走访联系人大代表。继续做好代表履职登记工作，增强代表履职意识。

【提高履职水平】 2015年，市人大常委会继续重视自身建设，改进工作作风，提升工作效能。一是抓好能力建设。开展“三严三实”专题教育，3次集中学习研讨。严格遵守党的政治纪律和政治规矩，把握政治方向，坚决贯彻落实中央、省委和市委决策部署。坚持会前学法制度，结合常委会审议议题，集中学习有关法律法规，提高依法履职能力。组织市县人大干部开展培训，提高业务能力。开展设区的市行使地方立法权筹备工作。12月4日，省人大常委会赋予岳阳地方立法权。二是改进作风。将接待办理来信来访作为联系群众、了解社情民意的重要渠道，全年受理群众来信来访446件次，督促解决实际问题138个。围绕常委会会议议题，深入实际调研，为常委会审议决定提供参考。加强对基层人大工作的指导，上下联动开展工作，增强监督合力。常委会机关参与文明劝导、禁违拆违治违、联手帮扶企业与产业、新农村建设、精准扶贫等中心工作和重大项目建设。机关党员干部到汨罗市包山村开展“一进二访”结对帮扶活动。落实党风廉政建设“两个主体”责任，努力建设清廉机关。推进机关文化建设，举办道德讲堂。三是注重宣传研讨。全方位报道常委会会议、主任会议、执法检查、专题视察、专项活动等履职活动，推介全市人大工作情况，拓展人大工作的社会影响。巩固人大宣传阵地，精心编办《人大导刊》和岳阳人大信息网，提升办刊办网水平。组织全市人大工作者和各级人大代表围绕“深入贯彻落实党的十八届四中全会精神，充分发挥人大推进依法治国的作用”主题开展理论研讨。

重要会议

【市七届人大三次会议】　2015年1月13—16日，召开岳阳市第七届人民代表大会第三次会议。会议听取和审议市人大常委会、市人民政府、市中级人民法院和市人民检察院工作报告；听取和审查岳阳市2014年国民经济和社会发展计划执行情况与2015年国民经济和社会发展计划（草案）的报告，批准岳阳市2015年国民经济和社会发展计划。听取和审查岳阳市2014年财政预算执行情况与2015年财政预算（草案）的报告，批准岳阳市2015年市本级预算。

【市七届人大四次会议】　2015年7月9—10日，召开岳阳市第七届人民代表大会第四次会议。会议选举刘和生为市人民政府市长，孔福建为市七届人大常委会秘书长，万旦明、卢宗仁、许卫国为市七届人大常委会委员，通过卢宗仁为市人大教科文卫委员会主任委员、万旦明为市人大农业与农村委员会主任委员。

【市七届人大常委会第十六至二十四次会议】　2015年3月31日，市七届人大常委会召开第十六次会议。会议传达学习十二届全国人大三次会议精神；听取市人大常委会办公室2014年规范性文件备案审查工作报告；听取和审议第三次全国（岳阳）经济普查情况、人民政府关于建设“城市原点”情况的报告，关于提请审议将偿还市政府主要平台公司的融资资金列入2015年度财政预算的议案；听取市人民政府关于2014年城市规划实施情况、全市环境保护工作情况的报告；初审市人大常委会部分制度；审议通过有关人事任免事项。

4月24日，市七届人大常委会召开第十七次会议。会议听取市人民政府机构改革有关情况的说明；审议通过有关人事任免事项。

5月28日，市七届人大常委会召开第十八次会议。会议听取和审议市人民政府关于2015年市本级财政专项资金（基金）预算、《中华人民共和国义务教育法》执法检查审议意见落实情况；市人民政府有关部门关于全市保障房建设与管理、大气污染防治、价格调节基金管理、落实农机购置补贴政策、农业科技创新与成果转化、中心城区道路交通安全管理、路灯和桥梁维护管理工作评议整改情况的报告；听取和审议《岳阳市人民代表大会常务委员会工作规则》《岳阳市人民代表大会常务委员会视察“一府两院”工作规定》《岳阳市人民代表大会常务委员会执法检查工作规定》《岳阳市人民代表大会常务委员会关于聘任市人大各专门委员会兼职委员的规定》（草案）、《岳阳市人民代表大会常务委员会关于加强会议纪律，提高审议质量的规定》；听取市人大常委会代表资格审查委员会关于代表资格审查情况的报告；审议通过有关人事任免事项。

7月1日，市七届人大常委会召开第十九次会议。会议听取市人大常委会代表资格审查委员会关于代表资格审查情况的报告；作出关于召开岳阳市第七届人民代表大会第四次会议的决定；初审市七届人大四次会议议程和日程（草案）、市七届人大四次会议有关名单（草案）、市七届人大四次会议补选办法（草案）、关于代表提出议案、质询案的截止时间的决定（草案）；审议通过有关人事任免事项。

7月29日，市七届人大常委会召开第二十次会议。会议听取和审议全市检察机关民事行政检察工作情况的报告；市人民政府关于岳阳市2015年上半年国民经济和社会发展计划执行情况的报告、关于2014年市级财政决算草案和2015年上半年预算执行情况的报告、关于2014年度市本级预算执行和其他财政收支情况的审计工作报告；审议通过《关于批准2014年市级财政决算的决议》、市人民政府关于《中华人民共和国旅游法》执法检查审议意见落实情况的报告及有关人事任免事项。

9月25日，市七届人大常委会召开第二十一次会议。会议听取和审议市人大常委会执法检查组关于全市贯彻实施《中华人民共和国安全生产法》及《湖南省安全生产条例》情况的报告、市人民政府关于2015年岳阳市地方政府债券资金安排及市级财政预算调整方案（草案）的报告；听取市人大常委会代表资格审查委员会关于代表资格审查情况及代表异动情况的报告；会议评议全市职业教育、城镇污水处理设施建设及运行、市中级人民法院民事审判等专项工作；审议通过关于批准2015年岳阳市地方政府债券资金安排及市级预算调整方案的决议、市人民政府关于《中华人民共和国植物检疫条例》执法检查审议意见落实情况的报告以及有关人事任免事项。

10月22日，市七届人大常委会召开第二十二次会议。会议听取和审议市人大常委会主任会议关于设立岳阳市人民代表大会常务委员会法制工作委员会的议案，表决通过岳阳市人民代表大会常务委员会关于设立岳阳市人民代表大会常务委员会法制工作委员会的决定。

11月26日，市七届人大常委会召开第二十三次会议。会议听取和审议市人大常委会执法检查组关于全市贯彻实施《中华人民共和国农产品质量安全法》检查情况的报告、市人民政府关于代表议案、建议、批评和意见办理工作情况的报告、市人大常委会关于议案、建议、批评和意见督办情况的报告、市人民政府及有关被审计单位关于2014年度市本级预算执行和其他财政收支审计工作报告指出问题整改情况的报告。作出关于召开岳阳市第七届人民代表大会第五次会议的决定。

12月29日，市七届人大常委会召开第二十四次会议。会议听取市人民政府关于岳阳市国民经济和社会发展“十二五”规划执行和“十三五”规划纲要编制情况的报告；初审岳阳市国民经济和社会发展“十三五”规划纲要草案、市人民政府关于岳阳市2015年财政预算执行情况与2016年财政预算草案的报告；初审市人大常委会工作报告（征求意见稿）、市七届人大五次会议议程和日程（草案）、市七届人大五次会议有关名单（草案）、市七届人大五次会议补选办法（草案）；市七届人大五次会议关于接受代表议案、质询案截止时间的决定（草案）；听取市人大常委会代表资格审查委员会关于部分市七届人大代表资格审查情况的报告。接受张仁福辞去省十二届人大代表职务的请求。补选刘和生等5名同志为省十二届人大代表。审议通过有关人事任免事项。

【市人大常委会主任会议】 2015年，市七届人大常委会召开主任会议19次。会议讨论通过市人大常委会2015年工作要点，研究确定2015年重点督办的代表建议、批评和意见；听取2014年城建项目资金计划执行及2015年计划编制情况，2014年城市规划实施、环境保护工作、城市原点建设、黄茶产业发展工作审议意见落实情况的汇报；听取市人民政府关于年终财政决算、市本级财政绩效管理、全市国有资产监管、全市妇联工作、全市移民工作、重点建议承办单位关于重点建议办理工作等情况的报告；听取市人大有关专门委员会开展环保世纪行、农产品质量安全行、农民健康行、民族团结进步行动等活动情况的汇报。

决议决定

【关于召开岳阳市第七届人民代表大会第四次会议的决定】 2015年7月1日，市七届人大常委会第十九次会议作出《关于召开岳阳市第七届人民代表大会第四次会议的决定》，定于2015年7月9—10日在市区召开岳阳市第七届人民代表大会第四次会议。

【关于批准2014年市级财政决算的决议】 2015年7月29日，市七届人大常委会第二十次会议作出《关于批准2014年市级财政预算的决议》。决议要求加强财政收入管理，优化财政支出结构，规范政府债务管理，提高财政资金绩效。

【关于批准2015年我市地方政府债券资金安排及市级预算调整方案的决议】 2015年9月25日，市七届人大常委会第二十一次会议作出《关于批准2015年我市地方政府债券资金安排及市级预算调整方案的决议》。决议要求拓宽投融资渠道，加强调度和监管，提高地方政府债券资金使用效益。

【关于设立岳阳市人民代表大会常务委员会法制工作委员会的决定】

2015年10月22日，市七届人大常委会第二十二次会议作出《关于设立岳阳市人民代表大会常务委员会法制工作委员会的决定》，决定设立岳阳市人民代表大会常务委员会法制工作委员会。

【关于召开岳阳市第七届人民代表大会第五次会议的决定】 2015年11月26日，市七届人大常委会第二十三次会议作出《关于召开岳阳市第七届人民代表大会第五次会议的决定》，定于2016年1月中旬在市区召开岳阳市第七届人民代表大会第五次会议。

重要制度

【岳阳市人民代表大会常务委员会工作规则】 2015年5月28日，市七届人大常委会第十八次会议审议通过《岳阳市人民代表大会常务委员会工作规则》。规则明确常委会、各专门委员会、工作机构、办事机构及派出机构的职权，确立常委会会议和主任会议的召开流程。要求常委会组成人员必须模范遵守国家宪法和法律法规，依法行使各项职权，全心全意为人民服务。

【岳阳市人民代表大会常务委员会视察“一府两院”工作规定】 2015年5月28日，市七届人大常委会第十八次会议审议通过《岳阳市人民代表大会常务委员会视察“一府两院”工作规定》。

【岳阳市人民代表大会常务委员会执法检查工作规定】 2015年5月28日，市七届人大常委会第十八次会议审议通过《岳阳市人民代表大会常务委员会执法检查工作规定》。规定指出，执法检查是保证法律法规在本市行政区域内得以贯彻实施的重要监督措施。规定明确执法检查的范围、主体、形式、流程等，并要求执法检查组严格自律，实事求是，依法办事。

执法检查

【《中华人民共和国安全生产法》《湖南省安全生产条例》执法检查】

2015年8月中下旬，市人大常委会执法检查组检查《中华人民共和国安全生产法》《湖南省安全生产条例》贯彻实施情况。检查组听取市人民政府和市直有关单位“一法一条例”贯彻实施情况的汇报，到平江县、云溪区相关企业重点抽查。

【《中华人民共和国农产品质量安全法》执法检查】 2015年10—11月，市人大常委会执法检查组检查《中华人民共和国农产品质量安全法》贯彻执行情况。采取查看检验检测机构、查阅相关资料、组织召开座谈会等方式，先后对市农业委员会、市食品药品监督管理局、市质量技术监督局、市出入境检验检疫局、湘阴县、汨罗市、岳阳楼区等部门和县市区贯彻实施《农产品质量安全法》的情况进行重点检查。

专题视察

【常委会组成人员集中视察烈士陵园建设情况】 2015年4月16日，市人大常委会驻会组成人员专题视察岳阳烈士陵园建设情况。视察人员建议高质高速推进烈士陵园各项工程建设，科学合理设计展厅，精细论证各个历史时期陈列史料，注重凸显陵园感怀先烈和精神教育的社会价值，把烈士陵园打造成岳阳的宝贵文化遗产。

【分组视察全市工业园区发展情况】

2015年6—7月，市人大常委会驻会组成人员分成8个视察小组专题视察全市工业园区发展情况。各视察小组分别到岳阳经济技术开发区、湖南城陵矶临港产业新区、湖南岳阳绿色化工产业园、岳阳县工

2015年4月16日，市人大常委会成员考察烈士陵园建设情况

（卢芳亮 摄）

业园、汨罗循环经济产业园、华容县工业集中区、平江县工业园区、湘阴县工业园区视察调研，实地察看园区企业生产运营情况，了解园区发展情况及存在的制约因素。视察人员建议围绕“一极三宜”江湖名城战略部署，精准定位园区发展方向，创新园区管理机制，加快推进园区转型升级，打造县域经济发展新引擎。

【分组视察农村饮水安全工程建设情况】 2015年8月，市人大常委会组织8个视察组，先后到临湘市、岳阳县、云溪区、汨罗市、湘阴县、汨罗市、屈原管理区、岳阳市经济技术开发区、岳阳楼区及相关市直部门视察全市农村饮水安全工程建设。视察小组到各县市区实地考察，听取农村饮用水安全工程建设情况汇报，要求相关部门摸清农村安全饮水情况的底子，突出保护水源，推进工程建设，健全运行管理机制，使农村安全饮水工作持续良性发展。

议案建议办理

【议案办理情况】 2015年，市人大常委会继续将“美好社区、温馨家园”议案办理督办工作作为年度重点工作推进。2015年8—9月，常委会主任会议成员分别带队到市政府和各县市区继续督办“美好社区、温馨家园”议案办理工作。市政府提出创建美好社区“一体三化六有”新要求，完善社区组织运转经费保障机制，并将建设30个示范社区列入年度实事任务，全市社区基础设施改造工作有效开展。中心城区分为十大片区实施旧城改造项目15个。岳阳县改造背街小巷25条，新建居民休闲游园3个；湘阴县实施背街小巷提质改造工程和社区环卫配套设施建设；平江县推进城区污水管网保畅工作，完善环卫保洁配套设施；临湘市全面实施街道提质升级；屈原管理区建成55公里三纵三横主排水管道；汨罗市、云溪区、君山区实施社区基础设施改造提质亮化工程，岳阳楼区开展社区管理和服务网络化试点，被评为“全国和谐社区建设示范城区”；华容县被评为全省“和谐社区建设示范县”。

【建议办理情况】 2015年，市七届人大三次会议及闭会期间收到代表建议、批评和意见168件。市人大常委会及时向“一府两院”交办，研究确定重点督办建议12件。所有建议分别由市人大各专门委员会具体督办。市政府及有关单位把握交办、承办、督办、验收等环节，促进办理工作按程序要求、时间节点和工作目标顺利推进。全部建议办理完毕，并及时回复代表，代表满意率为91.7%。建议所提问题得到解决或基本解决44件，问题解决率为26.2%。

（本栏撰稿 谌国华 刘方奇）

责任编校 肖 卫

岳阳市人民政府

重要会议

【市政府第34次常务会议】　2015年1月4日由市长盛荣华主持召开。一、听取打造岳阳全省通江达海的新增长极工作推进方案情况汇报。二、讨论《政府工作报告（讨论稿）》。会议要求，起草班子要进一步充分吸纳讨论意见建议，认真修改，使其更趋完善。

【市政府第35次常务会议】　2015年1月20日由市长盛荣华主持召开。一、听取《全面提升我省开放型经济发展水平的思考与建议》专题讲座。二、审议并原则通过《关于促进岳阳城陵矶"一区一港四口岸"加快发展的奖励办法（试行）》。三、听取《政府工作报告》目标任务分解情况汇报。会议原则通过市政府督查室提交的《2015年〈政府工作报告〉目标任务分解表》。会后市政府督查室要进一步修改完善，市编办根据各单位的职能职责对文件进行审核后，按程序下发。四、研究部署当前党风廉政建设、重大项目建设、安全生产、信访维稳等工作。

【市政府第36次常务会议】　2015年2月4日由市长盛荣华主持召开。一、听取《政府和社会资本合作（PPP）模式介绍》专题讲座。二、审议并原则通过由市经信委牵头制订的《岳阳市2014—2020年北斗卫星导航应用及产业发展规划》。三、听取岳阳水上安全气象预测预警系统一期工程建设的情况汇报。四、审议并原则同意市委组织部、市财政局起草的《关于进一步完善村（社区）组织运转保障经费机制的通知》。其中，云溪区、君山区的村（社区）组织运转保障标准参照市中心城区村（社区）执行。五、传达中央、省委农村工作会议和中央一号文件精神。六、听取2014年度全面建成小康社会综合绩效考核及其他相关工作考核情况和公务员奖励有关情况汇报。会议原则同意2014年度全面建成小康社会综合绩效考核奖励方案，并报市委常委会审定。

【市政府第37次常务会议】　2015年2月15日由市长盛荣华主持召开。一、审议《岳阳市全力推进湖南新增长极建设行动方案（2015—2020年）》。会议明确，由市发改委负责，广泛征求意见，进行修改完善后，按程序提交市政府常务会、市委常委会审议。二、听取岳阳市"十三五"规划编制工作情况汇报。会议原则同意"十三五"规划的基本思路和重点专项规划目录。三、审议并原则同意《全市2015年重大项目"双百工程"建设计划》。四、听取春节期间节日市场供应保障情况汇报。

【市政府第38次常务会议】　2015年3月17日由市长盛荣华主持召开。一、审议并原则同意由市发改委牵头起草的《关于全力推进湖南新增长极建设行动方案（2015—2020年）》。修改完善后按程序报市委常委会、市委全会审议。二、听取市中心医院、市妇女儿童医院建设前期工作情况汇报。三、审议《岳阳市民间投融资服务机构监督管理暂行办法》。会议要求市金融办主动与省直部门单位对接，待省新的相关政策出台后再修改完善，按程序报批。四、研究部署当前工作。

【市政府第39次常务会议】　2015年3月31日由市长盛荣华主持召开。一、听取长岭炼化公司医疗保险移交岳阳市情况汇报。二、听取市县政府职能转变和机构改革工作情况汇报。三、审议并原则同意《关于在全市退役军人中开展"双带双促"活动的实施意见》。四、听取岳阳机场项目开工建设情况汇报。五、传达省湘江保护与治理委员会2015年第一次会议精神。六、听取下调非居民用天然气销售价格情况汇报。

【市政府第40次常务会议】　2015年4月21日由市长盛荣华主持召开。一、审议并原则通过《岳阳市全面建成小康社会2015年指导目标任务》。会议要求对部分指标体系略作调整后，提交市委常委会审定。二、审议并原则同意2015年度综合绩效考评办法。

2015年7月17日，韩国首尔大学医院项目落户岳阳　（范向辉　摄）

【市政府第41次常务会议】 2015年5月5日由市长盛荣华主持召开。一、审议并原则通过市国土局提交的《市城区2015年土地依法征收“百日攻坚”行动方案》。会后，根据会议各方提出的意见建议，作修改完善后报市委常委会审定。二、听取关于调整市本级补充耕地指标价格标准的情况汇报。会议原则同意市国土局提出的市本级补充耕地指标价格标准。三、审议并原则同意市编办提交的《市政府工作部门权力清单》、市政府法制办提交的《市政府工作部门责任清单》，要求会后进一步修改完善。四、审议并原则通过市政府督查室代拟的《市政府限时签批请示性公文办理规定》。

【市政府第42次常务会议】 2015年5月26日由市长盛荣华主持召开。一、听取中国信息通信研究院规划所副主任陈才所作的《智慧城市发展情况与智慧岳阳发展思路》专题讲座。二、听取岳阳市塑料二厂和工艺美术公司改制情况汇报。会议原则通过市经信委提交的《市塑料二厂改制工作方案》和《原市工艺美术公司改制工作方案》。三、审议并原则通过市卫计委提交的《关于扶持和促进中医药事业发展的实施意见》，按程序以市政府名义下发。四、传达学习全省山洪防御、水库防守、城市防涝工作座谈会议精神。

【市政府第43次常务会议】 2015年7月14日由市长刘和生主持召开。一、听取环南湖旅游交通三圈项目建设情况汇报。二、听取临湖公路项目建设情况汇报。三、审议并原则同意市农委代市政府起草的《关于引导农村村民规范建房的意见》和《农村村民规范建房试点实施方案》，修改后按程序发文。四、听取市级融资平台公司清理情况及处理意见汇报。会议原则同意市级融资平台公司清理工作小组《关于市级融资平台公司清理及处理意见》。

【市政府第44次常务会议】 2015年8月19日由市长刘和生主持召开。一、听取旅游工作汇报。二、审议《关于全面加快棚户区改造工作的实施意见》《岳阳市农村危（旧）房改造实施方案》。进一步修改完善后，以市政府办公室文件下发。三、听取全市重大项目建设情况汇报。四、传达全国全省安全生产电视电话会议精神。

【市政府第45次常务会议】 2015年9月21日由市长刘和生主持召开。一、研究关于加快发展全市工业经济。二、研究关于岳阳市智能交通系统建设工作。会议原则同意岳阳市智能交通系统项目采用PPP模式建设。三、研究关于岳阳楼区创新社区治理和服务工作。四、研究关于调整岳阳城区新能源高等级公交车票价工作。会议原则同意市发改委提出的调价方案，从2015年10月8日开始实施。五、研究关于加速推进市中心城区棚户（旧城）区十大片区改造工作。会议明确《岳阳市加速推进市中心城区棚户（旧城）区十大片区改造实施方案》按程序审批下发。

【市政府第46次常务会议】 2015年10月29日由市长刘和生主持召开。一、审议并原则同意《关于下达县域经济壮大战略重点工作任务的通知》，进一步修改后按程序审定下发。二、听取国道240岳阳县至湘阴县段拓改建设工程情况汇报。原则同意市交通局提出的国道240岳阳县至湘阴县段拓改工程设计建设方案。三、听取承接株冶集团绿色改造升级项目情况汇报。四、听取全市机关事业单位养老保险制度改革情况汇报。五、听取岳阳火车站地区综合执法管理工作情况汇报。

【市政府第47次常务会议】 2015年11月9日由市长刘和生主持召开。一、学习中共十八届五中全会公报主要精神和《中国共产党廉洁自律准则》《中国共产党纪律处分条例》。二、研究11月份工作。三、研究有关市政府与中国空间技术研究院签署军民融合卫星应用产业战略合作协议问题、市体育中心运营管理问题、岳阳天赋置业有限公司尚阳香颂小区因容积率调整退还多交土地出让金问题、岳阳农村商业银行筹建工作等具体事项。

【市政府第48次常务会议】 2015年12月4日由市长刘和生主持召开。一、听取“十三五”规划编制情况汇报。会议原则同意市发改委提交的《岳阳市国民经济和社会发展第十三个五年规划纲要》，进一步修改完善，报市委常委会审议后，提交市人大会审定。二、审议《关于进一步促进产业园区发展的政策意见》。会议要求，市发改委、市经信委要充分吸收会议提出的意见建议，进一步修改完善，报市委审批后尽快以两办名义下发。三、听取市城区自来水价格改革和原水价格调整情况汇报。会议原则同意对市城区自来水价格实行改革，并对原水价格进行调整。但调价的幅度要因地制宜，不宜一次性过大。具体调价方案进一步斟酌，按程序报市政府审批后实施。四、审议并原则同意市综合绩效考评领导小组办公室提交的《关于做好2015年度综合绩效考评工作的补充通知》，按程序提交市委审定。

【市政府第49次常务会议】 2015年12月23日由市长刘和生主持召开。一、审议市政府与广东龙浩集团有限公司《岳阳三荷机场及空港经济区战略合作框架协议书》。会议同意与广东龙浩集团有限公司合作。二、会议同意2015年财政收入、决算方案，并原则同意2016年财政预算，市财政局要吸收会议提出的意见进一步修改完善。

（本栏撰稿　卢盈颖）

政务督查

【政务督查突出八大重点】 2015年，市政府督查室围绕中心、服务大局，加大督查力度，出色地完成年度各项工作任务，较好地推动市政府各项重大决策部署的贯彻落实。一是突出《政府工作报告》目标任务抓督查。对《政府工作报告》进行分解，将分解的123项具体任务按照一项目标任务“一名牵头领导、一套工作班子、一套实施方案”的要求，具体落实到部门。二是突出省绩效评估指标抓督查。对6大项52个省绩效评估指标的进行全面调度，将指标完成情况在全市进行通报，对进度滞后的指标分析预警，对进度滞后的责任单位下发督办函21份，实行点对点督办。三是突出省市重点民生实事办理抓督查。按照“月调度，季讲评，半年督查，年终验收”的工作机制，对省实事15项25个指标任务，市实事10项13个指标任务开展督查督办。组织召开实事工作调度会8次，讲评会2次，电话调度3次。四是突出重要会议精神的落实抓督查。按照“一季一督查、一季一汇报”的督查机制，全年对市政府10次常务会议和14次市长专题会议确定的202项工作任务进行重点督查。按照市政府主要领导关于“每次常务会上要对前一次常务会落实情况进行通报”的指示精神，对43次政府常务会议以来决定事项的落实情况跟踪督查，并通报督查情况。五是突出领导批示件的落实抓督查。做好领导批示件的分办、转办、催办工作，做到件件有落实，事事有回音。年内督查1889件市政府领导批示件的落实情况，其中市长批示件148件。对37件领导批示的落实情况进行重点督查，及时报告督查情况。六是突出建议提案的办理抓督查。认真梳理分解建议提案，采取办前主动走访，办中邀请代表到现场视察，当面汇报落实情况，征求改进意见，办后报告办理结果的工作模式，确保2015年度市政府系统承办的省政协委员提案3件、市人大代表建议159件，市政协委员提案273件办结率、见面率、答复率、满意率均达到100%。七是突出市长信箱办理、市长社情民意速递办理和转变会风会纪抓督查。按照“事事有着落、件件有回音”的要求，及时交办市民来信，并加强跟踪督办。2015年受理市民来信4352件，回复率98%，赢得群众一致好评，第四次被全国电子政务理事会评为政府网站精品栏目奖。及时交办、督办市长社情民意速递。对22次市政府重要会议的会风情况进行考核，考核情况记入台账并进行通报。八是突出专项工作的落实抓督查。开展“同级审”查出问题整改、落实中央省市899规定、打击洞庭湖流域非法捕捞工作、全市乡镇区划调整改革、全市规范建房、全市精准扶贫、全市依法用地百日攻坚和禁违拆违治违、县市区食品药品监管体制改革、全省两房两棚两治现场会等专项工作督查40多次，下发督办函178份，综合、反馈督查情况65次。

【创新督查机制树权威】 2015年，市政府督查室创新督查机制，提升督查水平，树立督查权威。推进目标管理考核制度。对《政府工作报告》目标任务、落实省绩效指标任务、省市实事任务、市政府“三提升”主题活动任务逐项进行分解，明确责任领导、牵头单位和协办单位，建立考核台帐。推进督查工作常态机制。对《政府工作报告》目标任务和市政府“三提升”主题活动实行“半年一督查、年终一考评”、对落实省绩效评估和为民办实事工作实行“月调度、季讲评、半年检查、年终验收”、对市政府重要会议精神实行“一季一督查、一季一汇报”、对市政府领导批示件办理和公文签批情况实行“一月一督查、一月一汇报”、对市长信箱办理实行“半年通报、年度考核”、对市长社情民意速递办理实行“一月一督查、一月一汇报”的督查工作机制，对市长调研决定事项，在10个工作日内发出督办通知，20个工作日内综合反馈。推进定期办结和及时反馈制度。对所有督查事项均明确工作时限，领导有明确要求的坚决按照领导批示的时限办结，没有明确时限的，即时督查，及时办理。对于所有督查事项的办理情况，均及时向市政府领导报告。推进重点督办和跟踪督办制度。根据省绩效评估指标、《政府工作报告》目标任务、为民办实事考核指标工作进度情况，对滞后指标和任务实行点对点重点督办，加快推进各项工作任务落实。推进严格问责，树立督查权威。采取督查查要害、通报点真名的办法，彰显督查应有的尊严与功效，以推动工作，促进工作。10月，市政府督查室根据群众来信，对岳阳楼区岳荣社区抢搭抢建房屋现象，进行暗访、取证，发现违法建设20多处，对相关责任单位及人员进行点名通报批评，并移交市委问责办对有关人员进行相应的党纪政纪处分，让督查真正发挥震慑的作用。

（本栏撰稿　陈文翔）

政务信息公开

【政务公开政务服务提质提效】

2015年，市政务公开办、市政务中心以“树标杆、创一流”为目标，紧紧围绕“落实三四五，认真办政务”开展工作，取得较好成绩。市政务中心获得全市窗口单位测评第一名，被评为红旗单位，并申报为省级文明窗口单位。省长助理袁建尧3次亲临指导工作，肯定市政务中心的工作经验，其工作做法在全国政务服务刊物、全国文明网上刊登。

一、强化信息公开。坚持“公开为原则，不公开为例外”，及时出台《岳阳市政务公开政务服务工作要点》，重点推进行政权利、财政资金、公共资源、公共服务、公共监管5大领域32类信息的公开。市政府门户网站发布和更新政府信息213980条。其中，公开重点领域信息192614条（行政权利运行信息173673条、财政资金信息542条、公共资源配置信息10497条），公共服务信息133条，公共监管信息7769条。受理并办结依法申请公开37件、政府信息公开投诉3起。

二、落实网站普查。召开全市性动员会议、专题会议3次，组织普查工作相关培训2次，下发整改通报3期，对岳阳县、君山区、岳阳楼区、临湘市等进展迟缓的县市区进行当面约谈。全市各市直单位、县区政府组织动员500多人进行人工巡查，全市政府网站修复错误链接5000多个，改正错别字近1000条，整改超期未更新栏目500多个，清理空白栏目200多个，“四不”问题得到根本解决，网站信息内容得到充分保障，网民反应普遍向好。在年终监测抽查中合格率达100%。

三、完善服务平台。重点建设市、县、乡、村四级政务服务中心，启动市本级与岳阳楼区政务中心联建项目。湘阴县政务中心新建项目已接近竣工，临湘市政务中心新建项目已启动。全市177个乡镇、街道已全部建立便民服务中心，3580个行政村（社区）建立便民服务中心（点）3351个，覆盖率达93.6%。市政务中心对48个进厅单位的行政审批事项和服务事项的流程进行清理规范，精简余环节40多个，减少非必要申请资料35个，承诺时间压缩三分之一以上。

四、健全工作制度。出台《岳阳市政府信息公开实施细则》等系列文件，完善主动公开、发布协调、审查、依申请公开等方面的工作流程。围绕规范权力运行、改善服务态度、简化审批流程、提高办事效率，在全省首创联审联批10项制度，健全审批项目清单、审批工作细则，健全便民、优质、高效等服务制度。扎实推进行政审批制度“两集中、两到位”改革，在本轮政府部门机构改革中，明确具有行政审批职能的部门单位，全部设立行政审批科。统一制作《一次性告知书》12万份。所有补办、退办、承办件，一律实行“书面清单告知”，确保服务对象一次性知晓审批流程、一次性提交申报材料、一次性办完申请事项。

五、严格考评考核。出台《岳阳市政务公开工作考核暂行办法》，对政务公开工作，实施为官不为问责机制，着力解决政务公开工作不作为、乱作为、缓作为的问题。将政务公开政务服务工作纳入市委市政府综合绩效评估，调动各级各部门政务公开的积极性和主动性。在全省首创并推行窗口服务“一岗三责”制，对政务服务不公开、不规范、不作为，项目拒不进厅、擅自回撤，违反工作纪律、服务态度粗暴恶劣等9类情形，依次追究窗口单位岗位直接责任、中心监管责任、效能监察部门失察责任，以严格的追责问效，推动干部作风转变。落实每日巡查量化考核，形成对窗口监管考核的有力抓手。全年通过巡查，规范服务行为126起，约谈12人次，通报表扬96人次。

六、突出实绩实效。落实“三提升”（提升行政效率、提升落实到位率、提升群众满意率），助推“一极三宜”江湖名城建设。按照“部门协作、联审联办、高效审批”的要去，推进服务方式创新，审批效率提升。市县两级服务中心办理给雷政务服务事项42.79万件，期内办结率100%，提前办结率51.6%。通过规范审批单位自由裁量权，税费在去年同比增长51.2%的高位上又增4.4%，税费收缴实现两年连增。在省政府办公厅的大力支持下，办件录入推行“部门全覆盖、事项全覆盖、流程全覆盖”，办件数据实行“日统计、周排名、旬调度、月通报”，办件状态实施“即时监控、即时纠错”，全年录入办件493.3万件，排名全省第一，成为首个超越长沙市的市州，省网办件居全省首位。（黎　杰）

【“12345”热线被评为全国优秀热线】 2015年，市政府“12345”公众服务热线严格按照“百分之百受理、百分之百办理、百分之百反馈”的工作要求，认真践行“听民声、察民情、聚民智、解民忧”的责任使命，积极发挥热线服务民生的功能，如期完成年度工作任务。全年受理群众来电237768件，来电15秒接通率99.5%，来电综合办结率98.72%，话务总量累计突破88万件。83家责任单位办理工单116534件，工单办结率100%，按期办结率98.46%，其中，22家单位的按期办结率100%，群众满意率86.75%，收到市民表扬件517件。全年综合指标值A类（95以上）的单位有62家。在全国首次333个地级及以上城市“12345”公共服务热线测评中，岳阳市政府“12345”公众服务热线以86.6分的总得分，名列全国19位、全省第2位，连续第四年获评全国优秀热线。（王　奕）

【热线平台建设】 2015年，全市热线平台建设得到加强。市政府“12345”公众服务热线在全省率先实现与岳阳市社会救助平台的并线运行，受理社会救助类来电3363件，及时帮扶困难群众逾万名。新整合“12328”交通运输服务热线。全年受理交通运输服务类诉求3363件，按期办结率99.97%。微信办单平台正式投用，方便基层一线热线工作人员走访入户、现场办公，提升基层工单办理效率和基层群众满意率。华容县、平江县建成县级工单办理网络平台，全市建成投用的县级“12345”工单办理网络平台增至5个。工单办理网络延伸至各乡镇和县直单位。（王　奕）

【承办电话问政20场】 2015年，市政府“12345”公众服务热线组织各县（市）区政府、市直部分单位和公共事业单位开展20场电话问政活动，受理问政来电362件，按期办结率100%，群众满意率91%。各单位负责人与基层群众直接对话、直面诉求，及时解决热点、难点问题，社会反响良好。电话问政活动再次获得全国政府门户网站政民互动类精品栏目奖。（王　奕）

【加快电子政务项目建设】 2015年，市电子政务办加快电子政务项目建设，取得较好实效。6月，岳阳市地理空间框架专题数据建设项目正式启动，项目主要建设内容为构建包含全市近30家市直单位合计约70万条专题数据的数据库。截至年底，数据库中录入的数据50余万条，同时，有多家单位接入共享服务平台。年内，岳阳市“数字岳阳”地理空间框架建设项目荣获中国地理信息产业优秀工程奖金奖。市电子政务云平台项目建设经过1年的努力，完成前期考察、交流学习、技术论证、方案编制、专家评审、投资审核等各项前期工作，将进入招投标程序。根据市政府第32次常务会议的安排，市场主体许可审批监管信息共享交换平台项目启动建设。平台充分利用涉税系统硬件资源，大量节约财政投资，于11月23日上线试运行。人大政协建议提案办公平台项目已完成项目技术方案编制、预算编制、评审、招投标等工作，项目进入实施前准备阶段。部门电子政务项目建设全面推进。君山区城市治安电子防控系统（二期）、岳阳楼区网格化社会综合管理系统、市中院数字法庭、两级法院执行指挥与司法查控系统、档案馆智能化系统、数字城建档案馆、数字城管（二期）、国土局“四全”服务模式平台、智能交通、平安城市三、四期、公安基础信息化、技侦应用平台、网安综合应用平台等多个项目启动建设或建成运行，全市电子政务建设迈上新台阶。 （叶　辉）

【市政府门户网站工作有成效】

2015年，岳阳市政府门户网站进行第四次大规模升级改版。建成市政府英文门户网站和网站智能问答平台。再次获得由中国促进网评选的中国政务网站领先奖、“市长信箱”“在线访谈”连续获得全国政府网站政民互动类精品栏目奖。岳阳市事业单位年度报告公示平台、岳阳信用信息平台在2015年获评精品栏目。一是信息公开突破难点。站群优势充分发挥，市政府网站群统一平台信息发布量72000多条，信息公开总量23万多条。重点领域信息公开更加细化和深入，公开信息数量12000多条。开发建设岳阳市事业单位年度报告公示系统，发布相关的事业单位公示信息3628条。统一规划建设市政府三清单一目录公示系统，集中公开全市各部门预决算和三公经费。二是政民互动能力领先。市长信箱收到市民有效来信4006件，办结回复4006件，办结回复率100%，满意率比2014年高10个百分点，在线访谈栏目点击率破2万，围绕公交车调价、水价格改革等民生问题开展调查征集10次，网民留言4000多条，网站影响力进一步提高，市政府门户网站微博粉丝过10万大关，信息发布量9000多条，成功晋级网络大V行列。三是普查工作成绩斐然。普查工作期间，全市各市直单位、县区政府组织动员500多人进行人工巡查，全市政府网站修复错误链接5000多个，改正错别字近1000条，整改超期未更新栏目500多个，清理空白栏目200多个。各级各部门政府网站“信息更新不及时，信息内容不准确，互动交流不回应，服务内容不实用”等“四不”问题得到有效解决。 （叶　辉）

法治政府建设

【推进依法行政工作】 2015年，市政府法制办按照依法行政及政府法制工作总体要求，全面推进法治政府建设，不断提高依法行政工作水平。3月，根据省政府法制办的安排部署，代市政府办起草《2015年度依法行政工作要点》和《2015年度依法行政考核方案》，对全市依法行政工作作出具体安排和部署。8月，召开全市依法行政工作推进会，就工作中的难点热点问题进行再动员再部署。12月，按照《湖南省行政程序规定》相关规定要求，市政府法制办起草2015年度全市依法行政工作情况报告，向省政府和市人大常委会进行报告。

【确保文件合法】 2015年，市政府法制办按照《湖南省规范性文件管理办法》的规定要求，进一步健全完善规范性文件制定与管理的各项制度，明确工作职责，规范工作程序，细化工作要求，强化合法性审查，对不合法的坚决不予通过，或及时提出修改意见予以纠正，确保文件合法、适当。全年审查市政府和市政府办公室规范性文件51件，向省政府法制办报备35件，市直部门规范性文件10件、非规范性文件76件，会议纪要、行政合同、协议等其他公文120余件，做到有件必审、审查必严。审查县市区政府（管委会）报备的规范性文件123件，做到有件必备、有备必审、有错必究。认真落实“三统一”制度，对35件市政府规范性文件、10件市直部门单位规范性文件进行统一登记、统一编号、统一公布。落实申请审查制度，对1件由公民、法人提出申请审查部门单位规范性文件进行书面回复。推进规范性文件信息化管理，建立健全规范性文件动态有效期系统，初步实现动态管理。

【加大行政复议工作力度】 2015年，市政府法制办加大行政复议工作力度，改进行政复议案件办理方式。年内，收到公民、法人和其他组织提出的行政复议申请113件，立案101件，不予受理12件，办结86件，按时完成全市行政复议和行政应诉统计上报工作。加强行政复议规范化建设，设置案件审理室，按要求对外公布申请和办理行政复议案件流程，积极创新行政复议工作机制，注重运用调解、和解等方式解决纠纷，促成纠纷解决。

【严格规范行政执法】 2015年，市政府法制办加强对全市行政执法队伍的培训管理，严格规范行政执法。突出行政执法人员的法律知识和业务培训，全年培训行政执法人员2000余名，有效提高行政执法人员的素质。推行行政处罚决定书网上公布工作。对全市行政执法单位查办的适用一般程序的行政处罚案件的行政处罚决定书，从2015年8月1日起，按依法、及时、规范、真实的原则，在执法单位网站予以公布。开展行政执法案卷评查。组织专业人员，对市直各行政执法单位2014年9月至2015年9月按一般程序办结的行政处罚、行政许可案卷进行评查，提高行政执法办案质量。加强执法监督。全年接待各类行政执法咨询610人次，参与行政执法矛盾协调98起，开展专项执法检查5次，促进依法、文明、公正执法。

【提供政府法律服务】 2015年，市政府法制办积极作为、主动履行参谋助手和法律顾问职责。代理市本级行政诉讼案件36件、办理行政复议答复案件10件，参加市政府涉法事务会议71次，办理领导批示件46件，出具法律意见书30份。为贯彻中共十八届四中全会《决定》精神，与市司法局联合制定下发《关于进一步加强政府法律顾问制度工作的通知》，并组织市政府外聘法律顾问参加市政府有关会议45人次，参加市政府重大决策专题会议10人次，参与纠纷调解50起，出具法律意见书20份，为市政府依法决策、依法行政提供法律服务。

（本栏撰稿 冯庆慧）

经济研究

【概况】 2015年，市政府经济研究室围绕“一极三宜”江湖名城建设，弘扬敢于担当、埋头苦干、团结协作的作风，认真履行各项职能，不断提高政务服务能力和水平，较好地完成各项目标任务。

一、坚持高标准、出精品，抓好文稿起草。牢固树立精品意识，着力提高文稿起草质量。起草领导讲话、专题报告等综合性文稿470余篇，平均每天1篇多，均被领导采用。2015年政府工作报告受到市长表扬。季度经济形势分析会议上的讲话、“三严三实”党课材料等得到市政府主要领导的肯定。以市领导盛荣华、刘和生名义起草的《为新增长极建设提供坚强法治保障》《突出做好五篇文章，全力打造湖南新增长极》《打造开放桥头堡，建设湖南增长极》等文稿先后在《湖南日报》和《湖南工作》刊载，得到较好评价。

二、坚持接地气、深挖掘，开展调查研究。按照立足自身、深入基层、熟悉政策、深化研究的原则，紧扣岳阳经济社会发展中的热点、难点问题和影响未来发展的深层次问题，开展一系列针对性、前瞻性研究，较好地营造扎实调研、积极建言的良好氛围。参与民盟湖南省委参政议政调研课题，起草的《关于加快打造岳阳通江达海新的增长极的研究报告》《关于把建设大港口作为湖南新增长极建设的重要突破口的政策建议书》等专项课题通过评审顺利结题。借外力、引外智，与有关部门密切配合，共同开展专题调研，群力献良策。完成工业地产发展、PPP模式探索以及加快岳阳旅游产业“七高”路径探析等课题调研，形成专题报告供市政府领导决策参考。

三、坚持贴中心、求实效，做好信息报送。政务信息工作坚持周调度，月小结，半年评议，年终考核，推动全市政务信息工作上水平。切实抓住重点、跟踪热点、剖析难点、关注弱点、捕捉亮点，不断提高政务信息质量，增强信息工作的准确性、时效性。向国务院、省政府报送信息1200多条，有70多条信息被采用。如推进长江经济带开发建设、深化县级公立医院改革、推进农村新能源建设等专题信息，及时反映岳阳市委市政府的工作措施和工作进展，加深省政府领导对岳阳工作的关注度。

（傅家钧）

信访工作

【概况】 2015年，岳阳市委市政府信访局（简称市信访局）贯彻落实中央、省关于信访工作制度改革的安排部署，以“事要解决”为核心，以基层基础为重点，大力推进信访工作“双向规范”主题活动、网上信访、进京非访专项治理等重点工作，信访工作取得较好成效。在全省信访工作考核中岳阳市再次以第二名的成绩被评为优秀单位。一是全年任务圆满完成。实现信访总量、进京赴省非正常上访、重复到市上访三下降，来信上升的工作目标。二是多项工作全省领先。依法逐级走访工作在全省信访工作制度改革交流推进会上作经验交流发言；网上信访信息系统覆盖率、信访事项录入量以及系统应用率均居于全省前列，受到省信访局通报表扬，办理国家、省级转送、交办件1364件，到期办结率100%，省委书记交办的2件信访案件全部办结。三是信访秩序明显好转。群众依法逐级走访的意识不断提升，未发生进京重复集体访和极端事件，未发生因信访问题处置不当造成的重大恶性事件和群体性事件，保持社会和谐稳定。

【信访双向规范活动】 2015年，市信访局以“信访法治建设年”活动为契机，围绕信访工作制度改革各项措施，在全市开展信访工作“双向规范”主题活动，规范群众信访行为，引导群众依法理性表达诉求，规范信访部门和责任单位处理信访问题的工作行为，推动信访问题依法依规按程序处理。围绕信访工作制度改革内容，举办全市法治信访培训班，开展接访、办信、复查复核等业务知识学习培训13场次，并通过以赛代训的形式开展信访知识竞赛以及接访和网上办信技能大比武三项竞赛活动。各级领导干部信访工作理念得到切实转变，依法依规处理信访问题的意识和水平得到有效提升。以国务院《信访条例》修订实施10周年和信访工作“双向规范”为主题，在全市开展信访宣传月活动，宣传《信访条例》、信访政策规定、信访工作制度改革等内容。制作信访公益宣传片、信访政策问答题在岳阳电视台黄金时段滚动播出，制作一套信访知识宣传漫画张贴到村到组，群众依法依规信访意识不断提升，信访漫画还在国家信访局举办的“《条例》这十年”作品征集活动中获奖。根据国家、省信访局相关工作规定，制定《岳阳市信访局信访工作规程》，切实保障群众信访事项准确受理、程序到位、依法处理。建立健全信访事项受理办理和跟踪督办机制，每周确保群众信访事项在规定时限内依法依规按程序办理。严格落实责任追究，各级各部门信访工作责任意识、规范意识不断增强。坚持依法治访，协调公安机关依法处置涉访违法行为，信访秩序进一步规范。

【化解信访问题】 2015年，市信访局坚持强化源头治理，发挥基层群众工作网络以及信访信息员的作用，加大矛盾排查和访情预警信息报送、研判力度，确保信访问题和重点人员动向“发现得早、控制得住、化解得了”。全年全市各级各单位排查矛盾纠纷隐患4080件，其中3264件及时就地化解。严格落实“定点接访、重点约访、专题接访、带案下访和领导包案”的“四访一包”制度，推动各级各部门主要领导干部参与接待群众来访、约谈处理重大疑难信访问题，集中行政资源和力量促使疑难信访问题妥善化解。市委书记、市长等17名市级领导参与接待群众来访86批1009人次，化解重点难点信访问题56件。推动积案化解，开展重点难点信访问题梳理汇总、分析研判，将久拖不决、久诉不息问题作为信访积案向责任领导、责任单位进行交办，并联合市委督查室、市政府督查室以及市委政法委执法监督室对交办积案进行专项督查和验收，明确包案领导、化解期限，确保信访积案“案结事了”。开展进京非访专项治理，综合运用教育疏导、帮扶救助、公开听证、“十帮一”以及行政措施狠抓“骨头案”“钉子案”化解。在市人民来访接待中心设立法律咨询室和专家咨询室，组织专业律师、心理咨询师有序参与信访接待和信访问题化解，并得到国家信访局门户网站、《人民信访》《湖南日报》《岳阳日报》等媒体平台报道推介。

【建立网上信访系统】 2015年，市信访局根据国家、省信访局安排部署，全面推进湖南省网上信访信息系统的整体对接、分级建设、培训使用等工作。按照“横向到边、纵向到底”的要求，全市网上信访基础建设工作基本完成。全面推进网上信访信息系统应用工作，所有来信、来访、网上信访事项都在信访信息系统中进行登记、录入、转送、交办，实现信访事项“网上流转、网下办理”新常态。开展信访信息录入百日会战活动，对2015年1月1日以来应录未录的信访事项全部集中补录进信访信息系统，建立健全信访信息应录尽录的长效机制。加强信访信息系统应用情况的检查和督促，及时发现各级各部门在信访信息登记录入、受理办理中存在的问题，严格督促责任单位按照要求予以改正，确保信访信息录入准确、转送交办程序规范、受理办理资料齐全。加强培训和指导力度，通过集中培训、带班轮训、上门指导等方式推动各级各部门尽快学会、用好信访信息系统，各级各单位信访工作信息化水平不断提升。

（本栏撰稿 邱 梁）

人力资源和社会保障工作

【概况】 2015年，市人力资源和社会保障局（简称市人社局）围绕服务建设“一极三宜”江湖名城目标，坚持“民生为本、人才优先”工作主线，发扬“四为”（民生为本、法纪为镜、事业为重、团结为要）人社精神，就业和社会保障目标任务超额完成，人力资源支撑经济社会发展作用更加凸显，在省人力资源和社会保障厅综合绩效考核和市委市人民政府综合绩效考核中均被评为优胜单位，被评为全国清理整顿人力资源市场秩序专项行动先进单位。

一、就业创业势态稳定。实施积极的就业创业政策，提请市委市政府制发《关于推动创新创业带动就业的若干意见》和《关于做好高校毕业生就业创业工作的意见》等文件，担保发放创业贷款1.9亿元。建立“众创空间”平台，举办28期创客沙龙及创意市集，组织8188人参加创业培训。开展春风行动、就业援助月等专项活动，举办人才交流会46场次。全市实现城镇新增就业55459人，新增农村劳动力转移就业41117人，失业人员再就业28998人，就业困难对象再就业10142人，新增创业主体33912个，带动城乡就业52951人，城镇登记失业率控制在3.71%，超额完成年度目标任务。

二、社会保险运行平稳。落实企业养老保险费费率过渡试点，实现城乡居民养老保险关系顺利转移接续、城镇职工医保互转互认，机关事业单位养老保险制度改革全面启动，巴陵石化、长岭炼化公司医保移交地方管理。全市“五险”参保人数稳步增长，企业养老保险、机关事业单位养老保险、城乡居民养老保险、医疗保险、工伤保险、生育保险、失业保险基金征缴分别为24亿元、6.85亿元、2.1亿元、11.8亿元、1.985亿元、0.63亿元，1.1亿元，均超额完成年度目标任务。基本社会保险覆盖率95.1%，基本医疗保险覆盖100%，基本养老保险覆盖率90.2%，超额完成省市小康指标任务。各项社会保险待遇均能及时足额发放。社保卡持卡人数320万人。

三、人事人才管理提质。完成公务员招录笔试、面试和市直事业单位公开招聘工作以及培训、考核等任务。机关事业单位工作人员工资调标工作有序实施。县以下机关公务员职务与职级并行制度和乡镇工作补贴制度全面启动。评选政府特殊津贴专家90人。安置57名军转干部及6名随调家属。“三支一扶”招募工作被国家人社部被评为先进。指导市中医院建立博士后流动站协作研发中心。完成13个类别、202场次、26800人次的笔试组考任务，未出现一例安全责任事故。承办四海揽才活动受到市委组织部肯定。

四、劳动关系总体和谐。推行工资集体协商，落实最低工资标准，探索推进国有企业负责人薪酬制度改革，全市城镇在岗职工年均为4.13万元。规模企业动态劳动合同签订率97%，已建工会组织企业工资集体协商建制率65%。受理劳动人事争议案件1425件，处理1354件，结案率95%。处理43起拖欠农民工工资案，为870多名农民工追讨工资款1963.4万元。

【扶持家庭服务企业】 2015年，市人社局推出政策打捆扶持、行业规范制定、就业容量扩展等政策措施，壮大家庭服务业，支持家服企业品牌化、规范化发展。实施“员工制家服企业培育”“家服企业进驻社区联动服务”两大行动，推动社区平台就业服务和家庭服务相融合。年内，国泰阳光养老等6家全国“千户百强”企业脱颖而出，全市家庭服务业从业人员4.56万人，新增吸纳就业5730人，解决大批城镇失业人员和进城务工人员的就业问题，成为带动就业的新增长点。

【开展四海揽才活动】 2015年，市人社局落实国家、省里重大人才工程和市委市政府《巴陵人才工程实施方案》《加强高层次创新创业人才引进工作的实施办法（试行）》，主动承办“四海揽才”活动。开展3次人才需求摸底、举办2次人才需求信息发布会，组织293家企事业单位先后赴武汉、深圳、长沙三地开展人才招聘活动，取得明显成效。招聘活动由市委常委、组织部长、统战部长王瑰曙带队，市委组织部、市人社局牵头组织，企事业单位自主报名参加，做到“五个统一”（统一组织、统一经费、统一展台、统一发布、统一来去），所需费用均从市人才发展专项资金中列支。推出绿色通道、安家补助、工作补助、政府奖励、生活补贴、创业扶持、配套服务等七项优惠政策吸引人才，年薪最高达100万元。与武汉大学、湖南大学等27家“985”“211”重点院校签署《人才合作框架协议》。武汉招聘会上，134名人才与企事业单位达成就业意向，深圳国际人才交流会上，51名高校毕业生与企业达成就业意向，长沙招聘会上，4000人与企事业单位达成就业意向。

【启动机关事业单位养老保险改革】 2015年，市人社局依据《湖南省政府关于机关事业单位工作人员养老保险制度改革的实施意见》，全面启动全市机关事业单位养老保险改革。10月29日，市政府组织召开全市机关事业单位养老保险改革动员部署大会。市人社局、市编办、市财政局联合制定下发《岳阳市机关事业单位工作人员养老保险制度改革实施方案》。原市机关事业单位养老保险管理服务中心更名为市机关事业单位养老保险管理处，隶属市人社局管理，内设综合、财务、个人账户管理、基金征缴稽核、退休管理服务等科室。选派17名干部参加全省机关事业单位养老保险基础数据采集软件培训班，并组织300余家参保单位近400人的数据采集软件培训。完成机关事业单位基本养老保险基金新老账户的变更与启用，实行单独建账，专户管理。审查复核参保单位编制情况，完成市本级288家单位25400人的基础信息录入工作。做好老政策参保的个人账户清理核对工作，全面清理按老政策参保的个人账户，按政策办理养老金转移与清退工作，确保新老政策的衔接与过渡。参保人数和基金征缴任务超额完成，全市在职参保人数13.08万人，基金征缴6850万元，分别完成全年任务的108%和118%。

【创建人社窗口业务零公里服务圈】 2015年，市人社局在岳阳楼区开展人社系统服务基层平台建设试点，筹资1200万元，建成42个社区、街道办事处人社基层平台，以发行与应用社会保障卡为载体，首创“移动互联+人社服务”模式，实现公共就业、技能培训、社会保险等在内的80多项人社业务在网上和手机上直办，20多项人社便民服务事项在社区自助办理，通过优化平台布点，群众在周边一公里内即能找到社区平台办事，将大量窗口业务化繁为简，在平台实行一个窗口受理，能即办的事项立即办结，不能即办的事项立即受理、全程代办，群众办事从“跑多个部门、走多个流程”变为“只进一道门、只找一个人、一次性办成”，把人社窗口服务送到群众家门口、延伸到老百姓的手指尖。在岳阳楼区组织召开现场会，推广该区经验，力争让人社服务基层平台覆盖到各个县市区，并逐步纳入其他政府公共服务事项，努力把社保卡打造成“岳阳一卡通”。

2015年10月29日，全市机关事业单位养老保险制度改革动员部署会召开 （市人社局 供稿）

【引进医保智能审核平台】 2015年，市人社局借鉴并提升湛江经验，与中公网签署《岳阳市医疗保险第三方服务委托协议》，引入中公网智能审核平台，委托第三方专业服务机构对市本级医保支付基金进行审核，对定点医疗机构的医疗服务质量进行评价，建立一整套事前预防、事中监督、事后审核的监管服务体系，将监管前移到诊疗全过程，确保精准付费，有效遏制过度医疗、大处方等违规骗保行为，缓解群众看病贵问题。人社部医保司、省人社厅肯定岳阳的做法。

【医保基金实现收支平衡】 2015年，市人社局在医保基金管理工作中，贯彻落实《关于进一步加强我市基本医疗保险有关工作的通知》，做好收、管、支三个环节文章，全市医保基金运行平稳，在医疗需求与费用不断快速增长的情况下，医保基金实现收支平衡，确保医保惠民政策得以落实。一是扩大参保覆盖，加强基金征缴。全市新增城镇职工参保21800余人，参保人数156.87万人，参保单位5337家，参保覆盖率97.8%。参保人基金征缴超额完成，职工全市医保基金总收入为118039万元，完成目标任务

83000万元的142.22%，全市居民医保收入39946万元，市本级居民医保收入4448万元。医保处全面清查医保系统里的2710家参保单位，确定实际有效单位1980家，处于活动状态的单位1536家，破产改制单位179家，特困单位11家，视同特困企业2家。同时建立定期联系机制，做到每月与单位业务承办人都有电话或微信联系。单位信息录入与人员异动均建立台账，生成纸质资料184本36800余页。并且增强催缴的力度，对欠费2个月以上单位进行梳理，视情或电话或上门催缴。系统欠费下降超过1000万元。成功追缴14家已停保1年以上单位的欠费。二是提高保障水平，落实医保惠民。全年医保支付待遇稳中有升，全市支付总费用120459万元，其中城镇职工总支付88348万元，比2014年同期增长28%，城镇居民总支付28742万元，同比增长36%，全市生育保险支付基金3369万元，市本级生育保险支付基金2541万元，同比增长740万元。减轻病人负担，医保报销病种增加，医保目录涵盖的药品5646种，涵盖的诊疗项目7480项。实现巴陵石化、长岭炼化职工医保移交地方管理，提升医保群众知晓度，开通第三方支付评审服务，简化医保流程，构筑医保绿色通道服务，方便群众办事。三是加强监督管理，实施“阳光医疗”审核。医保处在抓好医保管理服务工作，真正管好用好老百姓的“看病钱”“救命钱”，推出“阳光医疗”审核行动。针对部分定点医院住院指征把握不严、个别医院联合参保人挂床住院、伪造医疗文书虚假治疗与收费、部分实施中医单病种医院管理不到位等情况进行专项巡查。与君山区、岳阳楼区医保紧密配合联合监管，对共性和普遍性违规行为凝聚力量共同整治，取得明显成效。全年监督检查医疗机构576次，监管病人8276人次，处理各类违规行为120余人次，在院人次明显下降，扣除不合理基金支出约71万元。

【工伤保险服务能力有效提升】

2015年，岳阳市工伤保险制度改革步伐明显加快，基本建立工伤预防、补偿、康复三位一体的保障制度。征缴扩面进展迅速推进，“十二五”期间，参保人数增幅700%，由2011年的10万人参保，发展到2015年的77万人参保，征缴金额五年来翻一番。通过不断扩大工伤覆盖面、完善工伤保险制度体系上下功夫，切实提高保障水平，实现工伤保险事业有序开展。全市工伤保险参保人数达770093人，基金征缴21226万元，审核工伤待遇26312人次，基金支出22131万元。工伤保险基金收支整体平衡，有效保障参保职工合法权益，维护社会的安全稳定。

（本栏撰稿　刘贡献　何　龙）

民政工作

【概况】　2015年，市民政局围绕建设“一极三宜”江湖名城的工作大局，按照“守住底线、突出重点、完善制度、引导预期”的民生工作思路，坚持问题导向、关注民生热点、回应群众期盼，夯实民生保障基础、全力服务民政对象、增强公共服务效能、优化社会治理结构、有效破解民生难题，社会救助、社会福利、优抚安置、社会组织管理、社会事务管理等工作取得明显进步，民政部门与人民群众之间的联系进一步密切，有力推动全市全面建成小康社会进程，为确保全市经济社会平稳健康发展作出重要贡献。全年收到市长信箱咨询投诉34件，“12345”公众服务热线工单536件。对人民群众的咨询投诉，都由经办人员主动与当事人联系，了解情况后及时交由相关科室和单位处理、回复，做到办结率100%，回复率100%，民众满意度不断提升。办理人大代表建议、政协委员提案24件，做到事事有回复、件件有落实，代表满意率为100%。市民政局被评为全省民政工作先进单位，民政工作成为市委市政府重要的全局性工作。

【社会救助标准提升】　2015年，市政府加大社会救助工作力度。市辖区城市低保保障标准线为每月400元，农村低保保障标准线为每月200元。全年发放城市低保资金31254.6万元，月人均补差255元，发放农村低保资金17720万元，月人均补差112元。全市农村五保供养对象44881人，其中，集中供养对象9860人，分散供养对象35021人，集中供养标准为每季1304元，分散供养标准为每季725元。按政策规定开展住院救助和重特大疾病住院救助，发放医疗救助资金6089万元，救助81179人次，重点救助对象政策范围内住院自负医疗费用救助比例达到70%以上，普通疾病住院救助年救助封顶线不低于5000元，重大疾病住院救助年救助标准最低不少于1万元。对接全国低保信息系统，及时录入有关人员数据。出台《岳阳市城乡居民最低生活保障实施办法》，严格规范操作流程和档案管理，对救助申请审核审批和动态管理各个工作环节做到有效公开。成立居民家庭经济状况核对办公室，开展收入核对，对救助家庭经济状况的定期抽查和回访，确保救助对象认定的准确和公正。进一步强化农村低保乡镇（街道）的受理责任、审核主体责任和县级民政部门的审批主体责任。进一步完善社会救助“一门受理、协同办理”机制，督促和指导乡镇（街道）全面建立、完善社会救助服务平台。成功应对“4·4”“5·15”“5·27”“6·2”4次洪涝灾害。积极救助灾民，确保灾民在发灾后12小时内得到有效救助。深入推动减灾示范社区创建工作，顺利完成岳阳市救灾物资储备仓库的建设。

【优抚安置军休工作服务到位】

2015年，全市优抚、安置、军休工作稳步推进。建立重点优抚对象抚恤补助标准自然增长机制，全市各类优抚对象抚恤补助全部按时按标准打卡发放，各地财政应承担的义务兵家庭优待金均按省政府规定落实到位，新挂军烈属光荣牌3000块。及时更新优抚信息管理系统数据，增减优抚对象信息5200多条，进一步规范信息数据管理工作。扎实做好烈士纪念工作，及时对烈士纪念设施和零散烈士墓进行维修保护。完善重点优抚对象医疗费用“一站式”即时结算网络服务平台，启动2015年优抚对象短期疗养工作，结合医疗巡诊，充分利用优抚医院的医疗资源，为优抚对象解决“看病难、看病贵”的问题。会同公安、维稳、信访等部门，建立集访处置联络机制，制定处置预案，落实工作责任，形成工作合力，稳妥解决信访问题。按照“积极接收、妥善安置、保持长期相对稳定”的安置原则，认真做好本年度军休人员的安置去向审定和接收安置工作，推崇文化养老、快乐生活、亲情服务的新理念，营造文化军休、和谐军休、品牌军休的氛围，提升军休服务管理水平。大力宣传职业教育和技能培训政策，市本级对有培训意愿的的退役士兵分别在岳阳职业技术学院和洛王驾校进行职业教育和技能培训，培训合格率、获证率100%，就业率90%，县市区创新工作方式，积极为退役士兵技能培训创造良好环境，湘市退役士兵微信平台建设经验被中国社会报进行推介。依托市“双带双促”工作领导小组，在各街道（乡镇）建立退役军人之家，主动开展帮扶活动，激发退役军人自主创业热情，维护社会大局稳定。岳阳县在全县干部和退役军人中开展农村复退军人帮扶竞赛活动，工作经验得到民政部的推介。云溪区民政局建立优抚对象民主自治制度，切实加强政策宣传，实实在在帮助优抚对象解决困难。优质、快速、准确、安全、保密地完成过往部队后勤接待任务19批10546人次，无漏供、错供及拒供现象，收到有关部队感谢信10封。

【基层民主建设得到加强】　2015年，全市基层民主政治建设进一步加强。深化村（居）民自治，及时制定完善城乡基层协商相关制度，市本级出台《关于推进城乡基层民主协商的意见》，各县市区也出台《关于加强社区社会组织建设、推进社区协商共治的实施方案》等文件，全市431个城镇居委会依法自治达标率和3095个农村村委会依法自治达标率均达到99%，分别较2014年度提高5%和6%。选派人员参加省厅村“两委”女主干“展璞计划”项目培训，并圆满完成任务。开展城乡居民依法自治达标率监测工作，下发《关于开展“美好社区、温馨家园”、居务公开、城乡居民依法自治达标交叉检查的通知》，分成三个组对各县市城乡居民依自治达标率监测工作进行交叉检查。配合益阳市民政局对岳阳楼区、湘阴县城乡居民依自治达标率监测工作进行抽样检查。深入开展和谐社区建设，市中心城区新建、改扩建社区办公服务用房23个，县市区通过大力新建、改扩建及部门用房调济的方式，使办公服务用房条件得到显著提升。下发《关于推进社区服务型党组织和社区工作规范化建设的意见》，对社区服务站功能布局优化进行规范。在岳阳楼区开展社区网络服务平台建设试点工作，该区15个乡、街道和25个社区的网络服务平台已投入使用。探索社区综合治理和服务新途径，在全市范围继续开展“美好社区、温馨家园”创建活动，并评选出30个示范社区。下发《清理规范村（社区）承担的公共事务上下联动整改工作方案》《岳阳市村承担公共事务参考目录》《岳阳市社区承担公共事务参考目录》《岳阳市村（社区）协助上级机关工作事务参考目录》，开展村（社区）事务清理工作。分层次、有计划做好培训工作，社区专职工作队伍建设得到加强。推进农村社区试点，农村社区建设试点面比上年有所扩大。对村务公开民主管理和城乡社区示范创建活动，进行部署，下发《关于做好2015年度村务公开民主管理和城乡社区建设示范单位申报等工作的通知》，并向上申报2015年度村务公开民主管理和城乡社区建设示范单位推荐名单。

【社会组织管理依法依规】　2015年，岳阳市社会组织管理工作有序开展。健全社会组织发展政策措施，社会组织登记管理改革取得成效，实行行业协会商会类、科技类、公益慈善类、城乡社区服务类四类社会组织直接登记，全市新增社会组织1016个，达到2218个。取消社会组织的筹备工作阶段和分支机构登记，对公益慈善类社会组织登记适当降低注册活动资金。争取市政府下发《关于进一步加强市直社会组织管理的通知》，出台《岳阳市社会组织失信行为惩戒制度》。依法依规开展社会组织年检，市本级年检率达到95%，县市区年检率达到90%以上。完善第三方评估机制，设立相应的社会组织评估委员会和社会组织评估复核委员会对全市社会组织进行评估，今年评定出4个AAAAA级社会组织，10个AAAA级社会组织，16个AAA级社会组织。健全社会组织民主机制、加强社会组织财务管理、规范社会组织商业行为、实行社会组织信息公开制度、强化社会组织审计和执法监督，确保社会组织健康有序发展。严格按照《关于对市委管理干部在社会组织兼职进行清理规范的通知》的要求，清理规范领导干部兼任社会组织职务，72名副处以上领导干部不再兼任社会团体领导职务。推进行业协会商会行政脱钩，对全市社会组织进行分类，初步划定60个社会团体为行业协会商会。争取政府购买服务及财政支持社会组织发展，已有7个社会组织成功申报33万资金用于服务社会项目。深入推进社会组织党建工作，做到县市区社会组织党工委组建率100%；符合条件的社会组织党组织组建率达到100%，暂达不组建条件的，党的工作覆盖率达到100%。

（本栏撰稿　吴　伟）

档案工作

【概况】　2015年，全市档案系统紧扣建设“一极三宜”江湖名城奋斗目标，突出重点，扎实工作，圆满完成各项工作任务。市档案局获得国家人社部、国家档案局联合表彰的全国档案系统先进集体称号并在全国先代会上作经验介绍，获得全省档案工作先进单位、全省档案信息宣传工作先进单位，全市先进基层党组织、全市法治工作先进单位、全市精准扶贫先进单位等称号，再次获得岳阳市群众满意度调查优胜单位。市档案局继续保持湖南省文明标兵单位、市基层党建示范单位、市道德讲堂示范点等荣誉。

一、突出重点，服务中心工作。推进市县档案新馆建设。市档案新馆建设被列为全市十大文化工程和“一极三宜”江湖名城建设重点工程，圆满完成市政府下达的年度目标任务。华容县和平江县档案新馆完成省档案局多功能验收，临湘市、湘阴县和岳阳县档案新馆全面竣工投入使用。推进洞庭湖生态经济区专题档案资源数据库建设。9月，在全省洞庭湖生态经济区专题档案资源数据库建设推进会上，岳阳市作经验介绍，受到省档案局及80多位与会者的高度肯定。9月30日，印发《关于洞庭湖生态经济区专题档案资源数据库建设情况的通报》，并组织专项督查组从10月15日开始对市直30个单位进行了重点督导。12月1日，率先完成省洞庭湖生态经济区专题档案资源数据库建设工作。加强重点项目档案管理。7月，召开全市“一极三宜”江湖名城档案暨重点项目档案管理工作会议，下发《关于切实做好“一极三宜”江湖名城档案管理的通知》，指导建设单位收集各类档案资料2万余件。

二、抓住关键，加强档案宏观管理。加强制度建设。8月，市委市政府下发《关于加强和改进新形势下档案工作的实施意见》。云溪区、华容县等县市区党委、政府下发《关于加强和改进新形势下档案工作的实施意见》，促成各县市一些难点问题的解决。推进依法治档。在第三届“6·9”国际档案日，成功举办全市档案法律法规知识电视竞赛。8月，省档案局副局长蔡振武对岳阳市档案行政执法工作给予肯定。年内，全市对1688个单位进行档案行政执法检查，下发整改通知书78份，立案查处5起。提升档案规范化监管水平。进馆档案质量建设年活动扎实推进。40个第二批重点建设单位规范整理档案1.8万卷（册），录入电子目录16万条，75%的单位完全达到进馆档案的标准，并建立专项台帐。全市有18家单位晋升档案规范化管理省特级、省一级和省二级，1家单位通过省特级复查。4月，市档案局与市编办联合召开专题会议，制发《关于加强机构改革中档案管理的通知》，12月，与市民政局联合制发《关于做好岳阳市乡镇区划调整改革档案处置工作的通知》，确保档案资源的完整与安全。开展家庭档案建设，全市有10万户家庭建立家庭档案，打造档案品牌。加强新农村档案工作，华容县完成三封寺镇群力村、龙开湖村档案建设，岳阳楼区社区村建档率达到100%。

三、改革创新，推进“三个体系”建设。档案利用为民便民。全市综合档案馆接待档案利用资料及现行文件查阅者19503人次，帮助解决各类问题17600多个，发挥“档案为凭、一纸千金”的独特作用。档案资源体系建设得到加强。全市综合档案馆采取接收、征集、捐赠、重大活动档案同步采集等多举措接收征集档案资料80500卷（册）。市档案馆加强族谱档案的征集工作，收藏的族谱档案70余个姓氏，1000余卷。确保档案馆库安全。下发《关于进一步加强档案安全工作的通知》，实行领导带班，局馆干部24小时值班，确保档案馆库安全。

【市档案局获全国先进集体称号】 2015年，岳阳市档案局获得人社部、国家档案局联合表彰的全国档案系统先进集体称号。该局（馆）是湖南省唯一获此殊荣的地级市。12月27—28日，市档案局党组书记、局长任欣欣参加在北京召开的全国档案工作暨表彰先进大会，并作为4个先进集体代表之一在会上作典型发言，受到中共中央办公厅、国务院办公厅、国家档案局领导及与会者的肯定。《中国档案报》以“兰台先锋”头版头条刊发《湖南岳阳：突出法治服务发展》，对岳阳档案工作大篇幅进行宣传推介，提升岳阳的美誉度。

【市县档案新馆建设】 2015年，市档案新馆主要完成砖砌体、屋顶一级防水、外装饰及空调、消防、电梯、弱电信息化等专业系统的财评、公开招标、安装施工、调试，正式启动“岳阳记忆固定展览”布展等工作，累计完成投资6700万元，完成市政府下达的年度建设目标任务。整个工程无安全质量事故，省市建设质量、安全专项检查均一次通过，获得一致好评。县级档案馆建设加快推进。平江县周令钊艺术馆、规划馆于11月17日已正式开馆，临湘市档案新馆、湘阴县档案新馆、岳阳县档案新馆年内均竣工验收，正式投入使用。县市新馆形象亮丽、功能齐全、设施完备、各具特色，成为当地标志性的公共文化建筑和一道亮丽的文化景观。君山区档案新馆年内完成选址、建筑设计、财评、主体工程施工正式招标等工作。

【洞庭湖生态经济区专题档案资源数据库建设】 2015年7月2日，市政府召开岳阳市洞庭湖生态经济区专题档案资源数据库建设工作会议。9月15日，党组书记、局长任欣欣代表岳阳市在全省洞庭湖生态经济区专题档案资源数据库建设推进会上作经验介绍，受到省档案局及80多位与会者的肯定。9月30日，印发《关于洞庭湖生态经济区专题档案资源数据库建设情况的通报》，并组织专项督查组从10月15日开始对市直30个单位进行重点督导。12月1日，全市按省局要求全面完成全市2014年前所有洞庭湖数据录入、扫描、检测、汇总和上报省局工作，第一个完成省洞庭湖生态经济区专题档案资源数据库建设工作。全市市、县、乡三级370多个涉洞庭湖单位完成目录录入41226条，原文扫描283037页，数据库总容量220G。其中，岳阳市档案馆完成60个全宗的档案数据，录入目录1073条，完成原文扫描24496页。

【金正科技杯档案法律法规知识电视竞赛】 2015年“6·9”国际档案日，市档案局举办全市“金正科技杯”档案法律法规知识电视竞赛，来自各县市区档案局和市直战线系统的30支代表队参加竞赛。经过1天的预决赛激烈角逐，市住建局等6个单位分获得一、二、三等奖，市委常委、副市长唐道明等为获奖单位颁奖。比赛实况于6月9日晚岳阳民生频道和岳阳新闻频道进行实况播出。

【开展系列编研纪念抗战胜利70周年】 2015年，全市档案系统开展系列编研，纪念抗日战争胜利暨世界反法西斯战争胜利70周年。市档案局与岳阳电视台新闻频道联合推出《烽火湘北》系列抗战专题片，分三个系列70集，从6月至9月在岳阳电视台新闻频道专题播出。市县档案局充分挖掘馆藏档案，为《烽火湘北》拍摄提供文字、珍贵照片、军事地图等档案资料，《湖南日报》《岳阳日报》、岳阳新闻频道等各大媒体纷纷利用市档案馆珍贵抗战档案资料，挖掘抗日题材，报道岳阳抗战史实。《湖南日报》在9月3日、9月4日，利用市档案局馆藏连续刊发《课本刻檄文，犹闻抗战怒吼——岳阳发现74年前的〈民众学校课本〉》《岳阳发现58幅日寇军事地图》《湘阴县长守土日记曝光：愿拚命与湘阴共存亡》3篇报道，在社会上引起较大反响。市档案局编著的《岳阳抗战档案》，完成30多万字的样书，君山区编著7万字的《君山抗战史实》，并在9月3日前出版发行，湘阴县档案局与湘阴史志办历时一年多，编著《干城碧血》一书，将湘阴人民英勇抗战的珍贵资料集结成册，借此献礼抗战胜利70周年，发挥在抗战研究宣传中档案“让历史说话、用史实发言”的独特作用。

【连氏族人捐赠族谱档案】　2015年，连氏族人向市档案馆捐赠《湖北荆州连氏族谱》（上、下卷）。该族谱由中国台湾地区国民党原主席连战题词，介绍了中华连氏源流考、迁徙、定居与人口情况、连氏世系、连氏风采及历史印记等情况，内容详实，对于传承家族历史文化根脉，挖掘家谱蕴藏的民间记忆具有重要意义。

（本栏撰稿　田丽群）

移民工作

【移民后扶办实事】　2015年，市、县移民部门落实移民后扶政策，安排项目资金1.07亿元，实施移民后扶项目825个。主要有基础设施项目：新修通库和村组公路167公里，解决不安全饮水人口40129人，维修、护砌、清淤渠道223公里。产业开发项目：完成新建和改造油茶416.67公顷、茶叶106.67公顷、水果80公顷、巩固养殖网箱2.2万口、精养鱼池和大水面养殖473.33公顷、新增与巩固蔬菜基地153.33公顷，楠竹113.33公顷，巩固食用菌产能1500万筒。移民培训项目：全市移民培训5386人次，其中，农业实用技术培训3856人、就业技能培训1530人，转移就业1341人。直补资金发放：全市计打卡发放直补资金9003.4686万元，全市奖励考上全日制大学的大中型水库移民独生子女和计划生育二女户困难家庭子女97人，发放奖励资金21.99万元。

【规范移民后扶管理】　2015年，全市移民部门规范移民后扶管理，取得较好效果。市移民局按照“一个尽量”的原则，将后期扶持资金直接发放给移民个人，让移民最大程度受益。全市有78个移民村规范后扶方式，有11559名移民由以前的两者结合调整为资金直补方式，保障移民的合法权益。3月—6月，对全市移民人口进行年检年审，落实人口动态变化情况，核减移民人口2183人，更新和完善移民人口基础数据库，确保数据库的真实性和可靠性。编印《岳阳市水库移民读本》10000本下发到全市各个重点移民乡镇村组。5月，组织开展各县市区相关负责人与专干等60余人参加的移民政策法规培训班，邀请法律专家授课。

【推进移民扶贫】　2015年，全市移民部门开展扶贫攻坚，在贫困移民村安排基础设施建设项33个，产业开发4个。“一进两访”活动期间移民部门深入移民村组，访移民、问需求、问计策、结穷亲。全市移民部门走访移民户368户，听取移民意见建议87条，解决移民困难问题31个，结对帮扶困难移民103户。6月1日，全市移民区遭受历史罕见的特大暴雨灾害，其中临湘市源潭库区2名移民不幸身亡。灾情发生后，市、县移民部门立即组织干部深入灾区开展救灾，救助受灾移民户249户，安排应急资金13.74万元，恢复基础设施50处，安排灾后重建资金335万元，有效缓解灾情，支援移民重建家园。11月4日，全省第二批大中型水库特困移民避险解困试点项目启动仪式在平江县举行，该县争取到新建黄金洞、福寿山、岑川、南江四个避险解困移民安置点1276户、4361人的搬迁指标争取专项资金8700多万，年内完成第一批635人的避险解困搬迁安置

【移民项目资金监管到位】　2015年，全市移民部门加强对移民项目资金的监管，打造项目审查、项目验收、内部审计、项目稽察、监测评估、绩效评价“六位一体”的监督体系。一是健全管理制度建设，科学编制“十三五”规划。完善《岳阳市水库移民资金县级报账制实施细则》，制定《岳阳市水库移民后期扶持项目管理实施细则》进一步规范项目立项、审批、招投标、实施、验收、稽查等程序，明确质量、安全终身责任制，建立市级稽查专家库。启动移民后扶“十三五”规划编制，全市召开编制动员与培训会议12场，培训人员600余人。各级移民干部深入移民村、组，开展调研，力求“十三五”规划充分体现移民意愿，满足移民需求。二是严格项目计划审查，前移项目管理关口。市移民局前移审查关口，对县级上报的项目资金计划和后扶基金项目计划实行逐项审查，并出具书面审查意见，对安排在非移民区的项目计划一律不批，对重点移民村项目资金安排比例与产业开发资金比例不达标的一律推倒重来，对于项目资金安排严重偏离基本要求的约谈相关人员，反馈审查意见，限期整改。三是开展移民资金自查自纠。组织开展全市移民资金“自查自纠”活动，全市移民部门召开动员部署会议12场次，市移民局工作人员到县市区查纠与督促整改22次，87人次，查出与整改问题49个。各县局深入乡镇村组自查自纠与督促整改231次，745人次，整改自身问题248个。其中岳阳县移民资金使用管理接受省审计厅的专项审计，未发现重大违规违纪问题。四是开展内审稽察。从5月开始，市移民局从稽察专家库抽调5名专家，组成内审稽察专家组开展对临湘、华容、汨罗、湘阴、岳阳楼区、屈原6县市区2013—2014两个年度移民的后扶项目资金的内审稽察。8

月对全市移民资金使用管理与重大项目实施监测评估与绩效评价。

（本栏撰稿　许　腾）

民族宗教工作

【民族宗教政策法规宣教】　2015年，市民族宗教事务局（简称市民宗局）在全市范围内广泛宣传民族宗教政策法规。安排10名民族宗教工作干部到国家宗教局、中央民族干部学院和清华大学继续教育学院参加学习培训，会同有关部门在市委党校举办一期宗教教职人员培训班。华容县以“三课”教育为抓手，提高宗教工作“三支队伍”水平。君山区举办乡镇分管领导、宗教场所负责人和宗教教职人员培训班。华容县、湘阴县、汨罗市、平江县、君山区、市基督教三自爱国会还举办乡镇分管领导、宗教场所负责人、宗教教职人员参加的宗教政策、业务知识和财务管理等方面内容的培训班，培训5000多人次。

【依法管理宗教事务】　2015年，市民宗局对全市宗教团体、宗教活动场所、宗教场所主要教职、宗教教职人员分别按教派进行信息采集和数据录入，并装订成册。根据《宗教事务条例》和有关法律法规，结合实际制定出台《岳阳市加强宗教工作规范管理暂行规定》。按照“明确要求，逐级开展培训，深入调查，摸清基本情况，强化指导，确保平稳推进，疏导结合，提出治理意见”的总体思路，积极开展宗教领域专项治理。

【服务少数民族】　2015年，市民宗局制定《来岳新疆少数民族服务管理实施方案》，依据少数民族临时居住地、经商所在地划分，牵头组织公安、城管、社区等单位对口联系流通人员对象，主动沟通、主动协调、主动服务、主动管理。将少数民族流动人口的骨干人员吸纳到市伊斯兰教协会、市少数民族联谊会、市工商联等组织中来。6月29日，召开岳阳市伊斯兰教协会第三次代表大会，选举产生王建平为会长的新一届伊斯兰教协会。定期召开少数民族流动人口的骨干座谈会，帮助在岳少数民族人口做好经商、务工、就学、就医等方面的工作，引导他们入店规范经营。组织办好开斋节、古尔邦节等少数民族节日活动，评选民族团结进步模范经营户，指导市伊斯兰教协会规范清真放心食品活动，引导在岳生活多年的少数民族从流动摊点经营转向进店、进市场。两家岳阳标志性民族店铺买买提餐厅和伊麦尔特色美食城分别于4月、11月正式开业。

【开展民族团结进步创建活动】
2015年11月，省民宗委主任徐克勤带队到岳阳开展民族团结进步创建活动互观互检，代表省民宗委向湖南民族职业学院授予湖南省民族团结进步示范单位牌子。参观华洋幼儿园，对该园的申办工作给予充分肯定。11月，在长沙举行的湖南省第四届少数民族文艺调演上，市民宗局、市文化广电新闻出版新局精心挑选的《踏月瑶娘》节目获得金奖。

【引导宗教界参与公益慈善活动】
2015年，市民宗局争取省佛慈基金5万元资助华容县10名贫困学生。6月，临湘市遭受特大暴雨袭击，该市组织10余个宗教场所向灾民发放食品、衣物等物资计3万余元。“东方之星”沉船事故发生后，市道教协会安排人员赶到现场为遇难者制作纱衣。7月，市伊协副会长吐尔逊·买买提和马五麦募捐3万元援助新疆皮山县地震灾区。湘阴县宗教界为学校制作校服300多套，捐赠国学文化类书籍2000多套，开展慈善献爱心活动20多次，捐赠款物近10万元。岳阳县佛教协会为特教学校捐赠4万多元物品。市基督教三自爱国会引进澳门宣道堂资金，援助岳阳市三中和临湘市70多名贫困学生。基督教岳阳堂联系香港房角石基督教会与岳阳县一中7名高中学生签订助学协议，向毛田扶贫点捐赠棉衣价值3万余元。

【协调解决民族宗教纠纷】　2015年，全市民族宗教工作部门参与协调30余起外来少数民族经营纠纷，解决墨山禅寺重新架设电杆、增设变压器及白莲聚会点的用电问题，为西禅寺、注新教堂、团北聚会点、梅田湖聚会点解决土地纠纷问题，在宗教活动场所建立图书阅览室，将“学习月”活动与解决重点、难点问题结合起来，帮助解决4名信教群众反映的突出问题，妥善处理梧桐山庙、将军山庙的内部矛盾纠纷，聂市天主教历史遗留问题，以及武当行宫、三清宫、桃林东湖庙、长塘东湖庙等场所的矛盾纠纷。

（本栏撰稿　何灿红）

责任编校　曹春友

政协岳阳市委员会

综　述

【概况】　2015年，政协岳阳市委员会（简称市政协）围绕中心，服务大局，创新实干，履行政治协商、民主监督、参政议政职能。

一、围绕中心积极作为。服务助推“一极三宜”江湖名城建设。一是积极建言献策。在政协岳阳市七届三次全会上，倡议开展“为把岳阳打造成湖南通江达海的新增长极献计出力”主题活动，各级政协组织和广大政协委员积极响应，将新增长极建设作为履职重点。组织百名政协委员建言新增长极建设，收集建议90余篇、10多万字并编撰成册。组织专题调研，就“加快平江生态旅游发展”课题进行调研，将旅游与产业扶贫、项目招商相结合，促成市城建投与平江县幕阜山旅游开发合作项目。开展“县域工业园区转型升级提质增效”课题调研，对县域工业园区发展把脉开方，为全市“十三五”规划编制和市委市政府决策出台“园区十条”提供一手资料。在省政协双周协商会上，先后3次围绕岳阳市委市政府制定的“621”行动计划，就加快湖南长江经济带建设作专题发言。驻岳省政协委员提出“规划申报湖南自由贸易试验区”“规划基础设施升级版”“培育具有区域竞争优势的产业群”等多项建议。积极争取省政协的重视与支持。省政协领导在省委常委会议、省委经济工作务虚会等会议上多次为岳阳新增长极建设鼓与呼。二是助力重点工程建设。积极参与市委交办的产业转型升级战略、洞庭新城项目建设、环南湖旅游交通三圈建设、中心城区禁违拆违治违、城区十大片区棚户区改造、岳阳静脉产业园等重点工程和中心工作。倡议并参与举办“首届岳商大会”，推介岳阳市情及一批重点产业招商项目，举办乡友大会、专家论坛、实地考察等活动，成功签约35个项目，达成意向投资159.32亿元。

二、协商民主规范有序。搭建机制化、常态化的协商平台，坚持和完善全体会议、常委会议、专题协商会等制度，开展专题协商、对口协商、界别协商、提案办理协商，推动全市政协协商民主工作。推出月度协商，打造“五有”特色：一是有制度安排。市委常委会专题研究政协协商民主工作，制定工作计划，市委、市政府“两办”下发通知明确协商的主题、时间、组织以及成果转化等要求。二是有市委市政府和相关单位的重视。每次专题协商会都有市委常委或副市长和相关单位负责人参加听取协商建言，与委员们面对面协商交流。三是有精心准备。每次专题协商前，认真研究制定协商方案，组织委员开展前期调研。会上，组织政协委员协商发言。三是有形式创

2015年，市政协倡议并参与举办首届岳商大会，推介岳阳市情及招商项目，成功签约项目35个
（市政协　供稿）

新。采用一名主席会议成员牵头、一个民主党派参与、一个委室承办的模式，明确分工，整合资源。录制播放专题片，使问题更直观。五是有成果转化。全年有172位委员参加协商，提出建议366条，“把岳阳建设成湖南新的增长极”“动员寓外乡友回乡投资创业”等专题协商，均得到市委市政府的肯定和重视，一些意见和建议得以落实。

三、民主监督力度加大。寓监督于支持之中，适度有效开展民主监督。小组活动有声有色。建立主席会议成员联系指导、办公室统筹协调、各专委会具体组织的民主监督小组工作机制，成立6个民主监督小组，每个小组选聘15名政协委员为监督员，对市中级人民法院、市规划局、市国土局、市交通运输局、市卫生计生委、市民族宗教事务管理局6家市直部门开展民主监督。同时，在行风评议、重大事项听证、电视问政等活动中认真进行民主监督；制度建设初成体系。健全完善民主监督计划、告知、全年度跟踪反馈、考核奖励机制等制度，促进民主监督的制度化、规范化、程序化，确保民主监督落到实处、产生实效；委员视察有成效。全年组织政协委员就农村城乡环境整治、重点提案的承办落实情况、南湖水环境综合治理等开展视察20余次，拓宽委员知情明政渠道，丰富委员履职活动，提高民主监督的影响力；社情民意工作长足进步。各民主党派、市政协各专委会、县市区政协与政协委员共报送社情民意信息156条，其中被省以上政协《社情民意》专刊采用22条。

四、提案工作提质增效。一是抓好提案办理。全年有15件提案被列为重点提案，并以市委市政府“两办”名义下发文件，市领导领衔督办提案，市委市政府将提案工作纳入对县市区和市直单位的综合考评内容，促进提案办理落到实处。二是推动提案升级。争取省政协对岳阳重大课题、重点项目的重视与支持。20余件提案上升为省政协甚至是全国政协重点提案，其中有的还得到省委省政府主要领导的批示办理。三是强化提案督办。对重点提案坚持高层次、高规格督办，采取“办前见报公示、办中强化督促、办结会议通报、办后民主测评”的四步督办法。专题开展提案办理民主评议和测评，由政协委员和市民代表对18家提案承办单位面对面进行评议。增强提案办理实效，重点提案办复率、见面率、满意率、落实率均为100%。

五、自身建设再上台阶。一是机关建设。将“三严三实”专题教育活动与日常的中心组学习、暑期读书班活动、年度民主生活会等经常性学习教育相结合。量化细化专委会工作，开展“一二三四五”活动：明确专委会每年开展一个专题调研，组织两次委员视察，牵头督办三个重点提案，反映四条高质量的社情民意信息，深入组织政协委员开展“五个一”活动。编辑出版《美丽岳阳》《三战三捷——抗日战争中的长沙大会战》等文史资料。提倡政协干部走出政协大院开展活动，开展“会写、会说、会办事、会协调”干部队伍建设活动，政协干部服务中心、服务群众、服务委员的能力和水平不断提高；开展市级“文明标兵单位”创建活动。二是委员“五个一”活动。委员们积极参加建言献策、招商引资、扶贫济困、公益慈善等活动。市政协委员共反映社情民意信息100多条，开展视察调研活动20多次，捐资捐物300多万元。“五个一”活动成为全市委员参政议政的主阵地。三是界别活动。健全主席会议成员和专委会对口联系界别制度，明确界别活动内容形式，以界别为单位组织活动30多次，以界别形式提交集体提案7件，以界别为单位组织大会发言5次。四是县市区政协工作。平江县政协的重点课题调研、提案电视追踪督办；岳阳县政协的调研建言课题优选、重大课题对接承接；华容县政协的季度协商成果转化、县直部门民主评议；湘阴县政协的联合监督、委员履职数据库建设；临湘市政协的“4+1”协商机制、委员活动“呈报制”；汨罗市政协的《咨政专刊》、“提案工作质量年”活动；岳阳楼区政协的“五创精品”、政协委员工作室；云溪区政协的《议政专报》、专委会对口督办；君山区政协的提案跟踪督办、“五联”竞赛以及屈原管理区政协联络工委的提案督办“回头看”、扶贫帮困工作等，都成为全市政协工作的亮点。岳阳市经济技术开发区、南湖风景区、湖南城陵矶临港产业新区政协联络联谊工作也各具特色。

重要会议

【政协岳阳市第七届委员会第四次会议】 2016年1月10—13日召开政协岳阳市第七届委员会第四次会议。412名市政协委员和特聘委员参会。中共岳阳市委、市人大常委会、市人民政府、市政协、岳阳军分区领导，市中级人民法院、市人民检察院，中央、省属驻岳有关单位主要负责人，在岳高等院校、岳阳经济技术开发区、市委党校主要负责人和部分离退休老同志，市直有关部门单位主要负责人列席会议。市政协副主席李可波代表政协岳阳市第七届委员会常务委员会作工作报告；市政协副主席刘晓英代表政协岳阳市第七届委员会常务委员会作提案工作报告。30位委员围绕深入贯彻十八届三中、四中、五中全会和习近平总书记系列重要讲话精神，加快建设“一极三宜”江湖名城作口头或书面发言。市委书记盛荣华在开幕式上讲话。会议审议通过市政协七届四次会议政治决议；市政协七届四次会议关于常务委员会工作报告的决议；市政协七届四次会议关于市政协七届三次会议以来提案工作报告的决议；通过市政协七届四次会议提案审查委员会关于提案审查情况的报告。陈奇达当选为政协岳阳市第七届委员会主席，毕金林、郭介川、李乐、吴奋发、登本当选为政协岳阳市第七届委员会常务委员。会议同意接受赖社光辞去政协岳阳市第七届委员会主席职务，免去柳海平、段春、李驰、李博之政协岳阳市第七届委员会常务委员职务。新当选市政协主席陈奇达在闭幕式上讲话。

【政协岳阳市第七届委员会常委务员会第十次至十五次会议】 2015年1月12日召开市政协七届常委会第

十次会议。会议听取有关人事任免情况调整的说明，酝酿辞免、补选候选人员名单；协商选举办法和选举工作人员建议名单；讨论提交全会通过的有关决议。

2015年1月13日召开市政协七届常委会第十一次会议。会议听取市政协七届四次会议期间委员们对市委书记盛荣华的重要讲话，市政协常委会工作报告、提案工作报告，市政府工作报告、计划、财政报告和法检“两院”工作报告等的分组讨论情况，协商酝酿市政协七届委员会副主席、常务委员候选人建议名单，讨论选举办法和“三个决议”等情况。

2015年3月13日召开市政协七届常委会第十二次会议。会议专题协商打造湖南经济新增长极，10名市政协常委、委员发言，市委书记卿渐伟作重要讲话。

2015年6月16日召开市政协七届常委会第十三次会议。围绕“推进依法治市，建设法治岳阳”议题，8位市政协委员与3位市直部门负责人协商交流。

2015年9月24日召开市政协七届常委会第十四次会议。会议通过有关人事任免事项；协商重点提案办理工作。听取市委系统、市政府系统提案办理和有关承办单位重点提案办理情况汇报，并就提案质量和提案办理情况开展民主评议和测评。

2015年12月25日召开市政协七届常委会第十五次会议。会议协商决定届中辞免、增补市政协委员名单；协商届中辞免、增补常委建议名单；审议通过《关于召开市政协七届四次会议的决定》及市政协七届四次会议日程、议程；协商通过市政协七届四次会议各次大会执行主席、大会秘书处正副秘书长及各组负责人名单；审议通过市政协常委会工作报告和提案工作报告；听取市政协各专委会2015年工作总结及2016年工作计划。

提案工作

【概况】 2015年，市政协七届三次会议以来，共征集党派团体和委员提案405件，经审查立案284件。提案交市委系统、市政府系统51个单位承办。截至10月，所有提案均办理完毕。所提问题已解决或基本解决的132件，正在解决或列入计划准备解决的107件，因客观条件所限暂不能解决或留作参考的45件。提案办理办复率100%，见面率95%，满意率97%。市委办公室、市政府办公室、市委编办等23个单位被评为2015年度提案办理先进单位。

【优秀提案】 被评为2015年度优秀提案的有：民革市委《加速磁力产业发展，建设全国最大磁力装备制造基地的建议》，民盟市委《关于抢救国家级非物质文化遗产巴陵戏的建议》，民建市委《发挥临港新区国家级平台优势，建设湖南融入长江经济带的“桥头堡”》，民进市委《关于加强全市危化品交通运输安全的建议》，农工党市委《重视我市失地农民长远生计保障的建议》，致公党市委、委员李向阳等《关于加强学生校服管理的建议》，九三学社市委《加强我市湘江流域污染防治工作的建议》，市工商联、市政协特聘界委员等《大力发展乡友经济的建议》，市科协《关于推动我市科技创新，加大对环保无毒水性胶粘剂新材料产业扶持力度的建议》，市政协文史委《关于公布部门权力清单，进一步规范行政审批行为的建议》，委员周立华、李信华等《充分发挥“华能供热”在全市节能减排中的积极作用》，委员刘志敏、李昌保等《关于解决市高速收费站堵车问题的建议》，委员李志文、黄玉祥等《关于加快扶持我市蔬菜产业发展的建议》，委员冯军辉、向阳等《加强地下管网综合治理，维护城市基础设施运营安全》，委员陈曼霞、李晚林等《配套学院路设施建设，提升岳阳对外形象》。

经济科技工作

【概况】 2015年，市政协经济科技委员会（简称市政协经科委）一是为打造湖南经济新增长极献计出力。与民建岳阳市委一道组织90名委员围绕这一主题撰稿并编印成册。3月13日，市政协七届常委会第十二次会议专题协商“为打造湖南经济新增长极”重要议题。市委书记卿渐伟，市委常委、常务副市长陈奇达，市委常委、市委秘书长樊进军和市发改委、市交通运输局等部门负责人参加，8位市政协委员、2位特邀人员作协商发言。3月20日，“同谋发展、共商大计”——市政协“打造湖南经济新增长极”专题协商发言在《岳阳日报》刊登。二是围绕经济发展大局组织专题调研。将“促进我市县域工业园区转型升级、提质增效”作为重点调研课题。4月，开始深入各县市区工业园实地调研。9月，赴江西省九江市工业园考察学习，并与各县工业园区负责人一起，参加市委、市政府在苏州举办的岳阳市园区产业经济发展专题培训班。10月，形成汇报材料《关于我市县域工业园区转型升级提质增效的调研与建议》，在10月19日的“十三五”规划编制专题协商会上提交，调研成果得到市长刘和生的肯定。市政协七届三次会议将“加快平江生态旅游发展”列为重点调研课题。市政协经科委积极参加调研，多次到平江县的乡镇、主要旅游景点实地考察，探讨研究平江发展旅游的思路及重点工作。就加快创建以石牛寨国家地质公园为龙头的国家AAAAA级旅游景区，推动市城建投合作开发天岳幕阜山，将平江建设成为中国生态旅游强县提出有价值的意见建议。三是通过界别活动激发委员履职活力。组织经济界别委员向阳、韩玉峰、刘伟等10人捐资5.2万元扶助平江县三墩乡公平村奖家屋组农村公路建设。4月16日，农业、科协界15位委员考察市自来水公司智能化管理系统、金凤桥水库和自来水厂，就加强铁山水资源保护、加快绿色化工园区供水建设提出建议。4月9日，市政协机关召开“五个一”活动推进会，农业界委员李新生作《紧扣“农情”，精准发力，认真组织政协委员视察调研活动》典型发言。5月，科技界别委员组织考察君山区黄茶产业基地，围绕如何加大企业科技创新力度商讨对策，建言献策。6月6日，经济界委员考察湘阴县六塘乡金岳村新农村建设和土地流转情况。组织委员撰写社情民意信息，委员刘昱兵撰写的《掀起全民创新创业热潮，助推新增长极建设》和委员李新生撰写的《破解农村“融资难”问题的建议》分别被市政协和省政协采用。农业界委员李海平科技创新成绩突出，获得“全国五一劳动模范”称号。四是有序推进民主监督工作。市政协经科委牵头的第二民主监督小组就G107临湘至湖滨公路项目、皇姑塘立交桥项目和交通“十三五”规划建设等情况开展监督。组织各界别委员参加行风评议、重大事项听证、电视问政等活动。五是完成中心工作任务。与市经济和信息化委员会深入渔米之湘食品有限公司调查了解情况，主动与市直相关部门衔接，帮助其解决科技创新、企业融资、厂地选址搬迁等方面的困难和问题。与市农办一起参与农村环境整治工作督查季度考评，推动全市农村环境整治工作。对加强地下管网综合治理和加大对环保无毒水性胶粘剂新材料产业扶持力度等2个重点提案进行督办。

市政协主席赖社光调研粮食加工产业　　（市政协　供稿）

文教卫体工作

【概况】　2015年，市政协文化教育卫生体育委员会（简称市政协文教卫体委）一是组织政协委员开展活动。调研和视察乡村教师队伍建设、职业教育、中药产业发展情况；督查全市公共文化服务体系示范区创建工作；赴湘阴县开展重点产业和重点民营企业帮扶活动；组织医疗卫生界政协委员参加义务献血、送医药下乡活；组织文化艺术界政协委员开展送文化艺术下乡活动；开展“打击非法行医、规范医疗市场秩序”的民主监督活动；组织56名政协委员参加精准扶贫、“一进二访”和义务撰写春联等活动。二是组织专题协商。牵头组织召开“加强乡村教师队伍建设”专题协商会，向市政府提交《关于加强我市乡村教师队伍建设的建议案》。三是反映社情民意。界别委员提交提案48件，其中《“十三五”期间完善新型农业社会服务化体系的建议》被省政协刊物采用。四是开展民主监督活动。围绕“打击非法行医，规范医疗市场秩序”主题开展民主监督，暗访诊所65家，医院10家，社区卫生服务中心4家，并向当地卫生行政部门通报情况。

法制群团人资环工作

【概况】　2015年，市政协法制群团人口资源环境委员会（简称市政协法制群团人资环委）一是开展专题协商。6月16日，市政协常委会专题协商推进依法治市，建设法治岳阳工作。协商内容在《岳阳日报》刊发专栏。成立“铁山饮用水水源保护与库区民生保障”专题调研组，经过3个月的实地调研，制作专题记录片1部。11月24日，召开专题协商会议，听取岳阳县人民政府和铁山供水工程管理局工作情况汇报。4位政协委员协商发言，3家市直部门负责人回应发言。岳阳电视台新闻频道、《岳阳日报》专栏报道。二是开展民主监督。承办市政协委派民主监督员工作动员会。全年组织委员31人次，参加市中级人民法院减刑假释公开庭审、行政诉讼案庭审、非法集资案庭审和青少年合法权益保护公众开放日等民主监督活动6次。赴市司法局调研，组织委员参加省“六五”普法检查座谈会及问卷测评。受市委、市政府委托，成立工作组，赴汨罗市、平江县和市民政局、市地方海事局等14家单位进行“六五”普法检查验收。参加市环保局“环保公开日”、环保检查及环保指标测试活动。三是积极参政议政。组织委员考察工商登记制度改革工作，督办重点提案3件，委员撰写提案21份。

文史学习工作

【概况】　2015年，市政协文史和学习委员会一是继续推动抗日战争长沙会战“三战三捷”湘北抗战史料陈列馆建设。主持或参与该馆建馆和布展方案专家研讨会，会同文物部门征集抗战文字资料1000多万字、图片上千帧，实物200多件。制作完成有关影视资料片，确定长沙会战重要战场遗址5处，均列为市级文物保护单位。陈列抗战史料的岳阳县博物馆得到省文物局正式批复设立，开馆后接待观众3万多人。与市委史志办、市档案局、市广播电视台联合出品大型电视纪实系列节目《烽火湘北》；邀请特聘文史研究员和有关专家学者座谈，研讨长沙会战“三战三捷”对中国抗日战争和世界反法西斯战争胜利的意义，并就加强湘北会战史料收集整理和舆论宣传工作进行规划部署；编辑出版《三战三捷——抗日战争中的湘北大会战》一书。二是促进国家历史文化名城保护，参与推动国家公共文化服务体系示范区创建工作。通过团体提案等方式呼吁加强历史名城保护。加强全国重点文物保护单位岳阳教会学校有关提案的督办与协商；参与国家公共文化服务体系示范区创建的方案评审、调研及现场督导讲评，并以提案、信息、社情民意等形式向政府部门及时反馈。三是呼吁加强巴陵戏等国家级非物质文化遗产传承保护工作。通过提案及大会发言等形式，呼吁抢救和振兴巴陵戏，解决演职员队伍青黄不接、演出无专用场地、剧目上演经费匮乏等问题。有关提案被列为重点提案，并在市政协七届三次全会上作大会发言。四是编辑出版历史文化典籍《美丽岳阳》。该书由中国文史出版社正式出版。

港澳台侨民宗外事工作

【概况】 2015年，市政协港澳台侨民族宗教外事委员会（简称市政协港澳台侨民宗外事委）一是抓好理论学习，强化自身建设，提高参政议政能力。10月，与市委统战部在市委党校举办一期宗教界从业人员培训班。二是围绕工作重点，做好视察调研，提供决策参考。9月，视察少数民族在岳阳的活动和生存环境。10月，组织部分委员赴华容县视察宗教工作，了解教堂寺观在制度建设、民主管理和教风创建等方面的情况，为市委市政府宗教工作决策提供依据。11月，组织部分委员到多个县市区和外省调研农村危房改造情况。三是构筑履职平台，组织委员活动，助力全市发展。组织委员建言献策，在政协全会上提出“大力发展功能型区域经济”等8项建议。在市政协组织召开的“十三五”规划编制专题协商会上，特聘委员分别提出建议。配合市工商联成功组织首届岳商大会，组织寓外企业家参加，359位寓外乡友回乡，签约项目35个，计划总投资159.32亿元。组织委员参与岳阳经济建设，特聘委员发挥自身优势，分别在湖南理工学院和岳阳职业技术学院开设古建筑和互联网建筑学科，填补其学科空白。委员郭伟民旗下的环保公司新争取环保项目资金5000万元，为岳阳重金属防治做出贡献。5月，市政协副主席黎四清带队参加“中国华夏‘九嶷、君山’一家亲”的招商引资活动。10月，参加华东地区台商协会在岳阳召开的年会。四是加强联络联谊，促进沟通协调，凝聚工作合力。加强和省政协相关委员会和市直相关部门的联系。利用传统节日及重要纪念日，组织委员开展联谊活动，加强与港澳台同胞、海外侨胞的联系与交流，加强与台胞、台属、归侨侨眷和台侨资企业的联系与沟通。参加民族传统节日活动和宗教活动，向民族宗教界人士宣传党的民族宗教政策，增进感情，发挥他们在维护民族团结、促进社会和谐方面的重要作用。

研究室工作

【概况】 2015年，市政协研究室一是开展专题调研。参与“加快平江生态旅游发展”专题调研和“十三五”规划系列调研，协助组织召开座谈会，收集整理资料，撰写调研报告。二是组织专题协商。召开“十三五”规划编制专题协商会，9名委员在协商会上发言，21条建议纳入“十三五”规划讨论。三是开展“五个一”活动。组织特邀界委员开展为“新增长极”建设建言献策、界别视察、大会发言、助学助困等活动。四是做好文稿服务工作，并按照省政协要求，组织“加强社会主义协商民主建设与人民政协”为主题的理论征文以及优秀调研报告评选活动。五是做好社情民意信息工作。收集社情民意信息500多条，编辑整理上报156条，省政协采用和市委市政府领导批示22条。

（本栏撰稿　龚凤珍）

责任编校　肖　卫

民主党派·工商联

中国国民党革命委员会岳阳市委

【概况】 2015年，中国国民党革命委员会岳阳市委（简称民革市委）团结带领全体党员，大力加强自身建设，围绕全市中心工作和重点领域建言献策，尽责履职，各项工作取得新成绩、实现新发展。

一、夯实“同心”思想基础，牢牢把握正确政治方向。民革市委组织学习中共十八届四中、五中全会精神，以开展坚持和发展中国特色社会主义学习实践活动为主线，把学习领会上级精神同履行党派职能和鼓励民革党员立足本职、建功立业联系起来。组织参加全市统战系统学习贯彻中共中央总书记习近平在中央统战工作会议上的重要讲话精神和《中国共产党统一战线工作条例》培训学习。组织党员中的市政协委员参加市政协开展的各种主题讲座。5月，邀请省政协副主席刘晓到民革市委作“从两会看新一轮改革开放”专题讲座。有22名党员参加各级学习培训，其中，中央社会主义学院1人，省社会主义学院9人，市社会主义学院12人。

参加岳阳市统一战线和市政协理论研究工作。围绕“打造湖南经济新增长极”，民革市委组织党员参与市政协开展的“打造湖南通江达海的新增长极”理论征文活动，有5名党员写出高质量的理论文章，并被收录。陈立新创作的《第一防线》电影剧本由团结出版社出版，向全国发行1万本。党员李园平被民革中央评为全国宣传思想理论工作先进个人。

开展交流活动。8月，民革市委组织部分党员到民革南京市委就课题调研、机关工作进行交流。民革长沙市委、民革北京市朝阳区委到岳阳市交流；9月，民革襄阳市委到岳阳市交流。10月，机关全体干部参加民革湖南省委举办的全省干部交流学习班。

二、统筹组织建设与发展，为履行职能集聚人才。一是做好党员发展工作。继续按照“三个为主”的方针，注重质的提高，兼顾数的增长，健全组织工作制度，抓好党员发展工作。发展新党员19名，其中高中级职称13人，政府工作人员9人，副科以上干部1人，市人大代表1人。二是完成基层支部换届。11月，民革市委基层组织换届工作顺利完成。将原直属支部划分为2个支部，基层组织调整为18个。换届后，基层组织领导班子成员82人，其中主委18人，副主委24人；男性47人，女性35人；平均年龄43岁；本科学历75人，博士1人，硕士6人。基层组织领导班子的知识结构和年龄结构进一步优化。三是基层支部焕发活力。7月，民革岳阳经济技术开发区支部成立。各支部主动想办法、开阔思路，开展形式多样、内容丰富的活动。岳阳县支部参与建设湘北抗战博物馆，9月3日正式开馆，接待游客2万余人。岳阳县支部被民革省委评为“博爱·牵手”优秀基层组织。岳阳楼区总支组织部分党员为万家坡社区爱心超市捐助近3000元的物资。云溪区支部、南湖新区支部组织调研，为当地经济社会发展建言献策，切实履行参政议政职能。君山区支部开展义诊、捐助儿童福利院等活动，直属支部、二支部、七支部、九支部、十一支部开展党员交流联谊活动。岳阳理工学院支部、岳阳职院支部开展中央统战工作会议精神传达学习，岳阳经开区支部、五支部、湖南民院支部组织党员提交提案。

三、围绕中心、服务发展，参政议政水平全面提升。一是认真开展政治协商。民革市委主要领导精心准备、认真开展政治协商，多次列席中共市委常委会，出席中共岳阳市委、市人民政府、市政协召开的协商会、情况通报会、座谈会等，围绕“一极三宜”江湖名城建设、岳阳市“十三五”规划、口岸经济发展、创新创业、法制建设、社会民生、市政府工作报告征求意见稿的修改等，代表民革市委提出建设性建议和意见。民革市委参与市政协牵头的“企业帮扶”“全市农村教师队伍建设”等考察调研活动。在市“推进依法治市，建设法治岳阳”和“铁山饮用水水源保护与库区民生保障”专题协商会上，民革市委分别作题为《依法处理“医闹”》和《依法保护、积极履职》的协商发言。二是课题调研成果突出。始终把课题调研作为参政议政的重点，把调研成果作为体现参政议政水平的基点，确定“互联网与我市航运物流产业发展”调研课题，走访有关县市区和市直有关部门，并到南京、义乌等地学习考察，完成《以“互联网+”推动我市航运物流产业发展》调研报告，并列入2016年市政协大会发言材料。三是两会议政有实效。在市政协七届三次会议上，提交大会发言交流材料2篇，集体提案10篇。其中，1件提案被市委书记批示，并被列为一号提案。《重振我市磁力之都雄风，建设全国最大磁力装备制造基地》作大会发言，《运用法治思维、法治方式推进“邻避项目”的建议》作书面发言。《关于运用PPP模式推进智慧城市建设的建议》被列为市人大常委会重点督办建议，提案《关于加强岳阳市高铁东站公共配套设施管理的建议》《关于重建国民革命军二十七集团军抗日阵亡将士公墓的建议》被列为重点提案。市政协常委、民革省委委员李晚林在所提个人提案受到有关部门高度重视。及时反映社情民意，《关于规范我市民间资金登记服务中心广告行为的建议》《关于学习平江环卫模式的建议》《把游泳纳入中小学体育课程的建议》等多篇社情民意，分别被民革湖南省委、市政协、市委统战部采纳，近50多条宣传信息分别被民革省委网站、《岳阳日报》等各类媒体采用。四是民主监督有新进展。主要通过人大常委会、政协两条途径，严格依法开展民主监督，着重发挥人大代表、政协委员的监督作用。市政协常委、民革市委主委任浩波参加岳阳市医疗市场规范整顿民主监督活动；市人大常委、专职副主委陈立新参加市人大常委会开展的饮水安全、污水处理视察活动；市政协常委、副主委袁正宏参加市政协农业界组织的视察市自来水公司的活动；省政协委员、副主委范泽容参加省政协副主席王晓琴到岳阳的调研活动。

四、创新社会服务和促进祖国统一工作，发挥作用、展示形象。一是继续推动同心法律服务。截至年底，民革基层组织分别在岳阳楼区万家坡社区、南湖新区、君山区柳林州镇建立“同心·法律服务室”。这项工作自2009年在万家坡社区开展以来已坚持6个年头。二是同心关爱抗战老兵。从2012年至2015年，民革市委推动系列关爱抗战老兵活动，推动市慈善总会对抗战老兵每年发放慰问金。2015年两次陪同省政协副主席刘晓到平江县，开展抗战遗址保护的调研。8月，组织全体市委委员、支部主委、党员中的市人大代表、政协委员近50人，到岳阳县博物馆新墙河抗战史实陈列馆进行参观学习。

【电影剧本《第一防线》评审并举行公益拍卖会】 2015年11月5日，由民革岳阳市委专职副主委陈立新和湖南省作家协会会员彭新华创作的反映四次湘北会战的电影剧本——《第一防线》（暂定名）在北京湖南大厦召开评审会。参加评审的有八一电影制片厂原厂长、中国电影家协会副主席明振江少将，中国人民解放军军事科学院军史部副部长、中国重大革命与历史题材影视创作领导小组成员肖裕声少将等。湖南省政府副秘书长、驻京办主任李荐国，市委统战部、岳阳县委宣传部负责人出席会议。专家认为：剧本历史题材好，故事情节生动，文学手法基本符合影视表现要求，有较高的思想内涵，基本反映湘北抗战的真实全貌，在一定程度上说可弥补全国抗日战争题材影片的不足。

12月26日，由中国人权基金会、中共岳阳市委宣传部、中共岳阳市委统战部、民革岳阳市委、岳阳市工商联联合主办的“英雄儿女系列电影《第一防线》公益拍卖会”在岳阳市举行，国内150余家媒体进行报道。

电影剧本《第一防线》（暂定名）在北京召开评审会，受到与会专家的一致好评 （李元平 摄）

【促进两岸交流】 2015年，民革市委鼓励台属党员通过探访、电话、书信往来，促进海峡两岸经济文化交流。市委专职副主委陈立新、社会服务部部长李园平到台湾学习交流。8月，湖南民院支部部分党员到台湾学习考察。邀请知名华侨侨领、美国梅园会会长、黄开基率海外黄埔将领后裔来岳阳开展“踏寻先辈足迹·探访抗战遗址”活动。岳阳县博物馆新墙河抗战史实陈列馆接待两岸抗战将领后裔10多批次、170多人。

（本栏撰稿 李元平）

中国民主同盟岳阳市委

【概况】 2015年，中国民主同盟岳阳市委（简称民盟市委）突出党派特点、把握参政重点、打造工作亮点，各项工作取得长足发展，被民盟省委评为参政议政、社会服务、信息工作先进单位，获得民盟中央《群言》创刊三十周年先进集体称号。截至年底，全市有盟员482人，其中，省政协委员1人，市人大代表6人，市政协委员25人，区政协委员15人。

一、增进政治共识。通过市委全会、机关专干会议和基层负责人会议等方式，组织民盟基层组织和广大盟员进行多种形式的学习、宣讲、培训和研讨，学习和贯彻中共十八届五中全会、中央统战工作会议和民盟中央十一届三中、四中全会精神。选派盟员20多人次，参加省、市社会主义学院脱产培训及“全市统一战线同心打造湖南经济新的增长极”浙江大学专题研究班、“全市科技创新创业”深圳专题培训班、全市统一战线传统教育和暑期谈心活动等。开展社会主义核心价值观学习实践活动，通过岳阳民盟网站等平台，及时报道学习活动情况及盟员思想动态。各基层组织和专委会结合自身实际，组织学习20余次，参观考察、专题讲座6次。举办第三期“民盟大课堂”，邀请民盟中央委员、民盟中央参政议政部原巡视员张冠生作“民盟的历史与传统”专题辅导。组织开展“湖南民盟精神表述语”讨论活动。民盟市委被评为“湖南民盟精神”表述语征集活动优秀组织奖，盟员李佩英被评为优胜奖。

二、参政议政有新作为。一是撰写提案建议。省政协委员、民盟市委主委万岳斌在省政协十一届三次会议上，提交《关于将岳阳建设成我省经济发展“新核”的建议》等3份个人提案，在省政协联组讨论会上，向省委书记徐守盛当面建言《实施“双核”战略，加快岳阳发展》。4月，他在省政协议政性协商会上继续呼吁打造“长株潭+岳阳”湖南“双核”，《湘声报》进行专题报道。民盟市委《关于依托长江经济带促进我省进一步开放崛起的建议》提案被列为省政协重点提案。8月，此提案被列入省政协召开的双周协商会，成为列入双周协商会的两个重点提案之一。民盟市委还围绕将岳阳打造成湖南经济发展的新增长极，提交《关于加快打造岳阳通江达海新的增长极的研究报告》，向省委、省政府提出建议。市政协七届三次会议上，民盟市委提交集体提案11个，个人提案21个，书面发言材料2篇，口头发言2次。集体提案《抢救国家级非物质文化遗产保护项目巴陵戏刻不容缓》被列为市级领导重点督办提案，并被评为优秀提案。盟员吴建国《珍珠山公园建设不能再拖延》建议得到市长批示。二是重点课题调研。就推广涉农工程建设项目“四自”建管新模式问题深入调研，形成《让惠农工程惠在农民心坎上》调研报告，市委书记盛荣华在听取民主党派调研成果汇报时，现场点评并作出重要批示，请相关人员和部门阅研。三是建言发声。成功组织市政协“推动中心城区禁违拆违治违工作”专题协商会，制作画面新颖直观的专题片，撰写材料详实的调研报告，还有以盟员为主体的政协委员发言，得到全体与会人员的高度肯定。先后参加“推进依法治市建设法治岳阳”“铁山饮用水水源保护与库区民生保障”、市“十三五”规划编制、“打造湖南经济新增长极”“加强乡村教师队伍建设”等多个市政协专题协商会，每次协商会都有2—3名盟员政协委员发言。四是反映社情民意。全年报送社情民意信息100多条，其中，《应警惕当前农村耕地保护工作面临的三大问题》等5条信息被民盟中央采用，《应警惕延迟退休产生的连锁反应》等30多条信息被省委统战部、民盟省委采用。万岳斌被评为民盟中央社情民意信息工作先进个人，黎雄兵、付智被民盟省委评为社情民意信息工作先进个人。此外，还完成民盟省委《关于地方院校特色本科办学的研究》等2个一般参政议政课题、《民主党派代表人士管理制度化规范化科学化研究》等2个统战理论研究课题。盟员李佩英撰写的《民办中职教育发展困难与对策》，被评为民盟省委2015年优秀教育论文，并代表民盟省委参加民盟中央第三届教育论坛。

三、社会服务做出新贡献。助力项目建设，促进刘山庙半岛棚户区改造、万达项目、静脉产业园、天灯咀半岛综合开发、环洞庭湖基本农田重大工程项目等重点工程建设顺利推进。尽力扶贫帮困，派出专人驻点负责精准扶贫工作，帮助联点村解决基础建设资金60万元，安排市委委员、基层支部与贫困户结对帮扶，组织盟员企业家代表到平江县梅仙镇柘庄村调研。盟员企业家陈静琳牵头开展“爱在冬天、温暖助孤”爱心助学活动，资助该村14名贫困学生学习、生活费2.8万元，与5名贫困学生签订“一对一”诚信合同，承诺资助孩子完成大学学业。岳阳职院支部为在该院就读的该村贫困户子女争取困难补助5000元，二中支部组织三名教师到该村开展“送教下乡”活动。对口帮扶重点民营企业湖南和立东升集团，主委万岳斌、多次召开协调会，帮助企业解决项目中涉及的难点问题。打造服务品牌，设立“张

2015“张曼珠教育奖”颁奖典礼 （黎雄斌 摄）

曼珠教育奖”，举办2015年“张曼珠教育奖”颁奖大会，奖励18位优秀教师和品学兼优的贫困学生。创建五里牌“同心社区”。组织以岳阳楼区支部为主的多个支部开展义务献血、义诊、清洁家园等活动，为社区争取老年人日间照料服务中心建设等各类资金34万元。

四、组织建设有活力。补选民盟市委专职副主委，完成部分支部换届及调整工作。新成立南湖风景区支部，全面完成区域性基层组织布局。民盟湖南民族职业学院小组升格为支部。发展盟员10人，其中，教授1人，中级职称5人，有硕士学历4人，副处级2人，副科级1人，年龄35岁以下5人。努力举荐人才，一批优秀盟员走上领导岗位。盟员建功立业，获各级奖励达80人次。于向真参与的《高效环保芳烃成套技术开发及应用》获得2015年国家科技进步特等奖，蒋卫和主持的《环己烷氧化废液的资源化利用》项目获得湖南省科学技术奖励，方奎明、杨广文分别获得岳阳市科学技术进步二、三等奖。高鸽子记全国文明城市创建工作二等功，刘宏记长江“东方之星”沉船事件应急救援工作三等功，张正元、蒋卫和获得2015年岳阳市政府特殊津贴，白桢才、刘强辉、胡军获得“支教先进工作者”称号，李立文被市委组织部、市委宣传部、市文明办评选为岳阳市“最美教师”，刘芳荣获得岳阳市“优秀新闻工作者”称号。李海英的诗歌《等雪的红梅》获得“2015中国首届诗歌春晚”优秀作品第五名，《池塘之荷》获“莲花杯”第三届世界华文诗歌大赛优秀奖，其本人获中国城市文学“优秀诗人”称号。胡松柏诗歌获得2015年度作家二等奖，中国作家杂志社长安金鼎奖，以巴陵剧团支部成员为主体的巴陵戏《远在江湖》获2015年湖南省第五届艺术节金奖，刘茂林获“田汉音乐奖”，李望生、李海英、黄去非获岳阳文学艺术奖。刘忠自编、自导、自演，完成32集抗日题材方言轻喜剧。刘佳琪开发楼盘“滨水新境界”居住小区获评“岳阳市首届现代精美建筑”。

【召开2015“张曼珠教育奖”颁奖大会】 2015年11月25日，2015“张曼珠教育奖”颁奖大会在岳阳市二中报告厅举行，市委常委、组织部长、统战部长王瑰曙，市政协副主席、民盟市委主委万岳斌出席会议并讲话。全体市委委员、基层支部负责人、部分企业家代表、市教育局相关负责人参加会议。会议表彰获得2015“张曼珠教育奖”的德艺双馨优秀老师6名，品学兼优的学生12名。

（本栏撰稿　李　湘）

中国民主建国会岳阳市委

【概况】 2015年是中国民主建国会成立70周年纪念之年，中国民主建国会岳阳市委员会（简称民建市委）团结和带领全市会员，大力加强自身建设，认真履行政治协商、民主监督和参政议政职能，主动服务社会，各项工作取得新成绩、实现新发展。

一、以坚持和发展中国特色社会主义学习实践活动为主线，推进自身建设。一是开展民建成立70周年会庆活动，提升组织凝聚力。开展主题征文、典型事迹宣传等系列会庆活动，组织骨干会员到江西省安源区开展红色教育活动，召开民建成立70周年座谈会，评选表彰一批先进集体和优秀会员，组团参加民建省委举办的体育比赛、文艺会演等“八个一”庆祝活动，促进会员进一步知会、爱会、兴会，提升会组织凝聚力。二是加强学习培训，增进思想共识。以开展坚持和发展中国特色社会主义学习实践活动为主线，组织学习中共十八届四中、五中全会精神、中央统战工作会议精神。正副主委参加全市统一战线在贵州省举办的暑期谈心活动。组织会员中的市政协委员参加市政协组织开展的各种主题讲座。选送会员参加民建各级组织和各级社院学习，其中，参加民建中央培训班1人、民建省委培训班4人、省社会主义学院培训班1人、市社会主义学院培训班8人。坚持用好会刊和网站等宣传阵地，出刊《岳阳民建》4期。三是完成基层换届，夯实组织基础。上半年全面完成基层组织换届工作，设支部18个，基层组织领导班子结构进一步优化。调整一批内设专委会，成立科教文卫委员会，设置专委会8个。7月，举办一期支部（专委会）负责人培训班。四是加强后备干部培养，推进市委换届。按照民建省委和中共省委、市委统战部的工作部署，推进2014–2016党派市委领导班子后备干部队伍建设。选派3名后备干部参加中共市委组织部、统战部联合浙江大学举办的“统一战线同心打造湖南经济新的增长极专题研究班”。五是严格程序标准，抓好组织发展。全年发展新会员18名，确保会员队伍的专业结构、梯次结构、知识结构能适应多党合作事业发展需要。在民建省委召开的纪念民建成立70周年大会上，湖南理工学院支部、岳阳楼区支部获得“先进集体”称号，13名会员获得“优秀会员”称号。在民建中央召开的纪念民建成立70周年大会上，民建市委获得“民建全国先进集体”称号，会员王五星获得“民建全国优秀会员”称号。

二、以服务市委市政府中心工作为主题，履行参政党职能。一是协商民主。3月，民建市委和市政协经科委共同承办“打造新增长极”大型专题协商活动，市委书记盛荣华和市政府、市政协有关领导参加，市政协副主席、民建市委主委方争奇作《引导我市实体经济尽快融入通江达海的新增长极》的协商发言。100名政协委员参与活动，编印《打造新增长极政协委员建言集》。9月，民建市委主委方争奇在暑期谈心活动中建议，民主党派要认真履行三大基本职能，党外人士要做有心人，在“同心同德”的前提下要敢于有不同意见，中共市委书记盛荣华高度重视，并批示市委统战部研究落实。二是专题调研。连续三年围绕长江经济带建设这一国家战略开展调研，每年从不同的角度提出加快建设湖南长江经济带的对策建议。完成《发挥国家级口岸平台优势，加快岳阳开放型经济发展》的调研报告，调研成果转化为市政协提案，得到盛荣华现场批示。牵头组织全市各民主党派市委汇编调研成果，促成中共市委召开全市民主党派工商联调研成果汇报会，方争奇代表各民主党派市委作综合发言，相关政府职能部门就调研提出的问题现场表态，调研成果全部进入政府决策程序。在市政协七届三次会议上，关于“打造航运服务集聚区”和“应对人口老龄化”的两个调研材料获优秀调研成果奖。此外，还参与民建省委“飞地经济”等课题调研。三是两会议政。会内22名市级政协委员、人大代表提交集体提案10件、大会发言材料2件，其中，《充分发挥临港新区国家级平台优势，全力建设湖南融入长江经济带的“桥头堡”》获得市政协优秀提案奖。四是反映社情民意。巩固社情民意工作“示范单位”创建成果，探索建立“以三抓提升三率”的工作模式。对支部设置“三率”考核目标，年初签订考核责任书，年终逐项考核。组建65人规模的基层信息员队伍、20人的骨干信息员队伍和3人组成的专业培训师队伍。全年培训会员覆盖率66%，会员撰稿参与率31%，上报稿件100余件，其中，《地方政府投融资平台在支持保障性住房中要关注的问题》等10件被民建省委采用，《“十三五”期间完善新型农业社会化服务体系的建议》等15条信息被中共湖南省委统战部采用，《中部省份大项目不足的问题值得重视》等2件被民建中央采用，民建市委被民建省委评为反映社情民意工作先进集体，被中共市委统战部评为统战信息工作先进单位。8月，承办民建省委社情民意工作专题培训调研活动，对临港新区和3家港区企业开展现场考察调研活动。

三、以“四同创建”为抓手，提升社会服务实效。开展社会服务工作坚持立足实际、紧贴需要、量力而行、尽力而为、注重实效，把社会服务关注点放在社区、乡村、学校，紧贴基层，紧贴群众，紧贴需要，提高社会认同度、会员参与度和群众满意度。一是推进“四同创建”。以岳阳楼区望岳社区为“同心社区”创建点，组织会员在社区开展送健康、送技能、送岗位进社区活动，在民建市委捐建的居民健身园指导社区居民健身。6月，组织部分支部和岳阳楼区5个社区开展“粽香传情，共建文明”送文艺进社区大型活，深受群众欢迎。二是开展捐资助学。4月，带领会员在汨罗市大荆镇开展扶贫帮困活动，上门慰问贫困学生、孤寡老人和道德模范，帮助村民制定危房改造措施。5月，在湖南理工学院颁发第四期“鸿升励志奖学金”。配合省委统战部，在平江县、湘阴县、岳阳职院、中南工业学校开展“一家一”助学活动，捐款1.5万元，并开展心理辅导、跟踪管理、联系就业等活动。三是发动支部和会员参与社会公益事业，云溪支部开展送戏送医下乡活动，岳工支部开展进农户扶贫慰问，南湖支部开展法律援助和资助贫困家庭活动，会员王五星获得第三届“湖南慈善奖”。

【民建中央领导到岳阳调研】 2015年9月7日，民建中央社会服务部部长包瑞玲到岳阳市调研社会服务工作。市政协副主席、民建市委主委方争奇就建立“紧贴基层、紧贴群众、紧贴需要，提高社会认同度、会员参与度、群众满意度”工作机制作汇报。

【召开纪念民建成立70周年座谈会】 2015年12月25日，民建市委召开“庆祝中国民主建国会成立70周年”座谈会，全体市委委员、各支部主委、专委会主任、会员中的政协委员、人大代表及部分老会员等70多人参加会议。市政协副主席、民建市委主委方争奇作主题报告。中共市委常委、组织部部长、统战部部长王瑰曙代表中共市委致贺词。会上一批优秀会员受到表彰。

（本栏撰稿　郝　纯）

中国民主促进会岳阳市委

【概况】 2015年，中国民主促进会岳阳市委（简称民进市委）围绕市委、市政府中心工作，凝聚全会智慧和力量推进各项工作，取得较好成效，先后被评为民进全国先进集体、民进全国社会服务先进集体、民进全省组织建设先进集体，岳阳楼区机关联合支部和李国武分别被民进中央评为全国先进集体和先进个人，全会有150余人次获得各级各部门奖励。

一、打造学习实践活动新平台，持续增进政治共识。继承和弘扬民进优良传统，将会庆与学习实践活动有机结合，全力打造三个新平台，最大限度凝聚同心共识。一是充分发挥优秀会员示范引领作用，打造先进示范平台。举办“我身边的先进”主题宣讲和“庆祝民进成立70周年图片展”，李国武等3人宣讲团成员的事迹在会内引起强烈反响，被评价为“满满的正能量”。组织老会员座谈会，会内老领导、市委委员和骨干会员带头撰写20多篇理论文章，参加会庆征文活动，共同完成生动的学践活动教材。二是把握会庆和抗战胜利宣传重点，打造对外宣传平台。更新岳阳民进网站信息51条次，编辑《会务动态》2期。向《民主》杂志、《团结报》和《楚帆》等各级媒体投稿67篇，其中，13篇稿件被国家级媒体刊发，8篇被省级媒体刊发，超过2014年全年总量。会员李宣钊编著出版《浴血新墙河》一书，翔实客观记录了湘北正面战场历史。三是突出会员主体地位，打造微群互动平台。组建岳阳民进微信群，及时发布会庆和支部动态的文字和照片信息，近一半会员加入岳阳民进微信群和QQ群，活跃会员近百人。

二、拓宽自身建设新思路，持续提高综合素质。为适应时代发展的需求，将人才培养与换届准备有机结合，着力拓宽三个新思路，最大限度夯实组织基础。一是推进市委委员教育培训和履职述职，拓宽领导班子建设新思路。发挥市委委员优势，为履行职责提供保障。市委班子成员先后参加中央、省社会主义学院主题进修班，在民进全国市、县级组织专职副主委培训班上，副主委李尧瑶作为湖南省唯一代表向民进中央主席严隽琪汇报工作，作大会交流发言。市委委员主动结合本职工作或专长，承担多场专题讲座任务；主动联系分管支部，参加指导支部活动；主动将本职工作和联系支部情况纳入年底述职内容，在会内影响力进一步扩大。二是推行支部工作量化考评，拓宽基层组织建设新思路。制定基层组织工作考评细则，明确考评内容和程序，将考核结果作为全市先进基层组织评选依据，得到支部主委和广大会员响应，全年及时高效地完成支部工作情况上报、社会服务调查问卷收发和评优评先申报等工作，基层组织工作进一步制度化和规范化。首次组织市委委员与支部主委参加革命传统教育与暑期谈心活动，调动支部参与会务工作积极性，基层组织工作能力得到提升。三是跟踪骨干会员培养锻炼，拓宽后备干部队伍建设新思路。以市委领导班子后备干部为重点，推荐10多人次参加全市统一战线同心助推新增长极建设专题研讨班、全省骨干会员培训班和全市党外干部培训班，帮助后备干部开阔视野，提高政治理论水平，不断提升“五种能力”，适应本职岗位和会务工作的需求。

三、建立参政议政新机制，持续提升履职能力。围绕建设“一极三宜”江湖名城这个中心，把握三个重点，将履职尽责与服务大局有机结合，最大限度汇智聚力。一是以专委会为龙头，壮大参政队伍。围绕服务“四个全面”战略布局和岳阳新增长极建设目标，加强法制建设、口岸经济、产业发展和城市管理等方面的人才储备，提高参政议政工作的质量。调整专委会班子，由市委委员分别联系专委会，除支部主委、各级人大代表和政协委员之外，将留学归国人员、新的社会阶层和民营企业界等界别代表纳入各专委会组成人员，最大可能凝聚会内优秀人才，发挥“智库”优势。二是以课题招标为抓手，完善参政机制。启动专题调研课题招标，制订招标办法，对招标方式、程序、课题组管理和成果运用进行详细规定。以“将岳阳打造成湖南通江达海的新增长极”为招标主题，面向民进市委委员、专委会和基层组织招标，确定城市规划、创新创业等8个年度调研课题，完成《启动城市总体规划修改，做好江湖名城顶层设计》《实施创新驱动，提升岳阳装备制造业水平》等3份调研报告，为市委市政府科学决策提供决策参考。三是以政协协商为平台，提高协商能力。把握两会议政平台，向省市两级人大政协会议，提交提案建议54份。其中，3份提案被列为市委、市政府和市政协领导牵头督办的重点提案。参加政协专题协商，与市政协联合承办“推进依法治市”专题协商活动，开展学法遵法用法守法和依法行政两个专题调研，《让法治成为一种信仰》和《破解法治“瓶颈”，创建法治乡镇》的调研成果得到市委、市政府和市政协的充分肯定和采纳。

四、倡导社会服务新理念，持续开展微公益活动突出“服务就在身边，人人可以参与”的微公益理念，启动两个创建，将微公益与社会服务主题年活动有机结合，最大限度服务社会。一是创建同心基地，扎实推进“四同创建”。以岳阳楼区岳城社区作为“同心社区”创建点，以华夏双语学校作为“同心校园”创建点，突出民进文化和法律服务特色，开展图书、义诊、心理咨询和法律服务“四进”活动，开展法律讲座、心理咨询、义诊送药等活动3次，举办“文化惠民同心共进”传统文化公益讲座活动3场次，受到社区居民、街道办工作人员和学校师生的欢迎。二是创建微公益品牌，切实提高惠民实效。大力倡导“微公益”理念，宣传全国社会服务先进个人李国武的先进事迹，号召有条件的基层组织和个人开展微公益活动。4个学校支部到平江县、岳阳县等地开展送教助学活动，自发为贫困学生送去助学金和文具。市直近百名会员组织在世界自闭症日参加岳阳楼点灯仪式，出资购买儿童画作，捐助贫困患儿家庭。临湘市发生暴雨灾害后，多名会员自发到灾区慰问，民进市委委员汪英捐款10万元，民进市委委员李国武捐赠5万元现金和2万元物资，解决灾民生活困难。举办2015“同心杯”岳阳围棋名人邀请赛，成为岳阳市第一次由民主党派主办的棋类赛事。

【张世愚当选民进市委主委】

2015年1月8日，民进市委召开七届十四次市委会，会上，张世愚全票当选民进市委主委。民进湖南省委组织处处长赵品山宣读关于届中调整的批复；民进湖南省委专职副主委、省政协副秘书长、省政府参事汤泽培，中共岳阳市委统战部常务副部长邓有根到会并讲话。

【社会服务工作获民进中央肯定】

2015年6月2—3日，民进全国社会服务工作会议在北京市召开。会议表彰一批社会服务工作先进集体和先进个人，民进市委被授予“民进全国社会服务工作先进集体”称号，湖南省人大代表、民进市委委员、副秘书长李国武被授予“民进全国社会服务工作先进个人”称号。

【承办推进依法治市建设法治岳阳专题协商会】 2015年6月16日，民进市委与市政协联合承办“推进依法治市，建设法治岳阳”专题协商会。市政协主席赖社光主持会议。市委常委、市政法委书记向伟雄，市政协在家副主席，市政协全体常委，各民主党派市委负责人，市直相关单位负责人参加会议并发言。民进市委专职副主委李尧瑶参加会议。民进市委委员、市政协常委徐总发，民进市委办公室主任、市政协委员李情作协商发言。

【组织开展革命传统教育与暑期谈心活动】 2015年8月14—15日，民进市委组织开展革命传统教育与暑期谈心活动。民进市委主委张世愚作“适应新常态，继续老传统，为建设高素质参政党地方组织做贡献”专题讲座。民进市委委员与支部主委分组交流，围绕授课内容、支部工作、自身经历展开讨论。

【开展“文化惠民·同心共进”岳阳站活动】 2015年9月28—29日，由民进湖南省委主办、民进市委承办的2015年“文化惠民·同心共进”岳阳站活动举行。本次活动邀请贤贤教育开发研究院院长唐馨儿在华夏双语学校、岳阳市九中分别讲授“中国文化的教育智慧”“家庭是一切教育的根本”两堂课。民进岳阳市委主委张世愚、专职副主委李尧瑶及市委统战部有关人员参加此次活动。

（本栏撰稿　李　情）

中国农工民主党岳阳市委

【概况】　2015年，中国农工民主党岳阳市委员会（简称农工党市委）以思想建设为基础，以制度建设为保障，团结和带领广大农工党员，履行参政党职能，建睿智之言，谋务实之策，各项工作取得新的进展。

一、加强理论建设，思想基础更加巩固。一是深化政治理论学习。及时组织学习中央会议精神，注重联系岳阳实际和自身工作实践，通过报告会、座谈会、听取讲座、参观考察等形式，组织学习中共十八大和十八届三中、四中全会及总书记习近平系列重要讲话；认真组织学习中共岳阳市委六届十一次全会精神，准确把握市委、市政府的工作中心和年度工作目标。二是凝聚深化改革共识。以“坚定理想信念、共筑中国梦”为主题，深入开展学习宣传“中国梦”的活动，引导全体党员坚定理想信念，找准履行职能、发挥作用的着力点，为实现“中国梦”“湖南梦”“岳阳梦”贡献力量。三是弘扬农工党优良传统。组织全体党员参加农工党中央2015“学精神、学党章、学党史”知识竞赛系列活动，学习党章党史，学习老一辈农工党员的优良传统和高尚风范；组织参观邓演达故居等，走近农工党先贤，体会人格魅力；连载《中国民主党派史——中国农工民主党党史》，着力宣传农工党的历史和前辈们的先进事迹。四是加大宣传工作力度。有50余篇（件）稿件在各种不同层次媒体刊登；25篇稿件在《岳阳日报》登载；做好年度《岳阳农工》的编辑、发放工作。

二、坚持人才强党战略，组织建设稳步推进。一是有序推动组织发展。按照“保持特色、注重质量”的要求，先后考察新党员12名，组织参加各级各类培训、教学实践20余人次，为党员履职履责、加强互动、优势互补搭建平台。1月16日，市委会举办新党员培训班。二是加强人才队伍建设。5月底，推荐2名重点后备干部参加市委组织部、统战部联合浙江大学举办的“统一战线同心打造湖南经济新的增长极专题研究班”。6月，推荐5名党员参加市委统战部举办的新进党员培训班。11月，推荐2名党员参加市委统战部举办的党外中青年干部培训班。三是开展活力基层建设。市委会将支部活动作为年度考评硬指标，指导督促各基层组织开展活动。12个基层支部上半年开展活动15次，参加党员人数近300人次。3月6日，开展“美丽人生，从‘心’出发”活动，通过听音、闻香、品茗雅集展演，感受中国传统文化精粹。4月25—26日，组织党员到平江县板江中医药文化产业园参观学习。4月28日，参加“阳光心态，活力楼区”千名干部万米同行活动。

三、紧扣改革发展大局，参政议政成效明显。一是提案质量提升。两会期间提交集体提案6件、个人提案议案20件、建议意见10余件次，2件被评为优秀提案。农工党市委在市政协“五个一”活动中被评为先进单位，4名党员被评为先进个人。二是调查研究成效显著。调研报告《主动对接长三角，提质壮大岳阳石化产业》得到市委书记、市长批示。先后开展集体性调研5次、课题调研近10次，撰写调研文章5篇，提出对策建议10余件次。三是信息工作成绩突出。组织上报32篇社情民意信息，被农工党省委录用20条，农工党中央录用2条，省委统战部录用12条，市委统战部录用12条，1人被农工党中央评为社情民意信息工作先进个人，3人被农工党省委评为社情民意先进个人。

四、发挥党派自身优势，社会服务活动丰富多彩。一是打造医卫服务品牌。4月28日，在岳阳楼区岳城社区开展义诊活动。4月29日，在道仁矶柳田村开展送医送药活动。6月14日，在春雷学校开展送医送药活动。7月9日，在西塘镇开展送医送药活动。二是打造“同心”品牌服务社会。“同心”共建幸福乡村。5月22日，在君山区采桑湖镇敬老院开展送文化送健康下乡活动；10月16日，在岳阳县月田镇精准扶贫点调研并慰问。“同心”保护环境。3月12日，组织党员到天井山森林公园“农工党之林”开展义务植树活动。“同心”法律服务。4月9日、13日、17日，参加“家庭律师社区行”巡讲活动。“同心”牵手困难学子。6月23日，由农工党员创立的“永普励志奖学金”第二届颁奖仪式在平江县板江中学举行，4名学生获得本届奖学金。三是举办“国际与科学和平周”暨“爱在高墙”活动。11月25日第26个“国际与科学和平周”之际，在岳阳监狱六监区举办“爱在高墙”系列活动之励志教育活动。

【特殊学校义诊】　2015年6月14日，农工党市委组织党员中的医疗专家到位于汨罗市黄市镇的岳阳市春雷特殊教育学校，了解孩子们的生活学习状况，并为100多名孩子和30多位教职员工进行体检。

【“永普励志奖学金”颁奖】　2015年6月23日，由农工党员创立的“永普励志奖学金”第二届颁奖仪式在平江县板江中学举行，板江中学4名学生、1位老师及1位家长获得本届永普励志奖学金。获奖者代表分别发言，介绍各自的学习与工作情况。

（本栏撰稿　李向阳）

中国致公党岳阳市委

【概况】　2015年，中国致公党岳阳市委员会（简称致公党市委）发展党员12名，截至年底，党员总数248人，有支部8个，总支3个。党员中各级人大代表、政协委员48人，占党员总数的19%。2015年是中国致公党成立90周年，是中国致公党基层组织建设年。致公党市委深入开展坚持和发展中国特色社会主义学习实践活动，团结和带领致公党党员参政履职、争先创优，各项工作取得长足进步。

一、围绕中心，参政议政迈上新台阶。利用两会平台，建有益之言。两会期间，致公党各级人大代表、政协委员向全国人大提交建议案24个，向省政协提交提案6个；向市政协提交提案43个，其中，7个提案被列为重点督办提案，2个提案被评为优秀提案。向区级人大提交建议案、议案15个，向区级政协提交提案26个，其中，3个被列为重点督办提案，2个被评为优秀提案。加强专题调研，献务实之策。响应中共岳阳市委市政府关于围绕将岳阳打造成为湖南通江达海新增长极开展调研的号召，充分利用党员资源，开展专题调研，完成《加快推进岳阳农业现代化，为打造新增长极做贡献》《关于家庭农场的调研》《岳阳市农村住宅闲置状况调研》和《洞庭湖博览园血吸虫病传播风险调研》等4个专题调研。其中《关于家庭农场的调研》被市长刘和生批示。反映社情民意，诉民众之求。报送社情民意100多条，被省委统战部采纳40多条，其中《监狱系统艾滋病罪犯管理存在的问题》《东方之星沉没对旅游业的警示》等3条被致公党省委和省政协采纳；《当前民间组织迅速发展存在四大突出矛盾不容忽视》被中共省委办公厅采纳；《房屋维修基金使用率过低亟待关注》被市政协采纳。开展协商监督，议大局之事。致公党市委主要负责人参加中共省委、市委、市政府、市政协等组织的座谈会、协商会、现场督办会及视察活动等10余次。6月，副主委黄玉祥参加省政协双周协商会，并就“大力发展我省家庭农场”作典型发言。19名党员担任纪委、税务、工商、国土等单位特约监督员和行风评议员，他们参加各级部门组织的各种调查、视察、评议等活动，得到有关方面充分肯定。

二、打造亮点，社会服务取得新成绩。致公党市委始终坚持“建基地，创品牌”的思路，坚持常规工作持续做，特色工作创新做，充分发挥骨干党员优势，开展社会服务工作，得到致公党中央和省委的高度评价。“湖南洋利同心生态园区”和“东升同心社区”被致公党省委授予社会服务优秀成果奖。继续深化“同心”品牌。一是东升社区通过一年的创建被省委统战部授牌为省级同心社区。1月，组织致公书画院的书法家在东升社区开展“迎新春，送春联”活动，免费为社区居民送出新春对联200多幅。5月，在东升社区开展“爱相随，生命相随”岳阳市造血干细胞捐献进社区宣传活动。6月，免费为居民开展应急救护培训。7月，利用党员资源，开展“爱心成就光明”白内障同心义诊活动，为全市1000多名贫困白内障患者提供免费手术治疗。二是“湖南洋利生态农业产业同心园区”被市委统战部授予市级同心园区。园区承包的磊石山部分区域被中科院设为亚热带农业生态研究站。持续做好“致公助学”。分别在高校、职校和中小学成立定点扶贫助学对口单位，将致公助学作为另一社会服务品牌持续打造。继续在湖南理工学院颁发“岳阳致公助学金”，5年颁发致公助学金20万元，资助品学兼优的贫困学子100名；参与省委同心温暖工程“一家一”助学就业项目，与平江职业技术学校“能和安安班”对接，定期与同学们进行交流，开展班级活动，为师生们送去致公助学文化衫。与平江县阜山小学建立对口助学基地，两年为其筹集5万元专项工作经费，改善学校教学条件。参与市委统战部组织的扶贫助学活动，为受助学校捐赠7500元助学经费。“六一”前夕，各支部响应致公党市委扶贫助学的号召，开展一系列的助学活动。其中，综合支部党员李星利联合君山区妇联在君山濠河小学开展“关爱留守儿童”心理辅导活动，同时为学生们发放学习用品100套；南湖新区支部在平江县福寿山镇益海小学为当地学生发放助学金1万元；岳阳经开区支部为三荷乡平地完小学捐助办公用品、学习用品6000元；岳阳经开区总支副主委罗杰文为平江职业技术学院捐赠53套汽修安保鞋和劳动手套，价值万余元；直属支部慰问岳阳市特殊教育学校的智障和聋哑儿童，为孩子们带去10多箱书籍和学习用品，并参加学校举办的“六一”运动会，为孩子们送上节日的祝福；省血防总支免费为中小学生举办健康知识专题讲座；12月8日，湖南理工学院支部在平江县昌江中学开展“携手昌江中学，共建和美同心学校”活动，并与学校达成长期合作意向，同时为该校捐赠一批体育器材和书籍，资助6名品学兼优、家庭贫困的学生；岳阳职院支部携手岳阳恒康五官医院举办“爱心进校园”活动，为职院1000名学生捐赠“爱心助学免费配镜卡”。

三、夯实基础，组织建设得到新推动。切实加强基层组织建设，进一步夯实基层组织结构，成效明显。省血防所总支、岳阳楼区支部被省委授予“先进基层组织”荣誉称号。开展创先争优活动。响应致公党省委“创先争优”号召，把“创先争优”活动与坚持和发展中国特色社会主义学习实践活动、中国致公党成立90周年纪念活动统筹结合，召开主委办公会专题研究和部署，并制订工作方案，扎实开展“六个一”活动（落实一项要求，开展一次基层组织建设专题调研，开展一次党史和优良传统教育主题活动，组织一次专题讨论，组织一次宣讲，开展一次交流），增强致公党的凝聚力、党员的归属感和荣誉感。扎实推进基础组织建设。2015年将云溪区支部和岳阳经开区支部升格，成立云溪区总支和岳阳经开区总支。党员发展始终坚持侨海特色，严把入口关，发展新党员12名，其中硕士研究生2名，其余均为大专以上学历；高级职称1人，中级职称5人；8人具有侨海关系。完善党员信息平台建设，初步完成中央基层组织信息平台党员信息数据录入。认真筹备市委换届。完成所有基层组织换届选举，顺利完成政治交接。多次召开专题会议，研究致公党市委换届工作，制订《致公党岳阳市委2016年换届工作方案》，成功推选出15名市委委员候选人提名人选。

【纪念致公党成立90周年庆祝活动】

2015年，在中国致公党成立90周年之际，致公党市委开展“庆‘三八’女党员赏灯会”“迎党庆、贺重阳”骨干党员、老党员座谈会，“庆祝中国致公党成立90周年党章党史知识抢答赛”等系列庆祝活动，进一步增强党员的归属感和荣誉感，提升本党的凝聚力和战斗力。发动党员参加致公党省委“纪念建党90周年征文”活动，收集文章6篇，其中获二等奖、三等奖各1篇。参加致公党省委组织的“党章党史知识抢答赛”获得二等奖。

【侨海联络工作取得新进展】 2015年，致公党市委组织和动员书画院的书画家为致公党湖南省委和致公党长沙市委“庆祝中国致公党成立90周年书画展”提供17副高质量、高水平的参展作品。岳阳致公书画院联合市委宣传部承办“格物志第一回作品展”。青联会副会长、党员李鹏辉联合岳阳市工商联、共青团岳阳市委举办“纪念抗战胜利70周年、情系抗战老兵慈善拍卖会”，此次拍卖会有100件名家字画、瓷板参与拍卖。拍卖会拿出30万元拍卖款捐助全市107名抗战老兵。8月，致公党湖北襄阳市委率团到岳阳市考察。9月，专职副主委陈跃平随市委统战部考察团到台湾考察。10月，谢模满参加菲律宾中国洪门致公堂第五支部“庆祝成立六周年纪念暨第吉连八届理监事就职典礼”。

（本栏撰稿　周　静）

九三学社岳阳市委

【概况】 2015年，九三学社岳阳市委（简称九三学社市委）努力践行同心思想，切实履行参政党职能，自身建设有新起色，参政议政有新突破，社会服务有新亮点，各项工作取得新进展，被九三学社中央评为组织建设先进集体和参政议政先进集体，被九三学社省委评为纪念九三学社创建70周年参政议政工作先进集体和机关建设先进集体。

一、自身建设有新特色。一是以纪念九三学社创建70周年系列活动为契机，筑牢政治思想基础。社市委根据社中央、社省委关于纪念九三学社创建70周年活动的要求，认真安排部署，制定实施方案，成立创建活动领导小组，组织社员开展纪念九三学社创建70周年系列活。召开纪念抗战胜利暨九三学社建社70周年庆祝大会，邀请省市领导、九三学社市委对口联系单位负责人参加，主委李平致词，社省委专职副主委王仁祥和中共市委常委、组织部部长王瑰曙到会讲话。庆祝大会上社员自编自演一台文艺节目。开展表彰先进活动，对近三年来在参政议政、民主监督、社会服务等各项工作中有突出表现的先进基层组织和先进个人给予表彰，市农科所支社等8个基层组织、李海平等118名优秀个人受到表彰和嘉奖。开展慰问抗战老兵活动，8月，九三学社市委主委班子成员、部分九三学社社员前往岳阳县参观抗战纪念馆，并走访看望杨克检、刘月山、吴文洲3名抗战老兵，给他们送去慰问金。开展凭吊抗战烈士和抗战中遇难同胞活动，7月，九三学社市委组织机关支社、岳阳楼区支社、岳阳经开区支社的骨干社员，到华容县东山镇明碧山烈士纪念碑，举办为革命先烈默哀、敬献花篮等祭奠活动。开展纪念抗战和九三学社创建征文活动，组织社员参加“社庆70周年”和“弘扬科学精神从我做起”等系列征文，收到论文15篇，机关支社主委吴鹏涛撰写的《九三学社——我们的光荣与梦想》被评为九三学社中央征文三等奖；城建支社社员谢彪撰写的《让法治的光芒照射每一位公民》入选《九三学社中央法治精神与规则意识研讨会论文集》。二是全面推进人才强社战略，着力加强组织建设。

2015年，九三学社市委根据九三学社中央和省委安排部署，在全市开展组织建设情况调研，对基层组织现状及存在的主要问题进行梳理，为理顺关系，强化基层组织建设奠定基础。四化建、岳阳楼区、泰格林纸、农科所等支社完成换届，一批年轻优秀社员进入班子。全年发展新社员21名，全部具有大学以上学历，平均年龄为35岁。截至年底，全市有社员408人，平均年龄48岁，其中，高中级职称359人，占总数的88%。在物色年轻优秀代表人士加入组织的同时，注重后备干部培养，推荐陈曼霞、杨善、陈跃红等一批优秀社员到浙江大学、中央和省社会主义学院学习；选派杨波、朱丹等一批积极分子参加市党外中青年干部培训班学习；组织骨干社员参加中共市委统战部组织的各类培训班、课题调研和社会服务活动。三是创新组织活动形式，开展丰富多彩的社务活动。九三学社市委把开展形式多样的组织活动作为增进社员间感情，增强组织凝聚力的有效手段。“三八”妇女节组织妇委会和部分女社员到岳阳社会福利院开展“学雷锋同心关爱”活动，为福利院的孩子们送去价值近2万元的玩具、书包、卡通笔、笔记本、牛奶等；“五四”青年节组织年轻骨干社员进行座谈；“九九”重阳节组织老社员考察环南湖三圈城市建设，让老社员们亲身感受岳阳的巨大变化和深厚的历史文化底蕴。年底，走访慰问80岁以上的老社员，让他们充分感受到组织的温暖。此外，各支社还根据自身实际开展一系列特色组织活动，如市农科所支社和岳阳经开区支社组织社员到外地考察调研；医卫支社开展送医下乡活动等。

二、参政议政有新突破。2015年，九三学社市委围绕全市经济社会发展中的重大问题和群众普遍关心的热点问题，深入调查研究，积极建言献策。一是在省市两会上建净言献良策。整合社内外资源，加强与上级组织的纵向联动，与党派对口联系的市直政府部门的横向联合，挖掘上报各级各类信息，通过调研考察、提案议案等形式，建言献策。在省市政协会议上，提交省政协提案4篇；市政协大会发言2篇，集体提案9篇。九三学社市委主委李平在省政协十一届三次会议上作《主动融入长江经济带，建设环洞庭湖港口群》大会发言；九三学社市委组织部长杨善代表社市委在市政协七届三次会议上作《关于提升工业园区整体发展水平的建议》的大会发言。《稳定种粮面积确保粮食安全》的调研报告转化为提案后，获中共湖南省委副书记孙金龙批示；《加强我市湘江流域污染防治工作的建议》被列为市政协重点督办提案，并在年底两会上评为优秀提案；《关于加快推进洞庭湖生态经济圈建设的建议》被评为市政协优秀提案。二是专题调研访基层摸实情。围绕建设“一极三宜”江湖名城开展专题调研，形成《城乡一体化背景下的我市农村电商及快递体系构建》《加强物流高新技术产业发展的思考与建议》《推进我市制造业与物流业融合　打造经济发展新增长极》等调研报告。《城乡一体化背景下的我市农村电商及快递体系构建》转化为提案后，得到市长刘和生批示。8月，围绕市政协双月协商会，社市委主动参与市政协调研，形成调研报告《加强乡村教师队伍建设的建议》，由主委李平在市政协组织的协商会议上作专题发言，市政协委员郭跃平、杨善从不同角度分别提出合理化建议。4月，社市委组织机关干部到岳阳县、平江县部分乡镇开展农村义务教育阶段学校寄宿学校状况调研，了解全市农村义务教育阶段学校寄宿中存在的问题和群众普遍关心的学校寄宿生生活中的热点、难点问题，为今后进一步加强和改进农村义务教育阶段学校寄宿工作提出建议。三是联系群众聚民智察民情。注重加强九三学社界别的市政协委员、人大代表与社区、基层的联系，倾听群众呼声，反映群众意愿，上报省市社情民意50篇，其中，被九三学社中央采用10篇，《关于完善农村土地承包经营权流转制度的建议》等6篇被市政协采用。

三、社会服务工作有新亮点。2015年，九三学社市委在开展助学、助残、助老等传统项目的基础上，推进“同心工程”，开展“九三科技行”，将其作为凝聚社员心智、树立党派形象、奉献服务社会的重要工作抓实抓好。一是开展送医疗送技术下基层惠民生活动。社内医疗专家充分利用自身优势，开展进社区、进乡村等义诊咨询帮扶活动。组织中医专家彭岳林、口腔科专家何亚辉、内科专家蔡碧秀等到华容县东山镇红烈村，为村民们送医送药送温暖；社员周泉作为湖南省“三区”科技人才，到平江县帮助培养本土科技服务人员和农村科技创新创业人员，引导平江特色产业科技成果的转化。社市委组织社员举办讲座6场次，听课人数达900人次；开展咨询服务4场次，咨询人数达1200人次，发放宣传资料3000份；开展义诊2次，赠送药品价值近万元。二是开展送温暖下基层济民困。开展“同心·爱心助学”活动，看望就读的篴口三胞胎“岳、阳、楼”，送上学费1.5万元；组织女社员到市社会福利院慰问孤寡老人；参与中共市委、市政府2015-2017年为期三年的驻村建设扶贫工作，到岳阳县月田镇高雅村进行结对帮扶。三是立足本职双岗建功展民智。倡导九三社员践行“今天我以九三为荣，明天九三以我为荣”的理念，引导社员立足本职岗位建功立业，展现岳阳九三的新形象。市农科所支社李海平在2015年庆祝“五一”国际劳动节暨表彰全国劳动模范和先进工作者大会上，获得全国先进工作者称号，并受到中共中央总书记习近平的接见；市直一支社社员阳岳球被评为“全国十佳农民”，参加国务院总理李克强主持的政府工作报告征求意见座谈会，他创办的惠众粮油专业合作社被评为国家级合作社；市农科所支社社员潘新军《湖南油茶良种组合区划和标准化栽培》获湖南省科学技术进步奖二等奖；云溪支社社员陈裕新《一种棉花活性专用肥及制备方法》获岳阳市科学技术进步奖二等奖；市三医院支社罗伏军被评为“湖湘名医”“岳阳市名医”“2015年巴陵青年英才”，他的事迹多次在岳阳电视台和《岳阳日报》专题报道；湖南民院支社傅兴、叶尔姚率领中老年合唱团到北京参加“放飞中国梦相聚在北京”2015全国大型音乐展演盛典，获得10项金奖；社员周泉、李甘霖、朱方明等5人当选岳阳市党外知识分子联谊会理事。

（本栏撰稿　杨　波）

岳阳市工商业联合会（总商会）

【概况】 2015年，岳阳市工商业联合会（简称市工商联）围绕中心，服务大局，坚持“团结、服务、引导、教育”的方针，充分发挥“五大作用”，在联手帮扶、参政议政、宣传教育等方面取得一定成绩，为建设“一极三宜”江湖名城做出贡献，在全市综合绩效考核中被评为先进单位，计划生育和综治工作被评为单项先进。

一、精心组织，扎实开展专题教育活动。按照市委统一部署，市工商联6月启动“三严三实”专题教育活动，成立由党组书记任组长的“三严三实”专题教育工作领导小组，制定《市工商联开展“三严三实”专题教育实施方案》，召开动员会深入发动。采取个人自学、集中党课报告、专题辅导等形式开展学习，其中集中学习13次。党组书记方亚华带头讲《努力践行“三严三实”，做“四有”好干部》的党课。处级以上干部围绕“严以修身”“严以律己”“严以用权”开展三次专题讨论。召开专题民主生活会，专题教育活动扎实有效。

二、教育引导，非公经济人士健康成长。引导民营企业家爱国、敬业、创新、诚信、守法、贡献。开展多形式的培训学习，学制一年的浙江大学——岳阳市企业家高级研修班圆满结业。在全市精选30名优秀民营企业家到香港参加第210期工商企业培训班学习。举办互联网+、经济新常态以及积分制管理等5期专题讲座。树立一批非公典型，湖南凯立欣实业集团有限公司董事长刘昱兵等2名企业家入选全省创新创业先进典型。湖南十三村食品有限公司董事长李国武获“全国首批优秀五星级志愿者”称号。组织民营企业为临湘市“6·1特大山洪地质灾害”灾区羊楼司镇捐款111万元，物资14万元。举办“纪念抗战胜利70周年·情系抗战老兵慈善拍卖会”。

三、强化服务，促进非公企业健康发展。配合市委市政府开展“部分民营企业重点帮扶三年行动”，帮扶重点企业由37家增加到60家。重点协助湖南胜景干黄酒业股份有限公司推进合作重组进程，帮助企业走出困境。开展“访民企、解难题、保增长”千户民企大走访活动，收集困难50多个，协调解决31个。参与“一区一港四口岸”招商引资工作，会员企业弘元新港有限公司进驻综保区。湖南童记三利和食品有限公司投资2亿元的特色休闲鱼制品项目入驻洞庭湖绿色食品产业园。配合市委市政府全民创新创业活动，举办全省创新创业先进典型岳阳站巡回报告会，评选表彰30名创新创业先进典型。湖南科伦制药有限公司、湖南中科电气股份有限公司技术研究及应用项目获得全国工商联科技进步三等奖。组织民营企业家参加第十三届世界华商大会、第十二届中国城市友好商会会长会议和第七届湘商大会。

四、深入调研，当好党委政府参谋助手。《大力发展乡友经济的建议》在市政协七届三次会议上参政发言后，市委市政府高度重视，决定每两年召开一次岳商大会，由市委市政府主办，市工商联具体承办，4月初成功举办首届岳商大会。7月，围绕工业园区提质增效课题进行深入调研，撰写《关于县域工业园区转型升级、提质增效的建议》，助推市委市政府出台《关于进一步促进产业园区发展的意见（试行）》。调研报告《规范民间融资管理，促进中小微企业健康发展》获得全省统战理论调研优秀成果、全省工商联系统优秀调研成果二等奖和市政协优秀调研成果一等奖；《关于加速发展我省小额贷款公司的建议》获全省工商联系统优秀调研成果三等奖。

五、注重实效，推进非公党建规范化发展。全面开展“党旗红、企业兴、中国梦”主题活动，通过推行“党员责任区”“党员先锋岗”等举措，引导党员在促进企业发展中树标杆、作表率、当先锋。全市广大非公企业党员为企业破解发展难题380多个，实现技术创新140多项，为企业节约项目成本6600多万元。着力推进非公企业党组织规范化建设，建党组织基本达到“六有”，规范化建设效果明显。不断发展壮大党员队伍，非公经济组织中新发展党员15名。

六、夯实基础，切实加强会员队伍建设。全面加强基层工商联工作，汨罗市工商联、平江县工商联被评为湖南省“五好”县级工商联建设示范点，汨罗市工商联被评为全国“五好”县级工商联建设示范点。召开岳阳市工商联（总商会）第七届执行委员会第四次会议，伍玉龙、刘昱兵、朱德超等8人增补为市总商会副会长。完善市县区执委电子会员档案，直属会员企业全部进入数据库，实现动态管理。加强行业商会建设。16家直属商会运转日趋成熟。组建岳阳市益阳商会、岳阳市电子商务行业协会。帮助岳阳市汽车经销行业商会、岳阳市福建商会完成换届工作。

七、加强管理，干部队伍焕发活力。认真落实市委、市政府重大决策、重大工作部署和各项工作安排。全面开展“清正在心”教育活动，举办“迎‘七一’重走红军路”教育实践活动。坚持把纪律挺在前面，切实转变机关作风，班子带头，机关干部下基层、访民企、解难题成常规动作。一年来无一人受到问责处理。坚持民主集中制原则，严格按程序提拔任用科长1名、副科长1名，推荐处级后备干部5名。

【承办首届岳商大会】 2015年4月2—4日，由市委、市政府主办，市工商联、市商务粮食局承办的首届岳商大会召开。大会以“乡愁、回家、创业、圆梦”为主题，邀请全国各地乡友客商代表、异地商会代表350多人参会。会上发布重大项目183个，成功签约35个，引资159亿元。截至年底，35个项目全部成功落地。同时，市委、市政府出台《鼓励支持寓外乡友返乡创业的政策措施》，为引老乡回故乡建家乡营造良好环境。

（本栏撰稿　葛取兵）

责任编校　刘兴汉

社会群众团体

岳阳市总工会

【概况】　2015年，岳阳市总工会围绕市委“一极三宜”江湖名城建设目标，努力践行“两个信赖”，在助推经济发展、关爱服务职工群众、全面强化自身建设等方面取得新成效。被评为2014届湖南省文明标兵单位、全国工会会员评家先进单位，获得全省经审工作规范化建设特等奖。全省工会基层组织建设暨农民工入会和服务工作现场经验交流会、全省工会干部教育培训工作会、全省非公企业劳动竞赛暨劳模创新工作室创建工作推进会，相继在岳阳市召开。

【开展系列主题活动】　2015年，市总工会开展系列主题活动，服务“一极三宜”江湖名城建设，一是开展“六个一”活动，放大劳模效应。推荐评选8名全国、39名全省劳动模范和先进工作者。为进一步弘扬劳模精神、激发广大职工投身“一极三宜”江湖名城建设的热情，开展“六个一”系列活动：即，成立一支由50多名各级劳模组成的宣讲团队伍，在会展中心举行隆重的启动仪式，并深入园区、社区、企业进行巡回宣讲40余场次；以“工人阶级宣传月”为载体，在主流媒体开设“劳动最美丽”专栏，举办一次“身边的劳模”征文比赛；以“我为岳阳发展献计献策”为主题，召开一次劳模（职工）代表座谈会，征集金点子、好建议400多条；组织一支劳模（职工）志愿者服务队，开展技术服务、法律援助等志愿服务活动32次；组织一次“庆五一、送祝福，听心声、解难题”劳模大走访活动，收集对工会工作的意见建议200多条，解决难题143个；开展一次“体面劳动·快乐工作”为主题的劳动者风采展示活动，全面展现全市知识型、智慧型、专家型的新型劳动者风采。二是开展“三争三赛”活动，激发劳动热情。为应对经济下行压力，全面助力岳阳市委“一极三宜”江湖名城建设目标，开展“争当标兵赛奉献、争做模范赛风采、争创业绩赛作为”的“三争三赛”活动：在城陵矶新港区项目现场举行劳动竞赛启动仪式，培育长炼、远大等20多个省市劳动竞赛联系点，巴陵石化公司、长岭炼化公司创新开展“对标·追标”竞赛活动，促进节能增效，南岭民爆平江公司以岗位安全为重点开展“安康杯”竞赛，助力安全生产和企业增效“双同步”，市供销、市交通系统开展“我的岗位，我的风采”服务竞赛，树立行业新风，岳阳林纸股份有限公司开展的“精益班组”建设活动，瞄准降耗节能征集合理化建议，使企业增效近3000万元。活动开展以来，全市有6000多家企事业单位、80多万名职工和农民工，以不同方式广泛参与劳动竞赛、技术革新、合理化建议、创新创业和安全生产等活动，为企业发展提出合理化建议2.3万条，开展技术革新1000多项，创造经济效益4亿元。《中国工运》期刊对岳阳市总工会的活动经验进行重点推介。

【推进农民工入会工作】　2015年11月17日，全省基层工会建设暨农民工入会服务现场经验交流会在岳阳召开。市总工会就如何加强基层工会建设，推进农民工入会作典型发言。市总工会以组织建设“落实年”为契机，发挥“党建带工建”这个老品牌在推进农民工入会中的新作用，与市委组织部联合在岳阳楼区、汨罗市，召开农民工入会服务现场推进会，全市形成党委重视、政府支持、各方配合、上下联动的市、县、乡、村四级“党建带工建，合力抓建会”的工作新格局。市总工会选取工业园区、重大建设项目、快递行业、新兴服务业、农业专业合作社等五大领域为重点，强力推进建会工作，以“合作社+示范基地+工会”的形式，建立岳阳楼区东风湖渔业合作社等一批新兴工会组织。全市新增农民工会员35490人。

【提升工会职工素质】　2015年，市总工会注重职工素质提升，一是注重典型带动。把提升职工道德素质与深化文明城市建设相结合，以道德讲堂“三进”活动为载体，组织先进典型人物，深入社区、厂区、园区开展“道德讲堂”60多场次。创新开展“劳动最美丽”“最美家庭”“最美家风”“最美工人”“我身边的好人”宣传评选活动，发放《文明知识小手册》2万多册。二是注重示范引领。作好全国职工书屋示范点和全国职工教育培训优秀示范点建设工作，开展“书香家庭”创建、纪念抗战胜利70周年主题教育、全省职工智跑大赛、“国庆杯”职工篮球赛、“最美芙蓉花”微信摄影大赛等大型群众性活动，全面丰富职工业余文化生活。三是注重活动推动。开展争创“学习型班组、知识型班组”“工人先锋号”活动，促使一线员工服务能力得到显著提升。开展“和谐兴家展风采”“科学教子”流动课堂等活动，全面提升女职工技能素质。组织全市职工法律法规知识电视抢答赛，提升法治素养。新建巴陵公司、道道全等6个劳模（职工）创新工作室，开展“名师带高徒”活动，提升职工创新能力。全市各级工会组织技能培训3800人次，2000余名职工实现技术等级提升。在第五届全省职工职业技能大赛中，市总工会获得优秀组织奖和技能湘军建设贡献奖。

【做好维权帮扶工作】 2015年，市总工会开展维权帮扶，成效明显，一是以拓展渠道丰富维权方式。组建一支300多人的律师志愿服务团队，定期免费为职工提供法律咨询、劳动争议调解等服务。实施“中彩金”法援项目，免费为272名职工、农民工提供法律援助，挽回经济损失1311万元。建立班子成员带班接访处访轮值制度，全年接访处访、处理来信来电和受理法律咨询2400多人次。以“一县一品”破解行业性工资集体协商难题，强力推进工资集体协商工作，使建工会的企业工资集体协商建制率达到90%，超额完成年度任务，被评为全省工资集体协商红旗单位。二是以技能培训创新帮扶形式。落实中央扶贫工作会议精神，以市总工会职工培训学校、农民工培训学校、女职工业余学校为龙头，以中南技术职业学校、平江伍市农校等培训机构为依托，带动各级工会采取按需培训、委托培训等形式，创新实施发展式、项目化帮扶，使帮扶工作更加精准有效。举办计算机应用、家政服务、茶艺、理发、钢筋工、月嫂等实用技能培训班200多期，培训下岗职工和农民工8800多人次，帮助其实现“家门口培训，家门口就业”。三是以支持就业创业增强服务实效。与市人社局、共青团岳阳市委、市妇联等部门联合举办“春风行动”“就业援助月”“民企招聘周”等主题招聘会30多场次。紧贴“互联网+”时代发展，建立就业创业信息库，发布服务信息4500多条，为4.3万人次提供服务。投入5000多万元，开展两节送温暖、职业病救治、困难救助活动，惠及2.5万名困难职工、农民工。通过“金秋助学”活动，筹集助学资金1929万元，帮助2000名贫困学子顺利就学。组织开展职工医疗互助活动，为9618人次发放补助金628万元。

【省非公企业劳动竞赛暨劳模创新工作室创建工作推进会在岳召开】 2015年11月26日，湖南省非公企业劳动竞赛暨劳模创新工作室创建工作推进会在岳阳市湘阴县召开，省总工会党组书记、副主席徐文龙出席会议并作重要讲话。会议由省总工会党组副书记、副主席钟小汨主持，岳阳市人大常委会副主任、市总工会主席彭先政致辞。全省各市州总工会、省直工会分管生产（经济）和职工技协工作的领导、生产（经济）部长、技协办主任，省产业工会相关负责人等参加会议。岳阳市总工会、湘阴县总工会、资兴市总工会、富士康衡阳蔡伦科技园工会等7家单位作交流发言。会议要求总结推广非公企业劳动竞赛和劳模创新工作室创建工作经验，动员激发职工群众投身劳动竞赛、发挥创新创造的活力，为推动全省经济社会科学发展建功立业。

【举行女职工维权知识抢答赛】 2015年4月22日，市总工会举行“女职工维权行动月”法律法规知识抢答赛，来自各县市区、系统产业、中央省属企事业单位的38支代表队分4组进行比赛。市人大常委会副主任、市总工会主席彭先政出席并为获奖队伍颁奖。此次抢答赛的主题是“弘扬法治精神，建设法治工会”，旨在全面学习、宣传和普及《宪法》《工会法》《劳动法》《劳动合同法》《妇女权益保护法》和《女职工劳动保护特别规定》等法律法规，大力弘扬法治精神，全力打造法治工会，进一步强化广大职工法律意识，促使广大职工依法维护合法权益、依法解决问题、依法化解矛盾。经过激烈角逐，湘阴县总工会、中石化股份有限公司巴陵公司工会、市直属工会代表队、市供销社工会获得一等奖，岳阳县总工会等4支代表队获得二等奖，汨罗市总工会等11支代表队获得3等奖，平江县总工会等19支代表队获得优秀组织奖。

【举办庆祝“五一”劳模事迹报告会】 2015年4月30日，岳阳市庆祝“五一”国际劳动节暨劳模宣讲团成立、劳模事迹报告大会，在岳阳市会展中心举办。市委副书记李志坚出席会议作重要讲话，并宣布岳阳市劳动模范先进事迹巡回宣讲活动正式开始。市政府副市长陈恢清主持会议。各县市区工会、驻岳大中型企业干部职工和劳模代表，高校学生代表，以及市总工会机关工作人员1500人参加大会。会上，黎光和、葛大兴、刘雄辉、陈恢建、朱民茂等宣讲团成员，用真挚的情感和质朴的语言作了生动精彩的劳模事迹报告，向与会人员讲述他们立足岗位、淡泊名利、甘于奉献的感人事迹和心路历程，充分展示新时期劳模的风采。

（本栏撰稿　罗　军）

共青团岳阳市委员会

2015年，共青团岳阳市委员会（简称团市委）以“党政认可、青年满意、社会欢迎、充满活力”为准则，贯彻执行市委“三个办法”和市委六届十一次、十二次全会精神，围绕中心转作风、服务大局惠青年、夯实基层强基础，塑造青年思想引领、青年典型选树、青年创新创业创优、青年志愿社区行、希望工程爱心助学、保护母亲河、少先队规范化建设等一系列特色鲜明的品牌工作，为建设宜居宜业宜游的美丽幸福岳阳、助力打造湖南发展新增长极作出不懈努力。动员志愿者参与文明城市创建工作受到市委领导赞扬，组织志愿者参与“东方之星”客轮救援与善后工作，受到民政部、省委省政府肯定，成功召开共青团岳阳市第六次代表大会，并被写入市委常委会工作报告，综治民调工作位列市直单位第四名，跻身先进行列，首次联合市委组织部、市科协实施巴陵青年英才支持计划，遴选10人，每人给予10万元奖励，树立良好的人才导向，首次海选“十杰百优”青年，社会反响热烈，力推精准扶贫，全年筹措近300万元，帮扶贫困青少年和残障人士。《中国青年报》《湖南日报》、湖南电视台等主流媒体多次推介岳阳市共青团工作。

【重视青年理想信念培育】 2015年，团市委开展“我的中国梦”和“我为社会主义核心价值观代言”主题团日活动，广泛发起最美代言人推选活动。以“纪念五四运动96周年”和“抗战胜利70周年”为契机，组织全市500余名团员青年、团干部、青年志愿者代表分批次到平江起义纪念馆、任弼时纪念馆等教育基地参观学习，并召开“缅怀革命先烈、弘扬优良传统”座谈会。搭建活动平台，凝聚思想共识，开展青年马克思主义者培养工程。团市委高度重视青年马克思主义者的培养，要求全市各级团组织认真组织实施“青马工程”。与此同时，“与人生对话——我的中国梦”“迈入青春门，走好成人路”18岁成人仪式、“彩虹人生——奋斗的青春最美丽”主题教育活动蓬勃开展。网聚青春正能量，构建清朗空间，不断提升舆情引导力。成立共青团新媒体运营中心，启动青年网络宣传引导工作，联合一批青年网络大V组建由1.4万人构成的18支市级、县级网络宣传员队伍，覆盖全市各级、各行业青年。6月1日，重庆“东方之星”客轮在长江湖北监利段翻沉，团市委第一时间通过微信公众号发动岳阳蓝天救援队等专业志愿者展开搜救行动，并动员爱心企业和公益社团提供后勤保障。临湘“6·1”山洪地质灾害发生后，岳阳各级共青团组织微信公众号、微信朋友圈在灾后重建中发挥重要作用。

【开展青年创新创业行动】 2015年5月4日，团市委召开全市共青团和青年工作会议，市委副书记李志坚就促进青年创新创业工作作重要指示，并向全市团员青年发出积极投身“三创”活动的号召。9月20日，岳阳市青年创业协会举办第一次会员大会。11月20日，在共青团岳阳市第六次代表大会上，通过《岳阳市青年推进创新创业创优奋力打造“一极三宜”江湖名城的决议》。团市委举办青年创新创业典型巡回报告2期、创业大讲堂2期和创业就业专题培训班3期，覆盖5000余名青年。开展“青年志愿社区行”，促幸福指数提升。继续推行志愿者协会（社团）“一对一（多）”入驻社区模式，推行四点半成长学堂、编外儿女、微孝蛋糕等涉及公共管理与公共服务的志愿服务项目15项。市领导盛荣华、李志坚、徐新启等先后参与3月4—5日的“青年志愿社区行——共青共情共志愿、雷锋家乡学雷锋”志愿服务集中行动。7月18日，举行“纪念抗战胜利70周年·情系老兵慈善拍卖会”，筹集资金52万余元。开展“水墨丹青生态岳阳”行动，促生活环境提升。开展“保护南湖水、美丽岳阳城”环保志愿服务活动，采取公开绿色承诺、现场签名践诺、网络微博传递、聘请公益大使、拍摄微视频、创作美术摄影作品等方式推进。开展青年典型选树行动，促社会氛围提升。团市委联合市委组织部、市委宣传部、市委政法委、市人社局、岳阳日报社、岳阳广播电视台等单位开展“十大杰出青年和百名优秀青年”选树活动，涌现李榜文、舒如镜、易朝等一大批优秀青年，联合市委组织部和市科协启动“巴陵青年英才”支持计划，从中遴选出10名创新创业精英，每人给予10万元的资金扶持。

【深入推进希望工程】 2015年，团市委精心策划希望工程爱心圆梦助学结对、希望工程一元捐、随手微公益、情系寒门学子等多项活动，继续实施“富基春晖班”“和均助学”“科尔龙珠助学”“华融湘江银行绿色助学”行动等项目，筹集助学资金278.4万元。倾情关爱大龄青年。成功举办“相约巴陵、幸福佳缘”青年员工联谊会2期，600名单身青年报名参加，一批大龄单身青年成功牵手。加强青联、学联管理，强化与广州、深圳等地青年交流，成功接待日本、香港等地青年代表团参访，岳阳青年与外界交往日益密切。加强大学生村官管理服务。关注470名大学生村官成长成才，举办GYB创业培训班1期，通过多种途径帮扶大学生村官自主创业项目，如香菇野菜种植、生猪石蛙养殖、工艺品制作、网络销售等。主动维护青少年权益。深入推进社区青少年安置帮教、青少年禁毒防毒宣传、创建“平安校园”等工作。加强青少年事务社会工作专业人才队伍建设，联合市财政局、市民政局、市人社局等部门开展专题调研，共同落实《关于加强青少年事务社会工作专业人才队伍建设的意见》。

【创新团建工作】 2015年，团市委在基层组织建设水平上奋力求为。团市委围绕“扩大组织覆盖、增强组织活力，增强团员意识、发挥带头作用”主题，推进基层服务型团组织建设，开展“青春建功当标兵”活动，涌现国网岳阳供电公司团委、市卫生和计划生育委员会团委、岳阳职业技术学院团委、岳阳楼区吕仙亭街道团工委等30个基层团建示范点，团组织服务水平得到显著提升。强化队伍建设，提升团干能力。开展“三严三实”专题教育活动和“党员进社区，竞赛当‘五员’”活动。党风廉政教育计划列入《2015全市团干部教育培训计划》中，开设团干素质提升课堂3期，分层分类培训300多人。7月16日和12月25日，团市委组织全体机关干部职工召开专题学习会议，迅速传达贯彻市委六届十一次全会、十二次全会精神。12月18日举办

“深入学习中央党的群团工作会议和中央4号文件精神”的主题读书班活动，全市各战线和县市区团委书记、团市委各部室负责人等100余人参加读书班。保持纯真本色，扎实转变作风。开展“团徽闪耀”——共青团员注册志愿者活动，引导广大共青团员培育和践行社会主义核心价值观，增强共青团员的团员意识和群众观念，全市注册270867人。全市共青团系统开展为民服务活动734人次，入户走访近3000户，召开包括团员青年在内的群众恳谈会86次，发放调查问卷5800份。加强少先队专业化建设，在教育部门的支持下，促成全市823所初中及小学将每周1课时少先队活动课纳入学校课程设置。

（本栏撰稿　仇佳伟　杨　颂　黄淑芳）

岳阳市妇女联合会

【概况】　2015年，岳阳市妇女联合会（简称市妇联）认真贯彻中央、省委党的群团工作会议和省妇联十二届二次执委（扩大）会议精神，围绕市委市政府决策部署，立足妇女所需、妇联所能的工作要求，在全市广大妇女中开展“三爱”（爱家、爱岗、爱城）活动，积极作为，勇于创新，团结带领广大妇女为建设“一极三宜”江湖名城做出贡献。市妇联在全市群众满意度测评中排名第一，市委对市妇联建功“一极三宜”江湖名城的经验作法进行通报表扬，中央电视台新闻联播对寻找“最美家风”活动进行报道。

【优化妇女儿童发展环境】　2015年，市妇联在争取党委政府重视的同时，向社会争取资源，为妇女儿童发展创造良好环境。一是争取领导重视。5月和12月，市委常委会两次专题研究妇女工作。“六一”儿童节前夕，市委书记盛荣华慰问看望少年儿童，送出党委政府关怀。分管妇联工作的市委副书记李志坚每月听取一次妇联工作情况汇报。6月份，市人大第46次主任会议专题听取妇女权益保障法实施情况汇报，市人大常委会内司委牵头对全市农村妇女土地确权和婚姻家庭纠纷调解委员会工作进行专题调研督查。市政府对妇女儿童发展两个规划的实施高度重视，专题召开实施及督导评估工作会议，并将“两个规划”实施工作纳入全市综合绩效考核内容。市政协妇女界多次就妇女儿童权益保护热点问题进行调研，提出针对性强的提案。二是加强部门联动。争取市委组织部的重视与支持，将全市女干部及妇联系统干部培训纳入全市整体培训计划，将贯彻男女平等基本国策纳入市委党校干部培训必修课程。争取市政法委重视，将“平安家庭”创建工作纳入综治考核内容。联合市委宣传部、市文明办举办“第二届女性健康长走”活动，联合市人社局开展“春风行动”和妇女创业就业培训工作，联合市卫生和计划生育委员会实施妇女“两癌”免费检查项目，联合市教育体育局、市关心下一代工作委员会成立家庭教育讲师团，联合湖南理工学院成功举办“我创业我美丽”女大学生创业指导巡回报告会。三是赢得社会支持。争取中国妇女发展基金会、宋庆龄基金会、省妇女儿童发展基金会、省体育发展基金会、市女企业家协会、市巾帼志愿者协会、市女律师专门委员会等社会组织及湖南海济力承公司、湖南竹林矿泉水有限公司等爱心企业的大力支持，为全市3家妇幼医院争取母亲健康快车3辆，为23所农村中小学校争取“同一世界足球”600多个，为平江县、华容县争取农村留守儿童“知心屋”项目2个，帮助10所农村贫困学校解决课桌、操场、食堂等实际困难，帮助400名农村留守儿童实现“微心愿”，救助100多名特困母亲。

【引领女性创新创业】　2015年，市妇联为城乡妇女参与经济发展搭建平台、创造条件、提供服务，推动城乡妇女创业就业、创新创优。围绕“大众创业、万众创新”，开展“寻找最美创业”，举办创新创业最美女性事迹报告会，“我创业我美丽”女大学生创业指导巡回报告会，聘请岳阳市中科电器有限公司董事长余新等5位优秀女企业家为“岳阳首批女性创新创业顾问”，命名“湖南正飞兔业”等7家单位为“岳阳市女大学生创业实践基地”，推荐湖南竹林电气设备有限公司为“湖南省女大学生创业就业实践基地”。联合市人社局等单位成功举办2015年岳阳市“春风行动”及女性人才专场招聘会，帮助2100多名女性找到就业岗位。推动城乡妇女小额担保贴息贷款工作，全年发放妇女小额担保贷款1000万元，为197名女性解决创业资金难题。发现培树“剪纸达人”司小丽、“养猫达人”范欣、“手工编织达人”傅静玲等一批“草根”创客明星。在全省手工编织职业技能创新创业大赛中岳阳市获得“团体三等奖”，有三幅手工艺品作品获得一等奖。

【引导妇女岗位建功创业】　2015年，市妇联围绕新农村建设，精准扶贫，深入开展“双学双比”活动、巾帼示范村创建、岗村共建结对帮扶等活动，着力打造“巾帼现代农业科技示范基地”，引导广大农村妇女参与产业结构调整，发展循环农业、生态农业及特色农业，涌现出临湘市宏源食用菌专业合作社李品等一批“双学双比”女能手。命名岳阳县福盛蔬菜专业合作社等7个“市级巾帼现代农业科技示范基地”，成功创建2个“省级巾帼农业现代科技示范基地”。联合相关部门，举办“一人学一技”、新型职业女农民、家政培训、女性实用技能等培训班23期，培训农村妇女3000多人次。推荐市中级人民法院刑一庭等6个单位为“省巾帼建功先进集体”候选单位，朱立春等2人为“省巾帼建功标兵”候选人。命名平江阳光国际大酒店等15个单位为市级巾帼文明岗。

【服务女企业家做优做强】　2015年，市妇联帮助女企业家提升素质、拓展视野、引导她们反哺社会。召开女企业家协会年会、春节联谊会，举办女企业家文明礼仪培训班，进行免费健康体检。先后组织30名女企业家到中国人民大学、浙江大学进行培训，组织50多名女企业家到山东省、湖北省、长沙市、湘潭市等省内外进行实地考察，到韶山毛泽东故居进行红色文化洗礼。引导女企业家投资30亿元在城陵矶综合保税区新建标准化厂房及综合服务配送中心。推荐平江县女企业家协会会长、阳光国际集团董事长叶琳获评“中国创业之星”，帮助她获得全国妇联1000万元的意向性无息贷款，推荐爱心女企业家、湖南竹林电气设备有限公司董事长黄素萍为“全国三八红旗手”。同时，引导女企业家反哺社会，树立良好社会形象。

【开展“寻找最美”活动】 2015年，市妇联联合市委宣传部、市文明办在全市启动常态化寻找“最美家庭”“最美家风”“最美女性”活动，在《洞庭之声》报开辟专版，形成家庭常推荐、典型常宣传、经验常总结的良好氛围。全市有10万多个家庭参与活动，晒出的家庭照片多达1800多幅，征集家规家训500多条，2600多人次自荐，举行家风家训评议会、活动300多场（次），涌现出一大批最美家庭、最美家风、最美女性，中央电视台新闻联播进行报道，中国文明网两次进行推介，《湖南日报》连续13天对岳阳市最美家风进行专题报道，岳阳市弘扬良好家风作法在“湖湘好家风”座谈会上作经验介绍。临湘市毛先桃等3户家庭获评“湖南最美家庭”，湖南竹林电气设备有限公司黄素萍获得省“最美湘女”荣誉称号，被推选为感动湖南2015年人物。配合省妇联开展“寻找最美作家”活动，邓小波、曹阿娣入围。

【推进巾帼志愿服务】 2015年，市妇联成功召开市巾帼志愿者协会换届大会，举办志愿者业务培训班，先后开展“邻里守望，姐妹相助”“奉献爱心、服务社会——巾帼志愿者在行动”“微爱留守、我在行动”等主题活动，开展600多次志愿服务活动，服务5000多人次，帮助500名困难户、特困妇女、贫困留守儿童、空巢老人解决各类实际困难700多个（次），为400多位农村留守儿童送出“彩虹包裹”。其中，市女企业家协会副会长、岳阳经开区富凯针织总经理沈富荣个人捐资现金20多万元，资助市一中、岳阳楼区等地特困学生40多名，为康王中心学校捐赠1000多套价值14万元的校服。市巾帼志愿者协会被省妇联推荐为全国优秀巾帼志愿服务团队。

【开展文明家庭创建活动】 2015年，市妇联围绕文明城市建设，引导广大家庭成员自觉倡扬和践行家庭美德，以家庭文明推动社会文明。开展“五好文明家庭”“书香家庭”“平安家庭”“廉政文化进家庭”等创建活动，结合城乡环境整治，开展“清洁家园”行动、“美德在农家”等主题活动。成功举办“悦读越美丽”为主题全民阅读进家庭系列活动，成立岳阳市家庭教育讲师团，编写《家长必读》3万册，免费发给家长。评选一批市级示范家长学校。举办讲座200场次，受益家长2.3万人次。推荐市公安局政治部主任欧阳德儒等3户家庭获评全国书香之家，李燕辉等24户家庭获评省书香之家。9月，省妇联主席杜亚玲亲自给云溪区“省书香家庭”授牌。

【做好妇女普法宣传工作】 2015年，市妇联开展普法宣传，增强妇女法律意识和维权意识。在全市开展“家庭律师社区行”——普法宣传“双百”活动（即百名律师联系百个社区进行法律宣传），在58个乡镇、街道、社区举办100场次法律知识讲座及法律咨询，1.1万名妇女群众和社区居民参与活动，发放宣传资料13.8万份。禁毒妈妈联盟队伍不断壮大，男女平等基本国策宣传公益广告不断增多，利用新型媒体维权，“湘女”微信公众号维权效果初现。《中国法制报》对岳阳《做活小家庭大平安文章》的经验做法进行宣传推介。

【维护妇女儿童合法权益】 2015年，市妇联参与平安家庭、平安社区（村）创建活动，努力在婚姻家庭纠纷调解、维护农村妇女土地权益、预防和制止家庭暴力、关爱农村留守儿童等方面有新的突破。12个县市区全部建立婚姻家庭纠纷调解委员会，全市妇联系统接待来信来访1100起，“12338”妇女维权热线电话接听580多人次，做到件件有着落，事事有回声，办结率98%以上，较好地维护妇女儿童合法权益。

（本栏撰稿　黎　伟）

岳阳市文学艺术联合会

【保持岳阳文艺界稳定发展局面】 2015年，岳阳市文学艺术联合会（简称市文联）下属14个协会，10个县区文联，通过市文联班子务实合作，没有出现大的维稳事件和舆情事件，确保政治导向正确，业务创作丰硕。一是在协会换届中，市文联通过由下至上方式，采取广泛听取会员意见、征求主席团意见、考察、问题销号、党组研究入围名单、选举等“六步法”规范协会换届中权力运行。二是在2015年的第三届岳阳文学艺术奖评奖与颁奖活动中，严以用权（党组书记、主席周迅主动放弃作品参评），用“三招（放权促民意、公开促和谐、规矩促规范）”改变以往评奖乱而无序的状况。先由各协会初评，然后由50人组成的终审团（按中国文联和省文联的评奖机构模式，由国家认证的文艺界正高职称（文本类）的代表、文艺界省级以上人大代表、政协委员、文联主席团成员以及各文艺家协会秘书长组成），投票表决并进行公证。通过这种方式避免少数人说了算，解决因文艺类别不同而产生的各种不平衡，不团结现象。此次评奖没有人上访和表达明显不满，维护了市文联党组的信誉，保持岳阳文联的稳定发展大局。

【开展系列主题活动】 2015年，市文联根据市委市政府工作安排，开展“一极三宜”主题活动。市委六届十一次全会以来，组织各文艺家协会负责人研讨“一极三宜”“江湖名城”这一目标，围绕“一极三宜”主题，举办全市摄影大赛，国庆期间在会展中心开展。开展学习“三个办法”活动，先后组织班子成员、全体干部职工认真学习，将“三个办法”作为全体党员干部工作指南。开展“一把手”讲党课活动。6月1日，由党组书记、主席周迅率先讲党课。开展重温入党誓词，践行“三严三实”主题活动。6月25日，组织机关离退休干部职工、机关全体工作人员去华容烈士陵园开展重温入党誓词活动。开展慰问贫困残疾人家庭活动。5月中旬，在联点东湖社区开展慰问贫困残疾人家庭活动，为他们送去钱物，以解部分生活之需。开展精准扶贫、“一进二访”活动。根据市委要求，市文联在平江县石牛寨镇孚西村开展精准扶贫工作。10月9日，市文联党组一行在平江县石牛寨镇孚西村开展“一进二访”活动，集体走访3户结对帮扶对象家庭，为他们送去慰问帮扶资金。10月15日，组织文艺志愿者60余人，为该村老百姓送上一台丰富多彩的文艺节目，组织书画家当场写诗作画，并将作品全部赠送给孚西村，前期组织摄影家到该村采风，将反映当地特色的照片编制成册，赠送给该村用于对外宣传，这些帮扶措施得到当地百姓的一致好评。开展送文艺进新农村活动。4月29日，组织岳州书院20多名书画家下到汨罗新农村建设点白水镇西长村现场创作，并免费将所有作品赠送给西长村部、学校、农家乐和当地老百姓，并在村部对白水镇书法爱好者进行现场书写辅导和建立书法志愿者一对一的帮扶模式。

【打造文艺岳家军】 2015年，市文联出版各类文艺作品专集30多部、在省以上刊物发表文艺作品800余篇（件）。其中，重点作品377篇，获奖作品130余篇（件）。潘绍东创作的的短篇小说《歌郎》列入湖南省文联文艺创作扶助基金项目，潘刚强的散文《七仙井》和李婷的散文《雨梧桐》，获得首届林非散文奖，李婷的散文《漫步婺源》，获得全国河北首届彩凤奖一等奖，张灵均的散文《一条鱼能游多远》，获得《山东文学》2014年度散文奖。贺琪岚的油画《紫阳》，获得“铁的新四军”红色记忆·经典美术作品展优秀奖。柳一川的油画《转角——逝去的风景》，获得“美丽新丝路、翰墨定西行”全国中国画、油画展览优秀奖。著名剧作家陈亚先创作的《远在江湖》获得第五届湖南艺术节金奖。郑冷横作词作曲歌曲《炫起来》获得第32届上海之春国际音乐节优秀原创校园歌曲优秀作品奖。《斗鸡乐》获得第十二届全国少儿卡拉OK电视大赛创作银奖和最佳创作奖，《毛古斯跳起来》，获得第十二届全国少儿卡拉OK电视大赛创作银奖，中国当代50位著名作曲家专集系列《郑冷横个人专集》第二套，由中国音乐家协会音像出版社出版。郑晓娟编排的舞蹈《春风轻轻吹》，获得第五届湖南艺术节金奖。市电视电影家协会导演的微电影《老抠》获得第三届亚洲微电影节金海棠奖，《劝孝歌》童谣、《良心的守护》《传承——洞庭美食故事》《巴陵戏正红》获得第五届湖南艺术节“三湘群星奖”金奖。罗晓羽的摄影作品《吾家有女初长成》获得第25届全国摄影艺术展记录类铜奖。漆林生的根雕《袖手无言》获得首届中（苏州）民间艺术博览会精品奖。同时，有121人作品入选湖南省举办的各类展览，有48人（次）作品入选全国作品展览。

【第三届岳阳文学艺术奖颁奖】

2015年5月26日，第三届岳阳文学艺术奖举行颁奖大会，76件各类文艺作品获奖，集中展示近3年来岳阳文学艺术取得的新成就。市委书记卿渐伟为获奖者颁奖，勉励文艺家们为繁荣岳阳文学艺术作出更多贡献。本届评选由国家一级作家（编剧）、文艺界省级以上人大代表、政协委员以及岳阳市文联主席团成员等50位专家组成评审团，评选过程公开并对评选结果进行公示。获奖作品中，文学作品42件，艺术作品34件。获奖者年龄最大的67岁，最小的24岁。剧作家曹宪成、诗人杨孟芳获得“终生成就奖”，作家吴牧铃荣膺“特别贡献奖”。岳阳文学艺术奖是市委、市政府为鼓励文艺创作、繁荣文艺事业而设立的岳阳文学艺术界唯一综合类大奖。自2007年创办以来，已成功举办三届，评出获奖作品近300件。

第三届岳阳文学艺术奖获奖作品和作者名单

表4

一、文学艺术终身成就奖

姓名	代表作
曹宪成	《巫山神女》（歌剧剧本）
杨孟芳	《故乡》（诗歌）

二、特别贡献奖

第九届全国优秀儿童文学奖获得者　　吴牧铃

三、文学艺术奖作品

作品类别	作品名称	作者
小　说	《蚂蚁巷》（长篇）	翁新华
	《心门》（长篇）	刘子华
	《青铜闪电》（中篇）	张阳球

续表 4

作品类别	作品名称	作者
小　说	《三十六转电扇》（中篇）	黄飞虎
	《世外高人》（中篇）	肖学文
	《汉锦》（短篇）	沈　念
	《人体艺术》（短篇）	刘祖保
	《歌郎》（短篇）	潘绍东
	《纸花翎》（短篇）	潘　琪
	《青松祠》（短篇）	张逸云
	《大叔、二叔和三叔》（短篇）	彭东明
散　文	《江豚，一个水中精灵》	潘刚强
	《艾：浸润大爱的苦》	葛取兵
	《树岛》	冯六一
	《那些坚硬的石头和身影》	邱脊梁
	《品味作家》	吴东明
	《张谷英大屋：奇哉，美哉》	何林福
	《山居秋暝》	熊卫民
	《一个村庄的气场》	张灵均
	《我的江豚，你的宝贝》	徐亚平
报告文学	《艺考生》（长篇）	陈　瑶
	《永远的"铁三角"》（中篇）	梅　实
	《拿什么来爱你，我的孩子》（长篇）	阮　梅 孙云晓
	《三战三捷》（长篇）	李桂龙 彭新华
诗　歌	《刺猬悲歌》	徐　燕
	《农事》	曹利华
	《江南水乡》	黎执龙
	《生活如此简单》	戴长明
	《QQ正在工作》	鲁　橹
儿童文学	《影子行动》（长篇）	吴牧铃
	《最后的狼群》（长篇）	毛云尔
文学评论	《陈启文新乡土小说论》	李望生
	《在仰观深察的叙事里展开诸多纵深探究——韩少功长篇新作〈日夜书〉阅读札记》	舒文治

续表 4

作品类别	作品名称	作者
文学评论	《鲁迅作品中的“教育诗”》	朱平珍
	《大众传媒时代现实主义文学的突围》	杨厚均
戏　剧	《平民领袖》（戏剧）	汨罗市花鼓戏剧团
	《两份协议》（戏剧）	市巴陵市巴陵戏传承研究院
	《春雨》（戏剧）	市巴陵戏传承 研究院
	《金凤凰》（花灯戏）	平江县花灯花鼓戏剧 团
	《摸砣》（戏剧）	市巴陵戏传承 研究院
影　视	《洞庭渔歌》（电影文学剧本）	李海英
美　术	《心如朗月》（水彩）	曹伟华
	《毛泽东的睡衣》（国画）	温安泰
	《清音》（国画）	刘慧龙
	《祈——为灾难中失去的家园》（油画）	柳一川
舞　蹈	《让座》（群舞）	湖南理工学院音乐学院
	《故乡的雨季》（群舞）	岳阳楼区文化体育新闻出版局
	《湖光梦影》（群舞）	岳阳市群众艺术馆
	《天师闹洞庭》（群舞）	临湘市文化馆 临湘市第五中学
书　法	《石涛题画诗》（楷书）	徐　驰
	《苏轼词选》（隶书）	史向琼
摄　影	《徽居印象》（组照）	冯建国
	《虹》	刘卫平
	《玉树琼枝》	郭跃佳
	《霞浦滩涂》（组照）	李湘驹
	《求救》	鲁　力
	《收割芦苇的农民工》（组照）	章正国
	《对接绿色》	鲁琬婷
	《觅食图》	杨一九
	《随G而动》	张　奎
	《奔马图》	庄　敬
	《晨韵》	杨汉斌
	《我持彩练舞苍穹》	陈建勇

续表 4

作品类别	作品名称	作者
摄 影	《芦荡沐浴》	赵 敏
	《梦之眸》	曾柳荻
	《吞噬》	罗玉纯
	《后来》	许 蓉
	《锦绣洞庭》（组照）	王绮平
	《干涸》	徐照明
诗 词	《满江红·纪念谭嗣同诞生140周年》	方明山
	《登天柱峰》	晏乐龄
	《满江红·复我海疆壮国威》	潘一军
	《满庭芳·梦忆》	胡宁荪
楹 联	《迎春联》	黄去非
	《法帖长廊》	戴高峰
	《怀左宗棠》	余友安

（本栏撰稿　林琼芳）

岳阳市科学技术协会

【筹备申请国家创新驱动示范市】 2015年3月，岳阳市科学技术协会（简称市科协）开始筹备申请国家创新驱动示范市，拉开岳阳市实施创新驱动助力工程的序幕。8月4日，中国科协正式批复岳阳市为中国科协创新驱动示范市，岳阳成为全省唯一、全国19个示范市之一，并被湖南省列为首批实施创新驱动助力工程试点城市。围绕创新驱动示范市建设，市科协主动融入全市发展大局，把产业园区发展作为突破口，确定“助力创新驱动，服务园区升级”的阶段性工作目标，与市科技局、市发改委、市经信委和市贸促会等单位一道，探索性地开展一系列工作。建立企业需求库和国家、省、市三级专家库。在中国科协和省科协的帮助下，先后组织省机械工程学会、省化学化工学会和中国生物化学与分子生物学会的专家到湖南岳阳绿色化工产业园的岳阳东方雨虹防水技术有限责任公司、湖南尤特尔生化有限公司、岳阳成成油化科技有限公司等5家企业进行调研和对接座谈，切实解决企业面临的关键技术问题。有3家企业与学会、科研院所签订合作协议。同时，多次走出去寻求推动示范市建设快速发展的新机遇。11月11日，市委常委、组织部部长、统战部部长王瑰曙专程到中国科协拜访书记处书记、党组成员王春法，汇报创建工作，得到中国科协领导和相关部门的大力支持。与创新驱动示范市河北保定签署战略合作协议，正在筹建北京中关村天合科技成果转化促进中心岳阳分中心。组织省、市、区三级科协组成考察组，到创新驱动示范市宁夏回族自治区石嘴山市、陕西省咸阳市和深圳市南山区考察学习他们先行先试的宝贵经验。通过实施创新驱动助力工程，搭建本地企业与全国、省、市级学会的对接平台，促进学会创新资源与地市科技需求充分融合，为岳阳经济社会发展和产业园区发展提供科技服务和人才支撑。

【推进基层科普行动计划】 2015年，市科协推进“基层科普行动计划”，引导和推动科技、科普资源向农村和社区倾斜。6月，华容县富民肉牛养殖协会、岳阳县油茶产业技术协会、云溪区蜂业协会、汨罗市长乐甜酒富硒糯稻种植协会，岳阳楼区岳阳楼街道九华山社区、临湘市桃矿街道办事处金鑫社区，湘阴县长康镇大金村甘英获得中国科协、财政部表彰的2015年“基层科普行动计划”奖补单位和个人；君山区银丰棉花产销协会、平江县大兴林果协会、湘阴县大棚蔬菜栽培技术协会、汨罗市益农养蜂协会，屈原管理区海博泰农苗木种植基地、岳阳楼区兴发生态农林科普示范基地、湘阴县有机兰花香茶叶示范基地，君山区钱粮湖镇雅园社区、平江县城关镇月池塘社区，临湘市五里牌乡新球村吴新柏、华容县城关镇环城村刘绍先获得湖南省科协、省财政厅表彰的2015年基层科普行动计划奖补单位和个人。获得国家奖补资金125万元，省级奖补资金80万元。

【激发社会组织创新活力】 2015

年，市科协以服务创新驱动发展战略为目标，提升学会参与社会公共事务管理的能力，切实发挥学会在推动社会创新中的作用。组织市科普作家协会、市科技咨询业协会等申报湖南省“学会服务能力提升计划”，培育一批社会信誉好、发展能力强、学术水平高、服务成效显著、内部管理规范的示范性学会。指导市税务学会等参加社会组织等级评估，截至年底，有19个所属科技类社团完成等级评估，其中，AAAAA级1个，AAAA级7个，AAA级11个。扎实推进学会党建工作，所属43个市级学会中已有23个学会成立党支部。引导市公路学会等承接政府转移职能，发挥学会专业优势参与科技成果评价。成功举办以“发挥区域优势，打造湖南经济新增长极”为主题的2015年岳阳科技论坛，围绕岳阳经济社会发展热点问题，组织多视角、多层次的深入交流和探讨，论坛活动征集论文137篇，经专家评审，评选出一等奖优秀论文6篇，二等奖23篇，三等奖46篇，精选部分一、二等奖优秀论文汇编成《2015年岳阳科技论坛论文选编》，为促进区域经济发展贡献智慧。9月29日，在市委党校举办2015年岳阳科技论坛主题报告会，邀请湘潭大学副校长、教授、博士生导师刘长庚作《宏观经济形势与区域经济发展》主题报告。大力支持、指导学会、企业科协举办学术活动，中石化长炼科协与省石油学会联合承办湖南省科技论坛分论坛——第六届长炼科技论坛，以“科技创新与效益提升”为主题，邀请石油化工科学研究院院长龙军等作主题报告，市茶叶协会认真作好2015年第二届岳阳黄茶文化节黄茶健康营养价值高峰论坛的服务工作，市营养协会举办实用营养配餐特训营·岳阳站活动等。全市各级学会组织举办各类学术会议132场次，交流论文2000余篇，编印发行学术刊物、论文集1万余册。

【助力企业创新创造】 2015年，市科协在15家国有大中型企业深入开展“讲理想、比贡献”竞赛活动，参与科技工作者2万余人次，为企业革新挖潜、增产增效、推动企业技术进步做出贡献。推进科技信息服务企业创新，5月，联合市经信委举办2015年湖南省（岳阳市）企业科技创新与知识产权战略管理培训班，89家企事业单位120余名科技人员参加培训，为企业提供较全面的知识产权培训。在中石化长炼科协建立创新方法培训基地，帮助企业建立创新小组，形成创新成果19项。开展科技信息推广应用工作，8月，联合汨罗市人民政府和汨罗市循环经济产业园区管委会举办企业科技信息推介应用培训会，57家企业120余名企业负责人与技术骨干参加培训会议，指导38家企业注册应用科技信息数据库，大大降低企业研发成本，推动企业技术进步与创新。

【推动科普工作深入开展】 2015年，市科协大力推动《全民科学素质行动计划纲要》实施，在市政府支持下，成立市全民科学素质纲要实施工作办公室，召开岳阳市全民科学素质纲要实施推进工作会议，建立健全《纲要》实施工作的部门协调机制。指导临湘市、汨罗市创建2016—2020年全国科普示范县（市、区），10月15日，省科协检查组对汨罗市创建全国科普示范市工作进行检查验收，对全市科普示范创建工作给予高度评价和肯定，临湘市和汨罗市顺利通过省科协评审，推荐至中国科协进行认定命名。11月，组织市科协常委、部分专家和市县两级科协干部到深圳市重点对南山区考察学习科技、科普创新工作，通过参观深圳高交会、现场考察企业学校科普基地、学习科协业务、观摩青少年创新教育公开课、召开座谈会，收到较好成效。

【开展主题科普活动】 2015年，市科协紧扣防灾减灾、食品药品、万众创新等社会热点，在全市开展主题科普活动，及时普及科学知识，提升公众科学素养。9月，与岳阳楼区人民政府联合，成功举办以“万众创新，拥抱智慧生活，共建幸福岳阳”为主题的全国科普日岳阳主场活动，岳阳市、岳阳楼区两级纲要办成员单位及市级学会等42家相关单位，以科普展板、科技咨询、人机互动、科普文艺汇演等多种方式，寓教于乐，为广大市民提供一道丰盛的科普大餐，活动展出展板280余块，发放食品安全、防灾救灾等科普书籍3000余册，宣传资料4万余份。同时，紧贴民生，组织科普讲师团、科普大蓬车进社区、进企业、进校园等，让公众感受科技创新、科学传播和智慧生活的魅力。为加大宣传力度，全国科普日期间，市科协于9月25日与《岳阳日报》联合开辟《科普岳阳》专刊，宣传科普知识、传播科学思想、倡导科学方法，收到较好的社会反响。全市各县市区科协同步开展“全国科普日”系列活动，取得圆满成功。全年开展“科技活动周”“防灾减灾科普宣传”“三下乡”“食品安全宣传周”等多项科普活动，市气象学会、岳阳县科协、岳阳楼区科协等市级学会、县市区科协积极组织、广泛参与，全市举办各类科普活动近30项。湘阴县科协和岳阳楼区科协被湖南省科协表彰为全国科普日活动优秀组织单位。

【开展青少年科技教育活动】

2015年，市科协先后举办市第36届青少年科技创新大赛和市第16届青少年模型竞赛。组队参加省级、国家级青少年科技创新大赛，有42件作品获得省、国家级一、二、三等奖，其中临湘市二中参赛作品“探秘一个民族用青石铸就的人类文明——湖南省临湘市龙窖山千家峒遗址的科技实践活动考察报告”获得第30届全国青少年科技创新大赛一等奖。承办湖南省第36届青少年科技创新大赛，4月，该大赛在岳阳楼区东升小学隆重举行，400余名学生代表和科技辅导员参加大赛，市科协协调教育、岳阳楼区等各级各部门作好省级大赛的组织服务工作，确保大赛圆满举行，岳阳市科协被湖南省科协、省教育厅、省科技厅等6个省直部门表彰为第36届湖南省青少年科技创新大赛优秀组织奖。还在全市开设“周六课堂”8所，分别在湘阴县滨湖小学、城北小学、袁家铺中学和临湘市二完小等开课，参加学生1.3万多人次。极大地丰富青少年素质教育内容，增强青少年创新和实践能力。

【加强科普基础设施建设】 2015年，市科协发挥市科技馆科普主阵地作用，以常设展览、科技文化教育、展览教育为主要教育方式，辅之以科普大篷车，深入岳阳经开区、临湘市、平江县、湘阴县、汨罗市等5个县市区开展巡展活动。市科技馆通过实体科技馆和科普大篷车，接待观众8.6万人次。市科技馆成功申报中央财政补助地方科技基础条件项目，争取补助经费对常设展厅进行全面改造升级，改造升级后的科普展厅建有科学原理、虚拟世界和青少年科技创新大赛作品展等三个常设科普展厅，保留原有经典展品50多种，新增展品42件，新增展品更具科学性、趣味性、参与性。同时从专项资金中抽取100万元建成岳阳楼区东升小学科技馆，从而填补岳阳市无校园科技馆的空白。8月12日，市科技馆举行改造升级复馆仪式，以崭新的面貌向社会公众免费开放。推进市科技馆新馆建设，为使市科技馆新馆建设及“周六课堂”创新教育等项目能得到上级立项和支持，市科协领导到省科协、中国科普研究所、中国科技馆、中国科协等单位汇报沟通，得到上级领导的支持和重视。

【举荐宣传优秀科技工作者】

2015年，市科协承办巴陵人才工程子项目巴陵青年英才支持计划，通过发动平江县、君山区、长炼科协、中石化巴陵分公司科协、百利公司科协、市博士联合会等基层单位申报，收到推荐参评对象58名，涉及生物化学、化学工程、机械制造、农业、医卫、科研教育、自主创业等多个先进行业领域，经资格审查、专家评审、面试答辩、评审工作委员会研究、社会公示、领导小组审定等程序，选拔方笑求、朱别房、朱宏伟、杜建文、李武、邵寒梅、欧阳鹏飞、唐精、龚曙波、焦永东等10人为巴陵青年英才，每位巴陵青年英才获得10万元专项资助。加强与主流媒体合作，大力宣传优秀科技人才的创新奉献精神，组织《岳阳日报》、岳阳电视台等媒体对巴陵青年英才选拔工作及入选对象进行全方位报道，引起社会广泛关注。开展第十四届中国青年科技奖湖南省候选人推荐工作，推荐朱宏伟、屈铠甲参加评选。向市委改革办推荐全面深化改革政策咨询专家13人，涉及经济体制改革等5个领域。聘请10位高级专家、15位40岁以下的优秀青年科技专家分别担任市科技馆首批高级顾问和顾问，并在市科技馆举办“首届优秀中青年科技专家事迹展”，展出全市18名优秀中青年科技专家和8名岳阳籍院士的先进事迹，展现科技工作者投身创新驱动发展战略、大众创业万众创新的精神风貌。华容县每年拿出部分经费奖励优秀科技工作者，体现县委县政府对科技人员的关怀和肯定。云溪区科协结合创新驱动助力工程，对全区专业技术人员进行登记建档，为完善区科技人才信息库打好坚实的基础。

【开展自然科学优秀学术论文评选活动】 2015年，市科协联合市人社局、市科技局开展岳阳市第十一届自然科学优秀学术论文评选活动，收到参评论文103篇。经专家评审，评选出一等奖优秀论文9篇，二奖优秀论文21篇，三等奖优秀论文35篇。评选活动为科技工作者职称评定、促进科技人才成长搭建重要平台。

（本栏撰稿　兰　岚）

岳阳市社会科学界联合会

【市社科界第三届代表大会召开】

2015年5月12日，岳阳市社会科学界第三届代表大会召开。省社科联领导和市四大家领导出席大会，市委书记卿渐伟出席开幕式，并作重要讲话。来自全市各有关单位、各社科学会组织的158名代表参加会议，大会选举产生主席1人，专职副主席2人，兼职副主席9人，委员62人。命名5个单位为市第二批社会科学普及基地。表决通过新修订的《社会科学界联合会章程》，出台《社会科学学会管理办法》。9位兼职副主席，主要由市委市政府政策、理论研究部门，各高等院校，大型企业的高级管理、研究人员组成。12位领导中，副教授以上职称有10人。

【社科课题研究】 2015年，岳阳市社会科学界联合会（简称市社科联）组织开展社科研究活动。充分利用社科优势，参与市委市政府和相关部门的调研与决策。先后参与岳阳市“十三五”规划纲要、“把岳阳打造成湖南新增长极行动方案”“国家公共文化体系示范区体系建设”以及“岳阳市加快发展旅游产业的指导意见”等论证会，所提的意见建议大都被吸收采纳。参与筹备7月2日在湖南宾馆举行的由湖南省社科联和岳阳市政府联合举办的“全力把岳阳打造成湖南新增长极座谈会”，时任省委常委、常务副省长陈肇雄出席会议并作重要讲话。会议由省社科联党组书记周发源主持，市委书记盛荣华致辞，市长刘和生介绍情况。会议邀请国内知名专家学者，中央、省级媒体负责人，40多人参加，《湖南日报》全文刊载专家的发言。7月，启动建设“一极三宜”江湖名城2016年岳阳市社会科学研究重点课题立项工作。经精心组织，各单位申报、研究审定，12个课题正式列入该项目重点课题。9月，通过半年多的收集、编辑、整理，编印出版《融智建言——建设“一极三宜”江湖名城论文选集》，向全市各有关领导、各部门、单位免费赠阅。该书收录45篇文章，主要分为“专家视点”“省直关注”“调研课题”“探讨思考”四个部分，辑录全国、全省著名专家学者以及本地党政部门负责人、老同志、学者专家的论文，为岳阳建设“一极三宜”江湖名城提供具有重要参考价值的研究成果和建议。配合省人大常委会在岳阳市开展社科普及立法工作调研，推动社科普及法规的宣传贯彻落实。《湖南省社科普及条例》于9月25日在湖南省十二届人大常委会第十八次会议表决通过并正式颁布后，岳阳市社科联结合条例内容发布新闻消息，在各大媒体进行全文刊登。此后，多次向有关部门提出建议，将社科普及工作纳入“十三五”规划。12月，在市人大常委会第七届五次会议和市政协第七届四次会议召开前夕，市政协委员、市社科联党组书记、主席魏星向市政协提交《关于宣传贯彻落实社科普及工作的提案》，建议尽快落实《湖南省社科普及条例》的条款内容。

【社科普及活动】 2015年，岳阳市社科普及工作围绕中央、省、市有关精神，在内容和形式上力求创新，切合实际地开展一系列社科普及宣传活动，打造“市民大课堂”和“社科普及宣传周”等社科普及品牌。4月，市委宣传部、市委“法治岳阳”建设领导小组办公室、市司法局、市教育体育局、市文明办、市社科联等几家与“改革·法治·民生”活动主题相关的单位，联合下发文件，并组织开展一系列社科普及宣传活动。6月6日，以“改革·法治·民生”为主题的2015年岳阳市社科普及宣传周暨社科普及进校园咨询服务活动启动仪式在君山区君山小学举行。市委常委、宣传部长徐新启宣布活动正式启动。来自司法部门和各社科学会、协会、研究会的40多名社会科学界的专家学者开展现场咨询服务，37块社科知识展板，涉及法律援助、合同签订、鉴别假币假货、野生动物保护、未成年人教育等方面的知识。活动吸引600多名学生家长和市民群众参加，1000多份法律、工商等方面的资料发放一空。10月，市社科联组织在湖南民族职业学院开展“预防未成人犯罪”专题讲座，关注农村留守儿童和未成年人教育的学者阮梅为2000多名在校大学生讲述当前未成年人犯罪问题的现状、成因和对策。5月28日、9月7日，在市文化艺术会展中心分别举办两场“市民大课堂”专题讲座，免费向市民赠票。中国军事科学院世界军事研究部原副部长、博士生导师罗援少将、著名军事战略学专家和军史专家金一南少将分别结合国防教育和抗战胜利70周年的主题，为2000多位市民授课。10月29日，由省委宣传部和省社科联联合主办，湖南理工学院和市社科联协办的第201期“湖湘大讲堂”活动在湖南理工学院举行，主讲嘉宾湖南理工学院院长余三定教授以“书香怡人——余三定谈藏书与读书”为题，与1000多名听众分享藏书与读书的感悟，湖南卫视全程录制并转播节目。

【社科普及基地建设】 2015年，经过逐级申报和现场考察，平江县展览馆、汨罗书画院、汨罗市第一中学德育基地、岳阳市森林生态博览园、湘鄂赣革命根据地纪念馆、左宗棠纪念馆、棉文化传承与棉业科技教育基地等7家单位被命名为岳阳市第三批社科普及基地，岳阳职业技术学院人体生命科技馆被推荐为省级社科普及基地，岳阳市群众艺术馆被推荐为省社科普及创建基地。对岳阳楼街道志愿者文明和谐宣讲团、岳阳市礼仪文化传播协会两家岳阳市社科普及基地分别给予2万元奖励性资助。

【社科学会工作】 2015年，市社科联进一步加强和创新岳阳市社科类学会、协会、研究会的建设与管理，作好服务、联络工作。5月，出台《岳阳市社会科学界联合会学会管理办法》，对学会的成立、变更与注销，学会的业务范围、权利与义务，规范与管理等方面进行规定。同时，加强与各学会的联系，开展多种形式的学会活动。3月11日，全市社科学会秘书长联席会上，各负责人争相发言，充分交流，为社科事业的发展献计献策。在社科普及宣传周活动中，市反邪教协会、市工商管理学会、市林业经济学会、市翻译工作者协会等团体的40多名负责人和专家参加社科咨询服务，发挥自己的专长，为市民解答各种疑难问题。2015年，先后有素食文化促进会、名楼文化研究会、洞庭湖文化促进会、岳阳市读书学会通过审核登记成立。

【《经济道德论》出版发行】

2015年1月，岳阳市经济学者钟光荣著述的《经济道德论》（上、下卷）由中华古籍出版社出版发生，80万字，16开精装。全书设4个部分，分别为天性经济道德、物性经济道德、人性经济道德和天人合一经济道德。该书通过系统研究论述经济道德理论，为现代经济学的创新和转型发展，特别是由经济的感情发展，通过知性的过渡，实现经济理性发展，提供了事实根据和理论指导。

（本栏撰稿　谭　綮）

岳阳市归国华侨联合会

【开展海外联谊活动】 2015年4月15—16日，印度尼西亚棉兰市的陈姓颍川堂宗亲会一行11人组团到岳阳寻祖，该团由印尼侨领、印中商务理事会苏北分会会长陈明宗率领。在岳阳市、岳阳县两级侨联、张谷英镇镇政府的支持下，广泛联系动员当地陈氏宗族有影响的陈氏后人参与活动。在张谷英保存的陈氏族谱中查找到祖先及迁出地后，双方确认寻祖成功。12月12日，市侨联领导接见美国杜克大学的终身教授、国际著名的免疫学家、岳阳籍海外华人何有文，何有文同意在岳阳开展免疫学学术交流。

【平江两小学获捐赠】 2015年9月9日，由香港惩教署基金会爱心捐资助建的平江三墩乡秦坊小学和忠龙学校顺利竣工，两校建设配套资金52万元人民币。该基金会决定在两校各年级配套优秀学生现金奖励，以鼓励学生学习。两地还就教师培训、留守儿童教育与生活等后续工作展开广泛交流。

【节日慰问归侨侨眷】 2015年1月15—16日，省侨联党组成员、副厅级纪检员章伯岗，市侨联党组书记、主任任焱辉，专职副主席毛伟华看望市医药公司独居退休职工、越南归侨何丽仪老人，慰问市贮木场退休职工归侨江亚芳和湘阴县侨眷蒋忠建、易自然。2月10—15日，市侨联组织开展羊年春节慰问活动。活动期间，重点看望慰问部分退休侨联领导和困难归侨侨眷40户。

【筹建市侨商会】 2015年，市侨联为搭建好“为侨服务”平台，凝聚全市侨商力量，加强侨商、侨资企业之间交流与合作，发挥侨商应有作用，经侨商詹景春、刘宏会等发起，市侨联和市民政部门同意筹备成立“岳阳市侨商联合会”。截至12月30日，完成会员的登记，办公场地和成立大会会议材料的准备，基本完成对拟申请入会的单位会员和个人会员的会员审定工作。

（本栏撰稿　张渺生）

岳阳市残疾人联合会

【概况】　2015年，岳阳市残疾人联合会（简称市残联）工作围绕省残联和市委市政府工作部署，继续坚持“强基础、抓重点、创亮点”的工作思路，加快推进残疾人同步小康进程，不断增进残疾人朋友福祉，有效促进残疾人事业又好又快发展。市残联获得人大代表建议办理工作先进单位、全市信访工作优胜单位、档案管理先进单位等荣誉，“党组织结对帮扶贫困残疾人家庭”“把爱送进家”等4个项目、个人分别被评为岳阳市2015年度十大最佳志愿服务项目、最美志愿服务者。

【康复服务工作】　2015年，市残联完成康复救助任务1608例，其中，儿童康复958例，成人康复650例，超市政府工作报告目标任务407例，实际完成率达134%。其中，省政府重点民生实事0~7岁残疾儿童抢救性康复任务390名，各级政府投入资金1225万元，完成395例，超额完成5例。该项目家长培训率100%，儿童康复有效率95%，家长满意率95%。实施万件辅具适配工程，市县两级发放普通轮椅、助听器、座便椅等辅具10397件，完成103.97%。在全省率先出台部分辅助器具免费（补贴）配发相关文件，规范辅具配发工作，帮助残疾人及时享受康复服务。

【残疾人教育就业工作】　2015年，全市残联系统完成各类培训任务1450名，扶持残疾人创业225人，新增残疾人就业800余人。争取“通向明天–交通银行残疾青少年助学计划”、国家彩票公益金助学项目和开展扶残助学长江行动，动员爱心人士资助66名贫困残疾学子、残疾人家庭子女就读，为141名残疾人大学生和贫困残疾人家庭子女发放助学款29.5万元。为5.2万名重度残疾人发放护理补贴6000万元。完成市辖区2015年农村贫困残疾人住房解困51户。为22户残疾人家庭和4家残疾人就业（扶贫）基地申报残疾人创业小额贷款额度918.1万元，贴息63.7万元。残疾人机动轮椅车燃油补贴申报录入数据库10746人，申报资金量279.4万元。加大残保金征收力度，市本级入库残保金990.86万元，较2014年增加53.41万元。

【社会助残活动】　2015年，市残联一是组织开展“把爱送进家”助残志愿服务主题活动，开展活动30余次，为1000多名残疾人提供爱心服务。二是开展党组织结对帮扶贫困残疾人家庭活动。全市有126个市直及中央、省驻岳单位党组织走入中心城区1014户贫困残疾人家庭开展结对帮扶活动，办理实事200余件，帮助残疾人参加职业技能培训和推荐就业78人次，送去大米、食用油等慰问物资1210份，落实帮扶资金逾120万元。省残联理事长肖红林对此项工作给予充分肯定，要求岳阳市扎实推进，形成经验在全省推介。三是动员社会力量关爱贫困残疾人。通过举办自闭症儿童拍卖会、国内外爱心人士捐助等方式，募集棉被、棉袄、儿童轮椅、助听器等爱心款物价值110万元。四是开展心理健康和职业能力评估工作。在全省率先成立心理健康工作室和残疾人职业能力评估工作室，采取与社会组织合作的办法有序运营。心理健康工作室举行心理健康知识讲座5场次，心理咨询服务残疾人及其亲友28人，实施重点心理干预1人。

【开展残疾人宣传文体活动】

2015年，市残联成功举办全市残疾人“我的自强之路”演讲比赛。组队参加湖南省“梦飞扬”残疾青少年才艺展演活动，5个项目全部获奖。组织参加省“交通银行特教学校盲生技能奖聋生书画奖”评选活动，获得一等奖1个，三等奖6个。与长江信息报社合作开办《自强与助残，我们同关注》专栏，宣传报道自强模范、家庭养残和社会助残典型先进事迹34期，社会反响良好。

【维护残疾人权益】　2015年，市残联接待处理残疾人来信来访2376人次，协调处理残疾人群体性事件9起，为残疾人提供法律服务和法律援助26件次。投入改造资金117.67万元，完成贫困残疾人家庭无障碍设施改造151户。开展残疾人驾驶汽车参与非法运营情况调研，组织召开中心城区参与非法运营残疾人家庭帮扶工作会议，促成中心城区4个区、11个市直单位结对帮扶106户参与运营的困难残疾人家庭。

（本栏撰稿　杨　笑）

责任编校　刘兴汉

法　治

综　述

【概况】　2015年，中共岳阳市委政法委（简称市委政法委）忠诚履职，主动作为，确保全市社会大局稳定，人民群众安全感、满意度和司法公信力进一步提升。综治民调工作排名全省第二位，金融生态评估中司法环境单项排名全省第一位，市铁路护路办获评铁路护路联防工作先进市州护路办，进京赴省访量为全省最少。

【平安岳阳建设】　2015年，市委政法委强化综治统筹协调职能。一是明责任，促进齐抓共管。把综治平安建设纳入“四个全面”（全面建成小康社会、全面深化改革、全面依法治国、全面从严治党）战略布局，严格实行平安建设“一把手”责任制、市委常委联点责任制，落实县市区、市直单位和中央、省驻岳单位目标管理责任制，构建平安建设长效机制。二是促民调，突出打击整治。发挥综治民调在平安建设中的杠杆作用，加大暗访督查力度，开展“五打五整治”［即重点打击黑恶犯罪、涉众型经济犯罪、毒品犯罪、电信诈骗及其他侵财性犯罪、聚众赌博及“地下六合彩”犯罪，重点整治“三强”（强揽工程、强行阻工、强买强卖）问题、“三堵”（堵门、堵路、堵桥）问题、交通秩序、消防安全和因非法集资、非法传销引发的聚众闹事事件专项行动，“春季攻势”“夏季攻势”“秋季攻势”成效明显，其中禁毒工作被评为全省公安机关禁毒会战成绩突出集体，国家公安部督办的“109”专案成效显著，抓获违法犯罪嫌疑人75名，捣毁网络赌博窝点12个，冻结涉案资金上亿元，98%的犯罪嫌疑人被检察机关批捕，受到国务委员、公安部部长郭声琨通令嘉奖。加大治安防控体系建设力度，加强政企警民四位一体的安保机制，市、县中心城区网格化服务管理体系初步形成。三是治源头，化解矛盾纠纷。坚持预防在先、研判在先、稳控在先、化解在先，力争把矛盾解决在基层、解决在初始阶段。出台《岳阳市重大事项社会稳定风险评估实施办法》，稳评工作进一步规范化、常态化。对“法轮功”重点人员和维权重点人普遍落实包保责任，做到人人可查、可防、可控。抓好维稳重点问题处理，特别是湘阴县杨林寨乡移民群众上访问题，明确市级责任领导和责任单位、责任人，确保有效化解。四是重基础，筑牢第一道防线。全面开展网格化管理和高标准治安防控体系建设。提高县、乡综治组织规范化建设水平，加强综治干部教育培训，加强基层维稳力量整合，推动治安联防、矛盾联调、平安联创，形成齐抓共管工作格局。健全流动人口和特殊人群服务管理体系，流动人口和刑释解教人员、社区矫正人员、吸毒人员、“法轮功”等邪教痴迷者、肇事肇祸精神病人等各类特殊人群得到有效管控。

【法治岳阳建设】　2015年，市委政法委按照十八届四中、五中全会全面推进依法治国要求，引领全社会运用法治思维、法治方式处理问题。一是规范依法用权。坚持问题导向，找准法治岳阳建设突破口，开展“四公开四整治”（围绕决策公开，整治决策不民主、不规范、不科学的问题，围绕政务公开，整治行政不作为、慢作为、乱作为的问题，围绕办事公开，整治服务群众不文明、不热情、不周全的问题，围绕司法公开，整治办人情案、关系案、金钱案的问题）专项活动，全年清理72家司法和行政执法单位，列出问题清单175个、权力清单3021项、责任清单589项，按照“一个问题、一个方案、一名领导、一套班子、一抓到底”要求，落实整改责任，确保整改实效。市委政法委注重带头依法用权，既保障司法机关依法独立行使职权，又按照依法监督、集体监督、事后监督的要求发挥监督指导作用，确保宪法法律正确统一实施。二是开展法治教育。组织市、县（处）两级领导干部观摩行政诉讼案件，举办全市处级以上干部法制专题讲座和干部学法用法考试，开展“法律六进”活动和“学习宪法尊法守法”、《做法律明白人》微宣讲等

2015年8月7日，湖南省副省长、省公安厅厅长黄关春到岳阳市调研公安工作 （范向辉 摄）

主题活动，深化法治先进县市区、先进乡镇和“民主法治示范村（社区）”创建活动，完成“六五”普法工作任务。三是把解决涉法涉诉信访问题纳入法治轨道。深化信访工作制度改革和信访法治建设，出台《岳阳市处理涉法涉诉信访问题工作流程》等规定，认真落实“诉访分离”要求，推行阳光信访、责任信访、法治信访。市涉法涉诉办接访2346起，其中1948起导入司法、行政复议或仲裁程序。政法部门对依法终结的案件主动向信访部门移送相关材料，并落实信访人教育疏导、司法救助等措施，全年342人得到救助，救助金额800万元，105人次缠访、闹访被绳之以法。

【司法体制改革】 2015年，市委政法委牵头市委司法体制改革专项小组，提出“五个坚持、四个先改、三个到位、两先两后”的工作思路，完成司法改革任务。五个坚持：即坚持正确的政治方向，坚持顶层设计与司法实践相结合，坚持依法规范，做到重大改革事项于法有据，坚持循序渐进，坚持请示报告制度。多次召开小组成员单位联络员、联络办及责任领导汇报会，对与会人员提出的问题释疑解难，帮助解决困难。制订全市法院错案防止、纠正、责任追究管理办法。落实涉法涉诉信访终结制度，完成全市涉法涉诉信访摸排调研工作。确定市中级人民法院5起拟申报终结案件，完成案件听证3起。四个先改：即上级有文件规定的先改，自己可以做主的先改，群众反映强烈的先改，工作难度小的先改。三个到位：即加强组织领导，责任明确到位，搞好工作安排，规划设计到位，统筹协调组织，项目落实到位。制定下发《岳阳市贯彻落实党的十八届四中全会决定重要举措2015年工作要点》，下发《关于规范每月改革自评材料报送的说明》。到市中院开展调研和督察。两先两后：即先调研后表态。针对不同层级机关工作要求、队伍状况存在差异的情况，到县市区调查研究，摸清情况，找准问题，既对影响司法公正、制约司法能力的突出问题找准症结，又对推进司法体制改革过程中出现的阻力充分估计。先谋划后行动。既大胆改革、敢闯敢试，又慎重对待、谨慎为之，确保改革成果经得起司法实践的检验。按照《中共岳阳市委全面深化改革领导小组2015年工作要点》要求，明确2015年度司法体制改革专项小组2项重点目标任务，就责任单位、年度目标、月度目标、考核标准等项目逐一制订倒排表。

【执法监督】 2015年，市委政法委涉法涉诉办（执法监督室）完成涉法涉诉信访改革和执法监督等工作任务。一是开展涉法涉诉专项整治。按照省委政法委要求，制订印发《继续开展坚决纠正涉法涉诉中损害群众利益行为专项整改工作实施方案》。加大对涉法涉诉中损害群众利益行为的专项整治，要求各政法单位对前段工作进行“回头看”，围绕规范公正廉洁执法司法，规范执法办案中各种收费、罚款、涉案款物处置等行为。推进执法司法公开，依法处置涉法涉诉中损害群众利益行为问题。开展“人情案”“关系案”“金钱案”等内容专项整治行动，全市政法系统查处“三案”1起5人，清理违规收费1起1人，清理违规罚款1起2人。规范执法行为，在全市政法机关开展案件质量评查活动，随机抽取案件，对案件卷宗材料、适用程序及网上办理程序等方面逐项检查评查，针对问题提出相应整改意见。二是推进涉法涉诉信访改革。将涉法涉诉疑难积案、群体访等信访问题作为涉法涉诉信访改革工作的突破口，整合资源，因案施策，分类化解，对“法度之外，情理之中”的问题，加大信访帮扶救助力度，一并解决其法律诉求与民生诉求，促使问题有效解决。全年接处涉法涉诉信访案件2346起，比2014年下降5%，进京非访8起，同比下降30%。上级部门和领导交督办案件182起，基本办结息访。对省委政法委交办的8起案件，实行领导“五包”责任制，建立台账，一人一档、一案一卷，全部依法妥处。加强司法救助工作，成立岳阳市国家司法救助工作领导小组。全年救助312人，救助金额400万元。三是完善联合接访处访机制。要求各级政法机关因案施策，分类化解，建立相关制度，使联合接访机制形成整体合力。严格落实接访首问包案责任制。对联合接访情况实行季通报制度，对重点信访事项进行督办，严格落实责任，提高联合接处访效率。

【政法队伍建设】 2015年，市委政法委开展“三严三实”专题教育，加强干部教育管理监督力度，政法队伍建设得到加强。一是学习党的十八届四中全会精神。5月21—22日，在市委党校举办全市政法委系统领导干部深入学习党的十八届四中全会精神培训班。市委政法委全体机关干部和各县市区委政法委领导班子105人参加培训。培训以讲座形式开展，市委常委、政法委书记向伟雄作开班动员，市委政法委6名副书记分别围绕“把握政治方向，协调各方职能，统筹政法工作，建设政法队伍，督促依法履职，创造公正司法环境”作专题辅导报告。二是开展“三严三实”专题教育。组织学习岳阳市委《关于在全市县处级以上领导干部中开展“三严三实”专题教育的实施方案》，制订《市委政法委关于在处级以上领导干部中深入开展“三严三实”专题教育的实施方案》，细化领导班子成员专题党课、三个专题学习研讨和专题民主生活会计划安排，抓好落实。市委常委、政法委书记向伟雄带头讲党课。三是落实干部管理规定。学习贯彻市委“三个办法”，拟制《关于进一步加强对全市政法系统领导干部从严监督管理的实施办法》，提交市委政法委全体委员会讨论。组织市管干部如实报告个人有关事项，填报《领导干部个人事项报告表》。四是做好干部考察和选调工作。落实干部协管职能，积极配合市委组织部，6批（次）参与全市政法系统干部考察工作。对考察期间群众反映的突出问题，主动上门核实，确保不“带病”提拔使用干部。拟制《2015年中共岳阳市委政法委员会公开选调机关工作人员公告》，选调3名机关工作人员，做到全程公开公平公正。

（本栏撰稿　阮定平）

公安工作

【概况】　2015年，岳阳市公安局强化维稳保安、打击整治、公安队伍建设，确保全市政治大局和治安大局稳定，推进“平安岳阳”“法治岳阳”建设。全年处警21.89万起，侦破刑事案件3804起，刑事拘留犯罪嫌疑人3317人，执行逮捕直诉2437人，查处行政案件1.92万起，行政拘留6704人，强制戒毒935人。综治民调排名在全省第二位。

【维稳保安】　2015年，全市公安机关将维稳保安作为第一要务，依法稳妥维护全市政治大局稳定。一是强化情报信息工作。盯住两节、两会、“9·3”等敏感时期，按照“五个坚决防止”（即坚决防止发生危害国家安全和社会稳定的重大政治事件，坚决防止发生严重暴力恐怖事件、重大个人极端事件、严重刑事犯罪等重大恶性事件，坚决防止发生大规模群体性事件和重大网络安全事件，坚决防止发生大规模进京上访事件，坚决防止发生重大公共安全事件）要求，明确情报信息收集研判职责任务，将涉及社会面巡防、重点人控制、重要物品管控、核心部位安防等关键环节情报信息收集任务分解落实到责任单位、责任人，及时掌握深层次、内幕性、预警性和行动性情报信息。全国两会期间，本市和驻京两套班子同时展开工作，既抓源头又管现行，效果良好，岳阳市进京访人数在全省排倒数第二位，无群体性进京集访，无影响两会召开的个人极端事件。“9·3”特护期间，启动“每日一研判、每周一会商”工作机制，全面搜集“9·3”纪念活动期间的涉恐、涉暴、涉稳的预警性、行动性情报信息，进行专业研判，落地查实，将研判、核查结果及时反馈上报。特护期间，编发情报研判8期。二是强化信访重点人稳控。逢特殊敏感时期，全市公安机关组织对涉稳重点人员进行全面摸底排查，登记造册，落实“五包一”措施，将涉稳重点人稳控在当地。“9·3”安保期间，全市排查信访问题15案21人，对摸排出的赴省进京来市访及非正常访重点6案7人，明确责任领导、责任单位、责任人员，结合人防技防，把人员稳控在当地。三是开展反恐大排查。根据国家公安部、省公安厅方案，结合岳阳实际，抽丝剥茧，逐个分解排查工作各环节。结合治安管理工作，重点围绕清真寺、清真餐馆、中小旅店、出租房屋、网吧、流动烧烤摊位、商贩等部位，采取适当的形式和方法，加强基础调查和流动排查。在第三季度集中排查期间，采集涉疆人员信息130条。8月17日，将涉嫌为恐怖活动提供资金支持的重点人予以刑拘。四是妥处杨林寨集访问题。9月10日起，湘阴县杨林寨乡柘溪库区数百名移民采取游行、堵门和堵路等方式，连续多日到湘阴县行政办公大楼集访。市政府副市长、市公安局局长唐文发率队赶赴湘阴县，在湘阴县公安局坐镇指挥处置工作。9月18日，事态平息，社会稳定有序。

【“五打五整治”专项行动】　2015年，全市公安机关开展“五打五整治”［即重点打击黑恶犯罪、涉众型经济犯罪、毒品犯罪、电信诈骗及其他侵财性犯罪、聚众赌博及“地下六合彩”犯罪，重点整治“三强”（强揽工程、强行阻工、强买强卖）问题、“三堵”（堵门、堵路、堵桥）问题、交通秩序、消防安全和因非法集资、非法传销引发的聚众闹事事件］专项行动，保持对违法犯罪严打高压态势。一是高举打击旗帜。深入开展“五打五整治”专项行动，对市委市政府高度关注、群众反映强烈的突出社会治安问题进行重点打击和整治。全年命案发25起，破25起，破案率100%。打掉涉黑涉恶团伙18个，判决168人，命案侦破和打黑除恶工作排名全省前列。破毒品案件520起，抓获毒品犯罪嫌疑人493名，缴获毒品93.8公斤，强制戒毒1003人，行政拘留1696人，获得全省公安机关禁毒会战成绩突出集体。7月2日，在国家公安部和省公安厅直接指挥下，市公安局联合广东警方，组织警力300人对部督“109”专案收网，18个抓捕组在汕头、揭阳、深圳、广州、东莞五个地区同时开展抓捕，抓获许某某、陈某某等违法犯罪嫌疑人75名，捣毁网络赌博窝点12个，扣押电脑等电子介质170余件，冻结涉案资金上亿元，98%的犯罪嫌疑人经市县检察机关批捕。此案得到国务委员、公安部部长郭声琨的通令嘉奖，中央电视台等多家新闻媒体进行报道。对“三堵”（堵门、堵路、堵桥）、“三强”（强买强卖、强揽工程、强行阻工）问题“零容忍”，发生一起，及时依法处置一起，全年处置“三堵”事件93起，刑拘23人，行政拘留97人，警告16人，中心城区“三堵”现象实现根本性好转。4月13日，在处置“恒大”事件中，紧急抽调1000民警赶赴现场，现场抓获违法犯罪人员20名。二是严密社会治安防控。在中心城区选定6个点位，以此为中心，向四周辐射，安排特警和武警各50人组成6个行动小组，在特护期间24小时联合武装巡防查控。全市公安机关开展“9·3”特护期查控勤务，启动省际卡口4个，分别由所属县市区（分）局负责。设置中心城区出城哨卡6个，从局机关、巡特警、交警等单位抽调人员100名民警上卡执勤。三是开展安全生产大整治。加强危爆物品和输油气管道管理，建立健全“四不两直”督查检查工作机制，实施重大隐患整改挂牌督办制度。依法核发《民用爆炸物品购买和运输许可证》《剧毒化学品购买许可证》和《烟花爆竹道路运输许可证》，对持证单位执行法律法规的情况进行监督检查。“9·3”安保维稳期间，暂停审批进京运输烟花爆竹、危险化学物品，全面启动出市治安卡点查控工作，对入京车辆开展24小时安全检查，实现“不让一枪一弹、一件危爆物品、一台可疑车辆进入北京”的工作目标。依法对情节严重的事故责任单位进行调查处理，对生产经营单位和有关责任人员做到零容忍、实施“双罚制”。全年查破缉枪治爆典型案件4起，刑事拘留13人，逮捕9人。加强交通安全管理。市委副书记、市长刘和生，副市长、市公安局局长唐文发带领安监、交通、消防等多个部门负责人，到云溪区和临港产业新区码头暗访企业5家，对发现的问题和隐患，均以政府办名义下发督办通知。将国道107云溪段、省道306线作为重点路段，实名制派出警力，严加把守，做到危险化学品运输车辆必查、驾驶人资质必查、途经大队网上必签，确保危化品交通运输安全。组织交警200人，到辖区对危化品运输企业、运输路线、运输车辆等进行隐患排查，下发挂牌督办函17份。加强消防安全管理。完成145处石油库、加油加气站、液化石油气供应站等易燃易爆危险化学品生产、经营、储存场所排查工作，检查发现火灾隐患413处，责令改正326处，依法对3家无证加油站点实施临时查封，函告相关部门予以取缔，对8家经消防验收不合格擅自投入使用的易燃易爆场所责令“三停”，对5名违规存放易燃易爆危险品以及在具有火灾、爆炸危险品场所使用明火的人员实施行政拘留。

【基层基础和信息化建设】 2015年5月8日，市委书记盛荣华到市公安局调研，对公安基础建设和公安信息化建设作出部署，成立由市长任顾问，市委政法委书记任组长，16个部门参加的岳阳市公安基础建设和信息化建设领导小组。市公安局成立基础建设和公安信息化建设指挥部，下设七个工作组，负责七个主要项目的建设。抓住公安部、省公安厅“四项建设”契机，按照市委市政府关于公安基础和信息化建设方案，从人口数据库建设入手，推动公安情报信息系统、110接处警指挥系统、公安执法平台升级改造和监管中心建设。

【开展“四讲”活动】 2015年，市公安局将“四讲”（讲规矩、讲法纪、讲担当、讲奉献）作为公安队伍建设总纲，激发民警干事创业活力。一是“四讲”统领发展。在全市公安机关组织开展“四讲”+为主题的队伍正规化建设活动，将“四讲”与建立完善队伍管理多个长效机制有机融合，通过运用“+”的方式，将队伍管理长效机制固定下来，实现管理队伍有章可循，有规可依。全年完善修订队伍管理长效机制10个。二是交流激发活力。以交警支队车驾两所热点交流为切入点，一次性交流车驾两所所领导12人，民警42人。君山分局所有派出所领导一次性交流，白石岭分局部分派出所骨干交流。全年局直各分局、支队组织交流中层骨干168名，基层民警72名。三是教育整顿队伍。开展“解剖典型，深化四讲”为主题的队伍教育整顿活动。全市公安机关民警对照反面典型进行深刻反思，查找队伍建设中的漏洞和不足。建立规章制度，以制度管人管事，形成队伍建设长效机制。四是展现队伍形象。全年全市公安工作被中央电视台专题宣传推介4次。中央电视台全国“寻找英雄儿女”系列微电视首集《枪声响起》到岳阳摄制。民警自编自演小苹果《为民之歌》被公安部宣传局向全国推介。全国公安文联主席扩大会议在岳阳召开现场交流会，岳阳警营文化经验作典型介绍，得到副省长、省公安厅厅长黄关春肯定。全市公安干警荣立一、二等功以上44人，居全省前列。对“6·1东方之星”沉船事故救援工作、湘阴县杨林寨群体集访处置工作、侦破公安部“109”网络赌博案件等重大案事件、救援先进典型进行表彰，发通报嘉奖5次，战时表彰10多个单位、130多名民警。

（本栏撰稿 李利平）

检察工作

【概况】 2015年，岳阳市人民检察院（简称市检察院）忠实履行宪法和法律赋予的职责，强化法律监督、强化自身监督、强化队伍建设，各项工作取得新进步。市检察院被评为湖南省文明标兵单位，连续三年被评为全市综合绩效考核先进单位，检察队伍公众满意度测评排名全省第一，屈原管理区、君山区、华容县、湘阴县和平江县检察院民调进入全省前20名。

【服务经济社会发展】 2015年，市检察院举办县市区检察长研讨班，制定《岳阳市检察机关服务“一极三宜”江湖名城建设的十条意见》，全面落实省检察院“八项禁令”规定，对服务经济建设进行全局性谋划、方向性引导、针对性部署和阶段性调度。开展检企共建活动，邀请部分企业家召开座谈会，倾听企业家的司法需求，主动提供司法帮助，推动检察机关与企业、商会协力协同应对困难和挑战。开展“优化经济环境侦查监督专项活动”，立案查办“索拿卡要”等影响投资发展环境的职务犯罪16人，起诉生产销售伪劣商品、非法经营等扰乱市场秩序的犯罪70人，起诉强行阻工、强揽工程等破坏项目建设的犯罪72人，起诉集资诈骗、非法吸收公众存款等破坏金融秩序的犯罪159人。加大对生态环境的司法保护力度，起诉非法捕捞、毁坏林木、排泄污水等破坏环境资源的犯罪45人，对环洞庭湖养殖业无序扩张、采矿企业环境污染等突出问题启动专项调查，配合相关职能部门开展专项整治。

【维护社会和谐稳定】 2015年，全市检察机关批准逮捕各类刑事犯罪2606人，提起公诉3808人，其中，批准逮捕严重暴力犯罪、多发性侵财犯罪、黄赌毒犯罪2007人，提起公诉2349人。侦破国家公安部挂牌督办的涉案金额上千亿元的特大网络赌博案，依法批准逮捕68人，提起公诉77人。开展打击危害食品药品安全犯罪专项行动，批准逮捕29人，提起公诉34人。深化刑事和解、检调对接工作，运用刑事和解不批准逮捕120人、不起诉155人，对20名涉嫌轻微犯罪且有悔罪表现的未成年人附条件不起诉。运用法治思维和法治方式化解矛盾，推动建立律师参与代理涉法涉诉信访案件机制，开通远程视频接访方便群众诉讼，加大依法办理、纠错和救助力度，妥善处理涉检信访案件28件，办结刑事申诉案件9件、国家赔偿案件3件，发放司法救助金18.5万元。岳阳县检察院办理的一起国家赔偿案被评为全国检察机关优秀案件。参与社会治安防控体系建设，配合整治重点地区、重点领域的突出问题，加强对重点人群的帮教管理，纠正社区服刑人员脱管漏管391件，监督撤销10名监外执行对象缓刑，对9名依法不负刑事责任的精神病人申请强制医疗。

【查办和预防职务犯罪】 2015年，全市检察机关立案侦查各类职务犯罪136件147人，其中，贪污贿赂犯罪88件95人、渎职侵权犯罪48件52人，比2014年上升25.9%和24.6%，起诉113人，法院审结74人，全部作出有罪判决。其中5万元以上大案109件，同比上升34.6%，县处级以上干部要案15人（厅级4人），同比上升66.7%。组织平江县、华容县、湘阴县、岳阳楼区、云溪区检察院反渎职侵权部门，完成中纪委、最高人民检察院交办的中国民用航空飞行学院系列案的查办工作，立案查办23人，为国家挽回经济损失7000余万元。组织华容县、岳阳县、湘阴县、汨罗市、岳阳楼区、云溪区检察院反贪污贿赂部门，落实省纪委、省检察院交办侦查的湖南省有色地质勘查局系列案，立案查办13人。突出查办本市有影响的案件，立案查办医疗卫生系统贪污贿赂犯罪22人，立案查办“虚报冒领”惠民资金和扶贫开发等民生领域的职务犯罪19人，立案查办重大安全生产事故背后的渎职犯罪17人。加大打击行贿犯罪力度，立案查办为谋取不正当利益“围猎”国家机关干部的行贿犯罪17人。比较典型的案件有：湖南省有色地质勘查局原局长王迪生（正厅级）受贿案，中国民用航空飞行学院原副院长吴旭勇、张泽龙、原院长助理次生贵（均为副厅级）受贿案，岳阳市商务局原副局长宋岳军受贿案，临湘市原市长龚卫国滥用职权、受贿案，临湘市原副市长、公安局长曹青松受贿案等，对中国民用航空飞行学院原院长郑孝雍（正厅级）滥用职权、特大受贿案提起公诉。深化职务犯罪预防工作，开展警示教育70场次，邀请各界代表600余人参加以职务犯罪预防为主题的“检察开放日”活动。受理行贿犯罪档案查询申请4078次。运用“双查双建”预防模式，开展专项预防调查，提出检察建议30份。撰写职务犯罪预防年度综合报告11份，为党委、政府反腐倡廉提供决策参考。临湘市检察院关于村干部职务犯罪预防调查报告被省检察院以专报件的形式采用。

【强化诉讼监督】 2015年，全市检察机关加强立案监督和侦查活动监督，监督立案23件、撤案20件，追加逮捕143人、追加起诉99人，市检察院以贩卖毒品罪追捕的岩温燕、追诉的孙军均被判处死刑。对126名不需要继续羁押的犯罪嫌疑人变更强制措施，对294件次侦查活动违法行为提出纠正意见。加强刑事审判监督，提出刑事抗诉13件，法院改判和发回重审14件，提出量刑建议1196件，法院采纳1123件。加强民事行政检察监督，办理不服生效裁判监督案件85件，提请抗诉11件，对民事行政审判和执行活动提出检察建议18件，执行和解7件，办理督促履行职责案件48件。市检察院和湘阴县检察院共同办理的“中国人民财产保险股份有限公司湘阴支公司与李某等人交通事故责任纠纷违法行为监督案”被评为全国检察机关民事检察十大精品案。加强刑事执行监督，对减刑、假释、暂予监外执行不当的，提出纠正意见421人次，刑罚执行机关全部采纳，对监管改造场所违法情况，提出书面纠正意见500人次，纠正498人次，对提请特赦的66名对象依法实行同步监督。立案查办监管人员职务犯罪案件5件5人。

【规范司法行为专项整治活动】

2015年，全市检察机关根据省检察院的统一部署，开展规范司法行为专项整治活动。重点围绕侦查监督、公诉、职务犯罪侦查、刑罚执行和监管活动监督、民行检察、控告申诉检察、预防等部门和环节，围绕省检察院提出的司法作风问题、执法办案不规范问题、不依法保障律师执业权问题、滥用强制措施和手段问题、不正确业绩观问题、利益驱动问题、违法干预办案问题、以案谋私问题等八个方面逐一对照检查。全市发放征求意见函5000份，召开征求意见座谈会12次，走访人大代表、政协委员、人民监督员200余人次，对2010年以来的124件撤案、不批捕、不起诉职务犯罪案件逐案评查分析，对2003年以来的1915件积案逐一清理消化，晒出司法不规范问题8类173个，对这些问题进行集中整改，对3起不规范司法典型案例进行公开通报。出台《严肃办案纪律防止说情干扰的实施意见》，全面推行系统软件轮流分配案件机制，将执法过错行为记入干警个人执法档案，以案件集中统一管理、个案督察、专项检查为抓手，推进执法规范化建设，干警的规范意识、办案水平得到转变和提升。

（本栏撰稿　万佳妮）

法院工作

【概况】 2015年，岳阳市中级人民法院（简称市中级法院）忠实履行宪法法律赋予的职责，全力服务岳阳改革发展稳定，争创全国一流法院，弘扬“公正、为民、良知、担当”的岳阳法院文化，实现案件无冤错、队伍无违纪、安保无事故、舆情无炒作的“四无”目标。全市法院受理各类案件4.97万件，办结3.75万件，比2014年分别增长22.56%和8.80%，其中市中级法院受理7469件，办结6281件，同比分别增长22.10%和19.05%。全市法院司法绩效和司法状况考评均排名全省第一，民调排名全省第二，屈原管理区等6家基层法院进入全省法院前30名。

【刑事审判】 2015年，全市法院受理案件3850件，审结3362件，其中，市中级法院受理484件，审结462件。严惩侵犯公民人身权、财产权犯罪，审结杀人、抢劫、绑架、强奸等暴力犯罪案件以及盗窃、抢夺、诈骗等多发性侵财犯罪案件1165件，判处罪犯1562人，对强奸杀害2名女学生的被告人邓方、抢劫杀害3名妇女的被告人冯鸿等公开宣判死刑，对绑架杀害3名小学生的罪犯张兴艳以及故意杀人犯顾青、荣成明等执行死刑。严惩毒品犯罪，审结843案，判处罪犯967人，被告人刘德洪贩卖运输毒品12公斤、岩温燕贩卖麻古16万余粒均被判处死刑。严惩经济犯罪，审理非法吸收公众存款案5件，判处罪犯9人，审理集资诈骗案5件，判处罪犯10人，被告人易蓉集资诈骗7000万元，被判处有期徒刑15年。严惩贪污贿赂和渎职犯罪，审结47案，判处罪犯74人，省高速公路管理局财务处原副处长丁松刚受贿7400万元，被判处死刑，缓期两年执行，该局邵阳管理处原书记吴六徕受贿1280万元，被判处无期徒刑。严惩行贿犯罪，审结7案，判处罪犯11人。严惩危害食品药品安全犯罪，全程网络直播被告人刘航飞等3人生产、销售有毒有害食品案庭审，并当庭宣判，市县两级食品药品监督管理局百余人参加旁听。严惩环境污染犯罪，5名被告人均被判处监禁刑，一被告单位被处罚金170万元。加强人权司法保障，11案启动非法证据排除程序，着力防范冤假错案；恪守罪刑法定、疑罪从无、证据裁判等原则，对3名被告人宣告无罪。依法规范减刑、假释和监外执行工作，强化网上公示、开庭审理等措施，对2681名罪犯裁定准予减刑、假释，对7名罪犯裁定不予减刑、假释；依法审理特赦案件，确保不错放、不漏赦，特赦66人。社区服刑罪犯吴正减刑案被确定为全国法院指导性案例。

【民商事审判】 2015年，全市法院受理案件2.83万件，审结2.12万件，其中，市中级法院受理3180件，审结2568件。市中级法院出台15条规定，增强服务“一极三宜”江湖名城建设的实效性。依法审理商事案件，审结合同纠纷案件9144件，平等保护各类市场主体合法权益，促进各类所有制经济健康发展。依法审理民事案件，重视老幼妇残合法权益保护，审结婚姻、抚养、继承案件5463件，促进家庭和谐。重视群众居住权益保护，审结房地产纠纷案件525件，引导建立健康的房地产市场秩序。重视劳动关系保护，审结劳动争议案件812件，依法维护劳资双方合法权益。重视资源开发和环境保护，审结34案，促进美丽岳阳建设。重视“三农”工作，审结涉及农村土地承包经营权流转、宅基地纠纷、拖欠农民工工资等案件733件，维护农民权益，促进农业发展。依法审理知识产权案件，审结229案，比2014年增长6.16倍。申报专利纠纷案件管辖权，层报最高院审批。“4·26”知识产权日前夕，市中级法院和岳阳楼区法院分别开展知识产权法律宣传和咨询活动。

【行政审判】 2015年，市中级法院贯彻实施新行政诉讼法，全市法院受理案件2610件，审结2411件，其中，市中级法院受理326件，审结278件。积极服务法治岳阳建设，3月24日，150名党政领导干部到市中级法院旁听一起行政诉讼案庭审。稳妥处理涉及旧城改造、临港新区建设和岳常、大岳、岳临高速公路建设过程中发生的案件。妥善处理涉及民生、矛盾易于激化的山林权属、土地、房屋征收案件。依法支持禁违拆违和土地征收“百日攻坚”行动，指导城区法院开展专项服务，对司法强拆案件依法快立、快审、快执，有效推动行动开展。加强与行政机关的沟通协调，市中级法院提出规范行政执法的司法建议12份，应邀到行政机关举办培训讲座3场次。市中级法院审理的岳阳市蓝天冶金建材有限公司行政补偿纠纷案判决书，获得第二届全国法院行政审判优秀裁判文书三等奖。

【执行工作】 2015年，全市法院受理案件1.18万件，执结7716件，其中，市中级法院受理342件，执结203件。推进“转变执行作风、规范执行行为”专项活动，经最高人民法院抽选，汨罗市法院代表岳阳两级法院接受检查，案件质量得到好评。继续开展涉金融清积专项执行活动，市中级法院为几大银行执行兑现1.75亿元。院长带队到市信用联社调研案件执行情况，大力加强涉农村信用社案件执行，为农村信用社改制提供司法保障。加大打击拒执犯罪力度，移送涉及拒执罪、非法处置查封财产罪案件17案17人，刑事立案侦查10件，判处3人，司法拘留379人，得到省委政法委专项行动督查组的充分肯定。市中级法院以及汨罗等基层法院执行指挥中心一期建设完工，可实现现场指挥、决策分析、信息查询、信用惩戒等功能，改“车轮执行”为网上执行。加大失信惩戒力度，在最高人民法院失信名单发布平台公布失信被执行人4571名。采取联合惩戒措施，与市文明办、市诚信办等12家单位签署《岳阳市“构建诚信，惩戒失信”合作备忘录》，全面挤压“老赖”生存空间。

【立案信访】 2015年，全市法院开展登记立案，方便群众诉讼。全面实施立案登记制，对依法应该受理的案件，做到有案必立、有诉必理，确保当事人依法无障碍行使诉权，自5月1日正式实施以来，法定期限内登记立案率达100%，其中，当场登记立案2.93万件，当场立案率达98.31%。按照上级法院部署，充分做好开通“12368”语音诉讼服务系统的准备工作，对网上立案、电子档案、电子送达项目进行立项。实行上诉案件网上移送工作，缩短案件流转周期。健全诉讼服务中心功能，完善电子触摸屏查询系统，添置诉讼费缴纳POS机，印制并免费提供《立案登记工作相关规定》等宣传资料，提供“一站式”服务。《人民法院报》头版头条报道岳阳市法院诉讼服务工作经验。实行诉访分离，畅通申诉渠道。认真接待来访、处理来信，做好法律释明和诉访分离工作，实现事事有处理，件件有回复。运用好远程视频接访系统，减轻当事人上访负担。探索律师等第三方参与化解信访案件制度，律师参与接访261人次，化解涉诉信访案件97件。依法保障当事人申诉权利，规范申诉复查和申请再审审查工作，审结该类案件72件，依法提起再审22件。加大司法救助力度，对符合救助条件的33案当事人申报救助资金73万元。岳阳市到省进京涉诉上访率全省最低，涉诉信访工作位居全省法院前列。

【强化基层基础】 2015年，市中级法院加强基层工作指导，在规范案件请示的同时，加大业务对口指导力度，及时反馈二审案件审理中发现的问题，就信息化建设、涉案款物管理和网络舆情引导等下基层调研指导。制定下发《关于人民法庭若干问题的规定（试行）》，对加强基层法庭建设提出具体要求。信息化建设提速，在全省率先启动人民法庭数字化建设，岳阳县荣家湾法庭等建成数字法庭，全市建成数字法庭18个。与相关单位协作，拓宽司法审判平台，分别在湖南理工学院和岳阳监狱建设数字法庭。审判硬件提质，市中级法院更新维护现有15个审判庭设施，临湘市、湘阴县法院新审判楼建成，南江镇、瓮江镇、梅仙镇、忠防镇、白水镇等人民法庭提质改造或整体搬迁。

【广泛接受监督】 2015年，全市法院依法重视保障人民群众的司法知情权、参与权和监督权。一是重视群众的知情权。开启“互联网+”新模式，开通市中级法院微信公众号，借助法院网、微博等载体，文书上网实现应上尽上，庭审直播由图文直播升级为视频直播，全年在网上视频直播庭审17场、图文直播43场，市中级法院官方微博入选人民网发布的“阳光法院新媒体榜”。搭建司法公开新平台，建立审判白皮书制度，发布行政案件司法审查、知识产权司法保护、未成年人犯罪审判等3本白皮书，主动回应社会关切，最大限度发挥裁判导向作用。完善新闻发言人制度，建立常态化的新闻发布机制，市中级法院举办新闻发布会6场次，有5个基层法院举办新闻发布会。构建公开报道新常态，继续深化与传统媒体的合作，中央、省级报刊、电视报道岳阳法院工作169篇次，与市电视台合办的《人与法》栏目收视率稳步上升。组织“公众开放日”活动，“六一”儿童节邀请70名小学生进行体验式参观。“12·4”宪法日邀请微友和大学生一起参与升国旗和宣誓活动，院长赠送宪法读本。市中级法院获得全国司法宣传工作先进集体，代表市直机关接受省“六五”普法检查组验收。二是重视群众的参与权。落实市人大对人民陪审员履职情况的评议意见，加大培训力度，征订发放学习资料，组织30名人民陪审员到国家法官学院湖南分院学习，提升参审能力，有3名人民陪审员在全省法院“我的陪审故事”征文活动中获奖，汨罗法院人民陪审员曾尚文获得一等奖。加强对人民陪审员履职的管理和考核，提升参审面和参审率，参审面100%，1.32万人次，参审9337案，参审率85.34%，同比提升11.17%。保障律师依法履职，落实《关于依法保障律师执业权利的规定》，与市司法局联合制定律师出入法院办公区域规定，为律师履职提供便利。三是重视群众的监督权。坚持把法院工作置于党的绝对领导和人大监督之下，市中级法院和各基层法院分别接受同级人大常委会对民事审判工作的评议调查，市人大常委会给予“满意”的最高评价，市中级法院根据评议意见，落实17项整改措施。加强人大代表、政协委员联络工作，办结代表建议4件和委员提案2件。每季度向在岳市级以上代表、委员汇报工作，寄送《汇报专刊》4期近4000份。邀请市政协民主监督小组成员及代表、委员、特邀监督员等214人次到院听庭、座谈。接受检察机关诉讼监督，邀请检察长列席审判委员会会议。接受社会监督和舆论监督，安排专人搜集、回复网民意见，编发《岳法舆情》，实现审判和舆论良性互动。

（本栏撰稿　许　辉）

司法行政工作

【法治岳阳建设】 2015年，市司法局完成“六五”普法验收工作，得到省委、省人大的充分肯定。法治岳阳建设工作两次被湖南日报推介，其中湖南日报以《“法治岳阳”阔步前行》为题在头版头条重点推介。一是创新完善学法用法考试考核工作。与市委法治岳阳建设领导小组办公室、市委组织部、市委宣传部、市人社局联合下发《关于加强领导干部和国家工作人员学法用法工作的意见》，强化考试结果的运用，将学法考试成绩纳入领导干部和国家工作人员年度考核，作为法治建设考察、考核的重要依据。组织公、检、法及教育体育、规划、安监等部门1600名在岗执法人员学法用法集中考试、2000余名处级领导干部集中学法用法考试和8万余名科级及科以下干部的学法用法考试，得到省厅好评。12月2日，《人民日报》以《学法用法抓住“关键少数”》为题，对岳阳经验予以推介。岳阳市司法和行政执法单位执法人员学法用法考试工作在全省首创，省人大内司委就此专门作出批复，要求在全省推广。二是开展“四公开、四整治”活动。制订《2015年法治建设“四公开、四整治”专项活动方案》，将“四公开、四整治”工作纳入各级党委政府绩效考核范畴，组织对72家司法和行政执法单位进行问题排查，审定175个问题并列出清单，在5月4日法治岳阳建设“四公开四整治”专项活动动员会上予以现场交办。各地各单位按照“一个问题、一个方案、一名领导，一套班子、一抓到底”的要求，制定整改方案，明确整改措施、目标任务和责任人。年底，由市领导带队督查验收。三是开展法制宣传活动。开展法律进机关、进单位、进企业、进学校、进社区、进乡村为主题的“法律六进”活动。组织全市开展“农村法制宣传月活动”，平江县开展《与法同行》电视法律知识抢答赛活动。开展“12·4”国家宪法日、“三八”妇女维权周、青少年法制宣传周、“3·15”消费者权益保护日和“6·26”国际禁毒日暨全省法制宣传日等专项法制宣传活动。开展《做法律明白人》微宣讲活动，与市委宣传部联合下发《关于在全市深入开展“四中全会进基层”百姓微宣讲活动的通知》，各县市区结合不同时段的社会热点问题，编排法治文艺节目，深入学校、企业、乡镇、村（社区）进行巡回演出。

【加强司法基层建设】 2015年，市司法局根据《关于切实做好人民调解工作的意见》，抓好全市社会矛盾化解各项工作任务的落实。一是健全社会矛盾纠纷预防化解机制。开展“三调联动化矛盾，息访息诉促平安”专项调解活动，进一步提高矛盾纠纷调解成功率。做到村居一周一排查，乡镇半月一排查，县区一月一排查，并及时通报情况。每月召开一次矛盾纠纷排查调处协调会议，及时分析矛盾纠纷出现的新情况新问题，采取有力措施及时化解矛盾纠纷。全面推行人民调解“以奖代补”制度，与市财政局联合出台《关于印发〈岳阳市人民调解案件“以奖代补”实施办法〉的通知》。全年排查矛盾纠纷2.36万件，调处2.32万件，调处成功率98%。二是加强人民调解组织建设。结合农村基层组织和城市社区建设，及时充实和巩固村居人民调解组织，规范乡镇人民调委会建设，达到“八有六统一”标准。以政府购买服务的方式充实乡镇专职人民调解员队伍，临湘市、华容县、湘阴县等地每个乡镇都有政府购买服务的专职人民调解员。完善规范专业性、行业性人民调解工作，各县市区均成立婚姻家庭人民调委会，屈原管理区、平江县等地成立民间金融纠纷人民调委会。加强边界区域人民调解工作，促进接边地区和谐稳定。结合工作实际对人民调解员进行业务培训，不断提高人民调解工作水平。三是完成基层司法所收编工作。联合市编办、市人社局出台《岳阳市基层司法所收编工作实施方案》，全市172个司法所纳入收编，收编司法助理员239人。通过公开招录或政府购买服务的方式补充人员，保证每个司法所至少配备一名具有公务员身份的司法助理员。此项工作得到省司法厅厅长谈敬纯的肯定，由省厅予以推介。8月，郴州市司法局局长带队，组织所属县市区司法局长到市司法局进行专题学习考察。综治民调工作排名全省第二位，其中，“矛盾纠纷是否有人调解处理”项排名全省第一位，综合治理司法行政业务工作排名全省第二位。

【特殊人员管控】 2015年，市司法局强化特殊人员管控。一是提升教育戒治质量。市强制隔离戒毒所以“四大”建设（公租房建设、医疗戒护区建设、安防设施建设、增容扩建项目建设）为基础，以戒毒教育为抓手，着重开展心理危机干预和各类教育活动。全年康复教育区完成1000余课时，开展个别谈话教育2850余人次，对新入所的348名戒毒人员全部进行心理测量，开展心理危机干预9例，完成个体心理咨询137人次，帮扶戒毒人员未成年子女16人次，发放助困金、助学金、购置爱心图书等花费5000余元，开展各类活动20余次，实现连续14年“六无”（即无毒品流入、无戒毒人员脱逃、无非正常死亡、无所内案件、无生产安全事故、无重大疫情）和连续20年安全生产无事故。二是规范社区矫正监管措施。加强市级社区矫正机构建设，社区矫正工作科加挂岳阳市社区矫正管理局的牌子，适当增加人员编制。推进社区矫正中心建设，制订《岳阳市关于县（市）区社区矫正中心建设工作方案》，君山区社区矫正中心、汨罗市社区矫正中心完成建设。开展政府购买社区矫正服务试点工作，开展社区矫正规范化建设“巩固提高年”活动，落实《关于开展社区矫正规范化建设的实施意见》精神，制订《2015年度社区矫正规范化建设实施方案》，就社区矫正基础建设、监督管理、考核奖惩等方面提出规范要求。落实社区服刑人员漏管、脱管和重新犯罪自查自纠专项活动，排查出漏管13人，脱管5人，重新犯罪2人，均妥善解决。全年接收社区矫正人员7424人，解除矫正4792人，在册2632人。三是推进安置帮教教育帮扶。落实刑满释放人员安置帮教工作领导小组成员单位联席会议制度，开展网上信息核查，月核实率99.5%、月衔接率100%。落实必接制度，重点帮教对象接回率100%，一般帮教对象接回率70%。开展“情暖高墙·关爱孩子”联合帮扶活动。全年接收刑释解教人员1621名，其中，重点帮教人员182人，解决刑满释放人员低保12人。帮扶服刑在教人员未成年子女20多人次，给予经济救助2万余元。

【法律服务】 2015年，市司法局提升法律服水平。一是完成小康指标目标任务。全市律师687人，比2014年新增220人，增长率47.1%，每万人口拥有律师数由2014年的0.83人增长为1.22人，工作成效获市小康办认可。二是组织律师开展创新创业法律服务活动。搭建平台，推进法律服务进园区、进项目，为中小企业提供法律服务。服务重点工程，建立联系热线，为企业提供24小时的法律咨询服务。开展法律服务进社区、进乡镇活动，为政府、企事业单位、社会团体和公民个人担任法律顾问706家，咨询和代写法律文书1.48万件，办理刑事诉讼代理658件、民事诉讼代理2300件、行政诉讼193件、非诉讼代理221件、仲裁业务119件。三是提升法律援助数量和质量。2015年全市预定2000件法律援助办案任务，比2014年增加5%。全年全市办理法律援助案件2750件，同比增加24%，超额完成任务。各法律援助窗口接待法律咨询来访群众5200人次，为220名来访群众代写法律文书，在咨询中受理法律援助案件1100件。市“12348”法律援助咨询热线接听解答咨询电话3263人次。规范看守所法律援助工作站运行，加强刑事法律援助，完善案件质量管理措施，加强对县市区法律援助案件的回访工作，回访抽查比例40%。四是公证服务惠民。全市公证工作下移，开设便民服务窗口，为困难群众开辟绿色通道，办理公证事项1.13万件，接待来访4426人次，处理来信252件。五是规范司法鉴定工作。成立市司法鉴定协会，加强行业自律。成立纪律惩戒委员会，推进行业惩戒机制。开展省级资质认定工作。全年司法鉴定工作实现“零投诉”。

（本栏撰稿　马驰杭）

岳阳监狱

【概况】　2015年，湖南省岳阳监狱深化精细化管理和绩效考核，推进依法治监和改革创新，加快布局调整和民生工程建设，监狱整体工作保持健康发展。截至年底，岳阳监狱连续15年7个月实现无罪犯脱逃、无重特大狱内案件、无重大疫情、无重特大安全生产事故的“四无”目标，执法水平不断提高，罪犯改造质量稳步提升。

【监管秩序安全稳定】　2015年，岳阳监狱克服押犯点多线长面广、监管设施条件简陋和押犯结构日益复杂等不利因素，树立大安全观和底线思维，坚持问题导向，强化四级安全责任和检查督导体系，抓警察直接管理，夯实人防基础，力促重点时段、重点部位、重点人员和重点环节监管制度落实。开展“查两违、抓两严”“百日监管安全竞赛”“查隐患、堵漏洞、防脱逃”等活动。及时排查整治监管安全隐患，查缴、销毁狱内违规违禁物品，对违规违纪罪犯和责任民警予以严肃查处，解除2名外协人员合同关系。抓好狱情犯情收集、研判与交接、危险分子排查管控、耳目建设等工作，迅速侦破狱内预谋案件，有效防范罪犯自杀，确保监管安全。改善监管设施，投入300多万元资金改造监区AB门，添置周界报警、钢网墙、照明等安防设施。加强与驻狱武警部队“三共”建设，积极构建“八联”（队伍联建、勤务联管、矛盾联调、隐患联治、情况联处、平安联创、训练联搞、考评联组）机制，筑牢监管安全防线。加强安全生产工作，制定出台《安全生产责任制》《安全生产检查考核细则》，落实监狱监管责任和企业主体责任。加强安全生产诚信体系建设，推行安全生产承诺制、不良信用记录、诚信评价和黑名单等制度，推进安全生产标准化建设。强化安全生产教育培训，选派28名基层分管领导和安全专干参加省局安全生产知识培训班，自办安全知识培训班1期，邀请消防专家来狱作消防知识讲座2期，举办首届安全生产教学比武，拍摄播放消防安全专题教育片，定期组织开展应急演练，提升全监狱人员安全生产意识和能力。开展安全生产大检查、安全生产月、“九打九治”和消防安全检查等活动，及时发现和查处安全生产隐患。整改生产车间、道路交通、危旧房屋和消防设施等方面隐患，投入资金211万元。

【提升执法改造质量】　2015年，岳阳监狱提高刑罚执行水平和罪犯改造质量，严格办理罪犯减刑、假释、暂予监外执行工作，推行罪犯减刑、假释庭审制度，全年依法办理罪犯减刑2200余人，假释170人，暂予监外执行16人。对9名符合条件的在押罪犯依法予以特赦。加大狱务公开力度，将罪犯减刑、假释名单还未暂予监外执行决定书在省监狱管理局门户网站予以公开，将监狱执法活动置于阳光下运行，杜绝“人情案”“关系案”“金钱案”。规范老病残犯认定工作，出台《老病残犯认定管理规定》。抓实春季“爱卫”和夏季“三防”工作，坚持罪犯医疗分级管理，控制罪犯病亡率。提高教育改造质量，坚持课堂化教学，丰富教育内容和形式，提升“三课”教育效果。落实全警包教、主辅包教，启动新一轮重点顽危犯挂牌攻坚活动。用好《警囚联系手册》等载体，实行一人一策、一人一套矫治方案，罪犯个别教育务实管用，个别教育能手李锤在全省监狱系统作巡回报告。开展“践行价值观、实现新生梦”系列主题活动，组织开展行为养成竞赛、改造积极分子评选和违纪典型警示教育等活动，邀请专家教授、爱心人士及罪犯亲属等来狱开展帮教活动25场。开展罪犯心理普查和心理危机干预，完成司法部“团体心理辅导”等课题研究，评选表彰心理健康教育优质课、优秀个案18件。开展“情暖高墙、关爱孩子”专项帮扶工作，走访帮扶特困罪犯家庭23个，帮助28名罪犯子女圆上学梦，发放帮扶资金12万元。

【监狱重点工程】　2015年，岳阳监狱坚持高标准、严要求、强力度，推进市区住宅小区和第一押犯点两个重点工程建设。明确小区建设工作思路和原则，成立8个工作小组，分块推进小区建设。对项目具体环节实行人盯人、点对点跟踪监管。推进市政配套工程建设。12月21日，“金泰滨城”住宅小区建成交房。第一押犯点完成主体工程建设。组织人员赴湖北、江西、江苏等兄弟省份监狱学习考察，启动集中关押模式下岗位职责、工作流程、标准和考核“四位一体”制度体系建设。深化监狱农场办社会职能改革，利用改革专项资金实施辖区道路改造、环境治理等项目，完成自来水改造工程，完成八监区高标准农田改造项目建设并通过农开办验收。争取政府部门支持，获批建设2015年度公租房200套。

（本栏撰稿　刘青山　杨振兴　赵　辉）

责任编校　屈胜龙

国防建设

岳阳军分区

【概况】 2015年，岳阳军分区党委在省军区党委、岳阳市委的坚强领导下，聚焦强军目标，严格整风整改，坚持真抓实干，推动军分区部队和国防后备力量建设取得新的进步。

一、坚持以整风整改为基调，深化作风建设扎实有效。以全军政工会议精神和习近平主席系列重要讲话为主要内容，组织党委中心组带机关6个专题理论学习，师团两级党委书记带头讲党课，提高思想认识，强化政治引领，增强自信自觉。立起从严抓建班子新常态，严格各项考核考评，深入搞好指导帮带，提振干净、担当、尽责的精神状态。深入开展“三严三实”专题教育整顿、“学习践行强军目标，做新一代革命军人”主题教育和职工队伍专题教育整顿，过坎见底查摆整改存在问题，锤炼部队的精气神。按照“早改早主动，真改真受益，全改全解脱”要求，抓好“三项大检查”“八个专项清理整治”，严肃开展郭徐案件“六个肃清”工作，全面清查干部档案、整治用房用人用车，部队正风肃纪氛围愈加浓厚。组织新任职团职领导干部廉政法规考试、签订廉政承诺书，对后备干部进行廉洁自律情况审查，廉政建设得到加强。

二、坚持以使命任务为牵引，备战打仗能力不断提升。围绕“一防五反”作战和支援、救援等行动，结合实际修订完善战备方案计划，军分区制订的《巴陵石化公司防卫方案》被省军区作为模板推广。着眼提升首长机关组织指挥和协调能力，组织2期20名师团单位主官进行个人研究作业考核，参加省军区抽考取得优异成绩，参加省军区合成参谋集训受到通报表彰。选派36名新任职专职人武干部参加省军区集训，7人被评为优秀学员。坚持按纲施训、科学组训，突出重要力量、重点专业，完成民兵训练56期3745人。圆满完成日遗化武弹药调运工作，参加全省军地联合应急通信演练、省军区防空兵实弹射击考核，协调市县两级国际动员委员会（简称国动委）、人防系统参加“湘江—2015”防卫作战与国防动员演习，受到两级军区首长充分肯定，部队应急应战能力得到有效检验。

三、坚持以制度落实为抓手，协助党管武装作用明显。协助地方各级党委政府落实党管武装基本制度，组织地方党政领导过“军事日”，协调召开议军会，全市党管武装氛围不断浓厚。协调国动委领导参加全省国防动员领导干部业务集训，组织市国动委各专业办公室干部技能培训，遂行国防动员能力有效提升。开展专职人武干部建设情况调研，研究制定《关于贯彻〈专职人民武装干部工作规定〉的实施办法》，推动专职人武干部队伍建设规范化。持续加强“双拥”工作，启动全国“双拥模范城”创建，全市转业干部、退役士兵和18名随军家属得到妥善安置。广泛开展国防教育，主动参加全市文明创建活动，投入130多万元，与平江县南桥乡田坪村结对开展精准扶贫，参建参治作用发挥明显。

四、坚持以紧管严控为手段，综合保障效益持续增强。严格落实党委集体理财，把紧预算编制和执行关口，着力压减行政消耗性开支，认真执行经费审批和公务卡强制结算制度，有效防止预算失控、经费超支。投入100万元完成机关和长城市场变压器升级改造，对士兵楼、市民兵武器装备仓库和军分区篮球场进行维修，建成军营绿色网吧和图书阅览室，确保经费投入向战备训练聚焦、向基层建设倾斜。严格离任主官财务交接，开展财务工作、经济适用房和固定资产清查整治，制定军分区《落实军队人员有关福利待遇实施细则》《经费管理“十个严禁”》《财务业务规范》等制度规定，后勤管理和运行秩序进一步规范。严格落实《装备管理条例》，加强武器弹药和装备器材的日常维护保养，保证装备的完好率。

五、坚持以安全稳定为底线，部队管理秩序严格正规。坚持按照条令条例规范“四个秩序”，严格落实点名、请销假、早操、交班等制度，加强“八小时”以外人员管控，有效防止非军事化倾向等问题发生。坚持以“人车枪弹密网院”和节假日、敏感时期为重点，注重加强安全教育，落实安全工作基本制度，全年组织安全工作专项检查7次，每季度组织安全工作讲评，开展燃爆危险品专项清理清查活动，及时排查消除问题隐患，始终保持安全管理高压态势，官兵安全防范意识不断增强。升级改造市民兵武器装备仓库监控系统、购买配备保密手机和手机信号屏蔽器、更新发放消防器材，安全防范能力得到提高，部队全年保持高度安全稳定。

六、坚持以转型发展为指导，后备力量建设务实推进。贯彻落实“编组布局就是作战部署”要求，着眼把“人员编精编顺编规范”，狠抓潜力调查、业务培训、宣传教育、整组编干、点验验收等环节，民兵队伍结构不断优化、布局更加合理。加强应急分队建设，协调组建市民兵应急营，配齐装备器材，集中强化训练，全市民兵应急力量体系进一步完善。着眼破解征兵难题，加大宣传力度，组织大学生预征启动仪式，圆满完成新兵、士官征集任务，大学生新兵比例达到31.3%。参加地方经济社会建设，先后出动官兵和民兵预备役人员万余人次，遂行山林扑火、抗洪抢险、应急救援、重大活动安保等行动，出色完成“东方之星”客轮翻沉事故救援、临湘暴雨泥石流抢险救灾等急难险重任务，受到军地一致好评。

【召开民兵整组工作会议】 2015年1月9日，全市军事训练总结暨全市民兵整组任务部署会在岳阳军分区召开。市委常委、常务副市长陈奇达，市人防办、市民兵应急营组建任务单位、预备役三团、岳阳军分区部门以上领导和机关干部在主会场参加本次会议，与会人员335人。军分区司令员刘亚兵对2014年军事训练情况进行总结，对新年度军事训练和全市民兵整组工作作全面部署，陈奇达着重从认清形势任务、加大工作力度、加强组织领导等三个方面，对抓好2015年的民兵整组工作进行强调，提出具体要求。市委常委、军分区政委张作坤指出：一是要加强党委统揽，坚持军事训练的中心地位。二是要强化责任担当，确保各项任务落到实处。三是要提高工作标准，努力提升军事训练和民兵整组水平。

【组织学生军训工作】 岳阳市学生军训工作自2015年3月份开始至12月份结束，全市24所学校（高校4所，高级中学20所）组织学生军训，参训人数27070人，帮训力量633人。截至10月25日，全市军训学生合格率达到97.3%，优秀率15%，单位评比合格率100%，训练成效明显。

【召开民兵应急营成立大会】 2015年4月23日，岳阳军分区组织召开岳阳市民兵应急营成立大会，市委副书记李志坚，市人大常委会副主任彭先政，市政协副主席欧江平，市政府秘书长谈正红，军分区部门以上领导，预备役三团军事主官，15个编兵单位主要负责人，各县市区联系武装工作的领导、人武部部长和市民兵应急营全体队员参加大会。会上宣读《岳阳市民兵应急营组建命令》《岳阳市民兵应急营干部任职命令》，并组织授旗和民兵宣誓。李志坚指出：民兵应急营要在军分区的指导下，不断加强实战化训练演练，切实锻造成为一支关键时候用得上的坚强队伍，各职能部门要强化服务保障意识，为民兵应急营建设提供必要的人力、财力、物力保障和装备、技术、人才支持，各编兵单位要全力支持民兵应急营各项建设，搞好工作统筹，确保在各项训练演练任务中，人员、时间能够有效落实。民兵应急营全体官兵要投身岳阳新增长极建设实践，在经济社会发展中做表率，在维护社会稳定中挑重担，在急难险重任务中打头阵。军分区司令员刘亚兵在讲话中强调，民兵应急营要大力加强能力建设，要落实装备维护管理有关规定，要抓好常态化管理教育，真正建设成为市委市政府维稳处突、抢险救援的“拳头”力量，为打造岳阳新增长极作出应有的贡献。会后，与会人员参观民兵应急营应急维稳、抗洪抢险、森林灭火等36种装备器材的展示。

【抓好市民兵应急营集训】 2015年4月，市民兵应急营集训在岳阳市学生军校（湖滨）组织实施，参训人员400人为应急营全体官兵。训练共同条令、民兵常识、队列、轻武器射击、应急行动常识、警棍盾牌使用等七个方面的内容。

【启动大学生预征仪式】 2015年5月22日，大学生预征仪式正式启动。市征兵领导小组组长、市人民政府常务副市长陈奇达，市征兵领导小组副组长、市征兵办主任、岳阳军分区参谋长袁建华，市征兵办和岳阳楼区、云溪区征兵办的领导

2015年6月1日，重庆东方轮船公司东方之星游轮在湖北省监利县长江大马洲江段翻沉，岳阳军分区开展紧急救援任务

及工作人员，四所高校的武装部长和1000余名大学生代表参加本次仪式。通过启动预征仪式，激发应征大学生参军入伍的热情，为完成年度征兵任务奠定基础。

【参加社会救援活动】 2015年6月1日晚，重庆东方轮船公司“东方之星”游轮在湖北监利长江大马洲江段翻沉后，一场牵动各方的大救援紧张进行。岳阳军分区坚决贯彻落实习近平主席重要批示和军委总部、军区、省军区指示精神，组织部队和民兵全力以赴紧急救援。接到地方党委政府关于事故救援的请求后，军分区第一时间组织研究部署、第一时间收拢集结力量、第一时间展开救援行动。掌握初步信息后，军分区领导召集机关有关人员研究制订救援方案，确立边部署边展开，边行动边报告，救人第一、速度至上的行动方案。及时给长江沿线的华容县、君山区、岳阳楼区、云溪区、临湘市5个人武部下达救援命令，并向省军区作战值班室报告相关情况。相关人武部接到命令后，迅速收拢集结人员，调配装备器材，边机动边部署，为救援行动争取时间。军分区组织由副司令员胡小合带队的应急搜救力量30人，协同武警和地方海事部门，从岳阳楼码头分乘3艘快艇沿长江南岸向事发地域快速搜索前进。华容县、君山区人武部在收拢集结人员的同时，命令与事发地域相邻的东山镇、广兴洲镇武装部迅速组织民兵应急排先行展开行动。6月2日10时，省军区司令员黄跃进、参谋长郭辑山带领省军区前指相关人员赶到岳阳，在君山区开设省军区前进指挥所，争分夺秒勘察现场，组织指挥救援行动。此次救援行动，在上级军事机关和市委市政府的领导下，军分区出动35人次，车辆25台次完成军区首长和某舟桥团，特战旅、防化团及军区消杀专家组等支援部队7批436人次的过境保障任务，搜救移交遇难者遗体13具，圆满完成任务，受到军地领导肯定。

【组织“湘江—2015”演习】

2015年11月3—6日，岳阳军分区、人武部和市及部分县（区）国动委带领人防部门，全程参加省军区组织的“湘江—2015”演习，出动实兵557人，出动各型车辆38台，各类装备物资器材15类2300件（套），收发导调和完成作业文书426份。这次演习，不仅是对军分区、人武部系统大规模作战准备的综合检验，也是对市县两级国动委、人防系统能力建设现状的一次实际检验。军地各级主要领导亲自筹划、亲自组织、亲自把关，突出指挥到位、组织到位、传输到位、训练到位、保障到位，演练规模大，军地配合好，首长机关的组织指挥能力和分队遂行任务能力明显提高。通过演习，进一步理清防卫作战的思路，加深对重要目标防卫、防空袭、反袭扰、保交护路等主要行动的分析研判，受到一次近似实战的锻炼。

（本栏撰稿　杨志清）

预备役三团

【概况】 2015年，湖南陆军预备役步兵师第三团（简称预备役三团）认真贯彻两级军区和师党委全会的决策部署，按照“聚焦首位抓根本、紧贴实战谋打赢、坚持依法严管理、夯实基础保稳定”的总体思路，抓紧工作落实，圆满完成上级赋予的各项任务，团队全面建设取得明显进步。

一、思想政治建设有新成效。深入学习贯彻全军政工会议精神，把“四个牢固立起来”“五个着力抓好”的要求贯穿全年思想政治教育始终，树立政治工作威信。党组织建设不断加强，党委班子团结和谐、风清气正、坚强有力。深化“三严三实”专题教育整顿和主题教育活动，组织到任弼时纪念馆、岳阳县抗日遗址、平江纪念馆等红色教育基地参观学习、重温入党誓词，加强党史军史学习和革命传统教育，打牢官兵思想根基。着眼问题开展教育，解决好官兵“忠诚度”淡化、“战斗队”思想弱化、战斗精神褪化等问题，真正把“四有”标准立起来。清理整治突出问题导向，按照“七项整治”要求对表查纠，开展干部、财务、对外有偿服务等多项清理整治行动，消化4名超编干部，清查整改财务开支18.58万元、合同5份。抓好车辆、涉密载体、涉郭、徐案件恶劣影响等清理清查工作，取得较好的效果。

二、战备训练工作有新提升。先后两次组织团、营、连三级对战备方案进行修订对接，组织重要目标现地勘察，制作长岳地区战场环境录像片，定期组织战备教育，严格落实值班制度，组织实案化应急演练，确保遇有情况能及时处置。组织“4·7”岳阳城区内涝救援和长江“6·1”沉船应急出动，受到市委市政府高度肯定。开展“两项评估”，对照8项116个静态评估内容按层级分步骤抓好整改落实，投入经费30余万元购买补充物资器材，部队作战能力得到检验和提高。军事训练成效明显，先后完成入队训练、现役营连长集训、舟桥骨干集训、预任军官集训、专业骨干集训、成建制训练等各类训练23期，圆满完成年度训练任务。大项演训活动完成出色，组织100迫击炮连部分实兵长途机动参加炮兵实弹战术演习、首长机关带1个连参加省军区“湘江-2015”演习，得到省军区和师首长充分肯定。结合研究作业、演习等活动，撰写整理大量训练资料，为部队实战化训练提供遵循。

三、基层建设有新进步。按照整组工作“六步法”要求，突出抓好“五个环节”。组织动员培训。团及时召开党委会和组织调整动员大会，专门集中1天时间组织业务培训，进行理论辅导和交流发言。开展调研摸底。针对2014年步兵师指出的基层建议存在的4类16个方面的问题，部门以上领导分片挂点，深入营连调研，了解情况、研究解决措施。为避免在人员编配上与民兵交叉编组，先后10余次与各县市区人武部、民政、组织、人事等部门沟通协调核实，做到人人见面，逐人落实。调整编组布局。对部分连、排、班进行调整，跨区联编和向高科技企业、城区集镇等拓展的模式得到推广，基层编组布局和兵员结构进一步优化，全团预任预编官兵退伍军人比率、专业对口率不断上升。完善阵地建设。拟制下发《营连软件资料规范细则》，对营连软件资料进行统一规范，先后投入经费16万元，对2个硬件不完善的连部进行重建。组织检查验收。6月中旬，团机关分两个检查组，对全团29个营连部建设、官兵相识情况进行检查，为团党委有效抓建基层摸清底数。11月下旬，又专门组织“回头看”，确保基层工作不欠账，落实整改到位。

四、部队安全管理有新加强。坚持把部队安全管理作为经常性基础工作紧抓不放，团队保持高度安全稳定。严格落实安全分析制度，每月结合首长办公会，分析安全稳定形势，研究制定落实措施，定期组织官兵学习安全常识和相关法规制度。针对军队改革即将实质启动官兵思想活跃的实际，抓好针对性教育管理，突出对“人车枪弹密网院”的安全管控，从严落实一日生活制度和办公秩序。扎实抓好法纪教育和“四反”教育，认真传达学习各类失泄密、卖密通报，组织观看警示教育片，不断增强官兵法规意识和纪律观念。组织到岳阳监狱开展服刑人员现身说法活动，进一步强化官兵遵纪守法意识。深入开展安全隐患全面清理清查，在重点抓好库存武器弹药和营区周边地方燃爆危险品存储点检查清理的基础上，梳理出9个方面52项具体清查整改内容，逐个进行整改落实。加强日常办公和生活安全隐患治理，投入经费3万余元，为官兵购买非智能工作手机，购买移动电话信号切断器5台，办公保密柜50组（套）、手机存放柜3套、各类报警器7台，有效消除失泄密隐患，官兵保密意识和防范能力得到大幅提高。

五、后勤装备保障能力有新提高。抓好战勤、军需、运油、卫勤等业务骨干培训，提高分队干部骨干的专业技能和组训、管训能力。坚持经费向战斗力建设聚焦，全年团预算训练经费同比增加32.02万元，行政消耗性开支同比下降6.03万元，进一步压减现金结算比例，公务消费刷卡率达到90%。坚持党委理财，按照财务管理规定和上级文件要求，实行军政主管审批。认真做好军需物资管理和保障，较好的保障大型演训活动顺利实施。加强军交运输油料管理，全年车辆累计运行20万公里安全无事故。常态化做好健康保健服务，官兵体检率达到100%，为官兵办理商业医疗保险报销56起。加强营院基础设施配套完善和维护管理，对办公桌椅、文件柜进行更新，集中对干部宿舍楼空调进行更换。严格落实武器装备动用使用、登记统计、擦拭保养等制度，强化动态管控，武器装备“三化”管理水平稳步提高。

【入队训练】 2015年3月21日至3月27日，预备役三团在汨罗市、华容县、临湘市和云溪区等地分片组织255人入队训练。通过训练，使新入队士兵掌握预备役部队基本常识和军事技能，培养良好的军政素质和军人作风。

【应急救援】 2105年4月7日和6月1日，预备役三团组织应急分队分别参加岳阳城区内涝救援和“东方之星”游轮翻沉事件应急出动准备工作，出动官兵90人，部队应急能力明显提高，受到市委市政府高度肯定。

【营连长集训】 2015年4月5日至5月7日，预备役三团组织全体营连长进行为期38天的现役营连长集训。通过理论辅导、观摩示范、分组训练、考核验收等形式，对军事理论、“四会”教学、编制装备、分队战术指挥等内容进行训练，现役营连长综合素质明显提升。

【舟桥骨干集训】 2015年5月25—28日，预备役三团在岳阳市南湖组织一期舟桥骨干集训。主要对操舟机原理、安装及一般性故障排除，冲锋舟离、靠岸，冲锋舟操作驾驶，打捞和水上救生，冲锋舟编队行进6个内容进行学习和训练。通过训练，培养一批舟桥操作骨干，锻炼提高指挥员组织指挥抗洪抢险应急行动能力、部队快速反应能力和后勤装备综合保障能力。

【预任军官集训】 2015年6月至8月，预备役三团组织222名预备军官分两期进行预任军官集训。集训重点突出预备役部队使命任务理解和业务基础技能训练，使预任军官弄清国家安全环境现状和自身职责使命、熟悉预备役部队基本常识和政策法规、了解军兵种知识、战时政治工作等部队常识，进一步提高预任军官的军事素质和组织指挥能力，增强团队预任军官队伍整体凝聚力和战斗力。

【“湘江—2015”演习】 2015年11月3—6日，预备三团组织团首长机关带部分实兵参加省军区组织的“湘江—2015”演习，重点对指挥所开设、作战文书拟制、快速动员、城镇进攻战斗等内容进行演练，有效提高部队机动支援防卫作战能力。

（本栏撰稿　秦　亮）

“湘江—2015”演习　（荣焱军　摄）

武装警察

【思想政治建设】 2015年，武警岳阳市支队通过学习贯彻习近平主席系列重要讲话精神特别是党的十八届五中全会、古田政工会议精神和武警战略思想，官兵的思维层次、理论素养明显提升。通过精心组织主题教育、开展经常性思想工作和“强军风采”系列文化活动，官兵思想政治坚定可靠，政工干部素质有效加强，2名指导员被总队评为十佳“四会”优秀政治教员、1名干部参加总队政法干部“我为部队讲一课”获三等奖。通过开展经常性预防工作和“第11个法律服务到基层活动月”“事故案件警示月”教育活动，解决10起官兵家庭涉法问题，确保部队纯洁巩固。通过大抓任务中政治工作，落实“八个到现场”要求，为完成中心任务提供不竭动力和政治保证。通过大抓新闻宣传工作，展示支队全面建设成果，进一步扩大影响力。支队被武警湖南省总队表彰为新闻宣传工作先进单位，1名干部被表彰为先进个人。

【执勤训练处突维稳】 2015年，武警岳阳市支队通过狠抓军事训练“八落实”，组织“卫士—15”演习、各类集训和野营拉练，推进训练场地建设和实战化训练，部队训练水平明显提升。支队获得总队新训干部骨干集训第四名、总队半年军事考核第七名的成绩，1名干部被总队评为“三湘勇士”，1名战士被总队评为训练标兵。通过深入贯彻湖北会议、衡阳会议精神，严格落实执勤制度，开展“执勤隐患六查”活动，完成“三化两拓展”和看守所目标AB门建设，确保固定目标绝对安全。4月份，临湘市中队成功处置一起犯罪嫌疑人脱逃事件。通过抓好临时勤务规范落实，圆满完成党和国家领导人到岳视察安全警卫、第十一届中国汨罗江国际龙舟节暨汨罗江民间龙舟赛安全保卫等140余起临时勤务。通过精心组织“三场维稳战役”，城市内涝灾害救援，“东方之星”客轮翻沉事件救援任务完成出色，受到各级领导高度肯定。船艇大队巡逻一艇被表彰为武警部队维稳工作先进集体。

【依法从严治警】 2015年，武警岳阳市支队通过严格落实“安全工作八个规范”，加大重点人员、重点环节、重点部位、重点时段管控力度，确保部队安全稳定。通过开展“学法规、守规矩、排隐患、建安全”主题安全年“百日安全竞赛”等活动，注重安全氛围、强化官兵安全意识。通过建立基层大项经费审议、大中队主官每周驻点制度，建设机关门禁系统、升级军械库室联管联控系统等，提高安全系数。通过严格纪律约束，处理4名干部、6名士官，警示教育部队。

【加强武警基层建设】 2015年，武警岳阳市支队通过组织党委常委和机关干部蹲点帮建，开展“三学一研”，开设“强军论坛”，组织“纲要培训”、经常性基础性工作检查和季度考核等活动，提高各级按纲抓建能力。投入310万元，改造完善基础设施。通过保障基层干部休假，组织官兵健康体检，协调市民政局发放随军未就业家属补贴，激发工作动力。通过选拔任用士官代理排长，调整连职干部到基层任职，安排机关干部代职等，加强基层一线力量。通过每季评选表彰6个先进中队和双“十佳”先进个人，激发基层建设活力。一大队三中队被总队表彰为基层建设标兵中队，船艇大队、二大队平江县中队等5个单位被总队表彰为基层建设先进大（中）队。

【武警后勤综合保障】 2015年，武警岳阳市支队通过建立警地医疗保障支援协作机制，修订完善应急保障预案，组织“一组五队”实兵拉动演练，与45家单位签订代储代供协议，增强应急保障能力。“卫士-15”演习、3次事故救援保障任务完成出色。处置“东方之星”客轮翻沉事故救援保障经验作法被总队转发，并入选总部后勤保障案例选编。通过完成岳阳县中队新营房建设、一大队部分单独执勤点基础设施升级改造，推进支队作战指挥中心、船艇大队码头、岳阳监狱第一看押点部队营房建设，部队基础条件明显改善。通过开展“伙食管理规范年”活动、组织后勤专业兵培训和经常性检查督导，后勤管理更加规范。

【春运执勤】 2015年2月21日至3月15日，武警岳阳市支队根据武警湖南省总队春运执勤工作指示精神和岳阳市铁路公安、客运部门的请求，历时23天，圆满完成岳阳市火车站、岳阳东站、汨罗东站的春运执勤和城市武装巡逻任务。

【处突维稳】 2015年4月8日10时45分，临湘市看守所在押犯邓方（男，25岁，临湘市聂市镇人，因强奸杀人罪被羁押）利用提审之机，趁看守所干警打开监区内侧大门不备，企图翻越西侧监墙逃跑，武警岳阳市支队临湘市中队官兵及时发现情况并处置，成功制止其脱逃。9月19日10时13分，一名可疑男子在岳阳监狱五监区北面监墙警戒区域附近向监区内喊话并准备投掷违禁物品，武警岳阳市支队一大队一中队官兵及时发现并处置，成功捕获该男子，并缴获违禁品。10月3日凌晨4时许，岳阳市君山区岳华公路七监区路段发生一起因车辆侧翻导致的严重车辆交通事故，武警岳阳市支队一大队一中队官兵第一时间发现并赶赴现场，成功救助伤员并协助疏导交通清理现场。

【抢险救援】 2015年4月3日晚，岳阳城区普降暴雨，城区部分地段发生严重内涝，武警岳阳市支队及时出动兵力90余人次、冲锋舟4艘，对城区7处内涝严重地区实施紧急救援，转移受灾群众200多人，抢救搬运群众物件折合人民币18万余元、牵引推救车辆5台、疏通紧急排水口2处。6月1日21时30分许，由南京驶往重庆的“东方之星”客轮，在长江监利段因突遇强龙卷风翻沉。事故发生后，武警岳阳市支队根据总部、总队和地方党委政府的统一部署，在总队前指的指挥下，出动兵力450余人次、船艇6艘120余艘次、车辆110多台次参与此次救援工作，搜寻打捞遇难者遗体7具，圆满完成搜救任务。6月10日，“东方之星”客轮已停靠华容县长江水域，根据省应急救援指挥部通知，从6月11日，支队出动兵力、船艇，对客轮实施水上警戒，任务完成较好。6月2日凌晨，受短时间强降雨影响，岳阳市临湘市城南乡地域出现特大洪水，5个村屯被淹，受损房屋1000余户，受灾耕地500余公顷、林地3000余公顷，1000余人受灾。按照临湘市委市政府要求，经报请总队批准，武警岳阳市支队临湘市中队出动兵力前往救援，转移受灾群众30余人，解救被困群众6人。11月27日10时20分，一艘载有5000吨铁矿砂，由上海开往重庆的鸿源809货船，在行驶至长江北闸渡口段靠湖北监利水域时，与一艘载有14人（13名乘客、1名船上工作人员），向湖北省监利县沟子口渡口行驶的“君柳客渡1号”客轮渡船相撞，致渡船翻沉，渡船上人员全部落水。事故发生后，岳阳市公安局指挥中心电话通报，要求岳阳市支队迅速出动人员、船艇，携带相关救援器材参与事故救援，武警岳阳市支队出动官兵、车辆、船艇，携带救生衣、救生绳、救生圈、打捞工具，前往长江北闸渡口段水域，参与一客轮渡船翻船事故救援任务。由于事发水域距离支队船艇大队较远，事发突然，救援紧急，武警岳阳市支队赶至事发水域时，地方海事部门、长航公安已基本救援完毕。截至11时30分，已打捞落水人员13人，其中，船上工作人员1人、乘客12人，1人失踪。打捞13人中，除1人伤势较重外，其余人员情绪稳定。

【安全保卫任务】 2015年1月30日，武警岳阳市支队抽组兵力，参加岳阳市公安局组织的“五打五整治春季攻势誓师大会”，所有官兵自我要求严格，军人姿态端正，树立武警部队良好形象。3月6日，临湘市举行“元宵晚会”，武警岳阳市支队出动官兵，圆满完成现场安全保卫任务。6月20日，“我们的节日·端午”第十一届中国岳阳汨罗江国际龙舟节暨2015中国汨罗江民间龙舟邀请赛在汨罗市隆重开幕。根据岳阳市委市政府统一部署，并报请武警湖南省总队同意，武警岳阳市支队出动官兵，圆满完成龙舟节安全保卫任务。7月18日，“擂动湘阴·决战洞庭湖畔”大型国际拳王争霸赛在湘阴县一中体育馆举行，武警岳阳市支队出动官兵，圆满完成现场安全保卫任务。8月20日，临湘市政法委综合治理民调讲评大会在临湘市委机关礼堂召开，武警岳阳市支队出动官兵，圆满完成现场安全保卫任务。9月8日，湘阴县第31届教师节颁奖晚会在湘阴剧院举行，武警岳阳市支队出动官兵，圆满完成现场安全保卫任务。9月25日，2015“乡约”君山爱情岛暨中央电视台《乡约》走进岳阳活动在岳阳市君山岛景区举行，武警岳阳市支队出动官兵，圆满完成水上安全警戒勤务。9月30日，市委、市政府在岳阳市烈士陵园纪念碑广场举行烈士公祭活动，武警岳阳市支队出动官兵，圆满完成公祭活动敬献花蓝及现场礼宾任务。10月21日，平江县政府举办第五届老人节暨平江县道德模范颁奖晚会，武警岳阳市支队出动官兵，圆满完成现场安全保卫任务。12月4日，湘阴县政府“宪法宣传日”活动在湘阴县左宗棠广场开展，武警岳阳市支队出动官兵，圆满完成现场安全保卫任务。

【警卫勤务】 2015年6月20—21日，原中央政治局常委李长春一行到岳考察，并参加第十一届汨罗江国际龙舟节开幕式、参观屈子祠。武警岳阳市支队出动官兵，圆满完成现场警卫任务。

【新兵野营拉练】 2015年12月11—13日，武警岳阳市支队组织机关前指、机动中队和新训大队×××余名官兵进行为期3天的野营拉练，徒步行军71.5公里。期间，开展紧急集合、战术基础动作、卫生与救护、战备基础、紧急避险、战斗警戒、防暴弹投掷等课目训练，组织宣传鼓动、文艺晚会、爱民助民等活动，与岳阳县一中举办“军地联谊晚会”、组织拉练官兵观看红色影片，举办“学习践行强军目标，做新一代革命军人”签名宣誓活动，丰富拉练途中官兵精神文化生活。开展双拥共建工作，协调岳阳县黄沙街镇镇政府，组织慰问当地伤残退伍老兵、贫困五保户和孤寡残障老人，受到当地群众的高度赞誉。认真贯彻落实群众纪律，协调做好群众工作，确保拉练官兵“走一路红一线、驻一地红一片”。达到检验新训效果，锻炼意志品质，锤炼战斗作风，培育战斗精神，增强团队意识，提升综合素质的目的。

（本栏撰稿　谭日峰）

公安消防

【概况】 2015年，岳阳市公安消防支队（简称市消防支队）坚持“稳中求进、提质升级”的总基调，在机遇中谋发展，在创新中求突破，在实干中见成效，圆满完成各项工作任务，全市消防工作和部队建设取得新成效，实现新突破。支队被评为全省拥政爱民模范单位、全省夏季消防检查优秀单位、连续6年被评为全市政务服务先进窗口、连续2年被评为全市依法行政先进单位，支队机关和岳阳楼区消防大队被评为全省公安现役部队首批廉政文化建设示范单位，临湘大队廉政文化建设试点通过省公安厅验收。涌现出岳阳市第六届十大杰出青年姚华锋、岳阳市第五届道德模范刘达京等一批优秀典型人物和先进集体，充分展示巴陵消防的良好形象。

【党建引领队建取得新成效】 2015年，市消防支队始终坚持举旗筑魂，全面巩固政治工作“生命线”地位，激发班子“正能量”。贯彻落实全军、公安现役部队政治工作会议精神，开展“做新一代革命军人”等主题教育和“三严三实”专题教育整顿，和省消防总队同步举办专题轮训，引领两级党委班子树立“崇严尚实”好作风。修定《干部精细化管理考评实施办法》，开展干部工作大检查，有为有位的用人导向更加鲜明，拓展“三帮”活动载体，实施为基层办实事计划全面完成为基础为官兵办实事内容，开展红基金帮困活动，惠警励警措施稳步落实。丰富警营文化，举办演讲赛、篮球赛、“八一”警民联欢晚会、春节文艺调演等文体活动，激发队伍生机活力。

市委副书记李志坚到市消防支队调研消防工作（市消防支队 供稿）

【消防安全环境新改善】 2015年，市消防支队始终坚持依法治火，将消防工作纳入政府综合绩效考核及安全生产和综治考评范畴，启动岳阳城市消防规划编制，市、县两级层层开展消防工作考核，建立政府专题研究、督查督办和领导带队检查、警示约谈等工作机制，推动解决消防工作一揽子问题。健全完善部门行业联勤联动机制，出台《市消安委成员单位消防工作考评办法》，深化行业“标准化”、乡镇“网格化”和消控室达标创建，召开样板创建工作现场会，重点单位户籍化管理100%。强化“三报两台五大宣传日”重要宣传阵地，承办全省“社区消防大擂台”竞赛，拓展“双微”消防宣传新媒介，着力深化消防宣传“七进”活动，立体化消防宣传格局不断完善。铁腕整治火灾隐患，开展夏季消防检查、打非治违等多个专项行动，华容华美大酒店重大火灾隐患整改销案，全市火灾形势持续稳定向好。

【灭火救援能力新提升】 2015年，市消防支队始终坚持面向实战，以科技化、信息化引领实战化，历时3年投入200余万元研发的“消防警务通”通过总队论证，并向全省推广。修订完善《灭火救援行动安全操作规程》，组建搜救犬队伍，开展辖区“六熟悉”和实战化大演练和执勤岗位大练兵活动，举办警务通实战应用技能比武竞赛，组织岗位培训57期，两名官兵被评为全省“十大训练标兵”，部队核心战斗力大幅提升。全市部队接警出动3398次，疏散抢救被困群众2300余人，保护财产价值4.8亿元，成功处置“3·6”华达锦纶厂房火灾，“4·3”泰格林纸业芦苇堆垛火灾等各项艰难险重任务。特别是在“6·1”重庆“东方之星”游轮沉船事故救援中，支队救援工作得到省人民政府省长杜家豪、副省长戴道晋和省消防总队政委卢安生等领导的高度肯定，为保卫人民群众生命财产安全作出突出贡献。

【消防基层建设】 2015年，市消防支队始终坚持围绕中心，全市消防部队争取财政经费8500余万元，比2014年增长21%，“增速”“总量”实现双突破，其中，临湘市、平江县大队争取经费超过300万元，岳阳楼区大队争取经费超过400万元。严格党委理财和管理规定，深入开展财务工作大清查，突出经费预算监管，全年行政性消耗开支同比下降18%。建立装备储备金制度，投入3000余万元购置70米云梯车等消防车辆6台，装备器材6818件（套）。定期开展装备巡检和驾驶员复训，部队装备保障能力有力提升。推动市政府落实《消火栓建设维护管理三年规划》，新建维护消火栓1428具，新增非现役人员编制70名。湘阴县消防大队二站驻兵执勤，支队公寓房完成规划设计，平江县和屈原管理区二站破土动工，为消防中心工作提供有力的综合保障。

【创先争优有新突破】 2015年，市消防支队始终坚持主动作为，创造特色亮点，推动争先进位。巩固深化驻岳公安现役部队组织工作联创联建模式，建立（联建、联动、联育、联系）“四联”机制，确立“五好五强”党建目标，明确（警种共创、组织共建、资源共享）“三共”举措，形成齐抓共管、协调配合、整体推进的“大党建”“大团建”工作格局。牵头开展“清明”祭英烈、“五四”警地团组织共建、“七一”重走红军路和“八一”警民联欢等各具特色的主题教育活动。在全市部队深入开展“我的岗位我负责，我的工作请放心”岗位认领主题实践活动，得到省公安厅政治部、省消防总队和市委市政府领导的高度肯定。在全省率先组建搜救犬队伍，首创性地成功举办装备实战化比武竞赛，成功研发“无人机”终端。消防警务通、“责任文化”、岳阳楼区消防大队警营文化建设、装备比武等被省消防总队以创新工作进行推介，《全面提高新形势下政治工作“三化”水平奋力推进消防部队政治工作创新发展》等调研文章被公安部现役办、消防局和省消防总队网站推荐阅读。

（本栏撰稿 夏伟光）

人民防空

【概况】 2015年，岳阳市人民防空办公室（简称市人防办）始终坚持“长期准备、重点建设、平战结合”方针，着眼履行“战时防空、平时服务、应急支援”使命任务，按照市委“一极三宜”江湖名城发展战略部署，全体干部职工凝心聚力，攻坚克难，主动作为，人防工程总量成倍增长，依法行政日渐规范，宣传教育深入扎实，指挥通信与应急能力逐年提升，全市人防建设发展态势良好。

【人防工程建设】 2015年6月，岳阳市人防疏散基地建设全面启动。

全年审批结建防空地下室23个、竣工项目12个。加大对早期人防工程的维护和管理，坚持每周有巡查，每月有维护，长期开展安全隐患勘探与排查，全年没有出现任何安全责任事故。岳阳“地一大道”建于2011年，总投资10亿元，平时用作地下过街通道和地下商场，战时为人员隐蔽部和物资储备库。

【人防行政执法】 2015年，市人防行政执法工作纳入岳阳市“一极三宜”江湖名城建设绩效考核内容。岳阳市城陵矶新港区和屈原管理区人防“空白地域”问题得到有效解决。在房地产市场低迷的背景下，全年审批易地建设项目56个，易地建设费征缴做到超额完成任务。11月，省人大管委会副主任陈君文在岳阳检查指导工作时，对市人防办依法行政工作给予高度评价。

【人防宣传教育】 2015年，市人防办制作人防动画公益宣传片和6集人防“十二五”成就系列片。市中心城区5个社区完成人防宣传教育阵地建设。针对干部学员和广大青少年两个群体，外请专家、领导授课，利用人防展馆和人防工程开设第二课堂，先后有300余名领导干部和6000余名青少年学生参加人防知识培训。利用“5·12”防灾减灾日、“11·1”警报试鸣日和“12·13”国家公祭日等重要节日开展人防宣传，在人口密集地摆放宣传展板，发放宣传资料，现场接受群众咨询，效果明显。

【人防指挥通信】 2015年7月8—10日，市人防办组织市县两级机动指挥通信系统拉练训练，出动8台机动指挥通信车、35名通信指挥专业人员，从市人防办集结出发，途经常德市、益阳市、湘阴县，行程480公里。10月9—10日，市人防办在平江县组织开展以山体滑坡、交通通信受阻为背景的人防应急支援演练。先后参加省军区和省人防办组织的“湘江-2015”演习、“湘防-2015”跨区联合演练。成功组织2次防空警报试鸣活动，鸣响率达100%。

（本栏撰稿　徐平德）

边防检查

【概况】 2015年是岳阳边检工作攻坚克难、不断突破、成效凸显的一年。站党委认真贯彻落实上级决策部署，明确“坚持问题导向、落实整风整改、勇于破解难题、实现创新发展”的思路举措，团结带领全体官兵锐意进取，奋发有为，扎实工作，部队呈现出稳中有进、创新发展、实绩突出、士气高昂的良好态势。

【推出服务口岸扩大开放气象工作措施】 2015年，岳阳边防检查站（简称岳阳边检站）一是主动加强沟通汇报。走访驻地政府和港区码头企业，宣传边检机关在维护国家安全稳定、推动经济社会发展等方面所发挥的作用，说明口岸边检执勤设施在保障正常出入境秩序、维护国家对外形象方面的重要性，争取得到政府和企业的广泛认同、理解。二是跟进口岸规划建设。深化落实岳阳“一区一港四口岸”建设要求，按照“统一规划、统一设计、统一投资、统一建设”的要求，主动派员深入现场，提供指导服务，使口岸边防检查设施建设与口岸开放同步规划、同步建设、同步发展，做到适度、合理、有序建设。三是严格兑现服务承诺。深入贯彻落实公安部30项便利措施和省公安厅发布的《全省公安机关深化改革推进便民利民服务30项举措》，加快推进城陵矶港区边检执勤点建设，全面实施“科队联勤、警力前移”的勤务模式，将警力和服务前移至码头一线，全面实行“网上报检”“诚信管理机制”等便民利民服务措施，切实让“数据多走路、让群众少跑腿”，进一步营造便捷高效的通关环境。四是强化口岸联勤协作。以“平安口岸”建设为载体，进一步树立“大联合、大协作、大管控”理念，建立岳阳口岸管控跨警种合作机制，加强与口岸联检单位的沟通协调合作，规范协作的内容，共享资源和优势，并搭建处突应急平台，共同加强口岸反偷渡、查缉违禁品、违法出入境等工作，切实增强口岸管防合力，提升口岸整体服务水平。五是加强口岸信息化建设。推动海港边检勤务指挥系统的建设，以软件一体化平台为依托，建成集勤务指挥、船舶船员报检、卡口梯口智能管理、证件发放、登轮登陆、视频监控、警情研判等功能为一体的综合勤务管理平台，准确把握口岸动态、规范口岸限定区域、登轮、搭靠管理秩序，提高通关效率，深化应用船舶外弦监控系统，全面消除监控死角、盲区。六是实施限定区域分级管理。根据风险评估结果、人员成分、港口封闭条件等，会同地方党委政府划定口岸限定区域范围，明确口岸限定区域范围。对各类码头的口岸限定区域实行分级管理，划定不同等级监管区域，在电子监控、口岸巡查、登轮检查、证件办理等方面实施对应的监管措施，有力提高口岸管防效能。协调口岸经营单位完善口岸执勤设施，依法实施管理，确保口岸通关秩序。七是推动建立辅警队伍。严格落实公安部边检局《关于下发边防检查站编制测算公式及说明的通知》要求，海港口岸每个码头至少配备8名执勤警力，对警力不足8名的，外聘协管人员作为边检执勤警力的有效补充，并推动驻地党委政府将辅警队伍建设相关经费纳入当地财政预算予以保障。边检站通过制定协管员管理使用办法、绩效考评细则、勤务工作规范等制度规定，充分调动边检协管员工作积极性，协助做好口岸管控工作。

【提供热情高效的通关服务】 2015年11月15日，岳阳边检站以热情高效的通关服务圆满完成中国籍“岳港017”轮直航香港的出境边防检查任务，赢得船方及代理公司的一致好评。“岳港017”缓缓从城陵矶码头1号驶出，岳阳城陵矶口岸结束长达17年“有货无船”的历史，为落实省人民政府将岳阳打造“湖南经济新增长极”和响应岳阳市委市政府打造“一极三宜”江湖名城的战略目标开好局。此次是“岳港017”江海轮首次承担直航香港船运任务，为做好此次边检服务工作，营造温馨和谐的通关环境，岳阳边检站提前谋划，认真开展勤务部署，制定执勤工作方案，抽调业务骨干组成勤务小组，明确流程和要求，同时加强执勤人员的业务培训，并主动与代理公司联系，掌握船舶动态，用最短的时间办结该轮的出境边防检查手续，保证该轮的如期出航。

【打造警务实战培训基地】 2015年3月16日，湖南边防总队警务实战突击队员培训班开训典礼在岳阳边防检查站举行。此次培训是贯彻落实省边防总队党委扩大会议精神，推动“四项建设”，有效应对严峻反恐处突形势的重要举措，是加强实战化训练，提升部队实战能力的实际步骤。举办此次培训，旨在突出加强各类突发事件“第一时间、第一现场”的防范处置能力，着力打造一支以应对口岸暴恐袭击为重点的处突先锋力量。

【军地联创联建】 2015年4月29日，岳阳边检站牵头驻岳公安现役部队与岳阳楼景区、君山岛景区管委会联合开展“军民团结求索、共建秀美岳阳”主题团日系列活动。市委常委、组织部长、统战部长王瑰曙，市人民政府副市长、公安局长唐文发，市委组织部副部长汪灿，共青团市委书记白再兴，边防、消防、警卫等驻岳公安现役部队以及岳阳楼景区、君山岛景区管委会代表，80余人出席活动。此次活动，旨在自上而下拓展“党建带团建”发展新思路，进一步提高基层共青团组织工作能力和水平，促进警地青年交流，浓厚警民鱼水情谊，自下而上团结带领广大团员青年为促进岳阳经济社会全面发展作出新贡献。其间，岳阳边防检查站、消防支队团委与岳阳楼景区、君山岛景区管委会团委签订“军民团结求索、共建秀美岳阳”团组织共建协议，随后各单位共同开展“汇聚爱心”希望工程“一元捐”志愿活动。在“腾飞火热的青春”警营开放活动中，各单位代表通过实地查看、听取介绍、互动交流等形式，全面了解边防部队的职能任务、工作特点、执勤执法、品牌特色等情况，并集中观摩警务实战技能汇报表演。

【举行总队警务实战比武竞赛】

2015年10月17—18日，湖南边防总队警务实战比武竞赛在岳阳边防检查站举行，来自总队机关和各边检站的4支代表队20名队员参加比赛。

此次警务实战比武竞赛根据当前形势和口岸管控实际需要设置4个科目，参赛队员围绕“口岸营区暴恐事件应急处置”“92式手枪分解结合快速射击”“单警装备组装加95式自动步枪快速射击”和“三公里武装越野”等项目进行角逐。在比赛过程中，各参赛队员充分发扬特别能吃苦、特别能战斗的军人作风，顽强拼搏，奋勇争先，展现出过硬的军事本领、精湛的实战技能和敢打敢拼、勇争第一的精神风貌，展示总队在警务实战训练和警务实战队伍建设方面的丰硕成果。经过两天的激烈角逐，岳阳边防检查站和张家界边检站分别获得团体一、二等奖。

（本栏撰稿　郭　啸）

责任编校　刘兴汉

经济管理与监督

宏观经济管理

【概况】　2015年，岳阳市发展和改革委员会（简称市发改委）适应经济发展新常态，把握稳中求进总基调，推进“一极三宜”江湖名城建设，促进全市经济平稳向好发展。一是突出宏观综合，参谋服务水平有提升。规划编制方面，编制“十三五”规划纲要，在市七届人大五次会议上通过。战略谋划方面，研究拟订“621”行动、“学赶超”活动两个方案，筹办首届洞庭湖生态经济区发展论坛和全力把岳阳打造成湖南发展新增长极座谈会两个重大活动。政策研究方面，代市政府研究起草《关于促进岳阳城陵矶“一区一港四口岸”加快发展奖励办法（试行）》《鼓励岳商回乡投资创业政策措施》《关于加快实施“135”工程推进创新创业园区发展的若干意见》《关于进一步加快产业园区发展的意见（试行）》等一批政策文件。二是突出项目建设，扩大内需取得成效。完成固定资产投资2154.7亿元，比2014年增长20.4%，增速居湖南省第一。发挥重大项目对扩大投资的支撑作用。组织实施亿元以上投资项目300个，完成投资508.3亿元，“双百工程”重大项目开工115个、竣工69个。市发改委直接负责的三荷机场、洞庭湖博物馆、神华国华华容电厂、华电平江电厂、岳阳煤炭储备基地、蒙华铁路、株冶绿色改造升级等一批重大项目进展顺利。发挥政策资金对拉动投资的杠杆作用，争取国家和省预算内资金18.9亿元，争取95个项目获得专项建设基金36亿元，获批发行企业债券66亿元。加强项目监管，13批次对全市节能减排、社会事业、以工代赈、易地扶贫搬迁等重点领域197个项目进行专项稽察和检查，促进政策资金规范使用。三是突出形势监测，调节运行能力加强。宏观方面，密切跟踪国家、省政策动向，多次与主要行业部门、重点园区、重点企业对接联系，及时调度和分析全市经济运行情况和计划执行情况，提出系列稳增长政策措施，为市委市政府决策提供重要参考。微观方面，加强价格监管调控，开展中介机构收费、教育收费、药品价格等专项检查活动。加强两节、两会期间市场价格监管，严厉查处了价格欺诈、串通涨价等价格违法行为。清理服务性收费项目，取消市住房制度改革办公室的经适房建设项目管理费、市公共租赁住房经营管理中心的换房手续费等服务性收费项目。严控价费上涨，2次下调非居民用天然气价格、12次下调成品油价格。投放价格调节基金3027万元，扶持养种殖业、农贸市场、直供店等一批项目建设，保持价格平稳运行。四是突出转型升级，协调服务力度加大。协调推进产业结构调整。工业方面，强力推进“135”工程，竣工标准化厂房204.5万平方米，超年度计划21%；牵头开展石化、电力能源两大产业帮扶工作，争取中石化同意巴陵石化先行启动350万吨化工型炼油改造项目，帮助重点企业解决困难问题20多个，争取临湘桃矿独立工矿区、市城西老工业区搬迁改造获得省政府批准并纳入国家支持范畴，争取一批技术改造项目和创新平台建设项目获得国家和省预算内资金支持。服务业方面，争取城陵矶新港物流园获批湖南省首批示范物流园区、岳阳经开区电子商务集聚区获批湖南省首批服务业示范集聚区，成功申报全国现代物流创新发展试点城市。现代农业方面，争取一批农林水利重大项目列入国家资金支持计划，农田水利“百千万”工程、高标准农田建设等项目扎实推进，农业基础进一步夯实。协调推进节能减排工作。进一步规范强化能评制度，对85个项目进行节能审查，累计核减项目能源消费量约5万吨标准煤，万元GDP能耗下降4.5%。协调推进两型社会建设，争取10个村和6个社区纳入省级两型创建单位范畴，华容县护城乡红星村被授予湖南省两型示范基地称号，十三村绿色食品有限公司纳入省级两型示范单位。协调推进重点领域改革。牵头开展经济体制改革和生态文明体制改革，投资体制、公务用车制度、社会信用体系、价格体制、公共资源交易管理体制等重点改革取得进展，研究起草岳阳市公务用车制度改革实施方案、岳阳市公务用车制度改革工作部门责任分工方案、岳阳市社会法人守信激励和失信惩戒管理办法、岳阳市公共资源交易中心筹建工作方案等系列改革文件，制订出台岳阳市政府核准的投资项目目录（2015年本）。（陈争仁）

【“十三五”规划编制】 2014年6月5日，市政府第22次常务会议研究启动“十三五”规划工作，市发改委将“十三五”规划编制作为重要工作之一，集中力量、集中精力、集中资源加强规划谋划，统筹推进总体规划、县区规划和20个部门专项规划编制工作，完成前期研究、构思起草、纲要编制、专家咨询、意见征求、报送审批等系列规划编制程序，并在市七届人大五次会议上获得通过。（陈争仁）

【“135”工程建设】 2015年、2016年两年，岳阳市根据省政府部署，计划重点扶持10个创新创业园区，新建300万平方米以上标准厂房，引进500家创新创业企业（简称“135”工程）。“135”工程开展后，市发改委成立专门班子，创新举措，强力推进，取得显著成效。10个创新创业园区共新开工建设标准厂房面积329.82万平方米，其中竣工204.46万平方米，占年竣工计划任务的120.98%；招商引进企业273家，占年引进企业计划任务的109.2%。（陈争仁）

【新增长极建设】 2015年，为贯彻落实省委、省政府“将岳阳打造成全省通江达海的新增长极”的战略部署，市委市政府成立的全力推进把岳阳打造成湖南新增长极建设工作领导小组，由市委书记任组长，办公室设市发改委。新增长极建设工作启动以来，市发改委充分履行办公室职能职责。牵头起草全力推进湖南通江达海的新增长极建设实施方案，研究提出关于促进岳阳城陵矶“一区一港四口岸”加快发展的奖励办法，牵头召开全力把岳阳打造成湖南发展新增长极座谈会，组织开展“学长沙、赶宜昌、超九江”活动，并指导6个战略牵头单位制定工作方案，明确时间表、路线图和责任书。特别是围绕强化新增长极建设支撑，收集和建立推进湖南新增长极建设重大项目库，收集储备1500多个项目，涉及总投资1.3万亿元，并推进一批重大项目落实落地。（陈争仁）

【重大项目建设】 2015年，市发改委以项目建设为抓手扩投资、稳增长，扎实推进重大项目建设。岳阳三荷机场项目于12月10日开工建设；1500万吨炼化一体化和100万吨芳烃项目争取列入国家“石化产业布局规划方案”，并取得中石化同意，巴陵石化先行启动350万吨化工型炼油改造项目；岳阳煤炭储备基地，取得港口安全预评价、港口航道影响论证、港口地质灾害评估、港口压覆矿产评价、通航安全评估、铁路土地预审等10余项批复文件；12月29日，在平江县余坪镇举行湖南华电平江电厂工程项目启动暨安置区开工仪式；12月18日，举行神华国华岳阳电厂煤炭清洁高效利用示范工程建设动员会。（陈争仁）

【价格管理体制改革】 2015年1月20日，市委市政府印发《岳阳市人民政府职能转变和机构改革方案的实施意见》，不再保留市物价局，将市物价局的职能划入市发改委。在物价机构并入后，市发改委合并机关科室，设置价格调控科、商品价格管理科、服务价格管理科、收费管理科4个业务科室及6个正科级二级机构，开展价格监管工作。（陈争仁）

【价格监督检查】 2015年，价格部门组织开展执法、监管、公共服务窗口价格检查，中介机构收费检查，教育收费检查，药品价格检查等专项检查活动，对9家存在违价行为的市直单位立案查处，责成县市区价格部门依法对18家存在违价行为的部门单位立案查处，罚没款310多万元。组织开展春运检查活动，接到73起关于春运票价的投诉举报，现场清退5300元，办结率100%。处理价格举报投诉，市本级受理交通运输票价、医疗药品价格、驾校培训收费、停车收费、物业服务收费等价格咨询、举报1990件，清退多收金额3.89万元，做到有报必接，有查必果，事事有落实，件件有回音，受到市“12345”热线办公室的肯定。（陈争仁）

【农业综合开发投入加大】 2015年，岳阳市农业综合开发办公室进一步发挥财政资金的引导和杠杆作用。采取多种方式，引导金融、社会资本投入农业综合开发项目，撬动和引导家庭农场、专业大户、农民合作社、产业化龙头企业等新型农业经营主体筹集资金开展高标准农田和产业化经营项目建设。全市农业综合开发财政投入2.07亿元。其中，争取土地治理项目财政投资1.4亿元；立项1个优势特色农业产业园项目，财政投资1000万元；1个“一县一特”产业发展试点项目，财政投资420万元；29个财政补助项目，财政投资2964万元；部门项目财政投资2270万元。（唐　乐）

工商行政管理

【推进全民创新创业】 2015年，岳阳市工商行政管理局（简称市工商局）以改革发展为核心，深入推进全民创新创业。一是全面推进商事制度改革。贯彻落实商事制度改革举措，实行注册资本登记制度改革，开展“先照后证”和“三证合一、一照一码”改革。全市新登记注册各类市场主体3.25万户，其中新增各类企业7556户，比2014年分别增长0.92%、27.61%，新增就业人员6万余人。国家工商总局专项督查组充分肯定岳阳市商事制度改革工作成效。二是积极发展电子商务。贯彻落实促进网络商品市场发展的20条举措，新增电商1.02万户，电商发展数在湖南省排名第一。协助岳阳经开区规划建设洞庭湖国际电子商务新城，岳阳电商园获得第二批国家电子商务示范基地称号。三是促进广告产业发展。向省工商局、国家工商总局汇报，争取岳阳申报国家级广告产业园。四是扶持企业发展。进一步优化发展环境，在工商登记、科技创新、商标战略、发展规划、企业融资等方面为企业特别是小微企业提供优质服务，创造良好发展环境。

【查办违法违规案件】 2015年，全市工商系统查办各类违法违规案件1480件，促进社会和谐稳定。一是打假扫劣护民生。开展假冒伪劣商品专项整治行动，加大流通领域商品质量抽检力度，查处销售假冒伪劣案件132件，集中销毁近40吨假冒伪劣商品。全市共受理消费者申诉、举报和咨询1.9万件，受理市政府"12345"分流转办投诉举报案件1151件，发布消费警示和提示11条，为消费者挽回经济损失400余万元。二是打击传销守稳定。取缔传销窝点29个，移送司法机关刑事处理传销头目18人，解救骗入传销的人员31人。三是开展投融资公司清理。依据职能职责，对投融资公司的名称、住所、经营范围和广告进行清理规范。除已立案的9家和已暴露风险的13家机构外，全市强制变更民间投融资服务机构的名称、经营范围和住所91家，规范整改117家，注销73家，监管锁定查无住所的机构126家，清查投资公司中的外省市人员股东192名。四是信用监管把关。坚持宽进与严管相结合，推行信用监管，通过湖南企业信用信息公示系统向社会公布1400多条市场主体违法信息。探索建立信用约束机制，与市文明办、市诚信办等13个单位签署"构建诚信惩戒失信"合作备忘录，建立联合惩戒机制，联动惩戒失信者。

【工商服务中心工作】 2015年，市工商局发挥职能作用，服务港区发展、服务园区建设、服务"621行动"、服务文明创建等中心工作。推进商标战略。指导市场主体申请注册国内商标2400件、国际商标20件、地理标志商标6件；认定中国驰名商标3件、省著名商标46件。截至年底，全市有效注册商标1.11万件、中国驰名商标42件、省著名商标290件、马德里国际商标70件、地理标志商标10件，商标综合实力在湖南省排名第二。参与文明创建。发挥工商职能优势，负责城区近10万户市场主体的证照管理、假冒伪劣清理、虚假广告治理，并牵头负责中心城区48个农贸市场迎检工作，迎接全国文明城市复查。向省工商局、国家工商总局汇报，为岳阳"四个平台"（工商部门与消费者和群众信息互动平台、畅通民意平台、接受社会监督和听取群众意见平台、解决人民群众利益问题平台）建设工作献计出力。

【完成工商体制改革】 2015年，市工商局主动协调，完成工商体制调整。市城区流通领域食品安全监管职能划转至食品药品监督管理部门；市城区划转48名工商人员到市食品药品监管局；6县市工商行政管理机构和人员移交地方，全市工商体制实行分级管理。实施新"三定"工作，新设立南湖工商分局。

（本栏撰稿　姜　滔）

统计管理

【概况】 2015年，全市统计系统围绕市委市政府决策部署，适应新形势、新常态，创新工作方法和机制，夯实基层基础，履行统计职能，加强监测预警，提升服务水平，完成第三次经济普查，开展全国1%人口抽样调查，启动第三次全国农业普查，广泛开展民意调查，各项统计工作扎实推进。岳阳市统计局（简称市统计局）被市委市政府评为"一极三宜"江湖名城建设综合绩效考核先进单位、全市综治工作先进单位。

【突出监测预警】 2015年，全市统计系统落实市委市政府重大决策部署，监测预警工作积极主动。开展考核监测。发挥统计职能，参与全面小康、政府绩效评估、新型工业化、重点民生实事、节能降耗、县域经济重点县等一系列考核数据的收集和认定，完成非公经济、科技进步等监测工作。各县市区建立主要经济指标数据月度发布制度，每月汇总、评估主要经济指标统计数据，及时提供统计数据。深入调查研究。由关门统计向开门统计转变，开展为民办实事、全面小康监测等专项督查，组织经济运行实地调研、上门进行业务指导。市统计局负责人带队，到县市区、乡镇企业专题调研60多批次。加强部门协作。与市委督查室、市政府督查室及市发改委、市财政局、市经信委、市住建局、市国税局、市地税局、市质监局、市工商局等部门协调配合，互通有无，科学反映和评价全市经济社会发展状况，得到市委市政府主要领导肯定。

【提升统计服务职能】 2015年，市统计局突出信息、咨询和监督职能，实现由业务到服务的转变，为党政领导和社会各界提供真实可信的统计产品和信息咨询服务。一是统计产品多。编印《岳阳经济动态》《2010—2014数据岳阳》《岳阳统计年鉴2015》《2015年岳阳市统计公报》《岳阳市国民经济运行情况分析报告》等6项主要统计产品，岳阳县、湘阴县、汨罗市、岳阳楼区等地编印相关统计产品，满足党政领导和社会公众的信息需求。二是专题分析质量高。围绕市委市政府倡导的"学长沙、赶宜昌、超九江"等活动，开展经济运行情况调度与分析，推进"一极三宜"江湖名城建设。撰写统计分析报告120余篇，为领导决策和部门抓落实提供服务。县市区多篇统计分析报告也得到当地党委政府主要领导的批示。三是服务全面小康建设。加强全面小康统筹协调、监测评估，做到周汇总、月调度、季讲评，对县市区和部门数据进行收集整理，形成阶段性分析评估监测预警材料；组织全面小康统计工作专题培训，加强协作指导；联合市政府督查室对短板指标进行专项督查。四是开展新型工业化考核。推动市政府出台《岳阳市新增规模企业奖励办法》，做到月有调度，季有通报，全市新型工业化考核工作走在湖南省前列。

【加强统计基层基础】 2015年，全市统计工作基础进一步夯实。一是基层统计规范化建设强化。开展专项督查，落实市政府《关于进一步加强统计基层基础工作的通知》，县、乡两级统计机构规范化建设达标率提升，华容县被评为湖南省县级统计工作规范化建设先进单位，3个乡镇统计站被评为省级乡镇示范统计站。县市区出台加强统计基层基础工作的文件、方案，充实统计力量。二是"四上"单位申报稳步推进。市政府印发《关于加强"四上"单位申报工作的通知》，突出工作激励，统计信息实现资源共享。新增"四上"单位247家，比2014年增加42.7%。三是统计业务培训有序开展。组织全市1%人口抽样调查综合业务培训、乡镇（街道）统计人员岗位知识培训、小康业务知识培训，统计队伍素质提升。四是统计信息化建设升级。市财政增加投资80余万元，完成联网直报指挥调度中心保障系统建设。全市有建设任务的9个县市区完成联网直报调度中心建设。

【强化统计法治】 2015年，全市统计系统利用"宪法日""统计公开日"，加强统计普法宣传，加大统计执法力度。对200多家企事业单位开展执法检查，查处办理违法案件53起。对华容县、云溪区、岳阳县、市经信委进行统计巡查，强化企业源头的数据质量意识。建立失信企业信息公示平台。推行统计失信企业公示办法，及时更新统计法规动态，对统计违法案件在统计信息网和媒体上曝光。县市区统计局坚持依法统计，构筑起数据质量的"防火墙"。

【推进统计改革】 2015年，市统计局稳步推进统计改革。投资领域统计改革有序推动。根据国家、省投资统计改革的部署，实行投资统计双轨运行，网上试点填报，报送流程逐步规范。加强亿元以上项目的核定工作，进一步完善亿元项目库。服务业统计改革不断深入。启动规模以上服务业月度统计调查，核准核实全市外国专家调查样本名录，高质量完成服务业外国专家调查工作。协助省统计局开展水上运力运量现场观测调查，岳阳港口统计数据和报表质量高。能源统计改革加快推进。根据《岳阳市能源消费总量核算调整方案》，完成能源消费总量调整的方案制定、数据核算、下算一级工作。以第三次经济普查数据为依据，完成全市及各县市区能源消费总量调减及各年度分县区GDP能耗数据的调整工作。

【拓展民调领域】 2015年，市统计局受市政法委委托，对全市183个乡镇、街道办事处开展2次社会综治群众满意度调查。开展县市区委书记履行基层党建工作责任情况、云溪区社会管理综合治理、市直及中央、省驻岳单位群众满意度等4大类8个子项调查工作，调查有效样本4万多个，撰写11期16万字的民意调查报告。

（本栏撰稿 谢 亢）

国家统计调查

【概况】 2015年，国家统计局岳阳调查队（简称岳阳国调队）扎实推进统计管理、数据生产、统计服务三个转变，努力实现数据质量、统计运作效率、政府统计公信力、依法治统水平的四个提升。重点推进基层基础工作，抓好常规调查业务，强化统计法制建设，提高干部职工统计调查能力，被评为湖南省文明单位、岳阳市创建全国文明城市红旗单位。

【提升统计调查法治水平】 2015年，岳阳国调队加强法治意识，统计调查法治水平提升。加强组织保障，成立岳阳国调队法治建设工作领导小组，设立统计执法检查室，与法规科合署办公，向社会公开统计违法举报电话和举报信箱，落实依法统计、全民监督。加强制度保障，修改完善各项制度，制订工作规划和目标任务，实行严格考核。修改普法工作规划、学法用法工作制度，制订年度法治工作计划要点、领导干部学法制度、统计调查普法工作制度等，将统计法治工作纳入年度目标考核内容。夯实法治基层基础，开展大规模网点清查行动，抽查网点资料，掌握了解县区统计调查工作程序、数据来源渠道和保障措施，抽查县区统计局、国调队的网点管理、数据来源渠道、审批程序、数据归档等。印发基层基础工作检查情况通报，摆出问题，提出意见，整改到位。

【统计法律法规宣传】 2015年，岳阳国调队加大统计法制宣传，优化统计调查外部环境。印制"统计法治小册"1万份，利用年报会、业务培训会、入户调查、企业回访、重大节日发放，向社会公众宣传统计法。在宪法颁布日，与市统计局联合开展统计法律咨询宣传活动。在第六届中国统计开放日，与市统计局联合开展统计走进校园、统计服务民生活动。组织青年志愿者到联点小区开展统计法律法规宣讲，实现多位一体的普法宣传。依托电台、电视台、报刊等主流媒体和楼宇电视、公交电视、手机报、微博等现代传媒，开展统计普法宣传。

【做好专业调查工作】 2015年，岳阳国调队做好专业调查，提升统计数据质量和统计公信力。创新开展劳动力调查工作。加强与上级业务部门的沟通，与地方政府和部门协调，迅速拿出岳阳市劳动力调查工作方案，成立调查队、人社局、就业局为成员单位的劳动力调查工作领导小组，市政府下发《关于开展全市劳动力调查的通知》，人财物落实到位，调查工作顺利完成，实现专业报表零差错，国家统计局人口司检验认可并高度赞扬。此外，住户收支、粮食测产、采购经理联网直报、文明城市测评等其他专业调查工作任务均圆满完成。

【加强国调信息化建设】 2015年，岳阳国调队加强信息化建设，投资3万元采购数据存储设备、计算机、防火墙等信息化及信息安全设备。改造升级网络，OA系统（现代无纸办公系统）安装维护到位。将OA工程列为"一把手"工程，加强领导，培训干部职工熟练流程、掌握操作。制订OA系统考核管理办法，对系统使用的熟练程度、日常使用、维护管理进行考核检查，直接与个人绩效考核挂钩，确保系统高效运转。

【推进"三个转变"】 2015年，岳阳国调队建设服务型统计，推进统计管理、数据生产、统计服务"三个转变"。服务宏观决策，向湖南国调总队提供详实数据材料。

根据上级要求统一分配任务，有针对性地开展调查，对约稿条目中提及的“调研实施单位”进行重点调查。层层对数据把关，确保事实真实、数据准确，撰写重要信息54篇，月度、季度、半年度和年度经济形势分析72篇。服务地方政府，结合实际丰富调研材料。围绕“一极三宜”江湖名城建设，充分发挥抽样调查针对性和时效性强的优势，结合本地实际问题开展调查，印发36期《岳阳调查》，10多篇调研信息得到地方政府及相关部门的好评。每月在《岳阳日报》《长江信息报》发布数据刊登文章，扩大岳阳国调队影响力。服务基层和群众，注重办实事。参加精准扶贫，向扶贫单位提供5万元扶贫资金；参加地方公益行动，为“爱心书屋”活动捐款1万元；向企业提供行业经济信息、经济运行监测数据以及国际经济信息；向城乡居民调查户回馈记账结果，促进记账户正确理财；购买住户调查宣传品和慰问品，对调查对象进行慰问，解决他们的特殊困难。

（本栏撰稿　陈艳飞）

国土资源管理

【保障城市用地发展】　2015年，岳阳市国土资源局（简称市国土局）破解瓶颈，推进城市扩容提质，在湖南省率先完成土地利用总体规划定期评估和适时修改，新增可建设面积10平方公里，为加快推动岳阳“十三五”城市用地发展奠定坚实基础。严格开展闲置土地清查，有效盘活土地存量，缓解用地矛盾，实现土地充分利用。推进土地依法征收，保障基础设施、产业发展、民生事实等重大项目顺利落地，为项目地节省、留存大笔资金资产。在市城区开展土地依法征收“百日攻坚”行动，拆迁房屋1422户33.67万平方米，80个攻坚项目完成51个，621.6公顷土地清零腾地，超过前三年总和。

【保护国土】　2015年，市国土局严格土地矿产执法监察，立案查处违法案件335起，办结200起，收缴罚款和滞纳金1100万元，追究刑事责任2起，纪律处分3人。规范矿产资源管理，推进矿业经济健康可持续发展。完成新一轮矿产资源总体规划编制，开展矿山整治，清查到期矿权55个，整合小型矿区8处，依法取缔关闭无证开采、不具备安全生产条件和破坏生态、污染环境的小矿山76家。开展“打非治违”行动，对超深越界、以采代探等违法行为严厉打击，市本级查处矿产违法案件2起，收缴罚款81万元。

【土地供给】　2015年，全市完成供地564宗1374.75公顷，通过招拍挂出让建设用地282宗827.5公顷，收缴土地出让金68.33亿元，其中市本级104宗619.91公顷，收缴土地出让金56.99亿元，土地供地率直线提升至湖南省第一，率先全面完成年度省级考核任务。截至年底，市本级土地储备库储有土地1000多公顷，土地市场健康平稳发展。

【农田建设】　2015年，市国土局推进“先建后补、以补促建”和“旱改水”试点，完成连片示范县项目建设。其中，历时5年总投入19.77亿元，建设规模为6.41万公顷的环洞庭湖基本农田建设重大工程（第一期）全面完成，新增耕地6853公顷，社会效益、经济效益和生态效益良好。截至年底，岳阳市耕地和基本农田保有量分别为35.38万公顷、28.43万公顷，超过省定指标。岳阳市基本农田保护被评为全国先进，连续13年被评为全省土地管理和耕地保护责任目标管理先进单位。

【服务民生】　2015年，市国土局坚持依法依规实施土地征收，维护群众权益，全市未发生群访、集访、闹访等恶性事件。加强地质灾害防治，不断健全群测群防网络、预测预警机制和应急救援体系，高质量实施地灾治理和搬迁避让“生命工程”，切实保障人民群众生命财产安全，连续多年保持地灾隐患点“零伤亡”。临湘“6·1”特大山洪地质灾害发生后，迅速反应，妥善处置，财产损失降低。严格实行首问负责、一次性告知、限时办结等制度，深入开展“延时、首接、上门、预约、跟踪、绿色”六项服务，参与联审联办6次，为群众提供便捷服务600余人次。受理并完成土地登记1.39万宗，办理网上政务服务和电子监察系统登录件1.28万件，按时办结率100%，提前办结率90%。妥善处理解决一批涉地信访问题。通过法定途径分类处理信访投诉请求工作，被市政府列为全市4个试点单位之一。

【深化国土改革】　2015年，市国土局协同推进全市不动产登记制度改革，为实现统一登记发证打下良好基础。推进行政审批制度改革，对照“权力清单”，深入简政放权，启动岳阳国土资源“四全”服务模式建设，即着力打造全流程优化审批、全区域便民服务、全业务网上办理、全节点效能监管的服务新模式。“数字岳阳”地理空间框架获中国地理信息产业优秀工程奖金奖和全国优秀测绘工程金奖，建成投入使用。国土资源部副部长、国家测绘地理信息局局长库热西·买合苏提来岳阳考察调研，对该项工作给予肯定。

（本栏撰稿　许　强）

质量技术监督管理

【概况】　2015年，全市质监系统坚持“发展质监事业，服务经济社会”主题，着力抓质量、保安全、强质监、促发展、惠民生，服务经济社会发展作用彰显。质量安全继续保持平稳，没有发生大的质量安全事件；推进质量强市、标准引领发展战略，推进计量惠民工程和企业帮扶工作。改版升级质监网站，强化网站信息保障，全面公开部门权力清单和责任清单。坚持依法行政，从严规范行政行为，无行政复议和诉讼案件。岳阳市质量技术监督局（简称市质监局）保持省级文明单位称号。

【质量管理】　2015年，岳阳市大力推进质量强市发展战略，培训质量管理和检验人员120人次，对30家获得生产许可证企业开展质量跟踪管理。监督抽查日用消费品650批次，实物质量监督抽查合格率97.1%。部署开展“百姓安康”、食品相关产品、农资、建材等10项专项执法打假行动，查处质量技术监督违法案件562件，其中立案查处180件，向公安机关移送案件2起。历时半年查处的空调强制认证案件，刑事拘留5人，行政处罚12万元，案件查处工作得到公安部、省公安厅、省高检和省质监局的好评。完成本地棉花公检1万吨，新疆棉花公检10万吨；推进名牌发展战略，临湘龙窖腐乳、酱菜列为国家地理标志保护产品，启动汨罗“长乐甜酒”地理标志保护产品的申报。继续名牌培育工作，创湖南名牌产品26个，岳阳名牌产品14个。

【质量安全】 2015年，全市质监系统把握安全底线，开展专项行动，突出特种设备安全监察。检查特种设备安装、使用及维保单位200多家，特种设备650余台套，责令整改59起，立案查处12起，启动电梯物联网和应急指挥中心建设，实现特种设备职能划转以来连续16年零事故。按照4个百分之百的要求，落实烟花爆竹监管责任，对全市72家烟花爆竹及其原辅材料生产加工企业进行全面检查，立案查处违法案件29起，涉案金额10余万元。实施烟花爆竹定期检验58批次，完成省、市级监督抽查62批次，发现质量安全隐患34起，责令限期整改23家。强化车辆限超限载监管，配合有关部门开展非法改装、拼装汽车查处联合行动，协助完成6家公路超限检测站的建设和改造。

【标准化工作】 2015年，岳阳市实施标准引领战略，市质监局指导帮助6家企业采用国际标准和国外先进标准，新立项国家标准制修订项目2个，申报省级标准化战略项目2个，地方标准制修订项目1个，高新技术与战略新兴产业项目2个。湖南凯美特废气回收利用国家循环经济标准化试点项目启动，对屈原管理区国家现代农业综合示范县项目、临港新区宏岳物流省级标准化示范项目实施技术帮扶指导，并争取建设专项资金。

【计量管理】 2015年，市质监局对集贸市场和大型商场开展计量专项整治，计量惠民成效明显。调解处理各类计量纠纷60多起；开展水上油品运输油罐计量服务，为涉事单位挽回经济损失30多万元；争取上级支持，6县市出租车计价器整车检定项目实现全覆盖；对全市21家医院大型医疗计量器具进行检测，检定医用计量器具688台件，对全市乡镇医院的医疗器械实行免费检定，检定乡镇医疗计量器具5700多台套；加强民用“三表”的监管，电表、水表、燃气表首轮强检率98%；开展“计量六进”和“推进诚信计量、构建和谐城乡”等专项行动，加油机、定量包装商品和石油液化气等与百姓生活密切相关的计量器具实现常态监管；对48个集贸市场进行执法检查，免费检定电子秤等计量器具2578台件，受检率96.7%；加强对认证单位的监管，完成12家计量认证单位的监督评审工作，对10家认证单位进行监督检查，责令改正问题6个。

【企业帮扶】 2015年，市质监局以国家磁力设备质量监督检验中心建设为抓手，大力促进磁力产业发展。立项磁力设备及材料国家标准2项，发布省地方标准2项，填补国家磁力设备标准空白。督促重点用能企业按照标准要求配备能源计量器具，严格执行高耗能产品能耗限额标准，加大对节能产品执法监督检查力度，全市16家年综合能耗5000吨标准煤以上的企业均建立能源计量档案。认真落实小微企业帮扶政策。依法减免4200多家小微企业行政事业性收费200多万元，对回乡农民工、破产改制企业职工、特困职工创办实体办理行政事项的均给予优惠减免。加大对重点民营企业的帮扶力度。帮助岳阳东方雨虹防水技术有限责任公司通过标准化良好行为示范企业评审，解决计量设备检定、特种设备检测等困难和问题15起。

【质监系统机构改革】 2015年，按照湖南省机构改革统一部署和市委市政府机构改革安排，全市质监系统机构改革进展顺利。市质监局食品生产领域监管职能1月19日移交市食品药品监督管理局；市质监局被列为市政府32个工作部门之一，制定印发新的“三定方案”，接收移交编制508名，人员603人，下放资产1.54亿元；县级机构改革中，与6个县市政府及组织、编制、人社等部门对接，完成机构人员编制和资产移交工作，县级机构全部完成质监与工商、食品药品“三合一”。商事制度改革有序推进，10月1日停止办理工商业组织机构代码证。

（本栏撰稿 周志勇）

食品药品监督管理

【概况】 2015年，岳阳市食品药品监督管理局（简称市食品药品监管局）坚持科学监管、依法行政，提升食品药品安全治理能力。完成食品药品监督抽验3280批次，其中食品检验中心完成食品监督抽验2047批次，合格率95.1%，市食品药品检验所完成食品药品监督抽验1233批次，合格率93.8%。药品不良反应监测系统上报药品不良反应（事件报告）4978例，医疗器械不良事件1308例，药物滥用监测2154例，化妆品不良反应337例。干部职工强化责任意识，高标准严要求，推进食品药品主体大普查、风险大排查、执法大检查、问题大清查，上报食品药品生产经营企业普查数据2.79万条，发现并处理食品药品风险隐患263起，查办案件768起，收缴问题食品药品36.53吨，补办经营许可1650家。人民群众饮食用药安全得到保障，未发生群体性食品药品安全事故。

【食品药品监管体制改革】 2015年，市食品药品监管局完成工商、质监、卫生、商务有关人员的划转和职能调整，全面履行食品药品安全监管职能。9月，完成岳阳经开区分局和南湖分局的人员划转并成立两个食品药品监管分局。各县市区食品药品监管局均设立新的食品药品监管机构，其中岳阳楼区、君山区、云溪区、屈原管理区独立设置食品药品监督管理局，作为区政府工作部门；湘阴、华容、平江、汨罗、岳阳县和临湘6县市成立市场和质量监督管理局，加挂食品药品监督管理局牌子，并将乡镇工商所的牌子更换为食品药品监管所。

【食品生产环节监管】 2015年，市食品药品监管局超额完成食品生产监督抽检任务，抽检1331批次，抽检覆盖率100%。抽检不合格52批次，合格率为96%。完成国家、省、市级监督抽查后处理125次，发现问题处置率100%。开展涉及湿米粉、调味面制品、食用油、月饼、配制酒等专项整治7项。对社会舆论关注度高、群众呼声大的平江县"辣条"专项整治进行重点督查，巡查企业384家次，立案查处、停产整顿52家，关停4家，取缔黑窝点7个。

【食品流通环节监管】 2015年，市食品药品监管局加强对食品流通环节重点品种的监督抽检。对492批次调味品、酱卤肉制品和256批次乳制品、饮料、罐头进行抽检，合格率分别为98%、96%。开展乳制品及婴幼儿配方乳品、长期冻肉及其制品、含海米虾皮等13个专项整治，检查食品经营者9876户次，立案查处269件，查处不合格食品1510公斤。强化备案登记。在食品源头，对进入本辖区的品牌食品总经销、总代理、总批发商实施总经销备案登记制度；在运输环节，特别对进入农村食品市场的食品配送、批发的流动送货车实施备案登记并纳入日常监管；在仓储环节，对存放食品的仓库实施备案登记并纳入日常监管。

【餐饮环节监管】 2015年，市食品药品监管局加强餐饮环节的监督管理。检查学校食堂及周边餐饮店1507家，没收过期变质食品203公斤；检查旅游景区餐饮单位256家，责令整改128家；开展肉及肉制品、夜宵摊点专项整治行动，停业整顿11家违规经营餐饮店；登记废弃油脂去向，防止"地沟油"流入餐桌；依法整治污水直排南湖的餐饮店，督促龙山46家烧烤店修筑化粪池、沼气池，按规定排放废水。推进量化分级工作，评定餐饮单位8867家，其中优秀等级单位889家，良好等级单位1937家，一般等级单位6041家。鼓励企业参加"明厨亮灶"工程，全市"明厨亮灶"企业1162家。完成两节、两会、高考等重大活动及重要接待活动的餐饮保障任务。

【保健食品化妆品监管】 2015年，市食品药品监管局以泰和市场、大型综合类超市、药店、美容美发店等保健食品化妆品问题多发场所为监管重点，对105家单位的产品购进渠道、进货查验、台帐建立、索证索票等环节进行检查，查处一批假冒"欧莱雅"化妆品。对减肥、通便、辅助降血脂等8类保健食品非法添加化学药物成分问题进行67批次监督抽检，严查非法添加。为1559家保健食品化妆品企业建立包含基本信息、产品情况、监督核查记录等为内容的档案，并录入省信息监管系统，形成数据库。开展信用等级分类评定，评定湖南海济药业等3家保健食品生产企业和岳阳康尔等7家保健食品经营企业为A级诚信企业。

【严把药品生产源头关】 2015年，市食品药品监管局加强国家基本药物监管。督促全市10家药品制剂生产企业全部入网，321个品种完成赋码。通过药品电子监管网对7家基本药物生产企业实时监控，及时处理预警问题306次，确保基本药物质量安全。组织开展中药饮片、提取物专项检查。监督检查岳阳金寿制药等中药生产单位6家次，督促全市中药饮片生产企业按季度报送生产的品种等信息，开展质量跟踪检查，强化企业主体责任。开展"两证"换发工作，严格审查换证资料，帮助13家药品生产企业和4家医疗机构分别换发《药品生产许可证》《医疗机构制剂许可证》。

【严把药品流通领域安全关】

2015年，市食品药品监管局严格特殊药品监管。登陆特药监管网153次，检查宝鑫等麻醉药品、一类精神药品定点经营企业4家次，检查康尔等具备医疗毒性药品、二类精神药品、蛋白同化制剂经营企业12家次，检查覆盖率100%，未发生特殊药品流弊事件。收集全市1500多家药品零售企业电子监管入网基本信息并导入模板。处理预警9012次。强化中药材中药饮片监管，抽检中药材中药饮片18批次，检出假劣药3批次并立案查处。妥善处理原花板桥黄金街中药材非法经营市场的遗留问题，对依法停止经营的商户引导其搬迁或转营他业，非法中药材经营市场依法关闭。规范药品经营行为，18家药品批发企业全部通过新版GSP认证，1623家零售（含连锁）药店通过GSP认证。

【严把医疗器械质量关】 2015年，市食品药品监管局推进《医疗器械生产质量管理规范》（GMP）实施。引导督促7家企业健全质量管理体系，对岳阳民康、湖南康润等重点生产企业的材料采购、生产过程控制、产品灭菌以及出厂检验等关键环节进行严格检查。进一步强化对高风险企业监管。对8家无菌类、植入类、体外诊断试剂类企业全面检查，责令整改1家。检查器械经营企业57家，责令整改7家。对医疗机构植入类、介入类和大型设备开展专项检查，每台设备建立质量档案。

【"四小"整改规范专项行动】

2015年，市食品药品监管系统对食品生产加工小作坊、小食品经营店、小餐饮店、小药店等"四小"门店开展整改规范行动，全市共检查小食品商店、小餐饮店、小作坊4.31万家，整改规范小食品商店4146家，查扣"四小"门店不合格食品1862公斤，完成专项抽检食品1000多批次，检出不合格食品28批次，均依法立案查处，检查覆盖率、整治到位率100%。

【查处假劣食品药品】 2015年，市食品药品监管局对冷冻肉品、鲜湿米粉、月饼、包子馒头、干辣椒、名优特酒等多种重点食品和化妆品开展专项稽查，监督抽检243批次，查处一般程序案件2488件，办理当场行政处罚案件1526件。联合公安部门在京珠高速岳阳收费站查获35吨外包装标识不规范，且无检验检疫以及产品合法来源等证明的冷冻牛肉，依法销毁处理。严肃查处岳阳市海蓝星生物工程有限公司在化妆品卫生许可证过期情况下仍然从事化妆品生产的行为，查获无证生产的非特化妆品成品523件。

【提升依法行政能力】 2015年，市食品药品监管局强化制度建设，提升依法行政能力。修订完善食品药品重大行政决策机制、重大决策责任追究制度和规范性文件审查制度，制定实施行政处罚查审定三分离制度、投诉举报制度，建立健全依法行政工作机制。规范行政执法行为。落实执法案件查办制度，开展执法案卷评查活动，年度行政处罚、行政许可案卷自查率100%。开展行政复议应诉，依法处理4起行政复议。强化法治教育培训。组织干部职工集中培训学习食品安全法、行政诉讼法、湖南省行政程序规定等。加强行政执法监督工作。进一步完善行政执法的自查制度和监督检查制度，围绕执法是否严格、是否规范、是否公正、是否到位等，开展执法监督检查和行政执法案卷评查，切实维护食品药品监管执法的统一和权威。深化政务公开工作。在市政府门户网站、市政府政务中心窗口和公示栏实行政务公开，公示189项权力清单和责任清单。强化食品药品应急管理。重新修订岳阳市食品安全事故操作手册，调整食品安全专家队伍和流行病学调查队伍，健全应急值守工作机制。

（本栏撰稿 王 云）

安全生产监督管理

【概况】 2015年，岳阳市安全生产工作以全面实施新《中华人民共和国安全生产法》为契机，全力构建责任体系，推进大宣传、大培训、大检查、大整治、基本建设、基础工作、基层创建的“四大三基”行动计划，推进三大体系建设、三大高危行业安全基础工作、三项制度执行的“三三”重点工作，推进打击非法违法生产经营活动的打非治违专项行动，安全生产态势继续保持平稳向好。全市发生各类生产安全事故143起，比2014年下降32.9%；死亡35人，下降20.5%；受伤1096人，下降8.6%；直接经济损失1694万元，下降11%。岳阳市再次被国务院安委会评为“全国安全生产月”活动先进单位，再次获得湖南省安全生产先进市。

市委常委、常务副市长唐道明调研安全生产工作（市安监局 供稿）

【落实安全生产责任】 2015年，岳阳市重新修订《岳阳市安全生产工作考核办法》，配套出台《岳阳市2015年安全生产工作考核细则》，提高安全生产在全面建成小康社会综合绩效考核中的考核权重和分值。在各类奖励项目、名额大幅减少的情况下，继续保留市长安全生产奖并足额发放到位。坚持安全生产与单位评优评先、干部考察任免直接挂钩，实行一票否决。15名领导干部因安全生产工作履责不力被事前问责。

【开展安全生产专项工作】 2015年，岳阳市出台《岳阳市安全生产‘九打九治’打非治违工作方案》，指导非煤矿山、油气管道、建筑施工、道路和水上交通等9个重点行业领域制订专项工作方案。调整成立15个常年检查组深入各县市区和21个重点乡镇、工业园开展驻点督导。对“12·29”“2·25”等事故发生地党政主要负责人和企业负责人进行集中约谈。开展非煤矿山、危险化学品、烟花爆竹等领域专项整治。

【注重基层安全生产基础建设】 2015年，岳阳市安全生产监督管理局（简称市安监局）强化基层安全生产监管能力建设，县乡安监机构进一步完善。推进安全生产标准化创建活动，全市222家非煤矿山、72家烟花爆竹生产企业、56家危化品生产企业安全标准化全部达到三级以上水平。企业“五落实五到位”实现率为95%。加强经费投入，督促各县市区按照不少于人均3元的标准安排经费用于安全生产隐患整治、宣传教育等支出。加强事故应急救援演练，有针对性地举办或承办全市地下矿山火灾事故应急救援演练、液氨泄漏应急救援演练、汽油管线泄漏火灾及水体防控事故应急救援实战演练等各类演练70余次。响应市委市政府号召，组织辖区内应急救援力量全力参与“东方之星”沉船事故应急救援工作。

【加强安全生产宣传教育】 2015年，市安监局在湖南省率先举办规模大、规格高、人数多的全市领导干部安全生产主体班。各县市区组织党校办班、专题培训、中心组学习等172次，培训各级领导干部2万多人次。开展宣传月活动，开展安全生产宣传咨询日、安全文化“五进”、应急演练、安全生产一线行等活动。

（本栏撰稿 王炎坤）

国有资产监督管理

【概况】 2015年，岳阳市国有资产监督管理委员会（简称市国资委）围绕市委“一极三宜”江湖名城建设的战略部署要求，加大改革力度，提升监管水平，优化资本运营，推进党的建设，各项工作进展顺利。市属国有企业资产总量增长到626.6亿元，营业收入增长到14.98亿元，净资产增长265.5亿元，国有资产监督管理工作实现质的飞跃。

【处理市属国企改制遗留问题】 截至2015年年底，市国资委通过盘活国有资产和引进社会资本共30多亿元，完成全市148家市属企业改制工作，8.6万名职工身份全部置换，职工集中居住区公共部分维修和家属区水改电改完成，上一轮国企改革基本结束。一是解决民生问题。筹措拨付资金3034.7万元处理遗留问题，其中拨款400万元做实职工社保账户，花费2634.7万元处理改制遗留问题。完成韶峰岳建等18家企业4476户职工的水改电改工作，所有改制企业水电改和公共部分维修全部完成。二是推进社区移交。完成城陵矶蔬菜公司、华达公司、针服公司、五交化公司、蔬菜公司、百货公司、冰厂7家企业的社区移交；启动韶峰岳建、天润化工2家改制企业的社区移交对接工作，改制企业社区移交工作收尾。三是加快改制资产移交。韶峰岳建等4家改制企业的剩余资产移交国资公司；五交化公司、岳港公司、韶峰岳建、南天商厦等企业的零星资产移交岳阳楼区；132家改制企业工商营业执照注销登记。完成市食杂果品公司等9家企业改制资金资产的审计稽查。

【深化新一轮国企改革】 2015年，市国资委深化岳阳市国企改革工作。根据中央、省委省政府国企改革精神，起草《岳阳市关于进一步深化国企改革的实施意见》和《岳阳市市属国有企业发展混合所有制经济试点工作方案》，报送市委深化改革领导小组办公室。完善配套政策，制定《企业工资总额管理办法》，起草《企业负责人经营业绩考核评价暂行办法》，根据审计情况兑现企业负责人2014年度薪酬。加快融资平台整合。按照国有经济布局方向和路径，对产业相近、行业相关、主业相同的国有企业，通过合并、划转、并购等方式进行整合重组。参与平台公司整合的调研、市级融资平台公司清理等工作。

【强化国资监管】 2015年，市国资委依法行政，进一步推进国资依法监管、规范监管、科学监管和阳光监管。公开挂牌处置江南春商场资产，成交价1100万元。羊角山仓库、食品大厦网上挂牌，小龙城通过规划局同意正进行评估。与12家监管企业签订2015年经营业绩考核目标责任书，并进行跟踪考核。代市政府起草《岳阳市国有资本经营预算管理试行办法》，编制年度国有资本经营预算，根据市人大、市政府要求，将国有企业实现利润上缴比例由10%提高到15%。外派监事6名，建立健全企业法人治理机制，规范对企业监管，推动企业健康良性发展。

【推进资本合作】 2015年，市国资委积极探索，大力引进战略投资者和外来资金，推进资本合作工作。经云南省国资委和湖南省国资委批准，云南城投出资1.8亿元成为洞庭新城公司的第二大股东。洞庭新城公司成为市属企业中首家引入上市公司的股份制企业。推进上港集团、华菱集团收购城陵矶码头项目和中粮城陵矶产业园项目，成立城陵矶港务集团。8月，引进中节能六合天融公司与湖南金叶众望科技公司合作开发改造镉大米稻田肥料项目，签订战略合作协议。与湖南省供销社供销集团联系，利用供销社渠道销售农资肥6000多吨并将金叶肥纳入销售网络开展合作，签订销售万吨合作协议。市国资公司和市交建投出资5000万元兴建3个加油站；市国资公司利用闲置零星土地资产，引进湖南泓明公司进行文化创意产业园区开发；入股北京国安云视联，进入文化信息产业。

【融资平台建设】 2015年，市委常委、常务副市长陈奇达组织财政、国资、发改、审计等部门多次调研，结合岳阳市实际情况，拿出市级融资平台公司整合转型实施方案并组织实施，岳阳市投融资平台公司整合转型工作完成，人员调整到位。通过进一步加大融资力度，拓展融资渠道，采取银行贷款、信

市委常委、常务副市长陈奇达出席赶山公路开工典礼仪式

（市城建投 供稿）

托产品、融资租赁等多种融资方式，实现融资89亿元。其中，市城投集团公司争取到账资金33.46亿元，重点抓好棚户区改造贷款项目和发债项目。湖南城陵矶临港新区开发投资公司贷款到位资金32亿元，成功发行32亿元债券。洞庭新城完成10亿元公募企业债和10亿元非公开定向私募债后，开始申报28亿元公司债。市交建投融资到位3.8亿元。市水建投完成融资5.38亿元。市国资公司融资1亿元，用于处理改制遗留问题。市教建投融资5000万元用于市十四中学搬迁，改善教育办学环境。通过积极融资，服务项目建设，为岳阳市经济社会发展注入了“金融血液”。按照国有资本向基础设施、民生保障、生态环保和现代服务业领域集中的原则，进一步加强投资效益监管，强化投资回报率，完成投资68亿元，积极推进项目建设。一是投资民生公益项目。市城建投重点投资1.38亿元推进马壕污水处理厂一期工程项目。通过参与PPP项目模式，启动市中心城区污水处理设施及截污管网工程项目，完成投资7.63亿元。市城市生活垃圾焚烧发电项目总投资5亿元。市九华山片区滨湖新城总投资65亿元。市体育中心“两馆”配套工程完成大部分工程。市水建投负责的王家河流域综合治理一期工程基本建成，8个安置点竣工6个、在建1个，建成安置房995套。二是投资基础设施建设。市交建投完成投资2.4亿元，临湖公路临湘段、云溪段即将建成通车；洞庭新城完成投资25.06亿元，启动和完成鱼巷子市场改扩建工程，东风湖房地产开发项目，沿湖风光带一期项目等；市机建投完成项目报批工作，推进项目报建程序，市政府正式与广东浩龙集团签约，打造航空物流港，将岳阳机场建成航空航运物流中心。市城建投启动投资6亿元的金凤桥片区路网项目。三是投资旅游文化产业。市旅游发展公司正式签约启动平江天岳幕阜山国际旅游度假区项目。洞庭山庄酒店项目取得明显进展。市国资公司投资2.2亿元参与文化创意、养老、智慧城市、能源等领域项目。四是投资高效优质产业。市国资公司控股企业湖南金叶科技股份公司2014年至2015完成产销量18.8万吨，实现销售收入5.13亿元，利润总额7874万元。为实现“产能升级、提质增效”目标，公司投资3.8亿元启动新厂区搬迁建设，完成建设项目的80%。

（本栏撰稿　孙　熬）

责任编校　黄玉祥

财政·税务·审计

财　政

【概况】　2015年，岳阳市财政局（简称市财政局）克服经济下行、政策性减收等因素影响，务实作为，工作取得较好成绩。被评为湖南省财政系统先进集体、“一极三宜”江湖名城建设综合绩效考评先进单位，预算执行分析、预算绩效管理、国外贷款管理、农业综合开发、政府债务统计、企业财务快报、会计从业资格无纸化组考、财政信息宣传等多项工作进入省财政系统先进行列。一是收支增长有速度。全市完成公共财政预算收入302.82亿元，比2014年增长18.1%，总量和增幅均居湖南省第二。其中市本级完成168.6亿元，增长31.2%，县市区级完成141.5亿元，增长5.4%，有6个县市区财政收入过10亿元，岳阳经济技术开发区突破30亿元。全市公共财政预算支出371.8亿元，增长17.6%。其中民生支出274.3亿元，增长14.4%，占财政支出的73.8%。教育、社会保障和就业、医疗卫生和计划生育、农林水、文化体育与传媒、节能环保、住房保障等支出快速增长，省市重点实事项目资金得到保障，低洼渍水地段整治、小街巷改造、公共自行车租赁、公交优先发展等一批实事得到市民支持和认可。大力支持脱贫攻坚、铁山库区“两保”、农村规范建房、防汛抗旱和临湘“6·1”特大山洪地质灾害重建工作。加大资金筹措力度，落实工资改革和养老保险改革，保障干部职工政策待遇。人民群众的获得感、满意度提升。二是支持发展有力度。通过预算整合、盘活存量资金、年终决算安排、争取上级财政支持，支持“一极三宜”江湖名城建设。加大资金投入力度，支持“一区一港四口岸”建设，支持优势产业扩张、民营企业发展等。加大城市建设维护资金投入，支持城建融资，推动城镇扩容提质。设立并安排市级创新创业带动就业专项资金、巴陵人才专项资金，支持大众创业、万众创新。支持旅游产业发展和促销活动，推进旅游目的地建设。开展“学长沙、赶宜昌、超九江”活动，形成专题调研报告和课题成果，提出一些好的发展建议，得到市委、市政府和省财政厅主要领导的肯定、批示。全年全市累计争取中央、省级财政转移支付资金230.5亿元、债务置换债券额度66.4亿元，确保了收支平衡，防范了财政风险。三是推进改革有深度。贯彻落实重新修订的《中华人民共和国预算法》（简称新《预算法》），实行全口径预算管理，首次全面公开部门预决算和“三公”经费，推进预算绩效管理。推广运用PPP模式，9个项目入选省示范项目，其中2个项目入选国家示范项目。推进市直融资平台整合转型，由10家整合转型为6家。国库集中支付改革深入，建立较为完备的制度体系。在全市执收单位推行票据电子化管理，创新政务大厅非税征收模式，做到以票管收、源头控收。创新投融资模式，引导金融、社会资本进入农业综合开发项目。完成办公用房清理整改，推行单位房屋公开招租。推进农业“三项补贴”、政府购买服务等改革试点工作。加强财政监管，严控行政支出，全市“三公”经费支出下降9.2%，市级公务卡刷卡率达到63%。加大政府采购监管和财政投资评审力度，政府采购节约财政资金2.5亿元，财政投资节约3.1亿元。开展涉农资金、会计信息质量等专项检查。中华人民共和国财政部网站、湖南省委《改革简报》和岳阳市委有关信息刊物多次推介市财政局改革工作。

【财政收入超300亿元】　2015年，全市累计完成公共财政预算收入302.8亿元，成为继长沙市之后湖南省第二个财政收入过300亿元的市州。“十二五”期间，全市财政收入2012年超过200亿元，2015年超过300亿元，实现两次跨越。在宏观经济下行压力加大的情况下，财政收入突破主要得益于：“一极三宜”江湖名城战略引领带动。市委市政府按照省委省政府打造湖南通江达海新增长极的新定位、新要求，积极探索科学发展的新路子，提出实施“一极三宜”江湖名城发展战略，出台“三个办法”，推进“621行动”，扭住项目建设这个“牛鼻子”，扩投资、稳增长、惠民生，发展成果在财政增收上得到体现。二是骨干企业拉动。加大骨干税源企业培植力度，全市税收收入占财政收入比重比2014年提高。特别是石化行业骨干企业恢复性增长和政策性增长，拉动了财政增收。三是县市区发展促动。各县市区大力培植财源税源，切实加强收入征管，县级财政收入141.5亿元，有6个县市区财政收入过10亿元，其中，岳阳楼区过20亿元，岳阳经济技术开发区过30亿元。

【市级部门“晒账本”】 2015年，市级各部门以部门门户网站和市政府门户网站信息公开发布平台为主要公开形式，向社会集中公开本部门预决算和“三公”经费。预算公开的细化程度和规范性进一步增强，呈现三个特点：一是公开时限更严。各部门负责公开本级和所属单位预决算及“三公”经费预决算。市本级2015年为首次集中公开部门预决算和“三公”经费，以后年度在部门预决算批复后20个工作日内公开，落实新《预算法》的相关规定。二是公开内容更细。全面反映政府收支情况，预算资金安排的透明度提高。支出细化公开到功能分类最末一级的“项”级科目，一般公共预算基本支出还公开经济分类，让社会公众清楚知道财政资金哪些是开支工资、哪些购买商品和服务、哪些是对个人和家庭的补助等。公务用车购置和运行费细化到公务用车购置费、公务用车运行维护费。三是公开范围更广。与2014年仅公开政府组成部门预算相比，2015年市级除涉密部门外，公开范围包含市委序列、市政府序列、市人大、市政协、市纪委、市中级法院、市检察院、群团组织、市直各独立预算事业单位等。

【PPP工作稳妥推进】 2015年，市财政局坚持统筹谋划，积极稳妥推进，以PPP模式推广运用助推“一极三宜”江湖名城建设。争取市委市政府对PPP工作重视，成立领导小组，设立PPP中心，建立协调机制，统筹协调全市PPP工作。从市场准入、政府采购、预算管理、风险分担、流程管理、绩效评价和争议解决等方面，健全制度机制，制定PPP项目入库申报及评审程序，明确项目操作规则，确保项目推进有章可依，有序可行。通过政府采购方式向社会公开征集PPP项目中介机构。聚焦项目抓推进。建立2015年PPP项目库，入库项目20个，投资总额332.2亿元。紧扣“一极三宜”江湖名城建设，建立中长期项目库，征集5年内可能实施项目，确定42个项目列入中长期（2016—2020年）项目库。申报省级示范项目，9个项目成功入选全省第二批PPP示范项目，总投资约180亿元。其中，湖南城陵矶新港区建设项目、岳阳端午文化产业整体开发项目入选全国第二批PPP示范项目。

【市直融资平台清理整合转型】

2015年9月10日，市委常委会议审议通过《市级融资平台公司整合转型实施方案》，市直融资平台清理整合转型工作展开。按照整合转型、去平台化、去行政化的总体思路和政企分开、市场运作、合法经营、依法监管的原则，在全面清理、锁定债务的基础上，市直融资平台分三类实施整合转型，由10家整合转型为6家。一是将履行政府融资职能的市城市建设投资集团公司和市交通建设投资公司予以保留，剥离政府融资职能，去行政化后转型为国有企业，并将市水利建设投资公司和市旅游发展公司整体并入市城市建设投资集团公司。二是对没有直接履行政府融资职能，且市场化运作程度较高的市国有资产经营公司、市洞庭新城投资建设开发公司、市教育建设投资公司和岳阳三荷机场投资建设管理公司，直接转型为国有企业。三是对没有履行政府融资职能，也没有政府性融资债务的市国储投资公司和市保障性安居工程建设投资公司，按程序撤销。清理整合转型后，融资平台公司管理更加规范，做大做强动能更加充足。

【城陵矶综合保税区（一期）项目通过国家验收】 2015年，市财政局服务城陵矶综合保税区申报工作，加强与财政部、省财政厅对接，汇报城陵矶综合保税区规划建设和项目引进情况，邀请省财政厅、财政部关税司相关领导到城陵矶综合保税区调研指导，做好验收对接工作。12月22日，由国家海关总署牵头，国家发改委、财政部、国土资源部、住房城乡建设部、商务部、税务总局、工商总局、质检总局、外汇管理局10部委组成的联合验收工作组，对岳阳城陵矶综合保税区（一期）项目验收，并与省政府签署了《岳阳城陵矶综合保税区（一期）项目验收纪要》，向城陵矶综合保税区颁发《综合保税区验收合格证书》。

2015年11月23日，城陵矶综合保税区（一期）预验收纪要签署仪式

（范向辉　摄）

【推进预算绩效管理】 2015年，市财政局按照花钱要问效、无效必问责的要求，用改革的办法积极探索全过程预算绩效管理，实现预算绩效管理全覆盖。预算编制有目标。对全市一级预算单位实行部门整体支出绩效目标管理，对单项100万元以上资金实行项目支出绩效目标管理，在编制市级部门预算时同步编制预算绩效目标，与部门预算“同上报、同审核、同批复”。预算执行有监控。对全市纳入全过程绩效管理的项目进行绩效跟踪监控管理，并选取部分项目支出和部门整体支出进行重点监控，基本做到每个单位的财政资金拨付到什么地方，监控管理就跟踪到什么地方。预算完成有评价。对全市一级预算部门和100万元以上的专项资金实施绩效自评，并选取部分资金额度较大、社会关注度较高、事关民生和经济社会发展的项目以及部分一级预算部门，开展项目支出财政重点评价，基本实现绩效评价覆盖一级预算部门和100万以上专项资金的“两个覆盖”目标。评价结果有应用。建立评价结果反馈整改、报告、公开、预算动态调整和绩效考核机制，根据绩效评价结果，及时启动预算动态调整程序，对资金使用绩效不明显的个别预算安排给予调减，强化预算绩效管理的约束力。

【开展政府购买服务试点】 2015年，市财政局牵头推广政府购买服务，在保障房后续服务、智力儿童康复以及部分老年人养老三个方面进行试点。与市房产局、市残联等部门联合出台《岳阳市政府购买保障性住房后续管理服务试点方案》《岳阳市政府购买智力残疾儿童康复服务试点方案》，从试点范围、购买主体、承接主体、购买内容、资金来源、部门职责、实施程序和步骤、绩效评价、工作要求等方面明确试点要求。将市本级政府购买服务试点项目在政府采购网等媒体公开，并按试点方案开展招投标工作，确定承接主体，签订政府购买服务合同。全年市财政拨付保障住房后续服务补助资金100万元，拨付智力残疾儿童康复和抢救资金362万元，拨付基本养老服务补助和养老机构营运补助资金162万元。

【推进农业“三项补贴”改革试点】 2015年，全市各级财政部门认真履职，从组织宣传、部门衔接、会议培训、核实数据、方案拟定、补贴发放等方面强化措施，推进农业“三项补贴”（农资综合补贴、种粮补贴、良种补贴）改革试点工作。试点工作实施两类补贴。将农资综合补贴、种粮补贴、良种补贴改为耕地地力保护补贴和粮食适度规模经营补贴，并确定补贴标准。对粮食适度规模经营补贴明确6种支持方式，即支持建立完善农业信贷担保体系，进行“财银保”试点，培育流转耕地在100公顷以上的大规模种粮大户，培育扶持1万户从事粮食生产的家庭农场，采取贷款贴息、重大技术推广与社会化服务补助等方式支持粮食适度规模经营，现金直补。全年全市拨付中央农业支持保护补贴资金6.62亿元。

【“三公”经费“零增长”】 2015年，市财政局贯彻落实《党政机关厉行节约反对浪费条例》，出台《2015年“三公”经费“零增长”实施方案》，从部门预算编制、部门预算执行、日常和专项监督检查、公务卡刷卡比例、部门决算、部门预决算公开等方面全方位落实“三公”经费“零增长”目标任务。全市“三公”经费比2014年同比下降8.79%，其中，公务接待费下降7.45%，公款出国（境）费下降27.63%，公务用车购置费下降71.7%，公务用车运行维护费下降10.96%，会议费下降3.02%，培训费下降0.32%。

【加强国库集中支付管理】 2015年，市财政局推进国库集中支付管理科学化、精细化、规范化。一是运用先进技术加强管理。7月份，资金监控系统上线运行，不仅实现实时监控预算单位授权支付中公务卡刷卡比例、系统自动禁止预算单位向单位零余额账户转款、自动禁止预算单位工资津补贴指标授权支付，还对预算单位支付车辆保险、车辆维修、协议供货等款项的收款单位是否属于政府采购定点单位进行实时监控。二是规范国库集中支付单位支付行为。发挥国库集中支付在“六位一体”财政运行全流程控制机制中的监督作用，规范预算单位支付行为。因政府采购和投资评审手续不全、专项资金未专款专用等原因，支付中退回不合规定的直接支付业务84笔，涉及资金270多万元。三是加强国库集中支付账户管理。严格执行公务消费公务卡支付制度，全年全市公务卡消费占授权支付比重达到62.98%。

【非税票据电子化】 2015年，市财政局全面推行非税票据电子化管理。投入200多万元购置电子非税票据打印系统，与湖南湘邮科技有限公司联合开发非税票据B/S网络版全面上线，实现市本级250多个非税执收点与财政数据的实时共享。同时，落实非税收入执收工作责任制，梳理现有非税科目，清查非税收入缴存、非税票据使用，全面控制城区报建收费缓减免，检查重点执收单位非税执收，进一步规范各执收单位的执收行为，做到“以票管收，源头控收”。

【争取农业综合开发项目资金】 2015年，全市农业综合开发系统争取土地治理项目财政投资规模1.4亿元，立项“一县一特”产业发展试点项目1个，财政资金投资420万元，立项财政补助项目29个，财政资金投资2964万元，争取部门项目财政资金投资规模2270万元，争取平江县400公顷高山有机茶优势特色农业产业园项目立项，争取财政投资规模1000万元。

【加强行政资产管理】 2015年，市财政局在建立健全制度管理、信息管理、配置管理、使用管理、处置管理五大体系的基础上，进一步加强行政资产管理。完成办公用房清理整改。按照最新《党政机关办公用房建设标准》，对党政机关办公用房、领导干部办公用房、事业单位办公用房进行进一步清理。强化单位房屋出租、出借管理。出台《关于进一步加强和规范市直党政机关房屋出租（借）管理的通知》，加大市直党政机关房屋出租、出借管理力度。对到期的办公用房进行回收，不符合规定的不再出租，符合出租规定的公开招租。推进资产配置和信息管理。严格配置条件，明确配置责任主体，杜绝超标配置、分散自配。全年办理226家单位新增资产配置审核，审减资金67万元。规范资产处置管理。办理资产处置审核20多项。冷水铺驾校以360多万元的价格成交，高于初次挂牌价20%。将市规划局闲置的高空拆违设备调剂给急需购置同类设备的市环卫局，节约购置资金近200万元。

（本栏撰稿　李　云）

国家税务

【概况】　2015年，岳阳市国家税务局（简称市国税局）坚持依法征税，强化税收征管，优化纳税服务，改进工作作风，适应税收新常态，较好完成各项工作任务。全年入库国税收入170.08亿元，不含车购税入库163.92亿元，比2014年增收36.04亿元，增长28.16%，规模居湖南省第二，增幅居湖南省第一。其中，国内增值税累计入库57.54亿元，同比减少2.53亿元，下降4.21%，国内消费税累计入库97.55亿元，同比增收39.72亿元，增长68.68%；企业所得税累计入库8.84亿元，同比减少1.15亿元，下降11.53%。市国税局机关保持“全国文明单位”荣誉称号，被省国家税务局评为绩效考核先进单位，被市委、市政府评为综合绩效考评先进单位。

【国税收入快速增长】　2015年，市国务局抓住石化行业骨干企业税收恢复性增长、成品油消费税等税收政策调整的有利时机，以收入质量为中心，坚持依法组织收入原则，在客观“定”、科学“分”、合理“调”、准确“考”的基础上，既持续努力挤水分、卸包袱，又精准发力抓分析、强征管，全年入库国税收入大幅增长，增幅居全省第一。同时，落实各类税收优惠政策，减免退税25.40亿元。其中，办理出口产品免抵退税1.71亿元，减免高新技术企业所得税1.24亿元，落实小微企业税收优惠政策减免0.81亿元。

【强化税收征管】　2015年，市国税局推行税管员日常巡查和税收风险初步识别制度，促进基层国税干部增强履职责任和能力。坚持“归口管理、统一推送、分类应对、凭单下户”的原则，完善风险管理机制，建立税收风险管理信息平台，推送风险预警纳税人364户，风险应对入库税款1.54亿元。运行涵盖38个职能部门和县市区的第三方涉税信息平台，采集有效信息4000多万条。开展打击“虚开虚抵”专项核查行动，下发完成核查名单277户，核查有问题纳税户105户。按照大选案、大检查、大审理思路，整合稽查职能，推行市级稽查一体化模式，全市国税系统查办案件216起，查补税款1.11亿元。提升所得税管理水平，组建ERP团队，规范大企业税收管理，强化非居民企业税收管理。加强税警协作，强化车购税管理。落实“三证合一、一照一码”登记制度改革。“金税三期”优化版税收征管系统顺利上线运行，被省国家税务局评为推广工作先进单位。

【优化税收环境】　2015年，市国税局深入推进“春风行动”，优化税收环境。落实权力清单制度，进一步取消行政审批事项38项。开展法治税务示范基地建设，2个县国税局被评为湖南省国税系统法治税务示范基地。全面落实纳税服务规范，加强培训辅导、宣传和考试竞赛，召开纳税服务规范推进会，委托第三方对规范落实情况开展明查暗访，促进税收服务规范有效。推行增值税发票系统升级版。探索国税地税联合办税，在3个县区试行国税地税合署办公。推出“云税通”“纳税服务掌中宝”等“互联网+服务”新举措。与交通银行、农村商业银行合作，分别推出“税融通”“税银通”业务，为88户符合条件的小微企业办理贷款5810万元。

【加强税收队伍建设】　2015年，市国税局加强领导干部队伍建设。树立“五个看重”的用人导向，从基层选拔任用12名副科级以上领导干部。实施组织绩效和个人绩效双轮驱动，建立绩效讲评等4项制度。开展业务建设年活动，编印《国税人员业务知识读本》，举办纳税服务规范、征管规范、出口退税规范等业务培训班，组织所得税、全员业务知识等大规模业务竞赛，评选30名征管能手、稽查能手、服务之星和十佳基层单位。在全省国税系统岗位大练兵、业务大比武竞赛中，市国税局名列第三，评为优胜单位。

（本栏撰稿　许　正）

地方税务

【概况】　2015年，岳阳市地方税务局（简称市地税局）继续围绕建设“责任、阳光、幸福”地税目标，突出组织收入中心，服务经济发展大局，助推“一极三宜”江湖名城建设，圆满完成各项工作任务。组织入库各项收入82.7亿元，比2014年增收10.2亿元，增长14.1%，其中入库规费收入4.97亿元，增长17%。被中央文明办评为第四届全国文明单位，被市委市政府评为绩效考核先进单位，被省地税局评为绩效考核优秀单位、“三基”建设先进单位。全市系统新增“省级文明单位”2个、“市级文明标兵单位”1个，获得全省地税系统先进单位1个、“三基”建设先进单位2个和示范点1个。

【税收量足质优】　2015年，岳阳市地税收入有三个特点：一是总量足，收入总量突破80亿元，超市政府计划1.1亿元，全年增量再次跨上10亿台阶。二是增幅稳，各月增幅保持在9%~18%之间，在湖南省排名一直位居前三，全年增幅高于全省平均水平5.1个百分点，每月进度维持在5%~9%之间，没有大起大落。三是质量优，树立正确政绩观，追求真金白银的税收收入，坚持应收尽收、无税禁收，杜绝转引买卖、虚收预缴行为，收入质量提高。

【税收征管推进】　2015年，市地

税局欠税清缴成效显著。打响“百日清欠”攻坚战，实行责任到人、约谈到户、执行到位、考核到月，清理入库欠税3.2亿元。10月8日，覆盖国地两税、数据全国集中的“金税三期”征收管理系统成功上线。综合治税取得突破，成功搭建覆盖各县区、36个部门的信息平台，采集涉税信息2000多万条，增加税收2000多万元。国地税合作深度融合，推出委托代征、两厅合署、两税联查等国地两税合作新模式，委托国税窗口代征地方税费4000多万元。税务稽查力度加大，坚持专项检查、一案双查、集约化稽查、异地交叉检查同步推进，查补税款5.29亿元，查办亿元以上案件2起、千万元以上案件4起、曝光6起。

【纳税服务优化】 2015年，市地税局深入开展便民办税“春风行动”，落实只进一张门、只找一个人、只填一张表、只签一个名、只收一种费、只查一次账的“六个一”便民服务举措，加大小微企业税收扶植力度，推进“三证合一”管理，规范纳税信用等级评定，扩大“免填单”“同城通办”业务范围。强化法治教育，夯实法制基础，抓好重点群体税收优惠政策落实，全年审理重大税务案件18件，备案管理强制执行案件4起，办理行政复议案件2起，依法治税工作全面加强。

（本栏撰稿 甘 宇）

审 计

【概况】 2015年，岳阳市审计局（简称市审计局）完成审计项目67个，查出违规问题金额27亿元、损失浪费金额50万元、管理不规范金额283亿元，移送案件线索21件，提出审计建议304条；促进整改落实有关问题资金16亿元，其中，增收节支10.70亿元，调账处理5.6亿元，促进拨付资金到位2200万元，挽回（避免）损失1000万元。出具审计和专项审计调查报告79篇，被批示、采用1篇，提交审计信息67篇，被批示、采用6篇，向社会公告审计结果1篇。抓好审计宣传，向社会发布审计公告2期，向市委市政府提交审计要情5篇，在省级以上媒体发表文稿96篇，局门户网站点击率突破50万人次。

【财政预算执行审计】 2015年，市审计局突出财政预算执行审计，着力优化财政资金绩效。统一调配38名业务人员，组成13个审计组，完成审计项目26个，覆盖部门单位70个，以财政资金征管用、“三公”经费、项目投融资、城市配套费和中职助学金等五大内容为重点，审查预算执行、资金分配、资金使用、政策效果等方面存在的问题，跟踪审计问题的整改落实。审计工作报告得到了市人大、市政府的充分肯定。

【领导干部经济责任审计】 2015年，市审计局对市发改委、市民政局、市物价局、市环保局、市经信委、市统计局、湘阴县公安局等12个单位主要领导实施了任期经济责任审计，重点关注了领导干部所在单位的资金资源资产与事业发展、政策执行、经济决策、内部管理以及领导干部廉洁自律等方面情况，查出违纪金额5.27亿元，收缴财政87.25万元，移送案件线索1起。

【政府投资资金审计】 2015年，市审计局对市城建投、市水建投、市交建投、市洞庭新城4家投融资平台公司投融资情况及其负责实施的奥体中心、王家河流域综合治理、临湖公路及鱼巷子改扩建等重点项目建设情况进行审计调查，重点关注项目管理、资金使用、工程造价等方面情况，查出违规金额4.43亿元，收缴财政120.44万元，移交案件线索4起。对 55 个建设项目进行预算审计，核减工程预算2358万元，对323个建设项目进行竣工结算审计，核减工程造价3001.76万元，规范投资管理，减少损失浪费。

【保障民生专项资金审计】 2015年，市审计局组织对六县三区和市本级城镇保障性安居工程进行跟踪审计，延伸调查57个相关单位、82个街道办和乡镇、40个居委会村委会、744户家庭。审计追回违规领取补贴补助资金56.9万元，取消不符合条件的保障对象232户，腾退保障性住房262套，促进闲置的保障性住房投入使用276套。完善有关政策、制度14个。对墙改基金、散装水泥专项资金、中职教育助学金进行专项审计，重点关注专项资金的筹集、分配、管理和使用情况，促进问题整改，保障群众切身利益。

【重大决策措施跟踪审计】 2015年，市审计局促进政策落地生根，确保政令畅通、令行禁止。组织对平江县、湘阴县、汨罗市、临湘市、岳阳县5县市稳增长、促改革、调结构、惠民生、防风险政策措施落实情况进行跟踪审计，抽查67个政府部门单位、农村安全饮水工程和城市基础建设等89个项目，涉及财政资金55.57亿元。查出简政放权、涉企优惠政策、项目建设、资金保障、政策执行等方面问题41个，督促出台整改文件3个，上报市政府《审计要情》1份。审计反映的“我市未开展机动车尾气检测工作”问题，引起审计署关注并派员督促整改。

【交办事项审计】 2015年，市审计局高质量完成省审计厅交办的世界银行贷款项目审计、湘潭县委书记与县长任期经济责任审计等审计事项5件，落实市委市政府交办事项8件，及时提交审计报告，为领导正确决策、化解矛盾提供了依据。

【提升审计能力】 2015年，市审计局加强业务规范，提升审计能力。制定《审计结果公告办法》《规范审计行政处罚自由裁量权实施办法》等11项业务制度，强化审计“三分离”制度、业务办公会议制度、审计项目限时办结等制度。发挥审理制度在审计质量控制中的关键作用，召开业务办公会议9次，出具审理意见书76份，提出审理意见300多条。组织开展全市审计项目质量检查和优秀审计项目评选，评选市级优秀项目10个，全市有11个计算机审计项目在省审计厅获奖、有5个审计项目被省审计厅评为优秀项目。

（本栏撰稿 孙碧霞）

责任编校 黄玉祥

金　融

综　述

【概况】　2015年，岳阳金融业保持平稳健康发展势头，金融总量不断壮大，信贷投放稳步增长，资本市场加快发展，金融服务水平得到提升，金融组织体系逐步健全、金融生态环境进一步优化。全年金融业增加值35.4亿元，占GDP比重1.2%，占第三产业比重3.2%。年底，全市银行业机构各项存款余额1733.47亿元，比年初增加258.61亿元，增长17.5%。各项贷款余额894.5亿元，比年初增加112.7亿元，增长14.4%。银行业机构实现盈利14.5亿元，不良贷款率下降0.5%。保费收入46.1亿元，增长20.2%，赔给付18.3亿元。完成A、B股交易额5608.5亿元，增长297.1%。基金交易额207亿元，增长51.8%。期货交易额1.37万亿元，增长67.3%。股民累计开户数41.7万户。全市9家融资担保公司累计担保贷款32.6亿元，18家小贷公司累计放贷38.1亿元。

【金融业服务地方经济发展】

2015年，岳阳金融业积极服务地方经济建设。一是搭建融资平台。举办银信机构与平江县政府合作恳谈会、湘阴县银企信贷洽谈会、信用社服务小微企业洽谈会、市房地产企业融资推介会等8次融资对接活动，推介项目420个，签订贷款协议71.5亿元。二是引进金融机构。浦发、广发银行获批在岳阳设立分支机构。引进招商证券营业部。华容星沙村镇银行筹建材料报国家银监会审核。筹建岳阳楼区嘉龙、平江县惠邦、临港产业新区金达等3家小贷公司，华容县泰信小贷公司进入开业阶段。三是推动农村信用社改革。平江县农商行挂牌营业，湘阴县农商行即将挂牌，临湘市、汨罗市、岳阳县农商行组建步伐加快，岳阳楼区、云溪区、君山区整合组建岳阳农商银行，通过省银监局清产核资验收。四是健全担保体系。湖南农业信用担保公司在岳阳设立分公司，并在临湘市、湘阴县、岳阳县等地设立办事处，全市担保服务体系实现县域全覆盖。五是助力重点工程。引入10亿元险资投资城陵矶新港区项目建设。六是推进农业政策性保险。保险品种增加到8个，全市承保种植业面积451.33万公顷、牲畜122.6万头，赔款支出1.6亿元，为120万农户提供保险保障。

【推动企业加快发展】　2015年，全市上市后备企业45家，26家列入省重点上市后备企业，25家进入新三板后备资源库。百利工程科技主板上市获证监会通过，境内上市企业达到9家。金叶众望、道道全公司在证监会排队待审。湖南龙舟农机公司中小板上市材料向省证监局报备。推动金翰高新、中惠旅在新三板挂牌，迅雷文

2015年5月18日，岳阳市银行、科技型中小微企业合作签约仪式

（市科技局　供稿）

化传媒等15家企业在省股交所挂牌。金联星、千盟电子、盈田米业股权挂牌被新三板受理，中晟热能、利尔康生物科技、华中科技等5家企业启动新三板挂牌工作。

【保障金融安全】　2015年，全市金融业突出保障金融安全，优化经济发展环境。一是创建金融安全区。在全省金融生态评估中，获司法环境单项全省第一名、经济基础单项全省第三名。二是清理整顿非融资性担保公司。对存在问题的51家公司进行规范，重点查处违反规定的公司30家。三是打击和处置非法集资。成立市防范和处置民间借贷风险领导小组，组织开展3次打非宣传活动，发送宣传短信80万条、宣传资料12万份，处置案件19起，接待上访群众100多批、4000人次。2015年综治考评中，市处非工作排名全省第一。

（本栏撰稿　袁彦文）

银行业

中国人民银行岳阳市中心支行

【概况】　2015年，中国人民银行岳阳市中心支行（简称人行岳阳市中支）发挥央行职能作用，贯彻执行稳健货币政策，改善金融服务，加强金融管理，维护区域金融稳定，推进外汇管理，支持地方经济发展。全市银行业金融机构存款余额1733.47亿元，年内新增258.61亿元，比2014年增长7.54%。贷款余额894.48亿元，年内新增112.79亿元，比2014年增长14.43%，人行岳阳市中支系统获上级表彰、授予荣誉18项，金融支持现代农业发展示范县创建、外汇助推城陵矶口岸建设、建立全市金融系统反洗钱人才库、“现金服务示范行”创建活动等20项重点工作取得实效。21项工作亮点获上级行领导批示、会议交流或刊物推介。15人次得到上级行表彰或在各类业务竞赛中获奖。人行岳阳市中支在全省人民银行系统业务工作考核中被评为先进单位。

【执行稳健货币政策】　2015年，人行岳阳市中支主动对接市委市政府建设“一极三宜”江湖名城战略部署，出台金融支持新增长极建设指导意见。加强信贷引导，新增贷款112.79亿元，比2014年增长14.43%。构建“1+N”机制全力推进辖区金融“两支一扶”（支农、支小，扶贫）工作，在华容县开展金融支持现代农业示范县创建，在岳阳县开展农村土地承包经营权抵押贷款试点，在平江县探索金融产业扶贫的新路子，在汨罗市构建金融支持循环经济产业园小微企业贷款的新模式等，被《金融时报》《湖南日报》等媒体报道。发挥再贷款、再贴现等工具作用，向地方法人金融机构提供合意贷款增量18.5亿元，向三农和小微企业发放再贷款7.07亿元、再贴现4.05亿元。落实定向降准政策，释放流动性10亿元。稳步推进跨境人民币业务，辖内跨境人民币业务量稳居全省前列。

【维护辖区金融稳定】　2015年，人行岳阳市中支加强“两管理两综合一报告一保护”工作，对2家市级银行机构开展综合执法检查，对15家机构开展7类专项检查，依法实施行政处罚，对10家市级银行机构作出年度综合评价。完善金融机构重大事项报告制度，抓好金融消保的投诉处置，办结率99%。关注各领域、各行业风险状况，加强风险监测、评估和排查。推进金融安全区创建工作，汨罗市、平江县、湘阴县获评省级金融安全区，华容县通过市创安办预验收，岳阳县获评市级金融安全区。探索开展金融业综合统计分析，深化民间融资监测工作，工作成果均获上级行推介。做好存款保险制度实施的各项工作，完成辖内11家地方法人机构投保任务。推进金融生态环境建设，在全省金融生态评估中，司法环境单项排名第一，经济基础单项排名第三。配合市政府加大打击非法集资力度，维护辖内金融秩序稳定。推广应用“两类公司”信用评级和应收账款融资服务平台。探索开展汨罗市中小企业金融服务网络中心建设，相关工作获总行征信局肯定和推介。推进法人金融机构反洗钱规范化管理，加强大额可疑交易监测分析，定点督导2家机构，监管走访11家机构。邀请总行反洗钱专家授课，开展反洗钱专项培训3次，培训人员350人次。

【提升金融服务水平】　2015年，人行岳阳市中支深化农村支付环境建设，全市助农取款服务点实现交易笔数、金额分别同比增长96%、181%。在临湘市探索开展村级惠农金融服务联系点标准化建设，做法获长沙中支推介。联合开展打击网上非法买卖银行卡专项行动。开展人行经理国库30周年宣传，指导平江县成功推广国库集中支付电子化管理信息系统，在湖南省率先实现县区级财政集中支付无纸化操作。组织开展新版100元券防伪知识培训30场次，培训2000人次。开展“现金服务示范行”创建活动，做法获长沙中支推介。推进金融IC卡在公交等多行业的应用。组织开展各类金融宣传12次、各类调研活动40多项。11篇课题报告或论文在上级行获奖或被省部级以上刊物采用，其中《我国移动金融发展及监管研究》获长沙中支调研评比一等奖。《民间融资风险向正规金融传导分析》等文章被《金融时报》理论版刊用。加大政务信息报送力度，有26篇信息获总行和省委省政府采用，其中5篇获总行领导批示。

【加强外汇管理与服务】　2015年，人行岳阳市中支推动外商投资企业外汇资本金意愿结汇、直接投资外汇改革、“三证合一”外汇登记等新政在岳阳城陵矶口岸平台落地。加强敏感企业监测和银行外汇业务专项检查，对违规问题依法进行处罚。报送的个人现钞结汇案例被纳入外汇总局典型案例汇编。举办外汇管理政策培训班，联合举办跨境融资与综合保税区业务研讨会，推进外汇服务便利化。协调做好外汇服务窗口、外汇银行、出口退税及政策宣传等配套工作，城陵矶综合保税区一期顺利通过国家10部委联合验收。外汇助推城陵矶口岸平台建设的相关做法获湖南省外汇局推介。

（本栏撰稿　向　平）

中国银行业监督管理委员会岳阳监管分局

【概况】 2015年，中国银行业监督管理委员会岳阳监管分局（简称岳阳银监分局）履行监管职责，常抓工作落实，银行业经营业绩跨上新台阶，支持地方经济发展取得新进展，农信社改革实现新突破，监管处罚问责彰显新力度，确保辖内银行业安全稳健运行和经济平稳较快发展。一是落实政策，服务实体经济。支持银行业机构在依法合规、风险可控的前提下，加大信贷投放，支持岳阳建设“一极三宜”江湖名城战略实施。年底，全市银行业金融机构存款余额1653.26亿元，比年初增加241.07亿元，增长17.07%；贷款余额894.48亿元，比年初增加112.79亿元，增长14.43%。重点支持市委市政府“621行动”工程领域，向交通运输、仓储和邮政业、制造业、农林牧渔业等重点行业倾斜，增强岳阳经济发展后劲。二是坚守底线，确保稳健运行。关注重点领域潜在风险变化，督促加大不良贷款清收处置力度与问责力度。盯防流动性风险，及时进行风险提示，确保全市流动性支付形势稳定。防范化解操作风险，加强银行业案件风险防控。防范声誉风险，突出金融消费者权益保护。关注民间融资机构运行情况，严禁银行员工参与民间融资活动，配合市政府做好对非法集资企业的处置和维稳。三是攻坚改革，促进转型发展。全市8家农村信用社改革均有突破，实现1家开业、4家申筹，其余联社改制工作有序推进。加快推进“一县两行”构建工作，提升村镇银行县域覆盖率，增强对县域、乡镇、社区的金融服务能力。四是依法监管，提升监管效能。派出检查组39个，依法依规开出罚单22张，罚款314.34万元，没收1家机构违法所得14.34万元，对3名高管人员给予警告处分，对5名高管人员取消3年以上任职资格。开展“三单、三谈”监管创新，下发监管意见书49份，召开监管座谈会44次，约见谈话10次，提出监管意见322条。

【加强重点领域风险监管】 2015年，岳阳银监分局加强辖内银行业机构重点领域的风险监管。一是加强声誉风险监管。督促银行业机构落实主体责任，建立健全声誉风险监控制度。督促银行业机构落实处置责任，畅通信访投诉处置渠道，积极响应社会公众的重点关切。二是加强操作风险监管。落实银行业机构案防主体责任，推进案防长效机制建设，加强银行业案件风险防控，组织全市银行业机构对重点业务领域、部门、机构、人员、岗位操作风险进行排查，查找薄弱环节，堵塞漏洞。农信社围绕“两地三中心”，推进IT建设。三是加强流动性风险监管。督促银行业机构实施资产负债管理，统筹表内表外业务，加强流动性管理，增强应对流动性风险的能力。建立流动性管理董（理）事长负责制，定期组织流动性压力测试。四是加强信用风险监管。督促银行业机构准确分类，不瞒不冒，真实披露，做好核销，有效防范新增不良贷款。

【推进普惠金融发展】 2015年，岳阳银监分局支持银行业金融机构完善小微企业和“三农”等薄弱环节的金融服务，确保小微企业“三个不低于”（小微企业贷款增速不低于各项贷款平均增速、贷款户数不低于上年同期户数、申贷获得率不低于上年同期水平）和涉农贷款“一个不低于”（增速不低于全部贷款平均水平）目标实现。一是支小。落实改进小微企业金融服务的各项措施，实现小微企业“三个不低于”目标。鼓励银行业机构综合运用水、电、税等各种“软信息”，改进小微企业信用评级技术，解决小微企业信息不对称问题。二是支农。支持农村中小金融机构下沉服务重心，延伸服务网点，推动农村基础金融服务“村村通”，推动实现“乡乡有机构、村村有服务”。县城以下的银行业机构，不得撤并、停业、歇业，县城以下的银行业机构网点只增不减。开展“三权”抵押贷款试点，开发“三农”贷款新方式。三是督促降低融资成本。开展银行业机构落实“七不准、四公开”“两禁两限”等要求，严肃查处不规范经营和乱收费行为。四是抓好特殊人群金融服务。为农民工、下岗失业者、残障人士等提供便利的基础金融服务，推进普惠金融发展。

【保障重点领域金融服务】 2015年，岳阳银监分局督促银行业机构把握战略机遇，围绕“稳增长、调结构、促改革、惠民生”要求，把握好信贷支持重点与投放节奏，提高资金使用效率，确保全年贷款净增额完成过百亿目标。积极支持岳阳市“一极三宜”江湖名城战略实施，重点支持基础设施、产业发展和城镇化建设。支持传统产业高端化、低碳化、智能化改造，加大对战略性新兴产业、节能环保、科技创新、现代服务业、文化产业的支持力度。积极对接“一带一路”和长江经济带战略，发展壮大新增长极和新增长带。大力支持供给侧结构性改革。按照分类实施原则，落实国家政策，支持实体经济“去产能、去库存、去杠杆”。

【保护金融消费者权益】 2015年，岳阳银监分局强化辖内金融消费者权益保护工作。一是做好投诉处理工作。开展“不规范经营”专项治理，妥处信访、“12345”公众服务热线投诉和舆情104件，维护消费者权益，获评市政府“12345”服务热线工作先进单位。二是落实“两个责任”。强化法人机构和市级机构主体责任及其主要负责人第一责任人责任，督促畅通投诉渠道，健全处置机制和流程，有效回应消费者合理诉求。三是普及金融知识宣传。多次开展“送金融知识下乡”等教育宣传活动，增强消费者理财能力和风险意识。

（本栏撰稿 杨 燕）

中国农业发展银行岳阳市分行

【概况】 2015年，中国农业发展银行岳阳市分行（简称农发行岳阳市分行）以维护好稳定、防控好风险为总基调，负重前行，夯实基础，各项工作稳步推进。年末贷款余额95.3亿元，比年初增加11.06亿元。年末存款余额26.54亿元，比年初增加2.76倍，存款日均余额13.25亿元，比年初增加28.69%。

【信贷支农】 2015年，农发行岳阳市分行着力支持"三农"重点项目建设。投放项目贷款18.3亿元，重点支持市城投水利建设、临港产业新区水利建设、平江县易地扶贫搬迁等项目。做好全市农发重点项目资本金的申报和发放，四批次营销重点建设基金项目33个、金额10.43亿元，其中批复项目27个、金额8.56亿元，年内全额投放到位，支持南湖水环境综合治理、芭蕉湖水环境综合整治工程等重点项目建设。发放粮食收购贷款8.08亿元，支持企业收购粮食29万吨，其中发放最低价收购贷款4.97亿元。

【强化内部管理】 2015年，农发行岳阳市分行以管理保安全，以管理强队伍。一是基础管理。开展财会工作托管对接突击检查和信贷基础管理工作试点行工作，夯实信贷、财会基础管理水平。开展对印章管理及费用开支等工作的全面排查。对各行行政印章全面上收，防范印章管理风险。二是运营管理。完成四家营业机构及机关食堂维修改造。完成粮棉油库存远程监控平台试点和系统推广工作。全行生产用电子设备更新升级。综合业务系统运行实现"零差错"。加大对外宣传力度，在中央和省级主流媒体发稿54篇、在市级媒体发稿26篇。三是队伍管理。开展"三严三实"专题教育。学习总行"依法从严治行""全面从严管党"及员工违规违纪处理办法等意见。保持党风廉政建设高压态势，加大违规违纪问责力度，落实从严治行要求。调整机关财务开支审批权限，严格按流程执行，规范公务接待。未发生重大刑事或经济案件。开展员工思想状况分析，推行"身边教师制"，指定市县两级行20人组成"兼职教师团"。

（本栏撰稿　刘　磊）

中国工商银行股份有限公司岳阳分行

【概况】 2015年，中国工商银行股份有限公司岳阳分行（简称工行岳阳分行）主动适应经济新常态，以质量、效益、安全为重点，依法合规开展各项工作，较好地完成全年各项目标任务。一是经营利润实现双升。实现利息收入8亿元，比2014年增加0.17亿元，增幅2%。中间业务收入2.6亿元，同比增加0.5亿元，增幅24%，完成年度计划110%。拨备前利润4.3亿元，同比增加0.3亿元，增幅7%。净利润2.7亿元，同比增加393万元，增幅1%；实现拨备前利润和净利润"双提升"。二是信贷结构稳步调整。各项贷款余额157.9亿元，比年初增加15.4亿元，新增额同业排名第二。其中，个人贷款余额25.8亿元，比年初增加6.1亿元，新增同业排名第一。实现信贷结构的有效调整。长期贷款占比由2014年的52.5%降为40.8%。个贷新增占全行贷款新增总量的39.4%，比2014年新增占比多21.6%。三是零售业务增势良好。推动大零售战略实施，储蓄存款、个人客户扩面、代理规模、私人银行等业务增势良好。各项存款余额208亿元，比年初增加14.9亿元，其中对公存款余额66亿元，比年初增加3.2亿元。储蓄存款余额142亿元，比年初增加11.7亿元。个人客户数159.8万户，比年初增加14.9万户，其中个人金融资产1万元以上客户21.4万户，比年初增加1.6万户。三方存管账户数7.8万户，比年初净增2.4万户，三方存管账户余额6亿元，比年初增加3.3亿元。销售个人理财产品19.4亿，余额5.2亿元，较年初增加1.4亿元。代理基金销售2.4亿元，代理销售国债5296万元，余额1.5亿元，较年初增加3153万元。四是运营效率大幅提高。稳步开展市分行本部机构和干部优化改革，各类机构由45个下降到19个，管理干部由170人核减到109人。全面实施网点运营标准化管理改革，功能分区和大现场管理模式初步形成。41家营业网点有35家设置开放式营业低柜，全辖高低柜比例达1.5：1。高低柜业务分离网点全覆盖，柜口资源利用率和柜员运行效率指标保持全省领先。加快推进自助设备集中运营管理，新增智能化设备49台，完成15家物理网点的智能化改造，新增一体机53台，新增网银体验机56台，全辖ATM日均业务量由2014年的330笔上升到348笔，自助设备对全行业务转型支持能力大幅增强。五是风险管理不断加强。完善信贷管理质量量化考核办法，提升信贷风险掌控能力。清收处置不良贷款1.3亿元，不良贷款余额1.8亿元，较年初减少171万元，不良率1.16%，较年初下降0.13%。开展"一加强两遏制"专项检查，对风险隐患进行全面排查和整改。开展核算质量竞赛和屡查屡犯专项整治活动，全市业务运营可控风险暴露水平由2014年年末的9.6‱降至1.38‱。开展廉洁文化教育等整风肃纪活动，开展员工异常行为日常排查，对员工贷记卡疑似套现等进行重点监测，严防员工违规参与非法集资、民间借贷、经商办企业和违规担保。加大责任追究和处罚力度，追究违规责任79笔，扣减违规积分7人次，告诫36人，核减绩效43人次，金额1.18万元，行政警告处分1人次。六是经营转型注入活力。推动新一轮发展转型，以"融E购、融E联、融E行"三大平台为主线，促进电子银行业务持续稳健发展。净增企业网上银行证书客户1014户，完成年任务135%。新增融e购商户28户，其中B2B商户5户，完成交易额2.4亿元，B2C商户23户，完成非金融交易额4000万元、金融交易额2亿多元，B2B、B2C交易额均超省分行下达任务。湘阴县、汨罗市支行投产银财通，为银财互联提供新平台。

【强化工行市场拓展】 2015年，工行岳阳分行抓好存款增存工作，强化底线思维和主体责任，加强存款督导和跟踪监测，推进阶段性存款竞赛活动，有效促进储蓄存款持续增长。以财政、社保、军队、公积金、烟草、房产等系统客户为营销对象，抓好重点项目落实。加快信贷结构调整，加大项目储备，加快投放进度，改善信贷结构。与城陵矶新港区签署全面战略合作协议，成立临港新区营销小组。推进客户扩面，推出“薪火”系列行动，系统拓展企事业单位个人代发工资客户。成立商品市场、社保卡、居民健康卡、融e购、收单市场等五个项目营销支持团队，推进扩面工程。落实中高端客户维护责任。各网点负责人、理财经理、大堂经理、营销经理以及低柜人员423人在个人客户营销系统中开立客户经理认领角色，为全行个人优质客户维护、精准营销和产品渗透打下良好基础。举办“健康颐养、财智启航”高端客户答谢活动等系列活动，稳定客户关系。

【加快经营转型】 2015年，工行岳阳分行强化短板赶超，加快经营专项。一是推进大零售战略实施。健全个金业务营销考核办法，理顺零售业务组织管理体系。建立大零售产品培训的长效机制，对35个支行开展送训上门，组织员工体验30个常用个金产品，加强新产品营销推广。二是提升电子银行发展质量。以“融E购、融E联、融E行”三大平台为主线，抓产品体验加快移动金融产品推广，抓电商平台入驻促交易额提升，抓旅游监管入网促银企深度合作，抓银企互联拓展促客户粘度提升。推动涉旅企业开户入网，全市60家旅游企业，成功签约入网55家，签约率达91.66%。三是完善信用卡经营环境。从发卡入手，加强源头治理和规范。对信用卡不良客户进行全面梳理，分类制订一户一策进行清收处置，多措并举，优化信用卡风险控制指标，净化信用卡经营环境。信用卡透支总额13.55亿元，违约透支本金1.3万元，透支不良6742万元，不良率4.98%。9944精准目标客户14.58万户，营销5188户，营销渗透率3.56%。

【强化阵地营销】 2015年，工行岳阳分行强化阵地营销，提高网点竞争力，发挥网点营销阵地主渠道作用，采取措施做好柜面服务与各项产品综合营销工作，促进全辖网点从交易核算型向营销服务型转型。一是突出机制推动。开展营业网点阵地营销竞赛活动，对9944、健康卡、社保卡目标客户精准营销作出具体部署，拿出专项费用作为奖励。明确网点阵地营销岗位职责，做好大堂经理、柜员、客户经理各岗位间的有效联动，提高各类个人产品的渗透率。二是夯实渠道管理基础。全面实施网点运营标准化管理改革，功能分区和大现场管理模式初步形成。41家营业网点已有35家设置开放式营业低柜。新增智能化设备对全行业务转型支持能力大幅增强。三是突出规范化建设。规范网点厅堂建设，以检查促整改。重点在网点基础、服务行为、厅堂管理、服务效率等规范化上做文章，定期或不定期对全行42个网点进行现场检查辅导，开展分片培训、按季通报，确保全行服务工作逐步规范化。有13家网点获评“岳阳市银行业金融机构文明规范服务星级示范单位”星级网点，其中五星级网点3家、四星级网点7家、三星级网点3家。四是强化风险控制。坚持资产风险控制与人员管理、内控案防工作双管齐下防控风险。构建“教育、制度、监督并重”的预防体系。强化纪检监察、内控合规等部门的管理责任，加强“两加强两遏制”专项检查“回头看”及各专业的检查、监督，落实整改要求，严肃处理有关责任人。落实信贷管理质量，进行量化考核，抓好风险预警工作。每月组织督导贷款支行（客户经理）开展逐笔（户）偿付能力分析和违约风险监测评估，及时研究制定风险防控对策，有效防止贷款劣变。制订不良贷款专户专人的负责制度，明确责任和压降目标。定期分析诊会，现场检查督导，确保不良贷款管理规范操作。制定一户一策清收方案，利用现金清收、核销、以物抵贷等方式，加大不良贷款清收处置力度。

（本栏撰稿　文雨浪）

中国农业银行股份有限公司岳阳分行

【概况】 2015年，中国农业银行股份有限公司岳阳分行（简称农行岳阳分行）积极对接市委政府建设“一极三宜”江湖名城的战略部署，各项工作稳中有进。一是支持经济发展。支持蒙华铁路、华电平江电厂等项目建设，其中蒙华铁路开立7个结算账户，授信150亿元。湘阴土地储备项目落地实施，投放贷款2亿元。储备华能岳阳电厂、神华国华、海吉星等一批重大项目。加大园区小微企业支持力度，新增“135工程”客户14户，投放贷款2.24亿元。中标湖南理工学院“智慧校园”建设项目，系全市首家与高校独家合作的银行。开办首笔“走出去”业务，系岳阳市首笔境外放款业务。二是加快经营转型。个人加权贵宾客户、对公客户、法人折效客户、第三方存管有效户净增均完成省行年度计划，客户基础进一步夯实。完成5个物理网点改造、3家自助银行建设，建成全市首家警银亭、行内首家惠农服务站。分行营业部被中国银行业协会评为文明规范服务“千佳示范单位”。净增金融IC卡21.8万张、销售重点基金6800万元、实现跨境人民币结算业务量10.94亿元。对私人民币结算业务和自助银行业务收入、代理保险收入四大行份额分别为38.47%、55.68%，保持同业领先优势。三是积极服务“三农”。新增荣湾湖、中交嘉通、海盟项目用信11亿元，完成岳阳水建投河湖连通3亿元项目审批。全年“三农”对公贷款净增4.6亿元。做好存量涉农代理项目维护，实现汨罗市、岳阳县系统对接上线，发放参保、参合和涉农直补等财政资金8亿元。办理农电代缴业务111万笔、金额8760万元，其中平江、汨罗、华容、临湘四个支行代缴金额进入全省前20名。四是加强基础管理。开展合规创建，新增12个“合规示范网点”。推动“三化三铁”创建，堵截49起外部诈骗案，为客户挽回经济损失74.2万元。实施信用风险综合治理，组织百日清收、“一升双降”竞赛活动，对重点领域、重点产品、重点支行进行治理，清收自营不良贷款4290万元、委托资产贷款3632万元。强化安保运维，成功处置汨罗支行集中兑付社保资金、平江南江分理处枪击及长寿分理处ATM区抢劫案事件，有效管控声誉风险。开展“两违”专项检查，核查可疑线索172条、涉及金额2.05亿元。完成BOEing系统切换。

（本栏撰稿 丰国香）

中国银行股份有限公司岳阳分行

【概况】 2015年，中国银行股份有限公司岳阳分行（简称中国银行岳阳分行）坚持“担当社会责任、建设最好银行”，贯彻“深化转型、稳中求质”经营方针，发挥优势，服务实体经济发展，较好地实现经营管理水平和服务水平同步提升、社会效益和自身效益同步增长。年末，中国银行岳阳分行本部内设部门8个、辖属网点33个、在岗员工599人。本外币核心存款余额136.71亿元，较年初新增10.78亿元，增速为8.56%。各项贷款余额78.04亿元，较年初新增11.38亿元，增速17.07%。不良贷款余额5783万元，不良额下降1913万元，不良率0.74%，较年初下降0.42%。

【加强经营管理】 2015年，中国银行岳阳分行加强管理，科学经营。一是扩大负债业务。完善激励约束机制，加大产品推广下沉，开展全员揽存营销，不断扩大负债业务规模，提升同业市场份额。本外币个人存款时点余额96.63亿元，较年初新增7.85亿元，日均余额95.59亿元，较上年度日均增长7.61亿元。本外币公司存款时点余额38.5亿元，较年初新增1.39亿元，日均余额41.1亿元，较上年度日均增长3.31亿元。二是壮大资产规模。积极进行授信结构调整，加强对实体经济信贷投放。全年贷款新增11.38亿元，增速17.07%。加大对岳阳骨干企业授信，为华能岳阳电厂、中粮米业、碧桂园、北控污水等项目投放贷款8.5亿元。为资质良好、具备潜力的特色中小微企业授信，累计投放2.85亿元。发挥中国银行贸易融资和个人贷款品牌优势，服务本地重点进出口企业和广大市民，发放个人贷款9.15亿元，实现净增4.54亿元。以信用证、保函、保理等业务为贸易融资重点，主动服务本地大中型进出口企业，跨境人民币、结售汇、国际结算等市场份额领先同业。三是加大风险防控力度。坚持业务发展与风险防控两手抓、两手硬。通过抓源头预防、抓全过程管理，有效保障资产质量、内控运营平稳有序。在授信风险管理方面，从严把控准入、贷中审查和贷后管理环节，加强授信交易监测和风险预警排查，管住大额不良贷款新增。在不良清收方面，坚持“一户一策”和多重手段并举，运用现金清收、债务重组、法律诉讼、打包转让、不良核呆等方式，压降不良总额。不良余额、不良率均较上年下降。在内控案防方面，以合规经营为核心，抓实制度执行和流程规范，开展正面教育和正向激励，加大操作风险检查和问题整改力度，坚决惩治违纪违规现象。四是提升服务效能。坚持“以客户为中心”理念，提供优质、高效、便捷的综合金融服务。推动网点智能化，建设“智慧网点”，加大硬件设施改造，标准化配置网点智能终端。推广中银易商、中银手机银行、网上银行等，为客户提供良好电子金融体验。优化网点服务，严格按照标准化销售流程导入。开展“亮身份、亮标准、亮承诺”活动。开展创建优质高效示范网点和文明规范服务星级示范单位活动，加强一线员工技能训练，提高业务办理效率，提升客户满意度。

【服务地方发展】 2015年，中国银行岳阳分行一是服务经济建设。对接“135”重点工程和“621”行动，服务重大项目建设。为蒙华铁路、望岳高速、大岳高速、“棚改”资金代理等提供综合金融服务。联合岳阳海关、岳阳市外汇管理局召开进出口企业研讨会，为30余家重点进出口企业提供贸易融资服务。二是拓展惠民金融。着眼客户金融需求，加大产品研发与创新，推动“惠民金融”系列产品覆盖落地。推出“惠保障”“惠健康”“惠教育”“惠缴费”“惠消费”“惠助农”等民生领域服务方案。针对农村地区，推出固话POS助农取款及手机取款业务，让农村群众享受转账、水电煤、新农合、新农保缴费、信用卡还款等延伸服务。服务公共金融需求，开发上线公共资源交易平台、物业维修基金代收、预售房资金监管系统、非税缴纳系统、ETC系统等。三是担当社会责任。加大支持重大项目和骨干企业授信，积极服务特色小微企业和涉农领域授信。加大基础设施工程、医院学校建设、污水处理、垃圾处理等项目授信。参与地方扶贫，开展帮扶、捐赠。

（本栏撰稿 徐 斌）

中国建设银行股份有限公司岳阳市分行

【概况】 2015年，中国建设银行股份有限公司岳阳市分行（简称建行岳阳市分行）存款总额254亿元，年新增23亿元，增幅10%，存款总额居岳阳市同业第一。贷款总额134亿元，较年初增长22亿元，增幅19.7%，连续五年贷款新增同业第一。实现中间业务收入1.98亿元，同比新增1144万元，实现账面利润4.97亿元，同比增长2953万元。实现无重大违规、无重大安全责任事故、无案件“三无”目标，实现连续11年零发案。

【贷款投放惠民生】 2015年，建行岳阳市分行投放贷款62.6亿元，助推重点项目建设和实体经济发展。以惠及国计民生、风险可控的基础设施项目为重点，积极与当地主导产业、重点客户对接，以核心企业为基点，开展链式营销，积极把握市场发展先机。机构贷款年增幅达72.56%，重点支持医院、学校等公益事业单位。紧跟重点项目规划，积极对接市级“135”工程，加大小微企业“大数据”产品推广力度。围绕石油化工、机械建材、食品加工、饲料、造纸、纺织等产业，提供多形式的金融支持服务，重点扶持九鼎饲料、长康实业、渔米之湘、岳化化纤等一批实体经济企业，提升传统优势产业的竞争力。结合实际和小微企业特点，设小企业营销中心，全市34家网点均有专职或兼职客户经理，为小微企业提供专业化服务。新投放的贷款项目中，实体经济企业占比超60%，小微企业贷款客户数达284户，贷款余额20亿元。

【转型创新求双赢】 2015年，建行岳阳市分行发挥创新优势，采用新思维，实现经济金融协同发展，将“融资”与“融智”相结合，为国家和政府重点战略项目提供全方位、多层次的金融支持。与中信信托、建信信托达成22亿元的监管协议。与临港产业新区出口加工区标准化厂房建设、岳阳市交通建设投资有限公司城市发展基金等项目达成合作协议53亿元。创新利用贷款置换地方债务20.9亿元，为政府节约财务费用上亿元。实现银政联动，缓解匹配债务期限结构性问题。

（本栏撰稿 李昊鸿）

交通银行股份有限公司岳阳分行

【交行岳阳分行业务发展成效显著】

2015年，交通银行股份有限公司岳阳分行（简称交行岳阳分行）业务发展取得五项成果。一是夯实存款基础。存款余额87.65亿元，比年初增加12.74亿元，增长17%。人民币日均存款余额87.04亿元，比年初增加12.59亿元，增长16.91%。公司存款余额49.01亿元，比年初增加8.03亿元，增加19.61%。储蓄存款余额38.64亿元，比年初增加4.70亿元，增长13.86%。外币存款余额为566万美元，比年初增加299万美元，增长111.99%。储蓄存款日均较年初新增5.07亿元，完成率101.36%。广义储蓄存款较年初新增5.44亿元，完成率110.96%，存款基础进一步夯实。二是降低不良贷款占比。收回存量不良贷款102万元，核销不良贷款2479万元，存量不良贷款由年初的2885万元下降到304万元，减少2581万元，收回和处置率达89.46%。狠抓贷款风险防控，加强贷后管理，有效控制不良贷款增加，不良贷款占比由2014年的0.71%下降到0.31%。三是提高中间业务收入。实现中间业务收入3642万元，较2014年增加841万元，增长30%。中间业务支出515万元，下降129万元，降幅33%。净中间业务收入3127万元，同比增加970万元，增长45%。卡回佣收入472万，同比增长74.8%。四是渠道建设取得突破。洞庭新城10亿元企业债成功发行，直接带来存款10亿元。临港新区港建投10亿元保债业务获保监会审批，该笔业务为分行带来2100万元中间业务收入，带动港区下游客户的增加和拆迁资金的代发，为后续业务营销打下较好基础。制社保卡10.45万张，激活5.36万张。12月，率先在社保卡上实现湖南省首笔养老金代发。五是稳步推进客户工程。坚持“一切以客户为中心”的理念，多举措加大客户群建设，夯实客户基础，壮大客户规模。私人银行完成12户，完成率133.33%；达标沃德完成186户，完成率77.5%；交银理财完成2338户，完成率123.05%。三项客户指标净增数在全辖均名列第一。三管客户新增6578户，创下新高。

（本栏撰稿 刘文娟）

华融湘江银行股份有限公司岳阳分行

【概况】 2015年，华融湘江银行股份有限公司岳阳分行（简称华融湘江银行岳阳分行）各主要业务指标圆满完成目标任务。年末各项存款120.13亿元，较年初增长18.4%；各项贷款余额61.55亿元，较年初增长21.5%；实现净利润1.86亿元。全年无安全责任事故。

【经营效益稳中有升】 2015年，华融湘江银行多措并举，企业经营效益稳步提升。一是发展零售业务。以做实存款、做优贷款、做强理财、做大客户群、提升贵宾客户服务水平为工作思路，推进个人存款业务发展。以住房按揭贷款为重点，加快推进消费金融转型发展。加强零售客户群建设，夯实零售业务发展基础。新增客户4.58万户，新增代发单位66户。二是发展小微企业业务。总、分、支行联动，形成业务发展合力。搭建客户营销平台，加强与市科技局、国有担保公司合作，拓展市县小微业务渠道。推广小微企业模式化批量营销，成功落地岳阳市中南批发大市场商会模式化营销项目，首批发放贷款20户、金额3250万元。小微贷款客户485户，较年初新增97户。小微贷款余额26.68亿元，较年初新增9.09亿元。三是发展对公业务。强化对公业务营销职能，包片负责支行、工业园和平台公司，集中支行对公授信业务经办权限，充实公司业务营销团队，加大公司业务专业化操作程度，开展银行承兑汇票、信用总量、存款客户拓户等竞赛活动。对公存款余额78.1亿元，比年初新增12亿。

【强化企业管理】 2015年，华融湘江银行向管理要效益，以管理树形象。一是强化风险管理。增强风险防范意识，把好授信入口关、审查关、管理关和处置关，重点查实企业财务情况，全方位收集相关信息和非财务因素。开展全员风险防控，落实员工思想排查方法，重点防控信用、操作、合规、法律风险，及时化解不良贷款。做到“零案件、零事故”。年末不良贷款余额及不良贷款率保持可控范围。二是强化队伍管理。落实党建工作要求，完善党建工作制度，积极做好基层组织、党员承诺践诺工作。严格执行廉洁自律准则和党风廉政建设责任制要求，严格遵守中央“八项规定”。开展党的群众路线教育回头看。班子成员经常深入支行、企业调查了解、分析和解决问题。三是强化服务管理。出台精益服务考核方案，提升服务质量，8家支行分获四星级文明规范服务示范单位，湘阴县支行获五星级文明规范服务示范单位。

（本栏撰稿 艾传刚）

中国邮政储蓄银行股份有限公司岳阳市分行

【概况】 2015年，中国邮政储蓄银行股份有限公司岳阳市分行（简称岳阳邮储银行）推进经营管理转型，探索发展模式创新，提升服务水平，严控各类风险，资产业务稳步增长，负债业务质量双升，企业发展步入良性循环，各项存款余额217.1亿元，各项贷款余额45.75亿元。一是加强服务创新。注重结合市场特点和实际需求，开发和开办7个符合百姓需求的零售信贷新产品。推行网点服务改革，开展“示范网点”评选活动。加大服务评比、客户回访工作力度，投诉率显著下降，网点形象有较大改观。华容县、汨罗市支行被上级行评定为现代农业示范区特色支行，岳阳市求索路支行被中国银行业协会授予“中国银行业文明规范服务四星级营业网点”称号。二是助推青年创业。加强对创业创新平台的支持力度，助推“大众创业、万众创新”。在对返乡农民工、毕业大学生等创业群体的帮扶方面，重点对再就业贷款的发展模式和相关流程进行深入研究，确定紧跟国家政策导向的投放策略。召开“邮青时贷”产品推介会和服务“三农”座谈会，组织开展第二届“创青春”岳阳市青年创新创业大赛，联合市财政局、市人社局打造“助万人创基业，送贷款到基层”活动，携手共青团岳阳市委搭建大学生创业、青年创新创业平台等，为青年创新创业群体提供融资指导和金融服务。三是完善惠农金融。全市物理网点148个，其中112个分布在县及县以下农村地区，占全行网点总数的76%。发放涉农贷款结余43.3亿元，相继推出惠农补贴、新农保及社保卡发放服务，占全市代发总量的46%，为当地城镇、农村等退休人员提供服务2万人次。四是解决融资难题。满足城乡居民的融资需求，服务当地经济社会发展。22类信贷品种覆盖农、林、牧、渔、加工制造等行业，重点解决农村与小微企业经营者融资难题。为农民合作社、家庭农场等新型农业经营主体和涉农龙头企业及其上下游小微企业打造“邮青时贷”专属金融产品。为生猪养殖专业户推出“公司+农户”小贷产品等。

（本栏撰稿　吴　霄）

湖南省农村信用社联合社岳阳办事处

【概况】　2015年，湖南省农村信用社联合社岳阳办事处（简称省联社岳阳办事处）辖9家县级行社、157个信用社（支行）和92个分社（分理处、储蓄所），有员工2658人。内设综合科、业务指导科、内控保卫科，同时设有县级联社会员制管理的网络中心、监控预警中心、稽核大队和改革办。全年各项存款290.1亿元（其中低息存款128亿元，占44.07%），比年初增加51.5亿元，同比多增25亿元，增幅21.6%，完成考核目标的156.1%。市场占有率16.74%，存款总量居全市金融机构第一位。各项贷款157.4亿元，比年初增加12.08亿元，同比多增0.72亿元，增幅8.31%，完成考核目标的101.3%。贷款总量居全市金融机构第一位。实现各项收入18.1亿元，同比增加1.86亿元。其中，利息收入13.7亿元，同比增加0.92亿元;经营利润6.22亿元，同比增加0.96亿元，完成考核目标的108%。平江农商行、湘阴县联社、临湘市联社等三家单位经营等级上升，临湘市联社、汨罗市联社、湘阴县联社等6家单位绩效等级上升。

【推进产权改革】　2015年，省联社岳阳办事处强化法人联社的主体责任，严肃改革期间人、财、物管理和信贷纪律，严控改革工作质量，全市农村信用社产权制度改革工作全面启动。平江农商银行挂牌开业。湘阴农商银行筹建前期工作通过省银监局验收并提出申筹。完成岳阳楼区、君山区、云溪区联社的清产核资工作，政府置换的土地资产完成招拍挂程序，顺利摘牌，并申请省银监局验收。汨罗市、临湘市和岳阳县联社产权改革工作有序推进。

【支持地方经济】　2015年，省联社岳阳办事处积极支持地方经济建设。一是做优信贷品牌。临湘市联社利用羊楼司镇的传统竹器加工特色产业，加强与羊楼司竹业协会合作，发放商户联保贷款2000多万元。平江农商行与平江县食品行业协会就企业联保贷款达成合作协议，为25家食品企业发放贷款5000余万元。二是搭建银企合作平台。召开全市农村信用社首届服务小微企业暨银企洽谈会，对接企业138家，现场与68家小微企业签约，签约金额23亿元。三是加大金融扶贫力度。开展评级授信，加大贷款投放力度。平江农商行和湘阴县、岳阳县联社对3.7万户贫困农户进行评级授信，授信6894万元，累计用信0.4万户，累放扶贫贷款3430万元。四是开展信贷业务培训。举办全市农村信用社信贷业务培训班，各行社分管领导及网点负责人280人参训。

（本栏撰稿　刘凤波　周　婵）

中信银行股份有限公司岳阳分行

【概况】　2015年，中信银行股份有限公司岳阳分行（简称中信银行岳阳分行）以打造“最佳综合融资服务银行”为愿景，以存、贷、结算为起点，推出投资银行、金融市场、现金管理、网络银行、资产托管等业务产品，做到对公对私、表内表外、资产负债全覆盖，较好完成各项工作任务和经营目标。各项存款日均余额17.11亿元，融资总量突破30亿元。一是对公业务增速有力。以“大客户、大项目、大单品”为服务指引，建立“三大”项目库，通过全景融资模式，为客户提供综合性金融解决方案。对公存款日均余额15.44亿元，比年初增加11.90亿元，存款增量在中小股份制银行排名第一。营销对公客户190户，对公存款时点余额25.73亿元，比年初增加16.81亿元。开办同业存款业务，吸收同业存款15.1亿元，日均1.9亿元。对公融资余额34.82亿元，比年初增加16.07亿元。二是零售业务稳步发展。推出公积金网络贷款业务，成为该业务在岳阳的首家落地行。10月15日上线，公积金网贷实现放款1.08亿元，占全年零售贷款发放规模1.53亿元的70%。管理资产时点3.9亿元，管理资产日均

2.3亿元；一般储蓄时点2.9亿元，一般储蓄日均1.67亿元。三是强化风险管控。健全风险管理体系，完善风险管理制度。加大客户经理培训力度，提高风险识别能力。加强贷后管理与检查，提高风险预警与化解能力。开展全行员工的合规培训与教育活动，树立全员合规意识。

（本栏撰稿 陈桑桑）

中国光大银行股份有限公司岳阳分行

【概况】 2015年，中国光大银行股份有限公司岳阳分行（简称光大银行岳阳分行）获批外汇业务办理资格。配合岳阳市九中赴美夏令营活动，举行出国金融业务讲座，带动网上银行、手机银行、对私理财等业务发展。加快高端客户的有效增长，加强与高端客户的沟通联系，提升满意度。9月1日—10月15日，开展对私高端客户产品宣传活动，为高端客户定制私银财富理财、信托理财、阳光配资产品、私银活期宝、实物贵金属产品、银保理财产品、出国金融产品、单位工资代发等业务。针对财富级以上的客户，采用上门访谈、电话营销等方式，了解客户需求，开展理财讲座。11月，开展电子银行业务宣传活动，带动网上银行、手机银行、三方存管、资金归集、信用卡等业务发展。

（本栏撰稿 罗 湘）

兴业银行股份有限公司岳阳分行

【概况】 2015年，兴业银行股份有限公司岳阳分行（简称兴业银行岳阳分行）认真贯彻党和国家经济金融方针政策，稳健经营，全力拓展，实现各项业务的持续稳定发展。一是发展企金业务。细致研判岳阳市各产业、各行业要素分布及发展情况，制定信贷投放规划，将投放重心向“五生”（生产、生活、生命、生态、生意）领域倾斜，向符合国家长期政策导向、具有发展空间的高新技术类、城镇化建设类、节能环保类行业倾斜，全面扩大信贷支持力度，促进重点行业发展。发挥小微企业专营团队的优势，平台开发，批量拓展，围绕城镇化、民生消费、节能减排、高新技术及特色产业，稳步提升小微企业客户拓展，确保小微企业信贷投放规模，支持小微企业发展。二是拓展零售业务。扩大财富类产品的营销力度，积极代销基金、证券、保险等各类金融财富产品。紧跟互联网金融发展形势，推广直销银行、电子银行、手机银行、微信银行等支付结算渠道，在岳阳地区率先推出兴业“云闪付”手机支付、POS机二维码支付等新型支付产品。扩大个人客户贷款规模，在个人按揭贷款、信用卡汽车分期、车位分期、个人经营类、消费类贷款等方面加大投放力度。三是展示品牌形象。对员工开展“文明服务”培训，参与创建“美丽厅堂”，被评为四星级文明规范服务单位。获批岳阳市非税资金代缴代扣资格、岳阳市公积金扣缴及发放代理资格，成功上线市自来水费手机及网络缴纳平台。履行社会责任，多次开展金融知识普及宣传、新版人民币宣传、金融消费者权益宣传等活动。

（本栏撰稿 谢经纬）

保 险

中国人民财产保险股份有限公司岳阳市分公司

【概况】 2015年，中国人民财产保险股份有限公司岳阳市分公司（简称人保财险岳阳市分公司）各项工作稳步推进，实现保费收入4.65亿元，上缴各类税金4794万元，提供各类保险保障2350亿元，支付各类保险赔款2.58亿元。一是提升客户服务质量。完善管理机制，优化服务流程，创新工作方式，推进以“优质的标准化服务、高效的后援保障服务、丰富的差异化服务”为目标的客户服务体系建设。狠抓出单、理赔环节的服务流程，对各部门开展客户服务现场检查工作，严格考核问责。加强出单和理赔人员的客户服务技能培训，开展客户服务知识竞赛，提升出单和理赔人员的服务水平与工作效率，提升客户服务体验。二是促进经济发展。发挥岳阳财险市场的主导地位，积极参与经济建设、民生保障和社会管理。人保资本投资管理有限公司在岳阳城陵矶临港产业新区投资10亿元，用于临港产业新区综合物流（一期）工程项目建设。为全市249.62万群众在自然灾害、见义勇为等方面，提供1248.1亿元的保险保障。为全市48.4万户农户，提供32.6亿元的农业保险保障，为4.12万户受灾、受损农户提供6261.9万元保险赔款。6月，人保财险岳阳市分公司7小时内快速赔付“6·1”临湘暴雨灾害案。参与农村金融体制改革，推进农村保险业发展，在全市部分中心乡镇建成16个“三农”保险服务部和739个服务站点，为广大农民群众提供零距离的保险服务。

（本栏撰稿 余正南）

中国太平洋财产保险股份有限公司岳阳中心支公司

【概况】 2015年，中国太平洋财产保险股份有限公司岳阳中心支公司（简称太平洋产险岳阳支公司）业务发展健康平稳、团队建设稳步推进、机构建设规范有序、创新开拓破冰试水、内控合规落实有力、政策保险较快推动、成本控制把握有度，公司目标任务全面完成。一是业务发展健康平稳。实现保费收入2.01亿元（其中车险1.51亿元，同比增长22.66%；非车险3111.48万元，增幅持平；农险1847万元，同比增长58.90%，综合成本率96.63%，综合赔付率61.8%。二是服务效益不断提升。加大专业化团队建设，明确团队建设的核心就是专业和服务。着力打造专业销售团队、客户服务团队、综合管理团队等三支核心团队。建立专业化销售团队5支，客服团队有效人力达62人。提升案件受理、查勘定损、赔付时效和附加服务等方面效率，促使业务继续率同步提升。三是机构建设规范有序。县域业务占比57.16%。加大对县级支公司的建设力度，完成四家县级支公司迁址和门店标准化建设，配足编制，加大团队建设和新技术应用。从店面设施设备装潢布局、人员培训、机制建设、服务流程、服务内容、响应时效、考核标准等方面进行创新，使服务始终“以客户需求为导向”。四是业务品种开拓创新。加大新险种推动和开拓力度，向总公司上报“居民燃气综合责任险”“驾驶员重考责任险”等方案，推动环境污染责任险、食品安全责任险、诉讼责任及各类责任险项目。五是销售领域得到拓展。制定“大电销”发展策略，有效利用“大数据”，通过在线公司、本地呼出团队、落地服务专员“三位一体”营销模式，取得电网销渠道业务大发展。与行业对标，尝试分地区、分渠道配置销售费用，鼓励机构根据实际业务情况，科学投放销售费用，充分激活重点机构和重点渠道。实现邮政代理、有胜车险俱乐部等渠道在县市区落地。制作标书8套，参与岳阳华润、岳阳职院、自来水公司、岳阳电信、平江新农合意外险、泰格林纸集团林木保险等招标项目。六是风险防控能力增强。健全和完善相关内控制度、流程，确保内控合规管理不留死角。加强督导检查力度，变事后检查为事前管控，提高合规率。围绕“五反一加强”开展5次自查自纠，接受集团公司华中审计署检查，未发现问题。

（本栏撰稿　湛应根）

中国太平洋人寿保险股份有限公司岳阳中心支公司

【概况】　2015年，中国太平洋人寿保险股份有限公司岳阳中心支公司（简称太平洋寿险岳阳支公司）强化对客户经营、培训运作、基础管理等工作，改善队伍内质，优化核心结构，全面完成目标任务，实现保费收入2.91亿元，其中续期2.05亿元，传统营销新保7708万元，直销954万元，同比增长22.8%。受理调查案件1782件，结案赔付1522件，赔付金额889万元。一是完善基础管理。建章建制，加大执行力的考核，执行优胜劣汰的用人机制，打造绩优团队，树立荣誉品牌意识。二是创新客户经营。推动移动保全、微回执、微回访等新技术，创新客户拜访方式。三是强化合规经营。夯实管理基础，落实监管要求，强化合规经营，建立内控长效机制，推进重点工作。

（本栏撰稿　甘爱军）

中国平安财产保险股份有限公司岳阳中心支公司

【概况】　2015年，中国平安财产保险股份有限公司岳阳中心支公司（简称平安产险岳阳中心支公司）整体保费3.5亿元，同比增长21.3%，市场份额提升0.95%。一是保费规模稳增长。车险保费3.29亿元，其中新车保费8360万元，续保指标达成较好。个车标续保率、团车保费续保率、标的续保率均超75%，团车保费达成3268万元，同比增长16.7%。二是理赔减损有实效。加大内部管控和外联力度，全面打假减损，年度减损贡献度达7.43%，减损金额1900万元，减损金额排名全省第一。三是服务突出新举措。推出线上理赔项目，制定以3G定损为主、电话直赔为辅的方案，稳步提升项目占比，减少客户理赔环节，加快理赔款到账时间。四是中介合规管控好。制定中介合规规定动作，组织机构、渠道开展中介业务数据真实性自查整改2次，分公司稽核部开展中介风险排查1次。每月进行中介合规清查，机构、渠道每季度至少进行1次自查。

（本栏撰稿　罗玲燕）

中国平安人寿保险股份有限公司岳阳中心支公司

【概况】　2015年，中国平安人寿保险股份有限公司岳阳中心支公司（简称平安寿险岳阳支公司）提升服务水平，开展行业自律，维护保险双方权益，搭建交流平台，加强保险宣传，促进行业健康平稳发展，全年保费收入3.5亿元，个人客户20万名，代理人队伍2000人。一是加强风险防控。非正常退保方面，严守辖区系统性风险。召开专题会议，研究全辖区人身保险业满期给付与非正常退保风险防范工作。学习《湖南人身保险业非正常给付与退保事件应急处置工作规程》，开展风险排查及损失预估，强化风险联合防范机制。全年满期给付与退保金额5646.37万元，比2014年同期减少12.45%。防范非法集资方面，根据《湖南保监局关于加强案件风险防控工作的通知》要求，成立保险案件风险防控工作领导小组，定期对支公司机构、下辖管理区、各从业人员涉及案件进行监测和预警，收集报告案件线索。与当地政府打非办、金融办、公安司法机关进行沟通联络，收集相关信息，掌握打击非法集资等违法犯罪活动动态。利用“3·15”国际消费者权益保护日和“7·8”全国保险公众宣传日，组织保险从业人员开展案件风险警示宣传教育活动，发放宣传单1000份。开展“加强内部管理和外部监管，遏制违规经营和违法犯罪”活动，强化案件风险管理。全年组织开展案件风险排查4次。二是抓好基础管理。市场开拓方面，城区代理人数由1200人发展到2000人，营业部数由14个发展到16个。每月首期保费规模1000万元左右，城区业务占比达85%。巩固汨罗、临湘网点营业部，新开华容网点。发展新业务方面，推出APP，实现保险、银行、投资等多种理财需求。宣传方面，借助“3·15”国际消费者权益保护日和“7·8”全国保险公众宣传日，制作宣传展板20余块，在各地区LED电子显示屏及县区公交车投放“保险，让生活更美好”形象宣传片，宣传湖南保险业贯彻落实“新国十条”和“省七条”的举措及成效。三是加强自身建设。组织员工学习领会上级指示文件精神，指导公司规范经营。要求保险从业人员、内勤管理员工多看专业书籍和报刊，提高业务素质。

（本栏撰稿　黎艳平）

新华人寿保险股份有限公司岳阳中心支公司

【概况】 2015年，新华人寿保险股份有限公司岳阳中心支公司（简称新华保险岳阳中心支公司）坚持“价值管理、效益导向”经营理念，突出内涵驱动和管理驱动建设，持续推进转型升级与合规经营，队伍实现量率齐升，管理体系化、专业化、日常化加强，结构调整取得新进展，各类风险得到有效控制，保持平稳健康发展态势。全年实现保费收入2.12亿元，同比增长20.3%。其中个人营销业务完成价值保费1515万元，计划达成率150.77%，达成率全省系统排名第二位，同比增长74.7%，个人营销业务荣获“2015年度价值保费卓越任务达成机构”称号。银代趸交完成6358万元，期缴完成476万元，计划达成率190.74%，期缴计划达成率全省系统排名第一。续收渠道服务经营完成价值保费508万元，计划达成率154%。为16.3万人提供累计为65.5亿元的保险保障，赔付支出2801万元。一是科技助力客户服务。推广简单业务通道和E服务。承保出单时效0.78天，同比提升4.2天。理赔时效28.13天，同比减少5.03天。保全时效1.01天，同比减少0.31天。理赔5日结案率97.9%，同比提升12.45%。柜面客户满意度99.2%，同比提升0.92%。承保客户满意度94.67%，高于系统均值1.12%。二是营销运作更趋成熟。各业务渠道将基础管理与业务推动纳入标准化、体系化、日常化范畴。营销渠道推出新增、客户经营等5条标准化生产线及营业区“三个五”标准化周单元平台。续收渠道推出金标准CRM十项评价指标。法人渠道出台营销员业务品质挂钩的价值体系。三是培训体系执行落地。完善“5+X”培训体系，组织各类动力培训6期，参训人数52人，参训率93%。组织线上培训和晨会学习，人均学习时间达70小时。配备训练师35人，比年初增长80%。主管层级训练师占比达75%。营业区每周举办新人专属会。新华保险岳阳中心支公司因培训体系落地执行扎实，获全省系统“优秀培训机构”称号。三是有效强化风险管控。组织开展各类专项风险排查6次，组织开展各类合规检查、督导工作8次，配合上级公司合规检查3次，发现缺陷9项，整改完成9项，整改完成率100%。应对投诉退保风险，柜面退保劝阻工作从话术演练、联动渠道、细化流程三方面进行专项工作安排，对重点产品、网点、地区及业务员等进行分析和排查，提前介入处理，投诉案件同比下降15.6%，投诉损失同比下降21%。

（本栏撰稿 杨 辉）

中国人民人寿保险股份有限公司岳阳中心支公司

【概况】 2015年，中国人民人寿保险股份有限公司岳阳中心支公司（简称人保寿险岳阳支公司）注重价值创造，转型发展，在产品设计、销售策划、运营服务等方面开展创新研究。实现规模保费3.82亿元，同比增长29.96%。其中期缴保费2831.56万元，同比增长48.39%，全面达成经营目标。承保保单22.7万件，赔付1.02万件，赔付金额2647.71万元，平均结案时效3天。公司所辖华容县、岳阳县、湘阴县等三家支公司参与新农合意外伤害医疗保险的经办服务工作，为全市150万农民提供优质快捷的保险服务。秉承“人民保险，服务人民”的宗旨，担当社会责任，参加多项公益活动，资助贫困学子，慰问帮扶孤寡老人、残障儿童等。被总公司授予“人保寿险十周年·卓越贡献地市分公司”称号。

（本栏撰稿 邓爱平）

中国人寿保险股份有限公司岳阳分公司

【概况】 2015年，中国人寿保险股份有限公司岳阳分公司（简称中国人寿保险岳阳分公司）保费收入8.56亿元，达成率103.95%，同比增长3.88%。短期保费6372.37万元，达成率96.86%，同比增长16.59%。续期保费4.63亿元，达成率108.30%，同比增长8.78%，达成率排名全省系统第一位。支付赔款2916.6万元，缴纳各种税金1084.35万元。一是销售队伍增长快。销售队伍达到4125人，同比增长87.75%，新入司人员均参加岗前业务知识、法律法规等方面的培训。加大资源投入和基础管理，队伍质态明显改善。新增持证人力1507人，持证人力规模达到3519人，同比增长74.9%。二是推广电子化服务。团险渠道开通E门店网店38个，实现计生、小额保险、私人建房意外险、老年人保险上线销售，实现短期意外险快速出单。推广e宝账、国寿e家和云桌面的使用，其中e宝账办理1.42万条。三是加强风险管控。进行内控非IT中期评估，自动监控处理关键岗位数据145条，重点风险数据反馈15条。反洗钱风险控制监控名单客户数260人，限制功能客户数328人。全市系统员工均参加网上反洗钱培训与考试，进行反洗钱现场培训3次。加强风险预警系统的管理，添加风险分值高的人员1555人（次），预警回访成功率100%，更新客户资料35笔，复效保单297件，复效金额274万元。8月，中国保监会稽查局对公司风控方面工作给予肯定。四是履行社会责任。秉承“以人为本、关爱生命、创造价值、服务社会”使命，资助贫困学子23名，承担100名65岁以上孤寡老人的意外险，慰问残疾儿童8名，捐助3.84万元。在临湘市洪涝灾害、新农村建设等方面均有捐助。

（本栏撰稿 张 雨）

吉祥人寿保险股份有限公司岳阳中心支公司

【概况】 2015年，吉祥人寿保险股份有限公司岳阳中心支公司（简称吉祥寿险岳阳中支）秉承“让人人都拥有健康养老保障”的愿景，贯彻总公司“服务优先，诚信合规，专业专注，创新价值”的企业经营理念，建立以客户为中心的集中后援运作模式，建立“亲和、便捷、高效”的运营服务理念，努力满足消费者的各类需求。通过日常基础管理、会议培训经营、梯队干部培养，努力打造一支关心发展、参与业务、服务外勤、关怀客户的优秀团队。全年实现规模保费收入2.7亿元，同比增长29%，在湖南分公司系统内排名第二，其中个险实现标保1019万元，达成年度计划任务的113%，同比增长76%。

（本栏撰稿 李 嘉）

证 券

湘财证券岳阳营业部

【概况】 2015年，湘财证券岳阳营业部遵循合规运营、稳中求进的工作总基调，主抓新客户开发和老客户服务工作，重点抓好金融产品销售和全员业务技能培训，夯实壮大营业部客户基础，提升全体员工服务技能，强化营业部内部管理，推进各项金融服务业务，实现营业部利润大幅增长。抓实新开户工作，推广股票质押业务，攻坚金融产品销售，创办“股民讲堂”，打造精品微信平台，开发投顾产品。全年营业部托管资产近100亿元，营业部推荐的开放式基金、信托产品、银行理财产品、集合资产管理计划产品“金桂四季”“天天盈”“保利金”均受欢迎。

（本栏撰稿 李杨丽）

首创证券岳阳营业部

【概况】 2015年，首创证券岳阳营业部强化合规管理，推动创新发展。合规工作的重心从着重现实风险管理向与潜在风险管理并重转变，从风险事后处置向事先防范、事中监测和事后检查转变，从只关注操作层的风险向更为关注决策、管理环节转变，据此确立以风险防范为本的合规管理新模式。全年各项经营指标稳中求升，新开户1743户，托管资产9.7亿元，完成交易总量291.5亿元，金融产品销售达1433.3万元。

（本栏撰稿 黄健民）

方正证券岳阳营业部

【概况】 2015年，方正证券岳阳营业部系岳阳市首家全牌照证券营业部，有客户11万人，交易量1532亿元，总市值50.5亿元。方正证券岳阳营业部全面开通融资融券和投资顾问业务，开创证券投资领域的新格局；提供现场交易、网上交易、“95571”电话委托、方正泉友通手机炒股等业务服务，在规范管理、合规经营和服务客户等方面成绩显著。

（本栏撰稿 许 波）

华泰证券岳阳营业部

【概况】 2015年，华泰证券岳阳营业部推动业务运营及营销服务模式持续转型，股基市场份额稳居行业第一。优化客户结构和资产结构，完善高净值客户服务体系，产品销售规模大幅增长，使用融资融券的客户稳步增加，专业投资者服务体系已见雏形。推进业务创新，引入新类型投资产品，涨乐财富通成为新客户主要入口。股票期权和港股通平稳起步，成交量和客户数量均居行业前列，贵金属业务完成展业准备，通过柜台市场尝试为高端客户定制产品。为上市公司股东提供限制性股票融资，IB客户日均权益同比大幅增加。

（本栏撰稿 陈 华）

责任编校 屈胜龙

工　业

综　述

【概况】 2015年，全市经信系统围绕“一极三宜”江湖名城建设目标，始终坚持新型工业化第一推动力不动摇，着力稳增长、调结构、促转型，在全国全省经济下行的背景下，全市工业经济保持在合理区间运行。

一、工业经济总体平稳。针对持续增大的经济下行压力，坚持每季度召开全市工业经济形势分析会，及时分析问题、寻求对策，督促稳增长举措落实。先后出台《岳阳市规模工业发展奖励制度》《岳阳市新增规模工业企业奖励办法》等文件，加强配合服务，狠抓企业挖潜增效，及时解决企业困难，有力支撑规模工业较快增长。全市规模工业增加值增速呈低开高走态势，全年完成规模工业增加值1307.5亿元，比2014年增长8.3%，增速排全省第4位，比全省平均增幅高出0.5个百分点。工业用电指标稳步回升，完成工业用电75.49亿千瓦时（大型企业自发电量4.21亿千瓦时），比2014年增长1.09%。完成工业税收157.6亿元，比2014年增长27.5%。全市新增规模工业企业110家，超额完成省下达的目标任务。

二、产业结构提质升级。在稳增长压力倒逼作用下，更加注重质量效益，更加注重优化结构，更加注重“两型”发展，更加注重发挥特色优势，全面提高工业发展的质量水平。全市以石化、食品、机械、建材等为主体的十大产业体系拉动全市经济增长7.4个百分点。传统产业提质升级，石化、食品、造纸、纺织等传统优势产业分别比2014年增长10.3%、12.0%、11.9%、3.9%。战略性新兴产业拉动有力，占全市规模工业比重25.9%，全年增长11.1%，拉动规模工业比2014年增长2.4个百分点。装备、有色及环保、电子、生物医药等新兴战略产业分别增长11.5%、12.8%、10.1%、8.3%。

三、项目建设扎实推进。组织举办4次“一区一港四口岸”专题招商推介会、4次重大项目集中开工和集中竣工仪式，项目建设不断升温。工业投资逐步回暖，扭转1—6月下降4.7%的不利局面，增幅由全省排名倒数第1回升到第7位。株冶绿色改造升级、中粮岳阳城陵矶产业园等一批多年致力争取的项目成功落地；神华国华岳阳电厂、华电平江电厂等一批打基础、利当前、管长远的项目开工建设；湖南军民融合卫星应用产业园等项目建设加快推进；科力嘉纺织、金正安保设备等一批重大产业项目竣工投产。全市完成工业固定资产投资965.2亿元，同比增长15.8%，完成工业技术改造投资681.4亿元，同比增长21%，工业招商引资实际到位资金295.1亿元，同比增长9.4%。

四、地方工业活力增强。继续开展重点产业和重点民营企业帮扶行动，组织开展“下企业、搞调研、送服务、稳增长”活动，市级领导、市直部门及县市区主要负责人走访调研企业和项目600余次，形成调研报告45篇。继续开展扶助小微企业专项行动，印发5000余册《扶持小微企业发展政策文件选编》，广泛宣传惠企政策。联合上海股权托管交易中心在岳阳市成立企业挂牌孵化基地，有效拓宽中小企业融资渠道。制定公布《岳阳市涉企收费项目及标准》，及时查处乱收费行为，有效减轻企业负担。地方工业增加值同比增长8.9%，湘阴县、岳阳县、平江县、华容县分别增长9.5%、9.0%、8.8%、8.8%，分别高出全市平均水平0.2、0.7、0.5、0.5个百分点。

五、园区集聚步伐加快。市政府出台《关于进一步促进产业园区发展的意见》，明确园区发展定位，落实园区简政放权，强化园区绩效考核，促进园区体制创新。强力推进“135”工程，新建标准化厂房297.8万平方米，超年度计划25.1%，引进创新创业企业273家，超年度计划23家，园区承载能力与发展潜力进一步提升。加快园区聚集，园区工业规模进一步扩大，全市省级及以上产业园区规模工业增加值同比增长9.8%，增加值总量占全市规模工业的60.1%，同比增加7.4个百分点。6个园区实现10%以上增长，湘阴县工业园、平江县工业园、华容县工业园、汨罗循环经济产业园、临湘市工业园、君山区工业园分别增长13.2%、11.8%、12.8%、11.9%、11.6%、10.3%。

【总结和部署重点产业和重点民营企业帮扶工作】 2015年2月5日，市委书记卿渐伟主持召开全市重点产业和重点民营企业帮扶工作领导小组会，总结2014年帮扶工作，部署2015年工作。副市长陈恢清在会上汇报全市重点产业和重点民营企业帮扶工作情况。会议指出，面对严峻复杂的宏观经济形势，重点产业和重点民营企业帮扶充分发挥稳增长的作用，形成有效的工作机制，帮助企业解决一批实际困难，为全市产业发展升级、企业做大做强作出重要贡献。会议强调，加快融入长江经济带建设、打造湖南省新的增长极，需要产业的发展壮大作为支撑。面对新的形势，帮扶工作应该有新的要求和定位。要进一步加大力度，尽快制定年度工作方案，突出帮扶重点，务求取得实效。

【全市加速推进新型工业化工作会议】 2015年2月11日，全市加速推进新型工业化工作会议召开，市领导李志坚、陈恢清、刘晓英参加。会议传达全省加速推进新型工业化工作会议精神，明确全市今年工业经济的主要发展目标：规模工业增加值增长10%左右；新增规模工业企业100户以上；完成工业投资890亿元，增长8.5%；单位规模工业增加值能耗下降5%左右。市委副书记李志坚要求，各级各部门扎实工作，实现全市工业保持中高速发展。一是要明确定位。始终坚持新型工业化第一推动力的地位不动摇，切实加强对工业发展的领导、支持、协调、调度。二是要保持定力。创新新思路、新思维、新手段，适应新常态、抢抓新机遇，努力实现新发展。三是要精准定调。科学设置发展的工作目标和奋斗目标，实现持续健康加速增长。四是要把脉定向。产业、区域、技术、企业要把脉定向，齐头并进，加速推进新型工业化。

【岳阳市与上海两家金融机构签订三方战略合作协议】 2015年4月3日，岳阳市经信委、上海股权托管交易中心、富安康资产管理（上海）有限公司共同签订战略合作协议。上海股权托管交易中心是经国务院同意、由上海市人民政府批准设立的非上市公司股权交易平台，是上海市国际金融中心建设的重要组成部分，能为挂牌公司提供定向增资、并购重组、股份转让、价值挖掘、营销宣传等服务。根据协议，岳阳市将与上海股权托管交易中心、富安康资产管理（上海）有限公司战略合作并建立挂牌孵化基地，基地由富安康资产管理（上海）有限公司负责运营，为岳阳市及周边地区广大中小企业提供挂牌融资等服务。5月18日，上海股权托管交易中心岳阳市企业挂牌孵化基地揭牌仪式在市经信委举行。揭牌仪式后，上海股权托管交易中心为岳阳市企业家作“中小企业对接资本市场”主题报告。

2015年4月3日，岳阳市经信委、上海股权托管交易中心、富安康资产管理有限公司共同签订战略合作协议　（市经信委　供稿）

【浙江大学—岳阳市企业家高级研修班结业】 2015年9月20日下午，“浙江大学—岳阳市企业家高级研修班”圆满结业，岳阳市80多名企业家学员参加结业典礼。浙江大学管理学院党委书记、副院长包迪鸿，中国EDP联盟主席、浙江大学管理学院院长助理兼EDP中心主任孙建平，市政府副市长陈恢清等出席。该研修班由岳阳市委、市政府主办，浙江大学、岳阳市委组织部、市经信委、市工商联联合承办，学制一年。

【岳阳市成功入选2015年度宽带中国示范城市】 2015年10月18日，国家工信部和发改委公告2015年度“宽带中国”示范城市（城市群）名单，岳阳成功入选，成为继长株潭城市群后湖南省第二个获批“宽带中国”示范城市的市州。“宽带中国”示范城市创建活动是全市推进“智慧城市”建设的重要抓手，创建期为3年。2015年，全市拥有宽带用户69.3万户，城区20Mbps及以上宽带接入端口占总数的90%，重要公共场所无线热点覆盖率96.5%。

【岳阳市与中国空间技术研究院签订战略合作协议】 2015年11月13日，岳阳市政府与中国空间技术研究院签订战略合作框架协议。根据协议，双方将建立全面战略合作关系，共同推进以卫星应用、智慧城市、节能环保等为代表的航天技术应用产业项目，实现双方的军民融合式发展。岳阳是继上海、广州之后，第三个获批国家“北斗卫星导航应用示范”的城市，在军民融合卫星应用产业方面，具有一定的先发优势和产业基础。中国空间技术研究院隶属中国航天科技集团公司。此次签约，既是双方深入践行国家央地合作战略、积极推动军民融合卫星应用产业落地的重要举措，也是深入推进全市产业转型升级、促进战略新兴产业发展的重要机遇。

（本栏撰稿 易振波）

石化工业

【概况】 石化工业是岳阳市第一个千亿元产业，2015年完成产值1261亿元，形成以中国石化长岭炼化公司（简称长岭炼化）和中国巴陵石化公司（简称巴陵石化）两个百亿元企业为龙头，以中创化工、瑞源石化等236家化工和配套企业为集群的产业体系，其锂系聚合物、己内酰胺等产品产量全国第一。

（易振波）

【长岭炼化上缴税金近98.8亿元】

2015年，长岭炼化相继完成增产车用柴油、渣油加氢换剂及部分装置陪停检修、双氧水装置投产开工等阶段性任务，实现安稳生产、优化生产。主要技术经济指标全面达标，97#汽油、航煤、车柴产量创历史新高，油品卸转量、改性沥青产量超额完成计划。“降本”换“增效”见成效，降低成本费用7000万元。全年加工原料油813.6万吨，同比增加125万吨，其中加工原油696万吨，增加57万吨。两大公司实现营业收入363.5亿元，上缴税金98.8亿元。（王毅平 李 星）

【长岭炼化实现安全环保生产】

2015年，长岭炼化严格落实安全生产主体责任，狠抓安全管理，开展承包商专项整治，推进管道和罐区隐患治理，整改各类问题474项，避免各类事故134起，实现安全生产“四无”目标。完善环境监管体系，落实污染防控措施，开展碧水蓝天环保治理专项行动，新建的1#催化烟气脱硫除尘、CFB锅炉脱硫脱硝、3#催化烟气脱硝等环保设施，全面完成国家地方和总部下达的各项环保考核指标，获2015年度湖南省安全生产先进单位称号。

（王毅平 李 星）

【长岭炼化完成一批工程建设项目】

2015年，长岭炼化加强施工统筹和过程监管，实施隐患治理项目20个，碧水蓝天项目14个，能效倍增项目9个，完成工程投资4.4亿元。

（王毅平 李 星）

【年产60万吨航煤管式液相加氢装置试生产成功】 2015年，长岭炼化60万吨/年航煤管式液相加氢装置为期一个月的长周期试生产圆满成功，生产的稳定性和产品质量均达到预期目标。该项目投资2751万元，采用长岭分公司与长岭科技开发公司合作开发的航煤管式液相加氢技术，具有投资成本低、反应效率高的特点，主要生产3号喷气燃料，满足GB6537—2006质量要求，在提高加氢深度的前提下可满足军方对航煤高安定性的要求。12月2日，长岭炼化获得国产航空（舰艇）油料鉴定委员会同意生产民用喷气燃料的批复，标志着管式液相加氢技术走向稳定的工业化生产道路。（王毅平 李 星）

【推进用工制度改革】 2015年11月18日，长岭炼化召开深化用工制度改革工作推进会，对深化用工制度改革工作进行安排部署。按照公司总部相关要求，通过清退、业务外包、调整用工形式、合规使用四种方式，稳妥推进用工制度改革。制定《长岭炼化离岗（富余）人员分流安置实施办法》《关于业务（服务）外包工作中规范用工管理的有关规定》等制度。

（王毅平 李 星）

【举办谢清峰先进事迹报告会】

2015年11月4日，长岭炼化举办追梦人生——谢清峰先进事迹报告会。公司党委书记文志成主持报告会并代表公司党委宣读关于向谢清峰同志学习的决定。谢清峰系公司炼油工艺专家，炼油第二作业部主任工程师，化学工程专业硕士，牵头解决重大生产和技术难题18个，发表具有影响力的技术论文15篇，主持实施的《RSDS-Ⅱ催化汽油选择性加氢脱硫技术开发与工业试验》获中国石化科技进步一等奖，《柴油液相循环加氢技术工业试验》获2010年度公司科技进步特等奖，先后获得公司劳动模范、炼油改扩建项目建设一等功荣誉勋章、湖南省劳动模范、全国“五一劳动奖章”和全国劳动模范等荣誉称号。

（王毅平 李 星）

【长岭炼化冬泳队在俄罗斯海参崴取得佳绩】 2015年12月26日，第二届“阿穆尔杯”中俄泳友迎新年冬泳挑战赛在俄罗斯海参崴市举行。长岭炼化冬泳队5名队员冒着零下11度的严寒顺利完成比赛，72岁的退休干部陈其政获男子组冠军。陈其政代表长炼冬泳协会向俄罗斯海参崴滨海边疆区冬泳协会赠旗，表示希望以冬泳为媒介，增进中俄两国人民的友谊。

（王毅平 李 星）

【长岭炼化员工医保移交地方管理】

2014年7月，长岭炼化正式启动基本医疗保险、大病医疗互助、生育保险和特殊人群四项社会医疗保障的属地化移交工作。公司成立医保移交领导小组和8个工作小组，加强组织领导，落实工作责任，积极争取政策支持，统筹推进相关工作。2015年5月1日，公司员工基本医疗保险正式移交岳阳市管理，长岭地区15993名参保人员可享受岳阳市城镇居民的医保政策和待遇。

（王毅平 李 星）

【巴陵石化获多项荣誉】 2015年2月28日，巴陵石化获全国文明单位称号，公司总经理李大为作为湖南省和中国石化获奖单位唯一代表，赴京出席全国精神文明建设工作表彰暨学雷锋志愿服务大会，受到中共中央总书记习近平等党和国家领导人亲切接见。该公司安全业绩创历史最好水平，获得中国石化安全生产先进单位奖牌，连续三年获得湖南省安全生产先进单位。公司职工李望明入选2014年享受政府特殊津贴人员名单，供排水事业部七里山生化车间生化火炬岗位获全国五一巾帼标兵岗称号，关工委常务副主任鲁克被评为全国关心下一代工作先进个人，多多创新工作室获评湖南省示范创新工作室，职工文平、赵进被授予湖南省劳动模范称号，职工郑李志被评为岳阳市助人为乐模范。（贺致富）

【巴陵石化实现营收168亿元】

2015年，巴陵石化累计生产炼化产品446万吨，实现营业收入168亿元；累计实现各项税费34.4亿元，增长32%。中国石化考核的18项能耗物耗指标有11项创历史最优，公司考核的111项能耗物耗指标有72项创历史最优，节能降耗降本1.64亿元；装置运行平稳率96.1%，非计划停车次数、时数分别减少49.4%、40.2%。　（贺致富）

【巴陵石化挖潜增效6亿元】　2015年，巴陵石化划分6大产品链，构建生产经营全过程优化增值管理模式，深挖内部效益潜力，全年同比实现产品链增值9.4亿元，其中，通过主观努力，在指标提升、经营优化、压减费用等方面增值超过6亿元。

（贺致富）

【巴陵石化深化内部改革】　2015年，巴陵石化围绕“3个1/3”改革目标，持续深化专业化重组，成立行政管理中心、社区管理中心和计量统计中心；推进机构改革，整合原炼油事业部和环己酮事业部，规范直属单位机关科室设置，公司处、科级机构减少82个；精简干部职数，减少处、科级干部174名；完善《离岗人员分流安置细则》《职工内部退养管理规范》等配套政策，分流安置富余人员1158人，全口径用工总量减少904人，压减7.5%。　（贺致富）

【巴陵石化科技创新有突破】

2015年，巴陵石化持续强化科技创新。2013年确定的7个重大科研项目取得突破性进展，其中医用SEBS、2万吨/年SEPS、2万吨/年浆态床蒽醌法制双氧水等3个项目正在工业化，环己酮肟气相贝克曼重排和苯部分加氢制环己酮2个项目具备工业化应用条件，轻石脑油多产苯技术开发、环保型环氧氯丙烷新工艺2个项目已进入模试阶段；开发新产品、新牌号12个，获得授权专利34件。1月，该公司作为第一完成单位的“新一代高性能苯乙烯类热塑性弹性体成套技术”项目获2014年度国家科学技术进步二等奖。

（贺致富）

【巴陵石化项目建设完成投资4.8亿元】　2015年，巴陵石化建成投用填平补齐、节能降耗、安全环保等项目10余个，完成投资4.8亿元；热电事业部一炉一机等5个重点项目可研报告获得总部批复，合计批复投资4.1亿元，年内均开工建设。

（贺致富）

【巴陵石化优化内部环境】　2015年，巴陵石化深入开展“双文明”建设竞赛、技术比武、青工五小攻关等活动，调动职工群众创新创效积极性；办好职工食堂，举办“巴陵好声音”等十大文体活动；开展春节百万帮扶大行动、金秋助学、“一对一”帮扶等工作，帮扶754户，发放帮扶金276万元；深化老旧小区综合治理，加强社区服务窗口建设，落实离退休人员“两项待遇”；创新工作方法，抓好信访稳定工作，确保队伍稳定、企业稳定。　（贺致富）

2015年7月16日，市长刘和生到巴陵石化环氧树脂事业部调研

（巴陵石化　供稿）

【巴陵石化建成3个碧水蓝天项目】

2015年，巴陵石化建成投用供排水事业部污水提标改造、动力事业部4#锅炉脱硫脱硝、固体废弃物填埋场等3个“碧水蓝天”项目，污染物外排总量比2014年减少67%，固废有效处置率100%。　（贺致富）

【四化建公司华南分公司参建项目获鲁班奖】　2015年11月17日，国家住房城乡建设部通报表彰2014—2015年度中国建设工程鲁班奖（国家优质工程）获奖单位，中国建筑业协会在北京钓鱼台国宾馆举行隆重的表彰大会，四化建公司华南分公司参建的路博润添加剂（珠海）有限公司一期、二期润滑油添加剂项目获中国建筑业最高荣誉奖——鲁班奖，是公司成立61年来首次获此殊荣。路博润添加剂项目于2011年9月25日开工，2013年8月20日竣工，一次验收合格率99%以上，施工质量达到国家相关规范和图纸要求。在整个施工过程中，工地未发生一起安全事故，施工现场安全生产管理体系运转良好。　（廖亚玲）

【四化建公司获全国全省多项荣誉和认证】　2015年2月，四化建公司通过国家级高新技术企业复审。4月28日，四化建公司党委书记、董事长刘德辉获全国劳动模范荣誉称号，并到北京参加表彰大会。11月，刘德辉获岳阳市首届“十佳诚信人物”称号。4月30日，四化建公司青年员工花丽荣获湖南省劳动模范荣誉称号，并在长沙接受省委、省人民政府表彰。是月，公司被评定为湖南省企业信用等级AAA级。10月通过锅炉安装（改造、维修）资质换证。　（廖亚玲）

【三五一七公司工业加速升级入园】

2015年，际华三五一七橡胶制品有限公司全面推进工业升级入园项目，完成工业园土建、配电、设

备采购公开招标工作。园区建设稳步推进，1—7号工房桩基础工作全部完成，8号工房顺利封顶；国内规模最大、技术最先进的橡胶配件生产设备——3500吨4000×4000平板硫化机完成安装调试和试产；引进的德国制鞋生产线到厂等待安装。（徐应远）

【三五一七公司搭建国家级技术平台】 2015年，三五一七公司利用工业升级入园的契机，在立足自身技术优势的同时，引进战略合作伙伴架构国家级技术平台，为公司技术升级打下坚实基础。利用企业在橡胶行业的影响力和60多年的技术积累，与中国橡胶工业协会合作，建立行业性鞋类产品国家级工程技术中心；与怡维怡橡胶研究院合作建立高分子材料科技成果中试及产业化基地；与青岛科技大学联合建立博士后流动工作站；与新兴铸管研究院合作建立密封件研究分院；与株洲橡胶院合作成立湿法混炼工程技术中心。（徐应远）

造纸工业

【概况】 2015年，造纸工业完成产值194.98亿元，全市有造纸工业规模企业50余家，主要集中在岳阳县、汨罗市、湘阴县和君山区等地。主要产品有精品文化用纸、包装和生活用纸等。（易振波）

【岳阳林纸获评最受投资者尊重上市公司】 2015年11月27日，岳阳林纸获评2015中国最受投资者尊重的上市公司，公司董事会秘书获评最受投资者欢迎的上市公司董秘。此次评选由中国上市公司协会联合中国证券投资者保护基金公司、上海证券交易所、深圳证券交易所、中国证券业协会、中国基金业协会主办，证券时报承办，岳阳林纸是造纸企业中唯一一家同时荣获两项荣誉的企业。（陈小朋）

【湘江纸业岳阳项目开工】 2015年12月24日，岳阳纸业全资子公司湘江纸业岳阳项目举行开工仪式。该项目是湘江纸业关停并转项目的重要内容，也是落实省委省政府关于湘江母亲河治理和源头保护的一项重要举措。（陈小朋）

【岳阳林纸通过PEFC-COC森林产销监管链管理体系认证】 2015年5月26日，岳阳林纸获得PEFC-COC产销监管链管理体系认证。该认证的通过有利于提高产品的市场竞争力和扩大出口量，是企业产品越过贸易壁垒进行入国际市场的一张绿色通行证。（陈小朋）

【数码印刷纸研发及应用技术获多项奖励】 2015年12月，岳阳林纸研发的“数码印刷纸研发及应用”获2015年湖南省科技进步三等奖、中国轻工业联合会二等奖、中国产学研合作创新成果二等奖。（陈小朋）

电力工业

【概况】 2015年，岳阳市电力能源产业实现产值86.96亿元，增加值30.9亿元，总发电量达到103.3亿千瓦时，一批重大项目落地，神华国华华容电厂（2×100万千瓦）于11月20日完成省发改委核准，12月18日开工建设；湖南华电平江电厂（2×100万千瓦）于12月22日完成省发改委核准，12月29日开工建设；岳阳煤炭储备基地项目进入环评报批程序。一批新能源开发利用，临湘窑坡山风电场（装机5万千瓦）于2015年8月建成投产；临湘桃矿尾矿库20兆瓦光伏电站于2015年7月开工建设；平江伍市镇49兆瓦光伏电站完成投资1.4亿元；12月10日市政府与中粮集团签署协议启动城陵矶产业园项目，园区主要项目之一的30万吨燃料乙醇项目已完成《湖南省生物燃料乙醇专项发展规划（2015—2019年）》编制，并上报国家能源局评审；岳阳垃圾焚烧发电厂确定项目选址，完成可研编制，全面启动相关前期工作；汨罗垃圾焚烧发电厂项目完成可研编制及社会稳定风险评估；小墨山核电厂区居民搬迁工程已完成投资6200万元，完成安置点92户居民房屋及小区配套设施建设。电网升级改造进一步推进，2015年城乡配电网建设累计完成投资4.44亿元，新建110千伏项目9个、35千伏项目20项，顺利完成10千伏及以下城乡电网改造年度投资计划。

【电网建设投资超6亿元】 2015年，国网岳阳供电公司主动服务岳阳“一极三宜”发展战略，积极争取国家扩大内需投资2.21亿元，平江农网改造专项资金5000万元，低电压整治专项7000万元，电网总投资创历年新高，达6.07亿元。全年开工110千伏项目12个、35千伏项目20个，建成投产金凤桥等18个输变电项目，完成296个行政村农网升级改造和40个行政村“为民办实事”配网改造，完成2.48万户低电压整治。

【创新内部管理】 2015年，国网岳阳供电公司创新内部管理取得实效。精心部署启动了领导干部“一进二访三提升”活动，确定了“十个一”的具体举措，营造了领导率先垂范、干部同心奋斗的干事创业氛围。鼓励各条线、各层面开展管理和技术创新，公司“1+1”“1+3”业扩报装经验入选国网公司社会责任报告，质量监督管理入选国网公司最佳时间案例，村网规划管理被推报国网公司管理创新成果，“卓进创新工作室”被评为湖南省示范创新工作室，1个项目或设施哪个公司QC表彰。

【华能岳阳电厂实现安全生产零目标】

2015年，华能岳阳电厂未发生人身轻伤及以上事故、未发生火灾事故、未发生设备损坏事故、未发生环境污染及破坏事件、未发生影响经营安全的事件、未发生影响政治形象安全的事件，实现安全生产零目标，获华能集团公司安全生产先进单位、华能股份公司安全生产标兵单位以及湖南省电力安全生产工作先进单位称号。

【华能岳阳电厂检修标准化管理模式获推介】 2015年，华能岳阳电厂检修标准化管理模式获中国电力设备管理协会第五届管理创新成果二等奖，《中国电业》2015年第6期向全国推介该厂检修标准化管理工作经验。该厂在机组检修中，严格按照《电力检修标准化管理实施导则》的要求开展检修标准化管理，抓好检修全过程安全、质量管控，把好修后验收与深度试运关，检修后的机组均实现一次并网成功，且运行稳定。

【华能岳阳电厂拓展热力市场】　2015年，华能岳阳电厂，提升电力能源产业核心竞争力，投建工业蒸汽供应项目。拓展热力市场，新增供热用户8家，新增供热管线5.2公里，新签订供热框架协议5家；年售汽量14.48万吨，比2014年增加2.35万吨。完成临港支线冬暖夏凉工程建设，首次实现向民用市场供热；建成向岳阳纸业供热管网工程，完成与第一家特大型用户供热管网的连通；完成厂内一、二、三期管网互联互通工程，保障供热可靠性。2012年实现对外供热以来，累计供汽总量36.25万吨，供热主管网12.6公里，支管网13.5公里，供热用户45家，取得较好的社会效益和经济效益。

【华能岳阳电厂改造煤炭专用码头】　2015年，华能岳阳电厂投入4450万元，历时277天，对原煤炭专用码头进行扩容改造。改造后的码头成为长江中上游靠泊等级最高、可卸载船型最大的煤炭专用码头。

（本栏撰稿　李福如）

饲料工业

【概况】　2015年，岳阳市有各类饲料和饲料添加剂企业75家，比2014年减少12家。全市饲料总产量为365万吨，同比下降6.16%，饲料工业总产值为132亿元，同比下降19.2%。从品种上分析，猪饲料305万吨，同比下降4.76%；水产料41万吨，同比持平；添加剂预混料22.67万吨，同比下降20%；单一饲料40万吨，同比下降17%；配合饲料280万吨，同比下降4.1%。

一、行业集中度继续提高，企业整合明显。岳阳市75家饲料企业持有生产许可证95个，比2014年减少34个。新办企业5家，投资2.5亿元，新增产能100万吨。企业迈向规模化、自动化、专业化生产。正虹、九鼎、岳泰等企业年销售收入均超过50亿元，前15位的饲料企业产销量已占到全市饲料产销量的60%以上。

二、产业结构进一步优化，产量有所下降。受畜禽存栏量下降，畜禽产品消费低迷，水产品价格下行，饲料企业经营成本上升、利润下滑等不利因素影响，饲料市场需求萎缩，全年饲料生产总产量总产值首次出现较大幅度下降。但仍分别占全省饲料产量和产值的三分之一以上。全年猪料萎缩，禽料增加，水产料持平，特种水产饲料突破10.2万吨，占两湖地区50%市场产量。

三、产业链不断延伸，抗风险能力加强。正虹、九鼎、新宏、宏岳、鸿佑、展翔等企业，从单一的生产饲料拓展到畜禽养殖、良种繁育和物流等上下游产业，延伸产业链，拓展利润链，抗风险能力提高。

四、质量安全有保障。通过执行《饲料和饲料添加剂管理条例》及《饲料质量安全管理规范》，饲料企业强化原料采购、生产加工、产品检测、流通销售环节的管理控制，企业管理规范，质量安全责任增强，产品质量稳步提升。全年部、省、市三级饲料主管部门监测抽样323批次，合格产品320个，合格率99.1%。全市饲料生产企业免税检测抽样608个，合格产品308个，合格率100%。全年没有出现重大质量安全事件。

【饲料行业监管】　2015年，全市饲料行业管理部门加强行业监管，确保行业有序发展。抓行政许可、保合法生产。对87家饲料持证企业进行年审备案；有75家饲料企业通过年审备案；12家企业因生产设备、管理水平、检化验设备等条件不合格，未通过年审备案，已报省畜牧水产局注销。为4家新办企业办理饲料生产许可证；为8家到期预混料生产企业及时换发新的生产许可证，确保企业合法连续经营。抓质量监测，促质量提高。抽检的重点放在饲料经营市场和外来饲料添加预混合料监测，全年完成农业部饲料质量安全监测抽样57个、饲料和原料霉菌毒素调研抽样50个，省饲料质量安检监测抽样110个，“瘦肉精”排查抽样45个。三聚氰胺排查抽样26个，猪、禽、水产饲料违禁药物监测抽样35个，全市饲料生产企业饲料产品免税抽样308个，合格率100%；合计质量监测抽样323批次，合格率99.1%。抓行政执法，强化案件查处。组织县（市）区14名饲料执法人员参加省饲料办举办的省饲料行政执法培训，加强对县（市）区饲料执法工作督查。结合饲料企业年审备案、抽样、专项整治，开展动物源性饲料产品安全、饲料添加剂和饲料药物添加剂使用、企业执证、饲料用油五项检查。天津爆炸事故发生后，为履行监管责任，开展为期一个月的饲料安全大检查，落实企业安全生产第一责任，对12家生产工艺设备防尘效果不达标和20家消防设备陈旧、措施不到位的企业，召集企业安全生产相关负责人举办11场饲料安全生产分析会，下达整改通知21份。坚持严厉打击假、冒、伪、劣饲料和饲料添加剂违法行为，严厉整治违规添加药物和非法添加物行为。全年印发饲料安全宣传资料2.1万份，出动执法人员218人次，检查饲料生产、经营企业525家，整顿饲料市场4个，对上年度监管部门通报不合格产品企业进行登记造册建立黑名单，明确有9家企业、16个品种为重点监控对象。全年立案4起，结案4起，下发整改通知书21份，停产整顿企业3家，取缔无证生产企业1家。抓质量安全，促整治深入。开展“瘦肉精”专项整治。全年“瘦肉精”快速检测试纸排查养殖场34家，饲料经营户218个。加强对动植物蛋白饲料“三聚氰胺”和猪、禽、水产饲料违禁药物监测专项监测，抽取“三聚氰胺”样26个，猪、禽、水产饲料违禁药物监测样35个，均未检出“三聚氰胺”和违禁药物。

【岳阳市饲料行业协会二届三次代表大会召开】　2015年2月5日，岳阳市饲料行业协会第二届三次代表大会召开。会议通过市饲料行业协会会长吴明夏所作题为《积极落实饲料新政努力推进饲料行业转型升级》的工作报告，邀请省饲料工业办专家解读饲料质量安全管理规范的重点内容、重点环节，观摩湖南九鼎科技集团有限公司推行饲料质量安全管理规范所做的基础工作。

【正虹集团营田分公司顺利通过省级示范企业验收】 2015年12月17日，正虹集团营田分公司顺利通过湖南省《饲料质量安全管理规范》省级示范企业创建验收，以88.25分成为湖南通过省级示范企业的最高分，是岳阳市首家通过省级验收的企业。

【正虹获2015湖南100强企业称号】

2015年10月16日举行的2015年湖南省企业家活动日上，正虹科技入选2015湖南100强企业名单。这是正虹科技连续第12年荣登湖南100强企业名单。

【九鼎集团岳阳农牧引进机械手】

2015年2月3日，九鼎集团岳阳农牧（预混料线、全价料线）码垛机器人系统招拟标会议在九鼎集团总部会议室召开。岳阳农牧中标单位为上海沃迪自动化装备股份有限公司。

【宏岳科技投资生猪饲养】 2015年，宏岳科技有限公司投资5000万元，在湖南境内租赁山地饲养“鑫塘森”原生态猪，建设大型生态猪特种养殖公司。

（本栏撰稿　周　裕）

食品工业

【概况】 食品加工产业是全市第二个千亿产业，工业总量居全省食品工业（不含烟草）第一位。2015年，完成产值1186亿元。全市有规模以上食品工业企业258家，拥有正虹、九鼎、道道全、君山银针等22个中国驰名商标，正虹科技等4家企业被评为国家级龙头企业，插旗菜业等32家企业被评为省级龙头企业。（易振波）

生物医药工业

【概况】 2015年，岳阳市生物医

岳阳市政府副巡视员苏耀辉到临湘市重点帮扶民营企业——湖南省十三村食品有限公司开展帮扶调研（余　钢　摄）

药工业完成产值159.08亿元，全市有医药工业及相关企业64家，形成集原料、制剂、药用辅料、医用卫材、医疗器械、保健食品等共同发展的医药工业体系。现有原料药、冻干粉针剂、大容量注射剂、片剂、胶囊剂等14种药品剂型，药品批文463个，现有药品生产企业数量和药品品种数量在全省排名第二，湖南科伦药业是中南地区最大的输液制品生产企业。（易振波）

建材工业

【概况】 2015年，岳阳市建材行业致力于关闭小建材、粘土砖厂，大力发展新型建材工业，并对现有两个建筑陶瓷工业园进行产品升级换代，建材工业完成产值448.9亿元，以远大住工和远大可建为代表的住宅产业化企业，已成为全国住宅工业化领军企业，其工业化PC（指用工厂化预制构件拼装）构件产能800万平方米。（易振波）

机械制造工业

【概况】 2015年，装备制造工业实现产值623.1亿元，拥有通用机械设备制造、专用机械设备制造、交通运输机械设备制造，电气、电磁设备制造，办公设备制造等7个大类，其中通用机械设备、电气机械设备、专用机械设备等3类成为产业支柱，产值均在30亿元以上。岳阳建有首个国家磁力设备标准化技术委员会和国家磁力设备质量监督检验中心，被誉为中国磁力设备产业化基地和起重电磁铁之都。（易振波）

【长江动力机械厂企业改革改制有进展】 2015年，国营长江动力机械厂改革改制取得实效。新一届领导班子带领全厂干部职工坚持“以军为主，专业化发展”的企业发展方向不动摇，通过调整思路，把“生存、改制、专业化”当成现阶段企业发展的重中之重，确定“以增量解决存量”的工作思路，不断强化市场牵引，大力优化资源整合，调整梳理工作流程，加强职工队伍建设，启动变革分配体系，企业改制和“退二进三”工作取得重要进展。岳阳市政府组织召开企业改制发展专题协调会，下发专题会议纪要，成立以市经信委牵头的指导小组办公室。中航发动机公司与市政府就企业改革改制发展进行对接，即将进入实质性操作阶段；企业“退二进三”工作在岳阳经济技术开发区的协调下取得实质性效果，产业园建设即将启动。

（陈启洲）

【金秋红日公司实现扭亏为盈】

2015年，金秋红日公司干部完成

全年生产经营任务，实现工业总产值较2014年同比增长83%，甩掉连续15年的亏损帽子，实现扭亏为盈。

（康苏高）

【金秋红日公司完成棚户区配套工程】　2015年，金秋红日公司向政府部门申请棚改配套资金1155.96万元用于红日社区环境改造。该配套工程改造项目包括社区内路面工程、路灯安装工程、电视监控工程、区内排水工程和区内绿化工程等。配套工程项目完成后，红日社区一改往日私搭乱建、垃圾遍地、污水横流的状况，获岳阳市美丽社区称号。（康苏高）

电子信息工业

【概况】　2015年，岳阳市电子信息工业完成产值169.7亿元。全市电子信息工业主要规模企业集中在岳阳经开区和汨罗、华容、湘阴等县（市）区，形成软件产业、电子元器件制造业等电子信息产业集群。城陵矶新港区围绕军民融合卫星应用产业园全力打造卫星导航应用产业集群，组建北斗卫星导航应用院士工作站，军民融合北斗卫星导航产业纳入省政府与中国航天科技集团战略合作框架协议中的核心内容。（易振波）

【6906公司多方位展示北斗技术】
　　2015年，6906公司多方位展示北斗技术，提升产业知晓度，推动产业发展。5月13—15日，该公司参加在西安举行的第六届中国卫星导航学术年会，展示技术成果有：某型弹载抗干扰型北斗卫星导航项目，某型多模高动态GNSS接收机，全景3D影像制作软件，远程激光夜视成像设备，北斗嵌入式用户机，北斗时间同步服务器，公务车、出租车、校车、物流行业应用方案等。公司与中国航天科技集团公司第一研究院第14研究所、五院511所、总参第61研究所、中国科学院、国防科技大学、西北工业大学等展开深度合作。18日，参加岳阳

6906公司参加岳阳市科技周活动，推介全景3D影像制作软件，为大区域、精细化三维地理环境构建提供解决方案　（范向辉　摄）

科技活动周，以“科技创新，开启智能新生活”为主题，重点推介全景3D影像制作软件（REAL3D），为大区域、精细化三维地理环境构建提供解决方案。11月5日，在岳阳举办“北斗+3DGIS——给您一个无限想象空间”无人机航拍测绘汇报、演示活动展示会。重点展示无人机系统（运输保障系统、显控平台、无人机）、北斗运营中心、航拍影像及二维视频实时拼接系统、真三维重建系统，基于数字地球的应用及基于“北斗+3DGIS平台”的应用技术。（周婉如）

纺织工业

【概况】　2015年，岳阳市纺织工业完成产值206.37亿元，形成华容、湘阴、君山、屈原、岳阳县5个棉纺织产业集群，其中华容县是湖南省纺织基地县。岳阳市已初步形成以纺纱为主、织造、印染、服装互为补充的纺织工业生产新格局。湖南科创纺织、科力嘉纺织等重大项目建成投产。（易振波）

【洞庭麻业公司实现销售收入1.6亿元】　2015年，湖南华升洞庭麻业有限公司紧紧依靠技术创新，加大科技投入，加快产品研发，加强市场开拓，做精做强苎麻主业，研发新产品216个，其中有6个形成批量生产，“春意”“粗犷风”两个产品入围2015年度中国流行面料。公司承担的国家“十二五”科技支撑计划项目——“数控一代机械化产品创新应用示范工程”项目顺利通过国家验收。全年实现销售收入1.6亿元，保持全国苎麻纺织行业的领先地位。在做好苎麻主业的同时，公司探索多元发展，开发“华盛佳园”“碧水香樟”“香樟四季”等多个楼盘，找到新的利润增长点，企业由此获得新的发展。

（覃春琳）

节能环保工业

【概况】　2015年，岳阳市节能环保工业完成产值320.89亿元，全市有规模以上节能环保工业企业60余家，以巴陵节能炉窑、钟鼎热工为代表的产业集群加速形成。汨罗循环经济产业园是国家首批循环经济试点和全国首批“城市矿产”示范基地，再生资源经营业主发展到4000多家，是中南五省最大的再生资源交易市场。（易振波）

责任编校　曹春友

信息产业

综 述

【电子信息产业】 2015年，岳阳市电子信息产业完成产值169.7亿元，电子信息产业主要规模企业集中在岳阳经济技术开发区和汨罗市、华容县、湘阴县等县市区，形成软件产业、电子元器件制造业等电子信息产业集群，城陵矶新港区围绕军民融合卫星应用产业园打造卫星导航应用产业集群。组建北斗卫星导航应用院士工作站，军民融合北斗卫星导航产业纳入省政府与中国航天科技集团战略合作框架协议中的核心内容。

【签订战略合作协议】 2015年11月13日，岳阳市人民政府与中国空间技术研究院签订战略合作框架协议。根据协议，双方将建立全面战略合作关系，共同推进以卫星应用、智慧城市、节能环保等为代表的航天技术应用产业项目，实现双方的军民融合式发展。市委副书记、市长刘和生致辞，市委副书记李志坚主持，副市长陈恢清和中国空间技术研究院副院长李忠宝代表双方签约。

岳阳市是继上海市、广州市之后，第三个获得国家“北斗卫星导航应用示范”的城市，在军民融合卫星应用产业方面，具有一定的先发优势和产业基础。中国空间技术研究院隶属中国航天科技集团公司，公司作为具有高度创新能力和核心竞争力的特大型国企，是中国航天科技工业的主导力量。此次签约，既是双方深入践行国家央地合作战略、推动军民融合卫星应用产业落地的重要举措，也是推进全市产业转型升级、促进战略新兴产业发展的重要机遇。

刘和生表示，岳阳市将以此次协议签订为新的开端，竭力为项目建设营造更加宽松、更加高效、更可预期的发展环境，确保航天科技集团在岳阳项目“百尺竿头更进一步”，同时，也希望航天科技集团发挥航天高科技的引领作用，将更多的大项目、好项目与高端设施向岳阳转移，与岳阳携手共创美好明天。

（本栏撰稿　易振波）

2015年11月13日，岳阳市人民政府与中国空间技术研究院签订战略合作框架协议　（范向辉　摄）

无线电管理工作

【机构改革】 2015年，根据《岳阳市人民政府职能转变和机构改革方案的实施意见》，不再保留湖南省无线电管理委员会办公室岳阳市管理处，其职责划入岳阳市经济和信息化委员会。岳阳市经济和信息化委员会无线电管理科（市无线电管理委员会办公室）职责为：拟订地方无线电管理规范性文件，负责无线电频率指配，依法监督管理无线电台（站），协调处理军地间无线电管理相关事宜，负责无线电监测、电磁环境测试、无线电设备检测、技术审查、干扰查处，协调处理电磁干扰事宜，维护空中电波秩序，依法组织实施无线电管制，承担全市无线电管理基础设备和技术设施的建设及其运行维护，承担全市无线电管理委员会办公室的日常工作。（陈　华）

【无线电频率台站管理】　2015年，湖南省无线电管理委员会办公室岳阳市管理处（简称管理处）重点开展对公众移动通信、230兆赫数传、广播电视、3400-3600兆赫、14.25~14.5吉赫等应用或频段的监测和数据比对工作，确保各级无线电管理部门及时掌握频率、台站、监测数据库数据的实时性和准确性。对1.8吉赫频段LTEFDD与TDD网络建设和干扰预防和协调情况进行一次详细的摸底，内容包括：基站建设数量、频率使用情况、干扰预防措施、干扰事件查处情况及建设过程中存在问题等情况，截至2015年年底，岳阳市公众通信运营商完成4G网络基站建设4803个，中心城区建设2561个、农村地区建设2242个，其中，移动TD-LTE基站2943个、联通LTEFDD基站894个、电信LTEFDD基站966个。加强与岳阳海事局的协调合作，对航行于长江岳阳段的船舶上所置制式电台进行联合管理登记，核发船舶电台执照约1300份，促进长江岳阳段水上无线电通信秩序进一步改善。在2014年台站全面核查的基础上，按照台站属地化管理要求，持续推进台站规范化管理，进一步完善《无线电频率申请、台站设置审批内部管理流程》、案卷归档等制度规范。对移动通信运营商、人防办、海事局、新闻广电出版局、中石化长炼炼化公司、华能电厂等单位的台站设置和申报进行重点巡查和指导，规范各类无线电台站设置使用的管理，核实重点无线电台站资料，整理和完善无线电台站数据库。无线电台站的规范化管理减少违规设台行为，及时消除各种干扰隐患。加强与业余无线电爱好者代表的联络，强调无线电爱好者应坚持合法自律的宗旨，对岳阳市蓝天救援队的业余无线电对讲机用频和台站设置给予指导和支持，发挥业余无线电的应急通信保障作用。（陈　华）

【维护“东方之星”救援电波秩序】　2015年6月5—7日，市无线电管理处为配合“东方之星”号客轮翻沉现场救援工作，湖南省无线电管理部门迅速展开行动，查获无线电遥控无人飞机3台，维护“东方之星”救援现场的无线电波秩序和通讯调度。“东方之星”号客轮翻沉事故发生后，根据工信部无线电管理局的通知和湖北省无线电管理局的请求，湖南省无线电管理委员会办公室（简称省无委办）启动应急预案，令省无线电监测站、湖南省无委办岳阳管理处、岳阳市无线电监测站、长沙市无线电监测站、常德市无线电监测站在最快时间内赶赴华容县洪山头镇，查处遥控无人飞机干扰“东方之星”号正常救援工作的事件，切实保障救援现场无线电安全。岳阳管理处、监测站立即到救援指挥部了解现场情况，与湖北方面互通信息。1点，湖南省经济和信息化委员会巡视员钟志慧赶到岳阳救援指挥部现场，立即组织召开专题会议，对无线电安全保障工作、查处遥控无人飞机作具体安排，由湖南省无线电监测站、岳阳市管理处与监测站、长沙市监测站组成无线电安全应急保障队，常德市监测站作为补充力量待命，委托岳阳管理处负责无线电安全应急保障的指挥调度。钟志慧要求实行24小时值班，现场救援不结束，无线电安全保障不撤离，坚决制止非法使用无人机，一旦发现立刻开展测向定位，配合公安部门依法查处。这次无线电安全保障行动中，湖南省无线电管理机构7家单位22人参与，投入使用4台无线电监测车和2台压制车等装备和其他器材，查获遥控无人飞机3台，保障救援工作的有序进行。（陈　华）

【紧急排除电信干扰】　2015年2月16日，市无线电管理处收到中国电信岳阳分公司紧急求援电话，说屈原分公司所辖屈原区公众移动电话受到大面积干扰，无法打进打出电话，请求查明干扰。按正常程序，电信分公司应该先在湖南省无线电干扰申诉平台上进行申诉，但适逢年关，为保障老百姓过上愉快的春节，维护春节期间的和谐和稳定，管理处高度重视，突破程序惯例，指示岳阳市无线电监测站立即组织技术人员，携带查找仪器，赶往汨罗市屈原行政管理区紧急救援。通过监测设备侦测，监测站锁定干扰源自无线数字电视发射机。通过无线、电信、广播电视三方技术人员会诊，凌晨1点后，科学解决电信、广播电视信号“打架”问题，让屈原区人民群众过上一个满意的春节。（颜建高）

电信通信

【生产经营】　2015年，电信岳阳分公司以提升收入为目标，聚焦光网宽带和4G两大支柱，加快“五整”（整村、整区、整校、整迁、整政企）推进，深耕六大市场。一是推进规模促销，“5.17电信日”促销，移动、宽带、高值套餐绝对值均排全省第二位。整校推进将湖南民族职业学院打造成全省6所翼支付标杆院校之一。8—9月，市本部全体员工下沉营业部，开展一区一案小区驻场团队营销，完成490个小区退铜割接和用户平移。二是提升渠道能力，实现与高捷通讯等强商合作，新建渠道188个，打造标杆门店52个，净增有效网点44个，建成集团、湖南省级商圈21个网点，县市级商圈12个，清退低销量网点125个。三是加快“智慧岳阳”建设，完成岳阳市委组织部三库两网一平台项目，岳阳市委纪检监察局悟园管理中心弱电系统集成项目、平安城市三期项目建设，新增监控点550个。助力中小企业信息化建设，完成洞庭渔米之湘食品公司、伟民食品公司等信息化项目建设，利用“外勤助手”“综合办公”等产品，提升企业的信息化管理水平，降低管理成本。

【宽带中国】　2015年，电信岳阳分公司加快宽带中国示范城市建设，完成9个端局退网，完成率130%。建成临湘市全光网市。新建光网端口47.02万个，完成235%。引入资金合建项目1151个，安排回购项目247个。4G网络覆盖率提高，市城区覆盖率达到97.2%，县城区覆盖率95.6%。

【电信客户服务】 2015年，电信岳阳分公司客服类关键业绩指标基本达标，客户感知与满意度稳步提升。从3月1日起，城区宽带五项服务承诺，分2批在全市160个农村集镇实行宽带五项服务承诺，促进农村宽带的发展。持续聚焦装维预约、履约、“七个一服务标准”、客户满意度引领等关键流程环节，打造装维精品窗口，全面杜绝强关网络、强售终端、强售套餐的“三强”行为。推进诚信服务，开展聆听客户之声活动和优质服务工程竞赛，加大虚假预约、虚假回单、虚假营销等不诚信行为的通报和考核力度。

【“12345”热线服务】 2015年，电信岳阳分公司在岳阳市政府热线办重视和支持下，政府服务热线“12345”呼叫中心受理市民来电235534件，接线率保持在95%以上，全国333个大中城市热线零点调查中，获得全国第19名，排湖南第二位。助力深化文明城市建设督导、检查、通报8次，圆满完成2015年度文明城市复检工作。

【举办移动互联网手机信息安全论坛】 2015年3月13日，电信岳阳分公司举办2015年移动互联网手机信息安全论坛，为手机信息安全保护提供解决方案。岳阳各县、区相关单位和市党政军、金融、大型企业等各行业代表及媒体嘉宾100人参加论坛。围绕“移动互联网手机信息安全”主题，就如何提高网络安全、信息安全意识、应对信息泄露风险进行交流，并讨论相关解决方案。中国电信岳阳分公司推出的“加密安全手机”双重信息安全保护模式在会上引发论坛专家热议。

（本栏撰稿　刘　文）

移动通信

【概况】 2015年是岳阳移动“十二五”规划的收官之年，也是4G建设和发展、转型升级关键之年。岳阳移动分公司立足本地实际，深化转型，加快发展，形成4G发展领先局面，4G应用在岳阳地区呈规模发展态势。实现通信服务收入约18亿元，4G客户突破90万户。

【移动突出转型谋发展】 2015年，岳阳移动分公司主动顺应行业发展新常态，企业发展持续向上向好。4G发展取得突破，规模应用初步显现。推进4G终端的一体化营销，4G客户数快速增长。全年净增4G客户70万户，期末4G客户规模突破90万。理顺内部管理流程，有线宽带发展步入正轨。通过成立市县两级家宽项目组，统筹负责“建营装维”工作，理顺内部管理流程，队伍能力不断提升，发展经验逐步积累，宽带发展速度不断加快。加快营销模式转型，流量价值提升显著。强化流量精细化运营，转变以往营销模式，从根本上提升流量的应用价值。

【运维能力提升】 2015年，岳阳移动分公司4G精品网打造推进。通过建设与网络优化的深度协同，严格落实全生命周期管理，重点做好LTE故障管控，聚焦4G无线网络的边缘速率和语音感知等关键问题开展4G无线网络的精细优化，推进4G精品网络建设，4G网络建设规模、覆盖地域持续扩大。建成4G基站3000多个。有线宽带支撑能力快速提升。通过对“建、营、装、维”工作职责和流程的梳理，建立装维人员故障快速响应机制，严格落实装维队伍全流程考评管理和淘汰机制，使运维支撑能力持续提升、网络质量持续优化、客户感知明显改善。

【协同运营强管理】 2015年，岳阳移动分公司通过实施多项举措，强基固本切实提升管理效能。一是强化效率观念，推进工作精细管理。通过聚焦管理短板，开展基础管理提升和短板整改，建立健全规章制度，改进问题，强化整改效果。二是强化人力配置，优化人资制度管理。通过规范劳动用工管理、调整和优化组织机构、强化薪酬绩效管理等措施切实增强内部合力。三是强化依法合规，加强风险防控管理。坚持把依法治企、规范经营作为公司发展的基础性保障；把应对法律环境变化，防控法律风险作为公司实现依法治企的重要内容，在经营管理的各个领域全面推进依法治企，依法决策、依法经营、依法管理的水平明显提高。四是强化成本运营，全面加强财务流程管理。通过实行滚动预算、调整费用结构、压缩行政管理费等，使成本结构得到进一步优化，通过严把采购立项审批关、开展多维度成本管理等，使成本掌控能力得到进一步提升。

【移动人热心服务社会】 2015年，岳阳移动分公司发挥全市信息化建设的主力军和排头兵作用，以“移动信息化”保民生、促和谐。一是助力经济社会建设，优化发展环境。围绕岳阳市委、市政府打造“一极三宜”江湖名城的建设思路，在新区建设、高速公路建设等一大批重点工程项目开工时，及早介入，深度参与，加快通信基础设施建设，助力经济社会发展环境优化。二是推进基站扶贫，改善落后边远地区通讯环境。为改善山区群众通信环境，便捷农村地区服务信息传播，助推精准扶贫工作，岳阳移动分公司在平江横许村、云美村等地修建通信扶贫基站并投入使用。三是确保应急通信支撑。全年完成应急通信保障任务7次，其中，出动应急通信车7次，出动应急发电车2次，出动应急保障车辆475车次，出动应急抢修人员634人次，为全市应急抢险及大型活动的开展提供强有力的通信保障。

（本栏撰稿　钟艳波）

联通通信

【概况】 2015年，中国联合网络通信有限公司岳阳市分公司（简称岳阳联通）适应岳阳市经济、政治新常态，以“强效益、变模式、促四为、提满意”为抓手，以市场深度转型和激发干部员工机制变革活力、市场发展机制活力、产业链活力三大活力为重点，完成年度经营任务为目标，深化管理模式和业务发展模式转型，打造移动宽带领先的第一品牌，快速推动“二次创业”，实现岳阳联通又好又快的发展。截至年底在全力拓展新市场、新业务的同时，实现业务量的规模发展，联通在网用户110万户，上缴税收7918万元。获得2015年全国质量协会“用户满意企业”、中国通信协会“2015年通信行业用户满意企业”等荣誉，赢得广大消费者和社会各界的支持与好评。

【建设精品网络】 2015年，岳阳联通依据“强效益、变模式、促四为、提满意”十二字方针，围绕四条主线开展网络运维工作：一是以提升用户感知为中心，推动移固网络质量与服务流程优化。二是以深化效益经营为导向，推动资源清查与利用。三是以支撑市场发展需求为动力，提升乡镇业务承载能力。四是以推动运维集约转型为目标，实施运维技术创新。四大主线共同作用，提升网络品质，本着解决“热点投诉、重点城镇和武广高铁”等网络覆盖，结合市场网络建设需求进行分析，科学规划网络建设。年内岳阳境内跨省高速、高铁实现90%的网络连续覆盖，通过优、改、挂、建解决W网弱覆盖问题点470处，AB类乡镇道路覆盖率从78%提升至91%，达成湖南省公司关于AB类道路覆盖目标。岳阳联通网络快速响应还体现在完成“东方之星”沉船事故通信保障上。事故发生后，岳阳联通第一时间紧急启动网络保障工作，通过优化及新开基站等手段，保障事故现场通信的正常。岳阳市公安消防支队向岳阳联通赠送锦旗，并用“消防作战联通搭桥，网络畅通保障有力”肯定岳阳联通分公司在协助救援保障通信所做的努力。

【互联网+业务推进城市建设】 2015年，岳阳联通力推线上营销模式转型，引入电话营销公司实行线上专业流量经营，依托大数据系统，对客户数据精准采集、清洗、挖掘和应用推广，逐步建立和完善营销数据模型和客户维系数据模型，为“产品销售、渠道发展、流量经营、客户维系”等提供数据服务，实现市、县和网络单元利用大数据协同推进业务发展的营销服务一体化工作体系。同时，依托大数据系统对客户的个性化流量需求进行分析和提取，网上收集适合用户需求的个性化链接和事件，针对目标用户，分门别类开展线上个性化营销，依托大数据系统喜爱购物的用户明细，并向用户持续推广手机营业厅的客户端下载链接，通过精细化营销系统提取有网上购物、网上理财的用户，开展手网厅缴费引流活动，效果非常明细，手机营业厅交易额从2014年12月的117万元增长至401万元，快速提升手机营业厅的渗透率。电子渠道以线上传播、推广和运营为工作重点，借助异业联盟拓宽渠道覆盖面，挖掘本地线上推广平台，延长用户线上传播点，取得较为明显的突破。岳阳联通“互联网+”业务更多体现在福民和益民服务上，按照“优势互补、互利共赢、相互促进、相互合作”的原则，夯实基础设施、拓展智慧应用、促进产业升级等开展战略合作，推进岳阳市智慧城市建设。

【实名制助力消费维权】 2015年，岳阳联通以提升服务价值为导向，面对经济社会发展新常态，凝聚消费维权合力，搭建维权治新格局，推行用户实行制服务，将用户真实身份信息登记和信息保护纳入社会营销渠道考核奖惩体系，强化对社会渠道的日常监督管理。采用技术手段，规范营业厅、授权合作社会渠道、网上营业厅等渠道办理移动电话、固定电话、无线上网卡业务的新入网用户的实名登记工作，同时，以“保有提规模、经营强价值”为目的，开展专业化存量经营工作。开展存量维系竞赛，确保在开展实名制消费维权前提下，实现用户保有收入保有双提升。截至2015年年底，实现公司移网存量用户保有率80%。岳阳联通多措并举地提高用户真实信息登记的便捷性和安全性的前提下，完成移网存量用户保有目标，促进行业自律和消费环境进一步好转，更好维护消费者合法权益，让消费者愿意消费，无忧消费，畅享消费。

（本栏撰稿　刘晓娴）

责任编校　邹　青

农　业

综　述

【概况】　2015年，岳阳市认真贯彻落实中央和省委一号文件精神，以全面深化农村改革为动力，以全面建成小康社会为目标，稳步推进现代农业建设，农业农村经济社会健康发展，农村大局保持和谐稳定。

一、农业生产总体稳定。全市除棉花受产业政策调整转型减产外，粮食、油菜、蔬菜、茶叶产量均比2014年增长。全市粮食播种面积56.2万公顷，比2014年增长1.3%，粮食总产324.11万吨，同比增加1.7%。湘阴县、华容县获评全省粮食生产标兵县，汨罗市、岳阳县获评全省粮食生产先进县。受价格走低、种植结构调整等因素影响，棉花种植面积3.67万公顷，比2014年减少2070公顷，减幅5.3%。棉花总产量5.34万吨，比2014年减少0.3万吨，减幅5.3%。调减的棉田主要改种水稻、玉米等作物。油菜播种面积11.84万公顷，总产19.17万吨，全市蔬菜播种面积9.98万公顷，总产324.45万吨，分别比2014年增长2.5%和3.7%。全市茶园面积1.89万公顷，产量3.33万吨，比2014年略有增长。出栏生猪742.56万头，比2014年减少2.3%；出栏牛16.7万头，同比增长4.7%；出栏羊46.38万只，同比增长4.8%；出笼家禽3182.13万羽，同比增长4.5%；生产水产品总量51.3万吨，同比增长6.4%，连续25年排名全省第一。

二、农业生产效益增加。全市实现农林牧渔业总产值490.12亿元，比2014年增长3.9%。其中，农业总产值231.36亿元，同比增长3.4%；林业总产值15.70亿元，同比增长6.6%；牧业总产值152.76亿元，同比增长2.3%；渔业总产值82.80亿元，同比增长7.2%；农林牧渔服务业总产值7.50亿元，同比增长10%。全市实现农业增加值321.78亿元，同比增长3.9%。

三、农民收入稳定增长，农村大局和谐稳定。全市农村居民人均可支配收入达到12091元，比2014年增长9.3%，农民收入实现“十二连增”，连续7年超过城镇居民收入增幅。全市全年没有出现一起涉农恶性案件，没有发生一起群死群伤安全事故，没有发生重大动物疫病的流行，没有发生重大农产品质量安全事故，农村社会大局保持和谐稳定。

【岳阳市农业委员会组建】　2015年10月19日，根据市委市政府机构改革工作安排，设立岳阳市农业委员会（简称市农委），为岳阳市人民政府工作部门，挂市委农村工作办公室牌子。将岳阳市人民政府农村工作办公室（市委农村工作部）、市农业局的职责整合，划入市农业委员会。将市畜牧兽医水产局、市农业机械管理局、市农村经营管理局、市农村能源办公室（市能源生态局）、市农民权益维护与农民负担监督管理领导小组办公室、市种子管理站承担的行政职责划入市农业委员会。新组建的市农业委员会设办公室、综合调研科、法规科、发展计划科、新农村建设科、县域经济发展科、农村经营管理科、市场与经济信息科、科技教育科、农村可再生能源科、粮油作物科、经济作物科、农垦管理科、农业产业化指导科、农产品加工发展指导科、农产品质量安全监管科、种子管理科、外经外贸科、财务科、人事科、离退休人员管理服务科、机关党委、纪检（监察）机构等20个内设机构，机关行政编制为60名，其中，主任1名，副主任4名，市委农村工作办公室副主任1名，纪检组长1名，总农艺师1名；正科级领导职数23名，副科级领导职数25名，机关后勤服务事业编制8名。

【推进美丽乡村建设】　2015年，市委市政府坚持把农村环境整治作为推进新农村建设的重要内容，加大督查，严格考评。以“四清”为重点内容的农村环境卫生整治不断深化。组织开展6次暗访和2次明查，发现问题710处，全部发出整改通知，已整改到位，各县市区农村环境整治长效机制进一步健全，卫生设施不断配套和完善，垃圾处置办法更加科学可行，环境整治工作保持较好的来势和成效。明确全市第四轮（2015—2017年）美丽乡村建设工作实施方案，深入推进“四清”“五改”建设，开展美丽系列创建，评选出秀美县城1个、美丽乡镇10个、美丽村庄20个、农村文明家庭50户。具体承办省委省政府在岳阳市召开的全省社会主义新农村建设工作推进会，观看岳阳县清水村、汨罗市大托村现场，岳阳市作全省典型发言，得到省委副书记孙金龙、省政府副省长戴道晋的高度肯定与赞扬。汨罗市、湘阴县被评为全省新农村建设先进县，6个村被授予省级示范村。联办284个农村环境整治暨美丽乡村建设示范村，汨罗市白水镇西长村被收入农业部编印的《中国100个美丽乡村》画册。

【规范农村村民建房】 2015年7月14日，市政府第43次常务会议决定，在全市范围内开展引导农村村民规范建房工作，印发《关于引导农村村民规范建房的意见》《农村村民规范建房试点示范实施方案》《岳阳市本级引导农村村民规范建房专项资金使用管理暂行办法》3个文件。8月12日，全市引导农村村民规范建房工作动员会议召开，规范村民建房全面铺开。9月29日，全市城区十大棚户区改造、农村危（旧）房改造工作动员会议召开，会议印发《关于加快农村危（旧）房改造的实施意见》，全市所有村民建房全部实行规范管理。12月22日，全市引导农村村民规范建房工作推进会在屈原管理区召开，大面乡镇“两鼓励两禁止”（鼓励适度集中建房、鼓励按示范图建房，禁止占用基本农田建房、禁止在山洪地质灾害易发点和影响水工程运行地段建房）开始形成共识，试点乡镇“五有三到场”（有村庄规划、有审批手续、有示范图集、有施工管理、有绿化美化，批前选址到场、开工放线砌基到场、竣工验收到场）得到执行，市、县两级集中建房点启动建设，进展顺利。通过规范村民建房节约集约土地130公顷，激活民间投资14.47亿元。村民建房正向风貌协调、建筑美观、彰显特色、安全宜居、土地集约节约的整体目标迈进，全市美丽乡村建设步入新的台阶。

【开展农村改革】 2015年，市农委牵头承担市委农村改革工作，五大类15小项改革工作稳妥推进，推行改革任务月度倒排，一月一调度、一月一上报，农村改革进度居全市前列。农村土地确权登记颁证工作强力推进，完成农村土地承包经营权确权登记颁证整县推进地区权属调查并公示确认。岳阳县作为湖南省代表接受农业部检查，在全省农村土地确权工作推进会上作典型发言。家庭农场快速发展，全市达到1527个，其中，粮食类1166个，占76.4%，工商注册的有444个，申报培育扶持家庭农场428个，争取到省财政扶持资金740.5万元。新型职业农民培训任务超额完成，全年培训新型职业农民4400人次，新型职业农民认定人数达到1516人，建立新型职业农民培育师资库11个，有专兼职教师386名。国有林场体制改革率先完成，全市13个国有林场全部定性为公益一类事业单位，核定全额事业编制283个，政府购买服务编制376个，妥善安置国有林场富余职工959人，9月14日，顺利通过省国有林场改革领导小组的验收。农村土地承包经营权抵押贷款试点力度加大，在2014年岳阳县麻塘镇试点的基础上，2015年继续在岳阳县新增杨林乡和柏祥镇为试点乡镇，发放贷款3290万元，贷款余额2460万元，岳阳县成功晋级为全国农村土地承包经营权抵押贷款试点单位。

【落实减负惠农政策】 2015年，岳阳市农业部门印制、发放《惠农补贴改革宣传手册》、“农民负担补贴监督卡”各120多万份，同时把与农民生产生活有关的收费项目标准、补贴扶持政策、办事申报指南等，以《致农民朋友的公开信》的形式，印发张贴到村组，发放到农户，并将所有面向农民的减负惠农政策、工作措施和落实结果在“岳阳阳光三农网”上公开。继续抓好“开展坚决纠正损害涉农利益行为专项整治”和上下联动深化损害涉农利益行为整改工作，制定下发岳阳市《关于上下联动深化损害涉农利益行为整改工作方案》，对全市整改工作推进情况进行抽查，督促各县市区对村级资产资金资源管理工作展开清查。扎实抓好涉农乱收费乱摊派清理整治活动，在全市开展涉农乱收费乱摊派清理整治活动，取消乱收费项目33个、降低收费标准13个、减轻农民负担747万元、退还农民款项288万元。查处乱摊派问题案件148件、清退违规金额90万元。督导减负惠农政策落实和惠农补贴发放工作，结合市农口系统党风廉政建设督查行动，对全市减负惠农政策落实及各类惠农补贴发放情况进行督查。全市落实各项政策性惠农补贴资金40多亿元，减轻农民负担1300万元。

【建设农村生态能源】 2015年，岳阳市农村能源建设按照全省统一

2015年，全省开展高标准农田建设改革，试点县平江县开展农田建设土地平整 （吴锡标 摄）

部署，整体推进，突出亮点，深入乡村搞好调查研究，作好省级示范点的申报和创建工作，努力拓展农村能源发展领域，高标准完成2014年农村沼气中央预算内投资计划。全年新建户用沼气池3000口，养殖小区和联户沼气工程312处、供气3100户，新开工建设大型沼气综合利用工程11处，推广太阳能热水器8500台、太阳能路灯1200盏，成功争取岳阳县枫树湾规模生物天然气工程项目纳入全国试点。清洁能源建设成为全市新农村建设的一大亮点工程。

（本栏撰稿　卢艳春　刘　尧）

种植业

【概况】　2015年，全市各级农业部门深入开展“三严三实”专题教育，认真贯彻落实中央1号文件精神，克服生产成本攀升加快、资源环境约束加重、经济下行压力加大等困难，圆满完成各项工作任务，确保大宗农产品有效供应，稳步提升农业种植效益，全市实现种植业总产值231.36亿元，比2014年增长3.4%。

【抓好农业生产】　2015年，全市农业部门落实市委市政府《关于加强粮食生产的意见》，开展“压单扩双增面”行动，全市粮食播种面积56.2万公顷，比2014年增长1.3%，粮食总产量324.11万吨，同比增加1.7%。湘阴县、华容县获得全省粮食生产标兵县，汨罗市、岳阳县被评为全省粮食生产先进县。继续调整棉花种植结构，全市棉花种植面积3.67万公顷，比2014年减少2070公顷，减幅5.3%；棉花总产量5.34万吨，同比减少0.3万吨，减幅5.3%；调减的棉田主要改种水稻、玉米等作物。大力发展高效经济作物，全市蔬菜播种面积9.98万公顷，总产324.45万吨，分别比2014年增长2.5%和3.7%；全市茶园面积1.89万公顷，产量3.33万吨，比2014年略有增长。落实“三项补贴”改革，将惠农资金向种粮大户、家庭农场等新型农业经营主体倾斜，全市农民专业合作社新增1005家，总数达到3396家；全市家庭农场发展到1527个，其中工商注册的有444个。组织申报省级农业特色产业园，截至年底，全市有11家种植业、2家畜牧业、4家林业特色产业园和18家综合产业园入围省“千园”项目。

【加快一二三产业融合发展】　2015年，岳阳市实施传统产业提质工程，加速推进农产品加工业转型升级，全市农产品加工业总产值达1741.55亿元，比2014年增长8.54%，成为全省唯一一个千亿食品产业市州。认真落实省政府“百千万”工程，全市有19家企业纳入省“百企”项目，获得省“百企”项目扶持资金1449万元。实行一企一策精准联手帮扶，13家农产品加工重点帮扶企业完成总产值128亿元，比2014年增长15.04%。全市农产品加工企业发展到2705家，其中，年销售过亿元的153家，规模以上企业达到409家，占全市的32.4%。市级以上农业产业化龙头企业达到267家。全市有中国驰名商标31件、中国名牌产品3个、湖南省著名商标89件、湖南省名牌产品114个。初步形成饲料、油脂、畜禽水产、蔬菜和调味品等一批加工主导产业。全市现有全国星级休闲农庄12家，省级星级休闲农庄63家，全年休闲农业实现经营收入18.1亿元，比2014年增长15%。君山区被农业部、国家旅游局认定为全国休闲农业与乡村旅游示范区。

【确保农产品质量安全】　2015年，岳阳市投资1000万元，升级改造市农产品质量检验检测中心，推动县乡两级设立农产品质量安全监管部门，严格质量安全管控和产品准出措施，初步实现农产品可追溯。全年制定修订农业技术规范21个，创建农业标准化示范县3个、示范区8个，农业标准化种植面积达到10.33万公顷。创建国家级蔬菜标准园22个，总数达27个，在全省排名第一，基本实现无公害或绿色蔬菜生产全覆盖。持续加大农业执法力度，全市抽查农业投入品498批次，检查生产、经营门店4375多家次，检查兽药生产企业、经营企业、医疗机构及养殖场3422个，抽检蔬菜、水果9437个，农残超标样品42批次，超标率0.45%，较2014年下降0.5%，较省定目标控制线低4.55个百分点。市农业行政执法支队制作的《经营应当审定而未经审定通过的水稻种子等》的案卷，获得全国农业行政处罚优秀案卷。全市连续12年未发生重点农产品质量安全事件，君山区被农业部认定为国家农产品质量安全县创建试点单位。

【提升农技服务水平】　2015年，全市新增病虫害专业化统防统治服务组织5家，总数达56家，完成全程承包服务面积11.2万公顷，较2014年增加4000公顷。制定发布《岳阳市主要农作物有害生物防控科学用药推荐名录》，推广生物农药、高效低毒农药、新型施药器械和科学用药技术。全市深水或翻耕堆沤灭蛹、频振式杀虫灯、昆虫性诱剂、生物农药等高效绿色技术应用面积发展到113.33万公顷。完成测土配方施肥面积58万公顷，通过推广配方肥，全市增产22.2万吨，节肥1.58万吨，节本增收6.08亿元。开展现场培训指导27554场次，举办培训班3907期，发放技术资料138万份，咨询服务14万人次，培训农民29万人次，其中新型职业农民培育工程培训4400人次。

（本栏撰稿　卢艳春　刘　尧）

农村经营管理

【概况】　2015年，全市农村经营管理贯彻落实中央和省委1号文件精神，以加快构建新型农业经营体系、发展现代农业、促进农业增效和农民增收、维护农民合法权益和农村社会稳定为目标，工作跃上新台阶，被评为全省农村经营管理工作先进单位。

一、强力推进土地承包经营管理。一是有序推进农村土地承包经营权确权登记颁证工作。华容县等7个县市区被纳入全省整县推进农村土地承包经营权确权登记颁证工作名单。截至年底，7个县市区已召开相关会议，制定工作方案，完成土地确权测绘技术队伍的招投标，开展农户承包地的指界、土地承包合同核对整理等外业调查工作。岳阳市该项整体工作被省农经局评为农村土地承包经营权确权登记颁证先进。二是引导农村土地承包经营权有序流转。通过多形式、多途径、多渠道推动农村土地向种养大户、农民合作社、农业公司、家庭农场转包租赁，促进农村土地流转。全市土地流转面积23.48万公顷，占农村土地面积的22.3%。其中，耕地流转面积10.99万公顷，比2014年增加2.84万公顷。三是加强土地承包经营纠纷调解仲裁体系建设。全市有县级土地承包经营纠纷调解仲裁委员会组成人员148人，其中，农民代表32人，聘任土地承包经营纠纷调解仲裁员129人。县级财政安排土地承包纠纷仲裁工作经费68万元。各地建设标准化土地纠纷仲裁办公场所875平方米，所有办公场所均配备音视频显示系统和日常办公设备。以民间协商、乡村调解、县级仲裁、司法保障的农村土地经营纠纷调处体系进一步完善。全市受理农村土地纠纷案件626件，调处纠纷611件，仲裁委受理纠纷115件，调解102件，裁决13件。四是配合开展农村土地承包经营权流转工作调研。5月，市农经局配合省农经局在岳阳县开展引导农村土地经营权有序流转、促进农业适度规模经营的调研。8月，在开展全市土地流转现状调研的基础上，向省农委提出引导农村土地经营权有序流转、促进农业适度规模经营的修改意见。9月，配合市纪委对集体土地流转中存在的廉政风险进行全面排查，撰写《2015年岳阳市农村集体土地流转预防腐败调查报告》，提出预防腐败的措施与建议。

二、构建新型农业经营体系。一是引导发展农民合作社。2015年，新增工商注册的农民合作社1005个，全市有注册农民合作社3396个。其中，合作联社13个，入社成员40.22万人，占总农户的39.8%。二是加强合作社农民培训。市级举办三期农民合作社专题培训班，培训合作社理事长390人。配合省财政厅和省农委组织三期农民合作社理事长、合作社辅导员20人，到台湾地区培训和考察农民合作组织。全市县级举办农民合作社理事长培训班18期，培训1200多人（次）。各示范合作社培训成员3200多人（次）。三是争取农民合作社扶持资金。争取上级对农民合作社专项扶持资金860万元。其中，中央财政扶持合作社项目18个360万元，扶持合作社创新项目9个360万元，农业部扶持合作社项目1个20万元，省财政扶持省级示范合作社项目10个120万元。市财政安排市级示范社扶持资金120万元。

三、规范“三资”管理，发展农村集体经济。一是提高村级集体经济自我发展能力。通过推动出台《加快村级集体经济发展办法》，帮扶、鼓励、引导村集体盘活闲置资产、土地流转等方式，引进农、工、商项目，选准村级集体经济发展路子。全市3245个行政村集体经营性收入达到10.98亿元，其中有经营性收入的村1760个，占总村数的54.23%。二是抓好农村集体资产、资源、资金管理。按照《关于加快发展村级集体经济的意见》文件精神，各县市区召开专门会议，制定相关引导措施，稳步发展多种形式的村级集体经济。其中，岳阳县编制《岳阳县村极集体经济发展规划（2015—2020年）》，华容县对发展集体经济项目实行以奖代投，落实奖励资金55万元。三是推进农村集体资产资源交易平台建设。全市75%的乡（镇）建立集体资产资源交易平台，湘阴县、临湘市、华容县、岳阳经开区所属乡（镇）全部建立资产资源交易中心。湘阴县筹资11万元建立农村“三资”管理信息平台系统，360个行政村在系统中完成“三资”管理平台建设。云溪区规定单项资产资源在3万元以上的项目，必须通过平台交易。道仁矶镇白泥湖通过集中交易公开竞拍，其承包款由130万元竞拍到320万元。华容县通过交易平台处置资产资源60余次，盘活资金700余万元。四是规范村级财务管理。全市所有行政村实行村财乡代管。其中，临湘市对30个村开展“组账村管”试点，通过村级代理记账，组级集体三权（资金所有权、使用权、审批权）不变，统一会计核算、统一票据、资金、建档管理，固定资产和资源总值分别比2014年增长110.5%和87.5%。

【推进承包经营权确权登记颁证】 2015年，岳阳市推进农村土地承包经营权登记颁证工作，一是加强组织领导。市委市政府成立由市委副书记李志坚任组长、市政府副市长熊炜任副组长的确权登记颁证工作领导小组，多次召开调度会，细化工作方案，落实工作任务。二是落实主体责任。7个被纳入全省整县推进农村土地承包经营权确权登记颁证工作名单的县市区按照中央要求和全省统一部署，加速行动，工作稳打稳扎，迅速行动，成立由主要领导任组长的土地确权工作领导小组，出台工作方案，将配套专项经费全部列入预算安排到位。三是加强宣传培训。全市印发宣传资料50万份，编发《资料汇编》《培训手册》5000份。市、县均举办土地确权工作培训班，进行专题培训，培训人员1000多人次。四是抓督促检查。全市开展农村土地确权登记颁证整县推进工作督查4次，发送督查通报2期。市县两级均建立定期督导、信息报送、互动交流机制，及时掌握工作动态，印发土地确权工作简报23期。

【多举措促进农村土地承包经营权流转】 2015年，全市农经系统一是通过农村产权交易推动农村土地流转。在市农村产权交易中心网挂牌土地流转信息385条，有19宗农村土地经营权交易进入拍卖招标程序，完成10宗农村土地经营权交易公开竞拍。二是试行经营权抵押贷款推动农村土地流转。市农经局指导岳阳县成立农村土地承包权流转服务中心，构建县、乡、村“三位一体”的土地流转服务体系，开展农村土地承包经营权抵押贷款、土地流转法律政策咨询、流转信息发布、流转价格评估、合同签订指导、矛盾纠纷协调等服务。该县已有中洲、新墙、杨林、柏祥 4 个试点乡（镇），14.1万户农民获得可用土地承包经营权抵押贷款的权利和机会。发放经营权抵押贷款3000万元，惠及农户22户、新型农业经营主体4家。三是培育家庭农场推动土地流转。全市有家庭农场1527

个，其中经工商注册登记的444个。家庭农场按主产粮食类的1166个，占家庭农场总数的76.4%。全市向上级申报培育扶持家庭农场428个，争取省财政扶持资金740.5万元。

【创建电商平台提升农民合作社产品竞争力】　2015年，市农经局为做好农民合作社产品电子商务，委托山奕科技发展公司注册创建岳阳市农民合作社产品电子商务平台，通过审核备案正式上线。该平台主要功能为农民合作社发布产品销售信息，包括农产品供求信息、农村土地流地流转承包信息、农村资源类开发需求，农民合作社电子商务销售订单，安排第三方物流及交易信息服务和运营管理服务。6月，30多个有商标有包装有产品认证的合作社参加全市农民合作社电子商务调度会议，就电子商务平台建设和运作进行工作协调。一批合作社产品正式进入网站。其中，全市最大的民营企业泰和集团领头创办农民合作社后，建立100余家绿色农产品直销店，1000余家自提点。正式运行绿色蔬菜网络直销后，实行会员制直销和O2O营销相融结合，会员用手机app、电脑、电话均可方便配送到家，价格低于市场同期10%~15%。

【利用典型带动农民合作社发展】

2015年，市农经局通过多种媒体宣传报道，总结经验，树立典型，带动农民合作社发展。一是市农经局撰写《带着总理的嘱托种好粮——记岳阳市屈原惠众粮油农民专业合作社理事长阳岳球》文章，在2015年《中国农民合作社》第2期刊载。二是联络中央电视台三次专题报道岳阳市农民合作社典型，其中，4月29日市志立合作社理事长周爱丽做客CCTV证券资讯频道《创响人生》栏目；5月6日CCTV7套《聚焦三农》栏目，专题报道汨罗市鼎升水稻合作社的数字农业；10月20日CCTV7套《致富经》栏目报道云溪区业成黑斑蛙养殖专业合作社蔡成创业致富典型。三是在本地媒体协助报道农民合作社的典型。岳阳社科天地2015年6期登载市农经局撰写的《以制度创新促进农民合作社发展》《以合作社为重要载体构建农业社会化服务体系》。由市农经局组稿，在《岳阳日报》和网上刊发隆平高科的《稻香田野领头雁》、宣传长乐甜酒的《这方山水酿甜蜜》和岳阳县农民合作社自办葡萄节等典型文章。四是推介屈原管理区洋利种植专业合作联社理事长邝鼎，参加全省创新创业先进典型巡回报告会，汇报创办农民合作社经验。

（本栏撰稿　涂俊杰）

扶贫开发

【概况】　2015年，全市扶贫开发工作以中共中央总书记习近平精准扶贫系列指示和省委省政府系列部署为指针，启动精准扶贫三年（2015—2017年）攻坚行动，出台《行动方案》和配套《考核办法》。全市各级各部门脱贫攻坚责任进一步加强，党建扶贫、教育扶贫等十大脱贫攻坚重点工程全面铺开。全年减贫8.12万人，圆满完成省委省政府和市委市政府下达的目标任务。

【全市精准扶贫工作会议】　2015年4月2日，全市精准扶贫工作会议在岳阳市会展中心召开。市委副书记李志坚出席并讲话，要求扶贫工作要积极适应经济新常态，落实“精准”要求，为建设全面小康社会补短板、做贡献。市委常委、岳阳军分区政委张作坤以及市人大常委会、市政府、市政协相关领导到会。各县市区党政、市直相关部门、中央省驻岳单位的分管负责人和县市区党建办主任、扶贫办主任200多人参加会议。会议通报《岳阳市2013—2014年建设扶贫考核情况通报》《岳阳市2015—2017年干部驻村帮扶工作方案》。

【全市精准扶贫三年攻坚行动动员大会】　2015年8月17日，全市精准扶贫三年（2015—2017年）攻坚行动动员大会在市会展中心召开。会议进一步贯彻落实中央、省精准扶贫系列重大战略部署和重要会议精神，动员部署三年攻坚行动。市委书记盛荣华强调，共同努力，攻坚克难，坚决打好这场精准扶贫攻坚战。市委副书记、市长刘和生，市领导李志坚、赖社光、陈奇达、康代四、唐道明、徐新启、樊进军、王瑰曙、张作坤、向伟雄等出席。

【全市精准扶贫工作推进会】　2015年12月15日，全市精准扶贫工作推进会在岳阳市南湖宾馆召开。市委书记盛荣华强调，各级各部门要全力以赴，克难奋进，把责任落细落小落实，坚决打赢这场脱贫攻坚战。市委副书记、市长刘和生主持，市委副书记李志坚传达中央、省系列扶贫工作会议精神，副市长熊炜作专题工作报告，市人大常委会副主

2015年12月15日，岳阳市召开全市精准扶贫工作推进会

（范向辉　摄）

任许伟奇、市政协副主席李可波等市领导出席，各县市区党政主要负责人和市精准扶贫领导小组全体成员参加会议。

【扶贫专项资金大幅增加】 2015年，全市争取中央、省财政专项扶贫资金1.2亿元，比2014年增加60%。按照“专款专用、突出重点、因素分配、激励先进、公平公正”原则，市本级财政安排专项扶贫资金1200万元。县市区财政扶贫投入明显提升，平江县、湘阴县等地财政扶贫预算增加至每年1000万元。

【建档立卡更加规范】 2015年，市扶贫办按照省扶贫办的统一部署，4月份组织各县市区采集2014年度帮扶信息、2015年度帮扶项目计划，对户表、村表、县表信息进行更新调整。8月份起，通过一进二访活动，全面实施贫困人口复核工作，清理“四类对象”户（财政供养人员、个体工商户或经营企业的户和有商品房、有小汽车的户）10277户。同时，通过深入贫困村组调研，全面核实出“四个一批”和“五个突出”相关数据，使精准扶贫对象更加准确。11月上旬，平江县顺利通过国家审计署贫困人口识别专项审计。

【扶贫重点工程全面实施】 2015年，全市党建扶贫方面，将扶贫开发与基层组织建设有机结合，切实加强贫困村村支两委班子建设，召开市驻村扶贫村党支部“第一书记”履职情况汇报会，先后分两批组织贫困村村支部书记、工作队长近150人到江苏省江阴市华西村等地考察学习。平江县研究制定《关于加强贫困村党支部书记队伍建设的意见》，调整35名工作业绩差、群众满意度低的村支部书记。教育扶贫方面，全市利用近300万财政扶贫资金（含“雨露计划”）资金，帮扶3000多名贫困学子就读。产业扶贫方面，平江县、岳阳县、汨罗市等县市投入1300万扶贫资金，扶持精准扶贫对象按照“公司+基地+合作社+农户”的形式发展高山有机茶168公顷、蜜柚93.33公顷、红薯近2000公顷，较好地完成省扶贫办下达的项目建设任务。金融扶贫方面，平江县、岳阳县、湘阴县、汨罗市、华容县、临湘市、云溪区等7个县市区争取小额信贷项目。平江中和农信服务社向528个客户发放小额贷款2056.3万元，项目覆盖18个乡镇、207个村。安居扶贫方面，全市通过省扶贫办贫困户危房改造项目和驻村后盾单位帮扶，扶持近3600户贫困户重建或维修住房。其中，平江县、岳阳县、临湘市争取贫困户危房改造项目。平江县在全面总结“二定 帮”经验的基础上，进一步优化工作方案，按照“统一规划、统一放线、统一外观设计、统一外墙色彩”的要求，启动25个村，750户贫困户的危房改造工程。项目扶贫方面：成立基层组织与公共服务等12个行业扶贫工作组，由市直相关职能部门主要负责人担任组长。将精准扶贫纳入市县“十三五”规划重要内容，公路、电力、通讯、农田水利、公共设施向贫困村倾斜。就业扶贫方面，市县人力资源和社会保障、农业委、移民、工会等部门劳动力培训重点向农村贫困户倾斜。其中市农业委以贫困户为主培训新型职业农民4048人。扶贫部门举办草食动物养殖技能培训班，培训贫困村养殖户110多人。救助扶贫方面，新型农村合作医疗补助政策重点向贫困户倾斜，“五保户”、孤残儿童和因病致贫户，全部纳入民政特殊困难建档人员，资助参加新农合。利用部分市本级财政扶贫资金对50个市驻村扶贫村五保户、低保户进行补贴，探索推进农村扶贫标准与农村低保标准“两线合一”。

【驻村帮扶扎实开展】 2015年，岳阳市组织594个中央、省驻岳单位和市县两级部门帮扶313个贫困村，1038名干部驻村。另有平江县5个贫困村由省扶贫工作组帮扶，94个贫困村由乡镇统筹帮扶，通过省、市、县、乡四级对2014年识别的412个贫困村一轮帮扶全覆盖。动员领导干部进村入户、访困问需、访贫问计，开展“组团式”、精细化扶贫。全市选派412名优秀党员干部脱产担任贫困村党组织第一书记，采取一帮一、多帮一、一帮多的形式，组织2.7万名各级领导班子成员、乡镇副科级以上干部和社会能人、爱心人士牵手10万户贫困户，实现结对帮扶全覆盖。

（本栏撰稿 陈 超）

蔬菜生产

【概况】 2015年，岳阳市完成蔬菜播种面积10.84万公顷，比2014年减少4480公顷，减少3.97%；蔬菜总产量381.43万吨，比2014年减少26.75万吨，减少6.55%；实现蔬菜总产值52.56亿元，比2014年增加1.27亿元，增加2.48%；蔬菜加工企业91家，年加工鲜菜130.16万吨，实现蔬菜加工增值28.12亿元，蔬菜个体运销户3054户，实现岳阳市外境内销售鲜菜123.45万吨，境外出口销售鲜菜4万吨，实现蔬菜流通增值23.84亿元，岳阳市注册登记各类蔬菜专业合作组织（包括食用菌）50个，入社社员9800多人，合作生产面积2.15万公顷。蔬菜生产企业14家，生产经营面积8073.33公顷。全市蔬菜生产、加工、流通总值达到104.52亿元。

【食用菌生产】 2015年，岳阳市有涉菌农户1.18万多户，播种面积429.7万平米，总产量1.59万吨，总产值0.81亿元。现有食用菌专业合作组织及生产企业10家。其中湖南湘菌农业生物科技股份有限公司全力推进岳阳市秸秆食用菌循环经济产业建设，取得初步成效。

【蔬菜质量安全】 2015年，岳阳市主要蔬菜生产基地和市场农残超标率远低于国家和省市规定的指标，特别是27个国家级蔬菜标准园，经农业部抽检，合格率均为100%。岳阳市连续9年没有发生一起由于食用蔬菜造成农药中毒事故，实现连续8年岳阳市基地外销蔬菜（包括出境蔬菜）没有发生一起由于农残超标问题被处理的事件。

【蔬菜科技推广】 2015年，岳阳市有大中棚设施栽培面积3653.33公顷，小拱棚设施栽培面积7100公顷，遮阳网覆盖栽培面积5173.33公顷，防虫网覆盖栽培面积2246.67公顷，频振式杀虫灯防控面积2.7万公顷，性诱剂、黄板诱蚜防控面积2726.67公顷。

【蔬菜标准园建设】 2015年，岳阳市向省农业委员会申请创建国家蔬菜标准园7个，11月份省农业委员会组织省直专家评审，其中，君山区春晖蔬菜种植专业合作社、华容县丰登农业科技有限公司、湘阴县合湖蔬菜专业合作社、平江县湖南月坤农业科技有限公司4个蔬菜标准园通过评审验收。岳阳市创建国家级蔬菜标准园27个。

（本栏撰稿 张玛利）

畜牧业

【概况】 2015年，岳阳市畜牧业围绕“畜牧业增效、农民增收”两大目标，以健康、稳定生产为基础，以推进规模化、标准化养殖为主线，以畜禽养殖污染治理为重要抓手，不断增强畜牧业在农业和农村经济中的支撑作用，畜牧业综合生产能力持续增长。

一、畜牧养殖工作稳步推进。一是生产目标顺利完成。全年出栏生猪742.56万头，比2014年下降2.3%；出栏牛16.7万头，同比增长4.7%；出栏羊46.38万只，同比增长4.8%；出笼家禽3182.13万羽，同比增长4.5%。二是规模养殖稳步发展。全市年出栏生猪500头以上的规模场（户）3121个，出栏生猪492万头，规模养殖比重达到64.2%，同比增加3.2个百分点；存笼家禽5000羽以上的规模场（户）612个，出栏牛50头以上的规模场（户）589个，出栏羊100只以上的规模场（户）231个，分别出栏（笼）家禽、牛、羊1477.5万羽、5.43万头、6.77万只，畜禽规模养殖比重同比提高5至7个百分点。三是标准化规模养殖持续推进。3月，采取网络实时上报形式，收集、更新全市已挂牌的12家国家级畜禽标准化示范场数据信息，健全示范场基本信息数据库；4月，开展全市2015年畜禽养殖标准化示范场创建活动，至年底，5个申报单位通过考核验收，顺利完成省畜牧局下达任务。全市已挂牌的国家、省级畜禽规模养殖标准化示范场达51个，稳居全省前列，辐射带动规模场标准化建设1900余户。四是畜禽良种繁育体系建设稳步实施。加强种畜种禽场管理与指导。以“国家种畜禽生产经营许可证网络管理系统”为基础，对全市种畜禽场进行监督、管理，对全市35家种畜禽场的畜禽品种及数量、生产许可证信息等要素实行动态更新，通过对新祥和农牧公司、博特利公司、美神公司、汨罗佳润、天龙牧业、临湘天种等种猪场的硬、软件设施和供种能力进行抽查评估，完成2家种猪场的新发证和4家换发证工作。加大地方良种资源保护和品种改良力度。岳阳市申报将临湘白沙洲畜牧良种场列入2016年国家农业综合开发项目，计划通过争取该项目资金，在现有的8头种公牛、412头核心群种母牛基础上，新增滨湖水牛种公牛30头，形成年外供种公牛140头、种母牛140头的生产能力，保护并扩大这一濒危地方良种资源。同时，为全市6个良种补贴县市区争取补贴资金608万元，建设完成种公猪供精站14个，年供精液72.6万份，全年完成牛羊冷配冻精12.4万份，全市猪、牛、羊品种改良覆盖率分别达到92%、82%和66%。

二、养殖污染治理扎实开展。一是全面完成湘江干流规模养殖场退养。8月底，全面完成岳阳市境内湘江干流沿岸500米区域内规模猪场退养拆迁工作，顺利通过省政府验收组验收（湘阴县237户、屈原管理区29户、汨罗市1户），栏舍核定总面积39857.56平方米。二是开展洞庭湖内湖沿岸1000米范围及洞庭湖区集中供水取水点半径1000米范围内畜禽规模养殖场摸底调查。11月，组织县、乡开展此项工作的摸底调查。经核实，全市洞庭湖内湖沿岸1000米范围涉及华容县、君山区、岳阳县、云溪区、湘阴县、汨罗市、屈原管理区等7个县市区，有畜禽养殖户2562户，栏舍面积561773平方米；洞庭湖区集中供水取水点涉及全市11个县市区，有畜禽养殖户2367户，栏舍面积626922平方米。两项合计有4929户养殖户，栏舍建筑面积达1188695平方米，另有一级水源保护区网箱728个，面积76605.41平方米。三是开展养殖环境调查及落实养殖规划。4月下旬至5月底，市畜牧畜医水产局对全市养殖环境现状、相关环保法律法规落实情况等进行调查。据统计：近4年全市投入养殖污染治理资金1.57亿元，项目惠及规模养殖场1102家；无害化处理病死畜禽232015头（只、羽）；查处违反环保法事件29起，新建胜奇、丰盈等5家有机肥生产企业，年有机肥产量达1.9万吨。根据《岳阳市畜禽规模养殖污染治理实施方案》，汨罗市、平江县、屈原管理区、岳阳县、湘阴县、岳阳楼区、岳阳经开区等7个县市区发布畜禽养殖规划，实现禁养区、限养区、适养区的功能定位，其他县市区畜牧主管部门完成规划拟稿，正待政府审批。

（邓 婷）

【完成湘江干流规模猪场退养工作】

2015年6月底，全市湘江干流沿岸（湘阴县、屈原区、汨罗市）500米区域内246户规模猪场，栏舍总面积39604.01平方米（其中，年出栏300头以上的生猪规模养殖场14家，栏舍建筑面积10392.7平方米；年出栏50~299头的生猪规模养殖场（户）232家，栏舍建筑面积29211.31平方米）全部完成退养拆除，并于8月下旬顺利通过省畜牧局验收。

（邓 婷）

【完成洞庭湖区养殖污染防治情况调研】 2015年8月，全市开展洞庭湖区畜禽规模养殖情况摸底。位于全市洞庭湖沿岸500米范围内的畜禽规模养殖场分布于湘阴县、岳阳县、汨罗市、华容县、君山区等县市区，有262户，栏舍面积194446.38平方米。为省政府编制《湖南省“十三五”时期重点流域水污染防治研究报告》和《2015—2020年洞庭湖区水环境综合治理实施方案》提供重要基础数据。

（邓 婷）

【动物检疫电子出证实现全覆盖】

2015年，岳阳市全面取消动物检疫合格证明手写证的使用，实现动物屠宰、产地检疫电子出证全覆盖。全市122个动物检疫申报点和

14家定点屠宰场出具《动物检疫合格证明》产品A证1203份、产品B证459780份；动物A证6865份、动物B证9723份。（翁　凡）

【畜禽产品抽检】2015年，农业部宁波中心四个季度分别在岳阳市采集畜禽样品进行抽样检测，采集猪肉24个，猪肝24个，禽肉8个，禽蛋8个，猪尿20个，牛肉8个，羊肉8个，检测合格率100%。湖南省在岳阳市的水产苗种监测抽样数20个，成鱼样10个，SVC（鲤春病毒病）抽样5个，抽检合格率100%，完成省兽药监测任务25个，抽检合格率100%。（罗博萌）

【质量安全专项整治】2015年，市畜牧畜医水产局开展畜禽水产品质量安全专项整治行动。全市“瘦肉精”专项整治抽检生产经营企业2230家，合格率100%。开展水产品禁用药物和有毒有害物质检查，抽检企业822家，合格率99.6%；兽用抗菌药专项整治抽检企业620家，合格率100%，假劣农资问题专项治理抽检350家，合格率98.2%。全市出动执法人员3370人次，检查生产经营企业4360家，查处问题22起，涉及金额12.25万元，发放宣传材料3.2万份，媒体宣传28次，指导培训158场次，培训人数3930人，检测场所5327个，出动2870人次，抽样数量33380个，有效增强生产、经营者以及城乡居民的法律意识、责任意识、安全意识和自我保护意识。（罗博萌）

水产业

【概况】2015年，岳阳市渔业以“增产能、调结构、转方式、提质效、保安全、惠渔民”为重点，突出健康养殖和产业化经营，实现现代渔业健康化、生态化、持续化发展。全市水产放养面积8.51万公顷，水产品总产量首次突破50万吨大关，达51.3万吨，比2014年增幅6.4%。

一、强根固本，打牢渔业生产基础。一是抓好水域滩涂养殖证的核发工作。加大养殖水域滩涂的宣传与核发力度。新发（包括换发）养殖证678本，核发面积1.24万公顷。在完成2011年统计的6.39万公顷水域滩涂应发证面积后，各县市区重新梳理，将新理顺产权的养殖水面纳入到应发面积序列中，陆续又核发1.02万公顷新版养殖证。二是抓好渔业基础设施建设。全市改造升级池塘4613.33公顷，新开挖池塘86.67公顷，投入1.38亿元，县所属国有渔场基本上实施路面水泥硬化、环境绿化工程，渔场面貌焕然一新。三是抓好苗种的生产与管理。全市换发到期苗种生产许可证21本，新核发苗种生产许可证4本，苗种场数量达到48家，持证率达到100%。苗种场占地面积435.73公顷，有育种水面345.8公顷，孵化设施41776平方米，孵化各类水产鱼苗112亿尾，增长8.7%。基本上建立以市水科所良种场等省级水产良种场为龙头，市级水产良种场为辅助，县级苗种场为补充的水产种业格局。组织开展苗种质量安全督查。5月初组织全市苗种生产的督查，6月初农业部委派四川省成都检测中心工作人员抽取岳阳市省级良种场华容田家湖鱼苗繁育场的黄颡鱼、青鱼、鲫鱼九份样品。检测硝基呋喃、孔雀石绿、绿霉素药残，抽样检测也全部合格。组织完成全市水产苗种场信息普查。

二、强化健康养殖，推动标准化生产。一是加大水产健康养殖的宣传与培训力度，通过宣传横幅、刷写标语、举办培训班等形式，强化水产健康养殖，做到三项记录齐全，投入品来源于合法企业。全市主办培训班48场次，培训人数6000人次，取得较好的效果。二是推动无公害产品的产地与产品认定，在申报国家级水产健康养殖示范场时，原则上建议申报单位，要对产地和产品进行两认，确保水产健康养殖示范场的水产品质量。截至年底，全市水产业拥有无公害产品146个、绿色产品3个。三是推动健康养殖示范场的创建工作。对申报要求创建农业部水产健康养殖示范场的7家养殖企业，按照农业部创建标准，到现场进行初步审查后，择优推荐岳阳县济美生态农业发展有限公司、湘阴县王家寨村建民特种水产养殖专业合作社、华容县二郎湖渔场3家单位，申报参与农业部水产健康养殖示范场创建。岳阳县城关镇泥家湖渔场等5家养殖单位参与市级水产健康养殖示范场创建。

三、发展名特优养殖，提高养殖效益。一是推广稻虾连作模式。稻虾连作模式具有“一水两用、一田双收、稳粮增鱼、粮鱼双赢”的效果，在大宗淡水鱼价格低迷的情况下，稻虾连作得到迅速发展。全市全年稻虾连作面积达到0.93万公顷，面积比2014年增加四成，产量达到1.7万吨。其中，以华容县、临湘市、君山区发展迅猛。涌现华容县景港镇天星洲村、下西湖朝阳村、向阳村等整村发展稻虾共作的典型。二是引进新品种发展名

华容县东湖渔业丰收　（杨一九　摄）

特优。全市推广黄颡鱼“全雄一号”，面积达2000公顷。岳阳县着力将黄颡鱼培育成全县水产养殖主打品种，推广黄颡鱼专养面积146.67公顷，翘白、鳡鱼专养面积120公顷，引进日本锦鲤等名贵观赏鱼等40多个品种，建立66.67公顷观赏鱼培育和选育基地。该县名特优水产品产量达2.7万吨，占全县水产品总产量53%。华容县引进怀头鲶人工繁殖，以前1333.33公顷大口鲶专养面积80%被怀头鲶替代，推广面积达1066.67公顷左右。平江县美多旺生态科技有限公司在安定镇引进匙吻鲟进行池塘养殖。

四、增强市场意识，推进产业化经营。一是品牌意识进一步加强。打造“BNH”大闸蟹、“湘源潭”黄鳝、“东湖源”鳙鱼、“洞庭黄龙”草鱼、“鼻绿”青鱼、“锦鳞”黄颡鱼和“渔米之湘”“不二家”“劲仔”“三利和”“巧娃”“洞庭渔王”等渔业品牌，获得中国驰名商标2个、湖南省著名商标12个，逐步把岳阳市水产资源优势转化为品牌实力，提升岳阳水产品的增值空间。二是发展休养渔业。岳阳市现有一定规模的休闲渔业场所557家，其中，国家级休闲渔业示范基地4家，省级休闲渔业示范基地9家，休闲渔业垂钓总水面9200公顷，安排就业岗位3000个，创造经济效益7.62亿元。三是推进产业化经营。推进产销对接。湘阴县将产销对接作为常态工作，引导41家水产品生产基地和长沙市场进行产销对接，其中有28家由长沙市授牌。比2014年增加6家。对接销售水产品占该县水产品总量的70%左右。岳阳县协助清渠农业发展有限公司在岳阳市洞庭渔都和长沙马王堆市场设立“锦鳞”牌黄颡鱼销售门市部。开辟出口韩国的通道，出口韩国360吨，订单额度为500吨，比2014年增加出口量200吨。增强防风险意识，继续开展渔业政策性保险。落实湘莲和甲鱼政策性保险。落实湘莲保险面积501.8公顷，甲鱼养殖保险面积由18.67公顷增加到38.87公顷，湘莲每亩农户投保15元，省配套每亩9元，县配套每亩6元，保额每亩600元，甲鱼每亩农户投保90元，省配套每亩60元，县配套每亩30元，每亩保额3000元。（蔡建军　余　乾）

【开展“洞庭风雷”行动】 2015年，岳阳市渔政部门通过加强联合执法，强化巡查值守，完善督查制度等措施，深入推进“洞庭风雷”行动，严厉打击矮围网围、电力捕鱼、“密眼网”等非法捕捞行为，洞庭湖渔业捕捞秩序得到持续好转，渔业资源养护效果明显。全年查获违禁捕捞船145艘，查处违禁捕捞案件133起；查获违法捕捞船236艘，查处违法捕捞案件216起；查处电力捕鱼案件256起，没收电捕器具300台套，取缔迷魂阵607部90486米，拆除网围6450米，取缔其他违禁渔具944件，取缔其他违法渔具29件，没收渔获物12826.4公斤，行政处罚382人，其中，行政拘留60人，刑事处罚41人，罚款56.22万元。

（胡　灿）

【启用渔政执法北斗监控管理系统】

2015年，市畜牧畜医水产局成功申请到1200多万元的“渔政执法北斗监控管理系统”项目，将在30艘渔政执法船艇上安装北斗AIS设备，夜视巡航设备、雷达等，同时，为4000艘渔船配备北斗救生位标设备，建设渔政执法船北斗管理系统和渔船北斗监控管理系统。通过该系统，可有效提高打击非法捕捞的精准度，加强对各县市区渔政执法的监督，提高渔政执法和渔业捕捞的安全保障。（胡　灿）

【渔业资源养护】 2015年，岳阳市分两批次在8个放流点开展增殖放流活动，投放不同种类不同规格苗种7736.911万尾及1吨圆田螺，放流品种包括鲢、鳙、草、青、鲤、鲫、鳊、黄颡、鲈鱼、黄鳝以及中华圆田螺、背瘤丽蚌等，放流规格包括夏花、春片和良种亲本，投入放流资金306.5597余万元，超额完成省水产局下达的7000万尾的放流指标。3月下旬，岳阳市渔政站牵头相关专家和岳阳县、华容县渔政局在东洞庭湖水域设置人工鱼巢4.1万平方米，有效修复鱼类产卵场，提高鱼类的产卵率和孵化率，养护洞庭湖水生生态系统。（胡　灿）

【江豚考察活动】 2015年2月4—5日，岳阳市渔政邀请中科院武汉水生所及世界自然基金会（WWF）相关专家对东洞庭湖江豚保护区进行为期两天的江豚考察活动，考察江豚种群数量和江豚栖息地状况。第一天观测到66头，返航观测到48头。经初步分析，洞庭湖长江江豚种群数量超过90头，洞庭湖江豚种群剧减现象得到遏制，江豚保护效果得到专家一致好评。（胡　灿）

【创建渔业安全示范县】 2015年，岳阳市开展创建渔业安全示范县活动，为渔船配备救生衣、灭火器等救生、消防设施，建立渔业生产安全气象信息发布平台，切实增强渔业防灾、抗灾能力，有效保障渔民的生命财产安全。君山区因创建工作突出被农业部评为“全国平安渔业示范县”。这是岳阳市继汨罗市后第二个“全国平安渔业示范县”。

（胡　灿）

林　业

【概况】 2015年，岳阳市林业系统围绕“一极三宜”江湖名城战略目标，全面推进生态林业和民生林业建设，森林覆盖率稳定在45.3%，活立木蓄积量1873万立方米，林业经济总产值266亿元。

大力造林绿化，改善生态环境。以工程项目为重点，争取国家造林资金1.41亿元，完成造林1.8万公顷，义务植树1100万株。完成境内2381公里县道和京广铁路沿线造林绿化任务，达标率92%，完成333.33公顷“裸露地”造林任务，对国道、高速公路进行绿化提质改造260公里。全市3093个村参与秀美村庄创建，覆盖面达100%，建立示范村7个。着力加强森林经营，完成油茶、楠竹低改任务0.73万公顷，完成中幼林抚育2.8万公顷，完成封山育林1.13万公顷，促进森林资源增长。

强化资源管护，巩固生态成果。加强森林灾害防控，全市仅发生22起小的森林火灾。林业有害生物防控持续加力，各地加强监测防治，开展联防联治，强化松材线虫病、竹蝗等除治工作。全年主要林业有害生物发生面积3.7万公顷，成灾面积1866.67公顷，病虫害发生率6.8%，成灾率3.4‰，防治面积3.53万公顷，防治率95%。严格限额采伐管理，全年办理采伐证1982份，采伐蓄积量20.95万立方米，比2014年下降20.7%。全市22.67万公顷省级以上公益林管护面积到位率100%。加强森林资源监管，办理林业行政案件713起，查处率100%。

加强湿地保护，建设观鸟之都。拟定《湖南东洞庭湖国家级自然保护区管理办法》，严格实施核心区封闭管理，完善观鸟平台和宣教中心建设，加强巡护和执法打击力度。加强湿地公园建设，云溪白泥湖湿地公园通过国家林业局评审，汨罗江、新墙河国家湿地公园建设即将通过验收。

深化改革创新，引领绿色发展。完善集体林权制度改革，处理遗留问题，新发证面积1733.33公顷。办理林权流转手续29宗、流转面积1.21万公顷，办理林权抵押贷款面积3940公顷，贷款金额3.9亿元。全市有51.33万公顷森林纳入森林保险，投保率88.3%。全市获得4个国家级、8个省级林业专业合作示范社和6个省级林下经济示范基地。林下经济总面积6.46万公顷，比2014年增加42.5%，产值17.3亿元，同比增长46.1%。

做大林业产业，助推新增长极。抓林业产业发展，实现林业经济总产值266亿元，同比增长15.2%。木材用量62万立方米，竹材用量136.5万根，人造板产量30.7万立方米，各类经济林产品总量10.3万吨。壮大林纸、林板、林油、家俱等林业产业龙头企业，实现产值160亿元，基荣木业家俱产品在全省第三届家俱博览会上获得2项金奖。推动油茶、楠竹、旅游产业，新造油茶1180公顷、楠竹226.67公顷，完成油茶低改2133.33公顷、楠竹低改5066.67公顷。启动建设平江现代农业（油茶）综合产业园和湖南省湘北楠竹科技产业园及平江森林旅游特色产业园，北罗霄山森林公园晋升为国家级森林公园，经省政府批准，云溪清溪森林公园和岳阳楼区麻布山森林公园晋升为省级森林公园。全市原有10个森林公园投入建设资金1.52亿元，基础设施条件不断改善，推动产业集聚发展。巩固退耕还林成果项目完成后续产业建设投资5749万元，建成林业特色种植基地2200公顷。

平江县推动森林旅游特色发展，图为福寿山风光　　（吴锡标　摄）

提升服务水平，改善创业环境。落实惠林惠民政策，1.02亿元退耕还林和生态公益林补助资金全部实行“一卡通”发放到位，充分调动广大林农和业主投资林业的积极性。减少林业行政审批，全部实行政务窗口集中办理制度，林业投融资创业环境不断优化。公开部门权力清单和责任清单，所有行政许可项目和政务服务事项全部纳入湖南省网上政务服务和电子监察系统运行。开展“四公开、四整治”专项行动，没有发生严重危害社会或造成不良社会影响的重大林业案件。全年对8家企业在备案后检查1次，没有出现损害经济发展环境的不良行为。制定洞庭山科技发展有限公司帮扶方案，帮助企业申报并成功获批全国林业专业合作社示范社，企业销售收入比2014年增长11.7%。全力为城陵矶新港区办实事，协调办理3起征占用林地手续，面积8.6公顷，确保港区建设发展使用林地需求。服务重大项目，协调办理岳阳三荷机场征用林地申报、审核审批，确保按期开工建设。

【国有林场改革通过省级验收】

2015年，岳阳市13个国有林场全部定为公益一类，核定全额事业编制274个、政府购买服务编制575个，妥善安置富余职工1110人，办理职工提前退休427人，率先通过省林业厅验收，排名全省第一。

【市森林公安局获得国家林业局森林公安局表彰】 2015年，市森林公安局开展“雷霆”“利剑”等专项行动4次，办理涉林案件374起。成功侦破东洞庭湖自然保护区“1·18”非法运输珍贵、濒危野生动物、非法狩猎案，抓获主要犯罪嫌疑人7名。成功侦破非法经营莽山烙铁头蛇案，抓获违法人员4名，收缴莽山烙铁头蛇2条。进一步扩大森林公安的影响，提高林业的地位。市森林公安局执法质量在全省取得三连冠，被国家林业局森林公安局记集体三等功。

【市林业局获得全省绿化先进集体】

2015年，市林业局争取党委政府重视和支持林业。市委市政府主要领导高度重视林业工作，县市区党政领导认真研究部署林业工作，形成各级党政领导齐抓共管的良好局面。以林业“十二五”规划为总揽，实施城乡绿化战略，近五年来，全市投入造林绿化资金28亿元，完成人工造林9.33万公顷，年均造林1.67万公顷以上。开展全民义务植树，年均完成义务植树1100万株，义务植树尽责率达到90%以上。全力构建“城市园林化、城郊森林化、道路林荫化、农田林网化、村庄花园化”的绿化格局，成功创建全国绿化模范城市。市林业局获得全省绿化先进集体。

【森林防火取得新突破】 2015年，市本级组建100人、5个重点县市区各组建20人武警森林消防队伍，配齐配足设备设施。市政府修订发布《岳阳市森林防火应急预案》，建立12119接警平台。争取市委市政府印发《岳阳市森林防火责任追究办法》，对森林火灾加大问责力度，切实提高各级各部门抓森林防火工作的责任意识、担当意识，提升全市森林防火工作管理水平。

（本栏撰稿　易少满）

农业机械化管理

【概况】 2015年，岳阳市农业机械管理局（简称市农机局）严格按照“推改革，调结构，转方式，加快推进农业现代化”的要求，围绕“一极三宜”江湖名城战略，突出重点、抓好落实，全市农业机械化工作持续稳定发展。全市农机保有量达到73.8万台套，农机总动力达到570万千瓦，农作物耕种收机械化水平达到67%，高于全省平均水平5个百分点，其中水稻综合机械化水平达到71.6%。先后成功承办全国水稻生产全程机械化现场演示会、全国农机安全事故应急救援演练、全省农机安全生产现场推进会等大型活动。获得全省农机工作综合先进单位，并包揽农机购置补贴、农机安全生产等6个单项先进，全市安全生产先进单位等荣誉。

【确保农机补贴资金运行安全】
2015年，市农机局针对全省农机购置补贴政策实施中的新情况、新变化，早部署、早谋划、早作为，抓好政策落实过程监管，确保惠农资金落在实处，完成补贴资金1.28亿元，补贴机具14649台，在岳阳市七届人大常委会十八次会议上“农机购置补贴政策实施情况”工作评议通过率达85%。一是确保责任落实到位。年初，在全市农机购置补贴工作会议上，市农机局与各县市区农机局分别签订《购置补贴责任状》，层层落实补贴政策实施监管主体责任，各县市区将购置补贴工作纳入政府目标管理考核，分别成立由分管领导为组长，相关部门为成员的农机购置补贴领导小组，形成政府主导、农机主抓、共同参与的良好工作氛围。二是确保政策实施到位。进一步优化农机补贴申报流程，抓好补贴信息公示和补贴政策宣传工作，在《岳阳日报》整版刊登《农机购置补贴政策解读》，提高广大农民对补贴政策认知程度，严格按照“三个严禁”“四个禁止”“八个不得”要求，确保惠农政策实施公平、公正、公开。三是确保日常监管到位。市农机局结合落实“省委巡视组整改意见”“四公开、四整治”行动、农机合作社创建及农机购置补贴规范操作专项检查等工作，严格按照“见人、见机、见票、查参数”的要求，履行监管职责，开展补贴机具实地核查工作，4次对全市11个县市区开展专项督查，走访农户1000余户，合作社127家，核查机具1800余台，对部分地区政策宣传未到位、经销商补贴机具信息未公开、基层信息公示未及时或不规范等问题当场提出整改要求，将督查情况以通报形式下发各县市区农机局并抄送县级分管领导。针对2015年南县在购置补贴工作中存在的套取补贴资金违规情形，市农机局及时开展自查自纠专项督查，按照省农机局电视电话会议要求，做到督查范围不留死角、问责追责不讲情面、政策实施不留漏洞、督查行动不画句号，暂未发现类似违纪违规情形。四是确保服务完善到位。推行“一站式”服务，湘阴县、华容县等地依托农机大市场建设集政策宣传、信息公开、业务办理、投诉受理等功能于一体的一站式服务窗口，充分发挥乡镇农机专干作用，最大程度给购机者提供便利，同时，不断完善机具售后服务，在春耕、双抢等农忙时节，组织农机维修技术人员走村串户，上门提供检修、保养服务，华容县将全县28个农机销售网点的农机服务热线编印成“农机120服务卡”发放至农民手中，实行24小时专人值班，为广大农民机手免去后顾之忧。

【农机合作社规模经营优势凸显】
2015年，市农机局将现代农机合作社建设作为全市推进农机化事业发展跃上新台阶的重要抓手，突出重点，抓落实。全市发展农机合作社241家，经营土地面积1.81万公顷，作业服务面积超5.33万公顷。屈原管理区船江农机合作社作业面积333.33公顷，地跨汨罗、平江、屈原三个县市区，全市农机合作社年总收入达2.1亿元，新建和提质改造102家。一是抓项目建设。市农机局严格按照“小”“精”“坚”的创建标准，严把创建审核关，经过层层筛选，两年来，有112家农机合作社纳入财政扶持现代农机专业合作社建设项目，市财政投入建设扶持资金266万元，现代农机合作社创建成为全市农机合作社发展的中坚力量。二是抓龙头发展。充分发挥现代农机合作社规模经营优势，市农机局将做大做强龙头社作为发展农机合作社的工作重点，全市流转土地66.67公顷以上合作社有94家，以农机合作社为代表的新型农业生产主体初具规模。汨罗市鼎升农机合作社组建二年来，先后流转农田260公顷，拥有各类机具170台套，年产粮食3500吨，4月份，湖南省人民政府省长杜家毫到此调研给予高度评价，临湘市勇军农机合作社经营场地面积1260平米，拥有大型谷物烘干机组16台套，在实现水稻生产全程机械化的同时兼顾稻谷、红薯等农产品深加工，延长生产链条，提高产品附加值，提高合作社适应市场需求的生存能力。三是抓项目监管。6月，市农机局对2014年度成功申报两个“百千万”工程的55家农机合作社进行核查；11月，市农机局对2015年申报成功的农机专业合作社进行全覆盖核查，召集各县市区农机局纪检组长、分管领导、业务股长召开工作部署会，各县市区对照核查方案对辖区内合作社的资质规模、机具购买使用等情况进行核查，市农机局联合市财政局，分4组，对9个县市区申报的农机合作社进行随机抽查，督促县市区农机局对合作社创建和运作的真实情况以及土地流转情况进行把关。四是抓走访调研。为了进一步掌握全市农机合作社发展动态，市农机局由分管局长牵头分3组对全市20余家农机合作社进行走访调研，形成调查报告3篇，把握全市农机合作社发展所需、所困；11月份，组织各县市区农机局局长到黑龙江省绥化市就农机合作社创建工作进行考察学习，既开阔眼界、拓宽思路，又找准了自身薄弱环节，明确了发展方向。

【农机安全监管网络建设】　2015年，市农机局严格落实安全生产主体责任，开展专项行动，不断完善基层农机安全监管网络建设。全市新增拖拉机1460台、联合收割机1939台、新增拖拉机驾驶人1004人，互助保险会费收入达到247万元，位居全省第一，创建国家级“平安农机”示范县1个，省级“为民服务、创先争优”示范窗口2个，发生农机事故6起，伤3人，较2014年分别下降81%和92%，全市农机安全生产形势持续向好。一是推进思想认识到位。天津港“8·12”事故发生后，市农机局第一时间分别组织局机关干部、各县市区农机局分管农机安全监理领导及监理所所长，传达学习总书记习近平和国务院总理李克强重要讲话精神以及中央、省、市相关会议精神，会上组织观看农机事故警示教育片，开展农机安全生产大讨论，通过层层发动，既统一思想，充分认识到抓好农机安全生产形势的重要性和紧迫性。二是推进主体责任到位。市农机局落实安全生产“一岗双责”“党政同责”责任制，市农机局、县级农机部门、乡镇、农机手，从上至下分别签订责任状，一级督一级、一级抓一级，层层落实农机安全监管职责，各县市区农机监理所利用上户、考证、年检等工作与农机手签订责任书17893份。三是推进监管体系到位。8月，华容县顺利通过全国“平安农机”示范县创建验收，新建“平安农机”示范乡镇10个、示范村42个，县、乡、村三级农机安全监管体系不断完善。湘阴县大胆创新，把完善农机监管无死角的概念从纸上落实到行动上，聘请402名村级农机安全员涵盖全县所有行政村，由县政府安排专项经费106万元，保障村级农机安全员人平每月220元的工作补贴，做到“三有”（即有人管事、有人理事、有钱办事）。四是强力推进日常督查到位。市农机局联合交警部门开展“打非治违”“九打九治”“外挂车辆清理”等专项行动，平江县与江西省、湖北省等上户地农机监理所协调，对外挂拖拉机实施委托管理，取得较好的效果。11月，在岳阳经开区康王工业园，平江县安定、长寿等地开展农机安全生产“三项行动”大督查，岳阳经开区将钢材市场外挂拖拉机情况向区管委会汇报，引起管委会领导高度重视，管委会副书记亲自带队组织农机、交警等部门对钢材市场外挂拖拉机情况进行专项督查。进一步完善农机安全事故应急救援体系，强化农机事故应急救援处置能力，湘阴县承办全国农机安全事故应急演练。全市开展检查620次，排查隐患数576处，整改隐患数328处。五是强力推进业务规范到位。建立市级农机驾驶考试员信息库，严格落实驾驶员异地监考43场，有1324人通过考试，湘阴县、平江县配备无纸化考试系统，有效避免考试走过场、讲人情、流形式；落实省农机局要求，终止变形拖拉机注册登记工作，精心组织拖拉机、联合收割机及其驾驶人年度监审，君山区全面实现农机免费监理，减免年检等监理费用，截至年底，全市年检机车8314台。

【推广水稻机插工作】　水稻机插工作一直是全市农机工作的薄弱环节，为了拉长短板，突破发展瓶颈，2015年，市农机局在工作任务重、难度大的情况下，找准脉门，解决好“如何推”“推什么”“推给谁”等问题，全年完成水稻机插面积12.02万公顷，机插率达到27.3%，较2014年增长7个百分点，推广水稻插秧机507台。一是在推广职能上做文章。根据市委市政府《关于加强粮食生产的意见》，确定2015年全市机插率达到25%以上的目标，把部门行为上升为政府行为，有效提高插秧机具推广执行力。二是在创新推广途径上寻突破。市农机局打破原有“生拉硬拽”的推广思路，以举办“现场演示会”“专题培训班”等活动为突破口，将种粮大户、农机合作社视为机具推广重点对象，先后在屈原管理区举办全国水稻生产全程机械化暨绿色增产模式攻关现场会，在岳阳县长湖乡举办全省钵苗育插秧技术推广演示会等各类演示活动21场次，发挥演示活动的辐射作用和农机大户的带动作用，提高推广效率，其中，举办“阳光工程”“新型农民培训班”等培训活动12场，培训人员600余人，把推广工作与培训工作相结合，既武装农民机手的技能水平让农民得到实惠，又能提高农民对水稻机插优势的认知度，使推广工作事半功倍。三是在推广的机具上下功夫。3月，由市农机研究所（农机技术推广站）承办的农业部948项目即2ZB-825型钵苗插秧机正式投入试用，该机具能有效提高秧苗存活率，能有效解决南方双季稻机械化栽插难题，在全省12个示范点进行推广。四是在资金扶持上下力气。屈原管理区争取财政支持追加补贴力度，对机插早稻每0.067公顷补贴50元，晚稻每0.067公顷补贴40元，单季机插秧连片33.33公顷以上的奖励1万元，同时，对新购置的高速插秧机累加补贴2-3万元。湘阴县对单季机插秧33.33公顷的农机专业合作社或种粮大户，给予1万元奖励，每递增6.67公顷另增加奖补4千元。

（本栏撰稿　张　湉）

农业科技

【水稻育种研究】　2015年，岳阳市农业科学研究所（简称市农科所）4个水稻品种通过国家和省级审定，亲本互换、独占使用的中籼迟熟品种C两优4418通过农业部审定，高产稳产、适应性好的中籼迟熟品种龙两优018通过湖南省农科院审定，镉低积累的晚籼中熟品种盛泰优352通过湖南省农科院审定，与桃花源种业合作选育的优质晚籼品种岳优3700通过湖南省农科院审定。优质杂交晚稻鑫优9113的选育与应用申报市科技进步一等奖，通过现场答辩。3个水稻品种获得国家植物新品种保护，岳恢9264、岳优9264、盛泰A获得国家植物新品种保护公告和品种权证书，盛泰优018成为湖南省2015年湘米工程主推品种，是5个发布品种中熟期最早、米质最优、最适合轻简化栽培的品种。在2015年省第十次优质米评选中，市农科所的盛泰优206与合作选育的盛泰优997均被评为高档优质稻，优质杂交晚籼品种盛泰优216通过湖北省农作物品种审定委员会专家现场评议。6个组合参加国家和省级区试，五丰优343参加国家区试和湖南省续试，盛泰优216参加湖北省生产试验，凤两优464、凤两优397和中青优614通过2014年预试，晋级2015年湖南省中稻、一晚和晚稻区试，中青优588等15个组合参加国家和省级预试，钧优595等20个组合在品比中表现突出，6个三系、两系不育系定型稳定，6个成型恢复系表现优良。

【经济作物育种研究】 2015年，市农科所棉花育种以棉花三系配套为研究重点，三系棉花不育系6001A通过湖南省农科院审定，其两个组合“三杂棉1号”“三杂棉2号”获得农业转基因生物安全生产应用证书。西瓜、甜瓜育种方面，无子西瓜黑神98、小果型有子西瓜甜宝小玉两个品种进入省续试，组织现场评议，绿虎、泉蜜301两个西瓜组合申报省区试，完成对68个新组合的品比试验，完成168个西瓜、甜瓜及诱变材料的加代提纯，油菜育种完成对6个优势材料的品比观察、套袋自交，完成套袋自交材料1400个，小材料试验205个。

【公益研究稳步推进】 2015年，岳阳市农业科学公益研究有序开展，一是农业部岳阳农业环境科学观测实验站科研进展顺利。该观测站承担国家科技支撑计划、国家自然科学基金等8大项科研课题中的9项科研任务，其中，洞庭湖径流水质监测试验分析化验数据2000多份，湖垸旱地玉米油菜减氮控磷试验提出合理减量施用缓控释肥是湖垸旱地玉米—油菜轮作栽培塔式下的最佳施肥方式，洞庭湖区双季稻田氮循环试验观测收集数据1500多份，镉砷轻中度超标土壤农业安全利用试验形成化学原位钝化修复—植物吸收阴隔为核心的技术体系，长期定位观测试验完成水稻土渗滤池长期试验、旱地长期定位试验、重金属微区试验和猪粪施用环境风险研究长期定位试验，畜废利用模式下氮磷肥适量投入关键技术研究收集数据1800多份，国家级土壤定位试验收集试验数据600多份，农业物联网通过与农业部数据中心连接，收集上报数据6500多份，完成湖南农业大学多熟制作物长期定位试验。各项试验任务顺利完成，8月，通过农业部科教司专家评估，在全国农业环境学科群中排名第五名。二是国家级长江中下游环洞庭湖流域农作物品种岳阳综合试验站任务完成出色。该站承担2015年水稻国家区试早、中、晚三季区域试验，11组145个品种，试验面积1.06公顷，省级区试承担早、中、晚三季区试、联合品比和绿色通道试验，区试9组114个品种，联合品比34组455个品种，绿色通道试验1组12个品种，试验面积4.46公顷，接受省级检查5次、省级现场抽样2次，西瓜省级区试2组9个品种，油菜国家区试4组52个品种，省级区试2组21个品种，接受国家及省级检查1次，棉花国家区试3组25个品种，各作物区试组的科技人员克服田块紧张、劳力短缺、任务重的困难，完成各季试验播种、移栽、管理、记载、收获、考种、总结等全部试验任务。三是国家水稻产业技术体系岳阳综合试验站科研成果明显。该站在华容县、平江县、湘阴县、汨罗市建立水稻病虫草害防治技术示范基地4个，面积133.33公顷；在湘阴县、汨罗市、华容县建立水稻机插秧和集中育秧的技术示范基地3个，面积100公顷，创建岳阳县、华容县优质双季稻万亩高产示范点2个，水稻新品种高产示范点4个，水稻新组合展示15个，苗头组合筛选20个；在湘阴县、平江县建立南方水稻黑条矮缩病的防控技术示范基地2个，面积100公顷，开展病虫害预测预报6期，集中预警2期，发放病虫情报资料3000份，形成水稻主要病虫草害发生实况监测的基础数据、水稻机械化生产过程、水稻单改双、南方水稻黑条矮宿病发生及危害情况的情况调查报告各1份，开展各类培训6次、现场会2次、科技咨询和现场指导30余次，科技受训人员270多人次，免费发放技术资料4500份。

【农科项目建设进展顺利】 2015年，市农科所申报农业部植物新品种DUS测试（岳阳）分中心，主要承担指定的水稻等植物新品种的DUS测试工作，承担水稻等相关农作物测试标准的研究及测试新技术、新方法的研究，收集、保存DUS测试所需要的国内外水稻等植物新品种种质资源，开展有关新品种保护测试的技术咨询和技术服务。DUS测试分中心全国规划建设28家，地市级仅2家；已建17家，在建5家，市农科所属5家之列，为长江中游区域规划建设的唯一一家。成功申报“高抗、优质超级稻选育与技术培训示范项目”“农业环境监测与修复岳阳市重点实验室”。省级做优做强湘米产业高档优质稻新品种选育项目、现代农业发展引导专项——岳阳农业科研体系建设项目、超级稻研发与示范推广专项项目——超级稻研发与示范推广正在申报之中。利用国家级农作物品种审定区域试验站建设项目、农业环境重点野外科学实验站基础设施改造项目、农环站旱地地力提升试验区硬化项目，分类分步地改善科研试验基地的科研条件。新修科研基地围栏1200米，在旱作试验区新修水塘1000平方米，土地平整面积3.73公顷2万立方米，新修片石挡土墙360立方米，综合管理区新修围墙150米，改造水塘200平方米，核心科技园区田园标准化改造7.13公顷。

（本栏撰稿　彭长城）

水　务

【概况】 2015年，岳阳市完成水利投资22亿多元，全市水利系统科学调度，应对严重内涝和特大山洪灾害，取得防汛抗灾工作全面胜利，建成一大批集中供水工程，完成121万人的饮水安全建设任务，以沟渠疏浚为重点开展农田水利“百千万”工程，掀起自联产承包责任制以来兴修水利的第二次高潮。市水务局被评为省级文明单位、创建全国文明城市工作优胜单位，获得全省水利建设“芙蓉杯”先进单位、全市“一极三宜”江湖名城建设综合绩效考核先进单位。

一、坚持科学防控，防汛抗灾夺胜利。年内全市先后发生六次强降雨过程。4月3日晚至4日早晨，市中心城区遭受1956年有气象纪录以来特大暴雨袭击，“6·1”强降雨，临湘市羊楼司镇普降暴雨，龙源站2时–5时3小时降雨180.5毫米。面对严峻汛情，全市水务系统围绕“五个确保”工作目标，牢固树立防大汛的思想不动摇，做到责任落实、宣传发动、预案修订、防汛检查、应急处险和物资储备“六个到位”，努力将灾害损失降到最低限度。

二、坚持惠民为上，民生水利创佳绩。一方面，突出抓农村饮水安全。全市完成投资64927.97万元，兴建农村饮水工程220处，解决饮水不安全人数121.74万人，坚持建设管理并重，在全省市州第一家出台农村饮水安全工程运行管理办法，首次开展“千吨万人”以上规模水厂水质化验室从业人员职业技能培训。

三、坚持全面大干，水利建设谱新篇。全市投资22.07亿元，完成土石方6200万立方米。加高加固堤防60公里，治理河流长度36.47公里，治理水土流失面积94.5平方公里，完成105座水库除险加固主体工程，临湘市、华容县、云溪区、汨罗市、平江县实施小农水建设项目，改善新增灌溉面积7866.67公顷，58座纳入农村水电增效扩容改造计划的电站完工45处，成功申报城市水利规划编制试点城市，在全省率先推广现浇绿化混凝土护坡技术。

四、坚持依法治水，水利管理上台阶。市政府出台水资源管理“三条红线”指标体系，发布《岳阳市重要饮用水水源地名录》，全面推进河湖水域“禁投”工作。牵头对湘江保护工作进行协调和督查，省湘江保护宣传报道组到岳阳市进行专题采访，岳阳市湘江保护工作顺利通过省绩效评估检查。开展河道水库保洁工作，将其纳入全市农村环境卫生整治工作考评，完成河道保洁市级监控平台及54个监控点建设。依法依规实行控量、控船、控时、控范围、控功率等措施，严查严处长江非法采砂行为，稳妥做好采砂管理涉诉应诉工作。争取奖补资金628万元，推行堤防花园式管理，堤防面貌大大改观，9月18日，全省洞庭湖区堤防管理工作座谈会在岳阳市召开。

【农村饮水安全工程】　2015年，岳阳市解决农村饮水不安全人数121.74万人，完成投资64927.97万元，完成农村饮水工程220处。农村饮水安全比率达到100%，自来水普及率达到76.6%。主要抓三项措施：一是精心组织抓规划。年初市县水利部门结合上级下达的任务指标，精心编制实施方案，做到因地制宜、科学合理。二是全力以赴保进度。合理简化招投标程序，坚持水厂建设、管道铺设、入户工程“三同步”，对各地资金投入、建设进展实行一月一调度。三是健全机制抓运行。在全省市州率先出台农村饮水安全工程运行管理办法，首次开展“千吨万人”以上规模水厂水质化验室从业人员职业技能培训，农村饮水走向良性运行。农村饮水安全工作入选2015百姓点赞十大民生实事，省政府网站刊载岳阳农村饮水安全工作经验作法，12月11日，全省水利建设工作推进会在岳阳市召开，与会人员对岳阳市农村饮水工作给予充分肯定。

【农田水利“百千万”工程】

2015年，岳阳市继续实施小型农田水利“百千万”工程建设5年行动，落实市政府要求，按照小型机埠每处3万元、塘坝每口1.5万元、沟渠每米20元的标准，实行地方财政配套奖补。全市投资1.2亿元，开挖土方820万立方米，完成机埠维修改造100处，骨干山塘改扩建1000口，渠道清淤衬砌50万立方米，完成“升级”的骨干山塘新增蓄水容量960万立方米，较原来扩大70%，改善灌溉面积5746.67公顷。

【农村沟渠疏浚行动】　2015年，岳阳市通过深入发动、财政奖补拉动、整合资金驱动、典型示范带动、部门帮建联动、社会融资促动、督促检查推动等措施，筹资筹劳8.2亿元，完成沟渠疏浚2万公里，农村许多近30年未清过淤的沟渠得到疏浚。省水利厅以《水利简报》形式向全省推介岳阳市做法，

2015年10月11日，国家发改委副主任何立峰率队到岳阳市调研洞庭湖水环境综合治理等工作（范向辉　摄）

《中国水利报》刊载岳阳市工作经验。9月28日，全省水利建设动员会议上岳阳市作典型发言。12月11日，全省水利建设工作推进会在岳阳市召开，岳阳市沟渠疏浚工作经验及做法受到与会代表高度评价。

【洞庭湖区堤防规范化管理】 2015年，岳阳市按照“统一标准，分级负责”的原则，对岳阳长江、洞庭湖区堤防现状进行摸底调查，编制《岳阳市洞庭湖区堤防工程管理现状调查表》，制定《岳阳市洞庭湖区堤防工程管理以奖代补工作计划》，确定工作实施路线图、时间表。按照省水利厅“以奖代补”考核办法，各县市区水利行政主管部门每半年进行一次自检，评定自检等级。市水务局结合定期或不定期的检查情况，以及各县市区自检报告，按照A级（优）、B级（良）、C级（合格）、D级（不合格）四个等级进行汇总和审核。全市长江干堤、重点垸堤防、蓄洪垸堤防三类堤垸规范化管理达标建设合格率达100%，全市发放堤防规范化管理奖补资金628万元。9月18日，全省洞庭湖区堤防管理工作现场会在岳阳市召开，岳阳市堤防管理工作得到省水利厅肯定。

【湘江保护与治理】 2015年，市人民政府制定《岳阳市2015年湘江保护工作方案》，将湘江保护18项任务和指标分解到位，召开全市湘江保护工作电视电话会议、湘江保护协调会等，牵头对各县市区湘江保护工作进行督查。11月，省湘江保护宣传报道组到岳阳市现场采访市人民政府市长刘和生及岳阳市湘江保护取得的成效，新华社、《湖南日报》、红网、湖南卫视、湖南教育电视台等媒体进行报道。岳阳市湘江保护工作顺利通过省绩效评估检查。

（本栏撰稿 夏 宇）

水 文

【概况】 2015年，岳阳市水文资源勘测局（简称市水文局）在省水利厅、省水文局和市委市政府的领导下，圆满完成各项工作任务，综合绩效考核获得全省水文系统先进单位，获得岳阳市市级文明单位和省直模范职工之家，档案管理工作成功创建“省一级”，获得全市档案工作先进单位，平江县水文局成功创建全省水文系统模范职工之家。

【水文业务工作】 2015年，市水文局着力做好以下三个方面的工作：一是水文测报工作圆满完成。全面完成全年水文基本资料的收集和分析整理，取得水文监测工作年度综合考核全省第三名的成绩。做好汛前准备工作，通过省水文局防汛组的检查验收，经受汨罗江5次较大洪水过程，新墙河2次高洪水位过程的考验。先后组织全局应急小分队到汨罗江、新墙河、油港河开展15次应急监测演练。二是水情服务工作成效明显。编写雨水情分析材料30余份，发送水情短信600余条，进行洪水预报会商5次，参与市防汛指挥部防汛会商10次。在岳阳市“4·3”特大暴雨和临湘市羊楼司镇龙源河“6·1”特大暴雨山洪灾害发生后，迅速组成暴雨山洪调查小组，深入灾区实地调查、查勘和测量，及时组织编写《岳阳市“4·3”特大暴雨简析》《临湘市羊楼司镇龙源河“6·1”特大暴雨山洪调查报告》，为全市防汛调度、抢险、救灾工作提供重要参考和科学依据，并三次发布汨罗江洪水黄色预警，保障当地人民群众生命财产安全。三是水资源管理工作不断提升。编制完成《岳阳市水资源保护规划》，参与岳阳市地表水水功能区达标考核的相关业务工作，参与岳阳市农村安全饮水监督监测管理服务工作，开展全市25个水功能区和常规水质断面的监测工作，完成岳阳市水资源简报、公报的编制工作，开展龙源水库、双花水库两个重要饮用水水源地安全保障达标建设方案的编制。

【完成水文重点工作任务】 2015年，市水文局重点工作一是水环境实验室开工建设。岳阳水环境监测分中心于12月8日完成公开招标，20日开工装修，岳阳市农村饮水安全工程水质检测中心实验室同步进行。二是县域水文建设稳步推进。组建湘阴县水文局和临湘市水文局。岳阳楼区水文局获批成立。三是各项水文改革不断深化。做好加义水文站的巡测方案，出台水文应急监测和设施设备运行维护管理办法，出台局机关和局属单位绩效考核办法，推行岗位管理、聘用制等人事制度改革，制定测站包干经费管理办法。四是中小河流项目全面完成。完成中小河流水文监测系统项目建设，作好新建梅仙、三市、新市水文站的水文预报方案编制工作，湘阴县水文局、临湘中心站、平江水文巡测基地投入使用。五是成功创建市级文明单位、省直“模范职工之家”、全省水文系统“模范职工之家”。

【水文改革创新亮点突出】 2015年，市水文局在水文改革创新上一是规范管理，结合单位实际，出台一系列规范化的制度，形成比较完善的机关制度体系，相继完成市水文局的组建、办公楼的建设、各项水文业务和服务工作的开展、双重管理体制的落实及中小河流项目建设等各项基础工作，各项工作逐步步入正轨，发展态势良好。二是扎实推进，文明创建卓有成效。以文明创建为载体，加强单位文化建设和活动开展，新建档案室、阅览室，邀请市委讲师团、市消防支队的专家及道德模范到局开展道德讲堂活动；与市水务局联合开展关爱洞庭湖、关爱南湖志愿活动；进社区开展“我为群众当义工”学雷锋服务；组织干部职工到平江县梅仙中学开展助学帮扶，取得良好实效。三是多措并举，人才培养初显成效。举办“我与水文共成长”青年主题演讲比赛，充分展示岳阳水文青年风采，进一步激发全局干部职工干事创业的热情；举办“最美水文人”和“五好家庭”评选，举办优秀共产党员事迹报告会，开展“迎中秋庆国庆”摄影比赛等活动。在全省水文登山比赛活动中，获得团体第一名的好成绩，在青年职工书法比赛中，邹冬梅、王白、戴赞获得三等奖，在首届水文预报技能大赛中获得团体第四名，易湘

础上正视问题、主动出击，破解难题进展顺利。一是抓好水价调整和水价改革工作。铁山原水价格13年未作调整，造成供水成本严重倒挂，制约铁山事业的发展。铁山管理局把水价调整和自来水价格改革作为头等大事来抓，克服种种困难，终于促成在12月份开始执行新的水价政策，为铁山供水事业可持续发展提供有力支撑。二是抓好债务处置推进工作。铁山管理局抓住农行债务剥离和信用社改制契机，有力推进农行和信用社债务处置工作。截至年底，各项基础工作基本完成，省市农行处置意见已基本明确，正在争取更大的优惠政策。

【推进民生水利工作】　2015年，铁山管理局始终坚持科学发展观，着力服务市民和灌区农民，办实事、办好事，加快推进民生水利工作。一是防汛抗旱取得胜利。由于受“厄尔尼洛”现象的影响，上半年防汛紧张，下半年旱情严重，铁山三座水库两大灌渠经受严峻的考验。铁山管理局按照分类指导，科学调度，加强预警，重点值守，靠前指挥的决策，铁山水库按指令泄洪2.9亿立方米，南北灌渠抢险、除险100多处，确保水库安全度汛和灌区农业丰收。受到市领导的表扬和灌区群众的好评。二是安全供水有条不紊。为了确保渠道、管道的安全，铁山管理局科学避险、严格查险、及时抢险、有序处险，先后使出现的近百处险情化险为夷。同时加强水资源保护，强化水质监测，有效防止人为破坏和水质污染，2015年出厂水水质综合合格率100%，管网水质综合合格率99%，管网压力合格率100%，均高于年度控制指标，使市民喝上优质放心水。三是发展环境保障有力。铁山派出所和综合执法支队加大打击涉水违法力度，为城乡供水、水政、渔政秩序的稳定做出贡献，为铁山的建设和发展保驾护航。四是服务质量得到提升。自来水公司进一步强化服务责任，优化服务质量，提升窗口单位形象，升级供水服务热线，群众办事满意率达98%。在岳阳市“12345”公众服务热线年终考核中被评为先进单位。南、北灌区管理所深入基层和群众，体察民情，了解旱情，为农民送去及时水，保障灌区农业稳产增收。

（本栏撰稿　李仙凤　邹　阳）

长江修防

【概况】　2015年，岳阳市长江修防处（简称市修防处）围绕“一极三宜”江湖名城战略目标，推进长江护岸和城市防洪工程建设，全年争取国家和省级项目资金计划1.43亿元，到位资金6200万元，完成工程投资5000多万元，征收水利建设基金3240万元，为岳阳打造湖南新增长极提供坚实的水利安全保障。

【长江护岸实现新跨越】　2015年，市修防处切实增强抓项目、争投资的紧迫感和责任感，抢抓项目建设机遇，长江护岸工程建设实现新跨越。一是荆江河控应急工程项目稳步推进。该项目总投资8000万元，规划整治岸线9600米。3月中旬全面开工后，克服新技术施工难度高、汛期水位过高等一系列困难，确保工程质量和工程进度的稳步推进，国家投资5000万元部分的工程于12月中旬顺利完工，在长江水利委员会（简称长江委）和省水利厅组织的4次工程质量和项目管理督导中获得高度肯定。同时，该处为项目实施争取省级配套资金3000万元，逐步到位，这是长江护岸工程首次获得地方配套资金计划。二是2014年度长江防汛处险项目完工。2014年该处争取国家长江特大防汛经费850万元。2015年年初，该处紧锣密鼓地组织完成工程项目勘测设计和审查批复，督导华容县、君山区、云溪区、临湘市等工程项目所在地加快工程施工，加大项目推进力度，于6月上旬全部完工，整治岸线1393米，按计划完成工程任务。三是三峡后续工程项目开始启动。2015年，该处通过加大与长江委、省水利厅工作对接力度，概算总投资5.1亿元的三峡后续工程项目进入启动程序。第一期项目审定投资6000多万元，其前期可研、初步设计、用地、环评和招投标等工作已于年底全部完成，2016年3月即可正式动工。第二期项目概算投资2.5亿元，相关设计和前期工作正在紧张的进行中。

【城市防洪取得新成效】　2015年，市修防处始终坚持以人为本、超前部署、科学调度、沉着应对，在城市防洪和城市防洪工程建设上成效明显。一是全面完成城市防汛工作任务。建立完善责任体系、预案体系和应急体系，突出抓好预案修订、电排检修、物资储备、责任落实、汛前检查、大堤清障等6个方面准备，严格落实24小时防汛值班制，根据水雨情和气象分析，科学调控城区内湖水位，市区四处电排排水3658万立方米。特别是4月3日晚，岳阳城区降下自1956年来最大暴雨，12小时平均降雨量218.3毫米，该处立即组织协调，统筹安排排渍工作，4个内湖及时开闸排水防涝，市内几大内湖未因暴雨受渍。二是配合海绵城市建设工作。抽调精干人员，组成专门班子，完成海绵城市防洪规划编制工作，确保海绵城市申报工作顺利进行。倍受市民关注的南湖电排扩容改造工程项目前期工作正在扎实推进。三是超额完成水利建设基金征收任务。在水利建设基金征收渠道减少的情况下，该处安排专人配合市税务、市工商等代征职能部门采取每个月一督查，每季度一协调，每半年一调度的方式，对缓交的企业和有关部门，坚持反复上门做工作，力争足额交纳。全年征收水利建设基金3240万元，基金征收实现重大突破。

（本栏撰稿　夏佩华）

责任编校　刘兴汉

交通·邮政

综　述

【概况】　2015年是“十二五”收官之年。全市交通运输部门围绕市委“621”行动，全面加强行业管理，不断深化文明创建，交通运输的支撑保障能力进一步增强，农村交通建设、新能源公交车更新提质、京港澳高速岳阳收费站投入使用等入选2015百姓点赞十大民生实事候选。一是项目建设加速推进。完成交通投资83.8亿元，比2014年增长4.8%，交通基础设施不断完善。其中，高速公路“两路一桥”、临湖公路、湘阴长沙武警机场公路等干线公路，以及塔市驿、荆江门等港口码头强力推进，平益高速、岳阳东和岳阳南客运枢纽站等项目前期组织实施。开工建设京港澳高速新开联络线、皇姑塘立交桥等重点工程，建成临湖公路三期及一期临湘至云溪段、赶山西路段和鹿角码头等重大项目，尤其是京港澳高速岳阳收费站改扩建顺利完成，“三湘第一堵”得到有效解决。二是行业管理不断加强。集中开展打击非法营运“百日攻坚”、道路危货运输专项整治、寄递网点安全整治等专项活动，保障运输市场稳定。加强工程质量巡查治理，顺利完成干线公路“迎国检”工作，全市交通工程实体质量总体可控。继续开展“打非治违”“四大三基”“平安交通、为您服务”等重大活动，全市交运系统安全生产形势持续向好。按照中央、省、市的统一部署，完成“东方之星”救援和临湘防汛救灾两项重点工作，受到市委市政府通报表扬。三是现代物流持续发展。建成南翔万商商贸物流城一期工程，开工建设电子商务中心、家居博览中心。进一步拓宽物流行业的银企合作渠道，大力发展第三方物流，支持物流企业做大做强，全市A级物流企业达22家，其中AAAA级企业11家。航运物流持续发展，全市完成港口货物吞吐量1.3亿吨，比2014年增长9.3%；完成集装箱量24万标箱，同比增长8.4%，居全省第一位、沿长江城市第六位、全国内河第八位。

（刘　端　顾小川）

【交通运输部领导到岳阳市调研】

2015年4月27日，交通运输部党组成员、副部长何建中到岳阳市调研。省交通运输厅厅长刘明欣，市委副书记李志坚，副市长陈恢清陪同调研。何建中重点检查岳阳市农村公路和高速公路建设情况。他先后察看君山区农村公路建设及运营状况，到杭瑞高速公路临湘至岳阳段16标、洞庭湖大桥君山A2标施工现场实地调研，详细了解工程建设进度。何建中对岳阳市公路建设工作取得的成效给予充分肯定，他指出，各相关部门及施工单位要通力协作，科学管理，在确保安全的前提下，把工程质量放在首要位置，严把质量安全关口，加快项目建设进度，打造优质品牌工程。

（刘　端　顾小川）

【岳阳市重大项目建设推进会】

2015年3月16日，市长盛荣华主持召开岳阳三荷机场、京港澳高速公路岳阳收费站西移、岳阳东客运枢纽站项目建设推进会。会议要求，三荷机场项目要加快推进前期工作，确保年内开工建设，2017年建成。要抓紧编制空港产业园概念性规划、控详规划和航站楼修建性详规，科学确定建设规模，要拓宽融资渠道，用好用活PPP模式，保证建设资金需求，要进一步明确责任，加快实施水、电、气、通信、污水排放等基础设施配套建设，抓紧启动征地拆迁，高标准规划建设好安置点。要迅速制定京港澳收费站西移项目征拆和杆线迁移实施方案，进一步加大依法打击“三强”和违法建设行为，特别是对道路两旁的经营性违法建设要作为禁拆治违的重点督办案件，以铁的手腕坚决予以打击，为工程营造优良施工环境。要超前谋划，把岳阳东客运枢纽站工程与火车东站站房扩建相结合，统筹考虑，要尽快组建工程项目部，抓紧抓实规划设计、征拆安置等前期工作，要运用好PPP融资模式，加大与有关单位的衔接力度，争取支持，为项目顺利实施打牢基础。（刘　端　顾小川）

【加速推进高速公路“两路一桥”建设】　2015年4月2日，岳阳市召开高速公路建设会议。2014年，全市在加快推进高速公路建设、有效改善施工环境、加大投资力度等方面，工作显著，成效明显。岳望、大岳高速及洞庭湖大桥完成投资55.15亿元，是岳阳市启动高速公路建设以来完成投资最多的一年，为地方经济发展提供有力支撑。2015年"两路一桥"计划完成投资51亿元，其中，岳望高速26亿元，临岳高速16亿元，洞庭湖大桥9亿元。副市长陈恢清指出，"两路一桥"建设是贯通岳阳东西两向的需要，对进一步完善全市高速公路网络，实现交通大格局，推进新的增长极具有重要意义。建设工作要进一步抓紧抓实，思想上增强紧迫感，要立下军令状，强力抓好落实工作，6月底前全面完成征地拆迁任务，加强调度统筹和工程推进力度，确保和超额完成年度总体目标，早日贯通重点区段路网，把"两路一桥"建设成经得起检验的品牌路、放心路。

（刘　端　顾小川　蒋　斌）

铁路运输

【岳阳车站安全工作】　2015年，广州铁路（集团）公司岳阳车站（简称岳阳车站）深入推进安全风险管理，狠抓安全风险研判，推进自控型班组和可控型班组建设。适时组织开展安全大检查、大反思、大整改活动，严格干部责任追究、强化职工标准落实，做到全过程控制、全天候跟踪、全方位督导，确保安全持续稳定。截至年底，实现无责任铁路交通事故3160天。

（于　雷）

【岳阳车站运输生产】　2015年，岳阳车站组织优化客、货运输，及时研究解决客、货运输中出现的问题，不断提升运输保障能力。严格预算管理，加强成本控制，优化岗位配置，完善收入分配办法，职工工作积极性、责任心进一步提高。全年完成旅客发送323.3万人，完成货物发送812.5万吨，完成运输收入10.8亿元。　（于　雷）

【岳阳车站服务质量】　2015年，岳阳车站开展"树标塑形"活动，强化"以服务为宗旨，待旅客如亲人"的理念，规范服务行为，提升服务质量，设备设施、售票管理、职工素质、保洁卫生、站内秩序得到广大旅客和社会普遍认可，旅客满意度明显提升。在春运、暑运、黄金周等重要运输任务期间，精心组织，严密卡控，强化协调配合，全方位做好安保工作，保证旅客出行安全平稳。　（于　雷）

【岳阳东站运输生产】　2015年，岳阳东站全年发送旅客334万人，日均发送旅客0.92万人，单日最高发送旅客1.9万人，完成运输收入5.6亿元。岳阳东站始终坚持"安全三点共识"和"三个重中之重"理念，以"集团五个发展"为目标，从业务学习、整章建制、安全路风、三个出行常态化等工作入手。全面提高干部、职工的队伍素质，适应高铁的工作要求，确保车站安全、路风、服务质量、生产任务各项工作稳定有序。为筑牢车站安全屏障五道防线，岳阳东站不定期的联合公安、特警、医院等单位进行公共突发事件应急演练。不断加强干部职工遇公共突发事件自我防范和反恐防爆处置应急反应能力。

（龚飒虎）

机场筹建

【岳阳三荷机场项目进展情况】

岳阳三荷机场位于岳阳经济技术开发区西塘镇群贤村、真力村、三店村和康王乡新和村交汇处，距市政府公路距离18公里。项目总投资12.39亿元，建设标准按"4D"规划、"4C"建设，项目建设用地151.53公顷，跑道长2600米，一期航站楼建筑面积6000平方米。到2020年，预计旅客吞吐量60万人次、货邮吞吐量1800吨，飞机起降量6450架次。机场1.5小时车程可覆盖环洞庭湖区、江汉平原和湘鄂赣毗邻地区2300多万人口。岳阳三荷机场的建设，将结束岳阳没有民用机场的历史，对完善岳阳立体交通网络、拓展城市格局、提升城市品味、增强发展后劲具有重要意义。机场项目自2009年筹建，2013年9月20日，岳阳市人民政府成立岳阳三荷机场投资建设管理有限公司，作为机场项目业主和法人主体，承担机场投融资、工程建设与管理工作，岳阳机场项目历经选址、论证、立项、批复等10多项复杂程序，于2015年12月10日正式开工建设，在2017年底建成投入使用。

【岳阳三荷机场项目举行开工仪式】

2015年12月10日，岳阳市第三批重大项目集中开工仪式在岳阳三荷机场建设现场举行。岳阳三荷机场、洞庭湖博物馆、株冶绿色改造升级项目和神华国华华容电厂4个项目一齐开工。市委书记盛荣华宣布岳阳三荷机场等项目正式开工，市委副书记、市长刘和生作工作部署，市委副书记李志坚主持开工仪式，市人民政府副市长陈恢清作项目情况介绍，李湘岳、赖社光、陈奇达、樊进军、张作坤、向伟雄、唐文发、王小中、文春方等市级领导和市政府秘书长谈正红等出席仪式。刘和生指出，全市各级各部门要以此次项目集中开工为契机，全力支持，通力配合，进一步为项目建设提供最优质、最高效、最便捷的服务，努力营造一流的施工环境。项目建设各相关单位要精心组织，精细管理，进一步加大工作调度，加快项目建设，加强工程监管，确保高速度、高标准、高质量完成项目建设任务，努力把每一个项目都建成优质工程、样板工程，为"一极三宜"江湖名城建设注入新的动力、作出新的贡献。出席仪式的领导和嘉宾共同为岳阳三荷机场项目奠基。

【岳阳三荷机场战略合作框架协议签订】　2015年12月25日，岳阳市人民政府与广东龙浩集团签订《岳阳三荷机场航空物流核心枢纽及空港经济区建设战略合作框架协议》。市委书记盛荣华见证签约并讲话，市委副书记、市长刘和生主持签约仪式，李湘岳、樊进军、陈恢清、王小中、文春方等市领导和广东龙浩集团总经理赵继光等出席。

广东龙浩集团是一家长期从事

重大基础设施投资、建设和运营的大型国际化企业集团。签约后，集团将规划一个“1+8+N”的机场网络布局，即由一个中心枢纽（岳阳三荷机场）和8个区域枢纽、结合国内运营的民用机场及多个通用机场构成，通过投入一定数量大中小型飞机的运营，帮助快递业提速，实现次日达、县县通，助推电商产业的快速发展，使岳阳机场成为连接中国航空货运的中心。同时，适时引入“卡车航班”模式，实现空路联运，吸引跨境电商企业、高端装备制造企业和医药、电子、飞机制造等企业入驻，形成航空物流与航空产业经济区共同发展的局面。

盛荣华指出，此次签约合作，既是龙浩集团做大做强空港产业、打造货运航空领军企业的战略之举，也是岳阳市建设国内航空物流枢纽城市和低成本航空客运基地、推进“一极三宜”江湖名城建设的重要机遇。希望双方秉承真诚合作、互利共赢的理念，进一步加强沟通协商，把协议确定的条款落实落细落地，推动双方战略合作尽早取得实质性进展。刘和生表示，市人民政府将以更加优质、高效的服务，为项目建设营造更加宽松、和谐的环境。

（本栏撰稿　李　明）

公路运输

【京港澳高速岳阳收费站改扩建工程投入使用】　2015年4月，京港澳高速岳阳收费站西移及辅道工程开工建设，市公路局克服征地拆迁滞后、阴雨天气多等不利因素，精心组织、强力推进项目建设，完成路基土石方49.6万立方米、浆砌排水防护工程12120立方米、路面水稳碎石和沥青砼38.20万立方米，完成投资7300万元。10月7日，新建成的京港澳高速岳阳收费站正式投入使用，当天的国庆长假返程高峰，该站车流通畅有序，以往排成长龙的塞车局面不复存在。原有的岳阳收费站建成于2002年11月，设计日均进出小车流量为4000台次。随着经济社会发展，京港澳高速岳阳连接线和岳阳收费站的车流量急剧增加。2015年春运首日即达2.5万台次，高峰期超过3万余台次，是设计流量的8倍，重要节假日期间拥堵问题比较突出。经过多番论证，反复测算比对，最终形成将原收费站西移1.7公里重建，车道数由4进8出12车道扩建为5进13出18条车道（含2进2出ETC车道）的建设方案。西移后的1.7公里一级路封闭为高速公路，封闭段高速两侧各建一条8.5米宽的辅道，按二级公路标准建设。岳阳收费站改扩建工程正式投入使用，对加速京港澳高速岳阳段和随岳高速湖南段之间的物流、人流转换，提升岳阳形象、促进地方经济发展，将起到重要作用。

（龚子翔　刘　端　顾小川）

【推进路地联手发展规模】　2015年，市公路局主动与各县区对接，共商推进公路发展的新路子，形成路地发展合力，加速改善路网结构，推动全市普通公路新的发展。11月2日，市公路建设投资有限公司与平江县政府达成合作协议并顺利实施协议项目，省道208线临湘市南太路改扩建主体工程全部完工，完成投资1亿元，9月1日开工建设的省道317线平江县龙门至石牛寨公路改建工程完成投资1067万元，占项目总投资的10%。（龚子翔）

【迎国检实现路容路貌大改观】

2015年，市公路局以迎接交通运输部“十二五”普遍干线公路养护管理检查为契机，全面提升干线公路养护标准。全市公路部门迎检工作扎实开展。一是公路养护大投入，实现路况水平大提升。日常养护全面强化。围绕“六率”定措施、抓落实，深入开展“4个专项月”活动，组织开展日常养护专项巡查和考核，成效显著。大中修工程高效推进。实施“白改黑”沥青砼路面118.84公里，“成线成网”推进大中修，有步骤、按计划改善路况，完成大中修里程121公里，完成产值2.9亿元，工程优良率达到90%以上。直接提升国省干线优良率5个百分点以上。预防性养护力度加大。全市水泥路面换板20万平方米、清灌缝750公里，实施沥青路面挖补8万平方米。全市国省干线优良率达89%，高出省定目标3个百分点。二是路域环境大整治，实现路容路貌大改观。各单位强势开展违法棚屋、非公路标志标牌、摆摊设点、堆物放料等专项整治行动。全市拆除违法建筑20处、非法棚屋96处、非公路标志牌4720多块，清理违法占道堆物2218起、摆摊设点541处，取缔“马路市场”19个，封闭违法平面交叉道口46处。全市干线公路管好率达97%，“马路市场”这一“老大难”问题得到全面整治，国省干线路容路貌焕然一新。三是全局上下大协作，实现管理水平大提高。市公路局按照迎检要求，高标准整理内业资料900余盒，项目简介资料1500余份，近200万字的内业资料在规范化管理评分中一分未失。信息化建设稳步推进，以路况和治超信息平台为切入点，推进路网运行监测与管理信息系统建设，取得实质性进展。全市干线公路重点部位监控信息网络系统投入运行，效果良好，实现辖区干线公路大桥、隧道、路面全监控。加大中心站建设力度，全年投入资金1676万元，新改建瓮江和新开中心养护站，建设规划合理、功能齐全、设备先进。岳阳市迎检工作得到交通部运输检查组高度评价，实现省政府提出的“进驻争先”目标。（龚子翔）

【治理超限超载车辆】　2015年，市公路局在市委市政府的高度重视和省交通运输厅、省公路局的强力推动下，作为车辆超限运输治理的执法主体和全市治超工作的牵头单位，认真履行行业责任，扎实开展超限超载集中整治行动，全市站点超限率由年初的4.95%下降到0.024%，超额完成省定目标，得到省交通运输厅、省公路局的充分肯定和高度评价。一是明确责任，落实机构人员。市治超办高效有序运转，组织领导到位，市直相关部门积极响应，形成强大的治超工作合力，“政府主导、部门联动、社会参与”的治超工作格局基本形成。治超工作责任进一步明确和落实，市治超办从各单位抽调10人集中办公。各县市区均成立以县级领导任组长的治超工作领导小组。二是建场设点，实现站点全覆盖。治超基础设施建设强力推进，克服投入难、征地难，建设难，全市投入专项经费4600万元，新建超限检测站6个、提质改造超限检测站3个、先后建成运营流动稽查点19个，治超信息平台和不停车预检系统投入实战。湖南、湖北、江西三省及岳阳、长沙、株洲、湘潭、益阳、娄底、宜春、萍乡等市签订《三省八市边界公路联动治超工作合作协议》，组建联合治超协调机构，区域同步合力治超效果初显，让超限车辆难逃处罚。三是开展风雷行动，成效明显。市公路局接管市治超办以来，依法严管的治超态势明显增强，治超无禁区，整顿无盲点。强势开展治超“风雷”行动，推进货运源头和车辆改拼装源头治理，不断强化路面集中整治，落实不卸载不放行规定，推动区域联动，取得成效。全市检测货运车辆249022台次、查处非法超限超载运输车辆10163台次、卸载货物73918吨。查扣非法改拼装车辆2209台，强制恢复改装改型车辆1508台，收缴改拼装车辆73台，进驻货运源头企业864家，依法取缔非法源头企业7家，关停违规装载货物源头47处。治超宣传卓有成效，治超工作得到社会各界的积极响应和大力支持。

（龚子翔）

【抓公路安全生产】 2015年，市公路局牢固树立“抓安全就是抓发展”的思路，全面落实安全生产“两个责任主体”和“一岗双责”制度，组织开展安全生产教育和“安全生产月”等活动，安全发展理念深入人心，以“平安工地”“平安公路”创建活动为抓手，深入开展安全隐患排查和整治专项行动，着力构建安全隐患排查整治长效、常态机制，全年查出各类安全隐患54处，整改52处，整改率达96.3%，没有发生一起安全生产责任事故，安全生产形势持续向好。（龚子翔）

【确保洞庭湖大桥安全畅通】

2015年，市洞庭湖大桥管理局以确保安全畅通为第一要务，科学整合资源，充分发挥优势，通过要素带动、创新驱动、管理推动，全面完成各项目标任务，为“一极三宜”江湖名城建设提供基础支撑。桥梁养护精益求精。以迎接2012年国家干线公路网长大桥梁抽检巡查、交通运输部“十二五”普通干线公路养护管理检查为主线，实施大修1次，中修（检测）12次、小修保养100余次，及时发现、妥善处置病害，把问题消除在萌芽状态，确保桥梁结构安全，赢得两个检查组的充分肯定和高度评价。系列工程圆满完成。实施桥面大修、12#主塔爬梯改造、拉索减振系统升级改造、超限检测站标准化建设、新桥检车采购、桥区绿化亮化美化、办公楼外墙装修及省级文明单位硬件建设等项目，总投资3800多万元。桥东立交互通项目前期工作强力推进，2016年启动建设。路政执法扎实开展。坚持依法行政、高效管理，妥善处置船撞桥墩事故和其他路产路权案件220起，收取赔补资金44万元，联合君山区交警大队等有关部门开展联合治理超限超载车辆，有效遏制超限运输损害桥梁的违法行为。截至年底，洞庭湖大桥管理局管理路段超限率降低至5‰以内。成功应对历年高温、雨雪冰冻天气的多重考验，配合有关部门出色完成每年两会、重要节假日的交通管理工作，确保洞庭湖大桥全天候安全畅通。（刘国平　胡　广）

【洞庭湖大桥获得“岳阳市首届现代精美建筑”奖】 2015年1月23日，“岳阳市首届现代精美建筑”颁奖典礼在市会展中心举行，洞庭湖大桥等8大建筑榜上有名。此次评选活动由市城乡规划协会、市城乡建设协会、市国土资源协会、市房地产业协会、市文学艺术界联合会、市广播电视台、岳阳日报社承办，是对岳阳建市以来的精美建筑首次进行评定。评选由群众推荐、单位报名、现场考察、专家初评，筛选出20个候选项目采取多种形式进行宣传公示。洞庭湖大桥凭借独特的建筑设计艺术、很高的科学技术含量、重要的湘北交通枢纽、岳阳现代地标性建筑、中国十佳桥梁、詹天佑工程大奖、首批纳入交通运输部特大桥梁监测系统等诸多元素，当之无愧地获此殊荣。

（刘　端　顾小川）

【全国人大常委会领导考察大岳高速洞庭湖大桥项目建设】 2015年4月3日，十一届全国人大常委会委员、原交通运输部部长黄镇东一行到岳阳市，对大岳高速洞庭湖大桥项目建设进行实地考察调研。省交通运输厅党组书记、厅长刘明欣，市领导卿渐伟、樊进军、陈恢清等陪同考察。黄镇东一行在项目现场听取大桥建设管理人员就大桥建设、管理情况所作的汇报，了解大桥抗风性能、锚碇设计形式等有关情况，对大桥项目在技术和工艺创新方面取得的成就表示肯定，对建设者们勇于创新、攻坚克难的精神表示赞赏。他提出，要加强对大桥安全生产、质量管理进度等方面工作，科学施工，环环相扣，确保项目整体均衡推进。

（刘　端　顾小川）

【省政府领导考察杭瑞高速岳阳段工地】 2015年5月13日，省人民政府副省长张剑飞考察杭瑞高速公路岳阳段建设工地，并亲切慰问广大筑路工人。省交通运输厅厅长刘明欣，省交通运输厅副厅长、省高管局局长吴国光，省交通运输厅总工程师舒行钢，岳阳市人民政府副市长陈恢清等陪同考察。在杭瑞高速公路临湘至岳阳段15标段箱梁预制场，张剑飞了解到15标的箱梁预制场严格按照流程化管理，自动、智能操作施工时，感到非常满意，他还进一步了解箱梁的施工造价等有关情况。在杭瑞高速公路洞庭湖大桥施工现场，张剑飞与建设者们握手慰问，要求抓好工程的进度和质量，保证工程建设的安全。

（刘　端　顾小川）

【临湘市长桃公路改扩建工程】

2015年9月14日，临湘市长安至桃林公路暨国防公路桃林至6501改扩建工程在临湘市桃林镇正式开工，总投资2.3亿元。长桃公路改扩建工程起于临湘市城南乡土墩，沿县道1870路扩建，与国道353线（原301线）相接，全长9.514公里。按二级公路标准建设，路基宽12米，路面宽9米，沥青混凝土路面，总造价7744万元，预计2016年6月全线竣工通车。国防公路桃林至6501改扩建工程起于杭瑞高速桃林互通，经城南乡土墩、忠防镇渔潭、汀畈，止于6501国防教育基地，全长31公里。按二级公路标准建设，总投资1.5亿元。（刘　端　顾小川）

【临湖公路皇姑塘立交桥开工建设】 2015年10月13日，岳阳市委副书记、市长刘和生出席临湖公路皇姑塘立交桥开工建设仪式并宣布该项目正式开工。市委常委、常务副市长陈奇达主持开工仪式。临湖公路是岳阳市实施“621”行动的重点工程之一。皇姑塘立交桥作为临湖公路的重要组成部分，是连接城市规划新区的交通枢纽和对外主要通道的控制性工程，采用“半苜蓿叶+大回旋”半定向的立交形式建设，项目总投资4.6亿元。立交主线（国道107线）采用城市快速路标准建设，设计时速80公里，路基宽度60米，巴陵东路采用城市Ⅰ级主干道标准设计，设计时速60公里，路基宽度60米。主线跨线桥1座96米，匝道桥2座476米，匝道总长3170米。建设该项目，能够进一步完善城区干线路网，有效缓解城区交通压力，提升交通公共服务能力，促进市域经济发展。

（刘　端　顾小川）

【新泉寺大桥建设开工】 2015年10月16日，湘阴县新乔线（湘阴县新泉镇至长沙市望城区乔口镇）暨新泉寺大桥建设工程举行开工仪式，湘阴县湖区乡镇通往长沙将再增一条重要通道。新乔线暨新泉寺大桥建设工程是岳阳市确定的全市10月份第二批集中开工项目之一。项目起于新泉镇三角坪，止于岭北镇柳林江大桥公路连接处，全线长11.284公里，采用设计时速60公里的两车道二级公路标准建设，路基全幅宽12米，路面宽9米，沥青混凝土路面铺张。新泉寺大桥设计全长411.24米，主桥为4孔45米先简支后连续预应力混凝土T梁，引桥为25米先简支后连续预应力混凝土T梁。项目总投资1.5亿元，将于2017年元旦前竣工通车。新乔线的建设将使省道911线与省道101线形成公路网络，成为湘阴县、长沙市望城区和益阳市赫山区等周边地区往来的重要通道。

（刘　端　顾小川）

【大岳高速大界至桃林段通车】 2015年12月31日，大岳高速公路大界至桃林段建成通车，实现大岳高速与杭瑞高速公路成功对接。大岳高速公路是湖南高速公路网规划中“七纵九横”中的第一横，起于临湘大界，经詹桥、贺畈、横铺，接湖北阳新至通城高速，止于君山区岳阳监狱十监区，与杭瑞线岳阳至常德段对接。此次竣工路段起点大界至桃林段线路长23.2公里，设有大界、詹桥和忠防收费站等设施，建成通车后，对于打通湘北地区又一高速出省通道，完善国家高速公路网和湖南高速公路网，贯彻实施国家中部崛起战略，提高洞庭湖区抗洪救灾能力，加强湖南省、湖北省两地区的经贸往来合作，促进环洞庭湖经济圈以及岳阳的经济社会发展具有十分重要的战略意义。（刘　端　顾小川）

道路运输

【市运管处机构改革工作】 2015年，根据市委市人民政府《关于印发〈岳阳市人民政府职能转变和机构改革方案的实施意见〉的通知》《关于岳阳市人民政府机构设置的通知》精神和事业单位改革要求，市道路运输管理局、城市公交管理局承担的行政职能划入市交通运输局，并成立市道路运输管理处，成建制分流至城管执法50多人。中共岳阳市委办公室、岳阳市人民政府办公室《关于印发〈岳阳市道路运输管理处主要职责内设机构和人员编制规定〉的通知》，核定市运管处编制280个，机关内设15个科室（不含监察室、机关党委、离退休人员科），15个二级机构，正科级职数15个（不含领导），副科级职数54个人员。通过竞争上岗，圆满完成干部选配任务，干部队伍充满活力。（张　湖　粟艳林）

【运输服务保障能力加强】 2015年，全市有道路运输客货车辆28840台，道路运输企业1450家，客货站场68个，完成公路客运量11487.89万人，比2014年减少3%，公路旅客周转量604269.05万人公里，比2014年增长2.25%，公路货运量16388.69万吨，同比增长9.19%，公路货物周转量2557989.67万吨公里，同比增长7.46%，完成行政许可办件3412件，行政许可全面实行网上公示，办结率100%，核发各类临时、包车牌1680块，建设农村客运招呼站292个，建制村通班车率达97.3%，核发农村营运车辆燃油补贴2102台，40039座，站场固定资产投资19717.2万元，为年度目标任务的114.25%，“十二五”站场建设项目实施率达91.7%，开发从业人员档案管理系统，录入从业资格证档案1万余份，推进从业人员网络继续教育培训，全年培训1万多人次，从业人员报名受理、审核、考试和出证全面实现网络化，完成营运客车复核2062台，强制淘汰营运黄标车503台，为目标任务的102%，全市两客一危重点车辆安装GPS终端2474台，入网率100%。（张　湖　粟艳林）

【运输安全监管能力提升】 2015年，岳阳市道路运输管理处（简称市运管处）始终坚守安全“红线”“底线”思维，落实“三关一监督”职责，推进企业安全生产标准化和行业监管标准化建设，不断夯实安全基础，全市安全生产标准建设应达标企业66家，启动考评企业59家，开展“安全生产大检查”“道路运输平安年”“平安车、站”创建、“安全生产月”等活动，发放安全生产宣传手册1000余册，抽查道路运输企业45家，排查并整改隐患134处，组织学习新《安全生产法》600余人次，主动进企业宣传安全16次，开展经常性道路运输安全宣传教育，形成人人抓安全的良好氛围，加强车辆动态监管，全年不定期突击检查动态监控运行情况，约谈违规企业负责人3批次，责令5台违规车辆停运，吊销5名违规驾驶员从业资格，并全市通报，全年道路运输行业发生安全事故5起，死亡8人，事故率和死亡率低于省控指标。

（张 湖 粟艳林）

【规范运输市场秩序】 2015年，市运管处为规范运输市场秩序，一是全力推进货运源头治超。发放治超宣传资料2000余份，张贴市政府《通告》100份，制作标语横幅100多条，在《岳阳日报》专题跟踪报道6期，营造良好舆论氛围。联合安监、公安等部门开展源头专项整治行动和路面联合执法70次，检查源头生产企业和运输企业75家、车辆941台次，查获非法运输车辆18台，检查从业员人员1077人次，查获无上岗证人员3人，杜绝超重超载超限车辆上路行驶。二是整治道路危货运输安全。汲取“8·12”天津港特大火灾爆炸事故教训，检查全市危货运输企业131家次，车辆2236台次，查获违法运输行为36起，注销不达标货运输企业1家、超标罐式车辆168台，重新核定298台危货罐式车辆经营范围，清除持假证人员5人，督促从业人员继续再教育和诚信考核57人次，抓好车辆年度审验工作，确保车辆审验合格率100%。三是开展客运市场“百日攻坚”。根据市委市政府的部署，与公安、城管、巡特警、残联密切配合，及时处理投诉举报32起，开展专项行动12次，查扣违法车辆179台次，配合公安机关训诫阻碍执行公务23人次、行政拘留4人，妥善处理“7·28”出租车行业维稳工作，有效维护市场秩序，得到市政府领导的肯定。（张 湖 粟艳林）

【打造运输行业品牌】 2015年，市运管处精心打造行业品牌，一是驾培质量不断提升。全市现有驾培机构90家，通过达标考评89家，大车培训由原来的20余家精减为4家，其余均为小车培训，实现优势资源整合提升。严把教练员准入关，全年报考教练员1200人，审核通过600人，教练员继续教育2574人，查处违规教练员85起，约谈26名，注销7名教练员资质，有效提升教练员队伍素质。二是汽修服务能力增强。全市有汽车维修企业1092家，其中，一类52家，二类181家，三类859家，汽车综合性能检测站6家。全年完成汽车维修55万辆次，实现维修总产值2.5亿元，4家企业被交通部评为“全国汽车2013-2014维修诚信企业”，8家被评为“全省诚信企业”，较好的满足全市汽车维护需求。三是城市客运势头良好。督促出租车企业下发油补资金2900万元，完成1702本出租车换证，培训新准入人员1093名，继续教育5547人，18家出租车企业通过三级达标考评，城区11家企业全部通过考评，公交窗口连续四年被市政府评为“先进单位”。四是行业文明程度提高。全面提升道路运输服务质量，完善站场功能布局、美化站内外环境、统一站场标识，“绿色洞庭”亲情服务班组被全国总工会授予“全国五一巾帼标兵岗”称号。出租车行业开展“星级服务车”“五创文明标兵”等主题活动，星级服务车上升到120多台，投诉量比2014年下降30%，1000台出租车参与高考爱心送考，免费服务1200余人次，出租车公益广告覆盖率达到100%，全行业11家出租车企业争创市级文明窗口单位，岳阳雅安出租车有限公司与大地飞鹰出租车有限公司获得省级文明窗口称号。（张 湖 粟艳林）

【岳阳洞庭汽车站“母婴关爱室”启用】 2015年7月8日，岳阳市首批“爱心母婴室”启动暨授牌仪式在洞庭汽车站站前广场举行。市人大常委会副主任、市总工会主席彭先政、湖南省总工会女工部长杨银、岳阳市妇联主席魏淑萍、岳阳市交通运输局局长刘海波等领导对洞庭汽车站等10个首批“母婴关爱室”授牌。

洞庭汽车站早在2011年就设置了哺乳室，接待母婴5000人次。2015年3月，市总工会倡导全市企事业单位建立“母婴关爱室”，洞庭汽车站投入数万元资金，重新选址设计，修建新的“母婴关爱室”。室内有空调、电视机、电冰箱、微波炉、饮水机、消毒柜、洗手池、镜子、手推车、书刊架、母乳喂养宝典、杂志、书籍等。为确保“母婴关爱室”日常运转，车站制定母婴关爱室管理规定、服务记录册、旅客意见簿等，并安排“绿色洞庭”亲情服务班组为母婴进行贴心服务。（张 湖 粟艳林）

【推广应用模拟驾驶器教学】

2015年，市运管局根据两项新国标和《机动车驾驶培训教学与考试大纲》的要求，对全市达标且购置了模拟驾驶器的79所驾培机构安装计时终端，4月20日起正式启用模拟驾驶器教学。模拟器驾驶教学是利用高科技的虚拟现实仿真技术，使学员在逼真的环境下体验驾驶的每一个细节的一种全新模式。此举将进一步规范全市驾培机构教学，提升驾培安全系数，达到绿色、环保、节能多重效果，对于提高培训质量，完成驾驶培训各阶段学习和节能减排有积极的促进作用。

（刘 端 顾小川）

【首批200台新能源公交车投入使用】 2015年5月12日，岳阳城区首批200台插电式混合动力新能源公交车正式投入使用，岳阳市人民政府市长盛荣华出席推进公交优先发展“三年行动计划”暨新能源公交车启运仪式并宣布新能源公交车启运。2014年来，市委市政府大力实施公交优先发展“三年行动计划”，不断优化公交发展规划，加快完善城市公共交通网络，通过财政补助、企业自筹等方式，筹集资金2.5亿元，三年内更新具有低碳化、人性化、智能化等特点的高等级公交车辆500台，为市民提供更加优质便捷的公共交通服务。此次集中投放200台新能源公交车采用国五标准系列混合动力，尾气排放接近于零，设计前卫，集时尚元素与公益文化于一体，采用低地板设计，地板防滑防静电，并安装空调和窗帘，全承载结构，气囊悬挂，安装5探头车载监控，配置GPS语音报站器、车载一体机等现代科技产品，进一步延伸智能公交内涵。

（刘 端 顾小川）

【2015年春运工作】 2015年春运工作于2月5日开始至3月15日结束，历时40天。发送旅客1037.34万人次，比2014年增长1.9%，其中：道路发送旅客936.8万人次，同比增长1.2%，铁路发送旅客97.42万人

次，同比增长8.9%，水路发送旅客3.12万人次，同比下降5.4%。城市公交车、出租汽车周转旅客2699.74万人次。春运期间，各相关职能部门和县市区按照“以客为主、安全第一、服务至上、保障有力”的总体要求，精心组织、周密部署、齐抓共管、通力协作，没有出现长时间、大面积的旅客滞留现象，没有发生重、特大交通运输事故，春运形势总体平稳有序。

（刘　端　顾小川）

【洞庭汽车站获“全国五一巾帼标兵岗”称号】　2015年，洞庭汽车站“绿色洞庭”亲情服务班被全国总工会授予“全国五一巾帼标兵岗”称号，这是中华全国总工会颁发的巾帼建功类最高荣誉，也是该班组继获得湖南省青年文明号、湖南省明星服务班组、湖南省芙蓉标兵岗后获得的第一个国家级荣誉。洞庭汽车站“绿色洞庭”亲情服务班班组是一个积极向上、朝气蓬勃、团结精干的集体，自成立以来，始终践行“没有最好、只有更好”的服务理念，按照“方便、及时、快捷”的工作原则，建立与完善站立式服务、“学雷锋”志愿服务、首问负责制、服务承诺制等服务工作机制。全体班组成员恪尽职守、热心服务、真情奉献，为广大旅客出行提供便利，让旅客有到站如到家的温馨感受。

（刘　端　顾小川）

【交通运输系统劳模事迹报告会举行】　2015年5月27日，由市交通运输局和市总工会主办的交通运输系统劳模事迹报告会暨巡回报告启动仪式在市公交总公司举行。会上，全国劳动模范、市公共交通总公司机电公司经理喻峥嵘，全国劳动模范、岳阳新世纪实业有限公司驾驶员白帮宏，湖南省劳动模范、市公交总公司35路线驾驶员孙波分别作《心在哪里收获就在哪里》《诚信从心出发》《深情波涌公交春》的事迹报告，铸就“爱岗敬业、争创一流，艰苦奋斗、勇于创新，淡泊名利、甘于奉献”的劳模精神，丰富劳模精神的时代内涵。展示交通运输系统广大干部职工的崇高品格和精神风貌。（刘　端　顾小川）

【召开四省一市两区学术交流会议】

2015年12月11—12日，由湖南省公路学会联合广东省公路学会、山东省公路学会、辽宁省公路学会、上海市公路学会、香港公路学会、澳门工程师学会主办的“四省一市两区学术交流会”在岳阳市召开，近300名专家、代表及工程技术人员齐聚岳阳就公路桥梁设计、施工、养护、管理等领域的新理念、新技术、新工艺、新方法探讨和交流。省交通运输厅副巡视员徐建、省科协主席廖任强、省公路学会理事长詹新华和岳阳市交通运输管理局党组书记、局长刘海波等出席会议并讲话。（刘　端　顾小川）

洞庭汽车站荣获“全国五一巾帼标兵岗”荣誉称号（交通局　供稿）

【湖南龙骧神驰运输集团公司发展平稳】　2015年，湖南龙骧神驰运输集团公司齐心协力，稳中求进，加快转型升级，保持平稳态势。运输生产逆势前行。高铁网络迅猛发展，公司长途班线受到不同程度的冲击，丢班弃线现象严重，公司通过专题研讨，转变思路，采取一系列行之有效的措施，缓解运输主业下滑的不利局面。黄金季节创收增效。客运单位提早制定假日运输计划，合理安排运力，站务单位延长售票时间，上门联系大专院校等各项便民措施，团结奋战，创收增效。班线运输保持平稳。办理沅江、安乡等7条班线报废更新车辆，办理珠海、青岛等39条线64台车辆延续经营手续，完成司属63台农村客运车辆燃油补贴申报工作，大幅降低班线运营成本。集团公司顺利通过年度质量信誉考核考评，信誉等级为AAA级。五里牌客运站实行关门售票。五里牌客运站改造后，站场各项布局合理，服务功能一应俱全，候车环境极大改善，3月份实施停车费提标。经过充分准备，周密部署，10月28日起实行关门售票服务，全面提升站场服务档次，为下一步站场升级打下良好基础。火车站长途班线进站配载。岳阳中心汽车站与车属单位共同努力，成功将23台火车站广场班车调入车站进行安检配载。社会客运西站分流工作进展顺利。根据岳阳市人民政府《东茅岭步行街旧城改造项目有关问题的会议纪要》精神，社会客运西站119辆客运班线将并入公司五大站场营运。运输部门经过充分的前期调研，拿出科学合理的调站方案，并获得交通主管部门审批通过。12月28日临湘班线37台车辆顺利调入岳阳中心汽车站发班。努力拓展新业务。汽车东站利用站场周边闲置用地建造收费停车场。2月份，两家站务单位正式启动网上订票，月平均售票额超出预期。公司运输部门探讨小型乘用车运输、省小件快运联盟、长途接驳运输以及巴陵公司的通勤车合作事宜，力求运输方式得到突破。安全生产长抓不懈。安管部门认真开展“安全生产月”“道路客运安全年”等专项活动，不断规范GPS营运车辆动态监控，进一步落实安全一岗双责，切实加强安全教育培训，将双体系管理融入安全工作实施量化考核，安全工作取得较好效果。在2015年春运40天中未发生死人事故，全年事故率控制在指标之内。公车经营增效明显。岳客01车队改造张家界、吉首、凤凰、赣州班线，加大宣传，增效明显。窗口形象全面提升。岳阳汽车站“蓝丝带”、洞庭汽车站“绿色洞庭”、联运汽车站“小天使”等班组，开展“情满旅途”“青年志愿服务”活动，全心全意为广大旅客提供特色个性化服务，得到社会各界好评。4月底，洞庭站绿色洞庭亲情服务班获得中华全国总工会“全国五一巾帼标兵岗”称号。7月份，启动的“母婴关爱室”为车站女性员工和女性旅客提供周到的服务，该班组成为湘北客运服务一张靓丽的名片。

（李渡江　王　斌）

【湖南龙骧神驰运输集团公司举办旅客突发疾病急救演练】　2015年4月22日，湖南龙骧神驰运输集团公司洞庭站务分公司为提高客运站员工对旅客突发疾病的应急处置能力，更好地服务旅客出行，举办旅客突发疾病现场急救演练。洞庭汽车站“绿色洞庭”亲情服务班、联运汽车站“小天使”服务班全体站务员等50余人参加。洞庭站务分公司根据《旅客突发疾病应急处置预案》专门制订《旅客突发疾病急救演练方案》，现场演练分情况报告、启动预案、信息联络、现场控制、现场救治、现场协助等环节。演练中，参与演练人员分工协作、组织有序、配合得当，达到预期效果。演练前，还举办急救知识培训。医务人员讲述低血糖、晕倒昏厥、食物中毒、中暑、癫痫病、心脏病、脑溢血等常见突发疾病的相关症状、急救措施及处理方法，并重点学习徒手心肺复苏的急救全过程。

（刘　端　顾小川）

水路运输

【长江湖南段黄金水道建设座谈会】
2015年1月20日，长江航务管理局（简称长航局）和省交通运输厅在岳阳市举行合力推进长江湖南段黄金水道建设座谈会，共谋湖南长江经济带建设。长航局局长唐冠军，岳阳市人民政府市长盛荣华，副市长宋爱华、陈恢清，省交通运输厅总经济师陈石祥等出席。座谈会上，长航局各单位、省交通运输厅和市直相关部门负责人就进一步加大航道疏浚、锚地建设、岸线保护与开发力度等方面提出意见建议。盛荣华指出，省委经济工作会议提出将岳阳发展成为全省通江达海的新增长极，这是岳阳加快发展的新机遇新动力，也为深化岳阳与长航局合作提供新平台新空间。岳阳市将认真落实好此次会议形成的决议决定，主动作为，继续做好长航局项目保障工作，全力服务长江航道疏浚和整治。希望长航局和省交通运输厅一如既往对岳阳建设与发展给予关心支持，合力推进湖南段长江黄金水道的开发建设。唐冠军表示，岳阳是长江航运事业发展的一个重要的关键节点，更是湖南融入长江经济带的“桥头堡”。长航局将进一步深化合作共建机制，认真履行职责，主动做好服务，加快推进岳阳至武汉航道疏浚，大力支持岳阳项目申报、岸线资源开发、提升航道通货能力、信息平台建设、水上安全等工作，全力助推岳阳发展成为湖南通江达海的新增长极。

【长江港口转型升级调研座谈会】
2015年1月30日，交通运输部水运局副局长杨华雄一行，与省交通运输厅、省水运局、岳阳市政府等相关单位负责人就港口转型升级情况在岳阳市召开座谈会。省交通运输厅总经济师陈石祥、市政府副市长宋爱华参加。省交通运输厅、省水运局介绍湖南发展长江水运、长江港口等方面的工作情况，并就岸线使用、港口建设、航道维护等方面存在的问题提出具体的意见和建议；岳阳市政府汇报岳阳水运发展现状，提出进一步整合资源，提升港口现代化管理水平和综合竞争能力，以发展促进转型升级和以改革倒逼转型升级的意见和建议，长江沿岸部分港口航运企业代表也就港口转型升级提出具体的意见建议。调研组对湖南在建设黄金水道、完善水运管理、改善航道条件、提升港口竞争力等方面所取得的成绩给予充分肯定。杨华雄表示，岳阳水运优势得天独厚，省、市政府要充分依托黄金水道，强化区域联动协作，加强岸线资源管理，激活市场要素，提升港口综合竞争力，进一步加快现代港口服务体系建设，早日实现把岳阳建设成湖南通江达海新增长极的目标，为国家长江经济带建设做出贡献。

【开展长江岸线管理专项整治行动】
2015年2月9日，市政府召开专题会议，全面整治违规使用岳阳市长江码头情况，提升岸线资源开发利用水平，助推省、市沿江开放开发战略实施。2月至8月进行部门联合专项整治行动，成立长江港口岸线清理整顿工作领导小组，争取全面完成岸线资源清理整顿工作，杜绝乱占乱用港口岸线行为。市政府副市长陈恢清指出，长江岸线资源不可再生，十分宝贵，是岳阳市最具特点的优势资源。要充分发挥岳阳作为湖南融入长江经济带的“桥头堡”作用，合理开发和充分利用岸线，将资源和区位优势变为促进经济发展的强大推动力。各级各部门要统一思想认识，强化规划和法制建设，加大部门衔接力度、整治力度，加强舆论宣传引导工作，建立联合督办制度和长效长远机制，做到公开、公平、公正，依法依规严格规范岸线审批工作。

【海上丝绸之路岳阳至东盟接力航线启航】　2015年5月13日，省委副书记、省长杜家毫在城陵矶国际集装箱码头宣布，21世纪海上丝绸之路岳阳至东盟接力航线正式启航，标志着这条最新的直达航线正式开通。该航线的开通将大幅缩短岳阳与东盟国家之间的运输时间，有力推动岳阳乃至整个湖南与东盟之间的贸易往来。21世纪海上丝绸之路岳阳—东盟接力航线每周发出两班，以岳阳城陵矶港、上海外高桥港、泰国曼谷港、越南胡志明港四个港口为运输节点，在上海外高桥港进行接力换装，形成从岳阳始发，通达多个东盟国家的干线。航线开通后，岳阳到越南的全程运输时间为10天，到泰国为13天，较过去的普通中转运输模式，整个运输时间将缩短一周。首航船舶中远01于5月13日从城陵矶港起航，5月18日在上海外高桥港进行接力换装，5月22日抵达越南，5月25日抵达泰国。该条航线主要出口化工产品、瓷砖和纸到泰国、越南、马来西亚、缅甸等国家，并从东盟进口大米和饲料原料。杜家亳指出，湖南要以城陵矶港为战略重点，进一步加强整体规划和产业布局，不断提升城陵矶港、长沙港的综合竞争能力，有力促进临港产业和开放型经济快速发展。岳阳至东盟接力航线的开通，是湖南省对接国家一带一路战略，加快推进长江经济带建设迈出的重要步伐。岳阳市与上海外高桥有限公司、城陵矶新港区与中国远洋运输集团签署的战略合作协议，将进一步强化城陵矶港的湖南水运桥头堡作用，加快形成湖南省通江达海的新增长极，推动全省融入“一带一路”和长江经济带建设。

【岳阳港鹿角码头建成】 岳阳港岳阳县港区鹿角码头位于岳阳县鹿角镇，畔洞庭湖，陆路距岳阳县城10公里，水路距岳阳市城陵矶港30公里，上距长沙128公里，距长江航道仅30公里，是湘江航道至长江出海口最近的港口，为洞庭湖区设计吨级最大、通航能力最深、吞吐能力最大码头。项目总投资1.85亿元。工程于2013年9月开工，完成全部的前方水域结构工程和后方陆域土建工程，完成投资1.6亿元。2015年12月，鹿角作业区2000吨级（兼顾3000吨级）码头的门座式起重机进行焊接加固作业。对钢引桥和港机设备进行安装，于12月底建成投入使用。鹿角码头是“十二五”期间湖南省重点水运工程，是服务岳阳县县域经济发展的重点项目，也是洞庭湖区设计吨级最大、通航能力最深、吞吐能力最大的码头。该项目的建成使用，将推动岳阳县鹿角临港产业区的建设，为岳阳县县域经济融入“一带一圈”发挥重要作用。

【启动省水运工程建设项目设计施工总承包试点工作】 2015年12月，省交通运输厅批复岳阳市藕池东支—华容河航道建设一期工程设计施工总承包，这是省水运工程建设项目设计施工总承包招标试点工作。藕池东支—华容河航道建设一期工程是省“十二五”水运建设规划实施项目，该项目批复总投资4.3亿元，建设内容包括建设500吨（兼顾1000吨）船闸1座、整治500吨航道30公里、二级公路桥1座、航标工程、支持保障系统工程等建设工程。为实现项目建设过程的科学管理，确保工程建设质量，控制项目投资，根据《中华人民共和国建筑法》《关于培育发展工程总承包和工程项目管理企业指导意见》等法律法规规定，准备对该项目采取设计施工总承包，依法确定项目建设管理单位。省交通运输厅批复该项目在满足建设单位依法成立，初步设计文件被批准、有相应资金或者资金来源已经落实条件下，同意开展省水运工程建设项目设计施工总承包招标试点。

【岳阳砂石过驳作业区整体搬迁】 2015年12月23日，岳阳市启动洞庭湖大桥至三江口水域砂石过驳作业区整体搬迁工作。岳阳市地方海事局及长江航运公安执法人员联合引导，将停泊在原砂石过驳作业区的砂石船，有序搬迁至长江中游仙峰水道左岸水域。岳阳市水上砂石市场交易此前主要集中在洞庭湖大桥至三江口6.5公里水域，该水域船舶日均流量高峰期超过1000艘次，是全国内河船舶密度最大的水域之一。2014年以来，国家在该水域启动蒙西华中铁路洞庭湖大桥、杭瑞高速洞庭湖大桥等重大工程建设项目，根据国家通航安全有关标准，该水域失去砂石锚地功能，且存在通航安全隐患。岳阳砂石过驳作业区整体搬迁将有助于水上砂石过驳区有序作业与航运安全。

（本栏撰稿　刘　端　顾小川）

海事管理

国家海事管理

【加强重点船舶监管】 2015年，岳阳海事局加强客渡船管理，认真贯彻9号令，严格执行“116”机制，开展渡船全面排查3次，查出隐患1431项，整改1431项，开展斑马线深化年活动，强化重点区域的渡船管理，推进渡船更新改造4艘，向地方政府提出合并内水渡线建议，进行船员培训1015次，规范渡运秩序，强化特殊时段现场盯防和禁、限航制度。全年检查客渡船2335艘次，纠正渡船违法行为141次，下达违法行为整改通知书42份，实施限（禁）航121次，禁航船舶500余艘次，安全渡运旅客130余万人次，车辆约20万台次。实施砂石船舶分类监管措施，建立796艘砂石船基础数据库，开展自卸砂船专项治理，打击突出违法行为，配合岳阳市政府顺利完成砂石过驳作业区外迁工作，全年辖区无涉砂船舶等级事故。加强危险品船管理。全面推进远程申报和货主选船机制，为推进船舶溢油应急设备库管理，制定《岳阳船舶溢油应急设备库管理规定（试行）》，举办岳阳区段船舶溢油应急联运和反恐安保演习，开展危险品专项整治，5座危险品码头进行停业整改，排查危险品码头及水上加油站安全隐患159项，督促完成整改126项，全年危化品吞吐量达638万吨，未发生一般及以上危险品船舶事故和船舶污染事故。

【深化源头管控】 2015年，岳阳海事局强化船舶公司、船舶体系管理，走访约谈相关公司，督促公司落实主体责任；进行船舶吨位丈量复核21艘次，复核率100%，船舶检验质量监督检查率24.5%；在长江海事局与湖南省水运局支持下，委托地方海事对协议监管水域的渡船船员进行培训、考试和发证；实施船舶安检1718艘次，滞留31艘次，滞留率1.8%，组织船员考试16期、371人次，签发船员证书743本。船员违法记分679人次，扣分1101分，开展船舶登记320艘次，比2014年上升395%，登记差错率为零，实施航次签证量31131艘次，货物吞吐量9187万吨，内河船IC卡刷卡签证率91%。

【开展专项活动治理】 2015年，岳阳海事局组织开展安全生产大检查和深化“打非治违”专项整治行动。联合当地安监、交通、地方海事部门开展“水上交通非法运输专项整治活动”，严厉打击证照不齐、配员不足等突出违法行为。完成辖区141艘危险品船舶、21座危险品码头/泊位、3家体系公司和15家非体系公司安全大检查，滞留客渡船4艘。联合岳阳市水务局、荆州市水利局，长航公安分局、长航岳阳管理处等部门大力查处非法碍航采砂行为，开展联合执法行动9次，扣留船舶5艘，治安拘留2人，罚款10万元。

【提升公共服务能力】　2015年，岳阳海事局服务地方经济建设，融入湖南省大通关建设，克服编制少等困难，安排专班24小时驻守新港口岸，服务岳阳口岸“一区一港四口岸”建设，严格落实水上水下活动业务审批流程，督促业主单位落实相关安全措施，实施大桥水上施工24小时全程维护，保障蒙西华中铁路大桥、荆江航道整治工程等全国重点项目的施工安全。服务船舶港航企业。继续落实“三免一送”政策，全年免费培训船员800人次，发放宣传资料800余份，开展警示教育300余次，向协议水域渡船船主赠送救生衣160件和VHF电话2台，走访岳阳市气象局，强化预警信息的收集与发布，有效应对恶劣气况等自然灾害对辖区通航安全的影响，为电煤、生活物资及抗灾物资船舶开辟绿色通道，确保优先安排、优先抢运。

（本栏撰稿　陈　琴）

地方海事（港航）管理

【概况】　岳阳市地方海事局，实行地方海事局、港航管理局、船舶检验局一门三牌，负责辖区2300平方公里水域、471公里岸线及107处乡镇客运渡口渡船、200余座港口码头安全监管，守卫全省水路通江达海的咽喉和枢纽。2015年，辖区107处乡镇渡口、14处危险品码头继续保持安全无事故记录，辖区通航水域发生一般事故一起、死亡1人，水上安全形势为成立地方海事局16年来历史最好水平。一系列重大项目也取得突破性进展，成功举办2015湖南水上搜救演习，顺利完成七里山砂石锚地搬迁，“洞庭风雷”联合治理水上运砂船舶超载，为水上安全建立一道坚固的堡垒。

岳阳港，作为国家一类开放口岸，也是湖南长江干线唯一对外贸易一类口岸和海、江、河及水陆联运港，是综合型开放港口。2015年，岳阳港货物吞吐量达到1.31亿吨，集装箱吞吐量24万标箱，同比分别增长9.39%和8.9%。港口货物吞吐量高出九江港27.2%、高出宜昌港85%，集装箱标箱量与九江港基本持平，高出宜昌港84.3%，居长江中游地区第一位。货物吞吐量在全国内河港口中位居第八，排名在武汉之前。岳阳港正式获批成为全国内河第一个、也是2015年全国唯一一家“绿色循环低碳”试点港口，为岳阳发展新增一张闪亮的名片。

【岳阳港获批绿色港口试点】
2015年4月，岳阳港成功获得交通运输部批准，成为全国内河第一家，也是全国唯一一家“绿色循环低碳”试点港口，通过争取国家补助和自筹资金4.7亿元，实施23个项目，每年减少碳排放8.9万吨。

【水上安全联合执法】　2015年，岳阳市地方海事局深入推进“洞庭风雷”行动，由市政府主导，海事、水务、公安等多部门联合开展水上安全执法，运砂船超载运输顽疾得到有效遏制，据省水运局反馈，联合执法工作组成立前，岳阳水域统计超载船次占全省90%以上，通过联合整治降至绝大多数时间零上报。

【开展长江岸线专项整治】　2015年，岳阳市地方海事局督促沿江县市区政府强力整治乱占乱用岸线行为，取缔非法砂石码头27处，其中，强制拆除非法砂石码头7处，储备40公里优质深水岸线。

【组织举办2015湖南水上搜救演习】
2015年9月24日，以“关注航行安全，保护水域清洁”为主题的2015湖南水上搜救演习在东洞庭湖岳阳楼水域举行。来自岳阳、长沙、益阳、常德等地，包含有海事、公安、武警消防、航道、卫生、通讯系统的300余人、40艘船舶参加人命救助、船舶消防等活动演习，此次演习由省人民政府副省长张剑飞担任演习总指挥，岳阳市人民政府市长刘和生致欢迎词，副市长陈恢清等参加，是2014年来全国内河规模最大的水上搜救演习之一。岳阳市地方海事局精心组织，参与此次演习。演习的成功举办，检验了全省、市水上搜救应急预案的实用性和可操作性，进一步提高水上搜救组织、协调和应急反应能力。

湖南水上搜救演习在东洞庭湖岳阳楼水域举行　（范向辉　摄）

【七里山砂石锚地顺利搬迁】 2015年，岳阳市地方海事局通过近两年时间的争取，多方协调，12月23日，七里山砂石锚地正式迁移到长江仙峰水道，使曾经是“全国内河通航密度最大”的七里山水域通航秩序根本好转，停泊、作业船舶减少1/2，拥挤局面大大缓解，航道通畅。长江新锚地管理规范、秩序井然，日均中转量超过40万吨，将建成长江流域的示范锚地。

【完成湘江治理工作】 2015年，岳阳市地方海事局争取国家补助资金1300万元，拆解油船6艘、加装生活污水处理装置391艘，圆满完成省政府湘江治理“一号工程”工作任务。

（本栏撰稿 余多飞）

城市公共交通

【出租车行业管理稳步推进】 2015年，岳阳市公交管理部门进一步完善《出租车质量信誉考核办法》，发放燃油补贴2900万元，完成1702台出租车换证工作，政务中心公交窗口办结各项业务1000多件，连续4年被市政府评为先进单位。（张 湖 粟艳林）

【出租车驾驶员服务提质】 2015年，市公交管理部门开放9期新准入人员培训班，培训1093人，开放继续教育培训班32人，培训上岗人员5547人，开展“爱心送考”活动，评选“星级服务车”“五创文员标兵”等活动，举办道德讲堂15场次，受教育人员800人次，高考期间1000台出租车参与“爱心送考”活动，免费服务1200人次，出租车公益广告覆盖率达100%。

（张 湖 粟艳林）

【出租车行业打非治违工作】 2015年，市公交管理部门查扣非法营运车辆510台，其中，私家车301台，商务车125台，假冒出租车85台，设置宣传窗15块，发放整治通告10万多份，新闻媒体专题报道12期。

（张 湖 粟艳林）

【市公交总公司加强基础设施建设】 2015年，岳阳市公共交通总公司（简称市公交总公司）一是持续推进车辆提档升级。投资过亿元，购买中通、金龙、金旅、南车等厂家215台高等级环保空调车，以绿色、智能、安全、便捷的服务，展示城市流动风景线的精彩。二是有效推进线网优化。实施“大发展、高起点、全覆盖”的新一轮线网优化，全年新增线路1条，调整6条线路走向，优化12条线路运力。三是不断推进配套设施建设。新建站调室三座，新建仿古候车亭20组，维修改建候车亭32组，规范优化站点28处。四是深入推进信息化建设。投资400余万元，完善GPS智能调度系统和车载监控系统建设。五是大力推进南客运枢纽站建设。办理1.6公顷土地过户、规划方案设计、PPP合作模式洽谈等相关工作。

（陈国阳）

【市公交总公司实施改革创新】 2015年，市公交总公司立足于“实”增效益。一是加快目标考评改革。调整考核重心，突出利润考核，实现月月有考评、事事有督办、样样有落实，形成人人奋勇争先，个个争创一流的热潮。二是加快承租线路回收公营步伐。全年回收承租线路2条，回收承租车辆20台，实现公车公营，整合资源，挖潜增效。三是促成并配合发改委完成高等级车票价调整工作。实现新能源高等级车全年2元票价，每年为企业减亏1000余万元。四是加快用工制度改革。采用劳务派遣用工新模式，强力推进6分公司带薪息岗和外借人员清理工作。

（陈国阳）

【市公交总公司开展文明创建活动】 2015年，市公交总公司保持文明城市建设高压态势，实行车辆趟扫日洗、候车亭全天候保洁、公益广告全覆盖、公交志愿者活动持续增温。全年投入公益广告费用450万元，发布580幅候车亭公益广告、926幅车内公益广告、100台车身公益广告，整改卫生不达标车辆220台次，开展“我们的节日”、爱心送考、爱心办卡等青年志愿者活动，为岳阳城区增添一道整洁靓丽的绿色风景线。（陈国阳）

【市公交总公司开展争先创优服务】 2015年，市公交总公司开展第二届“太平洋保险杯”劳动竞赛，参与一期电话问政和一期电视问政活动，实施营运秩序专项整治行动，通过压高速，治违停，促畅通，优服务，接收和处理“12345”工单1628件，有责工单31件，回复处理率100%。首末班准点率达到97%，正点满趟率达到98.3%，服务合格率达到97.5%。同时，稳步推进星级线路、星级驾驶员、企业劳模和生产标兵评选活动。投入星评资金534万元，评选出星级线路31条、星级驾驶员724名、企业内部劳模3名、安全生产标兵12名。二分公司驾驶员孙波喜获得省劳动模范荣誉，31路线获得市级工人先锋号称号。（陈国阳）

【市公交总公司抓好安全生产工作】 2015年，市公交总公司深入开展安全生产大宣传、大检查、大排查、大整改活动，加强营运车辆拉网式排查和百分量化考核。按照“全覆盖，零容忍，重实效”的总要求，全年重点检查车辆1.26万余台次，查处不靠边停车、超速行车等交通违法行为90余台次。安全间隔里程160万公里，四项指数与2014年相比，事故起数下降12%，受伤人数下降7%，无死亡事故，经济损失下降23%，安全间隔里程同比上升3%。（陈国阳）

现代物流

【湖南龙骧神驰运输集团公司物流升级多措并举】 2015年，湖南龙骧神驰运输集团公司全力推进城区物流配送项目。主动与相关部门联系沟通，项目用地方案在6月4日岳阳楼区区委专题会议通过，并形成会议纪要。由于市委市政府否决了区政府用地安排，公司与岳阳楼区区政府对接，落实大岳高速以北事宜。全力推动公路甩挂项目。公路甩挂节能减排项目进入验收的关键期，公司制订《项目迎检收实施方案》，成立专门小组，引进专业机构和专家对项目进行指导，开通零担专线，推进甩挂项目实施运转，确保项目验收合格。申报多式联运项目。联运物流利用自身的优势以及与铁路部门的良好合作关系，主动与行业主管部门联系、协调，做好多式联运项目国家试点申报准备工作，省交通运输厅已明确岳阳企业代表湖南申报试点项目，市交通运输局牵头成立协调机构，拟订参与企业合作协议，受托咨询机构做申报方案。全力发展基础物流。装卸公司街河口码头成功中标移动公司终端配送业务，进一步加深与岳阳移动的合作。劳务派遣项目初见成效，派遣单位9个，人员达300多人。（李渡江　王　斌）

【部省联合调研组调研岳阳市申报多式联运示范工程】 2015年10月28日，由省交通运输厅、省道路运输管理局及交通部规划研究院专家组成的调研组，就湖南省申报多式联运示范工程发展战略对岳阳市进行专题调研。调研组一行先后到城陵矶新港、湖南省宏发物流、龙骧联运物流等具有联运运营经验的企业现场察看，与企业负责人进行深入交谈，并在市交通运输局召开调研座谈会。会上听取岳阳市多式联运发展的基本现状及全市申报全国多式联运示范工程项目等情况汇报后，交通部规划研究院专家就申报多式联运示范工程基本条件及组织原则等方面进行系统、全面的解析，并就岳阳市发展多式联运工作提出相关要求。（徐远方）

【岳阳市物流重点工程顺利推进】

2015年12月，岳阳南翔万商国际商贸城一期工程基本完工。森凯物流综合办公楼、信息大楼主体工程竣工。新泰和冷藏仓库开个建设。岳阳科德物流二期、城区配送中心、海吉星冷链物流、华菱欣港物流园等前期工作进展顺利。

（徐远方）

【“全国创新发展现代物流城市”项目获得国家发改委批准】 2015年12月28日，由市发展改革委员会、市交通运输局、城陵矶新港区共同申报的“全国创新发展现代物流城市”项目获得国家发改委批准。（徐远方）

【优秀物流企业】 2015年11月，湖南宏发物流公司被评为全省物流企业20强。湖南龙骧神驰运输集团公司董事长袁俊被评为全省物流十大领军人物。岳阳科德物流董事长李彪被评为岳阳市十佳诚信人物。新泰和冷链物流董事长高翔被评为享受市长特殊津贴专家。岳阳海泰冷链物流、岳阳海纳物流、岳阳国联物流获评国家AAAA级物流企业。

（徐远方）

邮　政

【概况】 2015年，全市邮政行业业务总量完成5.6亿元，业务收入完成5.3亿元（不含邮政储蓄银行直接营业收入），比2014年增长31.7%，其中，快递业务处理量完成4915万件，出口业务收入达到1.97亿元，全市快递业务量、业务收入继续保持40%以上快速增长。实现集邮收入1500万元，集邮活动精彩纷呈。全年新建邮政报刊亭2个，新增城乡便民服务站91个，新增快递许可企业4家、备案分支机构102个，新增就业岗位700个，新更换邮（快）件处理场地面积近万平方米，更好地服务全市经济社会发展。

（肖维妙）

【邮政行业安全平稳运行】 2015年，岳阳市邮政管理局抓好行业安全运行。重大活动及业务旺季期间安全保障工作成效明显。在抗战胜利70周年、西藏自治区成立50周年等纪念活动期间，严格落实进京、进藏邮（快）件“三个100%”安全措施，全市邮政行业未发生一起重大安全生产事故，以寄递渠道绝对安全支持重点时段安保工作。“双十一”业务旺季期间，全市快件处理量突破400万件，日最高峰值达50万件，比2014年增长超过60%，全行业继续发挥“错峰发货、均衡推进”核心机制作用，实现“全网不瘫痪、重要节点不爆仓、保畅通、保安全、保平稳”目标。全市邮政网络进一步完善，邮政局所实现乡镇全覆盖，市邮政管理局被评为全国空白乡镇邮政局所补建工作优秀集体，普遍服务科郭莉娜被评为先进个人，平江县南桥乡邮政所照片入选《印迹——全国空白乡镇邮政局所补建工程纪实》，快递下乡成效显著，覆盖率超过90%，末端投递方式不断创新，速递易公司进驻岳阳365个住宅小区，设置智能快件箱格口1.5万个。平江县快递品牌合作新建1000平方米的分拣场地，岳阳县圆通、天天、顺丰等6个快递品牌进驻中湘物流园，中通公司位于海纳物流园的3000多平方米的新场地正式投入运营，全市快递行业迈入品牌化、规模化、现代化发展阶段，服务能力大幅提升。

（肖维妙）

【邮政业发展环境优化】 2015年，市邮政管理局把全市邮政业“十三五”规划编制作为年度重点工作、“一把手”工程抓紧抓好。开展专题座谈，加强部门对接，做好规划衔接，围绕省邮政管理局“T型两极”发展布局和岳阳市委市政府“一极三宜”江湖名城战略部署，全市邮政业“一极、两核、三轮驱动”的战略布局和“立足市情业态、依托六纵三横、辐射湘鄂赣边、衔接东中西部”的岳阳现代邮政服务体系宏观谋划已基本成型。同步推进简政放权，市邮政管理局先后承接“撤销提供邮政普遍服务的邮政营业场所”“停止或者限制办理邮政普遍服务和特殊服务业务”“快递分支机构名录核定发放”“年度报告审核”“分支机构备案”“许可注销初审”等6项审批职权，实现职权的属地化和流程梳理，用环境优化推动发展。行业监管持续强化，行业发展量质齐升，市邮政管理局通过多次对接协调，市人民政府将县级邮政监管机构建立、快递园区规划设置两项工作纳入2016年重点工作，体现市政府对邮政业发展和邮政业监管工作的重视。（肖维妙）

【邮政行业监管和执法力度强化】

2015年，市邮政管理局开展邮政普遍服务检查412人次，营业场所总数为115个（含空白乡镇补建局所），开展快递企业监督检查502人次，检查网点127个。开展包括收寄验视、服务质量、无着邮件、化学品寄递、扫黄打非、“抗战胜利70周年”、农村地区投递频次、纪特邮票发行、“秋风行动”、旺季服务保障、机要通信以及各类安全检查等12次专项检查，配合国家邮政局、省邮政管理局完成信件、包裹、机要邮件时限测试工作。联合国安、公安、扫黄打非办开展多次联合执法检查，对联合检查中发现的利用快递企业寄递毒品、非法出版物的案件，均移交公安、扫黄打非办等职能部门处理，有效查堵不法分子利用寄递渠道从事危害国家和社会安全的行为。根据各项检查结果，约谈14名负责人，内容涉及落实收寄验视制度、改进服务质量、办理分支机构等内容，督促企业落实安全生产主体责任，对邮政和快递企业下发33份责令改正通知书，包括处理申诉不及时、年审年检不及时、安全培训不到位、邮政企业投递服务不达标、邮票发行不规范等内容，对8家快递企业、2家邮政企业违法事件立案查处并给予警告或罚款行政处罚。（肖维妙）

【召开全市邮政管理工作会议】

2015年3月13日，岳阳市邮政管理局组织召开全市邮政管理工作会议。市政府办党组副书记林霞辉出席会议并讲话，市委宣传部、市政府办公室、市法制办、市交通运输局、市安全生产委员会办公室、市反恐办、市扫黄打非办、市禁毒办、市统计局等部门相关负责人，市邮政分公司、各快递企业负责人及中心城区部分网点负责人，市快递行业协会、市集邮协会代表以及邮政社会监督员参加会议。市邮政管理局局长胡荣满在会上作2015年市邮政管理工作报告。会议指出，2014年，全市邮政业锐意进取，大干快上，紧紧围绕年度工作目标，以开展党的群众路线教育实践活动为主线，优化发展环境，强化行业监管，狠抓安全生产，各项重难点问题逐个销号、实现行业持续健康快速发展。全市邮政业要深刻领会中央对邮政业的新定位，准确把握邮政业在经济发展新常态中的位置，围绕国家邮政局、省邮政管理局部署和市委经济工作会议要求，着眼“四个全面”，建设“五个邮政”，落实依法治邮，坚持提质增效，谋求岳阳邮政事业新发展。会议传达全省邮政管理工作会议精神，表彰2014年度快递企业“创先争优”活动获奖单位，市邮政分公司、市快递企业负责人向市邮政管理局负责人递交《寄递安全责任书》及《服务承诺书》。

（肖维妙）

【市快递行业协会开展系列工作】

2015年，岳阳市快递行业协会在全市开展快递企业“创先评优”和寻找“优秀快递员”活动，传播快递行业正能量，加快行业诚信建设。5月20日，在新闻媒体的监督下，快递协会组织各企业在指定地点岳阳市泰格林纸集团对存留面单进行统一集中销毁，保障客户个人信息安全，加强从业人员的保密意识，及时消除安全隐患。5月23日，快递协会组织全市快递企业开展以“感恩社会回馈市民”为主题的免费寄递包裹活动，受到市民一致好评。该协会组织会长、副会长单位于6月初、10月下旬分别到浙江省桐庐县、义乌市和湖北省荆州市、随州市等地考察学习，拓宽视野，学习先进发展思路，提高行业整体竞争力。以快递协会为平台，建立快递从业人员基本信息数据库，在全行业实现从业人员基本信息共享，进一步加强对从业人员的管理，促进整个快递行业从业人员素质的提升。9月23日，市快递协会在市邮政管理局指导下，联合市公安消防支队开展岳阳市快递行业安全应急演练，进一步提高快递行业安全防范能力和应急处置能力。（肖维妙）

【开展快递服务质量专项整治工作】

为进一步提高快递服务质量，维护消费者合法权益，自2015年5月起，市邮政管理局在全市范围内开展快递服务质量专项整治工作。成立岳阳市快递服务质量专项整治工作领导小组，办公室设在市邮政管理局市场监管科。在此次快递服务质量专项整治工作中，对违反《快递市场管理办法》《快递服务》国家标准等严重损害用户合法权益的行为，尤其是针对野蛮分拣、露天作业、快件丢失损毁、格式合同霸王条款和末端投递服务不规范等消费者反映强烈、社会关注度高的问题，全面加强治理。对于检查中发现的问题，市邮政管理局综合运用约谈、责令整改等手段，督促企业规范生产经营，提升服务质量。截至年底，下达服务质量相关责令改正通知书22份。（肖维妙）

【市邮政分公司加快发展】　2015年，中国邮政集团公司岳阳市分公司（简称市邮政分公司）按照

2015年4月27日，试营业中的南湖广场报刊亭，吸引了不少客户前来购买报纸

（市邮政分公司　供稿）

省、市邮政公司第十七次工作会总体工作要求，主动适应新常态，融入“一极三宜”江湖名城建设，服务地方经济发展，抢抓新机遇，践行“一体两翼”经营发展战略，加快发展转型和经营创新，各项工作实现新突破。全市邮政企业实现业务收入3.75亿元，增幅达22.95%。获得全国通信行业用户满意企业、湖南邮政2015年度绩效考核先进企业、湖南邮政2015年度全省党风廉政建设先进集体等荣誉称号。

（罗培文）

【市邮政分公司各项业务跨越发展】

2015年，市邮政分公司代理金融业务保持规模增长。全市邮政企业代理储蓄规模达到145.05亿元，年净增15.5亿元，增幅11.97%；完成新单保费10.4亿元，增幅90.04%，银保渠道占比第一，保持行业首位。人民币理财保有量年增长2.1亿元，保有量规模3.37亿元，增幅167.37%。电子银行替代率63.41%，年提升18.66个百分点，提升率排全省第五。通过打造转型示范网点和跟学网点，以点带面，全面快速推进网点转型工作，取得实效。包裹快递业务实现快速增长。全市包裹快递业务量收分别完成117.5万件、收入1581万元，比2014年分别增长71.8%、22.2%，收入规模排全省第四位，收入增幅排全省第五位。国内包裹快递业务市场占有率达到13.48%。其中快递包裹市场迅速拓展，全市全年出口小包98.3万件，日均收寄达2693件，日均同比增加1560件，完成收入875.2万元，日均同比增加1.45万元，量收较2014年都有较快增长。尤其是“双十一”期间该公司快递包裹取得历史性突破，11月11—17日，收寄快递包裹66289件，日均9470件。快递包裹出口量一举超过圆通、中通、申通、韵达等民营快递企业，市场占有率达到13.79%，在全市快递行业中排名第二。邮务类业务转型创新有亮点。邮务类业务进度、增幅均排全省第四名，尤其是函件专业进度、增幅均列全省第一，零售、集邮专业均排全省第三位。函件专业文化演出项目模式确立，举办演出26场，实现收入292万元。集邮专业实现收入1343万元，特别是二季度举办“贵金属+邮品”集邮品鉴会1场，实现收入590万元。零售专业开展图书巡展6场，实现销售额51.37万元，场次和销售额分别较2014年增长16.67%和32.5%。两座城市报刊亭在全省率先落地，并融入民生、融入社会，使其成为城市一道亮丽的风景线。（罗培文）

【市邮政分公司管控效能实现优化】

2015年，市邮政分公司人力资源配置不断优化。撤并屈原管理区邮政局和岳阳市鑫邮实业发展有限责任公司，成立党群工作部和包裹快递业务分局，将营投管理职能从市场部划归网运安保部，优化组织构架，进一步理顺管理关系。通过写实、对标、定量等措施实施“双定”，达到集团公司规定的先进标准。在规范用工防患风险方面，实现全市劳务派遣工转劳务承揽人员245人，确保劳务派遣工占比15%的目标，有效规避企业用工监管风险和劳务纠纷。财务管理工作成效明显。全市实现利润1400万元，超省公司利润管控目标160万元，较2014年增长6.2%。全市行政性费用持续下降，招待费、会议费分别较2014年下降20.54%和23.69%。全年完成投资项目3500万元，企业核心生产能力进一步增强。主动归还省邮政公司借款100万元，同时政策性减免县分公司欠缴收支差及借款3700万元，有利于企业更好更快发展。邮件时限管控成效显著。在网运环节全面推行邮件时限集中管控，提高对邮件时限的动态管控能力，确保时限、频次和作业计划得到落实。重点整治快递包裹等时限较强的邮件运营质量，对各单位关键指标实行“日通报、月考核”制度。全市普邮全程时限达标率为99.85%，标准快递24小时发运及时率为100%，12小时发运率为98.21%，快递包裹24小时发运及时率为100%，12小时发运率达到97.32%。（罗培文）

【市邮政分公司通信服务质量提升】

2015年，市邮政分公司普遍服务和特殊服务工作得到加强。汨罗市邮政分公司获得中国邮政集团公司颁发的“空白乡镇邮政局所补建工作优秀集体”荣誉。机要通信工作连续23年无失密丢损事故和延误差错，机要通信质量安全生产达到全红。综合便民服务平台建设步伐加快。全市建设综合服务平台站点1396个，完成省邮政公司建设目标的101.01%，排名全省第三位，基本达到城乡全覆盖。针对便民服务站点存活率不高、频繁拆建等问题，叠加近30项业务种类，帮助网点增收、创收。服务质量稳步提升。岳阳邮政坚持以科学发展观为指导，秉承“服务即是经营”的服务理念，多措并举，严控邮件全程传递时限，严把邮件收寄质量关，严守市场经营秩序，不断提升企业服务品质、服务形象，全年各项通信服务质量指标全面完成，无重大通信服务质量事故、无重大有理由投诉、无重大新闻媒体曝光事件、无重大通信服务质量事件发生。获得2015年度全国通信行业用户满意企业称号。（罗培文）

责任编校　刘兴汉

商贸·口岸

商务粮食

【概况】 2015年，岳阳市商务粮食局（简称市商务粮食局）着力做好现代商务、开放商务、民生商务、绿色商务、诚信商务五篇文章，构建宏观调控、产业化经营、物流网络、科技创新、监督检查五大粮食安全体系，全市商务粮食经济协调发展。实现社会消费品零售总额1020.6亿元，比2014年增长12.7%，规模和增速在全省均列第二位，完成外贸进出口额11.34亿美元，增长43.17%，增速居全省第一位。引进内资401.7亿元，增长12.2%。实际利用外资3.63亿美元，增长10.3%。完成境外投资4810万美元，增长17.6%。实现对外承包工程和劳务合作营业额1.77亿美元，增长18.8%。收购粮食71万吨，增长5%。被评为湖南省商务工作（外贸）先进单位、岳阳市重点产业和重点名营企业帮扶行动优秀单位。

【推进“一区一港四口岸”建设】

2015年，市商务粮食局争取政策支持，推动“一区一港四口岸”建设，报请市政府出台并牵头组织实施《岳阳市推广中国（上海）自由贸易试验区可复制改革试点经验实施方案》，推动《关于促进岳阳城陵矶“一区一港四口岸”加快发展奖励办法（试行）》政策落实，申请省政府出台《促进岳阳城陵矶“一区一港四口岸”建设发展的若干政策措施》。做好商务对口汇报和精细衔接，确保城陵矶综合保税区（一期）通过国家验收，落实综合保税区封关运行相关前期准备工作；协调外贸联检部门提高通关效率，参与通关一体化和通关便利化建设。牵头协调进口肉类指定口岸、进口粮食指定口岸运营工作。全年完成75个标箱、近1000吨进口肉类冻品通关，21万吨进口粮食通关。

【对外贸易逆势增长】 2015年，在国际贸易格局发生重大变化、市内重点外贸企业业绩下滑等不利局面下，岳阳外贸进出口实现逆势增长，完成进出口总额11.34亿美元，比2014年增长43.17%，净增3.42亿美元，超额完成湖南省商务厅下达的10亿美元年度目标任务。外贸运行呈现三个特点：一是“破零倍增”贡献突出。按照湖南省商务厅的部署，各县市区、省级以上园区和相关企业全力推动外贸“破零倍增”，全市145家备案外贸企业业绩同比增加的有15家。二是外贸市场不断拓展。岳阳外贸市场拓展到113个国家和地区，传统市场得到巩固，拉丁美洲、非洲、大洋洲等新兴市场得到拓展。三是进出口商品结构进一步优化，机电高新产品出口占比增加6个百分点，废纸、纸浆、农产品、机电产品和食用植物油等商品进口量平稳增加。

【对外经济合作加速发展】 2015年，岳阳市加强对外经济合作，境外投资加速。君山区实现境外投资中方合同投资额640万美元，实现倍增。华容县成功申报一家境外投资企业，中方合同投资额1000万美元，境外投资破零。天翔商贸有限公司申请在美国新设立百为有限责任公司，中方合同投资额1000万美元，市区对外投资有大的突破。培育“走出去”经营主体，培植竞争力强、带动作用大的“走出去”龙头企业，发挥行业引领作用。云溪区的湖南尤特尔生化有限公司是一家从事新型高效酶制剂及其他生化制品制造的化工企业，2008年7月在美国西雅图投资358万美元设立美国尤特尔生物化学公司，2015年已建立较为完善的试验室，并开发出相关菌种，平均每年进口1–2项技术。

【招商引资质效齐升】 2015年，岳阳市瞄准国际、国内500强和民营500强企业开展招商，新引进投资20亿元以上的项目14个，其中投资50亿元以上的项目3个。中粮集团与市政府签订合作协议，投资55亿元在城陵矶新港区建设中粮岳阳城陵矶产业园，投资110亿元建设洞庭湖博览园。引进尔康生物制药、华医净医疗科技、茂昌医药等一批项目，壮大生物医药产业。助推城陵矶新港区与上港集团深入开展战略合作。推进湘阴县轻工产业园建设，新引进鑫光铸造等12个项目。促成际华3517橡胶制品有限公司与老挝波齐嘉丰农业发展公司合作，打造天然橡胶及高分子材料制品进出口加工仓储基地。在武汉、重庆、上海、香港、长沙等地组织举办专题招商推介会，组织参加第九届中博会等活动。市投资促进事务局克服新机构组建的许多困难，加强对外联络，保持和促进与长三角、珠三角、武汉城市群等区域的合作交流。

【提高对外投资审批效率】 2015年，市商务粮食局配合湖南省商务厅开展“湖南省外资投资综合服务平台”建设。发动县市区做好产业需求分析、产业布局分析、客户资源满足需求分析等，给省商务厅提供制订标准化对接流程和产业化的对接方案，推动招商引资网上对接和点对点对接，确保外资项目从源头到审批落地、开工投产全程跟踪服务。外资投资综合服务平台系统包括外资在线审批、外资统计、招商项目库、客户资源库等，通过网上审批和格式化审批，提高了外资审批的效率。

【合力开展消费促进活动】 2015年，市商务粮食局进一步提高岳阳消费促进活动活动的组织化程度，调动县市区开展消费促进工作的积极性，努力扩大消费规模，促进消费市场稳定增长，与各县市区组织企业参加湖南省商务厅主办的中国（长沙）国际食品展览会、同步举办湖南省首届金秋购物节活动以及湖南省名优特产品长沙展销等活动。主办首届“金秋购物节”，在岳阳商贸流通领域涉及行业最多、时间跨度最长、促销力度最大，是岳阳近年来活内需、惠民生活动中最具特色、最有成效的一次，购物节期间销售额7.6亿元。

【农贸市场提质改造】 2015年，市商务粮食局根据《湖南省商务厅、湖南省财政厅关于开展2015年农贸市场标准化改造工作的通知》精神，与市财政、县市区商务主管部门等单位对接，确定将6县3区24个农贸市场列入2015年湖南省标准化农贸市场改造项目，岳阳市城区农贸市场标准化建设和提质改造工作列入2015年全市为民办实事项目。市商务粮食局会同工商、中心城区各区商务部门，专题调研中心城区农贸市场，争取政府投入200余万元以奖代投，重点支持2家菜市场实施标准化建设和提质改造，3家菜市场进行完善功能改造。截止11月底，24家农贸市场提质改造工作全面完成，总投资1.07亿元。

【电子商务蓬勃发展】 2015年，市商务粮食局将岳阳经开区为龙头推动岳阳电子商务发展，积极与省商务厅沟通协调，取得项目支持。6月3日，岳阳经开区申报的电子商务产业园项目成为第二批国家电子商务示范基地。国家产业政策的重点扶持，对岳阳电子商务人才、技术和模式的引进形成巨大引力。南翔万商商贸城二期投资1.2亿元兴建电子商务大楼，打造本土电商平台，开辟岳阳家居和建材网络直销中心。全年，岳阳有1万多家传统商贸企业新增网上销售，特别是餐饮、健身、娱乐等第三产业增长较快，全市从事电子商务的企业由2014年3万多家增加到5万多家。岳阳市电子商务协会成立，全市电子商务运行模式也由B2B、C2C、B2C迅速扩大到O2O等新型模式。78家电子商务典型报表企业销售额53亿元，提升岳阳传统商贸流通27个百分点。

2015年2月3日，副市长宋爱华督查市场供应和农贸市场提质改造

（侯 昶 摄）

【粮食收购工作圆满完成】 2015年，市商务粮食局贯彻落实国家粮食最低收购价政策，指导全市粮食购销企业严格执行收购纪律，敞开收购，掌控粮源，保护农民利益。由于“镉米事件”影响、进口大米冲击，岳阳稻谷市场持续低迷，新粮上市前全市粮食库存创历史新高，有效仓容80%以上被粮食库存占用，一线收储库点爆满。针对收购仓容严重不足的问题，争取省粮食局、市委市政府重视和支持，进行内部挖潜，通过快修、快建、快销、快租等措施，腾出仓容35万吨，投入资金300多万元，硬化地坪、白化墙面，新购清杂设备21台，改造电路近万米，改造地笼6000多米，有效化解收购仓容和收购库点压力。加强收购工作督查，成立5个巡查组和督查组，重点督查各地收购仓容、收购资金、收购政策落实情况和企业执行收购质量、收购价格、粮款结算情况。全市粮食收购呈现质量好、资金足、服务优、秩序稳的特点，启动托市收购库点76个，收购新粮71万吨，销售粮食65万吨、油脂71万吨，城乡居民和部队粮油供应充足优质。

【推进粮食产业化经营】 2015年，市商务粮食局争取政策支持，促进粮油企业做大做强。帮助市粮食总公司、道道全粮油股份有限公司、湖南铭泰米业有限公司等企业获得省级以上财政补助资金2600多万元。加强粮油品牌建设，培植粮油加工龙头企业，有国家级1家，省级8家，市级33家。有中国驰名商标11个，省著名商标10个。有放心粮油示范企业国家级8家，省级4家。全市实现粮油工业总产值252亿元。

（本栏撰稿 方 芳）

贸易促进

【概况】 2015年，中国国际贸易促进委员会岳阳市支会（中国国际商会岳阳商会，简称市贸促会）发挥贸易促进工作特有的国际性、外向性、服务性优势，在国际经贸活动、加强交流协作、扩大对外宣传、商事法律服务等方面开展工作。组织参加米兰世博会、第20届“澳门展”、黑龙江“绥博会”等一系列展会活动，境外专题推介“一区一港四口岸”，与米兰华人华侨企业家联谊会、21世纪韩中交流协会等商协会机构建立合作关系，开展大走访、大调研活动，提供优质高效服务，协助企业加快“走出去”，推进了全市外向型经济发展。

【市贸促会设立】 2015年，市委市政府高度重视贸易促进工作，按照全市机构改革统一安排，市招商局撤销，招商职能划入市商务粮食局，6月30日单独设立中国国际贸易促进委员会岳阳市支会（中国国际商会岳阳商会）。市贸促会为正处级社会团体机构，定编15人，下设二级机构市海损理算中心（国际交流服务中心），定编4名，编制规模和职能设置均居湖南省贸易促进系统前列。

【开展国际经贸交流】 2015年，市贸促会利用米兰世博会这一国际化大平台，宣传岳阳形象、对接国际资源，推动经贸洽谈。一是传扬湘楚端午文化。6月20日，市贸促会联合益阳市、常德市在米兰世博园区中国馆举办湘楚端午文化日活动，举行包粽子、品粽子、赏岳州扇等极具民俗特色的互动活动，首次将端午文化推向欧洲。二是专题推介岳阳市情。举办岳阳专题市情推介会，邀请米兰华人华侨工商会、意大利华人企业协会等20多家工商界协会团体以及欧洲媒体近100人参加，提升了岳阳市的知名度和影响力。三是聚焦旅游产业开展经贸洽谈。利用米兰世博盛会抓紧与境外的重点经贸组织和商协会对接洽谈。与米兰华人华侨企业家联谊会座谈，邀请企业家组团来岳投资考察。与瑞士日内瓦旅游局、日内瓦湖管理区洛桑州旅游事务处对接，推介岳阳市旅游资源，探讨两地在旅游产业方面交流合作模式，做到互联互补、共同发展。

【积极参与会展活动】 2015年10月22日，第二十届澳门展在澳门举行，市贸促会围绕“一区一港四口岸”开展招商工作，积极走出去、大力请进来，截至年底招商引进和跟踪服务的8个项目，已有金谷道源粮食保税仓储、益通进口粮食保税仓储、恒阳集团肉类加工、通仁商贸水产品进口、正虹饲料原材料进出口贸易等5个项目落户城陵矶新港区。8月7日，市贸促会组织际华三五一七、福尔康医用卫材、君山银针、永巨茶叶等8家单位参加第三届“绥博会”。在湖南省参展市州中，岳阳市参展规模、企业质量、参展实效居前列，对接客商200批次，成功签订产品购销合同3个，与6家企业达成经销商加盟合作意向，与12家企业达成产品购销合作意向。

【区域协作开辟新领域】 2015年10月韩日专业招商活动期间，市政协副主席、市贸促会会长方争奇率团参加湖南—忠清北道产业对接会，与21世纪韩中交流协会、日本千叶县政府、韩国忠清北道国际合作TEAM、五松尖端医疗产业振兴财团等20家机构单位建立联系，为岳阳企业走出去搭建平台。经市贸促会邀请，11月中旬，中德商桥总干事长史蒂芬·伯恩根、德国中小企业联合协会中国事务代表汉斯·凯梅尼率德国企业家一行来岳，就港口航运物流、机械制造领域合作开展对接；12月，韩国未来政治经济研究院来岳阳市对接，就举行中韩商品博览会事宜洽谈，韩国昌原市经贸代表团来岳阳市投资考察。

【服务外向型经济发展】 2015年7月开始，市贸促会开展大走访大调研活动，形成“发挥贸促职能优势服务港口经济发展”“服务外向型经济发展”“发展会展经济”等专题调研报告，在湖南省贸促会网站、《岳阳日报》、市委办《每周汇报》刊发。为企业提供便捷办证服务。推行企业系统申报、代理办件、邮寄送达的工作模式，做到立等可取、预约可取，为企业降低成本，节省时间。办理一般货物出口原产地证565份，签证出口金额5035万美元。

（本栏撰稿 贾 伟）

供销合作

【概况】 2015年，岳阳市供销合作社系统学习贯彻《中共中央国务院关于深化供销合作社综合改革的决定》精神，主动适应经济社会发展新常态，增强自身实力，提升为农服务能力，提高为农服务成效，各项工作取得成效。全系统完成商品销售总额61.14亿元，比2014年增长21.4%，岳阳市供销合作联社（简称市供销社）连续第四年获得省供销合作总社评为综合业绩考核特等奖，在全省市州中排名第三，平江县瓮江供销合作社主任缪桔秋获中华全国供销总社“红背篓”奖。

【综合改革有序推进】 2015年3月，中共中央、国务院出台《关于深化供销合作社综合改革的决定》，对新时期供销合作社综合改革作出全面部署。市委市政府高度重视供销社综合改革工作，纳入全市农村改革范围。市供销社党组专题研究，组织全市供销系统深入开展集中学习和座谈研讨。临湘市为全省14个综合改革试点县之一，8月通过省财政厅、省供销总社评估验收，争取综合改革试点项目扶持资金80万元和省、市配套资金367.5万元，将基层组织建设与创新为农服务、建设农民专业合作社、发展龙头企业相结合，新建改造基层社8个，逐一建立村级综合服务社13个，成立农民专业合作社5个，成立兴农资产经营管理有限公司，加快推进日用消费品配送中心和电商平台建设。

【茶叶产业效益提升】 2015年，市供销社着力提升全市茶叶产业效益，推动岳阳黄茶产业快速健康发展。按照政府出资、企业组团模式，组织岳阳茶叶企业参加上海、北京、广州、信阳、东莞等地举办的茶业博览会。经过衔接，7月市政府与中茶协签订战略合作协议，中茶协将在5年时间里全方位支持岳阳黄茶产业发展和品牌宣传推广。全程参与岳阳茶博城建设，积极协调，确保岳阳茶博城按时竣工营业。11月27—29日，岳阳市第二届岳阳黄茶文化节暨岳阳茶业博览会成功举办，本地茶企与茶商现场签约超过2亿元，现金销售600余万元，扩大了"岳阳黄茶"公共品牌和黄茶文化的影响力。

【农资销售实现农业乡镇全覆盖】

2015年，市供销社促成岳阳新三湘农资公司与湖南金叶众望科技公司开展战略合作，以岳阳新三湘农资公司为龙头，新发展连锁加盟农资超市38家，实现全市农业乡镇全覆盖，与各县市区供销社合作，成立10个区域性配送中心。销售各类农资21.5万吨，农药1.5万吨，市场份额进一步提高，带动全市农资市场价格下降80~100元/吨，实现农资惠农5000万元—6000万元。开展测土配方和农技培训，推广有机肥和专用肥，农资供应主渠道作用得到恢复和拓展。平江金龙等基层供销社成立供销车队，安排干部职工兼任农资网点值班员和配送员，用自己的摩托车和三轮车，将各类农资送到村部和田间地头。全市供销系统送货上门5.6万吨，为农户节约运费300万元以上。

【平台建设加速推进】 2015年，市供销社实施惠农综合服务体系建设工程。截至12月底，全市供销系统基层供销社总数141个，新增40个；领办、创办农民专业合作社151家，新增16家，组建综合服务社908家，新增215家。华容县兴鼎蔬菜专业合作社等3家专业合作社被中华供销总社评为农民合作社示范社。华容县、君山区、云溪区等地供销社与省供销电子商务公司合作共建"网上供销社"，成立电子商务公司，11月与全国供销电商平台"供销e家"联网上线运营，成为该平台首批入驻商家。

【资产使用效益提升】 2015年，全市供销系统引进资金1.2亿元，15处社有资产得以盘活，提升了资产的使用效益。通过资产升级改造，平江县供销社的租赁收入由2008年前的近500万元增加到现在的3000多万元。岳阳县通过近三年的努力，争得该县主要领导和国土等相关部门的大力支持，在资产改造的政策上实现突破。汨罗对辖区4个基层社全部进行资产升级改造，并在原有的基础上，新增通信、药品、文化休闲、保险代办等服务项目，建设成为农村综合服务中心。

【项目建设取得成效】 2015年，市供销社争取综合改革、基层组织建设、新网工程、农开项目7个，争取扶持资金1086.1万元。组织申报岳阳县53.33公顷优质棉花种植基地改扩建项目、九瑞棉麻产销对接项目实施方案及编制说明，争取中央及地方财政资金910万元。指导汨罗市供销社、平江县供销社、天立再生资源有限公司申报项目资金388万元，申报岳阳市新合作农业生产资料有限公司土地托管项目列入2016年农业综合开发新型农业社会化服务体系项目，争取中央及地方财政资金420万元。

（本栏撰稿 白 猛）

石 油

【概况】 2015年，国际油价持续低位，国内成品油市场低迷，中石化岳阳石油分公司（简称岳阳石油分公司）消化不利因素，调整经营策略扩销增效。开展"多卖一吨油"销售竞赛，策划组织大型营销活动7次，运用电子券、微信创新推广加油卡网厅业务，推行小额配送挖掘市场潜力，开展百日销售竞赛和"油非双增长"促销，优化物流运行，开展"公益学雷锋，爱心加油站"志愿者服务活动，在保障石油市场平稳有序供应的前提下实现企业效益提升。销售成品油50万吨（零售38万吨），加油卡日均沉淀资金增多，非油品销售收入扩大。未发生安全环保质量上报事故，被市委市政府评为安全生产先进单位和纳税先进单位。

【调整结构转型新业务】 2015年，岳阳石油分公司调结构转方式，拓展非油品经营，推广专业化运营，提升经营水平。以门店零售为核心，开展汽服用品和水饮料销售竞赛，精心组织"易捷年货节""名品进万家、易捷快乐行"等促销活动，加大燃油宝、卓玛泉、尾气处理液等商品销售力度，加快汽车服务、广告、保险等新业务发展，非油品销售额6000多万元。

【企业安全环保运行】 2015年，岳阳石油分公司严抓安全环保管理。开展"夯实基础、强化意识、提升素质、保障安全"HSE知识学习及竞赛活动，提升全员安全环保意识。层层落实安全岗位责任制，不断加强直接作业现场管理，抓好标准化操作。开展"我为安全作诊断"活动，安全风险识别、防控和隐患排查。加大预案演练力度，进行隐患治理和"碧水蓝天"治理项目43个，投入资金877万元。开展油库加油站安全标准化建设，组织各类安全检查11次，查处隐患和问题1690多项，确保企业安全平稳运行。

【"碧水蓝天"油气回收综合治理】 2015年，岳阳石油分公司实施QHSE管理体系，提升质量、安全、环保、健康管理水平。上马油气回收项目，致力保护环境。周密安排，克服时间紧、任务重、安全风险大的困难，投资609万元，对新市、界头铺、天岳、澧溪、临湘等33个站点进行"碧水蓝天"油气回收综合治理。七里山油库、汨罗油库油气回收改造工程年内开工。

【加油IC卡推广应用】 2015年，岳阳石油分公司增强加油IC卡推广应用，加强联网加油站硬件配套设施覆盖，给25个联网加油站安装自助圈存机，实现岳阳联网站自助圈存机全覆盖。开展“客户培育普惠季”和“感恩十年，约惠金秋”等优惠促销活动，IC卡销售稳步增长，IC卡日均沉淀资金1.22亿元。

【改革创新激发企业活力】　2015年，岳阳石油分公司推出创新举措，深化企业改革，进一步增强了企业活力。稳步推进规范用工改革，实施第四轮加油站委托管理，新增托管站63座，完成非主营业务外包，完成ERP大集中与费用报销系统上线工作。完成“液位仪深化应用”试点，被中石化总部确定为全国推广模式。推进数据中心机房改建，上线实施实验室LIMS、安全管理等系统，信息化水平进一步提高。

（本栏撰稿　刘演林）

盐　业

【概况】　2015年，岳阳市盐务管理局（湖南盐业股份有限公司岳阳市分公司）以强基础、增效益为主线，市场销售抓主动，经营管理抓精细，较好完成工作任务。购进各类盐94764吨，完成年计划42170吨的224.7%；销售各类盐9.43万吨，完成年计划9.75万吨的96.7%，比2014年增长1250吨，其中，销售小包盐2.04万吨，年末库存达到定额库存指标，完成非盐销售收入1899万元，实现非盐利润79万元。全市盐业系统实现利润总额2621万元，上缴国税、地税1444万元。

【增强市场管理与销售】　2015年，市盐务管理局以经济效益为中心，树立强烈的市场意识、竞争意识、客户为尊意识，围绕市场需求与客户需要开展市场管理与销售。在“3·15”“5·15”、食品安全宣传周、全国科普日等活动中，宣传盐业政策法规与食盐安全知识，推介新品高端盐。关心消费者生活品质，培育消费者“吃好盐”“多用盐”消费理念。持续开展打击制假贩假涉盐违法行为的专项行动。拉网式排查大型批发市场、集贸市场、城乡结合部及偏远山区和农村的盐业市场，检查各食盐零售终端网点的购、销、存情况，要求各终端网点按照法律法规严格规范进货渠道，杜绝假冒食盐流入市场。与公安部门联合执法，查处涉盐违法一般程序案件19起，移交公安机关1起，传唤2人，刑拘1人，没收盐产品41.88吨。

【开展基础强化年活动】　2015年，岳阳盐业以“基础强化年”为基调，全面加强市场销售、制度体系等方面的基础性工作。全面落实责任制。经济任务指标分解到人，落实班子成员联点挂片对网点建设、POS机收款等基础工作的领导责任。新编出台业务流程。根据上级部署和销售工作需要，对业务流程进行梳理，出台《商品销售管理办法》，进一步完善审批制度和内部牵制制度，明确各自岗位职责，提高资金风险防控水平，打造全新业务平台。

（本栏撰稿　李　军）

烟草业

【概况】　2015年，岳阳市烟草专卖局（公司）坚持稳中求进工作总基调，适应经济发展新常态，主动作为，工作保持稳中有进的良好态势。烟草营销稳中有进。销售卷烟22.99万箱，实现销售收入56.09亿元，比2014年增长8.67%，实现利税15.78亿元，增长29.8%，上缴税收10.64亿元，增长50.84%。单箱均价2.82万元，增加2866元，增长11.3%。圆满完成年度目标任务，超额完成市政府下达的目标任务。落实市委市政府要求，参加新农村建设、建整扶贫、企业双联、助残帮困等社会公益活动，全市系统投入捐赠、公益资金650万元。通过复查，继续保留全国文明单位称号，被国家烟草局授予地市级局（公司）标兵单位。连续第5年被授予全省烟草系统工作业绩考核一等奖，连续第8年获得全省卷烟打假特殊贡献奖。

【市场监管成效明显】　2015年，市烟草专卖局（公司）加强对重点区域、重点环节、重点客户的监督检查和集中整治，对梅溪桥等重点市场和物流站点实行驻点监管和重点巡查，对临湘羊楼司卡口实行常年驻守。按季组织4次集中清整行动，打击公开摆卖“假非私”烟行为，取缔无证经营净化市场。加大真品卷烟非法流通治理力度，建设互联网及新型涉烟案件监管体系。查处涉烟违法案件871起，查获违法卷烟2800.73万支，查获违法烟叶35.11吨，破获假烟国标网络案7起，破获真烟网络案5起。新办零售许可证1198户，责令暂停烟草专卖业务383户，注销726户。

【加强烟草营销服务】　2015年，市烟草专卖局（公司）进一步提升营销服务水平。一是贯彻落实提税顺价。关注提税顺价政策后的市场状态，货源上控制投放节奏。开展“空盒兑奖、事件营销、专场促销”，培育品牌落地消费。以云烟等为主的重点省外品牌通过空盒兑奖活动，逐步被市场接受，稳定消费者增多。二是推进市场化取向改革。改进客户分类、客户评价办法、货源投放策略、品牌管理措施，改变客户盲目追量、升级的状态。三是提升客户服务水平。结合卷烟市场实际，对农村卷烟市场和零售客户服务推行以农村客户经理驻点管理为形式的市场服务模式。制订服务站AB岗工作制度，保证服务站工作的连续性和有效服务时间。

【烟草物流项目建设稳步推进】　2015年4月，市烟草专卖局（公司）卷烟物流中心项目计划调整获得国家烟草局批复。调整后的规划方案、项目建设用地许可、规划红线、规划许可获得市政府及相关职能部门的批复，项目初步设计方案通过专家评审。平江、汨罗物流配送中转站完成征地工作。

（本栏撰稿　彭京京）

口　岸

【概况】　2015年，岳阳市人民政府口岸管理办公室（简称市口岸办）根据市委市政府建设“一极三宜”江湖名城和打造湖南通江达海的新增长极的战略部署，主动作为，攻坚克难，全力推进口岸经济发展战略和“一区一港四口岸”建设运营，在全国各地市级国家一类口岸和长江各国家一类水运口岸中取得“六多”的优异成绩，即国家级口岸平台多、港澳直航航次多、进口粮食多、进口肉类多、进口固废多、精准招商口岸项目多。城陵矶口岸进出口货物1960万吨，比2014年增长6.8%，集装箱吞吐量24.02万标箱，增长14.1%，进出口总额69.93亿元，增长43.71%。烟花鞭炮等高危货物出口，连续8年口岸通关安全无事故。市口岸办被评定为年度综合绩效考评特殊贡献单位。

【综合保税区建成通过验收】 2015年11月23日，城陵矶综合保税区通过省政府组织10个省属部门的预验收，12月22日，通过国家10部委的联合正式验收。2014年7月，城陵矶综合保税区项目获得国务院批复后，市口岸办紧跟综合保税区建设进度，开展三方面对接：对接城陵矶新港区，确保综保区建设符合监管要求，对接长沙海关等省属12个厅局，及时反馈对监管场所建设的意见、建议，对接海关总署等国家10个部委，跟进汇报建设进度。经1年努力，在完成封关运营必检的相关基础设施建设的基础上，16次赴长沙、7次赴北京高频率协调，推进了综合保税区的建设验收。

【城陵矶至上海洋山港开通直航】

2015年4月24日，城陵矶口岸至上海洋山港直达航线正式开通，国家启运港出口退税政策试点落地实施。2014年8月，海关总署、财政部、国家税务总局3部委批准城陵矶口岸实行启运港出口退税政策试点，市口岸办多方筹备，开展船舶招商、货源组织，2015年城陵矶口岸至上海洋山港直达航线运营12批次，完成4900多个集装箱货物的运载。

【进口肉类指定口岸有效运营】

2015年，市口岸办采取四项举措，促进城陵矶进口肉类指定口岸的肉类进口，城陵矶口岸进口肉类81个集装箱、冻品1019吨。一是加强宣传引导。以市委市政府名义在长沙、武汉、港澳等地举办多场“一区一港四口岸”推介招商活动，在中央、省、市新闻媒体宣传报道，向肉类、粮食、固废进口企业、行业协会等宣传推介。二是坚持招商引进。引进恒阳牛业集团等11家企业到城陵矶口岸进行战略性布局。三是协调打私行动。对接省口岸办和长沙海关开展打击走私肉类专项行动，规范进口肉类产品市场秩序。四是开辟“绿色通道”。协调海关和检疫部门，实施全天随到随检制度，快速通关。

【进口固废指定口岸投入运营】

2015年，市口岸办根据汨罗循环经济产业园建设全国知名再生资源回收与加工利用示范基地的需求，以及扩大城陵矶口岸对外开放功能的需要，启动固废进口指定口岸的申报建设。开展对接协调工作，仅用4个月时间固废口岸即获得批准，取得“一区一港四口岸”最短时间申报成功记录。牵头协调解决困难和问题，4月30日固废口岸通过国家验收。经对接，汨罗益丞公司取得环保部进口废塑1.5万吨配额。首批从香港进口3个集装箱废塑料12月14日顺利通关。固废口岸实现当年申报成功、当年完成建设验收、当年实现有效运营。

2015年12月30日，城陵矶汽车整车进口口岸首批进口汽车抵达仪式
（王 志 摄）

【进境粮食指定口岸高效运营】

2015年，市口岸办推进粮食口岸高效运营，城陵矶口岸直接进口粮食及其加工品21.5万吨。2014年10月，城陵矶进境粮食指定口岸获准运营，市口岸办抓好招商引资。建立进出口粮食企业信息档案，引进湖南金谷道源国际贸易有限公司，促成中粮集团与市政府签订中粮岳阳城陵矶产业园建设项目55亿投资框架协议。主动对接建设绿色通道，保障企业快速通关。

【汽车整车进口口岸启动运营】

2015年，市口岸办在城陵矶汽车整车进口口岸2014年7月获批后，全力推进汽车口岸的建设、验收和运营，实现“三个高效”。高效建设。邀请海关、检疫部门现场指导，提出利用地方检测线的方案，顺利完成汽车整车进口口岸建设。高效验收。主动对接省相关部门，及时向海关总署汇报，城陵矶汽车口岸7月16日通过海关总署等国家五部委组织的正式验收，获准运营。高效运营。招商引进岳阳口岸长江跨境电子商务有限公司，首批38台平行进口汽车12月30日抵达城陵矶口岸。

【港澳直航运营】 2015年，市口岸办推进江海轮扩充，促港澳直航常态运营。引进四川王氏集团和浏阳富兴公司注册成立岳阳港澳船舶务有限公司，投资3.2亿元建造9艘3000吨级江海轮。协调交通运输部帮助岳港公司获得从事港澳航线运输资质，两艘3000吨级集装箱船舶投入运营，两艘本土江海轮下水投入港澳直航运营，开启岳阳新的航运历史。全年港澳直航完成12个航次的运营。

【岳阳-东盟国际接力航线开通】2015年5月23日，岳阳—东盟接力航线开通。这条航线每周2班，以岳阳城陵矶港、上海外高桥港、泰国曼谷港、越南胡志明港4个港口为运输节点，通过设计两班岳阳—上海支线对接两班上海—东盟港口干线，在上海外高桥港进行接力换装，最终形成岳阳—泰国（曼谷港、林查班港）、越南（胡志明港）、柬埔寨（西哈努克港）、老挝（通过泰国林查班港进行中转）的航线服务品牌。岳阳—东盟接力航线的开通，打造一条湖南与东盟国家、东南亚航运物流的"高速路"，运营41个航次，出口3268个集装箱，进口3445个集装箱。

（本栏撰稿　任茂军）

海　关

【概况】　2015年，岳阳海关根据把好国门、做好服务、防好风险、带好队伍的总体要求，协力把岳阳打造成湖南融入长江经济带"桥头堡"和湖南通江达海新增长极。受理进出口报关单6505票，比2014年增加20.75%。无纸化通关效率提高，无纸化通关比率93.60%。进出口货运量103.05万吨，增长24.61%，集装箱5.9万个标箱，增长27.65%。推进关检"三个一"，通过牵头联络、线下协调等方式与友邻部门沟通合作，完成"一次申报"2997票，"一次查验、一次放行"533票，"三个一"全流程251票。继续抓好综合治税，疏通转关运输渠道，办理税收担保11票，报送税收分析报告11篇，税款入库2.93亿元，增长3.84%。做好监管工作，布控查验进出口报关单696票（H986机检639票），查获76票（机检查获72票）。做好加贸企业后续监管，关区新增注册企业92家，办理注册变更72家；办理减免税设备备案12批次，减免关税439万元，开展减免税货物后续核查13起，企业巡查16起，保税中期核查14起，办理加工贸易合同备案18份，备案金额666万美元，办理内销补税19批次，开展稽查作业4起，移交违规线索1起。

【投身综合保税区建设和运营】2015年，岳阳海关参与城陵矶综合保税区的建设和运营。成立岳阳海关城陵矶综合保税区建设工作组，密切上下沟通，随时掌控施工进度，陪同长沙总关和地方党政领导赴海关总署协调岳阳综保区申请延期验收以及预验收、正式验收等工作。主动融入招商引资，通过联席会议、下厂调研等方式帮助指导企业，在综合保税区首个落地项目引进中，解决了项目取样送检、归类认定等几个具体问题。

【促进口岸常态化运行】　2015年，岳阳海关促进口岸常态化运行。支持优惠政策落地落实，多方咨询兄弟海关顺利完成了H2010系统船舶备案，签发启运港退税证明联68票。支持整车口岸通过海关总署等五部委联合验收，向有进口汽车意向的企业宣传汽车进口的法律、法规和优惠政策，派员赴口岸海关学习监管经验。促进粮食口岸平稳运行，促成中粮集团省内及周边下属企业、厦门建发集团、上海和润实业、湖南正虹科技、金谷道源等企业在岳阳开展粮食进口业务，年进口粮食11.46万吨3.10亿元、集装箱标箱4840个。对肉类进出口企业进行业务指导，为企业缩短通关时间，降低物流成本，年进口冻品948.76吨，集装箱标箱79个。办理固废直航进出境运输工具企业负责人备案和"岳港017""岳港018"两艘船舶的进出境运输工具备案，结束长沙关区没有本地进出境船舶的历史。配合直航业务开展，提前申请开通船舶吨位税征收系统授权，派员到黄埔海关跟班学习，了解征收方法，岳阳直航进口业务成功破冰。

【破解"三重"企业难题】　2015年，岳阳海关为"三重"企业（重点骨干企业、重点在建项目、重点招商项目）破解难题，开展进出口业务。重点走访道道全粮油、岳阳林纸、益海嘉里等大型企业，利用通关一体化、集中汇总纳税试点等新政策帮助企业解决资金支付方面困难和在口岸面临的转关障碍。规范整顿海关监管场所的同时支持岳阳林纸建设厂内自用海关监管场所，每年可节省企业费用140万元。促成中粮集团以本地企业名义报关进口，进出口数据纳入岳阳市外贸统计。

【全面稽查打击走私】　2015年，岳阳海关制定《岳阳海关党组加强新形势下打私工作的实施意见》《岳阳海关五大战役实施方案》，对粮食、农产品、棉花、肉类冻品、固体废物等高风险商品进行监控，对棉花加工贸易企业100%稽查全覆盖。开展专题调研，防范和打击违禁品及"洋垃圾"、冻品走私。派员参加海关总署统一部署的打击肉类、粮食走私进口专项行动，查扣涉嫌走私大米294吨。立案3起，办结3起，帮助兄弟单位抓获犯罪嫌疑人1名，协查案件27起。

（本栏撰稿　张聪聪）

出入境检验检疫

【概况】　2015年，中华人民共和国岳阳出入境检验检疫局（简称岳阳检验检疫局）受理报检5647批、2.38亿美元，比2014年分别增长7.42%、3.53%。其中，出境3838批、增长9.69%，货值9031.5万美元、减少12.81%，入境1809批、增长2.90%，货值1.48亿美元、增长16.90%。完成进出境集装箱检验检疫3023批、4.32万标箱，分别增长7.62%、20.08%；检疫进出境船舶5艘次。检出不合格进出境货物51批、490万美元。签发产地证960份、金额4594万美元，帮助岳阳出口企业减免进口国关税230万美元。

【加强口岸疫情检出和监测】　2015年，岳阳检验检疫局进境货物和集装箱中截获有害生物76批、61种、111种次，其中，假高粱种子、宾州苍耳等检疫性有害生物6种、12种次，首次从岳阳口岸截获澳大利亚假高粱种子。开展口岸医学媒介生物监测和外来有害生物监测。

【助推城陵矶口岸平台升级】 2015年，岳阳检验检疫局参与岳阳“一区一港四口岸”建设，推动口岸平台升级。在进口肉类、粮食指定口岸成功获批的基础上，指导方案制订、完善口岸条件，分别推动固废进口口岸、汽车整车进口指定口岸、岳阳综合保税区通过国务院有关部委验收，并配套部署进口汽车智能监管平台，争取到质检总局批复同意城陵矶口岸开展香港直航进口固体废物原料检验检疫业务。加快通关放行、简化办事流程、免除检测费用等多措并举，保障进口冻肉和粮食产品质量安全，实现货物便捷通关。

【联合承办口岸卫生处理应急演练】

2015年11月27日，岳阳检验检疫局、长江航运公安局岳阳分局联合承办湖南出入境检验检疫局在岳阳城陵矶口岸举行的口岸卫生处理安全事故应急处置演练。演练模拟城陵矶口岸发生卫生处理安全事故后，检验检疫按程序启动“岳阳城陵矶口岸卫生处理安全事故应急处置预案”，联合长江航运公安局、岳阳市卫计委等相关部门进行应急处置，提升了对突发事件应急处置的能力。

【检验检疫通关服务便利化】 2015年，岳阳检验检疫局推出15条通关便利举措，提升口岸通关服务效率。一是实施业务集中办理，将所有检验检疫业务集中到城陵矶新港联检大楼办理，实现口岸“一站式作业”。二是推出服务新举措，简化集装箱申报流程、改革原产地签证模式、推进单一窗口建设、实施口岸关检“一次查验”、实施检验检疫一体化通关和无纸化报检等。三是创新检验监管放行模式，综合运用监管放行、核查放行，降低抽检比例、提高窗口直放比重。四是延伸口岸功能，支持指导企业设立厂内掏箱查验平台，提升货物监管效能，降低企业物流成本。

（本栏撰稿　谭　婷）

责任编校　黄玉祥

城市建设与管理

综　述

【概况】 2015年，岳阳市住房和城乡建设局（简称市住建局）紧扣建设“一极三宜”江湖名城目标，加强建设工作统筹，加速目标任务落实，加力重点项目建设，为“十二五”收官贡献力量。11月18日，全省两房两棚、两供两治工作现场会议在岳阳召开，省委副书记、省长杜家毫评价：“岳阳的城市建设做得不错；岳阳的污水处理、王家河治理，体现创新的要求”。在市委宣传部启动的“2015百姓点赞十大民生实事”暨“2016百姓期盼十大民生实事”评选活动中，城区千条街巷改造、王家河治理、城区十大片区棚户区改造、海绵城市建设等多项工作名列其中。

【城乡统筹协调发展】 2015年，岳阳市住房城乡建设工作实现城乡统筹，协调发展。一是抢抓城镇发展机遇。创建国家级重点镇16个、省级示范镇3个、省级中心镇7个、省级特色镇20个。至年末，全市城镇化率54%。编制《岳阳市推进新型城镇化实施纲要（2015—2020）》，创建新型城镇化试点，岳阳市列入全省新型城镇化试点城市，华容县、平江县长寿镇和临湘市羊楼司镇分别列入试点县市和试点建制镇。平江县南江镇列入全省示范美丽乡镇。编制《支持10个示范镇建设实施方案》，长寿镇、新开镇等纳入重点支持范围。争取年度城镇污水处理项目中央预算内资金、中央污水管网专项资金、农村危房改造中央、省级专项资金、新型城镇化建设省级引导资金2.91亿元。有力助推城镇建设发展。二是提高城市承载能力。完善城建项目库建设，完成《“十三五”提高城市基础设施保障能力研究》《中心城区过街人行天桥选址规划》、城建计划等编制。市城区实施道路建设、交通整治、环境整治、社会公益、惠民实事、提质改造六大类城建项目45个，完成工程投资近20亿元，其中，全面完成“城区千条街巷改造惠民三年行动”，完成工程投资1.6亿元。路网微循环能力进一步提高，至年底，市辖区城市道路750公里（含主次干道、支路和街巷），比“十一五”末新增约80公里；排水管网1390公里（含截污管网570公里），比“十一五”末新增516公里（含截污管网256公里）。累计完成城市各类地下管线普查8011公里。三是加强行业政策研究。开展立法项目调研，向市人大常委会申报《新型墙体材料专项基金返退办法》《散装水泥专项资金返退办法》和《预拌混凝土管理办法》纳入地方立法规划。启动《进一步加强中心城区市政基础设施项目建设管理的意见》《岳阳市市政基础设施项目建设资金保障管理办

2015年11月18日，全省“两房两棚、两供两治”工作现场会在岳阳市召开　（范向辉　摄）

法》《中心城区市政基础设施建设项目滚动考核办法》的调研和文件起草工作。

【加快生态环境治理】 2015年，市住建局践行绿色发展理念，加快生态环境治理。一是实施城市河湖治理。推进"四湖两河"连通工程和城市黑臭水体治理，向社会公布《岳阳市中心城区黑臭水体清单》。其中，王家河流域综合治理是全省最大城市黑臭水体治理项目，完成投资13亿元，清除污泥29.3万立方米，净化水域面积63.3万平方米，河道疏竣、截污管网、生态景观、文化创意等全面完成，昔日黑臭水已蜕变为今日"玉腰带"。此外，完成东风湖、吉家湖概念性生态规划和南湖三大湖海绵体生态修复设计。二是加速城镇污水治理。至年底，全市"十二五"和"两供两治"污水处理设施建设已建成中心城区黄梅港、马壕、平江县二期等19座污水处理厂，建成污水管网819公里，占任务量的85.4%，其中中心城区完成138.5公里，县以上中心城镇完成608.37公里，重点建制镇完成210.63公里，全市城镇污水处理率91.89%（其中中心城区污水处理率92.5%）。三是开展海绵城市建设。将海绵城市建设作为城市扩容提质战略的重要内容，列入近期城市发展总体规划。启动海绵城市建设总体规划并完成技术导则编制。编制和完善《岳阳市主城区排水（雨水）防涝综合规划》《岳阳市中心城区排水专项规划》《岳阳市城区绿地系统规划》《岳阳市城市综合交通规划》《岳阳市城市水系规划》等专项规划。开展海绵城市建设试点城市创建工作，实施马壕污水处理厂、王家河、梅溪河、北港河综合治理和南湖综合工程以及置田庄路、清华苑小区等一批试点项目建设，为长效推进海绵城市建设积累经验。

【改善人居品质】 2015年，市住建局以人为本，着力改善人居品质。加速城市棚户改造。编制《市城区棚户（旧城）区改造指导规划（2015—2020年）》，涉及28万人口的192个项目单元。列入旧改计划的79个项目，22个竣工，11个完成土地挂牌，17个启动征收，新建住房148万平方米，累计完成投资89亿元。市政府出台《加速推进市中心城区棚户（旧城）区改造十大片区实施方案》，明确集中改造棚户区1.6万户的目标，成立市级领导挂帅的组织协调机构，从国土、规划、住建、房产等部门抽调精干力量集中办公，圈定征拆红线和用地范围，完成相关调查摸底、征地公告和征收决定，收集城区待建、在建房产源52处17239套并编印成册供被征户选择。加速农村危房改造。市政府出台《关于加快农村危（旧）房改造的实施意见》，明确由市住建局、市农委共同牵头，至2017年底完成农村危（旧）房改造10万户的目标。2015年，完成19700户改造任务。武广高铁岳阳段沿线临湘市、云溪区、岳阳县、汨罗市进入省级整体推进示范计划，其中，高铁临湘段作为第一批示范推进较好，全省农村危房及风貌改造现场会在岳阳市召开。开展送图下乡活动，精心评选50套优秀方案汇编成《农村村民建房示范图集》供农村居民选用。加速建筑节能工作。落实国家可再生能源建筑应用示范城市推广任务，实施项目44个（其中在建项目6个、已竣工项目38个），总建筑面积253.55万平方米（其中太阳能光热建筑应用面积183.6万平方米、地源热泵系统建筑应用面积3.42万平方米、太阳能与地源热泵结合系统建筑应用面积66.53万平方米），折合推广任务面积195万平方米，完成财政部、住建部下达推广任务面积的98%，累计发放补助资金2524.63万元（其中在建项目730万元、已竣工项目1794.63万元）。凡新建建筑项目，节能设计率、实施率100%；凡政府投资公共建筑均采用一种以上的可再生能源。

【建筑经济高速增长】 2015年，全市建筑经济高速增长。全力实施重点项目"集中开工一批、集中交办一批、集中竣工一批"，108个在建重大建设项目完成投资354.60亿元，占年度计划投资的106.96%。其中，市级领导牵头44个项目全部开工，完成投资209.21亿元，占年计划的104.03%。全市建筑业企业528家，完成建筑业产值309亿元，实现增加值150亿元，增速11.5%，贡献利税近13亿元，增长10%。大力推动循环经济、低碳经济协调发展，编制《岳阳市节能环保产业联系帮扶行动方案》，会同相关部门积极打造和升级节能环保新兴产业。全市节能、环保、资源循环利用三大领域实现总产值430亿元、增加值145亿元，分别增长12%、15%。陶粒自保温砌块生产企业由原来的1家发展到5家。全市建筑新材料企业206家，年产量23.09亿块标砖，新材料产量占墙体材料总产量73.40%，节约土地3.69万亩，节约标煤14.31万吨，实现工业废气减排35.7万吨。

【优化行业服务】 2015年，市住建局注重民生为先，加强行业管理，优化行业服务。精兵简政放管结合。完善岳阳住房和城乡建设网、岳阳建设工程招投标监管网建设，大力推行电子招标投标工作。坚持行政审批"两集中、两到位"，并纳入湖南省网上政务服务和电子监察系统。将16项施工许可资料调整为14项，30项开工安全生产条件全部后置，15项施工合同备案资料精简到6项。抓质量保安全。大力实施打非治违、质量治理两年行动和建筑施工安全生产管理。全年执法检查立案112起，下达行政处罚决定书47份。消除32个存量违法建设项目，遏制新增违法建设。全市未发生较大以上施工安全生产责任事故，创省级安全标准化工地58个、省级质量标准化工地64个。加强勘查设计管理，初步设计审批整体进入市政务中心。组织勘查设计、审图人员70多人次参加全省继续教育培训和其他相关培训。举办第一届全市建筑防水工程技术培训班，124家设计、施工、监理单位254名相关人员参加培训。举办勘察设计质量管理培训班，全市勘察设计企业负责人和技术负责人参加培训。加强勘察设计行业自律，指导成立岳阳市勘察设计行业协会。2015年升级甲级设计资质1家，新增环保设计企业1家、勘察劳务企业1家。服务民生务求实效。受理建筑工地噪声扰民投诉985件、房屋质量咨询和投诉454件，受理率、处理率和反馈率100%。全年接访612人次，解决问题92个，调解工程造价纠纷3起，回复工程造价函件37件。城建档案整理7000余卷，利用2500余卷次。优化工程招投标交易服务，全年进场交易项目490宗，总交易金额44.3亿元。建设行业教育培训17066人次，职业技能鉴定8208人次，创建农民工学校72所。

（本栏撰稿 任 勇）

城乡规划

【多层次编制规划】 2015年，市规划局坚持以城市总体规划为统揽，近期建设规划为重点，控详规划为基础，专项规划为支撑，创新规划理念，全年组织编制各类规划20多项。为打造城市发展新格局，市规划局在城市发展定位、顶层设计方面进行专题研究，按法定程序启动《岳阳市城市总体规划（2008—2030）》修改，开展知名专家座谈、财政评审和确定招标代理公司等工作，进行长达一年的前期筹备工作，已获市发改委立项批复。为实现“宜居宜业宜游”目标，完成中心城区生态基础设施、岳阳市公共交通体系、历史文化名城保护、综合交通体系等10余项专项规划编制。组织编制市城区油气输送管道改造、环南湖水环境综合治理截污管网、道路交通微循环改造工程、环南湖交通与景观、武广高铁岳阳段沿线改造、市中心城区社会停车场、临湖公路管线迁改、湖南绿色产业园、洞庭湖博览园等重大规划项目。根据“控详规划全覆盖”总体目标，将中心城区155平方公里的建设用地划分为46个片区，完成木里港、白石岭等片区控规审查，开展花板桥、奇家岭、东风湖等片区控规修改，启动三眼桥、龙山等6片区控规编制工作，基本实现控详规划全覆盖；完成临港产业新区综保区、南北三大湖、市十四中、岳阳大道、岳阳楼景区等重要地段的修规编制，协助际华3517集团编制《洞庭3517文化旅游新城项目总体概念规划》。同时，指导各县市区科学编制乡镇规划、村庄布点规划、“美丽乡村”“建设和农村危房改造工作，完成127个编制村镇布局规划。

【规划审批规范透明】 2015年，市规划局以完善制度体系为基础，规划监督管理工作取得新成效。按照“规范、高效、创新、服务”的原则，出台岳阳市《城市规划区修建性详细规划和建设工程设计方案管理若干规定》，制定城乡规划公示、重大项目选址、重大规划项目审查等相关制度。先后拟定《岳阳市建筑间距及日照管理规定》《岳阳市建筑间距、离界和日照管理规定》等规范性文件，建立健全规划管理技术标准和操作规程，提高城市规划工作法制化、规范化水平。坚持“业务例会—项目审查会—规划委员会”三级审批制度，严格规划设计方案审查、审批和修改程序，全年召开规划建设项目评审会51次，审查规划建设项目168个。推行集中审批、窗口审批和网上审批等方式，进一步简化办事程序，规范审批行为，提高服务效率。同时，以规划公示为核心，提高规划的公众参与度和透明度，公开审批流程和办结时限，自觉接受社会监督。公示规划选址和规划设计方案80余件，制作建设工程规划许可公示牌90多块，基本做到应该公示的项目得到公示，已经公示的项目按照规范操作。核发建设用地规划许可证100份，面积383.2万平方米；核发建设工程规划许可证53份，面积249.5万平方米，“一书三证”发放率和准确率达100%，收取城市建设配套费1.12亿元，超过年度目标34.3%，连续三年过亿元。

【加大规划执法力度】 2015年，市规划局围绕“新增违法建设为零，存量违法建设两年清零”工作目标，学习长沙大拆违经验，组建“一办七组”集中办公，强力推进禁拆治违百日攻坚行动，开展禁违拆违治违全面大升级活动，出台《岳阳市城区2015年度禁违拆违治违工作考评办法》《岳阳市城区违法建设核查摸底工作实施方案》《岳阳市城区禁违拆违治违大升级实施方案》。连续四年五次召开禁拆治违千人大会，投入近200万元建立禁违拆违治违信息监控平台，聘用30名禁违工作信息员，实现违法建设巡查暗访全覆盖，违法建设得到根本性扭转，违法建设发现率100%，市城区全年拆除违法建设2733处62.9万平方米，其中存量违建864处21.1万平方米，拆违量是2014年的两倍，节省城市建设拆迁成本约6亿元。同时，多途径解决民生建房需求，依法依规对城区住房困难群众建房问题进行审核，推动民生建房规范有序。

【助力城镇扩容提质】 2015年，市规划局作为新型城镇化试点和城镇扩容提质工作牵头单位，将两项工作合署办公，并从相关责任单位抽调10名业务骨干，成立专门机构，搭建工作班子，全力推动各项工作深入开展。出台《岳阳市2015—2020年城镇扩容提质战略实施方案》，对全市城镇建设工作情况进行摸底统计，充分调查重点项目推进情况。推进道路建设、交通整治、环境整治、提质改造项目23个。结合全市“双百工程”项目建设，形成《岳阳市新型城镇化试点工作方案》和《岳阳市新型城镇化试点工作2015年度重大项目清单》两个文件，海绵城市、地下综合管廊、城市黑臭水体治理等试点工作相继推进。坚持规划先行，重点推进市中心城区、巴陵东路等城市主干道，九华山、洞庭新城等十大片区旧城（棚户）区改造工程，统筹实施改造片区规划方案及修规编制，为项目的经济评估、土地出让和建设提供详尽的规划指标。

（本栏撰稿 陈 思）

城市建设

【概况】 2015年，市城市建设投资集团有限公司（简称岳阳城投集团）攻坚克难、创新求变，不断开拓工作新局面，全力实现转型发展，各项工作成绩显著。全年融资到账60亿元，投资20亿元的天岳幕阜山旅游项目全面启动；公司连续四年被评为党风廉政建设和反腐败工作先进单位。积极融资争资，综合融资成本在6.5%以下，全年获得期限长、利率低、手续简便的政策性银行融资57亿元（其中国开行棚改专项贷款期限为25年），马壕污水处理和保障房项目立项争资到账2330万元。推进项目建设，全年共完成项目投资47291万元，马壕水质净化中心、开发中路、市体育中心配套及道路、黄梅港污水处理厂提质改造、罗家坡污水处理厂二期、东风湖截污管网、置田庄路、分水垅路等工程建设任务顺利完成。抓好开发经营。在文化旅游、城市水务、城市资源经营和参股投资方面成效明显，与平江县政府签订总投资20亿元的天岳幕阜山国际旅游度假区项目，第一期基础设施、重点景点和配套服务设施项目建设全面拉开。洞庭山庄酒店项目推进顺利，目前已进入后期装修阶段。投资岳阳洞庭新城水务有限公司，股份占34%；市体育中心运营管理已完成运营管理团队招商工作，成功举行多次大型演出活动；中心城区道路智慧城市停车项目已完成前期调研，取得项目立项批复，进入项目招投标程序。积极参与总投资5亿元的岳阳市中心城区垃圾焚烧发电项目、总投资82亿元的神华国华湖南岳阳电厂投资项目以及市农商银行投资项目。（杨飞跃）

【供电经营效益好】 2015年，国网岳阳供电公司加强经营管理，实行敢为绩效工资制度，开展工程物资内控评价和风险评估，发布了依法治企“十条禁令”，开拓外部市场，增强运营能力，资产负债率下降1.5个百分点。售电量完成81.97亿千瓦时，同比增长6.62%；综合线损率7.72%、同比下降1.33个百分点；企业负责人业绩考核排名第五，创历年最好水平。（熊 佳）

【优化提升营销服务】 2015年，国网岳阳供电公司大力实施增供促销和电能替代，专变业扩报装容量同比增长8%，开展电能替代项目120个，替代电量3.2亿千瓦时，完成京港澳高速7个电动汽车充电站建设。加强抄表质量管控，户表92万户。完成10.1万户低压客户集抄改造任务和城区10.2万户费控上线工作。（熊 佳）

【供水效益平稳增长】 2015年，岳阳市自来水公司服务“一极三宜”江湖名城建设，加强安全优质供水，推动改革创新，保持经营效益平稳增长。全年完成供水量8249万立方米，售水量5923万立方米，实现主营业务收入12822万元，同比分别增长2.3%、3.6%和8.6%。公司获评全国总工会颁发的全国模范职工之家称号，获2015年度岳阳市“12345”公众服务热线优秀单位，“曙波劳模创新工作室”被湖南省总工会授予湖南省劳模示范创新工作室。（蔡勋云）

【供水基建有序推进】 2015年，市自来水公司实施供水管道安装工程29项，新敷设DN100及以上供水主管线27.4公里。完成城陵矶保税区、湖滨赶山路、王家河综合治理、环南湖三圈等市重点工程配套供水项目。对湖滨片区供水管线进行重点改造，南湖新区水压、水量不足的问题得到解决。完成制水一厂10万立方米制水系统滤池反冲洗改造、制水二厂高配室整体提质改造及制水一厂一泵房防渗漏、河下虹吸管补装加固，提升水厂运行效率和安全可靠性。启动郭镇乡马安村、经开区砉石村和分水垅村、临港新区永济镇等城乡供水工作。配合驻岳央省企“三供一业”剥离要求，启动实施岳纸、岳纺水改工程。新签订埃塞俄比亚吉布提跨境供水项目合同，合同价达1.5亿元人民币。《岳阳市中心城区给水专项规划（2011—2030）》出台。（蔡勋云）

【供水服务及时到位】 2015年，市自来水公司努力适应服务新常态，建立岳阳供水微信服务平台，向用户开展供水“微服务”和供水动态信息“微直播”。省内同行业第一家开通支付宝缴纳水费业务，实行服务方式由传统向现代化转变。与农业银行、光大银行签订代收水费业务，市内7家商业银行和110多个邮政代办点均可缴纳水费，缴费方式更加便捷化、现代化、多样化。受理“12345”工单2092份、市长信箱35件，按期办结率100%。8月，公司经理杨平参加“12345”公众服务热线电话问政活动，12项问政事项得到及时回复和解决。全年完成抢修任务5633处，维护整改表井910处，检定各口径水表19143台，管网抢修及时率达90%以上，完成率100%。完成水源水、出厂水、管网末梢水全分析检验3024项，管网水质采样监测36样点11760次，出厂水水质合格率100%。（蔡勋云）

【实施阶梯水价改革】 2015年12月，城区自来水实行阶梯水价改革，自来水供水价格、原水价格、污水处理费和水资源费征收标准有所提高，对学校、医疗机构、养老院、福利院等公益单位的生活用水，不分公立、非公立，一律实行居民生活用水价格。对城镇居民中由民政部门发放最低生活费的家庭，每月每户免收6立方米终端水费。（蔡勋云）

城市管理

【概况】 2015年，市城市管理和行政执法局（简称市城管局）瞄准“智慧城管”建设，树立“出门就是工作，上街就是管理”的理念，以日常管理为重点，以民生实事为抓手，全面推进城市管理和行政执法各项工作，先后获得党风廉政建设、安全生产、文明创建、综治、信访、人口和计生、反邪教、提案和建议办理等多项工作先进，城管信息网获评全市十大优秀政府部门网站，连续五年被评为全市综合绩效考评先进单位。

一、日常管理稳步提升。环境卫生更净。利用环卫作业高科技设备进行全方位、全天候洗扫作业，机械化作业率60%以上，市容面貌日日如新。城管秩序更优。开展摊贩、出店、夜市“三大占道”整治行动，以零容忍的姿态铁腕治理违章棚亭，在传统节日尤其是春节期间开展限炮联合执法，市容秩序大为改观。美化亮化更精。成功举办郁金香主题花卉展，完成王家河大桥立体绿化和琵琶王立交桥花化提质，建设南湖、千亩湖8000平方米生态浮岛。实施户外广告“洗面工程”，拆除路灯灯杆广告牌1000多块，城市立面更显清爽。完成先锋路、南湖公园、长江大道等路灯改造和安装，路灯灯具完好率和亮灯率均达98%以上。市政维护更细。完成岳阳大道107匝道翻修改造工程，对青年路立交桥、王家河大桥、琵琶王立交桥病害进行有效整治，修补沿湖路、洞庭大道等路面4.5万余平方米，定向采购价值200多万元的地下管网探测设备，疏通主次干道排水系统200千米，建立泵站日巡查、设备日巡检以及泵站突发事件应急处理机制，保障城区桥梁安全、路面平整、管网基本畅通。

二、重点工作强力推进。助力新增长极建设。积极申报国家第五批餐厨废弃物资源化利用和无害化处理试点备选城市，制定餐厨垃圾实施方案并拟定管理办法。完成青年东路、洞庭大道和沿湖大道绿化提质改造、南湖公园、金鹗公园和尚书山公园景观配套及五里牌等城区“口袋”公园建设，园林生态品质进一步提升。落实政府目标任务。组织编制停车规划，拟定停车收费管理方案和暂行办法，缓解停车难。严格督促建筑工地设置车辆清洗设施，坚持对渣土施工采取降尘和冲洗等相关措施，控尘指标达到省环保厅验收标准。在环境卫生、人行道以及城中村和居民小区环境整治方面，完成市政府确定的各项工作目标任务。完成小康建设指标。持续开展绿荫行动督查和指导，全市建成省级园林式单位44家、市级园林式单位112家。依法处理损绿毁绿案件20多起，有力震慑随意占绿、侵绿行为。严格城市绿线审批，依法完成绿线划定项目34个、面积44万平方米，城市基础绿量不断增加。城市建成区绿化覆盖率40.88%，提前完成40%的小康指标。

三、实事项目如期完成。省定实事超预期完成。全市新增居民天然气用户36457户，超省定目标27800户的31个百分点；累计发展天然气用户26.5万户，气化率89%。中心城区垃圾无害化处理率100%；城镇垃圾无害化处理率98%，超省定目标95%的3个百分点。市定实事按指标推进。新建公厕1座、垃圾站2座，提质改造公厕32座、垃圾站9座。合理调整渣土运输时间，有效应对和处置建筑围墙外多起施工噪音扰民案件，受理率和处置率均达100%。局定实事达目标要求。调整局“三定”方案的职能职责并完成局机关更名，构建“两翼齐飞、双轮驱动”的工作新格局。遗留多年的市政改制基本完成。垃圾焚烧发电项目规划落地，花果畈垃圾填埋场扩容分流前期工作启动。完成地下综合管廊试点城市申报和专项规划编制，争取到400万元的新城镇化建设引导资金作支持。高标准编制数字城管二期项目设计方案，“扩面、升级、提效”的建设思路顺利通过专家评审。全面启动城区公共自行车二期建设，投资3000万元、新增160个站点、3000辆公共自行车，实现扩面增量。学院路路灯配套建设全面完成，安装路灯229基。在城区主要路段和商贸区域先后建设10个城管服务岗亭并投入使用。

四、科学运用监督考评利器。坚持从顶层设计入手，不断创新“五区”市容环卫和局系统标准化考评方式，全年组织考评210余次，累计下发各项专题通报240余份，督促解决各类顽疾上千个。充分发挥数字监督指挥平台作用，按旬推送分析数据、按月发布考核结果；对全年受理的上万件城管热线案件做到“件件有落实，事事有回音”，每个季度“12345”热线工作考核等级均为A级。推进相关规划编制工作。《岳阳市中心城区排水（雨水）防涝综合规划》和《岳阳市中心城区暴雨强度公式（修编）》通过专家评审，《岳阳市城区燃气发展规划》编制完成，精心打造园博会岳阳展园。以忧乐观为设计理念，将岳阳地域特色、文化特色与现代园林前沿理念有机结合，打造总面积4315平方米的武汉国际园博会岳阳展园，展示出岳阳园林建设的新水平。

【清理城区户外广告】 2015年，市城管局分阶段多次开展户外广告专项清理行动，对中心城区未经审批许可、存在安全隐患、影响市容市貌的各类户外广告开展拉网式整治，拆除破损陈旧并存在安全隐患的大小广告2000余处，拆除违规悬挂的条幅、巨幅广告400多块，拆除东城港湾前大型单立柱广告和花板桥大型落地广告，系统维护公益广告2000多处。同时，将京港澳连接线、岳阳大道、湖滨大道、云梦路、学院路、巴陵大桥以及东茅岭路等地段设置在路灯杆上的1000多块广告牌全部拆除，市容市貌更加美化，设施安全隐患得到消除。

【完成地下综合管廊试点城市申报文本】 2015年，市城管局协调城区12家管线单位收集整理管线基础资料，汇总编制成册；与市规划设计院、北京中天元工程设计公司对接，开展项目规划设计和编制，会同城建投、水建投共同研讨申报相关工作，形成初步申报文本。组织召开申报文本技术方案讨论会，严格按照申报指南的要求，逐条对照申报文本，完善内容，补充资料，最终敲定申报正式文本。地下综合管廊项目完成试点城市申报和专项规划编制，在全省综合评审中名列第二，并争取到400万元的新城镇化建设引导资金支持。

【数字城管二期项目设计方案通过评审】 2015年，市城管局编制的《岳阳市数字城管系统二期项目设计方案》顺利通过专家评审。“数字城管”二期建设以现有数字城管体系和系统为基础，按照“扩面、升级、提效”的总体思路，分两年建设，重点从加快机制体制建设、完善系统功能建设和夯实硬件基础建设着手，实现高位监管、整体联动、快速反应、精细调度、高效运行目标。

【岳阳火车站地区管理办公室成立】

2015年11月，岳阳火车站地区管理办公室（岳阳火车站地区综合执法支队）正式挂牌，成立全省首个火车站地区综合执法机构。此次综合执法改革后，原城管、交通运输、发改、工商、食药、文广新、环保等相关部门在火车站地区的执法职能全面整合，根据授权，由综合执法机构在火车站地区实行综合执法，并具体行使市容环境卫生、市政、城市绿化、规划、环境保护、公安交通、工商行政、交通运输、物价、食品药品、文化市场等职能，有关部门不再在火车站地区行使已由综合执法机构集中行使的行政处罚权。

（本栏撰稿　徐　畅）

园林绿化

【园林绿化建设来势好】 2015年，市风景园林局（简称市园林局）以提供园林公共服务为中心，大力推进园林绿化建设。推进园林绿化工程建设。道路绿化，完成青年中路绿化提质改造和沿湖大道行道树补植工程。公园建设，金鹗公园完成桂花生态园、桃花湖景点景观改造及新增两条消防通道硬通工程建设；南湖公园建成北门广场景观工程，游客服务中心正式投入使用，南湖书吧免费向市民开放，新建东咀临湖栈道、防灾避险绿地、尚书山健身广场及五人制足球场，完成赊月亭维修改造。立体绿化，高标准完成王家河桥立体绿化，对琵琶王立交桥立体绿化进行全面改造。生态浮岛方面，在千亩湖、南湖公园等水域建设生态浮岛8000平方米。高标准完成中国（武汉）园博会岳阳展园建设。市城市建成区绿地率39.25%，绿化覆盖率40.88%，人均公园绿地面积9.17平方米。开展园林主题活动。在南湖广场成功举办“缤纷郁金香，欢乐过元宵”主题花卉展，举办“水墨丹青幸福岳阳”风景园林摄影比赛。组织参加“中三角”盆景根雕展，获金奖4个，银奖3个。推进社会绿化。深入开展园林创建活动，全市园林式单位（社区）覆盖率76%，平江县成功创建国家园林县城，湘阴县创建省级园林县城工作已通过验收，园景园林公司成功申报国家一级园林施工企业，实现市园林绿化一级企业资质零的突破。

【生态浮岛建设治污】 2015年，市风景园林局采用“生态浮岛”技术在南湖部分水域进行试点，建设近8000平方米的生态浮岛，对水质进行净化、修复。南湖生态浮岛借鉴国内外经验，采用沉坠式和立桩式两种固定方式。浮岛内植物根据水生植物习性进行多层次、复合式栽植，主要栽有铜钱草、黄菖蒲、美人蕉、翠芦莉、再力花、风车草、泽泻、梭鱼草、水生鸢尾等。南湖生态浮岛是岳阳探索改善城市生态环境的首个成功案例。

王家河生态浮岛，增强水质自然净化能力　　（市住建局　供稿）

【建设中国（武汉）园博会岳阳展园】 2015年7月15日，中国（武汉）园博会岳阳展园竣工。9月25日，第十届中国（武汉）国际园林博览会在汉口东西湖区张公堤森林公园开幕，市委常委、副市长唐道明参加开幕式，并深入园区参观，对岳阳园诠释的忧乐文化表示充分肯定。岳阳园的建设曾得到园博会组委会的高度评价。岳阳园总面积4315平方米，以《岳阳楼记》中的忧乐观作为造园的设计理念，提炼出“山、湖、田、城、楼”的文化特色，用生态景观、诗词歌赋，传承“先忧后乐、团结求索”的精神。

【举办郁金香花卉展】 2015年3月5日，市城管局、市风景园林局主办的“缤纷郁金香，欢乐过元宵”郁金香花卉展在南湖广场开展。此次郁金香展在南湖广场、岳阳大道西段、南湖大道南段等主要节点展出郁金香10万余株，市民在花的海洋中欢度元宵佳节。

【王家河大桥绿化项目完工】

2015年9月27日，王家河大桥立体绿化项目完工。王家河大桥立体绿化采用连贯式的外挂花箱，花箱外设置扣板，花盆内种植有叶形美丽、四季常青的常春藤和几乎全年处于花期的1450盆夺目绽放的长春花。

（本栏撰稿　邓栋梁）

市容环卫

【概况】 2015年，市市容环境卫生管理局（简称市环卫局）贯彻“时时干净、处处整洁”的长效管理理念，着力构建市容卫生新常态，城市环境卫生质量实现整体升级提质，市环卫局获中国城市环境卫生协会争优创新先进单位、市全国文明城市创建工作红旗单位等多项综合性荣誉；党委书记、局长方欲林被中国城市环境卫生协会评为争优创新优秀人物，一线职工邓伟被省委、省政府评为全省先进工作者。

【打造精细环卫】 2015年，市环卫局完善高标准作业质量体系，将精细管理向纵深推进。一是用精品流程为环卫作业导航。根据环卫工作实际，重新调整、规范作业流程，突出“洗扫→收运→处置”等各工种和岗位之间的内在联系，确保整个运行体系环环相扣、有序运转、高质达标。洗扫保洁机械化。在对辖区街道严格推行人工“两扫全保”服务制和“快速巡回保洁法”的基础上，大力发挥机械作业的优势，将“人、车、路”相对捆绑，充分利用洒水车、洗扫车、高压清洗车、护栏清洗车等设备，对车行道、人行道、边沿石及隔离护栏进行“淋浴式”清洗。垃圾收运物流化。科学安排垃圾上门收集时间及频次，统筹调度各站点清运路线，形成网格化管理，垃圾收集与运输实现无缝对接。终端处理无害化。全年完成黄土覆盖5400立方米、无土覆膜6万余平方米，无害化处理生活垃圾26.8万吨、污水8.5万吨。二是用精致细节为城市画卷添彩。在时间上，无论是上下班、节假日、就餐高峰等人流量大的时段，还是起风、落叶、雨雪等气候特殊的季节，都能够根据实际情况合理安排生产力量和作业班次。在空间上，从商贸区、行政区、美食区，到学校周边、天桥隧道、建筑墙角，环卫作业无处不在。在感观上，通过加大普扫力度、加强机械清洗、加速垃圾清理，最大限度减少触觉和嗅觉污染。三是用精准控污为卫生提质加力。强化执法控污。严格落实市政府颁发的“七个必须”规定和“门前十不准”要求，推进夜间错时管理，切实堵住基建场地、街道门店和“五漏”车辆污染。查处各类污染源270余处、违章车辆480余台次，清理城乡结合部乱倒渣土1600立方米，清理废弃家具1800余套。文明引导防污。督促干部职工落实“出门就是工作，上街就是管理”的工作理念，随时随地劝阻教育不良卫生行为，净化环卫工作的外围环境。应急处置治污。大力充实应急力量，增添应急设备，确保各类突发污染在第一时间解决。全年妥善处理突发污染1900余起。

【创新环卫管理方式】 2015年，市环卫局优化管理机制，以制度的力量引导干部职工将简单的事情重复做，重复的事情坚持做，坚持的事情用心做，推动环卫事业步入常态发展轨道。优化督查考评机制。重新修订《市容环境卫生考评办法》，创新使用称重计量考评新模式，用“三净”的指标检验市容卫生效果，对泥沙和尘土称重考核，以克论净；对烟蒂和白漂计量考核，以个论净；对垃圾落地计时考核，以快论净。坚持以鞭策激励为主，在保持综合考评经费不变的情况下，增加30万元市容卫生专项考评经费，直接奖励到路段、到队长、到个人，让爱岗敬业的一线职工多劳多得。优化社会参与机制。坚持宣传教育，引导市民养成良好卫生习惯，自觉爱护城市环境卫生；坚持开门纳谏，诚邀人大代表、政协委员和普通市民对市容卫生“挑刺”，助推环卫工作；坚持凝聚合力，主动加强部门联动，推进环卫服务进社区、进学校、进企业等活动，提升管理水平。优化内部承包机制。按“清洗距离+水车吨位+作业车数”的计酬方式，有效解决出工不出力的问题，促进分配公平；“定人员、定车辆、定线路、定任务、定责任、定油耗”的“六定”制度，使每一名驾驶员都明白肩上有担子和责任。为民服务意识增强，全年办结数字城管派单4万多条，“12345”“12319”、市长信箱等平台投诉90余起。

【升级环卫设施】 2015年，市环卫局完善环卫设施设备，提升服务功能，为民排忧解难。全面完成东风湖和临港新区2处环卫停车场的建设和绿化，对七中停车场进行提质改造；新建北门渡口、岳阳职院垃圾站2座，重点改造公厕16座。注重设施保养，主动加大投入，对所有自管站厕的内外墙、下水道及配套设备等，进行高标准维修维护，并全面完善站厕服务体系，提高服务质量。对主次干道两侧垃圾桶、果皮筒及时更新、及时维护、及时保洁；对生活小区内的垃圾桶、垃圾收集站点及时清擦，随时维修和更换。环卫设施管理工作由规范服务向优质服务转变。

【环卫服务惠百姓】 2015年，市环卫局坚持环卫惠民，让老百姓有更多的幸福感和获得感。规范环卫服务少扰民。将大部分机械作业由白天调至晚上合适时段，主动避开人流物流车流高峰；街道清洗坚持慢速行驶，避免水溅行人；垃圾收运时段科学合理安排，避免扰民；垃圾站、公厕、垃圾处理场定时除臭灭蝇。关心弱势群体多服务。将改制企业、困难社区、“城中村”等特殊区域纳入重点服务范围，发动党员干部、职工进社区，帮贫解困，全年义务为其清理生活垃圾近2万吨；大力落实惠民举措，积极完善编外人员最低工资和社会保障体系，为500多名符合条件的编外人员缴纳养老、医疗、工伤等社会保险，为500多名超龄编外人员购买商业意外险；开展安全生产劳动竞赛和安全意识教育，关注一线环卫工人的身体健康。关心困难职工，走访慰问特困、患病等各类职工100多户，让所有环卫人有尊严地工作和生活，切实感受到环卫大家庭的温暖。

（本栏撰稿 喻 阳）

勘测设计

【概况】 2015年，市规划勘测设计院坚持“稳中求进、稳中有为”的工作总基调，以“品牌、质量、服务、本土”为主题，以“适应新常态、树立新思维、开创新局面”为抓手，探索经营新模式，调整市场战略，扩大业务渠道，拓展市场空间，全年实现合同产值5200万元，完成营业收入4500万元。

【提升规划设计服务质量谋发展】 2015年，市规划勘测设计院提升服务质量，拓展业务市场，谋求自身发展。一是高水平服务重大项目。规划专业主动适应新常态，规划设计理念由城市扩张型规划向更新型规划转变，工作重点由规划全覆盖向各地段城市设计转变，设计内容由各层次法定规划向概念性规划转变。以旧城改造为契机，承担中心城区旧城改造、中小学布局规划等项目，着力提升城市品味；以完善城市功能为发展方向，集中力量抓好空港产业园概念性规划、成品油管道改造规划、华润天然气长康路段改造规划等项目，确保岳阳市重大项目落地。二是高质量服务民生项目。给排水设计专业工作重心由以往的道路配套服务转型为专项治污治水、海绵城市规划设计和水资源开发利用等。完成的南湖水环境综合治理截污管网规划、王家河水质保障工程调整设计、中心城区黑臭水体治理，为提高城市水体质量打下坚实的基础；中心城区排水防涝专项规划，为解决城市积水问题提供保障；临港新区污水处理厂主干管网工程建设为临港新区污水处理增添动力；与中规院合作的岳阳市中心城区海绵城市规划，独立承接的华容县海绵城市规划，有效推进区域整体治理，逐步实现小雨不积水、大雨不内涝、水体不黑臭、热岛有缓解。继续承担各类突发性、临时性任务，先后完成中心城区十大片区旧城改造，停车场规划，十大重点渍水地段等一批急难险重项目设计工作，保障政府民生工程的有序推进。三是高起点服务基础建设市政道桥设计专业在业务散、小、杂，提质改造项目收费低廉的情况下，全年完成15个业主方的大小道路设计项目100多个，设计出一系列精品工程。王家河流域综合治理工程通过近三年的建设，景观6个标段通过竣工验收并全面交付使用，昔日的“龙须沟”变成今天的“金玉带”，为市民呈现一幅山水亲和、城景交融的美丽画卷。

【借外力深耕本土市场】 2015年，市规划勘测设计院通过内引外联、主动出击、合作投标等方式，不断加强与国内知名设计院和兄弟设计院的合作，完成80多个项目招投标，先后与中规院合作完成岳阳市海绵城市总体规划，与上海市政院合作完成岳阳市地下综合管廊规划，与同济院合作完成梅西港综合设计等业务。利用县市区城镇建设加快的有利机遇，充分挖掘县市区设计市场。在稳固华容、湘阴市场的基础上，重点推进平江、临湘的市场，派驻重点设计团队入驻两个县市，从总体规划、控详规划至乡镇总体规划、给排水规划和各项市政设计，为岳阳周边县（市）区的发展注入强劲的技术力量。全年开展乡镇总体规划、旧城改造、专项规划、城市设计、重要地段修规等规划勘测设计项目12大项230多个，牢牢稳固市本级设计市场主导权，为摆脱企业发展困境，走出一条可持续发展的路子。

（本栏撰稿　胡佳琪）

房地产业

【概况】 2015年，市房地产管理局（简称市房产局）主动适应经济发展新常态，圆满完成年度各项工作任务。在宏观经济下行压力加大，房地产市场低迷的情况下坚持扩量提质，发挥市场主体作用，确保产业经济稳中有升。全年完成房地产开发投资151.45亿元，实现商品房销售面积448.84万平方米，销售金额175.87亿元，比2014年分别增长14.93%、31.84%和42.85%。市本级直接协征契税1.28亿元，协征营业税2.46亿元。归集维修资金2.3亿元，累计归集9.5亿元。县域房地产市场蓬勃发展，其中湘阴县商品房销售29.6万平方米，比2014年增长19.8%，完成房地产税收4.1亿元，增长27.5%。市政府批复《岳阳市城市住房建设规划（2014—2020）》，出台《关于促进我市房地产市场平稳健康发展的实施意见》。成功举办2015年湘北地区秋季房地产交易展示会暨家装博览会，约5万人次参观展会，成交商品房281套，金额1.4亿元，签订家装协议56份，建材成交金额600多万元，创造房交会成交额最高纪录。联合市政府金融办开展房地产项目融资推介会，组织碧桂园、中航翡翠湾等32个项目向各商业银行进行集中推介。加强商品房预（销）售合同网上登记备案管理，全年网签商品房预售合同17601份，面积213.14万平方米，办理预告登记19224件，面积234.13万平方米。加大房地产行政执法力度，巡查房地产项目42个，下达房地产监察通知26份，行政处罚决定书11份。规范小区家装行为，严厉打击违规装修“游击队”，全年办理施工证2560个。贯彻落实《湖南省人民政府关于推进住宅产业化的指导意见》，成立住宅产业化专家委员会，建立联席会议制度，安排部署启动住宅产业化进程，确定把湘阴县和临港产业新区建成全市住宅产业化试验区和基地示范区。

【住房保障惠民生】 2015年，全市保障性安居工程建设任务44611套（户），全部开工。市本级梅溪635套公租房项目、逸馨花园配建116套公租房项目已完成主体工程。湘阴县、岳阳县、汨罗市、云溪区、屈原管理区等地项目大多已完成主体工程，部分项目已建成交付使用。全市发放保障房租赁补贴2.44万户。争取市财政500万元资金用于经济适用住房货币补贴。落实国家开发银行棚户区改造专项贷款政策，市房产局会同市城投公司积极争取棚改专项贷款50.7亿元，华容县争取专项贷款2亿元。全年争取国家、省保障性安居工程专项资金14.7亿元。严格落实建设项目公开招投标制、项目部主任负责终身制、工程质量监理制，严把施工监理关、建筑材料关、竣工验收关，严格督查机制，强化现场专项督查、工作调度、讲评通报等措施，推动保障房项目建设，确保工程质量。对春和家园2064套保障性住房采取电脑公开摇号，实行阳光分配。岳阳县1008套保障房一次性摇号分配入住，湘阴县、平江县、华容县基本做到头年建设，第二年分配。春华家园、春和家园保障房作为全省“两房两棚、两供两治”工作现场会的重点迎检项目，得到省长杜家毫的高度评价。市本级春华家园、华容县家和花园被评为全省保障性安居工程示范项目。

【市场监管扎实推进】 2015年，市房产局圆满完成君山良心堡、六门闸6.9平方公里房产图新测，启动临港产业新区13平方公里房产图新测，城区范围内修补测房屋3325栋，覆盖面积45平方公里。全年完成项目测绘房屋881栋，面积460万平方米。完成新进5万多份档案的收集、立卷、上架等工作，做好领导干部住房5000余人次查询核对和4万余次窗口查询工作。老楼危楼排查进一步落实。市中心城区排查老楼危楼1.6万栋，建筑面积407万平方米。各县市排查老楼危楼1.1万栋，建筑面积278万平方米。强化征收监管，出台征收评估备案、征收成本核算、征收资金监管等多个规范性文件。完成三眼桥办事处南侧、向阳水岸二期等多个旧改项目的成本核算，征收监管资金累积8200万元。健全物管体系，按照属地管理原则，全力构建物业管理网格化监管体系，市区两级监管职责基本形成。完成住房保障信息系统建设并投入运行。开展个人住房信息系统建设，基本实现市本级房屋登记和交易信息与省住建厅数据互联互通。开展“数字房产”二期建设，完成一体化系统优化升级。提升空气质量监测分析能力，加大监测覆盖面，办理监测1132户。推广白蚁防治绿色环保技术，安装、更换监控装置1950余套，绿色环保防治施工面积137万平方米。

【创建禁违有实效】 2015年，市房产局在深化文明城市建设中，加大宣传力度，在一楼电子屏和二楼服务大厅设立宣传专栏，营造文明氛围。以物业小区和责任路段为创建重点，全年累计出动600多人次，督查物业小区329个，下达整改通知书170余份。联合市文明办、岳阳电视台开展文明创建物业服务十佳评选活动。产权处申报省级文明窗口单位通过验收，物业办张敏、产权处孙敏分别获得全市十佳青年和百优青年荣誉称号。做好蔡家社区禁违治违拆违工作，拆除存量违建11处，解决民生建房36户，遏制违建苗头27处。

（本栏撰稿　石　勇）

住房公积金管理

【概况】 2015年，全市归集住房公积金26.02亿元，归集总额147.05亿元，归集余额88.52亿元。新增缴存单位347家，开户5990人，其中非公有制企业222家，开户2358人。缴存年审完成率86%，全年完成1400家单位的调基工作。发放个人住房公积金贷款23.78亿元，总额82.84亿元，贷款余额56.87亿元。大规模政策调整之后，全市发放贷款8088户，较2014年同比增长89%，发放贷款金额较2014年同比增长143%。办理政策性支取41473笔，较2014年增加65%，金额达18.25亿元，增幅131%。租房提取比2014年同期翻了三番，政策效应已经逐步覆盖到无房职工。市住房公积金管理中心（简称管理中心）持续开展文明创建，平江县管理部被授予国家级巾帼文明岗，屈原管理部为市级文明单位，云溪和岳阳楼区管理部分别为市级文明标兵单位和市级文明窗口单位。

【全面调整住房公积金政策】 2015年，市住房公积金政策调整较大，主要有以下变化：一是制定《贷款操作实施细则》和《提取操作实施细则》。方便业务人员操作，也便于缴存职工办理业务。二是放宽申贷比例。将购房首付款比例统一下调为20%，最高可贷购房款的80%。三是提高贷款额度。将个人住房贷款的最高额度提升到60万元。四是全面推进异地贷款，延长贷款期限。将贷款年限延长到国家法定退休年龄年限再延长5年，同时外地缴存职工可以在本地购房申请住房公积金贷款。五是全面实施购房可提可贷。所有购房均可先提取再贷款，全面取消二套及以上购房提取限制。六是降低提取门槛，鼓励租房提取。职工正常还贷一年后，即可提取公积金账户不超过年还款总额的资金，并可以每年提取一次直至还清贷款；职工在缴存地或工作所在地家庭无房，只需提供无房证明，职工及其配偶每年即可提取上年度缴存额的50%，最高不超过1.2万元，廉租房和公租房的租住者，允许其第一次可以支取其账户内全部余额，以后每年还可继续执行租房提取。

【住房公积金归集扩面提标】 2015年，管理中心把住房公积金归集扩面作为重要工作来抓。开展进工厂、进社区、进广场、进楼盘活动，发放各类宣传资料2万余份，广泛宣传政策，最大程度使有购房需求的缴存职工了解最新的住房公积金政策。有节奏、多层次地利用媒体进行宣传，实施电视、广播、报纸、网站、宣传栏、门头等“六位一体”的宣传，市、县区电视台滚动播放1000余次，报刊专题宣传20余次，电子显示屏显示300多个版面，张贴海报1200份，极大地提升住房公积金政策的认知度。两次举办住房公积金新政宣讲会，对中国银行、建设银行等多家住房公积金业务承办银行相关负责人以及全市70余家房地产开发企业销售负责人进行新政宣讲和业务培训，建立开发商政策咨询QQ群，随时交流咨询，取得非常好的效果。对387家单位开展行政执法，下达法律文书115份，其中180家单位完成整改。通过行政执法，全市新增200家汇缴单位，涉及人数3130人，金额2030万元。年内，住房公积金“提标”达到最高缴存比例12%的基层财政供养人员人数增长42%，基层财政供养人员的平均缴存额度从2014年的每月371元，提高到每月465元，同期增长25%。

（本栏撰稿　李　游）

责任编校　曹春友

开发区·新区

岳阳经济技术开发区

【经济运行质量优】 2015年，岳阳经济技术开发区（简称岳阳经开区）实现地区生产总值221.5亿元，比2014年增长8.9%；实现规模工业增加值126.4亿元，同比增长8.1%；实现固定资产投资170.3亿元，增长23.3%；完成社会消费品零售总额112.6亿元，增长12.7%；完成公共财政收入30.2亿元，居全市第一位，增长23.5%；完成税收收入23.6亿元，占财政收入比例78%，同比增加2个百分点。城乡居民人均纯收入分别达到27877元、15242元，增长9.5%和11.6%。

【项目建设态势好】 2015年，岳阳经开区新签约项目11个，合同总投资119.4亿元。实际到位内资48.8亿元、外资8520万美元，完成外贸进出口总额6848万美元。完成征收腾地253.33公顷，新增建设用地指标225公顷。中航浮空器、金悦洋商业广场主体工程竣工，喜味佳生物科技竣工，汇一汽配城、果品市场加快推进。岳阳三荷机场、蒙华铁路、临湖公路、十字坡路、金凤桥南路、枣子山路启动建设，京港澳高速收费站西移工程竣工通车。滨湖游路截污管网工程基本完成，罗家坡污水处理厂二期征拆完成。金凤桥变电站建成运行。

【产业升级步伐快】 2015年，岳阳经开区加快建设岳阳电子商务产业园（洞庭湖国际电商新城）、现代装备制造产业园、健康医药产业园等特色园区。新增规模企业26家、省级高新技术企业7家。百利科技通过国家证监会主板审批，为天米业登陆“新三板”。新增中国驰名商标2件、省级名牌产品7个、市级名牌产品8个，获得授权专利143件。实现高新技术产业增加值100亿元，增长16.8%。城区人气商气浓厚，各类消费热点凸显，第三产业增加值增长12.4%。

【城乡建设面貌新】 2015年，岳阳经开区改造提质青年东路，实施小街巷惠民改造工程81个。文明城市创建工作持续加强，六大市容秩序整治工作基本形成常态，城市管理水平提升。加强乡镇集镇建设，新修农村公路63.5公里，农村公路通畅率达100%。小农水三年行动稳步推进，除险加固水库8座，整修山塘堰坝150多处，疏浚河渠8公里，完成西塘、康王、伍家洞水厂改扩建工程，解决不安全饮水3.5万人。完成大面造林146.67公顷，新增城区绿化面积46.67公顷。扎实推进精准扶贫三年行动，整合扶贫项目86

2015年岳阳经济技术开发区乡镇、管理处简况

表5

名　称	国土面积（平方千米）	耕地面积（公顷）	年末总人口（人）	人均年收入（元）	书　记	乡（镇）长主任
康王乡	76.94	1708.7	27000	13000	徐　胜	周　雄
三荷乡	92.68	2289.5	29931	12965	方　敏	欧阳群波
西塘镇	49.8	1484.4	21685	19678	任岳良	李石斗
通海路管理处	9.8	0	178451	27877	黎　为	熊绍辉
金凤桥管理处	24.05	369.4	19268	18075	易朝晖	黎　明

个、资金1430万元，超计划完成年度脱贫任务。

【禁拆治违力度大】 2015年，岳阳经开区按照市委市政府工作部署，全面推进禁拆治违工作大升级，全年拆除违法建设1700余处46万平方米，其中存量违建300多处9万多平方米。问责处理一批不作为、乱作为的党员干部，公安机关打击处理暴力抗法人员60人次。落实省政府113号文件，出台房屋合法性认定办法，实行违法建设“零补偿”。坚持堵疏结合，严格审批民生建房788户，进一步规范农村村民建房。

【民生改善实惠多】 2015年，岳阳经开区新建安置房1944套，竣工1418套，新建棚改房674套、公租房122套。新增城镇就业2735人、失业人员再就业387人、农村劳动力转移就业780人。征缴社保基金1.63亿元，率先在全省建立城乡居民养老保险丧葬补助制度。羊角山社区被评为省级养老服务示范点。北港小学、珍珠山中学奠基开工，教育教学管理水平持续提升，被评为全省“创建平安校园先进区”。人口和计生工作进步明显，公共卫生、食品药品安全工作加强。社会综合治理力度加大，推进依法治访取得实效，“五打五整治”工作成效明显，社会大局和谐稳定。城区信访工作综合考核排名全市第一名。全面建成小康　社会实现程度达93.1%，位居全市前列。

（本栏撰稿　李　森）

湖南城陵矶新港区

【概况】 2015年，湖南城陵矶新港区（简称城陵矶新港区）按照“建设先行、项目为重、服务至上”发展理念，抢抓机遇，苦干实干，着力推进大建设、大招商、大融资、大宣传“四大行动”，各项工作取得好成绩。完成地区生产总值73.4亿元，比2014年增长11%，增幅排名全市第一。固定资产投资78.1亿元，同比增长25%，增幅排名全市第一。财政总收入6.5亿元，同比增长24.1%，增幅排名全市第一。规模以上工业增加值37.5亿元，同比增长12%，增幅排名全市第二。

【口岸平台建设运营】 2015年，城陵矶新港区大力实施口岸平台升级工程，以“一区一港四口岸”和港口码头等平台为依托，着力扩大对外开放。城陵矶综合保税区在不到9个月的时间里全面完成封关必检的综合服务中心、监管仓库等七大项目建设，顺利通过国家十部委的联合验收。汽车整车进口口岸顺利通过国家正式验收，首批38辆进口汽车抵达城陵矶口岸，开创中部内陆地区转关进口平行汽车的先河。进口肉类指定口岸完成进口肉类80标箱、1000吨。进口粮食指定口岸直接进口粮食及其加工品22万吨，粮食进口对城陵矶口岸新增集装箱吞吐量的贡献达到50%。进口固废指定口岸完成750标箱、1.5万吨固废的引进。落实省政府与上港集团合作框架协议，湖南城陵矶国际港务集团正式营运，将整合长沙港、岳阳港优质资源，打造区域性航运物流中心。加强与中远集团战略合作，相继开通城陵矶至洋山港直航航线和岳阳至东盟、岳阳至澳大利亚接力航线，城陵矶对接世界的出海口更加顺畅。出台《关于促进岳阳城陵矶“一区一港四口岸”加快发展奖励办法的实施细则（试行）》，“一区一港四口岸”平台优势进一步显现，全年进出口货物1960万吨，比2014年增长6.8%；集装箱吞吐量达到24万标箱，比“十一五”末期增长3倍，增幅连续五年保持长江内河港口第一，长江中游枢纽港地位初显。

【社会化招商大格局形成】 2015年，城陵矶新港区促成市委市政府出台《关于开展“一区一港四口岸”大招商行动的通知》，市委市政府主要领导带队先后到重庆、长沙、武汉、上海、香港、澳门等地举行专题招商推介会，成功举办“第十届中国仓储大会”“第七届保税物流协会”，主动参与首届岳商大会、第七届湘商大会、第十届中博会等大型招商活动，形成举全市之力、集全市之智开展“大招商”行动的新格局。签约项目20个，合同引资163.8亿元，内联引资到位资金29亿元。新开工项目12个，新投产项目7个，储备在谈项目20个。成功引进投资55亿元的中粮城陵矶产业园、投资54.8亿元的“绿色船舶产业链”、投资15亿元的中瑞铝型材等3个过10亿元项目，投资7亿元的高分子材料加工贸易项目、投资5.8亿元的中铁物流园等6个过亿元项目成功签约。际华3517、巴陵油脂、海吉星、湘江纸业、海圣祥、新永利、高澜节能等项目加速建设。新港区初步形成以现代物流业、装备制造业、军民融合产业、新材料产业、粮油加工业、商贸服务业齐头并进的发展局面，初步构建多点支撑的特色产业体系。

【产城融合发展】 2015年，城陵矶新港区坚持港产城一体发展思路，不断加大基础设施投入力度，产城融合扎实推进。启动基础设施项目26个，完成基础投资18.9亿元，成功承办全市重大项目集中开工和集中竣工仪式。报批土地23宗、面积360.47公顷，批回13宗、面积197.54公顷。兴港东路、城陵矶路、云欣大道加快推进。污水处理厂基本建成，污水处理顺利试运行。凌泊湖小区800套保障性住房建设已基本完成。永济新镇提质改造工程加速推进，碧桂园、恒泰雅园一期开盘销售，二期启动建设。云溪片区电力迁改工程，原计划半年的工期，不到2个月就完成。标准化厂房开工建设75万平方米，已建成40.5万平方米，进度排名全市第一。

【省政府批复同意设立城陵矶新港区】 2015年7月17日，湖南省人民政府同意批复设立城陵矶新港区。新港区建设在原有成立的基础上，成为全省融入长江经济带的重要门户、长江中游综合交通运输体系的重要枢纽、全面深化改革的先行区。新港区规划面积为69平方公里，是长江经济带建设的重要节点，湖南省东进出海的“桥头堡”。具体范围包括岳阳楼区梅溪乡、城陵矶街道办事处，云溪区云溪乡、永济乡。批复要求，新港区建设要突出新型工业化和新型城镇

2015年12月10日，中粮集团与岳阳市人民政府签订中粮岳阳城陵矶产业园建设项目投资框架协议（范向辉 摄）

化融合发展重大主题，推动产业转型升级和集聚发展，提升对内对外开放水平，大力推动创新创业，不断提高经济综合实力和竞争力。

【城陵矶综合保税区（一期）通过国家验收】 2015年12月22日，由海关总署牵头，国家发展改革委、财政部、国土资源部、住房城乡建设部、商务部、税务总局、工商总局、质检总局、外汇管理局等10部委组成的联合验收工作组，对岳阳城陵矶综合保税区（一期）项目进行正式验收。经实地查验和综合评审，验收组一致认为，岳阳城陵矶综合保税区（一期）范围内的基础和监管设施符合《海关特殊监管区域基础和监管设施验收标准》，同意通过正式验收。仪式上，国家联合验收组与省人民政府签署《岳阳城陵矶综合保税区（一期）项目验收纪要》，并向城陵矶综保区颁发《综合保税区验收合格证书》，标志着城陵矶综保区具备正式封关运营的条件。

【“一区一港四口岸”在香港推介】 2015年6月2日，湖南城陵矶“一区一港四口岸”专题招商推介会，在香港2015“港洽周”上举行。省人民政府副省长何报翔、市人民政府市长盛荣华、副市长宋爱华及香港地区客商、乡友代表100余人参加活动。活动现场与英国HELIADSLIMITED公司和香港先锋铝窗公司分别签订直升机观光旅游和新型铝窗生产及销售项目，合同引资12.3亿元。此次“港洽周”新港区精心准备30个高质量、高效益、高回报的合作项目，涵盖港口建设、基础设施、航运物流、对外贸易、工业地产等多个方面，总投资约655亿元。

【“一区一港四口岸”在澳门推介】 2015年10月23日，城陵矶新港区在澳门特别行政区举行湖南城陵矶“一区一港四口岸”专题招商推介会，市委副书记、市长刘和生宣传推介岳阳独特的优势、产业发展态势以及合作项目，诚邀澳门及海内外客商及游客到岳阳投资兴业、观光休闲。市领导宋爱华、方争奇，澳门贸易投资促进局主席张祖荣及近百名客商参会。会上发布《岳阳口岸优惠政策指南》，同时发布的还有30个合作项目，涵盖港口建设、基础设施、航运物流、对外贸易、工业地产等多个方面，其中一些开发项目引起海内外客商的关注。

【中粮岳阳城陵矶产业园项目签约】 2015年12月10日，中粮集团与岳阳市人民政府签订中粮岳阳城陵矶产业园建设项目投资框架协议。项目拟选址湖南城陵矶新港区，计划投资55亿元，占地约72公顷。产业园包括综合物流园区和粮油加工园区两大园区，建设四大中心；具备现代物流功能的物流集散中心、具备进口粮食指定口岸功能的粮食进出口中心、具备产业链条逻辑功能的加工中心和具备链接物流加工市场功能的贸易中心。项目投产后，将新增200万吨以上的粮食油脂饲料加工能力，预计年销售收入超过70亿元，直接拉动就业1000多人，成为国内一流、长江经济带主要的粮油加工和中转基地，具有极强的产业拉动和区域辐射作用。

【“绿色船舶产业链”项目落户新港区】 2015年7月，湖南城陵矶临港新区与玉柴集团大连玉柴能源有限公司签订“绿色船舶产业链”项目框架合作协议，总投资预计54.8亿元。“绿色船舶产业链”项目立足洞庭湖区，玉柴集团充分利用在天然气发动机领域的国际领先地位，整合船舶设计、船舶制造、航运管理、水上物流、清洁能源供应为一体，融入“互联网+”先进理念，建设供应链金融和服务。拟用6-8年时间，全力打造“两中心两基地”，即“绿色船舶产业链服务中心”“清洁能源供应链物流中心”“河运网”和“临港产业发展基金”等四个项目，建设绿色生态的洞庭湖，将城陵矶打造成长江航运中心。

【岳阳港获批全国绿色循环低碳港口试点】 2015年，岳阳城陵矶港获批全国绿色循环低碳港口试点点位。岳阳城陵矶港系全国内河第一家获批的绿色循环低碳试点港口，将给岳阳带来政策和资金“礼包”，为绿色港口的建设提供强有力的支撑，更有利于贯彻落实“一部一带”“长江经济带”“洞庭湖生态经济区战略”等国家战略。

（本栏撰稿 刘向葵）

岳阳市南湖新区

【概况】 岳阳市南湖新区（又称岳阳南湖旅游度假区）是1992年10

月经湖南省人民政府批准建立的全省首家省级旅游度假区。2000年6月，市委市政府在度假区基础上加挂岳阳南湖风景区的牌子，实行两块牌子、一套班子运作。2011年1月，岳阳南湖旅游度假区更名为湖南岳阳洞庭湖旅游度假区。2015年4月2日，市政府正式启动南湖新城区规划调整，2015年9月2日，岳阳南湖风景区更名为“岳阳市南湖新区”（简称南湖新区），管辖面积由28平方公里（含三眼桥以下南湖水域9平方公里）调整为约56平方公里（含南湖和洞庭湖水域12.6平方公里），辖南湖、求索、湖滨3个街道办事处和龙山、月山2个管理处，有19个社区、3个村，管理人口14万。境内生态环境秀丽，文物古迹众多，人文景观丰富，文化底蕴深厚，既有“八仙台”和“一龙赶九龟”的美丽传说，又有南津古渡、麋子古城、尚书坊等众多古迹古景。

2015年是南湖新区建设开局之年。在市委市政府的坚强领导下，南湖新区围绕“一极三宜”江湖名城战略部署，团结带领全区广大干部群众锐意进取、干事创业，实现新区建设良好开局。全年实现地区生产总值57.29亿元，比2014年增长9.15%；固定资产投资39.6亿元，同比增长23.3%；公共财政预算总收入4.54亿元，增长12%；社会消费品零售总额17.7亿元，增长12.2%。全面小康监测实现程度达90.8%，增长11.6%。主要经济指标均保持较快增长。

【重大项目建设突出】 2015年，南湖新区坚持以“13118”南湖综合工程为总揽，投入资金37亿元，重点推进4个重大前期项目、5个重大建设项目，统筹推进24个区级城建和招商项目。南湖水污染综合防治工作全面启动，投入生物制剂2200多吨，集中处理水上漂浮物30多吨，南湖水面整体感观良好，水质稳定。环南湖旅游交通三圈新增投资5.9亿元，三圈线型基本拉通。岳阳茶博城主体工程完工，成功举办2015中国（岳阳）黄茶文化节。龙山植物园和黄梅港湿地修复工程完成第一轮PPP模式谈判。教会学校文化遗址公园文物管理所正常运转，开展环境卫生、古树名木护林灭蚁等前期工作。“南湖八景”命名初步完成。“13118”南湖综合工程入选“2015百姓点赞十大民生实事”范畴。

【管理体制推进】 2015年，南湖新区落实市委市政府推进城市南延发展的重大决策部署，全面启动新区管理范围调整交接工作。按照“思想不散、秩序不乱、目标不减、工作不停、发展不慢”的要求，争取上级部门支持。区直机构职能得到调整设置，工作机制进一步理顺。新设立的龙山、月山两个管理处工作班子于4月上旬组织到位，南湖新区由原来11个社区增加至22个社区（村）。

【重点工作见成效】 2015年，南湖新区突出搞好重点工作，一是文明创建，全国文明城市迎复检期间，在全市五区两次公共文明指数测评中，南湖新区名列前茅，顺利通过文明城市复查。二是土地依法征收，强力推进14个项目107.4公顷土地拆迁腾地工作，全面完成天灯咀历时5年的征拆腾地任务，创造南湖征地拆迁的“龙山速度”“天灯模式”和“三圈冲刺”。三是禁违拆违治违，组织大小行动143次，拆除违法建设218处、49122平方米，继续保持全市中心城区领先的位置。四是城市管理，深度开展“清洁城市”行动，强力整治流动摊档、占道经营等城市顽疾，市容市貌明显改观。在中心城区市容市貌和环境卫生考评中，南湖新区取得总分第一名的好成绩。

【民生实事完成】 2015年，南湖新区8项民生实事工作任务均全面或超额完成。安置房建设加快推进，已建和在建安置房882套、面积11.2万平方米。其中，八仙台二期安置房622套全部建成，刘山庙二期安置房开工建设184套，渔光还建基地76套安置房加快建设。投入教育资金2048万元，全面启动辖区学校改扩建工程和运动场建设。发放社会救助、优抚等民政专项资金1517万元，比2014年增长50%。组织开展安全生产大检查、大整治，取缔非法零售烟花爆竹门店12家，排查整改危险化学品领域安全隐患15处。开展“三提升”活动，全年办

表6

2014年岳阳南湖风景区办事处简况

办事处	国土总面积（公顷）	耕地面积（公顷）	年末总人口（人）	人均纯收入（元）	书　记	主　任
湖滨办事处	1233	70.15	16604（常住） 31538（辖区）	21559元	王　维	李　斌
南湖办事处	386	240	35037（常住） 28265（辖区）	27877元	孔建明	范朝阳
求索办事处	1400 （包括水面1180公顷）	33	26500（常住） 29500（辖区）	27877元	沈兰和	刘岳怀
龙山管理处	1552	533	23757（常住） 10000（辖区）	18000	张国礼	向　勇
月山管理处	1047 （包括水面629公顷）	10	7091（常住） 7241（辖区）	27877元	许湘群	张　勇

理"12345"公众服务热线工单1774件，热线办理工作继续保持全市A类水平。

（本栏撰稿　熊泽波）

县市区工业园

岳阳楼区工业园

【推进七里山绿色工业聚集区建设】

2015年，岳阳楼区工业园（简称楼区工业园）在推进七里山绿色工业集聚区建设发展上采取以下举措：一是落实发展规划布局方案。按照"一带、四区、一中心"布局，加快辐射拉动效应，加快产业集聚度，实现"高新绿色都市工业""交通仓储商贸物流和其他新兴服务产业"两轮驱动、在加快沿湖大道、桂花园路、吉家湖路、胥家桥路等道路建设和提质改造，进一步完善基础配套设施基础上，深度开发道路两侧土地，建设工业、仓储物流综合片区。依托东风湖公园、七里山公园建设，加快环境治理，建设新型工业、新型服务产业与城市生活相得益彰的综合型片区，逐级评审形成正式方案。岳阳楼工业园会同岳阳楼发改委、经信委等部门开展七里山工业发展"十三五"规划编制，将七里山工业聚集区"一带四区二园一中心"纳入"十三五"规划发展格局。4月，园区进一步对七里山工业聚集区的重点企业和土地存量资源、产业链资源进行调查分析，把七里山绿色工业聚集区转型升级、提质改造纳入发展蓝图。二是作好产业发展规划。融入长江经济带产业布局和发展规划，抓好顶层设计，将七里山绿色工业聚集区纳入湖南省长江经济带规划建设重点内容和对接东部沿海发达地区产业梯度转移的洼地，将其发展定位为：新型工业、新兴生产性服务业、仓储物流业及其他现代服务业态综合发展的绿色产业聚集区。三是凸显交通地理优势。七里山绿色工业聚集区陆路交通便利，具备完全吸纳大水量、大运量、大投资、大产业项目发展的基本条件。利用岸线资源整合改造，谋划项目，主动搭建争（融）资平台。四是以城市规划方向为指南，合理布局产业项目。七里山绿色工业聚集区项目承载空间可观，符合城市利用规划的工业用地规模达533.33公顷。根据《岳阳市2008—2030年城市规划》，随着荆岳铁路、杭瑞高速等国家重点交通工程建设的启动，受蒙西华中运煤通道的辐射带动，在临港、临江的区位优势下，园区七里山工业片区近133.33公顷仓储规划用地将面临巨大的投资开发机遇。

副市长陈恢清主持召开市、区两级共同参与的园区市级重点项目专题帮扶研讨会，部署气体工程技术项目建设推进工作　（熊　娟　摄）

【楼区工业园工业产业发展良好】

2015年，岳阳楼区工业园有13家中央、省属企业，25家市属企业和72家中小微工业企业分布有序，基本形成三个关联产业聚集发展势头，一是吉家湖、桂花园片区食品药业饲料工业的集聚趋势；二是七里山、延寿片区石油化工工业聚集趋势；三是冷水铺老工业片区，依托中航集团长江动力机械厂、金秋红日、洪源机械等国企龙头初步形成以万力机械、东方雷神电子、金城制造、众力电磁、中天新城节能科技等先进机械电子制造工业集聚的势头。截至2015年10月，园区规模工业增加值占全区全部工业增加值的84.7%，为岳阳楼区经济发展形成新的财税增长点。区内有规模工业11家，工业总产值达105.4亿元，实现工业销售额97.3亿元，完成工业税收18.3亿元，占全市工业总税收的16%。壳牌石化、湖南凯美特、中顺化工、湖南九鼎、湖南龙骧等一批企业成长性扩张性极强，高新高税绿色环保型项目不断上马，在上述产业项目北移战略实施条件暂不具备情况下，实现产业就地扩张、结构调优、合理布局是科学现实之举。在经济区域规划完整系统性基础上建设"长江滨水经济带；七里山绿色工业聚集区"，是实施省"四化两型"和市"五市一极"战略、建设洞庭湖生态经济区、构建湖南长江经济带、打造岳阳生态宜居城市的客观要求，对于有效整合资源、综合治理环境、化解厂地矛盾、科学布局产业、争取政策支持，使岳阳传统产业基地逐步实现产业转型，实现天蓝地绿水清、企旺民富区强的发展目标意义重大。

【楼区工业园产业升级转型】

2015年，岳阳楼区工业园按照岳阳中心城区"淘汰落后产能、建设美丽岳阳"的战略部署，探索绿色生态发展模式，园区项目投资建设来势看好，项目扩张势头强劲，高新高税绿色环保型项目不断上马。湖南凯美特、中顺化工、湖南九鼎、湖南龙骧等一批企业成长性扩张性极强，出台多轮投资计划，新上多期投资项目，总部经济建设的轮廓效应初现。湖南凯美特公司在园区支持下通过几年时间大力打造经营七里山总部基地，连年发展，凯美特公司2015年为岳阳楼区本级财税贡献率增至300万元。用地5.6公顷的七里山综合物流园二期建设项目前期工作有条不紊推进，已开展土地勘测和规划分析，完成多轮选址，计划建设成为岳阳长江经济带重要物流中转枢纽。七里山工业基地工业项目转型升级的步伐加快，2015年，依托园区核心产业功能区，园区管委会会同市、区劳动部门着手搭建岳阳首批市级工业园区产业孵化基地，加大设备设施投入与人员配备培训，充分发挥新型都市绿色工业和关联产业的集聚发展引导辐射作用，进一步提升工业园区及创业中心服务档次，园区先后与29家企业建立互动机制，开展全民创业、大众创新政策扶持计划，加大工业化、信息化融合发展力度，开展传统企业电商转型改造推广计划，谋划建立城北电商创业、物流产业发展谷地，鼓励500万元投资以下的小微企业入园发展，社会效益明显。2015年11月，投资6000万元的工业稀有气体工程技术中心项目将建成投产，实现产学研一体化，开创七里山总部循环经济建设先河。园区立足产业链延伸、做大做强落地企业的思路，抓好以商招商，鼓励企业升级扩张，与企业联合开展产业市场调研，开展跨国商务谈判，筹划引入总投资6亿元的电子特种气项目，该项目在园区支持下已在七里山完成选址，前期工作进展迅速，产品主要用于高级芯片生产、芯片晶元件、超高半导体、航空航天、军事工程、核能领域，产品90%将填补国内空白，取代进口，打破国外技术垄断，该项目的科技创新力度、用地投资强度将刷新全市工业投资项目的新高。

【楼区工业园强化经济发展环境】

2015年，岳阳楼工业园区落实推进优化经济发展环境的系列政策措施，实施园区“宁静日”制度，园区管委会对涉企检查进行报备制，协调解决园区在建项目推进困难，组织园区项目部解决征地拆迁遗留问题，落实园区投资优惠政策。坚持走群众路线，依法依规引导群众支持项目建设，及时处置拆迁安置户上访诉求。对七里山工业区开展招商环境集中整治，对工业三废达标排放开展执法检查，对落后产能三无小厂加大关停力度，开展清洁园区、节能减排行动。园区在建的市级重大项目得到市、区领导的重视支持，12月，市人民政府市长刘和生听取该公司新上项目汇报，副市长陈恢清亲临生产一线调研，以气体工程技术项目作为全市项目建设案例，精心组织，以市级职能部门联署办公形式，通过市、区联动，安排召开帮扶专题会和项目建设研讨会，具体解决实际问题，破解全市经济发展体制机制瓶颈，为该项目报批报建与主体工程竣工注入强大推力。

（本栏撰稿　易哲夫　王洪田　董　芳）

湖南岳阳绿色化工产业园

【获得中国化工潜力园区十强称号】

2015年，湖南岳阳绿色化工产业园（简称岳阳绿色化工产业园）围绕“招商引资、基础建设、产业发展、优化环境”四大核心，强力攻坚，园区建设呈现蓬勃发展之势，园区经济不断攀升，外在形象全面提质。截至2015年底，入园企业达171家，完成技工贸收入829.6亿元，税收171.4亿元（小园区完成技工贸收入203亿元，税收3.8亿元）。先后获批为国家循环化改造试点示范园区和国家低碳工业试点园区，2014年在全省141个产业园（含15个国家级园区）综合绩效评估中名列第五名，2015年成功纳入省级十大标志性工程之“千亿园区”培育工程，并被评为2015年中国化工潜力园区十强，省政府同意挂牌“湖南省石化化工产业园”。

【招商引资力度大】　2015年，岳阳绿色化工产业园承接石化产业转移，围绕碳一、丙烯、碳四、芳烃四条主产业链，开展小分队招商和定点招商。“十二五”期间，引进招商项目73个，其中，过亿元项目33个，引资90.8亿元，实际到位资金82.7亿元。其中，云溪片区引进东方雨虹、催化剂、环氧丙烷等项目，长岭片区引进中创化工、长盛石化、新岭化工、中岭化工和湖南凯美特，基本建成以丙烯和碳四、芳烃三大产业集群为主体的石油化工园区和石化深加工新材料产业基地。2014年，产业园在上海成功召开专场招商推介会，与世界500强对话，效果显著。2015年引进每年10万吨煤制氢即将进行招投标，每年5万吨尼龙拉伸膜等项目正在洽谈，众普涂料、科立孚二期等12个项目已投产，循环经济研发中心、东方雨虹三期、绿源生物柴油等项目已开工建设。

【基础配套建设加强】　2015年，岳阳绿色化工产业园园区建设在强力推进中高效运作。“十二五”期间，实施20多个重点基础建设项目，完成基础设施投入近5亿元，新开发土地186.67公顷，拆迁房屋120余栋。高起点编制5.2平方公里扩园规划，高标准建设云溪片区、长炼片区的水电路讯气等配套设施，园区开发面积由原有的3平方公里增加到5.5平方公里，打造“一园两片”发展平台。其中，污水处理厂、集中供热系统、天然气管网、公共管廊与管架、消防中队等公用工程体系已经完成，氢、氮气管线、循环经济研发中心、化工产品交易配送中心和电子政务OA办公系统等项目正在建设之中。签订征地协议76.4公顷，拆迁房屋77栋，完成长炼片区经三路、纬三路道路硬化，白改黑道路提质改造完成4.5万平方米，文桥镇文修桥新村已经启动建设，云溪片区跨湖路箱涵工程已基本完成；标准化厂房建设已完成4.3万平方米，在建5.8万平方米，引进东方通达等8家企业。

【开展安全环保大检查活动】

2015年，岳阳绿色化工产业园按照“安全、高效、低碳、循环”的要求，大力宣传新的《安全生产法》《环境保护法》，加强培训力度，强化企业主体责任；完成湖南岳阳绿色化工产业园安全、环保影响整体评价等编制，启动安全环保一体化及信息平台建设；坚持项目洽谈、专家预审、准入评审三道关口筛选项目，提升项目准入门槛，先后拒绝多个不符合园区发展要求的投资过亿元项目；聘请安全环保专家会同职能部门组成联合检查组，对所有企业开展拉网式安全环保大检查活动，成功整改隐患1224条，投入整改资金3548万元，园区空气质量明显改善，赢得社会各界对园区安全环保工作的肯定和好评；深入开展“三年环境整治行动”，督促园区企业提高工艺水平、更新设施设备，对工艺差、设备差、管理差，不符合安全环保要求的清化包装厂等8家企业，予以关停、整治或搬迁，实行“腾笼换鸟”，在第二轮行动中，列入整治范围内的21个项目已有中科华昂、永箔科技等10个完成整治任务，11个尚在整治过程中；打造园林式园区、花园式工厂，扎实推进企业清洁生产，全面提升园区形象。

【创新体制机制】 2015年，岳阳绿色化工产业园将体制机制作为第一支撑，改革创新卓有实效。加大融资平台建设，创新融资模式，依托云溪片区公用工程和土地开发项目，对口包装融资项目，融资突破6亿元，其中年底融资到位1.8亿元，较好地破解园区建设发展的资金瓶颈；重点围绕国家火炬计划园区、低碳园区建设等项目进行包装，向国家部委和省市部门申报资金，争取项目资金2亿多元。成功申报全省特色经济重点县，可连续三年享受省财政专项扶持资金近亿元，创新搭建园区投融资担保公司，解决部分企业融资的需求，创新农民征地款托管融资模式，与24户拆迁户签订资金留园协议，缓解和降低失地农民养老与就业的矛盾，探索出一条园区发展与失地农民增收互惠双赢的新路子；创新园区管理模式，制定出台财务、考勤、招待、招投标、党风廉政建设、绩效考核等10余项制度，严格按制度管人管事。

（本栏撰稿　宋　清）

君山工业园

【推进园区“135”工程及项目建设】 2015年，君山工业园为稳步推进“135”工程和重点项目建设，君山区区长办公会每两周组织相关责任单位召开建设协调推进会。园区实行“一个项目、一名领导、一套班子、一个方案、一抓到底”的“五个一”工作机制，项目责任到人，项目建设进展细化到每月。园区标准化厂房开工建设面积达9.8万平方米，其中，政府企业孵化中心3.5万平方米、童记三利和1.6万平方米、雅美时电子1.6万平方米、君山印象1.4万平方米、立华包装1.1万平方米、思贝尔运动用品0.6万平方米。

【破解园区发展制约瓶颈】 2015年，君山工业园区成功申报省级工业集中区后，把破解园区发展瓶颈作为重中之重，集中人力物力，成立专门班子，申报资料组织、土地报批、环评等工作由专人负责，倒排时间表、工作推进表。一是完善规划。园区与区规划部门一道，通过广泛征求省、市、区各级领导意见，先后7次修改完成荆江门片区的控详规划设计，待市政府批复后即可出台正式文本。根据整体控详规划，聘请西安规划设计公司对食品产业园概念性规划和水、电、路等7个分规划进行规划设计，通过多次进行修改和调整，先后4次组织规划、国土等部门及相关专家进行评审，确定最终规划设计方案。聘请具有甲级资质设计公司，对产业园区整个南片区的概念性规划、园区门头、园区广场、园区5条道路及新建标准化厂房等15项进行规划设计。二是完成环评变更。洞庭湖绿色食品产业园区因在洞庭湖湿地保护区范围，按照湘环评函〔2014〕54号《关于岳阳市君山工业集中区荆江门片区环境影响报告书的批复意见的函》要求入区企业应使用天然气、电等清洁能源，禁止燃煤和生物质能源。根据预测企业使用天然气和电等能源供热，成本相对要高很多，企业难以承受。为此，根据实际情况园区明确一名副主任负责，重新编制环评变更资料，在不影响环境污染的情况下，让入园企业使用生物质能源供热，得到省、市环保部门的领导和专家的认可，10月下旬正式拿到环评批复。三是报批土地。完成产业园区土地调规233.33公顷，报批土地48.8公顷。根据省国土资源厅意见补充和修改完成土地置换资料，10月中旬拿到15.53公顷土地置换批复。产业园南片区21.33公顷储备土地中的7.33公顷区国土分局抓紧以双挂钩方式做报批资料。园区白杨路、富岗路以东14公顷土地作为还建地块，园区配合区国土部门正在做相关资料。

【完善园区基础设施建设】 2015年，君山工业园为加快推进洞庭湖绿色食品产业园区建设，打造岳阳市千亿食品产业核心区，区政府投资1.3亿元完成10千瓦高压电线架设、4700米自来水主管网铺设、1万吨污水处理厂和1.2米排污主管网建设。另外，园区主干道荆江大道（长2.78公里、宽35米）设计评审及南段610米入户调查等相关前期工作已完成，待征地拆迁完成后即将动工建设。省道306线拓宽设计、预算施工方案、发改、规划、国土、环评等相关手续已完成，即将征地拆迁动工建设。

【推进招商引资工作】 2015年，君山工业园区“以资源求项目、以项目找伙伴、以特色引资金、以存量扩增量”不断完善招商方式，严把项目准入关，提升招商质量。区主要领导带队拜访和接待山东、河南、广东等地客商20多批次。新签约项目7个、新开工项目10个、新投产项目11个，到位资金1.32亿元，占市定目标任务的110%。园区内签约已开工有童记三利和风味休闲鱼、雅美时电子、企业孵化中心等项目；签约即将开工项目有莲子深加工及基地建设、吉兴通电子和台湾宝成供热等项目；正在洽谈有望签约项目有海济药业、龙口粉丝、兴蒙制药、洞庭荷乡绿园、风味休闲食品加工、农产品冷链物流及标准化厂房租赁、完全封闭控制型植物育成工厂系统项目等。

（本栏撰稿　刘米武）

平江工业园

【平江工业园进入“省级十强”行列】 2015年，平江工业园围绕市委“一极三宜”的战略目标和平江县委“生态立县、工业强县、旅游旺县、融长兴县”的发展思路，发挥区位、资源优势，强基固本、开放创新，抓好招商引资和促产促建，实现稳中有进，在全省省级工业园区中综合排位第七名，进入“省级十强”，并先后被省人民政府授予“省级高新技术产业园区”“省级创新创业基地”以及“产城融合示范区”。全年实现技工贸总收入232亿元，完成财税收入2.38亿元，年均增长分别为26.8%和24.7%；依法收回闲置土地和处理停产企业用地近40公顷，储备土地达到100公顷；申请专利数33件，授权18件。

【完善基础配套设施】 2015年，平江工业园为推进“135”工程建设，启动标准厂房二期工程，投资2000多万元，占地3.99公顷，建设7栋73028平方米的多层标准厂房，主要用于新材料项目的引进，其中2栋标准厂房1.8万平方米的建设已完成地基及以上3层建设；为加强生态建设，园区投资500余万元，对园区工业污水处理厂及管网进行升级，实现环境保护与工业发展相协调；投资600多万元，对迎宾路、福坤路、坤宇路等主干道路进行白改黑等升级改造，同时完善沿线绿化与亮化，在重要交通节点，专题设计园区标示牌与路名牌；投资400万元，与裕廊国际规划工程公司合作，高水准制定园区规划。

【招商引资成效显著】 2015年，平江工业园围绕主导产业，定向招商、链条招商、择优招商，全年项目信息库入库信息100多条，意向对接项目80多个，签约项目15个，其中过亿元项目4个，引资额达12亿元。亿元项目中，华文食品是县委、县政府“引老乡，建家乡”活动的示范引领企业，是国内生产休闲小鱼食品最大龙头企业，其在园区投资8亿元，可实现年产值10亿元，税收3000万元；诚令机械具有12年电梯零部件生产历史，一期投资1.2亿元，力争建成省内规模最大的电梯零部件生产基地；青方环保是华南产销规模最大、设备最先进的印刷包装企业，在平江工业园投资1.2亿元，年纳税额300万元以上，主要生产高级瓦楞纸及纸箱，可为园区绿色食品产业提供包装服务，完善产业链条。

【项目建设高效推进】 2015年，平江工业园开工建设项目20余个，全年建成投产13个，分别是华文食品、诚令机械、艾林威尔、澳源新材、紫树庄园和云天科技等。园区对成长性好、市场前景广阔的企业大力扶持，支持建设二期工程。方正达电子科技公司是电子类的朝阳产业，园区纳税大户，投资5000万元新建二期5层厂房，实现产能和效益翻倍。山润茶油是全国驰名商标，产品销售量快速增加，新征地2公顷，建设二期工程，新建厂房和仓库，扩大厂区规模。

（本栏撰稿　李多全）

岳阳高新技术产业园

【岳阳高新技术产业园打造创新创业发展平台】 2015年5月26日，经省人民政府《关于设立岳阳高新技术产业园区的批复》批准同意，岳阳县生态工业园正式升格为岳阳高新技术产业园，迈入省级高科技园行列，园区工业经济发展水平和质量获得省政府认可。继高科技园申报成功，12月，园区又成功获批湖南省新型工业化产业示范基地。一是“135”工程顺利实施，年度目标任务超额完成。园区项目建设、企业服务工作以“135”工程建设为轴心展开。开工在建及竣工投产标准化厂房项目7个，总建筑面积13.72万平方米，经岳阳市人民政府“135”领导小组考核验收，竣工面积10.07万平方米，超额完成年度目标任务。同时，为完善园区标准化厂房基础设施配套，提升创新创业服务能力，园区同步启动泽园路公租房项目建设，配套建设公租房10996平方米（288套）。二是平台建设稳步推进，园区承载能力不断提升。坚持基础先行，进一步加大基础设施建设投入，在完成四期18.13公顷扩园工程的基础上，同步推进五期95.6公顷扩园系统工程。三是项目建设强力推进，园区产业项目生机蓬勃。园区将“早开工、早建设、早投产、早出效益”作为企业服务及项目建设跟踪督办的出发点和落脚点，抓住重大项目，抓准关键环节，严格对照投资合同加大项目调度及协调力度，全力推进入园项目建设。园区有四化建高压阀门、健强药业、智海复合电磁线、阳光创新置业标准化厂房、集中区标准化厂房、湖南椰星标准化厂房、金海科技标准化厂房等7个项目如质如期建成或竣工投产。

【招商引资质量高】 2015年，岳阳高新技术产业园引进优质项目4个，引资总额12.4亿元，分别是：投资8000万元湖南阳光创新置业标准化厂房项目，该项目系岳阳县引进的首家工业地产项目；总投资6000万元的LED节能灯生产项目；湖南美行家公司投资10亿元的新能源电动汽车项目，该项目一期投资3亿元，主要从事低速电动汽车研发、生产、销售，动力电池、电源控制系统等新能源汽车配套产品的生产；鸿辉汽车公司投资1亿元的鸿辉汽贸和嘉华电梯零部件项目。

【引进社会资本投资建设项目】

2015年7月8日，湖南阳光创新置业标准化厂房建设项目正式签约落户岳阳高新技术产业园。该项目总投资8000万元，用地4.25公顷，拟建标准化厂房5万平方米以上。该项目系岳阳县实施“135”工程以来，引进的首家社会资本投资建设工业地产项目。标准化厂房建设可以提高土地集约使用率，降低企业投资成本，对全县经济快速发展具有重要意义。项目的实施将进一步提速全县“135”工程建设，促进全民创新创业。

（本栏撰稿　李　岳）

华容工业集中区

【华容工业集中基础设施建设】

2015年，华容工业集中区加快基础设施建设步伐，一是完成洪山头园区安置区内安置房和水、电等配套设施建设。洪山头工业园污水处理厂项目的规划、选址、立项、可研、环评、招商等工作已完成，拟投资8000万元，2016年启动建设，2018年竣工并投入运行。二是三封工业园污水处理厂运行情况良好。在运行过程中园区注重人员的在岗培训、完善各项制度，严格控制处理工艺。截止年底，污水处理总量为56.0093万立方米，日平均处理量每天1290立方米，日最高处理量每天5433立方米，日最低处理量每天800立方米。日进总水量一般在每天1000—1500立方米。三是石伏工业园污水处理厂项目的规划、选址等工作已完成，计划投资7000万元，2017年启动建设，2019年竣工并投入运行。

【华容工业集中区招商引资工作】

2015年，华容工业集中区招商引资工作见成效。一是围绕纺织服装、医药卫材、食品加工等园区主导产业上项目，围绕产业配套上项目，增强产业集聚效应。二是密切关注国内外大企业投入方向，努力做到引大商、引好商、重潜力、求效益。对科技含量高、经济效益好、资源消耗低、环境污染少、带动作用强的重点项目。三是返乡创新创业园（标准化厂房）主要以发展婴童服饰、服装、鞋帽等产业为主，与浙江湖州中国童装城12家婴童服饰企业签订入驻意向协议，另有新美佳婴童服饰有限公司和湖南天狼服饰有限公司等数家企业入驻园区。

【华容工业集中区项目建设】 2015年，华容工业集中区在项目建设上按照“一个项目、一名领导、一套班子、一套方案、一抓到底”的“五个一”项目协调服务机制，对项目建设实行挂牌管理、倒排工期、一线工作法、重点突破和跟踪考评，确保益和顺饮料、牧特电子二期自动化洗车机、科力嘉纺织和科创纺织、宏绿食品二期等项目顺利投产，推进喜多多食品二期、明盛纺织等项目顺利进行。

【华容工业集中区加强园区管理】

2015年，华容工业集中区加强园区管理，一是推进“美丽乡村”建设。对毛家村和新铺村实行精细化、环保化管理。加快两村“绿地、绿心、绿带”建设，加强生态文明管理，坚决杜绝乱燃乱扔，乱摆乱放，切实做到“清洁家园，清洁田园”，努力实现“七化”：“环境净化、道路硬化、村庄亮化、屋场绿化、住房美化、产业优化、乡风纯化”。二是加强企业日常管理。对企业履约情况进行清理，监督企业严格履行合同，依法依规进行建设、生产和经营等活动。特别是加强企业环保和安全生产的管理，对企业的环保和安全生产进行大培训、大排查、大整改。三是强化机关内部管理。以“三严三实”教育为契机，狠抓作风建设，实行目标考核，做到人人有压力，个个有动力，作风大转变。

（本栏撰稿 蒋君健）

湘阴工业园区

【湘阴工业园区经济快速增长】

2015年，湘阴工业园区紧紧围绕县委县政府确定的“对接长株潭、借力环湖区、进军省十强、争当排头兵”工作目标和在岳阳建设“一极三宜”江湖名城中干在实处、走在前列的工作要求，园区一班人发扬“抓铁有痕、踏石留印”的工作作风，认真谋思路，全力求发展，园区经济和各项社会事业取得长足发展。园区完成工业总产值335.89亿元，完成规模工业增加值92.35亿元，分别比2014年同比增长27.7%、28.1%，园区规模工业增加值占全县规模工业增加值的比重达60%。

【湘阴工业园项目建设】 2015年，湘阴工业园区按照强力推进全县“三十工程”建设和项目建设“百日攻坚”行动的具体要求，园区把项目建设作为工作的重中之重，扎实开展“项目攻坚年”活动。针对项目建设历史遗留问题多、工作推进阻力大的实际，园区及时调整工作思路，成立项目建设领导小组，年初，项目建设领导小组对未开工建设项目进行逐一摸排，采取和企业老板面对面沟通、现场查看、征求意见、现场小会研究定型等方式，坚持一个一个问题解决，一个一个难点攻破，及时研究解决项目建设中存在的突出问题，并按照轻重缓急的原则，确定对18个未动工建设项目采取分阶段推进的措施，其中，上半年推进9个，下半年再推进9个。县百日攻坚行动开展以来，园区将机关所有干部分为15个工作小组，每周调度、按旬讲评、分月考核，强力推进项目建设。项目建设各项工作稳步推进，鑫光铸造、善源生物、英思捷电子、金诺动力实现投产；君昊科技、凯特电力、天跃变压器、湘厨厨具、富士电梯二期、天宏置业工业地产、君德工业地产、苏德新材料等项目加速推进，2016年春节前可实现投产或试生产；百尔泰克、锦旺机械、晟星工业地产、永丰空调、旭鑫电子、绞股蓝、国网电力湖南A级检修基地、华隆重机、蓝天豚硅藻泥、志宇电子、丰硕科技、蓝天科技等项目征地完成，并完成绝大部分拆迁工作，2016年初启动建设。

【湘阴工业园区基础设施建设】

2015年，湘阴工业园区立足于“高起点规划、高标准建设、高效能管理”的指导思想，从水、电、路、管网等基础设施建设入手，营造良好的发展硬环境。一是强力推进园区道路建设工作。克服困难，整合资源，打通搁置多年的健铭大道“肠梗阻”；完成顺湘路路面硬化，排水、排污管网建设及亮化工程全面完成；新华中路正式动工建设，已完成70%工作量，年内确保竣工通车。二是强力推进水电管网建设工作。金和变–鑫光变110千伏线路正式完工，10千伏线路架设工程全面完成，健铭大道、中联大道管网动工建设，修复园区下水、污水管网，恢复水毁工程，协调好袁工I–II回路与轻工产业园、工业园区及县电力局的工程迁移方案，并动工建设。三是强力推进再建基地建设工作。茶场、许家垄两个安置小区30余户房屋拆迁还建安置地基础填土和第一期路面硬化全面完成，排水排污管网完成招投标手续，正式开工建设，2016年春节前全面完工。四是强力推进第二污水处理厂建设工作。第二污水处理厂开工建设，截至年底，完成2个二沉池、1个生化池、7个单体的底板装模及混凝土浇灌，整个工程量已完成60%左右，翌年正式投入运营。

【湘阴工业园区清退不良企业】

2015年，湘阴工业园区把不良企业清退工作作为园区工作的重点，根据项目不同情况，采取先易后难的工作措施，分阶段展开工作，成效较为明显。一是对民鑫科技、依鲁光电、双金玻璃、兴源变压器项目的土地予以收回，并将项目用地予以收储，另行出让给凯特电力、天宏置业、君德工业地产、玉立环保。凯特电力、天宏置业、君德工业地产项目已动工建设，年底可实现投产。二是争取县委县政府领导重视与支持，对园区现有工业用地进行适当规划调整，并配合县政府“退二进三”的工作规划，将芙蓉北路沿线、洋沙湖顺天项目附近、南岸新城周边部分工业用地调整为商服用地，增强园区造血功能，走“产城融合”之路。三是园区工作小组已经进入或启动大成麓森、湘马钢构、海日食品、湘锦彩印、天宏农机、大爱家纺等项目的退出和置换工作，并与项目负责人多次洽谈，达成共识。通过采取“腾笼换鸟”的措施开展不良企业清退工作，既盘活园区土地存量资源，焕发园区生机与活力，又有效提升园区对外形象。

【湘阴工业园区注重招商引资】

2015年，湘阴工业园区在招商引资上，坚持抓大不放小的原则，围绕机械制造、电子信息等园区主导产业，充分发挥湖南省最具投资吸引力县和湖南省电子信息产业示范基地的名片效应，大力承接产业转移，坚持联审会议制度，确保引进项目质量。通过采取上门招商、以商招商、网上招商等形式，接待客商70余人，成功引进晟星工业地产、天宏置业、苏德新材料、国网湖南A级检修基地等一大批优质项目，为园区增添一批工业劲旅和新军。

（本栏撰稿　甘　奇）

湖南临湘工业园区

【临湘工业园经济指标稳中向好】

2015年，湖南临湘工业园区（简称临湘工业园区）完成工业总产值214.7亿元，比2014年增长18.6%；实现固定资产投资24.9亿元，完成园区规模工业增加值47.43亿元，同比增长11.6%，占全市规模工业增加值总量的57.9%；实现国税、地税7960万元，征缴物业管理费近200万元，其中税收质量明显改善，本级财力逐步提升，纳税企业个数攀升，出口退税实现零的突破。

【招商工作成效突出】　2015年，临湘工业园招商工作突出成效，一是世界500强企业之一的中国五矿集团下属的株冶集团投资74.5亿元建设的30万吨锌、10万吨铅等有色金属联合冶炼绿色改造升级项目即将落户园区，相关评估报告完成，规划环评、征地拆迁、“七通一平”等前期工作进展顺利，株洲三特环保节能股份有限公司等9家株冶相关配套项目达成投资意向，项目投产后可为临湘增加30亿元以上的基础设施建设投资，150亿元以上的工业产值，带动近2万人就业。二是世界500强企业之一的中国华电集团清洁能源有限公司抢滩登陆，4月7日与临湘市签订一期投资25亿的湖南省LNG战略储备中心（长江接收站）项目合作协议，该项目一期建设接收能力为每年50万吨全部投产后，年利润7.5亿，为临湘市带来税收近亿元，已完成项目建议书编制，前期审批手续正在有序办理中。三是总投资3.5亿元的昊华杀螟丹系列高效低毒农药项目签订入园协议，2016年内可望正式落地。四是落户在三湾园区，占地2公顷总投资1亿元的浮标科技创新产业园项目，已有两家企业投资5000万元签订入园合同，并开工建设。

【争资融资效果好】　2015年，临湘工业园区能源管控平台建设、信息化平台专项建设、化工园区提升安全环保水平改造、“智慧园区”等项目成功申报，争取上级扶持资金、园区贷款贴息补助1030万元，争取省财政厅3000万元特色县域经济重点县专项资金已经到位，并连续三年拨付。抢抓株冶集团绿色改造升级项目落户园区契机，全力申报发债基金项目，成功申报专项建设发债基金3.5亿元，批复项目资金1.858亿元。

【镇园融合加速】　2015年，临湘工业园区严纪严规依法征拆，公平公正阳光征拆，严守红线廉政征拆，依法依规收储100公顷土地，完成房屋拆迁158栋、33355.6平方米，安置人员510人，发放征拆、安置资金近亿元。同时，提速安置房建设，投资1.1亿元高标准建设的1280套安置房已经竣工，正在完善基础配套设施；投资1200多万元的第二期商住一体安置房在年底建成76套。继续加大镇园融合的基础设施配套建设力度，投资5000万新集镇“三纵三横”路网、管网工程于4月16日启动建设，三个标段开工进展顺利，投资650万元的安置房配套饮水工程覆盖2个村，镇中学、卫生院、镇政府等，惠及6千多人，4月30日通过水压调试并正式投入使用，投资610万元实施的园区排污管网提质改造（“一企一管”）和在线监控工程，于6月底竣工投入使用。项目建设速度加快，集中供热一期年产70万吨蒸汽项目在年内正式向企业供气，正兴化工、环宇药业二期和宇恒化工、三智碳材均在年底竣工投入试生产，“135”工程取得突破性进展，标准化厂房竣工面积达13.1万平方米，完成投资2.6亿元，其中三湾创新产业园投资1亿元完成竣工面积4.6万平方米，在建厂房面积达21.46万平方米，完成投资3.33亿元，其中创新产业园区在建面积达11.6万平方米，完成投资1.7亿元。

【转型升级成效显著】　2015年6月，中南林业科技大学技术团队为临湘工业园区提供《农业化工行业发展分析》调研报告，为园区的可持续发展提供新的路径和方向。启动“智慧园区”试点申报。谋划与“中国农药协会”和“中国石油化工协会”合作，打造“中国生命科技园”，致力发展石油化工、化工新材料、新型农药和医药中间体产业，与湖南省有色金属管理局合作，打造“湖南有色循环工业经济园”，致力发展有色冶炼产业。同时，在环保上持续加大投入，三湾园区通过重点抓运输车辆覆盖、建封闭式堆料场和车间除尘等三项措施，有效降低污染源，兆邦陶瓷投资1000万元、发达陶瓷投资200万元的双塔脱硫系统投入运行，粉尘去除率达85%以上，脱硫率超过90%。

（本栏撰稿　李　飞）

湖南汨罗循环经济产业园区

【汨罗循环经济运行稳中有进】 2015年，湖南汨罗循环经济产业园区（简称汨罗循环经济产业园区）面对宏观环境复杂多变、经济下行压力加大、国家政策调整、企业生产低迷的形势，园区按照“621行动”和“135工程”要求，坚持在压力中求突破，在困难中找出路，园区经济社会保持平稳发展。实现工业总产值350亿元，比2014年增长18%，实现税收5.12亿元，其他主要经济指标均以两位数增长。

【项目建设有力推进】 2015年，汨罗循环经济产业园区通过整合要素资源，实行分区管理，建立倒排机制，强化督查手段，项目建设有力推进。“135工程”一期项目作为重点工程，完成规划区域内30多栋房屋拆迁，建成标准厂房10栋、10万平米，入驻企业晨威高科已试生产，给力光电、罗丹莫纳牌业、质量检测中心厂房完成主体工程。创造园区工程建设史上拆迁、砍青、建设同步推进的新速度，迎接岳阳市半年度和年度流动现场会检阅，获得上级好评。固废进口后续监管区和公路口岸是汨罗对接“621行动”的重大项目，已成立组织机构，完成可研、规划设计等前期准备，向上申报7家企业为第一批对外贸易和定点加工企业，有望2016年中旬获批。其他项目正加速推进：迅刻科技、新安装生产线的博发铜业正式投产，其中迅刻科技正走上市程序，有望2016年进新三板；标准厂房拆迁安置房完成所有附属工程建设，发放大部分新房钥匙；同力电子正加紧建设“13机1脑”工程，三栋厂房建成并通过竣工验收，正安装电力设备和采购生产设备；振升铝材二期完成挤压、渍涂、模具车间、成品仓库的钢结构安装，计划新上静电喷涂节能环保铝型材生产线；物流园二期：完成1.8万平方米仓储用房建设及配套设施建设；湘王铝业完成环评、可研、规划设计、征地拆迁，正抓紧土方平整，新区建设组建班子，明确蓝图，启动征地，整体规划已初审，正进行土地报批、融资、项目对接等工作，获得华融湘江银行5000万元贷款，并与世界500强企业——太平洋建设集团签定PPP合作框架协议，达成7.8亿元部分基础设施建设合作关系。

【企业帮扶卓有成效】 2015年，湖南汨罗循环经济产业园区坚持“围墙法则”，为企业提供帮扶。园区财政整合国税、地税、财政三家资源，坚持联点帮扶行动，办理退税手续，仅7月一个月实现退税6000万元。发挥元贞公司融资平台功能，支持企业融资3.8亿元。为提升企业生产积极性，围绕上级政策，在市委市政府支持下出台促进园区企业发展暂行办法。园区经发局牵头解决企业债务纠纷问题，通过多种途径稳定汨特科技社会债权人的恐慌情绪，帮助该企业解决1000万元债务到期代偿，加紧通变电气公司与金融机构对接，解决其资金困难，帮助联达铜铝材企业在岳阳中级人民法院解冻相关联保企业账号，确保正常生产。园区循环经济办公室开展项目申报，向上申报项目46个，其中26个获得特色县域经济专项资金扶持。同时，鼓励企业自主创新，争取在再生材料标准化关键技术和核心装备研发上实现突破；成功举办岳阳市企业科技信息推介应用培训会，搭建起园区企业与省科技咨询中心专家间的交流平台，有57家企业受益，为推动科技创新奠定良好基础。园区新增金正科技与清华大学、湖南大学，华先碳素与湖南大学，中天龙舟与湖南大学搭建的产学研基地3个。新增金正科技、三兴精密、鑫祥碳素、同力电子、恒锋新材料5家高新技术企业，园区高新技术企业达19家。新增发明专利80多项。

【招商引资取得突破】 2015年，湖南汨罗循环经济产业园区为打造完整产业链，进一步提高产品附加值，增强产业竞争力，园区班子成员、招商办成员基于产业发展特点，实施产业链、点对点招商。先后到福建、广东、浙江、江西、安徽等省开展招商活动，截至11月份，外出招商近20次，与12家企业达成合作意向。9月30日、12月29日，先后两次成功举办大型招商对接活动，邀请近百名企业家齐聚汨罗，共话合作、共谋发展，并现场与惠州悦声电子、深圳给力光电签订入园合同。园区污水管网建设工程成功取得国家发改委批复，获得3000万元专项资金扶持。

（本栏撰稿　李海波）

责任编校　刘兴汉

环境保护

综　述

【概况】　2015年，岳阳市环境保护局（简称市环保局）围绕服务“一极三宜”主题，抓住“核心职能”主业，扭住“干部队伍”主体，扎实推进各项工作，较好完成全年目标任务。被市委市政府评为服务“一极三宜”建设综合绩效考核先进单位。

一、着眼构建大环保格局。市环保局围绕市委提出的建设“一极三宜”江湖名城战略目标，结合新形势、新要求，研究制定“紧盯一个目标、握紧两个抓手、结牢三个维度、围绕四个全面”的“一、二、三、四”工作思路和“三主”（主题、主业、主体）工作路径，明确奋斗目标、工作重点、保障措施等，为全市环保工作指明方向。成立服务“一极三宜”领导小组，制订《服务全市建设“一极三宜”江湖名城建设工作方案》，以此统揽全市环保工作。争取市委市政府重视，推动相关部门联动协作，逐步铺开大环保格局。报请市委市政府出台《岳阳市环境保护工作职责规定（试行）》《岳阳市一般及较大环境事件（问题）责任追究办法（试行）》《关于加强环境监管执法的实施意见》《关于加强大气污染防治的通告》等文件，结合本地实际，明确部门边界职责，强化监管责任。各县市区也结合实际相继出台地方文件，建立联席会议制度，全市初步构建市县同步、纵深发展、齐抓共管的顶层设计。

二、着力整治环境污染。坚持把解决突出环境问题、改善全市环境质量作为首要任务，全年完成减排重点项目84个，化学需氧量、氨氮、二氧化硫、氮氧化物分别削减0.55%、6.06%、11.63%、8.48%，四项指标均超额完成全年目标任务。一是抓好空气污染整治。印发实施《岳阳市城区大气污染专项整治行动方案》《大气污染防治行动计划》，先后10余次开展突击检查行动，排查整治数百家建筑工地和重点企业，完成燃煤锅炉改造、工业排放治理等各类大气污染防治项目72个，淘汰黄标车8415辆，完成率达114%。城区空气污染指数（API）达标率为88.8%，比2014年提高15.6个百分点，PM2.5、PM10月均浓度同比分别下降8.62%、29.77%。二是开展水污染整治。岳阳南湖新区、岳阳经济技术开发区、岳阳楼区环保分局着力实施南湖水环境综合整治，关停取缔10家污染小企业，开展专项督查10余次，全面整治南湖水上餐饮污染，南湖水质稳步改善。全市环保部门配合省、市、县三级人大常委会，对《水污染防治法》贯彻落实情况进行全面督查，整治水污染问题35处，解决一批突出环境问题。三是开展农村环境综合整治。君山区、岳阳县实施农村环境综合整治整县市区推进项目，君山区圆满完成全省重点民生实事76个村的环境整治任务，岳阳县完成15个集中式生活污水处理工程，建成2000处散户四池净化处理设施。临湘市等7个县市区推进项目顺利立项、启动实施，第一阶段财政扶持资金全部到位。湘阴县取缔养殖场304家，治理176家。屈原管理区完成湘江干流500米范围内29家规模生猪养殖户退养。平江县建设农户四格一体化净化池1600多处。华容县连续4年开展环保专项整治行动，整治蔬菜加工企业24家、规模畜禽养殖场25家。岳阳楼区、岳阳经开区、岳阳南湖新区获得资金奖励1000万元。

三、全面加强监管执法。全市环保系统认真组织实施网格化监管和计划执法，制订网格化环境监管实施方案，以市、县、乡三级政府（管委会）为责任主体，进一步明确相关部门环境监管责任，建立全方位、全覆盖、无缝隙的网格化环境监管体系。市县环保部门开展各类监管执法行动，出动执法人员1500余人次，检查企业595家，责令停建7家、停产15家，限期治理73家，关停取缔1家。汨罗市对再生资源市场重整重治，多部门联动，取缔小作坊300多家，关停废铅酸蓄电池企业44家、整合转型3家，铝冶炼企业88家、整合转型15家。云溪区关停小化工企业16家，黏土砖厂5家，协助公安机关打击处理文桥镇白荆村突出恶意倾倒处置化工残渣案，批捕4人。湘阴县环保局联合公安机关成功破获一起跨境危废污染案件，3人受到刑事处理。

（本栏撰稿　何　旭）

环境质量

【概况】　2015年度，岳阳市城区空气质量优良率（AQI）为74.6%，主要污染物是可吸入颗粒物（PM2.5）。集中式饮用水源地水质达到国家地表水环境质量标准，符合饮用水源地水质要求。主要江河湖泊水质保持稳定。

【环境空气质量】　2015年，岳阳市城区环境空气质量达到国家环境空气质量一级（空气质量优）和二级标准（空气质量良）的天数为261天，占有效监测天数的的74.6%。主要污染物为可吸入颗粒物。

【水环境质量】　2015年，全市水环境质量整体状况较好，以Ⅱ类和Ⅲ类水质为主。一是饮用水源地水质。饮用水源地岳阳市铁山灌区金凤水库水质达到国家《地表水环境质量标准（GB3838-2002）》水质Ⅰ类标准次数7次、达Ⅱ类标准次数5次。二是主要江河水质。长江干流岳阳段布设3个监测断面，分别为荆江口、城陵矶、陆城断面。其中荆江口断面水质达Ⅲ类标准次数10次、达Ⅳ类标准次数2次，城陵矶断面水质达Ⅱ类标准次数4次，达Ⅲ类标准次数8次。陆城水质达Ⅱ类标准次数3次，达Ⅲ类标准次数8次，达Ⅳ类标准次数1次。湘江干流岳阳段为乌龙嘴断面，水质达Ⅲ类标准次数8次。汨罗江的浏家滩、严家滩断面水质达Ⅲ类标准次数各8次，南渡达Ⅱ类标准次数1次，达Ⅲ类标准次数10次，达Ⅳ类标准次数1次。窑州断面达Ⅲ类标准次数12次。新墙河的新墙渡口达Ⅱ类标准次数5次，达Ⅲ类标准次数6次，达Ⅳ类标准次数1次。华容河的石山矶水质达Ⅲ类标准次数12次。潘家渡断面水质达Ⅲ类标准次数4次。六门闸断面水质达Ⅲ类标准次数3次，达Ⅳ类标准次数1次。三是城市内湖。南湖水质达Ⅲ类标准次数2次，达Ⅳ类标准次数7次，达Ⅴ类标准次数3次，主要污染物为总磷和总氮。东风湖（中湖）水质达Ⅳ类标准次数2次，达Ⅴ类标准次数1次，达劣Ⅴ类标准次数1次。松阳湖水质达Ⅳ类标准次数4次。

（本栏撰稿　何　旭）

环境综合整治

【开展空气污染整治】　2015年，全市环保系统将大气污染防治作为重中之重，深入分析污染因子，强力推进整治行动，组织力量实施攻坚。实施《大气污染防治行动计划》。制订《大气污染防治行动2015年实施方案》，完成燃煤锅炉改造、工业排放治理等各类大气污染防治项目72个。淘汰黄标车7928辆，完成率达108%。强力开展专项整治行动。开展大气污染专项整治行动，市区两级环境监察机构全面出击，排查城区数百家建筑工地，查出扬尘污染比较严重的近百个。在《岳阳日报》公示《岳阳市城区大气污染专项整治行动方案》，公开曝光扬尘污染严重工地56家，对6家整改不及时不彻底的予以处罚。印发张贴《关于加强大气污染防治的通告》，动员全社会力量参与大气污染整治行动。先后10余次开展“零点行动”“跟踪行动”“突击检查”等环境整治行动，对中央企业等排污大户实施突击检查。9月10日，市委常委、副市长唐道明带领市环保局、市住建局等相关职能部门对王家河综合治理工程等建设工地暗访督查，下达整改指令。9月18日，邀请市人大代表、市政协委员、媒体记者等对11处重点污染源进行暗访，现场对南翔万商、临湖公路等5个项目的施工现场下达限期整改文书，在全市营造大力整治空气污染的声势。特别是进入冬季空气污染防治特护期，强化降尘工作。市、区两级环保部门严查严处市区大型基建工地102处。协调城管部门，加大城区道路的洒水降尘频次。强化治油治烟工作。对市区重点气型污染源进行全面排查，

环境优美的王家河风光带　（傅　锋　摄）

重点查看脱硫除尘等环保设备运行情况。对中心城区重点区域未安装油烟净化装置的三产门店实行限期整改，并实施后督察，巩固整治成果。强化应急处置工作。对城区空气质量监测点位、污染源较为集中的重要地区实行24小时网格化巡查值班制度。先后出动执法人员200多人次及时制止、纠正垃圾焚烧等行为20多起。

【加力实施南湖水环境综合整治】

2015年，市环保局将岳阳市南湖水环境综合整治工作作为水环境保护与治理的重中之重，参与“13118”工程推进工作。提供技术支撑。坚持跟踪分析南湖水环境污染情况，协助南湖综合整治办制定《2015年南湖水环境综合整治计划》，多次协助召开南湖整治调度会议。坚持开展南湖水质常规监测、应急监测和巡湖检查，及时为指挥部提供决策参考。应急期间，坚持每天2次对湖面是否存在蓝绿藻、漂浮物等情况开展巡查，发送巡湖信息200条，下达各项工作指令30份，开展专项督查10次。严格日常监管。实行网格式监管，将环湖三区辖内排污口、污水处理厂、污水泵站、排污企业、餐饮等污染源划分落实到各分局具体监管人员，制定监管制度、监管台账和处罚实施细则，实行区区联动、上下联动，全面加强环湖排污监管。坚持每周对排污单位和城南、蛇皮套、南湖宾馆等重要泵站进行一次巡查，暴雨和应急期间，加密监测监管频次，严防污水偷排、漏排，及时处理各类问题20起。整治违法排污。针对环湖违法排污问题，岳阳南湖新区、岳阳楼区、岳阳经开区三区环境执法人员进行摸排和整治。关停取缔7家直排北港河的石材切片厂、2家豆腐厂和1家肠衣加工作坊，督促整改金刚铝材等排污企业5家，查处棠溪人家、宏润家园项目工地等6起环境违法行为。

【加强饮用水源地环境保护】

2015年，市环保局从提升日常监管频次、强化现场执法手段、扩建管理网络等三方面开展饮用水源保护工作，按照环保法和水污染防治的要求定期开展专项检查，对饮用水源地周边违章建筑、畜禽养殖等违法行为进行查处，特别是对君山区、云溪区饮用水源存在的问题函告当地政府，及时消除水源地环境污染隐患，确保饮用水源地及水质安全。对日供水500吨以上集中式饮用水源地环境现状进行认真排查和整治，完成对岳阳市铁山水库、金凤水库、临湘市龙源水库、汨罗市兰家洞、云溪区曹峰水库、双花水库、华容县华一水库和东山水库的排查整治。

【开展水污染防治法执法检查行动】

2015年，全市环保系统配合省、市、县三级人大常委会对各县市区《水污染防治法》贯彻落实情况进行督查，发现水污染问题40处，以市政府督查室名义对12个县市区政府（管委会）下达整改督办函并进行实地跟踪督查。截至年底，有35处水污染点源整改到位，还有5处正在督办整改，因问题较为复杂，短时间难以整改到位。

【开展尾矿库专项整治行动】

2015年，全市环保系统组织开展尾矿库、渣场环境安全隐患整治组织专项行动，出动市县两级监察人员50人次，对所有选矿企业进行全面排查，排查安全隐患30个，下达限期整改文书10份，解决临湘强盛矿业、临湘市湘岳矿业等一批企业尾矿库雨污分流不彻底、尾矿库透气孔堵塞，尾渣清理不及时等群众反映强烈的问题，及时排除尾矿对周边环境的恶劣影响。

【开展农村环境综合整治】　2015年，云溪区、屈原管理区、华容县、湘阴县、平江县、汨罗市、临湘市7个农村环境综合整治整县市区整体推进项目立项、组织实施（君山区、岳阳县已组织实施），第一阶段财政扶持资金全部到位。通过项目实施，全市各县市区将对农村饮用水源、生活污水、生活垃圾、畜禽养殖污染四大重点进行全面整治。市委市政府对该项目实施高度重视，10月10日，市政府组织各县市区、市直各单位负责人召开全市农村环境综合整治整体推进会议，市委常委、副市长唐道明出席并讲话。市环保局进一步加强组织领导，主要负责人多次带队深入现场督促指导，市、县两级形成齐抓共管、扎实推进的工作格局。

（本栏撰稿　何　旭）

环境执法监管

【环境执法网络化监管】　2015年，市环保局按照“属地管理、分级责任、全面覆盖、责任到人”的原则，坚持“条块结合、块为主体、分工负责、上下联动、整体推进、重心下沉、把握重点、突出效能”，制定《环境监管网格化实施方案》，报请市政府批准实施。报请市人民政府办公室印发《关于加强环境监管执法的实施意见》，明确各级政府对本行政区域环境质量负责，划分监管区域、对象、内容、责任，实施分片包干到人，为建立市、县、乡镇环境保护3级网格夯实制度基础。

【环境保护大检查】　2015年，市环保局制订印发《岳阳市环境保护大检查工作方案》，组织12个县市区结合辖区实际和方案要求，按照“全覆盖、零容忍、明责任、严执法、重实效”的原则开展隐患排查和整治工作。排查企事业单位1109家，2014—2015年，发现环境隐患417个，其中，2015年新增隐患180个，完成整改172家，整改完成率为95.6%以上。责令停止建设24家，责令停产企业44家，责令限期改正166家，关停取缔36家，立案查处90家，未按期完成整改任务隐患已向省环保厅申请延期整治。按季完成《排查整治公告》报送市人民政府，同时印发各工业园区和企事业单位，在岳阳市政务网等媒体平台上公示。

【环保行政执法计划检查工作】

2015年，市环保局开展“有计划、全覆盖、规范化”的常规执法检查，制定印发《岳阳市环境行政执法检查工作计划》，包含一般污染源企业、自然生态类、新改扩建设类、危险废物类、核与辐射类等五大类污染源，按国控重点监控企业每月现场监察至少一次，环统企业每季度监察至少一次，其他企业半年监察至少一次的原则，建立市县两级行政计划执法台账，实行“谁检查、谁跟踪落实到位”的责任机制。全年出动环保执法人员2500余人次，检查企业1200多家次，下达监察文书456份，发现问题提出整改意见或措施120条，圆满完成计划任务。

【环保监督协调】 2015年，市环保局为增强打击环境违法犯罪的“刚性”手段，依照《关于加强环境保护与公安部门执法衔接配合工作的意见》，增加案情事前风险评估研判；建立环保、公安、司法、监察等重大环境污染案件分工协作制度、多部门联席会议制度、重大案件联合督办制度、案件移送和执法信息定期交流共享机制，提升执法办案效率。11月23日岳阳市公安局驻市环保局工作联络室正式挂牌，展示全市环保部门惩治和防范污染环境犯罪的坚强决心，改变环保部门“单打独斗”的困局。全市环保部门向公安机关移送环境污染违法犯罪案件15件，刑事、行政拘留20余人，对违法排污企业起到强烈震慑作用。

【环境应急工作】 2015年，市环保局按照《关于全面完成“十二五”环保部门环境应急能力达标建设工作的通知》要求，修订和完善《2015年岳阳市突发环境事件应急预案》，报岳阳市人民政府印发，编制《岳阳市重污染天气应急预案》报市人民政府备案，向省环保厅申领气体致密性化学防护服等应急装备14件30台（套）。结合实际情况的变化，转变应急宣传内容与方式，制作宣传展板4块、印刷宣传单4000份，建立并上报涉重金属、涉危险废物、涉危险化学品和涉油等84家重点环境风险企业信息库，除20家停厂的企业外，其余64家企业完成预案的评审或备案工作。组织指导完成湖南省水上搜救模拟演练、巴陵石化硫化氢泄漏事故应急演练，妥善处理二甲苯泄漏事故、倾倒危险废液案件等突发环境事件2起。

【环境信访调处】 2015年，市环保局为使群众维权更加便捷，除设有电话、网络、来信、来访等四条投诉途径外，还新开通岳阳环保微信举报平台，配备专人负责平台的运行，同时，主动邀请新闻媒体和政风行风评议员进行监督。环保投诉热线“12369”确保24小时设专人值班，负责及时登记处理案件，信访办公室设立专门的来信来访接待室，设置群众来信信箱，建立定期查看网络投诉机制。全年受理市政府“12345”热线工单525件，接听、转办12369电话投诉2350件，包括受理市长信箱投诉件51件、省环保厅转办信访件10件，交办信访件7件，办理其他渠道投诉件如微信平台环境投诉5件，红网网络投诉9件等，所有来访投诉、电话投诉均通过信访系统得到妥善解决，全年办结率、答复率、按时回复率均为100%，有效维护人民群众合法权益。

（本栏撰稿　何　旭）

污染减排

【概况】 2015年，岳阳市列入国家、省政府“十二五”目标责任书的155个重点减排项目全部按目标要求完成任务。截止年底，岳阳市化学需氧量、氨氮、二氧化硫和氮氧化物排放总量分别比2010年减少12.21%、20.26%、2.42%、19.09%，全面完成省政府下达的“十二五”目标控制任务。

【促进环保产业绿色升级】 2015年，市环保局控制增量，促进环保产业系统绿色升级。一是严格环保准入。强调“环保是项目的前提”，把总量指标作为源头控制的首要前提，提出实行项目审批与污染减排挂钩、从源头上控制污染物排放量，实施总量前置审批208个。全面推行排污权有偿使用和交易制度，支持战略性新兴产业和资源节约型、环境友好型产业的发展，发展循环经济，促进清洁生产，指导新上项目采用科技含量高、资源消耗低、污染排放环境污染少的先进技术。“十二五”期间，全市否决审批9个亿元以上涉水项目。二是采取区域限批、行业限批等控制措施。“十二五”期间，淘汰燃煤锅炉117台，立窑水泥企业全部退出，实施水泥、陶瓷、电力等污染行业的治理提升。先后对2个县区实行新增化学需氧量和氨氮排放建设项目环评限批，对11个县市区畜禽养殖业实行行业限批。三是全面实行排污许可证制度。发放排污许可证414个，其中，工业企业390个、第三产业11个、农业源9个、事业单位1个、集中式污染治理单位2个、其他1个。

【全面实施减排工程】 2015年，全市环保部门在“十二五”期间，完成工业水污染化学需氧量、氨氮结构减排项目33个，整体关闭退出企业16家，先后实施韶峰岳建、同联药业等企业“退二进三”，关闭天润化工、新泰化肥、汨罗氮肥厂、临湘氮肥厂、湘阴氮肥厂等，完成水环境主要污染物减排项目319个，中心城区建成污水处理厂5座，日处理能力37.5万吨，投资20亿建成城镇污水处理厂19座，配套污水管网749公里，日处理能力37.7万吨，“十二五”期间全市新增污水日处理能力29万吨。截至年底，城市（县城）综合污水处理率达到91.25%，中心城区污水处理率达到92.5%。

“十二五”期间，全市运营的18台燃煤发电机组（装机容量2902兆瓦）全部建成高效脱硫脱硝工程，9家陶瓷企业窑炉建设脱硫设施，水泥行业全部完成脱硝改造，重点工业企业锅炉建成脱硫设施；推进清洁能源使用和清洁生产企业认证工作，全市112家企业纳入清洁生产审核名单，为了改善车辆尾气污染的问题，岳阳市启动机动车排气污染防治，完成9个机动车尾气检测站建设，淘汰黄标车约2万台，投资5000多万元，建成中心城区公共自行车租赁系统。

【加大监管减量工作力度】 2015年，市环保局明确提出环保部门将工作重心转向加强事中、事后全过程严格监管上来。采用专项行动、明察、暗访等多种形式开展执法检查，对违法企业、违规项目坚持依法依规、严控风险、实事求是、优化发展的原则，按照“严格处理一批、搬迁关闭一批、限期整改一批、备案管理一批”的思路分类处理。坚守环境安全底线，对环境违法行为保持高压态势，连续多年组织开展湘江和洞庭湖水域污染治理。立案查处环境违法案件1000余起。

【加强农业源污染治理】 2015年，市环保局推广生猪清洁养殖、沼气工程、猪—沼—稻、猪—沼—果生态种养模式，减少粪水污染。鼓励引导养殖专业户集中化和规模化，实现废弃物的“无害化、减量化、资源化”。市政府印发《岳阳市畜禽规模养殖污染治理实施方案》，推进湘江干流1000米范围生猪规模养殖场（户）退养工作，分三年时间集中整治规模化畜禽养殖户，完成畜禽养殖污染减排项目247个，削减化学需氧量22387吨，削减氨氮1155吨。

【加强污染减排“三大体系”建设】 2015年，全市环保部门强化环境监督能力，一是按《主要污染物总量减排统计办法》的规定，及时上报环境统计报告。实行重点污染源排污数据的统一采集、统一核定、统一公布，形成科学的环境统计体系。二是加强重点污染源在线监控。国控、省控及减排重点企业安装在线监测设施。重点提高污染源现有采样监测专用仪器设备的装备水平，保证环境监测数据准确、可靠、有效，提升环保部门监督性监测和自动在线监测数据传输能力。对所有重点污染源和市控河流考核断面安装自动监测设备，并与市监控中心联网。完善主要污染物减排工作平台。开展重点污染源监督性监测，及时上报国控重点污染源监测报告，同时，开展环境应急监测演练，落实国控重点污染源自动监测设备的同步比对监测，开展自动监测数据有效性审核，减排监测体系的作用得到充分发挥。三是完善大气和水质自动监测系统建设。全市建成自动空气监测站7个，6个县市均按照新标准要求全面实现6项指标的自动监测。建成水质自动监测站2个，基本形成覆盖全市的空气、水质自动监测网络系统。四是强化政府责任，严格考核，落实奖惩。实行污染物减排季调度制度，每季度汇总上报污染减排情况，年终考核减排工作完成情况，定期公布减排结果，接受社会监督。

（本栏撰稿　何　旭）

东洞庭湖自然保护

【全国首个大雁全程跟踪保护行动在岳阳启动】 2015年3月15日，随着一批装有国产定位追踪器的雁鸭类候鸟在洞庭湖和鄱阳湖陆续开始北迁之旅，这是全国有史以来规模最大、行动里程和持续时间最长、参与者最多的一次候鸟与湿地保护全国性公益行动，标志着卫星跟踪、移动互联网等新技术在全国候鸟保护事业上首次展开大规模应用。

此次活动地面考察分西线、东线和实时追踪线三条线路，西线从湖南东洞庭湖至内蒙古呼伦湖，东线从江西鄱阳湖至黑龙江敬信湿地，预计历时17天，跨越14个省份，往返总里程超过2万公里。上述线路属“东亚—澳大利亚”全球候鸟迁飞通道上受威胁鸟种数量最多的一条。为本次活动提供导航技术支持的为环球信士科技公司，本次集中放飞的雁鸭类候鸟携带有由该公司研制的微型追踪器，重量不超过30克，兼容北斗、GPS、移动基站等多种通讯模式，不仅可采集大雁迁飞时的经纬度、海拔等位置信息和速度、航向等运动状态信息，还可采集温度、气压、湿度、光照等空间环境指标和心跳、体温、呼吸等动物生命指标，其定位精度高于国内外同类产品。在到达目的地之前的约17天内，上述迁飞信号将被每天发回。

此次考察团队不仅将对雁群迁徙全程进行跟踪记录，还将沿途考察候鸟栖息地的现状和保护状况。此外，还将联合中科院动物研究所等科研机构对大雁迁徙规律和栖息地保护策略等展开研究，将此次考察结果通过微信等移动互联网平台与网友展开密集互动，以达成公众环境科普教育的目的。

【全国政协领导调研东洞庭湖保护区】 2015年3月24日，全国政协常委、人口资源环境委员会主任、国家林业局原局长贾治邦，副主任解振华等一行，就“长江经济带开发中的湿地保护”深入东洞庭湖国家级自然保护区开展调研。东洞庭湖自然保护区不断加强对湿地的保护与管理。自2002年以来，举办七届洞庭湖国际观鸟节，相继提出大小西湖封闭管理、五大示范、个十百千万工程、洞庭湖观鸟村、洞庭湖博物馆等建设，生态修复（恢

市委书记盛荣华在第八届洞庭湖（岳阳）国际观鸟节致欢迎词

（姚　毅　摄）

复植被）4000公顷，新修站点16处。同时重新编制保护管理计划。调研组参观保护区标本馆与实时监控湿地画面，和东洞庭湖自然保护区制作的《我是一只小小鸟》4D宣传片，听取工作人员对洞庭湖历史变迁和湿地保护现状介绍，随后对大小西湖、君山后湖湿地生态保护进行实地考察，并成功放飞救护的鸟类。市委书记卿渐伟、市长盛荣华陪同调研。

【第八届洞庭湖（岳阳）国际观鸟节】 2015年12月11日，由中国野生动物保护协会、湖南省林业厅和岳阳市政府主办，以“绿色化引领未来”为主题的第八届洞庭湖（岳阳）国际观鸟节在“中国观鸟之都”——湖南省岳阳市隆重举行，来自国内外的23支观鸟队伍汇聚洞庭湖区岳阳市。

洞庭湖通江达海，是鸟类理想的越冬地和栖息地，被誉为“鸟类的天堂”。东洞庭湖国家级自然保护区自2002年举办中国首届洞庭湖观鸟大赛至今，来自30多个国家和地区的国内外200余支队伍参加洞庭湖观鸟赛，近百万人（次）走近洞庭湖，了解洞庭湖，用实际行动守护着洞庭湖，也为制定洞庭湖发展规划提供科学的理论依据和强力的支撑。观鸟赛为洞庭湖新增100余种鸟类新分布纪录，共同见证洞庭湖的生态变化与科学保护发展的历程，并为岳阳市获得“中国观鸟之都”“最值得驻华大使馆向世界推荐的生态城市”荣誉称号和生态名片。

此届观鸟节由新闻发布会、开幕式、首届洞庭湖生态经济区发展专题论坛、观鸟赛、闭幕式、生态旅游展览、生态书画展、送戏下乡、地方戏剧展演、环湖自行车赛跟着鸟儿去洞庭志愿者活动等活动。此届观鸟赛将首次采用由朱雀会开发的鸟类观察记录APP，实现通过手机自动统计和快速发送鸟类记录报告。

湖南东洞庭湖国家级自然保护区湿地环境鸟类多样性极其丰富，监测记录到的鸟类有16目61科342种，吸引国内外观鸟爱好者。观鸟观自然，观鸟节为公众参与洞庭湖湿地保护和观鸟提供良好的平台，冬季到洞庭湖观鸟，充分展示湿地文化与生物多样性和独特优势，唤起人们爱鸟护鸟、保护湿地的意识，充分体现湿地资源与文化的价值，进一步推动岳阳市生态文明建设特别是洞庭湖湿地保护事业的发展。

（本栏撰稿　姚　毅）

责任编校　刘兴汉

旅游·外事·侨务

综　述

【概况】　2015年，岳阳市旅游外事侨务办公室（简称市旅游外侨办）按照围绕市委市政府建设“一极三宜”江湖名城发展目标，坚持以科学旅游观为指导，不断提高对外开放水平，克服市场疲软和政策方面等不利因素，奋力拼搏，各项工作取得新成绩。全年接待国内外旅游者2855.06万人次，比2014年增长34.32%，实现旅游收入332.68亿元，同比增长34.47%，基本形成区域性旅游目的地。截至年底，全市正式对外开放旅游景区126家，AAA级以上景区21家，星级旅游饭店46家，旅行社64家，省级工农业示范区（点）132家。一是旅游发展环境更加优化。市委市政府高度重视旅游业发展，市委书记盛荣华多次调研旅游工作，全力推进洞庭湖博览园等重大旅游项目建设，带队到国家旅游局汇报，对接项目、拓展市场、申请品牌。市长刘和生深入码头、景区进行调研，主持召开专题会议，多次听取旅游机制体制改革工作情况汇报，在全市经济工作会议上提出“要把旅游业作为第三产业的龙头来抓，把旅游业培育成为投资的重点、消费的热点、开放的亮点，使之成为推动全市经济发展的强大引擎”，明确旅游产业发展的思路。市委副书记刘志坚调度旅游领导小组工作，多次出席旅游活动。副市长宋爱华全方位研究、指导、参与旅游规划、项目、营销、经营权转让方案及安全工作。市人大常委会对《中华人民共和国旅游法》贯彻落实跟踪指导，市政协对旅游工作建言献策。旅游工作也得到市产业发展领导小组成员单位和各部门的关心支持。二是旅游项目建设强力推进。推进旅游重点项目，按照“先规划、后建设，无规划、不建设”的原则，顶层设计，主持编制《岳阳市十三五旅游发展规划》《岳阳市旅游发展总体规划（2006—2030）》修编工作，参与《洞庭湖博览园概念性规划》《3517文旅新城概念规划设计》编制工作，指导《临湘市旅游发展规划》《平江县天岳幕阜山旅游总体规划》《岳阳县大云山旅游详细规划》等编制工作。推进洞庭湖博览园建设、环南湖“13118”工程、屈子文化园等5个重点项目，推荐12个项目进入全市“621”行动“双百”工程，推进顺天洋沙湖国际旅游度假区、3517文旅新城等4个文化旅游产业项目建设。通过招商引资签订幕阜山、万垅、龙山等旅游开发项目7个。建成一批旅游休闲项目，亚玛逊水上乐园6月13日营运，相思山景区实景剧演出8月20日正式推向市场，茶博城11月27日开市，这些项目丰富了全市旅游产品。推进旅游项目47个，投资127.7亿元。三是旅游市场营销成效显著。参与和举办协助各类旅游营销活动17场次。强化区域营销，组织旅游行业80人在武汉、长沙举办旅游推介会，签订旅游合作协议210份。与九江市、咸宁市、宜昌市、荆州市、荆门市、常德市建立区域联盟，实现区域互动，达到客源互流、信息互通、互惠双赢的目标。以京广高铁、长江沿岸、洞庭沿湖为主线，参加大湘东旅游经济带，参加东盟博览会旅游展，参加“港洽周”等旅游活动。创新节会营销，成功举办5·19中国旅游日主题活动、汨罗江国际龙舟节、“天下江湖、畅游岳阳”启动仪式、湖南旅游节岳阳会分场、中央电视台《乡约》栏目走进君山爱情岛、民俗文化节等活动，协办黄茶节、观鸟节，邀请知名专家教授高峰论坛，招徕客源、激活人气、兴旺市场。突出线路营销，推出江湖名城游、生态休闲游、洞庭风光游、民俗风情游、红色故里游、森林度假游、湘楚文化游、美丽乡村游及主题游线路13条、日程游线路9条。丰富媒体营销，全年在中央电视台等主流媒体宣传推介岳阳12次，开辟“宜游岳阳”专栏，发表文章137篇，报道290多条，邀请境内外50多家媒体到岳阳采风，在高速高铁做户外广告21块，旅游网络全新改版升级，做到网上营销和网上预订。四是旅游安全保障有力。坚持做好两节、两会和节假日的旅游安全工作，8月25日接待国家旅游局副局长李世宏和省旅游局局长陈献春到岳阳检查指导旅游安全工作，12月17—19日顺利通过国家安全委员会的复查。修订完善《岳阳市旅游应急预案》《岳阳市旅游市场秩序和旅游安全监管工作暂行办法》，在水上、酒店、景区举办安全演练3次。五是县域旅游异军突起。支持县域旅游项目建设，5月28日，屈子文化园开工建设，12月28日，洞庭湖博物馆和洞庭欢乐世界在君山区奠基。平江县旅游异军突出，涌现石牛寨、纯溪小镇等一批火爆旅游景区。推动旅游品牌创建，加大对县域旅游景区旅游公共服务的指导和督查力度，全市新增旅游交通标识标牌316块，新建旅游公厕3家、维修改造升级7家、新建停车场1处、新增停车位700多个。全年推动汨罗市普德大庙景区、平江县天岳幕阜山景区成功创建国家AAA级旅游景区，推动汨罗市“闵家新村”、湘阴县“老湘阴”、君山区“杨伙计”成功创建省级乡村旅游区（点），推动评定国家首批乡村旅游“千千万万”品牌，中国乡村旅游模范户3户、中国乡村旅游金牌农家乐12家、中国乡村旅游致富带头人20人。

旅游项目建设

【推进旅游重点项目建设】 2015年，全市旅游部门按照《政府工作报告》目标任务，全面推进项目建设：推进洞庭湖博览园项目，完成土石方3万立方米，12月28日，洞庭湖博览园和洞庭湖欢乐世界顺利奠基。推动环南湖“13118”综合工程。12月8日，“青蛙乐园”落户南湖龙山，“南湖八景”通过《岳阳日报》《长江信息报》等媒体向社会公布进行投票。推进洞庭湖国际公馆续建项目外墙装饰完工。洋沙湖国际旅游度假区进行悦榕湾、渔窑小镇、生态公园等工程建设。屈子文化园完成书院主体工程及游客服务中心建设。“自在平江”旅游度假区完成一期工程。激情岁月红色岳阳之旅11月30日完成何长工展厅布展，完成桃花山革命根据地规划方案设计。左宗棠文化园完成一期工程。龙窖山生态休闲“瑶族”文化综合开发项目完成前期资源普查和项目论证工作。3517文旅新城项目完成概念性规划设计，三国古城完成《鲁肃墓修缮工程勘测设计方案》、完成《岳阳文庙保护规划》编制工作。芭蕉湖国际休闲度假基地完成《巴厘岛水上乐园规划》并通过评审。四湖两河连通续建工程一期工程完成，向市民和游客开放。南湖水上游项目完成一期工程，新增1艘豪华游艇和6艘摩托艇。相思山景区推出《相思恋歌》高山峡谷瀑布音乐实景剧8月20日向游客公演。洞庭新城宗教文化一条街项目完成一期工程，完成慈氏塔保护修缮工作。幕阜山景区开发项目成功签约，投资30亿元开发天岳幕阜山国际生态旅游区。五尖山国家森林公园完成总体规划评审，完成东门停车场、游客接待中心建设。罗子国城遗址公园保护利用及配套项目，邀请国家、省文物部门对遗址进行初勘探，完成概念性设计规划。

【开展旅游招商引资】 2015年，岳阳市引进央企际华集团投资建设3517文旅新城项目，洽谈引进云南城投集团投资建设君山岛、芦苇荡、君山野生荷花世界景区经营权转让项目，洞庭湖博物馆和洞庭欢乐世界12月28日奠基，总投资13.96亿元，每亩投资强度达到900万元，新投产项目亚马逊水上乐园占地4.67公顷，门票收入4500万元，上交税费700多万元，每亩税收达到70多万元，市旅游发展有限公司为平江天岳幕阜山项目在国家发改委争取资金3500万元。

【推进水上旅游发展】 2015年4月10日，由长江航务管理局、岳阳市人民政府组织长江中上游重庆、武汉等地区游轮企业、重点景区、旅行社召开长江（岳阳）旅游市场开发协调会，拓展长江游轮客源市场。维京游轮30多个航班7000多欧美客人上岸旅游，为湖南填补欧美市场的空白，10多个国内游轮航班停靠城陵矶码头，旅客上岸旅游，为岳阳旅游市场开拓新的客源。4月27日，组织岳阳楼景区、各旅游饭店、各旅行社、湖南置信旅游公司进行夜游南湖品牌对接。8月13日，湖南置信旅游公司与各家旅行社、旅游饭店、岳阳楼景区、张谷英村景区、圣安寺景区签订夜游南湖战略合作协议。

旅游宣传营销

【举办中国十大名楼点亮蓝灯公益活动】 2015年4月2日是世界自闭症日，以中国文化名楼岳阳楼为主会场，黄鹤楼、滕王阁、蓬莱阁、鹳雀楼等全国各地10座文化名楼名阁同时点亮蓝灯，共同呼吁全社会关注和帮助自闭症儿童。是晚，500多爱心人士和近百名志愿者参与活动，观看自闭症小朋友们表演的《虫虫飞》《彩虹下的约定》等歌曲舞。CCTV新闻频道、湖南卫视、凤凰网、环球网、东方网等多家媒体对活动进行宣传报道。

【举办“天下江湖，畅游岳阳”活动启动仪式】 2015年7月21日，岳阳市在岳阳楼民本广场，举办岳阳市旅游行业建设“一极三宜”江湖路线——“天下江湖，畅游岳阳”活动启动仪式。市委副书记、市委旅游产业工作领导小组组长李志坚，市政府副市长、市委旅游产业工作领导小组副组长宋爱华出席会议。市旅游外事办负责人发布岳阳市八条精品旅游线路。启动仪式结束后，组织部分游客游览岳阳楼君山岛景区。

【举办岳阳旅游（武汉）推介会】

2015年8月7日，岳阳市在湖北省武汉市举办岳阳旅游（武汉）推介会，参加这次推介会的单位有岳阳楼—君山岛景区等19家国家AAA级以上景区，临湘市、平江县、岳阳县等县市区旅游局，70多家旅行社的代表，武汉当地50多家旅游客商汇聚一堂，共商大计。湖北卫视、《湖北日报》等11家湖北省、武汉市主流媒体对活动进行详细报道。会上岳阳市多家旅行社与武汉市的旅游客商现场签约，达成资源共享、客源互流、市场共建、互惠双赢的共识。

【“名楼天下”影响力得到提升】

2015年，岳阳楼—君山岛景区不断加强旅游服务配套完善和服务水平提升，全力推进国家AAAAA景区复核工作和全国质量标杆单位迎检工作，景区管理在景观、环境和服务等方面提质取得阶段性实质效果，持续完善人防技防相结合的安保体系，保障文物安全和旅游秩序，继续精心策划和举办“诗意江湖——十月·岳阳楼国际诗会”等经典文化活动，树立文化大景区形象。景区获得“全国文明单位”称号，“名楼天下”的影响力得到进一步提升。全年实现安全无事故，旅游零投诉。接待游客76万人次，实现门票收入5249万元，实现“质量、安全、秩序、效益”相统一的目标。

【推进精品旅游线路对接整合】

2015年，全市旅游部门推进产业转型升级战略和新兴产业培育工程，推进精品旅游线路对接整合。7月21日，省旅游局举办湖南旅游节岳阳分会场活动，联合常德市、益阳市推出江湖名城游、生态休闲游、洞庭风光游、民俗风情游、红色故里游、森林度假游、湘楚文化游、美丽乡村游8大品牌及主题游、日程游22条精品线路。平江县、临湘市于5月30日加盟大湘东旅游联盟，成为大湘东旅游经济圈成员单位。开发南湖一日游线路，协调岳阳楼景区、张谷英村景区、圣安寺景区、南湖游船签定协议，编制推出南湖一日游旅游精品线路。

【推介乡村旅游产品】 2015年，市旅游外事侨办组织平江县、临湘市、君山区、湘阴县、岳阳县等县市区旅游企业参加湖南省旅游博览会，临湘市“十三村”酱菜被评为旅游产品博览会金奖，“岳州窖”被评为铜奖。在武汉市、长沙市举办的旅游推介会，邀请汨罗市白水村、平江县白马寺村等12家乡村旅游进行市场推介，将乡村旅游景点编入市内和区域游精品线路中。

【旅游品牌创建】 2015年，全市旅游品牌创建工作取得多项荣誉：君山区被评为国家休闲农业与旅游示范，汨罗市、平江县被评为省级旅游强县，君山区、临湘市被评为省级旅游产业发展十佳县，岳阳楼—君山岛景区被评为国家文明单位和全国AAAAA级旅游景区标杆示范单位。岳阳市获得2015中国十大休闲活力城市称号，在中央电视台4套国际频道、《光明日报》推介岳阳旅游品牌创建工作。

【“湖湘风情文化旅游小镇”创建】

2015年，省旅游局、省文化产业改革发展办公室（简称省文产办）从2015年起在全省开展“湖湘风情文化旅游小镇”创建工作，旨在进一步发掘和利用湖南省深厚的湖湘文化资源，推动文化资源通过旅游产品实现产业化，探索文化旅游深度融合发展的路子，促进新型城镇化和美丽乡村建设，丰富文化旅游休闲产品，加快湖南文化强省与旅游强省建设，将湖湘风情文化旅游小镇打造成湖南旅游新名片。市旅游外侨办通过对接和前期调研，按程序向省旅游局、省文产办推荐临湘市羊楼司镇、汨罗市新市镇、平江县加义镇、湘阴县青山岛镇创建全省“湖湘风情文化旅游小镇”，在洞庭湖博览园规划中加入风情旅游小镇板块，顺天洋沙湖旅游风情小镇竣工，投入试运营。

旅游行业管理

【旅游外事侨务机构改革】 按照《岳阳市人民政府职能转变和机构改革方案的实施意见》文件精神，整合市政府外事侨务办公室、市旅游局工作职责，组建岳阳市人民政府外事旅游侨务办公室，为市政府工作部门，并加挂市人民政府港澳事务办公室牌子。根据中共岳阳市委《关于部分市直单位党组成立、撤销或更名的通知》，成立中共岳阳市人民政府旅游外事侨务办公室党组。5月15日召开办机关干部见面整合会，正式启动两个机构合署办公。10月19日市委市政府下发《岳阳市人民政府旅游外事侨务办公室主要职责内设机构和人员编制规定》，明确内设科室13个，下设二级机构2个（市旅游行政执法支队、市对外友好合作服务中心）。

【旅游经营权、管理权、所有权分离模式改革】 按照国务院《关于促进旅游业改革发展的若干意见》文件精神和市委市政府的统一部署，深化旅游改革。出台《岳阳楼—君山岛景区激励机制》，探索旅游经营权、管理权、所有权分离模式，推出《君山岛、芦苇荡、君山野生荷花世界景区经营权整体转让建议方案》并发布招商通告，有云南城投等11家单位报名。

【做好景区文物保护工作】 2015年，岳阳楼—君山岛景区坚持做好每周2~3次文物安全检查，邀请省文物局相关领导、专家到景区现场查看，开展文物维修申报工作，做好《岳阳楼志》的资料收集及编撰工作，参与编纂《中国历史文化名楼系列文丛·诗歌卷》。文物维护方面，对岳阳楼主楼、三醉亭、仙梅亭进行维修，对旅游标识等进行更新和完善，对景区收藏的字画、摄影作品进行登记、编号、造册并存档。景区的文物保护工作得到省文物局的充分肯定，在湖南省十年（2006—2015）优秀文物保护工程评选中，获得湖南省优秀文物保护工程二等奖。

【抓好创建和复核迎检工作】 2015年，岳阳楼—君山岛景区以复核、创建为抓手，提升服务水平，打造行业标杆。召开“创建全国标准化单位”暨“AAAAA级旅游景区复核迎检”动员大会，以持续创建的状态开展各项工作，景区顺利完成ISO9001年审、AAAAA级旅游景区复核迎检，通过省旅游局评估专家小组对景区标准化创建工作的中期自评。

【开展“智慧旅游”完善网络建设】

2015年，岳阳楼—君山岛景区对网站进行改版升级，及时更新、丰富景区网站内容，对吃、住、行、游、购、娱版块实时跟进，进一步提升网站的旅游服务和指导功能，加强与旅游电商的合作，推出促销卷为自驾游提供更大平台，参与岳阳旅游网的建设；做好网络宣传和网络售票，推送景区微信公众号，维护景区公共WiFi。

（本栏撰稿　赵　立）

外事·侨务

【服务“一区一港四平台”】 2015年5月，在省委省政府的高度重视下，“21世纪海上丝绸之路岳阳—东盟接力航线”在城陵矶新港码头正式开通。为进一步拓展和延伸“21世纪海上丝绸之路岳阳—东盟接力航线”，11月，市委书记盛荣华率团对越南、印度尼西亚、印度等国家进行友好访问和项目对接，重点就港口建设和运营，拓展接力航线，建立战略合作关系等方面进行深入交流探讨，进一步深化双方合作伙伴关系，展望共同发展的繁荣前景，取得一系列丰硕成果，有力推动“一极三宜”江湖名城建设。围绕打造湖南发展新增长极，市旅游外事侨办撰写的提案《主动适应经济发展新常态，培育岳阳国际交流新的增长极》得到省、市领导的充分肯定，相关部门进行回复，加快步伐支持平台建设。向省外侨办汇报，争取政策，邀请省外侨办副主任黎里溪到港区考察指导。

【服务招商引资】 2015年7月，市委书记盛荣华、市长刘和生会见韩国首尔大学医院总院长吴秉熙，岳阳市人民政府、韩国首尔大学医院、洞庭新城公司、中民嘉业投资、广州南粤基金签署《共同建立及运营尖端国际数字医院框架协议》，该项目正式落户岳阳。总投资超过24亿元，涵盖国际综合医院、养老疗养及医科大学与研究开发中心等，建成后将成为岳阳市首家国际化、数字化、市场化的大型综合医院，对于提高医疗水平、发展健康产业、推动中韩合作具有十分重要的意义。

【落实“走出去、请进来”战略】 2015年10月，市委副书记李志坚率队前往新西兰、澳大利亚，先后走访考察奥克兰港务局、恒阳集团维多利亚州地区总部及分厂，与维多利亚州议会上议院议长布鲁斯先生、拉特罗布市市长戴尔先生、奥兰治市市长约翰先生及当地港口、旅游、水资源管理等方面官员深入会谈，探讨港口发展、投资贸易、友好合作等相关事宜。为深化对外合作，市旅游外侨办主任任焱辉主动到外交部、全国友协对接因公出国渠道、国际交流、友城结好等事项，得到外交部和全国友协的大力支持。为引进海外高层次人才，岳阳市制定出台《巴陵人才工程实施方案》《关于加强高层次创新创业人才引进工作的实施办法（试行）》，市旅游外侨办办对接政策，引进适合人才。先后邀请加拿大卡尔加里大学郑熙隆教授，美籍著名大数据专家、日立集团美国总部首席架构师蒋志予博士到岳阳市“巴陵名师讲堂”讲座。接待原外交部驻美国休斯敦前总领事许尔文、禁止化学武器公约组织国际核查员阿纳特先生、克里斯提娜女士，印尼棉兰颍川宗亲会主席陈明宗一行等外宾，向他们推介和宣传岳阳。办理外国人到岳邀请函32批95人次，为全市机关事业单位和企业“请进来”提供服务。

【深化友城交往合作】 2015年，是岳阳市与日本沼津市结好30周年。日本沼津市市长栗原裕康和议长浅原和美率友好代表团一行39人到岳阳市访问，参加两市缔结友好城市30周年纪念活动，进一步增进两市的交往与合作。岳阳市加强与英国萨默赛特郡的交流，进一步深化双方校际交流与合作，与该郡19所学校设立交流项目。10月，市委常委、市委秘书长樊进军率代表团访问该郡，并与该郡议长签订两市建立国际友好城市意向书。

【规范因公出国（境）】 2015年，市外事侨务办认真执行中共中央办公厅〔2013〕16号文件精神和规范领导干部因公出国（境）专项整要求，严格按照出访任务“因事定人”的原则，科学制订因公出国计划，审（报）批40个团组115人次。

【服务侨港澳资企业】 2015年，市外事侨务办做好对接正大公司100万头生猪产业项目建设，先后多次到正大岳阳公司调研，做好跟踪服务。做好德国汉诺威污水处理项目的联络和对接。为蓝马集团投资奔驰4S店项目在岳阳经开区开业优化环境。该项目完成固定资产投入2.5亿元，2个销售大厅完成建设并全面开业。

【第二批省侨港澳资企业重点联系服务单位挂牌】 2015年3月，湖南省第二轮第二批侨港澳资企业重点联系服务单位岳阳片区企业座谈会暨挂牌仪式在岳阳市召开，湖南省太阳桥实业有限公司、湖南凯美特气体股份有限公司、湖南科恒电气有限公司、湖南天立橡胶有限公司等4家单位成为湖南省侨港澳资企业重点联系服务单位。

【为侨服务工作】 2015年年初，市政府副市长宋爱华带队，与省外侨办、省侨联领导和市外侨办相关人员慰问40多户特困归侨和侨眷，发放慰问金5万余元。受理侨务信访57起，办结率96.5%。

【争取侨资捐赠】 2015年，市外侨办争取香港徳教基金会捐资助建平江县秦坊、江龙两所乡村小学综合楼，完成捐赠意向合同，捐赠资金52万元。

（本栏撰稿　葛勤略）

责任编校　刘兴汉

科学技术

综　述

【概况】 2015年，岳阳市科学技术局（简称市科技局）围绕市委市政府的工作部署，始终突出创先争优主线，推动创新驱动战略实施，全面加强科技创新管理，全市各类创新要素加快集聚，产学研合作加速推进，自主创新能力明显提高，为加快岳阳“一极三宜”江湖名城建设提供强劲的科技驱动力。在全市综合绩效考核中，被市委市政府评为先进单位。科技活动周、科技政务信息、知识产权宣传、防震减灾等工作跻身全省先进行列。

【科技项目建设】 2015年，市科技局加强科技项目建设，争取非聚氯乙烯医用聚合物材料技术、植物油低温系列萃取（抽提）剂绿色制备工艺及应用研究、酯加氢法生产（高品质）丁酮和燃料乙醇的绿色新工艺技术攻关、生物有机肥生产关键共性技术研究等国家和省级科技项目105个，资金6508万元。首次承办省级县域经济发展技术创新引导专项评审，落实市级科技项目三批，研发经费1900万元。

【科技服务】 2015年，市科技局加强电子信息产业帮扶，实现产业增加值43.5亿元，增幅19.5%；全市电子信息产业新增高新技术企业4家，完成专利申请量102件、授权量62件；国信军创6906无人机航拍测绘系统关键技术取得突破，填补国内行业空白。指导北斗导航市级院士工作站和省级工程技术研究中心建设，帮助国信军创6906申报国家软件企业。着力优化创新创业环境，湖南海凌科技企业孵化器有限公司申报国家级科技企业孵化器通过省级评审。制定《岳阳市众创空间管理办法》，搭建创客沙龙、创新论坛等平台17个。强化创新创业培训，联合市委组织部、深圳经理学院，举办岳阳市科技创新创业（深圳）专题培训班。

【科技体制改革】 2015年，市科技局加快科技体制改革，出台《岳阳市科技企业孵化器认定和管理办法》《关于实施创新驱动发展战略促进产业转型升级的意见》等文件，修订《岳阳市科学技术奖励办法》，起草《岳阳市科技发展计划专项资金管理办法》《加快建立科技报告制度的实施意见》。组织50家科技型企业和有关科研院所，分成5个产业小组，集中征求科技工作思路和重大科技需求，凝练30个市级重大科技项目，编制岳阳市“十三五”科技发展规划。

【实施知识产权战略】 2015年，市科技局实施知识产权战略，全市实现专利申请量2172件，比2014年增长19.1%；专利授权量1594件，同比增长22.1%；拥有有效发明专利638件，每万人发明专利拥有量1.139件，同比增长30.8%。岳阳林纸股份有限公司高速轮转数码喷墨印刷纸的制造方法和湖南渔米之湘食品有限公司冷干鱼的加工方法均获得“湖南专利奖”三等奖。

【科技普及推广】 2015年，市科技局开展科技活动周、科技特派员、12396科技信息服务等活动，围绕知识产权、防震减灾、科技惠民等重点工作，精心组织“4·26”知识产权宣传日、送科技下乡、科技信息服务、企业科技咨询系列专题活动。新认定岳阳市黄茶科普基地、平江县石牛寨地质博物馆科普基地等4家为岳阳市科学技术普及基地。岳阳市气象台、平江县石牛寨地质博物馆被认定为省级科普基地。紧扣“创新创业科技惠民”主题，岳阳市科技活动周工作被评为全省先进单位。

（本栏撰稿　朱　珊）

科技创新

【高新技术产业】 2015年，市科技局加速高新产业发展，加强县市区小康建设指标考核和工作调度，实现高新技术增加值536亿元，占全市GDP比重18.5%。强化高新企业培育，设立科技型企业创新创业扶持资金专项，新认定高新技术企业41家。抓好科技园区建设，平江县、岳阳县高新技术产业园区获批省级高新区，环洞庭湖现代农业科技示

岳阳市科技创新专题（深圳）培训班　　（方向东　摄）

范区获批国家首批示范区，岳阳国家农业科技园区项目建设稳步推进，新增投资2.3亿元，迎接科技部的中期评估工作准备就绪。

（朱　珊）

【产学研结合创新】 2015年，市科技局加强技术平台建设，组建市级院士工作站1家、工程技术研究中心8家，认定省级重点实验室、工程技术研究中心3家。加强科技人才队伍建设，会同市委组织部首次评选市级科技创新创业人才团队13个。促进科技融资，牵线40家科技型中小微企业与4家金融机构签订银企合作协议，投放贷款12.5亿元，活动被湖南卫视等媒体报道推介。

（朱　珊）

【承办科技创新创业专题培训】

2015年3月18日，岳阳市科技创新创业专题培训班在深圳市举行开班仪式，市委组织部副部长刘传汉主持开班仪式，市政府副市长李为出席并讲话，深圳经理进修学院院长陈民致辞。市科技局局长曹合群、岳阳市经信委主任殷清华等参加开班式。此次培训班由市委市政府主办，市委组织部、市科技局联合深圳经理进修学院承办，参训学员由岳阳市部分中小微科技型企业负责人、科技创新服务平台负责人和市直相关部门单位负责人等62人组成。

【岳阳市科技活动周启动式】

2015年，市科技局为深入实施创新驱动发展战略，激发全民创新创业热情，以“大众创业、万众创新”为主线，出面组织银企投融资项目合作，协调金融机构，进一步改善和优化科技企业的融资环境，帮助科技型中小微企业解决流动资金短缺难题。5月18日，在2015年科技活动周启动式上，牵线搭台促成岳阳钟鼎热工电磁科技有限公司、岳阳千盟电子有限公司等40家中小微科技型企业与华融湘江银行、交通银行、农业银行、邮政储蓄银行等4家金融机构现场签订授信融资协议，涉及投放总金额约12.45亿元，用于企业科技创新研发投入，切实增强企业自主创新能力。

【科技奖励工作】 2015年，岳阳市8个项目获得国家、省级科学技术奖励，其中，中国石化集团长岭炼油化工有限责任公司于向真等人承担的“高效环保芳烃成套技术开发及应用”项目获得国家科技进步特等奖，湖南农大海特农化有限公司等单位承担的“降解菌和植物源安全剂协同治理南方稻区除草剂药害技术”等7个项目获得湖南省科学技术奖励。评定岳阳市科学技术奖励项目30项，其中，一等奖9项、二等奖10项、三等奖11项。规范成果登记和技术交易，完成省级科技成果登记40项，实现技术合同登记全程网上办事，登记技术合同45项，成交金额1980.38万元。　（朱　珊）

【科技信息服务工作】 2015年，岳阳市科技信息工作围绕全市经济和科技发展的需要，扎实作好岳阳市农村农业信息化工作，抓好12396科技服务中心建设和基层服务站建设，全市注册基层服务站点新增33个，注册站点总数达到81个；提升各站点信息活跃度，审核上传信息1615条。依托涉农专家和基层服务站，组织开展农村农业信息化科技服务。全年接受求助信息1846条，组织上门服务138次，组织宣传活动23场次，培训人员1630人，发放宣传资料5000份。　（罗晓红）

【生产力促进中心工作】 2015年，市生产力促进中心通过国家级示范生产力促进中心绩效评估，获得中国生产力促进中心协会授予的“杰出贡献奖”。组织、配合开展送科技下乡活动7次，举办农业实用技术讲座5场，展出各类展板100余块，培训农民技术骨干300人次，赠送种植、养殖科技书籍2万余册，发布实用科技信息300条，受惠农民群众1万余人。为企业免费提供专利申报、成果鉴定、ISO质量管理体系认证等咨询服务，免费举办技术、人才咨询培训等活动，先后在各县市区举办培训6场，培训企业300多家。组织平江县、湘阴县和岳阳楼区生产力促进中心申报创新基金中小企业公共技术服务机构补助资金项目，获得国家补助资金120万元。

（冯振家）

专利与知识产权

【概况】 2015年，岳阳市专利申请量为2172件，比2014年增长19.1%；专利授权量1594件，同比增长22.1%；全市发明专利申请量为434件，同比增长26.2%；发明专利授权量为176件，同比增长47.9%。拥有有效发明专利638件，每万人发明专利拥有量为1.14，同比增长30.7%。湖南科伦药业有限公司全年申请专利107件，授权专利79件，进入全省企业专利申请量和授权量前20强。在2015年的机构改革中，岳阳市知识产权局被合并到岳阳市科学技术局。

【知识产权管理】　2015年，临湘市知识产权局、岳阳县知识产权局被评为湖南省专利工作先进单位。汨罗市知识产权局顺利通过国家知识产权试点城市考核验收，并加入国家知识产权示范（创建）城市行列。临湘市知识产权局的“创建湖南省知识产权示范（县）市”“推行专利行政执法能力建设”两个项目获得省知识产权战略推进工程项目经费支持。市知识产权局对全市7个省级及以上工业园进行知识产权工作情况调查，为开展园区知识产权工作摸清“家底”，多次深入到岳阳经开区、临湘市、云溪区进行知识产权调研和座谈，指导企业申报专利、保护企业知识产权、听取企业对专利工作的意见和建议。市级知识产权企业试点工作深入推进，通过评定，湖南科美达电气股份有限公司、湖南巴陵炉窑节能股份有限公司、湖南渔米之湘食品有限公司等20家企业加入市级知识产权优势培育企业行列。组织全市企事业单位申报湖南省专利项目，其中，岳阳昌德化工实业有限公司的“环已烷氧化废液的资源化成套专利技术”、岳阳东方雨虹防水技术有限责任公司的“增强型热塑性聚烯烃（TPO）防水卷材推广与应用”、华容恒兴建材有限公司的“一种聚酯多元酚多元醇水分散体的制备方法专利技术产业化示范”等3个项目获得省科技局专利技术产业化项目支持。配合市经信委完成“百项专利转化推进计划”项目的申报推荐工作，湖南凯美特气体股份有限公司的“电子级高纯液体二氧化碳”、湖南海鑫新材料股份有限公司的“系列层压板”、湖南金联星特种材料股份有限公司的“高洁净度铝钛硼合金细化剂”、岳阳钟鼎热工电磁科技有限公司“连续旋转蓄热式燃烧器”等4个项目获得“百项专利转化推进计划”重点专利技术转化项目立项支持。

【知识产权保护和维权工作】

2015年，岳阳市打击侵犯知识产权和制售假冒伪劣商品领导小组办公室（设市知识产权局）加强统筹协调，组织各成员单位按照职责分工以食品药品安全、农资、建材、烟花、家电等涉及民生安全的领域为重点整治领域，开展专项整治行动。全市知识产权系统出动执法人员400余人次，对全市11起专利侵权纠纷立案，结案11起，查处假冒专利184件。湖南省知识产权维权援助中心（岳阳分中心）开展为期1个月的“12330”知识产权维权公益服务热线宣传活动，对“12330”公益服务热线进行全面宣传。知识产权维权援助中心在步步高商业广场开展“12330”知识产权维权公益维权服务热线大型巡演推广活动，在

2015年度岳阳市获得国家、省科学技术奖励项目

表7

项目名称	获奖人员	获奖单位	获奖等级
高效环保芳烃成套技术开发及应用	于向真等	中国石化集团长岭炼油化工有限责任公司	国家科技进步特等奖
降解菌和植物源安全剂协同治理南方稻区除草剂药害技术		湖南农大海特农化有限公司等	省技术发明二等奖
复杂悬索桥施工控制计算理论与架设技术及其应用		湖南理工学院等	省科技进步一等奖
安全质优生猪养殖全程益生菌营养调控关键技术创新与应用	肖淑华等	湖南九鼎科技（集团）有限公司	省科技进步二等奖
12万吨/年节能型苯乙烯技术开发及工业应用	颜　刚　陈　胜　周　卫 谭玉光　李　钦　杜建文 杨锦明　孟令国　谷益忠 扈晓清　刘照耀　杨淑群	中国石化集团资产经营管理有限公司巴陵石化分公司	省科技进步二等奖
造纸废水高效清洁利用集成与示范	刘　虎等	泰格林纸集团股份有限公司	省科技进步二等奖
无旁通不成对换向型蓄热式燃烧技术	周绍芳　刘光华　马小勇 韩友良　董建华　杨万青	湖南巴陵炉窑节能股份有限公司	省科技进步三等奖
轮转数码喷墨印刷纸技术研究及应用	陈金山　王玉珑　朱宏伟 李　丹　刘春景　刘成良 刘立新　冀振华　贺晓文 李庆秋　谈　忠　李嘉微	岳阳林纸股份有限公司长沙理工大学	省科技进步三等奖

（本栏撰稿　易　春）

岳阳电视台睛彩岳阳频道“行风热线”栏目播放挂角名片广告、长江信息报刊登维权热线报眉广告、在步步高广场户外大型电子屏播放宣传视频、在30多个商场药店摆放宣传展架和进行电子屏飞字广告、制作和发放宣传册2000多份。

【宣传培训工作】 2015年，市知识产权局组织开展“4·26”知识产权宣传周系列宣传活动，岳阳广播电视台、《岳阳日报》连续多天发知识产权相关报道，岳阳市“双打”（打击侵犯知识产权、打击制售假冒伪劣商品）办公室联合岳阳市中级人民法院在南湖广场现场举行大型知识产权宣传活动，多家试点企业分别以企业知识产权管理为主题进行专题培训，双打成员单位组织知识产权领域专项整治行动，全市企事业单位设置知识产权咨询台10处、向市民发放知识产权宣传册和宣传资料2000多份。

【知识产权奖励和资助】 2015年，岳阳林纸股份有限公司的高速轮转数码喷墨印刷纸的制造方法、湖南渔米之湘食品有限公司的冷干鱼的加工方法两项专利分别获得湖南省专利奖三等奖。全市有572项专利获得专利资助，落实专利资助金49.15万元，12家企业的28个重点发明专利获省知识产权局专利年费补助12.83万元。

（本栏撰稿　易　春）

防震减灾

【概况】 2015年，岳阳市地震局围绕经济社会发展新常态，以全省防震减灾工作会议精神为指导，开展“三严三实”专题教育，坚持作好经常工作，突出推进重点工作，实现全市防震减灾事业新的进步。市地震局被评为全省市州防震减灾工作综合考核先进单位，湘阴县地震办公室被评为全国县级防震减灾工作综合考核先进单位，汨罗市地震办公室被评为全省县市区防震减灾工作综合考核优秀单位。

【地震监测预报】 2015年，市地震局严格落实值班制度。坚持24小时值班，节假日不定时对台站值班人员进行电话抽查。坚持做好会商工作。参加省级地震趋势研究会商会4次，向省地震局报送周会商报告52份，月会商报告12份。做好台网运行维护工作。全年测震台网监测到岳阳市及周边区域可定位地震30次，储存和刻录台网中心设备的地震波形数据。加强地震监测预报研究。定期对公田测线进行跨断层短水准测量，申报《新形势下加强抗震设防监管的对策研究》课题。

【地震震害防御】 2015年，市地震局加强震防执法管理。完成涉企检查项目备案2次、上门督办22次，指导县区地震部门完成地震安全执法4次、完成安评项目11个。提升地震窗口审批服务质量。地震窗口工作人员6次获得先进个人称号，1次获得先进窗口称号，全年无投诉。参加业务培训。派员参加国家地震局组织的全国市县防震减灾工作培训班3次。推进农村民居地震安全建设。编印《岳阳市农居建筑设计图集》免费发放到全市3100个行政村，指导村民建设高质量的抗震房。

【地震应急救援】 2015年，市地震局及时修订《岳阳市地震应急预案》。组织参加培训。参加国家地震局、应急办联合组织的地震应急处置高级研修班。开展地震应急演练。组织应急演练9次，5月12日在湖南民院附小组织全市地震应急疏散演练观摩活动，所有市直部门和市属学校参加。参加全省地震应急桌面演练10次。

【地震宣传工作】 2015年，市地震局进行科普宣教创作。组织编写、印刷《中小学防震减灾科普读本》1.3万册，发放到岳阳中心城区所有7年级学生手中。开展“六进”科普宣传。举办地震科普宣传活动35场次，户外宣传屏播放地震科普宣教片时长30小时，在市县中小学及社区放映防灾减灾电影7次，提高社会公众的防震减灾意识。开展新闻报道，向省地震局网、市科技局网投稿76篇，撰写《韧性的较量》一文入选中央国家机关工委与中国法学会、全国普法办、人民网联合主办的“中央国家机关最受网民欢迎的法治故事”评选活动。高标准组织示范创建活动。岳阳楼区东升社区被评为全省地震安全示范社区，汨罗屈子中学被评为全省防震减灾科普宣传示范学校。

（本栏撰稿　陈　凯）

气　象

【概况】 2015年，岳阳市气象局全面完成省气象局和市政府下达的各项工作任务，基础业务工作扎实，天气预报、气象探测和气象服务等主要业务质量和指标名列全省前茅。全市地面测报、农气质量继续保持零错情，城镇预报质量排名全省第一名，酸雨考核连续9年全优，多普勒雷达、闪电定位、土壤水分、大气负氧离子、GPS/MET水汽等综合探测设备均保持高质量稳定运行。科技创新与人才队伍建设工作有序推进，水上交通安全气象服务系统位列湖南省气象局创新项目第一。岳阳市综合气象业务平台获得湖南省气象局科技成果转化二等奖。年内引进开发岳阳市精细化天气分析与预报系统，组织开展水上项目软件系统建设。组织职称申报，其中，3人通过高级职称、7人通过中级职称评审，1人入选全省业务首席并享受市政府特殊专家津贴。全市气象部门完成省气象局短平快课题项目8个，入选2016年省气象局重点课题1个，新增省气象局短平快课题2个，全年公开发表论文49篇，市气象局上报的科技咨询建议《东洞庭湖湿地生态环境资源保护的建设》获得省气象学会表彰并推荐到省科学技术协会供领导决策参考。

【汛期气象服务】 2015年，岳阳市出现的灾害性天气有暴雨洪涝、大风、冰雹、高温热浪等，尤其是多发重发的暴雨洪涝对全市农业生产及经济社会发展造成严重影响。全年遭遇15轮强降水过程侵袭，面对异常严峻的防汛形势，全市气象部门早准备、早部署，坚持24小时双岗值守，严密监测天气变化，及时准确发布预报预警信息。市气象局为各级党政领导及相关部门提供各类气象服务材料403期，启动各级别气象灾害应急响应10次，向全市防汛责任人、气象信息员及社会公众发布各级别预警信号216次，向公众外呼达429.6万人次。由于气象服务主动及时，防灾减灾气象服务成效显著，被中国气象局评为重大气象服务先进集体。

【重大活动气象服务】 2015年，全市气象部门配合各级政府做好重庆“东方之星”客轮救援、“高考气象服务”“2015汨罗江龙舟赛”“2015岳阳水上救援演习”“2015第二届中国（岳阳）黄茶节”“中央电视台《乡约》走进岳阳、走进君山岛”等重大活动气象保障，及时预报未来天气形势，得到各级领导和社会各界的一致好评。

【人工增雨工作】 2015年，岳阳市人民政府办公室下发《关于做好全市人工影响天气作业装备更新工作的通知》文件。市气象局出台《人影安全督查工作方案》，制定《2015年岳阳市人影工作计划》，与省气象局和6个县（市）政府签订人工影响天气作业安全责任书。2月，对全市48个炮点的安全隐患进行全面的排查，3月，选送6人去江西国营9394厂进行火箭操作技能培训，4月，组织开展人工影响天气作业操作和知识培训。

【农业气象服务】 2015年4月1日，洞庭湖气候中心成功主办2015年洞庭湖汛期气候和水情趋势预测会商会。制订2015年农业气象服务周年方案、农业气象灾害现场调查方案，开展直通式气象服务。6月2日，市气象局与市农业委员会签订农业气象服务工作合作协议。全年开展农情调查15次、发布为农气象服务专题材料142期。作为三农服务专项试点县，华容县气象局联合县农业局成立农业气象专家咨询委员会，平江县气象局建设覆盖广的农村气象预警信息发布网络。平江县向家镇、华容县三封寺镇获批全国农村气象灾害防御示范乡镇。9月，全市三农气象服务工作获得中国气象局“三农”服务专项互学互查互评检查组高度肯定。

【气象现代化建设】 2015年，岳阳市、临湘市、华容县、汨罗市、湘阴县出台加快推进气象现代化的实施意见。市气象局与市统计局联合印发《岳阳市基本实现气象现代化指标体系和评价办法（试行）》，全市所有县市修订出台《气象灾害应急预案》《气象灾害应急准备认证实施办法》，气象灾害防御首次正式列入对县市区政府的绩效考评内容。岳阳市水上交通安全气象保障一期工程完成监测系统建设，软件系统和操作平台建设正在进行。岳阳市突发公共事件预警信息发布系统建设请示先后得到市委书记盛荣华、市长刘和生批示，项目可研通过专家评审。风雨山雷达站综合改造一期顺利竣工，二期塔楼内部改造和道路升级正在实施。山洪项目进展顺利，华容县、汨罗市、湘阴县暴雨洪涝灾害风险普查工作普查完毕，台风灾害风险区划按省气象局方案有序进行。市县高清视频会商系统投入使用，为防汛抗灾发挥重要作用。气溶胶质量浓度观测站建成并投入运行。山洪项目的组织管理、建设及应用情况获得中国气象局山洪项目办督察组的高度肯定。

【气象法制工作】 2015年，市气象局完成规范性文件的清理清查工作，加强对县市局和市局有关单位涉法事项的释疑和指导。举办气象法治培训班，组织学习《气象法》《气象灾害防御条例》《气象设施与气象探测环境保护条例》《防雷减灾管理办法》《气象行政处罚办法》等与气象工作和气象执法有关的法律法规。依法完成对防雷工程资质、检测资质、施放气球资质的年检、延续、申报、换发工作。开展安全生产检查及防雷综合治理工作及气象法制和安全生产宣传活动。市政务中心气象窗口全年受理防雷装置设计审核申请20件，许可20件，受理防雷装置竣工验收申请22件，许可22件。重点对未依法取得防雷行政许可擅自施工和投入使用新建建设项目、未依法进行定期检测的烟花爆竹及石油化工等危险爆炸场所，进行政策法规宣传、催办督办、立案查处。全年开展执法检查新、改、扩建设项目13家，常规年检项目28家，氢气球施放气球4次，气象探测环境保护2宗，其中对14家单位下达处罚决定。

【雷电灾害】 2015年，岳阳市发生多起雷电事故灾害，造成重大财产损失和人员伤亡，其典型灾害如下：2月20日，岳阳县中洲乡义合村8组彭细玖家遭雷击，彭成影（16岁）在家看电视时突然被雷电击中受轻伤。击坏电视机1台、空调2台、配电开关1个、接线盒3个、照明线路约200米、房屋损坏8处。3月18日晚，岳阳市元亨国际酒店遭雷击，击毁1栋房屋、击坏1个电梯主板、1台中央空调、1台电视数字功放器、1台空调，直接经济损失12万元。4月3日晚，岳阳道岳高速实业有限公司办公楼遭雷击，击坏1个采集器、3台计重工控机、2台ETC显示屏、2台双天线控制器，直接经济损失25万元。6月1日晚，岳阳泰格林纸集团工场遭受雷击，芦苇堆垛起火并全部烧完，直接经济损失60万元。6月25日下午，岳阳市临港新区永济路岳阳市路灯管理处办公楼院子遭雷击，击坏2台箱式变压器，直接经济损失15万元。8月15日，岳阳市驾驶员考试中心场地遭雷击，击坏37个监控探头、4台ECI光端机、20个监控设备。

（本栏撰稿　向　伟）

责任编校　刘兴汉

教育·体育

综　述

【概况】　2015年，岳阳市教育体育系统围绕推进“教师队伍建设年”“教育管理提升年”，全面打造“清洁校园”“平安校园”“书香校园”，提升教育体育事业发展水平，服务“一极三宜”江湖名城建设。

一、抓改革，促发展。在抓改革方面，一是改革机构。根据全省统一安排，岳阳市政府职能转变和机构改革工作于年内完成，其中组建岳阳市教育体育局，不再保留岳阳市教育局、岳阳市体育局，重新核定27项权利清单。二是调整布局。根据城市发展和人口增长趋势，加强学校布局规划的调整和编制工作。市十四中置换搬迁进入建设阶段，市三中初中部成功分流到市二中。湘阴县撤并生源少、条件差的普通高中1所，整体搬迁学校1所。临湘市投资2亿元新建临湘市一中。三是阳光服务。各级阳光服务中心站点及时提供办事指南、政策咨询、举报受理、舆情回应、信息公布等服务，湖南省委深化改革组《改革简报》推介岳阳市以“阳光服务”为切入点推进教育改革的典型经验，《湖南日报》头版头条报道岳阳市“阳光照亮上学路”。在促进均衡发展方面，推动校际交流，全市200多名校长、2000多名教师走教、支教、援教。130名教师到平江县、新化县精准扶贫援教。在湖南省“三区”援教工作会上，岳阳市教育体育局作典型发言。推动教师培训，组织万名教师参加“国培、省培、市培”。首次遴选24名精英教师赴新加坡进行出国培训。平江县投入1400多万元建立“春晖讲堂”，全县教师不出县门就可以接受国内名师的现场培训。推动达标验收，在全省第三轮两项督导评估中，岳阳楼区（含市直、岳阳经济技术开发区、南湖新区）、云溪区获得优秀等级，并认定为教育强区。通过国家义务教育均衡发展县市区评估认定。

二、抓建设，强基础。实行网上月报、月讲评、巡查督查、倒排工期、责任追究等制度，组织三轮全面督查，推动实事项目建设。利用中央和省薄改专项资金2.99亿元，改造薄弱学校477所，改造面积29.8万平方米。投入1.519亿元，建设义务教育合格学校112所。投入3642.8万元，建设农村公办幼儿园27所。全市完小以上的义务教育学校都建成合格学校。全面推广教育信息化“华容样本”经验，全市乡镇及以上学校“三通两平台”建设完成80%，187个教学点实现国家数字资源全覆盖。在改善农村薄弱学校的同时，加强市直学校调整、改造和建设。投入6600万元对巴陵中学、游泳学校、岳阳中学、市十三中等学校进行提质、改造，动工的大小项目50个，市直学校办学条件得到较大改善。华容县实施“五小工程”（小食堂、小浴室、小厕所、小寝室、小菜园）三年行动计划，努力改善乡村教师工作生活条件。

三、抓重点，求突破。一是深化阳光招生。市县联动，确保义务教育入学、分片划块、相对就近、控制人数；高中阶段首次取消公办高中招收择校生，招生计划、录取人数、注册人数三统一。教育系统“阳光招生”被评为全市“2015百姓点赞十大民生实事”之一。二是化解学校债务。2014—2015年，全市化解学校债务3.6亿元，岳阳楼区、南湖新区的所有学校无一负债；岳阳县两年化解教育债务1.57亿元，岳阳县、云溪区、屈原管理区的义务教育学校均无债运行。三是推进校企合作。召开全市职业教育工作会议，举办第二届校企合作大会，把课堂搬进车间，让校园链接工业园，全市职业院校毕业生就业率98%以上，其中对口就业率90%以上，就业稳定率巩固在80%以上。四是提升教学质量。开展骨干教师示范教学、课堂教学改革达标验收、“送教送研”等活动，申报并立项省级课题18项，广大教师课改意识、教研水平不断提高。组织“一师一优课、一课一名师”等活动，2.2万名教师晒课1.78万节，促进课堂教学水平和教学质量的提升。五是发展体育事业。全市全民健身参与率34%，国民体质监测总体合格达标率91%。中心城区小区健身设施覆盖率90%以上。岳阳县、湘阴县、平江县农村广场

2015年全市各级各类学校基本情况

表8

项　目	校（园）数（所）	教学点数（个）	学生数（人）			教职工数（人）	专任教师数（人）	学校占地面积（平方米）	校舍建筑面积（平方米）	图书（册）	固定资产总值（万元）	
			毕业生数	招生数	在校生数						计	其中：仪器设备总值
总　计	2347	343	213028	231050	808112	57547	46443	24463065.6	8567428.7	17906745	697463.0931	69525.7068
学前教育	1196		62711	64708	167684	14363	6254	2034520.07	1077657.1	119435		
义务教育	1063	343	105951	118678	504528	32783	31404	16626765.8	4942195.9	13355617	436773.6858	38984.90813
小学	806	343	52589	65279	342114	17183	16888	9192793.25	2616588.8	7553317	227359.2384	19914.93278
其中：完全小学	806	343	46511	59559	309033	17183	16888	9192793.25	2616588.8	7553317	227359.2383	19914.932779
九年一贯制学校			6048	5661	32901							
十二年一贯制学校			30	59	180							
初中	257		53362	53399	162414	15600	14516	7433972.61	2325607.1	5802300	209414.4475	19069.97535
其中：初级中学	186		42582	42422	129228	11389	10594	5274563.52	1674064.6	4260783	138656.1006	12982.085029
九年一贯制学校	71		8721	9043	27037	4211	3922	2159409.09	651542.53	1541517	70758.34679	6087.890325
十二年一贯制学校			49	148	441							
完全中学			2010	1786	5708							
高中	46		27539	27777	82817	7669	6661	3963584.92	1686122.6	2142622	197231.1273	15563.96867
其中：完全中学	13		5369	6387	18796	2160	1930	876346.39	385253.64	434854	37056.69676	3731.065521
高级中学	32		22058	21245	63739	5398	4648	2999338.53	1294969.0	1702768	159792.4305	11747.903146
十二年一贯制学校	1		112	145	282	111	83	87900	4900	5000	382	85
特殊教育	7		63	335	1046	179	167	209552	28655	44141		
工读学校	1				206	38	31					
职业教育	34		16764	19552	51831	2515	1926	1628642.77	832798	1244930	63458.28	14976.83

舞队伍走出本县，在省内外卓有声誉。临湘市开展武术进校园活动。成功举办全国体育舞蹈公开赛（岳阳站），“全民健身挑战日”等活动。通过开发新的市场和运作模式，全市体育彩票发行2.03亿元。岳阳市游泳学校输送的运动员彭林和熊敦翰、岳阳市体校和汨罗市体校输送的运动员周倩在全国比赛中夺冠，将出征2016年奥运会。

【习近平在俄罗斯接见湖南理工学院俄籍教师】 2015年5月8日，国家主席习近平出席俄罗斯纪念卫国战争胜利70周年庆典，并会见俄罗斯援华专家和亲属代表。湖南理工学院美术学院俄罗斯籍教师弗拉基米尔·加宁（GANIN VLADLMIR）作为俄罗斯援华专家代表，受到习近平主席的亲切接见。弗拉基米尔·加宁2001年在湖南理工学院任教，2004年获得中国“国家友谊奖”荣誉称号，受到温家宝总理的亲切接见，同年还获得湖南省政府颁发的“潇湘友谊奖”。6月3—4日，国家外国专家局组织中央电视台、《人民日报·海外版》、CHINADAILY、中国网等中央媒体到湖南理工学院，就“国家友谊奖”获得者弗拉基米尔进行专访。

【师生代表赴京参加第七次全国少代会并受到习近平接见】 2015年6月1日，在第七次全国少代会开幕之际，岳阳楼区少先队总辅导员刘萍和民院附小六年级少先队员谭泽宇与全国其他代表一起，受到习近平的亲切接见，并应邀在天安门观礼台参加升旗仪式，参观科技馆、博物馆等地。12岁的谭泽宇因小时候的意外导致右手缺失，但他学会用左手完成所有正常孩子能完成的事情，并爱好广泛，能歌善舞。通过自己的努力，赢得同学们的信任、老师的赞扬。谭泽宇说起当时的情形很是兴奋，“我站在第一排，习爷爷十分和蔼、亲切，每走到一处，大家都热烈地鼓掌，我还拥抱了习爷爷。”

【第36届湖南省青少年科技创新大赛在岳阳举行】 2015年4月17—19日，第36届湖南省青少年科技创新大赛在岳阳楼区东升小学举行。中国工程院院士、中国科协副主席、湖南省科协主席黄伯云现场与学生们交流点评设计原理，并提出改进建议。岳阳市副市长李为和省市科协相关负责人参加开幕式。大赛收到14个市州选拔推荐的作品823件。经评审委员会认真评审，选拔其中166件优秀作品参加终评展示，岳阳有45件作品被评为金奖。

【平江县“远方之家”留住特岗教师】 2015年5月26日，平江县安定学区召开“安定学区特设岗位教师转为正式教师聘任大会”。招聘特岗教师是平江县补充新任教师的主要途径。为留住特岗教师，学区教育工会牵头推出为特岗教师构建“远方之家”系列活动，活动涵盖特岗教师的业务成长、日常交友、感情生活、饮食家居等方面，给特岗教师营造一种“远离家乡胜家乡”的情感氛围。还有更多的特岗老师住进崭新的公租房。全年，安定学区特岗教师试用期满之后，续聘率达96.6%。

【校园招聘周】 2015年，由市人社局、市教育局联合主办，湖南理工学院承办的高校毕业生校园招聘周活动于5月11日—15日在湖南理工学院举行。这是全市连续第三年在高校举办的校园招聘周活动。本次招聘周活动有328家用人单位报名参会，其中省外单位116家，省内单位110家，市内单位102家，提供就业岗位6519个。启动仪式上，有121家用人单位进场招揽人才，1000余名毕业生踊跃参与。7天内，收取毕业生求职简历2924份，与毕业生达成初步就业意向926人次。广州鸿特精密技术有限公司、东莞东山精密制造有限公司等几十家单位还举行近40次专场宣讲会。

【岳阳县一中登上中国顶尖中学百强榜】 2015年6月23日，爱瑞深中国校友网向社会发布中国高考状元顶尖中学100强名单，岳阳县一中榜上有名。岳阳县一中建校36年来，为高等院校输送合格新生22000余人，培养饶翔、杨峰、陈怀东、陈柏翠4名湖南省高考文理科状元以及“深潜英雄”付文韬、“长江学者”胡德文和石照耀等一大批优秀学子。高考本科上线率、第一批本科上线率一直居岳阳市前茅，曾创造过高考本科上线率五年四进省三强和一年10人考取清华北大的辉煌业绩。近五年高考有14人被北大、清华等重点大学录取，600分以上人数480人，二本以上录取人数4965人，6人被空军飞行院校录取。

【丁群芳、刘爱民教师获评“湖南省最可爱乡村教师”】 2015年“湖南最可爱的乡村教师”评选揭晓，全省有20名教师入选，其中岳阳2名分别是岳阳县张谷英镇中心学校丁群芳和华容县操军中学刘爱民。丁群芳老师在爱人身患重病、父亲瘫痪在床、自己也身患癌症的7年中，扛住巨大压力，指导学生开展科技创新和综合实践活动，2014年学校定为“太空种子”种植的学校，太空黄瓜、蕃茄、辣椒全部种植成功，连续7年被评为岳阳市优秀科技教师，并获得两届湖南省芙蓉创新奖，被评为湖南省十佳科技教师。刘爱民老师在乡村小学任教32年，她总结出小学语文“动、乐、爱”的教学方法和小学数学“问题反馈”教学模式，逐步形成自己独特的教学风格。她为农家孩子设置“快乐热线”，自费将农村数字电视装到班级，将无线网络连到房间，还促成“农家书屋”“农民体育健康工程”落户村小。

【岳阳老年大学建校20周年】

2015年10月20日，市委、市政府召开岳阳市老年大学建校20周年庆祝大会。市委书记盛荣华出席并作重要讲话，市委副书记、市长刘和生主持会议，省委老干局副局长乐奕、市人大主任李湘岳、市政协主席赖社光等出席。20年来，学校从借用2间教室、1个排练厅起步，发展到今天拥有5000平方米教学场地，集多媒体教室、视频会议室、远程教育网等现代化教学设备于一体；从最初7个专业、9个班、学员400多人次，发展到今天33个专业学科、108个班、学员5900多人次。目前，学校加挂岳阳社区大学老年学院牌子，建立老年大学网站，先后创办12所县级老年大学，35个乡镇社区教学点。

【岳阳市小记者节系列活动】 2015年，由岳阳市委宣传部、市文明办、市教育体育局、岳阳日报社联合举办，10月8日启动，有3000多名小记者和上万名中小学生报名参加。活动评选出优秀辅导员老师31名，“十佳百优小记者”110名，“最爱学习少年”“最爱劳动少年”“最爱运动少年”“最美爱心少年”“最美明礼少年”各10名。

【两岸学子在岳阳开展文化交流】 2015年，台湾学子分三批来岳阳开展文化交流。7月6日，南台湾青少年学生“湖湘文化之旅”暨岳阳楼海峡两岸交流基地启动仪式在岳阳举行，市一中特级教师柳彩萍为南台湾师生作“湖湘文化”专题讲座。7月上旬，台湾大学生第二次来岳阳开展暑期实习交流。7月25日，台湾高校新联传播专业学校暑期实习交流活动团一行25人来岳阳采访交流，岳阳市委常委、组织部部长、统战部部长王瑰曙会见全体学生，详细介绍岳阳文化，并希望台湾学子将岳阳的“好声音”“好影像”带入台湾。

【岳阳招飞录取人数列中南五省84个地级市第一】 2015年全国高考，岳阳市18名高考毕业生正式录取为空军飞行学员，岳阳招飞录取人数列中南五省84个地级市第一。7月19日，岳阳市举行“飞行学员录取通知书发放仪式”，岳阳市副市长李为和空军招飞局广州选拔中心主任司吉勇、湖南省教育考试院院长詹小平等出席仪式，并为18名空军飞行员录取学员发放录取通知书。岳阳市输送空军院校空军飞行学员累计323名，送飞质量一直位居全省前列。

（本栏撰稿　陈　列）

学前教育

【概况】 2015年，全市有幼儿园1196所（学前班343个），其中公办幼儿园232所，比2014年增加25所；普惠性民办园464所（君山区新认定3所），增加62所；公办园和普惠性民办园占全市幼儿园的比例为57.5%，比2014年提高8.2个百分点；全市3—5岁幼儿总数为17.7万人（含外出务工人员孩子），实际在园幼儿数16.6万人，比2014年增加4000人；三年毛入园率为91.7%，比2014年提高4.3个百分点。全面完成省市为民办实事27所项目园建设任务，其中，省级项目园21所，市级项目园6所总投入3642.8万元。

【首届“幼儿园教育能手赛”】 2015年10月18—22日，岳阳市“学前教育‘金鹦奖’幼儿园教师教育能手赛”总决赛在洞氮幼儿园举行，全市22名选手参加，300多名园长和幼儿教师观摩比赛，华容县机关幼儿园朱琳璐、洞氮幼儿园周宗主两位老师送湖南省参赛。

【“送教送研”活动】 2015年4月17日，湖南省学前教育“送教送研”活动在岳阳市举行。岳阳1000多名幼儿园园长及骨干老师参与，25名学前教育行政管理人员参加活动。活动既有幼儿园的活动展示、省级园长及骨干教师的活动示范。还有2位省级专家周丛笑、刘美罗的点评，及与会者的提问等互动环节。

【“保育员”持证上岗培训】 2015年7月，全市1000名幼儿园保育员参加任职资格培训，市教育体育局拨付10万元对获得资格证的保育员予以奖励。岳阳保育员持证上岗率达80%以上，居全省之首。

（本栏撰稿　朱彩虹）

基础教育

【概况】 2015年，全市有普通中小学1385所，小学1068所，教学点213个，小学在校学生342114人，小学教职工1.72万人；有初级中学186所，九年一贯制学校77所，高级中学31所，完全中学17所、十二年一贯制学校1所、特殊教育学校6所；有初中学生162414人，高中学生82817人，特殊教育学校学生1046人；有初中教职工1.56万人，高中教职工7669人，特殊学校教职工179人。

一、以实事工程为抓手，小康建设成效明显。一是发展基础明显改善。实事工程112所学校和27所幼儿园任务基本完成；完小以上的合格学校建设任务基本完成；按照“全面改薄”20项底线要求改善477所薄弱学校。改薄工作得到省薄改办通报表扬。二是发展结构逐步优化。化解城区中小学大班额，高、初中学校大班额现象基本消除。市三中高、初中剥离。三是发展难点有所突破。普高招生不跨区域、不超计划、不降分数，促进普职分流。特殊教育幼儿、高中阶段、孤独症教育试点、送教上门和随班就读得到省厅认可。四是发展指标稳中有升。保障务工人员子女就读义务教育，保障三类残疾儿童少年就读，教育小康两项指标达到目标。

二、以阳光招生为抓手，教育公平有序推进。一是招生政策全公开。市区高、初中招生宣传册毕业生家长人手一册，普高招生实行网上运行。二是招生学段全覆盖。义务教育阶段招生实行划片招生、免试入学，普高招生实行双向选择、择优录取。义务教育阶段90%以上的学校学生实行免试就近入学，普高全面取消择校生。全市13.4万新生平稳入学。配合市纪委开展市区阳光招生、教辅征订发行、化解大班额、均衡编班督查。岳阳“百姓点赞十大民生实事”评选中，“阳光招生”化解大班额和义务教育合格学校建设榜上有名。

三、以规范行为为抓手，提高管理效率。规范学籍管理，全面实施新学籍管理办法和网上操作办法。在全省率先开展学籍管理省级平台试点，探索学籍管理系统与日常教育管理的对接。规范考试行为，组织初中毕业生体育考试、物理化学生实验操作考查和高中学业水平考试。

【中小学研究性学习成果奖评选】 2015年，根据《湖南省中小学研究性学习成果奖评选办法》，市教育体育局组织专家对申报2014年中小学研究性学习成果奖作品进行评审。评出一等奖6个、二等奖12

个、三等奖21个，优秀指导教师13人，优秀组织奖10个。在省教育厅组织的湖南省中小学研究性学习成果奖评选中，岳阳市一中的《岳阳市校园周边食品安全问题调研》、东升小学的《探究科学知识，拓展古诗内涵》、岳阳县一中的《关于岳阳县环卫工人生活状况及其心理健康的调查研究》获得湖南省一等奖，另有2个作品获得二等奖，7个作品获得三等奖，6位老师获得优秀指导教师奖；岳阳县教育局、岳阳楼区教育局、岳阳楼区东升小学和岳阳市一中获得优秀组织奖。

【全市高考再创佳绩】 2015年，全市高考再创佳绩。一是平均成绩稳中有升。文科平均成绩430.76分，高出湖南省平均分19.82分，排名湖南省第四；理科平均成绩438.39分，高出湖南省平均分5.55分，排名湖南省第四。二是二本上线率有所提升。全市二本上线率文科为24.69%，比湖南省平均上线率高2.05个百分点，比2014年上升0.11个百分点；理科为44.31%，比湖南省平均上线率高0.12个百分点。三是尖子生培养有突破。全市600分以上考生文科46人、理科412人，进入湖南省100名的考生有12人。文科档分第一名为岳阳县一中林玲，645分；理科档分第一名为岳阳市一中毛雨，702分。

【岳阳市第三届“十佳百优美德少年”评选】 2015年6月1日，岳阳市第三届“十佳百优美德少年”评选表彰大会召开。10名十佳美德少年和100名优秀美德少年受到表彰。活动由市文明办、团市委、市教育体育局主办。自2011年起，岳阳市每两年举办一次评选表彰活动，评选表彰美德少年。

【第16届岳阳市中小学电脑制作活动评选】 2015年5月13日，第16届岳阳市中小学电脑制作活动评选结束。经学校推荐、县市区教育局初选、市教育体育局组织专家评审，评出优秀作品117件，其中一等奖33件、二等奖28件、三等奖56件，最佳组织单位（学校）10个。

【君山区一中更名为岳阳市第十六中学】 2015年，岳阳市教育体育局对《君山区人民政府将君山区中心城区高中项目命名为岳阳市第十六中学的函》进行回复，同意君山区一中更名为岳阳市第十六中学。

【岳阳市首届教育教学成果奖评审】 2015年12月，根据《岳阳市教育体育局关于开展岳阳市首届教育教学成果奖评选工作的通知》精神，岳阳市首届教育教学成果奖评审结束。来自各县市区和市直教育单位推荐的市级教育教学成果材料118项。经专家评审、领导小组审核，评出一等奖18项，二等奖32项，三等奖41项。

【岳阳市参与全国“一师一优课，一课一名师”活动评选】 2015年，全国“一师一优课、一课一名师”活动评选结束，岳阳市各级各类学校周密部署，认真组织，有2.2万名教师参加全国“一师一优课，一课一名师”活动，晒课1.8万节，出色完成湖南省教育厅下达的任务。同时，各县市区和市直学校从晒课中推荐576节到全市参评，组织相关专家评审，评选市级优课364节。

【岳阳代表队在省少儿读书活动暨诵读展演活动中获得金奖】 2015年11月29日，“书香湖南—2015年全省少年儿童‘中国梦汉语美’”诵读展演活动暨第五届“三湘少年儿童阅读之星颁奖仪式”在长沙举行，经过两个小时的激烈角逐，岳阳市代表队参赛作品《给杜甫发个邀请函》获得金奖。本次读书活动以“主题推荐书籍读后感撰写”“诵读节目网络展播”“三湘少年儿童阅读之星评选”“送书下乡”“诵读展演”为主要内容，其中市图书馆、岳阳经开区文体教育工作局获得组织奖、北港小学获得阅读活动奖，吴佳李等5名学生分别获得三湘少年儿童“阅读之星”“阅读先进个人”称号，高灿等7名学生分别获得“主题推荐书籍读后感”一二三等奖。

【黄金小学“国学教育”创新道德建设新模式】 2015年10至11月，山东曹县、广东湛江等地的200名中小学校长、优秀教师专程来到君山区黄金小学，学习该校开设“国学教育”创新未成年人思想道德建设工作的经验。黄金小学是君山区最偏远的一所山村小学，也是全区唯一一所寄宿制完全小学。有教学班6个，学生336人，其中留守儿童占到80%以上。寄宿的120名孩子父母都不在身边，周末和年迈的爷爷奶奶一起生活，既缺少亲情，更疏于教育。8年来，黄金小学国学教育深入人心。先后有30名学生在省市书法比赛中获奖，17名师生获得“道德模范”“美德少年”称号。该校被评为“湖南省诗联教学先进单位”“岳阳市诗联教学先进单位”，是湖南省楹联教学基地。

（本栏撰稿 李嘉谊）

特殊学校教育

【概况】 2015年，全市有公办特殊教育学校7所，从事特殊教育的教师179人，其中特殊教育学校教师167人，随班就读辅导教师54人。在校接受教育的残疾儿童少年948人（包括随班就读残疾儿童少年），适龄残疾儿童少年受教育率达86.84%。

【开展第25个“全国助残日”活动】 2015年5月15日，在第25个“全国助残日”来临之际，市委书记卿渐伟、市长盛荣华分别走访慰问残障儿童并送去慰问金，副市长熊炜参加慰问。卿渐伟来到麦子巷社区看望慰问小女孩黎子靖和她10岁的哥哥黎景，两人都是先天性听障儿童，寄居在亲戚家接受聋哑儿童康复中心的培训。盛荣华来到太子庙社区孤独症儿童许滔的家里，鼓励其家人配合治疗，并呼吁社会加倍关注孤独症儿童。

【“关注孤独症儿童，走向美好未来”主题宣传日活动】 2015年5月17日，由市残疾人联合会主办，市妇幼保健院、市爱弥尔自闭症儿童训练中心和市博康康复中心承办的“关注孤独症儿童，走向美好未来”第25次全国助残日主题宣传日活动在南湖广场举行。康复明星和正在接受康复训练的各类残障儿童们现场表演文艺节目，展示才艺。这些“来自星星的孩子”和现场健康的孩子手拉着手跳起欢快圆圈舞。许多热心市民慷慨解囊，全省康复明星杨雨盟把自己在花板桥小学读书获得的“湖南省阳光少年”全部奖金捐给残疾小朋友。

【岳阳市“墨香书法展示”活动中10名残疾学生获一等奖】 2015年，岳阳市“‘少年传承中华传统美德’之墨香书法展示”活动评选中，特殊教育学校选送的书法作品有34件作品获奖，其中一等奖10件。

【残疾考生唐铎在一人考室参加高考】 2015年6月7—8日，岳阳市第十四中学124班学生唐铎在一人考室参加高考。唐铎出生于1996年，由于罹患脑瘫，自幼生活不能自理，但他以顽强的毅力和不懈的努力，顺利完成小学至高中各阶段的学习任务。参加高考是唐铎最大的梦想。市招考办向省教育厅专题申请，经湖南省招考办同意，在岳阳市四中给唐铎专设一人考室。

（本栏撰稿　周俊鑫）

中等职业教育

【概况】 2015年，全市职业院校毕业生就业率达98%以上，其中对口就业率90%以上，就业稳定率巩固在80%以上。维护成人学历教育的严肃性，对全市成人教育函授站进行评估审核，对一批不合格的函授站报省教育厅予以注销，并在媒体上对合格函授站进行公示，推进社区教育工作和终身学习活动，岳阳获得全国“全民学习活动周”优秀组织奖。

【规范中职招生】 2015年，市教育体育局下发《关于严格规范全市中职招生管理的通知》，将中职招生纳入全市阳光招生的范畴，通过统一招生计划、统一招生宣传、统一填报志愿，严格学籍管理、加强监督检查等措施，实现2015年中职招生的四个明显变化，即招生秩序明显好转、招生成本明显下降、买卖生源的现象得到明显遏制，招生人数明显增加，全年招生人数比2014年增加20%。

【职业教育重点项目申报喜获丰收】 2015年，湖南省立项卓越职业院校、中高职衔接、专业群、实训基地等4个职业教育重点建设项目，150多所职业院校推荐参加评审，岳阳推荐的7所院校项目全部获得通过，通过率达100%，占全省通过项目的1/10。

【竞赛活动成绩斐然】 2015年，全市成功举办职业学校金鹗杯教师教学竞赛和中职学生技能竞赛。在全国、全省技能竞赛、创业大赛、教学竞赛三项竞赛中，获得国家二等奖1项，三等奖3项，省级一等奖6项，二等奖12项。

【岳阳市对中等职业学校新申报的专业进行评估】 2015年3月20日至4月8日，市教育体育局组织专家，对全市6所中等职业学校新申报的11个专业进行评估。经审核，评估结论为：一、合格专业：岳阳市富岳外国语职业学校城市轨道交通运营管理专业，电子商务专业，岳阳市通达职业技术学校金融事务专业；二、不合格专业：岳阳理工职业技术学校美术绘画专业；三、国家级重点中等职业学校备案的新设专业：岳阳市第一职业中等专业学校环境监测技术专业；平江县职业技术学校客户信息服务、农产品保鲜与加工、电子商务专业；华容县职业中专汽车车身修复、汽车美容与装潢、汽车整车与配件营销专业。

【汨罗市职业中专搭建五个平台服务“美丽乡村”】 2015年，汨罗市职业中专联合湖南农大、岳阳市农科所、汨罗市农业局、湖南盈田农业有限公司等共同建成现代农业服务中心及网站，并为农民开通热线电话、农业服务网站、手机短信平台，第一时间解决农业生产中出现的问题。学校还选派专业骨干教师及优秀学生下乡接受技术咨询。学校坚持以市场需求为导向，以短期职业技能培训为重点，实行培训就业一条龙服务，培训农民工1.25万人次，科技示范户800人次，农村科技推广员150人次。此外，该校还充分发挥人才优势，选派专业骨干教师作为农业新技术推广员，深入各乡村进行科技推广，开展帮扶活动，教师“做给农民看，带着农民干，帮着农民富”，引导农民引进和推广优良品种、先进技术等项目242项，帮助农民增收360余万元。

（本栏撰稿　周有年）

高等教育

【概况】 2015年，全市有高等学校6所，其中普通高等学校1所：湖南理工学院，设有18个院（部），51个本科专业，面向全国31个省、市、自治区招生，现有全日制在校生22754人（含独立学院），来华留学生12人。职业技术学院3所：岳阳职业技术学院、湖南民族职业学院、湖南石化职院。岳阳职业技术学院开设有护理学院、临床医学系等8个系（院）和医学基础部、人文素质教育部2个公共教学部，开办高职专业28个，全日制在校学生1.5万人。湖南民族职业学院在校学生1.3万人，设有10个系部和成人教育学院，30个大专专业、3个中专专业。湖南石化职院建有47个校内实习实训场所和71个校外实习实训基地，设有石化技术工程系、石化装备工程系、石化管理工程系、思政课部和培训中心等5个教学培训单位，16个职能部门（合署办公为11个）和4个教辅机构，开设13个专业，现有在校学生4000多人。成人高校1所：岳阳广播电视大学。学校有开放教育学院、职业技术教育学院、中小学教师培训与继续教育学院、北师大教学中心5个办学实体，下辖6个县市级电大分校和11个电大工作站。全市电大系统在籍开放教育学生13192人，其中本部8521人；在籍网络教育学生8857人，其中本部1845人；合计在籍业余学生18949人，其中本部9366人。（袁卫和）

【湖南理工学院学位与研究生教育有序开展】 2015年，湖南理工学院在学科建设方面，顺利完成5个省级重点建设学科验收，出台《湖南理工学院“十三五”重点学科建设发展规划》；在学位点建设方面，新增专业硕士招生培养领域4个；在研究生招生与培养方面，招收硕士研究生76名，其中学术硕士38人，专业硕士38人。4个项目获得湖南省研究生科研创新项目立项资助，获得全国研究生数学建模竞赛二等奖2项，湖南省第八届研究生创新论坛上获得优秀论文一等奖1名、二等奖3名、三等奖7名。（袁卫和）

【湖南理工学院人才引进力度大】

2015年，湖南理工学院成立学校人才工作领导小组，出台《湖南理工学院关于高层次人才引进的暂行规定》《湖南理工学院“南湖学者”特聘人才聘任暂行办法》，初步签约2名“国家千人计划”学者。引进人才32人，其中博士14人，硕士18人。（袁卫和）

【湖南理工学院获得“全国文明单位”称号】 2015年2月28日，第四届全国精神文明建设工作表彰暨学雷锋志愿服务大会在北京召开，湖南理工学院获得全国文明单位称号，是本届评比中湖南省教育系统唯一一家全国文明单位。

（袁卫和）

【湖南理工学院“历史建筑保护工程”设立】 2015年3月23日，湖南理工学院申报的特设专业“历史建筑保护工程”获得教育部批准，成为湖南省首个开设历史建筑保护工程专业的高校。此前，全国仅有同济大学与北京建筑工程大学开设此专业。湖南理工学院历史建筑保护工程专业系学院与上海建为历保工程科技股份有限公司合办，旨在培养建筑遗产保护专业人才，为中国的文化遗产保护管理部门及科研单位、文保企业提供专业人才，解决文物保护行业专业人才老龄化、文物保护管理部门建筑保护专业人员短缺问题。（袁卫和）

【湖南理工学院在全省第十一届“挑战杯”大学生课外学术科技作品竞赛中获奖】 2015年5月31日，由共青团湖南省委、湖南省教育厅、省经信委、省科技厅、省科协及省学联联合举办的第十一届“挑战杯”湖南省大学生课外学术科技作品竞赛在湖南科技大学闭幕。湖南理工学院选送的科技发明制作类项目“基于稀土磁畴控制的电永磁抓取系统”获得大赛一等奖，学校获优秀组织奖。（袁卫和）

【湖南理工学院民乐团赴俄罗斯演出】 2015年9月22日，湖南理工学院民乐团开始为期一周的赴俄罗斯演出，拉开“中俄青年友好交流年”中国文化艺术展演序幕。乐团在俄罗斯莫斯科国立人文大学剧场、莫斯科国立高等经济学院、圣彼得堡国立交通大学进行演出，给俄罗斯观众带去由琵琶、竹笛、唢呐、二胡等中国传统乐器演奏的《春江花月夜》《红莓花儿开》等中俄两国人民耳熟能详的10余首曲目。（袁卫和）

【湖南理工学院“屈原文化研究基地”获批】 2015年12月8日，湖南理工学院“屈原文化研究基地”被确立为湖南省社科研究基地，标志着湖南屈原学术文化研究初步实现集群化、规模化。该基地主要将在屈原学术传承研究、屈原文艺大众化研究及屈原文化产业化等方面展开研究，以打造屈原研究学术化、大众化、产业化一体式发展为特色，建成学科育人、文化育人、实践育人的湖湘名人文化基地。

（袁卫和）

【政、校、企联手打造“学前教育航母”】 2015年6月15日，湖南民族职业学院组织。中高职院校、幼儿园所、行业企业共同成立“岳阳学前教育职教集团”，联手打造省市乃至全国的“学前教育航母”。“岳阳学前教育职教集团”的成立，将进一步增强岳阳学前教育机构的凝聚力，提升幼教工作者的科研水平，加强学前教育界对外交流，为幼教人才的培养与成长搭建平台。（袁卫和）

【西藏学生庆祝木羊藏历新年】

2015年2月18日是农历大年三十，恰逢藏历新年前一天，下午4点半，湖南民族职业学院学生餐厅里热闹非凡。当学院党委书记李红带领校领导班子和三个年级的西藏班班主任们，一起走进餐厅陪伴留校过年的西藏生吃年夜饭时，师生们互相问候之声此起彼伏。让藏族学生留校过年已连续有多个年头。2015年留在学院过春节的西藏学生有127人。为了让藏族孩子在学院欢度新年，学院在春节期间安排了丰富多彩的娱乐活动，让藏生们每一天都过得开心快乐。（袁卫和）

【方先义作品获得第四届“周庄杯”全国儿童文学短篇小说一等奖】

2015年5月7日，第四届“周庄杯”全国儿童文学短篇小说大赛颁奖典礼在“中国第一水乡”周庄举行，湖南民族职业学院老师方先义创作的科幻小说《梵天城的服装师》获得一等奖。作品讲述的是幽微惊恐的末世来临后，机器人对人类遗留下的精神财富的清点。这也是大赛举办四届以来第一次有科幻小说入围这一奖项。（袁卫和）

【岳阳职业技术学院着力服务社会民生】 2015年，岳阳职业技术学院在提升服务能力中促进内涵建设。一是坚持在强化科研中服务社会。立项省级以上课题14项，市科技项目12项。立项市级以上横向合作项目13项，获得专利10项，获得市科技进步奖1项。全院有190多名专业教师被医院、企业或农村特聘为技术咨询专家或技术服务专家顾问。二是坚持在就业创业中服务民生。投身“大众创业，万众创新”，举办大小招聘会200余场，毕业生初次就业率为91.57%。毕业设计抽查获得全省“优秀”，合格率为93.3%；畜牧兽医专业技能抽查100%合格；组织学生参加各类技能竞赛获奖21项。引导学生创办“宇杰花艺公司”“我的花房创业工作室”等多个创业实体，获得较好效益。三是坚持在创新载体中服务社区。依托专业群，制定社区学院建设方案，开展社区学院试点，在郭镇麻布村挂牌建立乡村学院，将教育延伸到社区，将服务延伸到家庭；组织青年志愿者协会开展义诊、家电维修、文化服务等志愿服务活动210场次，参加学生2567人次；组织养老服务、新型农民、民用爆破等各类社会培训6580人次。

（付　云）

【湖南石油化工职业技术学院获得“博赫杯”全国职业院校石油化工生产技术技能竞赛团体一等奖】

2015年10月，湖南石油化工职业技术学院石化技术工程系赵克、宋海霞老师指导的3名学生组成的参赛队以第一名的成绩获得“博赫杯”全国职业院校石油化工生产技术技能竞赛团体一等奖，赵克、宋海霞两位老师分别获得“优秀指导教师”荣誉称号。（袁卫和）

【中南工业学校立项为湖南省首批卓越院校建设单位】　2015年8月，中南工业学校通过湖南省职业院校教育教学评估与咨询专家委员会评审，为湖南省首批卓越院校建设单位。12月，学校获得中国石油和化学工业院校文化建设先进单位。招收学生1745人，超额完成年度招生计划46%。争取湖南省技工院校校企合作研修平台建设项目等各类项目12项。一是师资队伍建设成效显著。有2名教师获得“全国石油和化工行业优秀教学名师”称号，1名教师获得“湖南省技术能手”“教学标兵”称号。二是教学科研成果突出。学校组织青年教师参加岳阳市“金鹗杯”教学竞赛，获得一等奖5个；参加湖南省职业技能大赛教师组竞赛，获得4个奖项；全年向国家、省市教育与人社部门推荐优秀教学教研成果（论文、教案、课件等）44项。三是人才培养质量提高。学校组织两次学生顶岗实习“双选会”，安置学生1003人，顶岗实习率98%，专业对口率95%，学生在各级（含国、省、市级）职业技能竞赛中获奖20余项，其中徐樟武同学代表湖南省在全国职业院校技能大赛焊接技术项目中获得二等奖。四是培训鉴定效益提升。开展各类培训鉴定人数5601人次，开办75个培训班，合作企业28家。

（袁卫和）

【湖南省工业技师学院正式设立】

2015年3月，湖南省人民政府批复（湘政函〔2015〕33号）同意以中南工业学校为主体，正式设立湖南省工业技师学院。自此，湖南省工业技师学院（中南工业学校）成为真正意义上的集高等职业教育、中等职业教育、技能培训鉴定和产业发展为一体的综合性职业院校。升格后，全院学生规模暂定为5000人。根据规定，技师学院高级工班、预备技师（技师）班毕业生，按照全日制大专学历享受相应待遇政策，并按国家有关规定享受高校毕业生就业创业政策；技师学院取得高级工以上职业资格的工程技术类专业毕业生，可按有关规定参加专业技术人员职称评聘。

（袁卫和）

【岳阳电大人才培养创造新业绩】

2015年，岳阳电大开放教育招生完成7338人，实现开放教育招生“七连冠”。非学历教育新开发4个项目，全年11个项目，培训22988人次，连续5年被省中小学教师发展中心评为先进单位。举办各类社会化成人教育培训项目10个、50个班，培训2656人。在“2016—2017年市直就业技能培训”和“岳阳市2016—2017年度创办和改善你的企业定点培训机构认定项目”招投标中，继续教育学院一举中标。

（袁卫和）

民办教育

【概况】　2015年，岳阳市有各类民办教育机构1350个，其中普通高中4所，中等职业学校14所，初中7所，小学15所，幼儿园929所，培训机构381个，专职教师11805人，在校学生（幼儿）156793人，培训机构年培训161452人次，固定资产29亿多元，占地面积5508亩，校舍建筑面积135万多平方米。市管民办教育机构196个，其中普通高中2所，中等职业学校8所，初中2所，小学1所，培训机构183个，专职教师3240人，在校学生11757人，培训机构年培训人数60610人次。

一、穿针引线搭好台。让各有所长的公、民办学校理念融合，相互取长补短。岳州中学、弘毅中学与市一中，华夏学校与市十五中合作办学。成功承办省民办教育协会主办的“互联网+时代教育”论坛，省内外优秀举办者200多名、国内知名专家学者18人来岳阳参加论坛，传经送宝。

二、鼓励支持铆足劲。市教育体育局、市财政局联合下发《岳阳市市本级民办教育发展专项资金管理办法》，民办教育专项资金由50万元提高到100万元，奖补项目由单一的年度办学评估奖补增加依法治校先进单位奖补、优质特色民办学校奖补、有突出贡献民办学校教师奖励。汨罗市委、市政府联合下发《关于进一步促进民办教育改革与发展的决定》，在鼓励发展、优化环境、规范管理、保障权益等方面出台具体措施。

三、想方设法解难题。解决弘毅中学久拖不决的征地拆迁问题，解决华夏学校二期建设、春雷学校困难工读生补足等问题。积极争取金融机构支持，破解知源学校校产信贷难。协调主管部门，解决民办学校水费高等问题。持续对非法办学进行打击行动，维护正常的办学秩序。

【岳阳市组织对民办学校办学情况进行评估】　2015年5月，市教育体育局组织对岳阳市湘北女子职业学校等210所民办学校办学情况进行评估。经学校自查、评估组评估、复查、结果分析，确定7所学校为示范学校，28所学校为优秀学校，23所学校为单项先进学校，127所学校为合格学校，10所学校为整改学校，10所学校为停止招生学校，5所学校为停办学校。

【岳阳市5所幼儿园首批通过省级骨干民办学校验收】　2015年4—5月，省教育厅组织专家对“十二五”省级骨干民办学校建设2012年立项的49所民办幼儿园、10所民办普通中小学、3所民办中等职业学校进行验收，岳阳市岳阳楼区蓓蕾幼儿园、岳阳楼区簕杜鹃金湖幼儿园、岳阳楼区华夏坤健幼儿园、湘阴县小天鹅幼儿园、临湘市童之梦幼儿园等5所幼儿园首批通过验收。

（本栏撰稿　汤小红）

体 育

【概况】 2015年，岳阳体育产业成为岳阳现代服务业发展的新的增长点。一是设施体系逐步完善。全市人均体育场地面积0.94平方米；县市区全民健身活动中心18个；城市街道室内外健身设施2973个；农村乡镇体育健身中心42个；行政村农民体育健身工程数量达到1437个，覆盖率达47%；公共体育场馆476个；学校体育设施2523个；全民健身设施纳入国民经济和社会发展规划的覆盖率达100%。临湘市、湘阴县等县市区启动体育场馆建设，基本做到每相邻2-3个行政村有一套农民体育健身网络。中心城区10分钟健身圈。二是组织体系逐步加强。登记注册的体育总会5个，基本形成单项体育协会49个，城市街道体育组织16个，乡镇体育组织172个。城市街道社区体育健身俱乐部270余家，覆盖率达80%以上；全市健身站点1650余个，每万人拥有3个健身站点。三是活动体系逐步增加。先后举办或承办中国女排联赛、海峡两岸围棋邀请赛、环中国国际公路自行车赛、中国体育舞蹈公开赛、华东地区“羽林”争霸赛、湖南省第八届少数民族运动会、全国业余围棋锦标赛等高水平体育赛事活动，每年举办的本土大小型赛事活动400多场次，羽毛球、乒乓球、太极拳、广场舞、游泳、轮滑、登山、瑜伽、自行车等群众喜爱的健身项目和户外体育运动项目经常开展，每年有数十万人次直接参与健身活动，常年参与健身人数占全市总人口的34%。岳阳市现有农村体育健身队伍1000余支，基本上每个乡镇都有2支以上队伍。

（本栏撰稿 陈 列）

学校体育

【岳阳县新墙镇中心小学评为全国体育工作先进单位】 2015年，岳阳县新墙镇中心小学坚持“人文求善，科学求真，快乐学习，阳光成长”的办学理念，广泛开展儿童课余体育训练。将原来的课间操改为大课间活动，并将时间延长至30分钟以上。学校体育设施不断完善，六年来用于添置设施及设备的经费不低于10万元，学校公用经费的5%用于体育工作。现有1个200米田径场，2个标准篮球场，8个固定乒乓球台和2个可移动乒乓球台。

【临湘市二中学生周琳在世界田径锦标赛上获得三枚金牌】 2015年6月27日至7月2日，2015年世界中学生田径锦标赛在武汉举行，临湘市二中学生周琳一举夺得女子300米栏、1000米异程接力及女子团体3枚金牌。周琳同学13岁时被选送临湘市二中参加田径训练并就读，主攻100米和400米跨栏。

【岳阳34所学校获评全国青少年校园足球特色学校】 2015年7月27日，教育部官网公示2015年全国青少年校园足球特色学校名单，岳阳有34所学校入围，其中市直4所，岳阳楼区4所，岳阳县4所，华容县3所，临湘市3所，汨罗市4所，平江县6所，湘阴县5所，云溪区1所。

（本栏撰稿 廖 薇）

群众体育

【岳阳市龟牛拳与传承人获得省授牌与命名】 2015年9月，在湖南省武术传统门派（拳种）命名大会上，岳阳市龟牛拳与传承人获得省授牌和命名。龟牛拳由湘鄂赣地区广为流传的“铁牛破埂”发展演变而来，为平江县永福寺高僧姚世明所创。传承人王群杰、张耀庭和儿童组的周玮霖，均以龟牛拳获得湖南“武状元”称号。

【6万市民参与全民健身挑战】 2015年11月14日，由国家体育总局群体司发起，中华全国体育总会、湖南省体育局联合主办的“全民健身挑战日——岳阳、常德动起来”活动在岳阳、常德两市举行。岳阳主会场设南湖广场，各县市区开设3个分会场30个分赛点。活动仪式上，伦敦奥运会女子举重冠军王明娟宣读全民健身倡议书，并举行省体育局向岳阳市残联捐赠轮椅律动机仪式。9点，众跑和盲人融合关爱跑项目启动。全民健身展示环节中，有2000名中学生带来的阳光体育，600名中老年人带来的太极拳表演，500余人组成的骑行队伍，400名社区居民带来的广场舞表演。整个活动约有6万人参与。

【举办全国体育舞蹈公开赛】
2015年10月23—25日，全国体育舞蹈公开赛在岳阳市举办。该项赛事为全国体育舞蹈的顶级赛事，来自全国各省市的60多支队伍2000余名选手参加。这是岳阳市第二次举办该项赛事，中国体育舞蹈联合会向岳阳市教育体育局颁发“突出贡献奖”。

【举办全市第六届体育舞蹈比赛暨友好城市邀请赛】 2015年岳阳县新墙镇中心小学4月24—26日，由岳阳市教育体育局主办，岳阳市民办教育协会、市舞蹈家协会协办，岳阳市体育舞蹈运动协会、岳阳市星池舞蹈培训学校承办的岳阳市第六届体育舞蹈比赛暨友好城市邀请赛在岳阳市体育馆举行。来自省外、各县市区、大中专院（校）和培训机构等51支代表队2300多名代表参加比赛。本次大赛为营造岳阳体育舞蹈健康氛围，弘扬体育舞蹈主流文化，提升体育舞蹈竞技水平，推动体育舞蹈领域交流，促进体育舞蹈事业发展发挥作用。

【举办岳阳市第六届老年人运动会】
2015年5月19日至11月4日，市教育体育局、市老年体协联合举办岳阳市第六届老年人运动会。项目设置有门球、太极拳、乒乓球、揉力球、气排球等11个大项23个小项，来自全市各县市区及驻岳单位、各市直单位的15个代表团、5个代表队的2000余名老年同志参加比赛。

【举办各类棋类比赛活动】 2015年，岳阳市依托市棋类协会举办数场棋类比赛。1月10—11日，“正虹科技杯”岳阳市象棋名手邀请赛在屈原管理区举行，28名象棋名手参加。5月23—24日、30—31日，岳阳市“棋协杯”春季少年儿童象棋、围棋定级定段赛在市体育馆举行，参加定级定段的象棋、围棋少年棋手662人；8月22—23日，“国发杯”岳阳市象棋锦标赛在市区举行，参加棋手103人；11月21—22日，岳阳市中小学生智力运动会在南湖小学举行，本次象棋、围棋比赛按年级划分四个组，来自全市各地的393名中小学生参加；12月19—20日、26—27日，岳阳市“棋协杯”冬季少年儿童象棋、围棋定级定段赛在市体育馆举行，参加定级定段的象棋、围棋少年棋手813人。

【举办太极拳表演活动】 2015年5月9日，“湖南省第三届太极拳健身月”岳阳市太极拳大型展示活动在南湖广场举办，太极拳爱好者约400余人参加。11月21日，岳阳市太极拳协会年会及大型表演活动在南湖广场举行，协会17个辅导站500余人参加年会及会后的表演。

【举办各类羽毛球比赛】 2015年7月23—25日，湖南省“道道全杯”羽毛球邀请赛在岳阳市体育馆举办，来自全省10个市州的12支代表队参加比赛。5月30—31日，岳阳市“波力杯”业余羽毛球双打团体赛举行；12月26—27日，“FZ杯”岳阳业余羽毛球俱乐部混合团体赛举行。

【举办冬泳健身活动】 2015年4月4日，岳阳市冬泳协会主办“横渡新墙河纪念抗战烈士”活动，40多名冬泳爱好者冒雨参加。岳阳市游泳协会多次选派冬游健将赴国内外参加各类比赛。8月19日，选派数名冬泳健将参加在韩国济州岛举办的首届中韩游泳争霸赛，李敏和黄利群获得女子单项500米第三、男女混合500米第二和第五3块奖牌。9月20日，选派11名勇士赴宝岛台湾参加一年一度的日月潭国际万人泳渡活动，全部成功横渡。12月26日，派员参加在俄罗斯海参崴阿穆尔湾举行的第二届“阿穆尔杯”中俄泳友迎新年冬泳挑战赛，72岁的岳阳市冬泳协会会长陈其政获得参赛年龄最长者冠军。

（本栏撰稿 刘 刚）

竞技体育

【岳阳籍选手周倩获得全国女子摔跤冠军】 2015年11月13日，全国女子自由式摔跤冠军赛在湖南省浏阳市落幕，在世锦赛上获得银牌的岳阳选手周倩再次摘得桂冠。周倩出生于汨罗市高家坊，2005年进省专业队，2011年开始在全国比赛中崭露头角，参加全国成年锦标赛获第二名，全国城市运动会预选赛女子摔跤67KG级第一名。2013年入选国家队，开始征战国内外大赛。

【岳阳参加省武术大赛获得23枚金牌】 2015年11月22日，湖南省第三届武术大赛在株洲市落幕，岳阳15支参赛代表队夺得23块金牌。这次赛事为湖南省武术比赛规模最大、门派拳种最全、水平最高、参加人数最多的一次竞技体育比赛。经过角逐，获得“湖南武术名师”称号的全省仅15位，岳阳余金汉、彭金宝、余爱国、丁吉昌、赵洪英都名列其中。

2015年岳阳市参加省锦标赛成绩情况

表9

比赛名称	姓名	性别	组别	项目	成绩	名次	备注
全国射击冠军赛 4月19—27日 山东济宁	刘汝璇	女	成年组	女子10米气步枪	417.5环	省纪录（电子靶）	
	刘汝璇	女	成年组	女子10米气步枪决赛	206.3环	新创省纪录（电子靶）	
世界游泳锦标赛 7月24日—8月10日 俄罗斯	熊墩瀚	女	成年组	女子水球		5	
世界女子水球联赛 6月9—14日 中国上海	熊墩瀚	女	成年组	女子水球		4	
世界摔跤锦标赛 9月6—9日 拉斯维加斯	周 倩	女	成年组	女子跤75公斤级		2	
亚洲水球锦标赛 12月16—20日 广东佛山	熊墩瀚	女	成年组	女子水球		1	
亚洲摔跤锦标赛 5月6—10日 卡塔尔多哈	周 倩	女	成年组	女子跤75公斤级		3	
第一届青运会 10月18—27日 福建福州	钟沛丰	男	成年组	男子跳远	7.59米	2	

续表9

比赛名称	姓名	性别	组别	项目	成绩	名次	备注
全国皮划艇锦标赛 9月5—12日 广东广州	丁来仪	男	成年组	男子双人皮艇200米	35.195	5	
全国赛艇冠军赛 4月18—24日 浙江千岛湖	曾岳奇	男	成年组	男子四人双桨2000米	06：01.0	1	
全国赛艇锦标赛 9月16—20日 北京顺义	曾岳奇	男	成年组	男子四人双桨2000米	05：57.9	3	
全国射击团体、个人锦标赛 6月20—31日 上海市	于明强	男	成年组	男子飞碟双多向团体	385中	7	
全国男子水球冠军赛 4月20—25日 上海市	何寅钊	男	成年组	男子水球		3	
	章墨成	男	成年组				
	朱格林	男	成年组				
全国女子水球冠军赛 4月9—14日 湖南长沙	熊墩瀚	女	成年组	女子水球		5	
	王晴薇	女	成年组				
	龚　珏	女	成年组				
	彭　林	女	成年组				
	杨丝雨	女	成年组				
全国男子水锦标赛 8月27日—9月1日 上海市	何寅钊	男	成年组	男子水球		2	
	章墨成	男	成年组				
	朱格林	男	成年组				
全国女子水球锦标赛 8月18—23日 广西桂林	熊墩瀚	女	成年组	女子水球		3	
	王晴薇	女	成年组				
	龚　珏	女	成年组				
	彭　林	女	成年组				
	杨丝雨	女	成年组				
全国女子自由式摔跤锦标赛 4月1—4日 广西北海	周　倩	女	成年组	女子跤75公斤级		1	
全国女子自由式摔跤冠军赛 11月11—13日 湖南浏阳	周　倩	女	成年组	女子跤75公斤级		1	
全国田径冠军赛 6月27—29日 北京市	付雨婷	女	成年组	女子800米	02：11.5	5	
	付雨婷	女	成年组	女子4×400米	02：07.5	4	
全国青少年田径锦标赛 5月27—31日 福建福州	钟沛丰	男	甲	男子跳远	7.36米	4	
2015年湖南省青少年拳击锦标赛 1月20—22日 娄底市	陈旺宏	男	甲	54公斤		第五名	

续表9

比赛名称	姓名	性别	组别	项目	成绩	名次	备注
2015年湖南省青少年排球锦标赛　3月27日至4月2日　常德市澧县	戴　辰	男	甲	男子排球团体		第二名	总分93分，团体总分排名第二
	袁　虎	男	甲				
	刘　钊	男	甲				
	谢　棵	男	甲				
	廖　旺	男	甲				
	秦子欣	男	甲				
	陈　阳	男	甲				
	李　奥	男	甲				
	陈　佳	男	甲				
	易　荣	男	甲				
	黎　游	男	甲				
2015年湖南省青少年排球锦标赛　3月27日至4月2日　常德市澧县	张　皇	男	甲	男子排球团体		第二名	总分93分，团体总分排名第二
2015年湖南省青少年排球锦标赛　3月27日至4月2日　常德市澧县	林　霞	女	甲	女子排球团体		第三名	总分93分，团体总分排名第二
	张　欢	女	甲				
	陈紫薇	女	甲				
	杜　琼	女	甲				
	朱　娜	女	甲				
	戴安慧	女	甲				
	蒋　烁	女	甲				
	张　容	女	甲				
	陈凤杰	女	甲				
	成文会	女	甲				
	刘　璇	女	甲				
	杨　锦	女	甲				
2015年湖南省青少年武术锦标赛　4月22—24日　长沙市明德中学	夏朝星	女	甲	42式太极剑	8.58	第一名	
	刘紫禁	男	甲	42式太极剑	8.20	第一名	
		男	甲	42式太极拳	7.59	第二名	
	姜曾研	女	甲	42式太极拳	8.54	第二名	
	陈鑫洋	男	甲	42式太极拳	5.66	第三名	
	杨龙赛	男	甲	42式太极剑	7.14	第三名	
	方梓鹏	男	甲	传统器械	7.96	第三名	
	李嘉伟	男	散打	85公斤		第一名	
	刘　森	男	散打	90公斤		第二名	
	陈　森	男	散打	80公斤		第二名	
	张家成	男	散打	65公斤		第三名	

续表9

比赛名称	姓名	性别	组别	项目	成绩	名次	备注
2015年湖南省青少年举重锦标赛　7月14—18日　吉首市	徐乐磊	男	丙	56公斤	151	第一名	
2015年湖南省青少年跆拳道锦标赛　7月15—17日娄底市新化县	熊文广	男	甲	-59公斤		第二名	
	周　翼	男	甲	-63公斤		第二名	
2015年湖南省青少年羽毛球锦标赛　7月17—23日　怀化市	郑　逸	女	甲	女子单打		第二名	
2015年湖南省青少年摔跤锦标赛　7月22—24日　株洲市	李际鹏	男	甲	古典式-66公斤		第一名	
	付　超	男	乙	古典式-58公斤		第一名	
	杨　扬	男	丙	古典式-52公斤		第一名	
	穆业钧	男	乙	自由式+69公斤		第二名	
	赵　青	男	乙	古典式+69公斤		第二名	
	孙忠豪	男	丙	古典式-52公斤		第二名	
	董德兵	男	丙	古典式-66公斤		第二名	
	游　灿	男	丙	自由式-66公斤		第三名#	#代表并列名次，下同
	何　卫	男	丙	古典式-58公斤		第三名#	
	任成龙	男	丙	古典式-66公斤		第三名#	
	徐鑫海	男	乙	古典式-63公斤		第三名#	
	刘天奇	男	丙	古典式-46公斤		第三名#	
2015年湖南省青少年柔道锦标赛　7月29—31日　张家界市	秦斯陶	女	乙	-57公斤		第二名	
	李　芸	女	丙	-63公斤		第三名#	
2015年湖南省青少年田径锦标赛　7月22—25日　株洲市	陈　藩	女	甲	800米	2：14.71	第一名	
		女	甲	1500米	4：53.30	第一名	
	周　琳	女	甲	100米栏	14.25	第一名	
		女	甲	400米栏	1：02.53	第一名	
	高　天	男	甲	跳远	7.33	第一名	
		男	甲	三级跳远	14.27	第二名	
	钟　叶	女	乙	铁饼	43.90	第一名	
		女	乙	标枪	42.10	第二名	
	李　维	女	乙	铅球	12.44	第一名	
		女	乙	铁饼	32.91	第二名	
	屈　璟	女	丙	200米	27.18	第一名	
		女	丙	400米全能	30.80	第二名	

续表9

比赛名称	姓名	性别	组别	项目	成绩	名次	备注
2015年湖南省青少年田径锦标赛 7月22—25日 株洲市	向歆怡	女	甲	铅球	13.04	第二名	
		女	甲	铁饼	42.20	第三名	
	屈 璟	女	丙	4×100米	52.13	第二名	
	李雅文	女	丙				
	游佳睿	女	丙				
	周笑含	女	丙				
	屈 璟	女	丙	4×400米	4：09.01	第二名	
	李雅文	女	丙				
	徐 会	女	丙				
	周笑含	女	丙				
	付邵龙	男	甲	铅球	12.63	第三名	
	李永吉	男	乙	400米栏	59.67	第三名	
2015年湖南省青少年赛艇锦标赛 7月29—31日 常德市	尹 沛	女	甲	轻量级2000米	09：48.10	第一名	
		女	甲	轻量级4000米	20：29.56	第三名	
	刘 虞	女	乙	综合素质	97	第三名	
		女	乙	2000米测功仪	08：02.50	第一名	
		女	乙	个人全能	291	第三名	
	胡 振	女	乙	综合素质	95	第三名	
		女	乙	2000米测功仪	08：26.70	第三名	
		女	乙	个人全能	290	第二名	
	彭思敏	女	乙	综合素质	98	第二名	
	王远哲	男	乙	综合素质	95	第三名	
	丁来仪	男	甲	1000米双人皮艇	04：21.97	第一名	
	钟泽鑫	男	甲				
	付 豪	男	乙	综合素质	98	第二名	
		男	乙	1500米跑步	05：13.70	第三名	
		男	乙	个人全能	291	第一名	
	肖凯尧	男	乙	1500米跑步	05：05.18	第三名	
		男	乙	个人全能	281	第三名	
2015年湖南省青少年射击锦标赛 7月22—25日射击中心飞碟 8月8—15日娄底市步手枪	乔 芬	女	飞碟	多向30靶个	14中97分	第一名	
	郭茹萌	女	甲	50米步枪三种姿势个	571	第一名	
		女	甲	50米步枪跪姿20发个	194	第一名	
		女	甲	50米步枪卧射60发个	604.5	第三名	
		女	甲	50米步枪立姿20发个	184	第三名	

续表9

比赛名称	姓名	性别	组别	项目	成绩	名次	备注
2015年湖南省青少年射击锦标赛 7月22—25日射击中心飞碟 8月8—15日娄底市步手枪	郭茹萌	女	甲	50米步枪三种姿势队	1676	第一名	
	艾　巧	女	甲	50米步枪卧射60发队	1774.2	第三名	
	李威扬	男	甲	50米手枪慢射60发个	550	第一名	
		男	甲	10米气手枪60发个	565	第二名	
	任　雷	女	乙	50米步枪卧射30发个	294环 95分	第一名	
	李木兰	女	乙	10米气手枪40发个	372环 97分	第一名	
	陈露露	女	飞碟	多向30靶个	11中 86.4分	第二名	
		女	飞碟	双向40靶个	26中 92.9分	第二名	
	刘　涛	男	飞碟	多向30靶个	20中 95.3分	第二名	
2015年湖南省青少年游泳锦标赛 8月15—19日醴陵市	李禹昕	女	甲	400米自由泳	04：28.84	第一名	
		女	甲	100米仰泳	01：05.94	第一名	
		女	甲	200米仰泳	02：21.45	第一名	
	宗志骁	男	甲	100米蝶泳	59.89	第一名	
		男	甲	400米个人混	04：46.38	第一名	
		男	甲	200米蝶泳	02：09.07	第二名	
	于心仪	女	甲	200米蛙泳	03：10.83	第二名	
	周炫颖	女	乙	100米蝶泳	01：16.77	第三名	
2015年湖南省青少年水球锦标赛 9月1—4日岳阳市	邓婧雅	女	女子组	女子水球团体		第一名	总分29分，团体总分排名第二
	邓泽文	女	女子组				
	龚　珏	女	女子组				
	江　蒙	女	女子组				
	刘　娜	女	女子组				
	吴雨轩	女	女子组				
	徐子睿	女	女子组				
	杨丝雨	女	女子组				
	易晓萱	女	女子组				
	张　莹	女	女子组				

（本栏撰稿　李　缘）

责任编校　邹　青

文　化

社会文化

【文化服务体系示范区创建】　2015年2月12日，岳阳市文化广电新闻出版局（简称市文广新局）一是加大推进力度。召开全市文化广电新闻出版暨示范区创建工作会议，重点对示范区创建工作进行再部署、再动员。3月，岳阳市创建国家公共文化服务体系示范区办公室（简称市创建办）再次从相关单位抽调6名工作人员，使创建办工作人员达到12人，工作力量得到充实。二是开展制度研究。召开2次创建示范区制度设计研讨会，邀请国家、省、市相关专家莅临指导，完成制度设计研究工作，并通过文化部专家评审。争取市委、市政府印发《关于加快构建现代公共文化服务体系的实施意见》。三是强化督查指导。市创建办先后4次调研和督查公共文化示范创建工作。由市委、市人大、市政府、市政协分管领导牵头组成5个督导组，开展2次专项督导。督促各地各单位查漏补缺，按要求、按进度完成示范区创建任务。四是扩大创建宣传。加强与《中国文化报》合作，在《岳阳日报》开设专栏，扩大示范区创建工作宣传。围绕社会力量参与公共文化服务建设探索总结出“岳阳模式”在国家公共文化服务体系示范区创建城市区域文化联动华中片区经验交流会上，得到文化部专家的肯定。此外，临湘市成为岳阳市首批创建省级现代公共文化服务体系示范区试点城市，各项创建工作稳步推进。

【优化公共文化服务】　2015年，岳阳市各级文化部门整体联动，精心组织“我们的中国梦”文化进万家活动。一是专业文化艺术惠及群众。完成“演艺惠民”送戏下乡897场、高雅艺术惠民演出38场、“幸福岳阳一元周末剧场”142场，把党和政府的关怀送到广大群众家门口。二是开展大型文化活动。开展岳阳市“欢乐潇湘·幸福岳阳”群众书法、美术、摄影活动，举办展览50余场，收集各类参赛作品5000余件。举办“社区万家乐”系列活动12场，举办汨罗市长乐镇故事会、“我搭台你唱戏”文化志愿者文艺汇演、“幸福岳阳龙舞巴陵”岳阳市首届舞龙大赛等活动。三是提升公共文化场馆服务水平。以第四次全国文化馆评估定级推动各级文化馆提升服务水平；岳阳博物馆举办第五届新春灯谜会，开展“创建文明城市争做雷锋传人”“岳州印记——我们身边的文化遗产”巡回展览45场；市美术馆举办“迎新春”馆藏作品展等9场展览；成立“岳阳图书馆联盟”，首次实现公共图书馆和高校图书馆资源共享；市图书馆还举办“岳州讲坛”60场、“绘本故事分享”活动30场。

【老农民牵头建文化亭】　华容县东山镇有个柏木港，人们说这里人杰地灵。近年来，有5位学子升入

华容县东山镇柏木港村民筹资捐建的文化亭　（王　艳　摄）

北大清华，世界数学奥林匹克赛金奖得主余君被直接招入香港大学，而考入其他重点大学更不计其数。2015年，当地老农民包炳林与族弟包天成商量，想在东山中心位置的柏木港建一个文化亭，把这里的风土人情和发奋好学的精神刻在碑上，激励子孙勤耕苦读，积极上进，为家乡发展和国家建设贡献聪明才智。于是，他们向从这里走出来的乡亲发出邀请，有智的出智，有钱的出钱，有力的出力，很快《柏木港记》《咏柏木港》等文和建设资金到位。中国著名文学家贾平凹、东方书法艺术研究院院长叶飞、西安书法家吴志豪、省《安全与防灾》原主编赵训义等为此亭题词。半年时间，一座承载着浓浓乡情与深厚底蕴的文化亭屹立在柏木港边，传播着乡土文化。

（本栏撰稿　孟日清）

专业文化

【概况】　2015年，市文广新局把“抓扶持创精品”作为一项重要工作来抓。一是申报艺术基金。组织全市文化广电新闻出版系统包装项目，申报国家艺术基金“舞台艺术创作”“青年艺术创作人才”“传播交流推广”等资助项目9个，申报全省艺术创作专项扶持资金项目24个。二是开展主题活动。开展“深入生活扎根人民”主题实践活动，组织送戏下乡进社区，将社会主义核心价值观融入百姓的文艺活动中。组织廉政花鼓戏《铁面税官》《大夫殉国》在全市巡演，弘扬正能量，传播真善美。三是打造文艺精品。第五届湖南省艺术节上岳阳市获得金奖11个、银奖12个、铜奖41个。大型巴陵戏新编历史剧《远在江湖》获得“田汉大奖”。市巴陵戏传承研究院还创排传统戏剧《审刺客》《清风亭》《红豆缘》等剧（节）目6个。四是搭建艺术平台。平江县福寿山国家森林公园、岳阳县张谷英村被评为湖南省首批文艺创作基地。利用原《洞庭文艺》杂志资源，新创办《艺术岳阳》杂志，打造推介岳阳文艺精品的新平台。

（本栏撰稿　孟日清）

文化产业

【概况】　2015年的文化产业，一是夯实产业基础工作。开展全市文化产业普查，建立全市文化产业名录，建设岳阳市文化产业重大项目库，推荐上报岳阳市文化产业典型文化企业。开展岳阳市文化企业融资需求摸底，建立文化金融合作项目库。成立岳阳市文化产业协会，新创办《岳阳文化产业》杂志。二是完善产业促进政策。先后下发《关于进一步加快文化创意产业发展的通知》《岳阳市回乡创办文化产业优惠政策》。三是加强产业交流合作。组织岳阳市文化企业参加2015海峡两岸文化创意产业展、中国（深圳）国际文化产业博览交易会和湖湘工艺美术创意成果展，扩大岳阳文化产业的影响和市场。四是推动项目建设。中国首家“棉文化博物馆”在华容县建成开馆。顺天洋沙湖国际旅游度假区、王家河生态与历史文化长廊、中国洞庭湖博览园等项目累计完成投资40多亿元。

（本栏撰稿　孟日清）

文化市场管理

【概况】　2015年的文化市场管理，一是强化行政管理职能。市委、市政府明确市文化市场综合执法局由市文广新局管理，机构由原来的正处级降为副处级，由市文广新局实行委托执法。行政管理与综合执法工作相互促进，为推进文化市场规范和繁荣营造良好氛围。二是规范文化市场管理。做好全市文化市场技术监管与服务平台上线应用有关工作，平台使用率100%。做好网吧审批放开工作，推进互联网上网服务行业转型升级，实现多元化经营。联合市教育局开展以“远离网吧、拒绝非法出版物”为主题的教育宣传活动，发放宣传资料2000份。三是加强文化市场执法。市文化市场综合执法局进一步完善视频监管平台，建好市场管理台帐，创新建立区文广新局、学校、社区单位“三级网格管理”模式。开展为期40天的文化市场安全生产“春雷”整治行动，规范文化市场经营秩序。

（孟日清）

【网吧市场管理】　2015年，岳阳市文化市场综合执法局在网吧规范化管理方面采取一系列措施。一是加强宣传教育，引导网吧行业规范经营。针对网吧市场存在的接纳未成年人上网等主要问题，召开网吧专项整治动员会，对网吧业主进行政策法规培训，教育广大经营业主遵纪守法，合法经营，并与各业主签订网吧管理责任状。二是严查重罚，规范网吧经营。坚持“突出重点、解决难点、综合治理、全面推进”的原则，加大日常监管和专项整治力度，对列入“黑名单”的网吧经营单位、“12345”“12318”举报内容、校园周边及居民住宅区等重点领域加大执法检查力度。严格执法监管标准，联合通信部门对多次违规、屡教不改的违规网吧一律停止网络信号接入，责令停业整顿。三是建好市场管理台账和明确工作责任，便于全面掌握市场信息。四是创新市场管理模式，构建网吧市场网格化管理。建立区文化局、学校、社区单位“三级网格管理”模式，在纵向上实现对网吧监管空间的分层、分级等全区域管理。

【娱乐电游市场管理】　2015年，市文化市场综合执法局管理娱乐电游市场更加规范、到位。一是全面加强市场巡查。把专项行动、联合执法和日常巡查等工作有机结合起来，联合公安、消防等部门在全市开展娱乐市场专项检查行动6次，以打击违规接纳未成年人、未经文化主管部门批准擅自演出、电子游戏经营场所在法定节假日外接纳未成年人和擅自变更主要设施设备及未准入机型等违法违规行为为重点，始终保持对违法违规经营行为的高压态势。二是开展“春雷”整治行动。4—7月，市文化市场综合执法局协调相关职能部门，成立以市公安局、市工商行政管理局、市城管局、市消防支队等单位为成员的演出市场“春雷”行动专项整治领导小组，形成多部门合力监管的格局，出动执法人员近200余人次，检查演出场所50余家次，下达整改通知书21份，接受调查通知书6份。查处两台非法演出《木偶奇遇记》《金宝贝国际音乐演唱会》；纠正新粮都歌剧院三年未报备演出节目内容的违规行为并作行政处罚；清理河南演出团体在街头进行武术非法表演活动；制止步步高商场擅自举办庆祝“六一”演出活动；加强对非演出场所举办的演出活动监管。三是加强安全生产监管。下发关于加强消防安全工作的通知100份，促使各场所明确安全防范重点，督促各类文化经营场所制定突发事件应急处置方案。联合消防、安监等部门开展安全生产专项整治，重点排查歌舞、游艺娱乐等公众聚集文化经营场所，查找场所在经营管理、消防安全等方面的死角和漏洞，防止发生重大安全责任事故。在执法检查中发现安全隐患28处，提出安全隐患治理意见16条，现场监督整改安全隐患25处，对存在通道拥挤、线路老化、消防灭火器过期、消防门紧锁等安全隐患的20家娱乐场所限期整改，并回访整改落实情况，确保娱乐市场无一起安全事故发生。

【版权保护工作】 2015年，岳阳市文化市场综合执法局推进软件正版化，打击侵权盗版行为。一是开展软件正版化专项检查行动。对中心城区企业软件使用情况进行检查，并顺利通过国家检查验收。二是开展“剑网2015”专项行动。7月29日，组织各相关单位主要负责人召开专项行动部署会，结合岳阳实际制定具体工作目标任务。联合市版权局、市互联网信息办公室、市公安局制定《岳阳市打击网络侵权盗版“剑网2015”专项行动实施方案》。从8—11月，以查办大要案为重点，突出整治互联网传播音乐、影视、新闻、游戏、文学、软件等作品的侵权盗版网站和智能移动终端第三方应用程序（APP）等，严厉查处通过网络云存储空间、网络广告联盟、智能移动终端应用软件商店、网络字幕组、网络销售平台以及微博、微信等信息平台进行的侵权盗版行为。8月，成功查获一起未经授权通过网络传播音乐作品案件，对当事人肖某处以责令关闭网站，停止侵权行为，没收违法所得1020元，并处人民币1万元的行政处罚，得到省版权局领导的肯定。三是建立岳阳市推进使用正版软件工作联席会议制度。联席会议由岳阳市人民政府分管领导牵头，市经信委、市财政局、市商务局、市审计局、市国资委、市文化市场综合执法局、市工商联7个单位为成员。

【网络广电执法】 2015年，岳阳市文化市场综合执法局规范市场经营秩序，净化网络文化和广播电视传播环境。一是加强广播电视安全播出管理和对岳阳电视台各频道播出内容的监管，严厉打击房产开发商私自违规接入外地有线电视信号，危害全市电视传播安全的行为，规范全市有线电视网络经营秩序。依法处理各县市区电视台超时播出、电视剧插播医疗药品、保健品等广告，在节目自然段的间歇外随意插播广告，以及违规接收境外电视等违规行为。开展卫星地面接收设施专项整治行动。二是加大对电影放映市场的巡查力度，开展对影院“放映许可证”等相关证件合法性和时效性检查的专项行动，联合消防部门对文化市场经营场所开展大排查行动。查处“恒大影院放映证件过期”案，在全市影院行业影响大。三是查处违规违法经营业户，坚决堵住非法销售卫星电视广播地面接收设施的源头；彻底清理单位和个人非法私装的卫星电视接收设施，收缴非法接收境外卫星电视节目设施。四是加强网络执法。8月，查处“岳阳生活网”未经批准擅自从事网络游戏上网运营的违规行为，这是岳阳市首例无证经营网络游戏的案件，也是在网络游戏执法方面一次新的成功探索。

【推进“扫黄打非”工作】 2015年，岳阳市文化市场综合执法局以服务群众为主线，以加强巡查、检查为手段，规范全市出版物市场经营秩序。一是加强市场监管，建全台账信息。对市区所有新闻出版市场经营单位挨家挨户走访调研，建立健全台账信息，对执法对象做到心中有数。二是开展多个专项整治行动。按照要求，组织开展“清源”“秋风”“净网”“护苗”四大专项行动。7—9月，开展“中小学校、中高职院校教材教辅资料”和“连续性内部资料出版物”两个专项整治，走访市区中小学校20家、“内报内刊”出版单位30家，对问题单位下达责令整改通知书，对涉嫌违规的单位立案调查。三是健全对物流行业的管控机制。协调市直相关部门，创新工作机制，建立健全物流、交通、快递领域中文化产品执法监管、网络违法经营、“扫黄打非”等一批部门联动机制。5月，与市邮政局开展物流行业联合执法检查，成功查处顺丰速运“运输、邮寄、投递码书”一案，现场查缴违禁书籍2.7万余册，此案被列为2015年湖南省“扫黄打非”工作小组办公室重点督办案件，命名为“岳阳‘4·10’非法经营违禁出版物案”。四是抓好实体市场的检查。对市区实体市场进行全面检查，重点对岳阳图书城、校园周边出版物市场和游商地摊进行检查，加大对销售盗版书籍、无证经营等违法违规行为的打击力度。

【参加全省文化市场执法技能比武活动】 2015年，市文化市场综合执法局参加湖南省文化厅组织开展的全省文化市场综合执法队伍技能比武活动，在全省十四个市州代表队中夺得二等奖。通过岗位练兵，全市文化市场综合执法队伍整体水平有大的提升。

【文化惠民工作】 2015年5月27日，岳阳市文化市场综合执法局联合市文明办启动“纪念抗战胜利70周年，文化惠民，唱响经典，万人免费K歌”活动，50余家娱乐场所代表及社区代表、志愿者和市民参与。本次活动时间长达4个月，提供免费包厢1万余间，是规模最大、时间最长的一次“文化惠民”活动。

【“绿书签”活动启动】 2015年，市“扫黄打非”办公室在全市中小学开展岳阳市“扫黄打非·护苗2015”专项行动——“绿书签”系列宣传活动，6月16日在岳阳楼区东方红小学举行启动仪式。此项活动以“护助少年儿童健康成长，远

岳阳市启动“纪念抗战胜利70周年，文化惠民，唱响经典，万人免费K歌”活动。市委常委、宣传部部长徐新启宣布活动启动（张志强　摄）

离和抵制有害出版物”为主题，清除含有淫秽、色情、暴力、恐怖、迷信、低俗、反动等内容的文化垃圾，倡导健康阅读，推崇高雅文化。岳阳市文化市场综合执法局现场发放“绿书签”3万余张。同学们一同在印有“倡导绿色阅读，我们健康成长”的横幅上郑重签名。岳阳市委宣传部将这项活动列为建设“书香岳阳”的重点工程。

（本栏撰稿　王冬娜）

文博·图书

【扎实推进文物项目建设】　2015年，市文物管理处把项目建设作重点工作来抓。一是包装重点项目。全市有全国重点文物保护单位17处，大部分完成文物保护规划的编制。岳阳文庙保护规划通过国家级评审，10月11日，湖南省政府下发《关于岳阳文庙文物保护规划的批复》。二是推进项目建设。慈氏塔维修基本完成；岳阳教会学校完成维修方案设计；岳阳文庙完成西侧公益用地相关基础设施建设和保护项目方案设计，本体修缮招投标工作启动；慈氏塔历史街区、鲁肃墓修缮等工程都在推进。张谷英镇古建筑群、湘阴县文庙安全防范系统工程、临湘聂市镇古建筑群——同德源茶庄修缮基本完成；平江县看梁大屋在全面维修；汨罗市屈子书院一期工程竣工。三是规范资金管理。全市争取中央资金3784万元，省级235万元，资金管理规范。

【强化文物依法管理和安全防范】
2015年，市文物管理处一是重新梳理文物行政权利清单和责任清单，明确市县两级文物主管部门的职责，并通过市政府法制办审核公布。二是推进文物地方立法。市文广新局、市规划局等部门配合，参与起草和修改《岳阳市历史文化名城保护管理条例》。三是强化文物执法督查与安全巡查。组织2次全市文物安全巡查，重点检查古城镇古村落、国保、省保及县市区政府对辖区文物安全绩效考核等工作。对全市古建筑进行消防安全工作重点督查。四是加强文物灾情调查及处置。要求各文博单位注意汛期文物安全，加强安全巡查，杜绝安全隐患。将岳阳县大云山“三战三捷”摩崖石刻、临湘市龙窖山堆石墓群的灾情及时上报省文物局，委派专家亲赴现场察看险情，研究处险方案。五是协调解决好文物保护与企业发展的矛盾。屈原管理区营田镇砖拱仓库产权人胡茂义上访省保单位阻碍企业发展，市文化文物部门主动应对，协调化解矛盾。

【夯实文物保护利用基础工作】
2015年，市文物管理处加强文物保护和利用，一是加强地下文物保护。严格履行申报程序，配合项目单位做好施工前的考古发掘工作。介入建设工程16个，涉及文物调查勘探面积近220万平方米。文物调查勘探和考古发掘项目均完成项目完工报告，完成文物修复110余件，文物绘图140件（组），完成资料整理的精品文物全部移交库房保管。整理岳阳地区唐宋墓资料并汇编成册，计划出版发行。二是推进第一次可移动文物普查。全面完成“一普”文物认定工作和国有文物收藏单位的文物信息数据采集、登录和报送工作。组织开展文物遴选、登记、信息采集、文物拍照、文物登录工作，由原来的2400件上升到5000多件。三是完成第七批国保单位“四有”工作。全市11处新增国保将“四有”档案编制打印成册并上交，按质按量完成任务。四是推进传统村落保护与利用。向国家、湖南省住房和城乡建设局、湖南省文物管理部门争取资金，完善岳阳县张谷英村文物保护工程和消防安防工程。推荐平江县冠军大屋、黄泥湾大屋和岳阳县孙家大屋等5处申报第四批传统村落。

【博物馆服务质量全面提升】
2015年，岳阳博物馆提升服务质量，一是加快博物馆硬件建设。配合国家公共文化服务体系示范区创建，加大投入，完成公共WiFi、无障碍电梯、全面布控监控、屋面维修等工作，完成“洞庭长歌——岳阳古代文明陈列”提质改造工程。岳阳博物馆被授予“湖南省科普教育基地”。华容县博物馆改扩建工程正在施工。二是举办各类展览。春节、元宵节期间岳阳博物馆成功举办第四届“新春灯谜会”，成为岳阳市“我们的节日”公共文化服务的一个文化品牌。在闭馆提质改造期间，岳阳博物馆“创建文明城市、争做雷锋传人”“岳州印记——我们身边的文化遗产”两个临时展览在岳阳各大高校、社区、企事业单位以及县市区巡展。临湘市博物馆举办“大型恐龙模型”展览、“气球艺术节”艺术展。任弼时纪念馆举办“传承‘骆驼精神’践行‘三严三实’”专题教育展览，并承办市委常委会“三严三实”专题教育第一次集中学习研讨会。三是抓好纪念抗日战争胜利70周年系列活动。对抗战文物进行普查、保护、征集和利用。岳阳县大云山“三战三捷”摩崖石刻、屈原管理区营田江防抗战遗址等县级以上文物保护单位列入省文物局开展抗战文物保护利用工作的调查。配合湖南抗日战争纪念馆建设；出借馆藏文物支持中国人民抗日战争胜利芷江受降纪念馆“抗日战争陈列展览”。岳阳县博物馆新墙河抗战史实陈列馆完成布展，并免费开放。

【强化非遗保护传承】 2015年，岳阳市完成第五批国家级非遗代表性传承人和第四批省级非遗代表性项目推荐申报。组织各地开展非遗“三进”活动，完成岳州扇制作技艺数字化采集试点工作。举行巴陵戏专场汇报演出，邀请市政协委员为巴陵戏保护和传承鼓与呼。市文广新局与市广播电视台合办“岳阳文化广场·巴陵戏”栏目，推进巴陵戏的传播和普及。市委、市政府授予巴陵戏“孙派艺术”创始人孙艳华“德艺双馨巴陵戏表演艺术家”称号。成立岳阳市京剧协会、屈原文化研究中心，建成洞庭渔歌、长乐故事会等传承基地，举办非遗保护业务培训班和民俗文化展演，完成电影《洞庭渔歌》摄制立项。此外，还以“保护成果，全民共享”主题开展第十个“文化遗产日”大型宣传活动，组织非遗项目参加“多彩潇湘——2015‘文化遗产日’湖南非物质文化遗产展演活动”。

【图书馆工作】 2015年，市图书馆发挥职能，利用馆藏资源，为广大读者提供优质服务。其中，市图书馆接待读者8万余人次，借阅图书2.95万册。一是推进新馆建设。成立市图书馆新馆建设指挥部，完成“岳阳市图书馆新馆建设及螺丝岛周边环境综合整治建设项目”概算报告编制和重新立项。完成《岳阳市图书馆新馆及螺丝岛周边环境综合整治修建性详细规划设计要点》《市图书馆新馆及螺丝岛周边环境综合整治修建性详细规划设计》，并通过专家评审。二是抓好业务工作。市图书馆整理、装订、分编图书1.5万余册，收集地方文献70余册；参考咨询室接待读者40次，编辑《打造新增长极》及农村实用养殖技术资料20期。开展品牌服务项目和下基层流动服务50次，在乡镇、学校、监狱等爱心图书室送书13次，赠送图书2.12万册。三是品牌提升，创建工作得以渐进。公共图书设施逐步完善。建成5家公民图书漂流站和6个“公益阅读吧”，完成24小时自助图书馆招投标和选址，流动图书车投入使用。建设2个地方特色数字资源库，收集巴陵戏视频2个。建立市图书馆公众号和移动图书馆，引进数字资源20TB，读者可通过电子馆外访问系统访问图书馆数字资源和馆藏，并可查询和续借图书。举办文化公益品牌“岳州讲坛”。市图书馆举办“岳州讲坛”60场，内容涵盖亲子教育、心理健康、法律知识、国学教育等方面。开展少儿绘本阅读推广系列活动。市图书馆每周星期六上午开展“绘本故事分享”，包括讲读、表演、绘画、绘本故事及手工制作等活动30场次。开展“走进图书馆，让书本伴我们成长”主题活动，内容包括优秀视频展播、第二届“少儿读物采购团”、暑期趣味活动、未成年人成长教育活动、未成年人“国学七日”免费特训班等。

（本栏撰稿 孟日清）

广播·电视·电影

【抓好广播电视监管】 2015年，岳阳市广播电视监管中心一是完善安全播出监管平台。启动监听监看中心二期工程建设方案、技术设计等前期筹备工作，完成建设方案初稿。编印《岳阳广电监评》12期，发表监评文章109篇，及时发现和处置违规播出行为，同时加强反馈信息的收集和发布。对云溪区和平江县电视台开展现场监评，举办专家讲座进行业务辅导。二是强化安全播出日常管理。严格执行零报告制度，完成春节、两会和纪念抗战胜利70周年等重要保障期的广播电视安全播出任务。三是协调、指导各媒体开展中央、省、市重大活动系列报道，特别是纪念抗战胜利70周年系列报道，营造良好舆论氛围。四是加强记者队伍管理。完成第二次新闻采编从业人员岗位考试和2014年新闻记者证换证扫尾工作。

（孟日清）

【广电惠民有成效】 2015年，岳阳市文化系统落实广电惠民，一是全面推进省实事项目建设。组织全市“村村响”等三项公共文化服务项目工作部署会、年中工作推进会、“户户通”合同签订协调会3次会议，开展督查4次。列入考核范围的3个县市区1102个行政村“村村响”建设任务全面完成；广播电视“户户通”工程正式启动，按省新闻出版广电局要求全部与设备供货厂商签订合同，汨罗市完成7364户；岳阳电视转播台和临湘市、华容县完成转播台基础改造工作，平江县、湘阴县基础设施改造正在进行。二是开展公益电影放映。推动农村公益电影从“看得到”向“看得好”过渡，完成农村公益电影放映35769场、城区广场公益电影放映2012场。三是强化广播电视全覆盖。转播台启动中央、省十二套广电节目数字电视微波无线转播工作，保证相关省级宣传电视节目、市新闻频道、市广播电台在全市范围内无线转播全覆盖。网络公司全面加强网络建设，新建光纤网络367.2千米，新增网络覆盖用户近两万户，落实国家关于低保户、五保户免费收看广播电视政策1.29万户。评选推荐岳阳市优秀作品分别参加第24届电视文艺“星光奖”评奖及2014—2015年度广播电视公益广告扶持项目评审。启动电影《洞庭渔歌》筹备工作，由湖南省电影发行放映中心有限公司申请摄制立项。 （孟日清 廖 岚）

【强化广播电视行政管理】 2015年，岳阳市广播电视台一是强化传播秩序管理。对全市电视播出频道秩序进行全面摸底和督查，开展广播电视节目传送业务经营许可证和卫星地面接收设施安装服务许可证换证审核工作。开展“清网”行动，严厉打击私设前端非法传输境外卫星节目和乡镇村广播电视小片网的行为。规范全市广播电视播出秩序。二是强化无线台站管理。配合市无线电管理处对岳阳市广播电视频率进行规范整治，完成市广播电视台无线传输许可证的办理。三是强化广告播出管理。健全和完善广告经营播出管理等各项制度，对市县广播电视台新闻综合频道进行专项督查，全年下发“广告整改督办函”24份。四是强化新闻机构管理。开展省直新闻单位驻岳机构和市级媒体单位驻县市区机构的清理整顿，约谈涉嫌违规设立驻岳机构2家，对存在问题的新闻单位及时作出处理。（孟日清）

【提高广播电视宣传质量】　2015年，岳阳市广播电视台围绕建设“一极三宜”江湖名城中心工作全面准确及时，作好新闻报道。深化文明城市建设、培育和践行社会主义核心价值观两大重点报道，在《岳阳新闻》栏目开设岳阳故事、中国梦、主题教育活动等子栏目。其中《巴陵先锋》围绕“三严三实”专题、教育活动、十八届五中全会精神、市委“两个办法”等要点，挖掘典型、推介经验。纪念抗战胜利70周年，开办大型系列报道《烽火湘北》专栏，先后派出3个采访组，历经5个月，走遍平江县、汨罗市、湘阴县、华容县、临湘市和岳阳县等地，采访抗战老兵、历史专家、幸存者、志愿者上百人，制作播出系列报道65期、新闻专题16期、纪录片1部。同时抢救性挖掘大量珍贵抗战影像。加强上下通联和对上发稿。成立新闻通联团队，对上加强与中央电视台、湖南卫视、湖南经视的通联工作，对下加强与县市区电视台的沟通联系，对央视和湖南卫视的发稿量比2014年有所上升。全年在中央电视台上稿59条，中央人民广播电台上稿21条，湖南卫视上稿228条，湖南经视上稿130条，湖南人民广播电台上稿223条。同时，网络电视台全力加强对外宣传，在百度、360搜索引擎中，关于岳阳市的正面新闻，50%的稿件都来源于岳阳网络电视台。提升广电影视作品的影响力。先后推荐73件作品参加湖南新闻奖、湖南广电奖、湖南电视广告信息奖、湖南播音主持论文作品奖等四大奖项的评选，有48件作品获奖。获得省级一等奖14件作品，其中，湖南新闻奖一等奖3件，湖南广电奖一等奖7件，湖南电视广告信息奖一等奖3件，湖南播音主持论文作品奖一等奖1件。在全省市州广电参评的湖南新闻奖评选中，获得一等奖的总数排第一。湖南广电奖岳阳广播电视台排名再次进入全省前三甲，夺得湖南省宣传创优组织奖。此外，由岳阳市广播电视台、岳阳市影视艺术家协会和兆丰传媒公司联合摄制的微电影《老抠》在亚洲微电影艺术节上获金海棠奖，是湖南唯一获此殊荣的作品。（廖　岚）

【确保安全播出】　2015年，岳阳广播电视台加强新闻从业人员管理，严格落实新闻、节目和广告“三审”制度，紧绷导向安全这根弦。组织全体新闻从业人员学习省委宣传部出台的《新闻从业人员“十不准”》，做到人手一份宣传单，人人签订“承诺书”，让“十不准”入脑入心。同时，定期对各媒体执行“三审”制度的情况进行督查和通报，确保导向安全。落实安全播出责任制，加强安全隐患排查和应急预案演练，确保全年安全播出零事故。在两节和两会的安全特护期以及“9·3”阅兵重要特护期期间，技术部门认真落实值班制度，主要负责人和分管负责人加强督查，值班人员紧盯死守，没有出现任何安全播出事故。

（廖　岚）

【电影工作】　2015年是全面完成岳阳市城市数字影院建设和农村公益电影转型升级的收官之年。岳阳市文广新局在电影依法行政、市场监管、公共服务、影片供应、票房收入等方面实现阶段性突破。一是规范行政管理，促进市场繁荣。做好全市电影市场技术监管与服务平台上线应用工作，建立电影市场管理台帐，变被动监督为主动监督，变事后监督为全程监督，以监督促执法、以执法促监督，提高影院的放映质量、服务水平和消防安全标准，促进电影市场健康有序发展。市中心城区建影城8家、县市区12家、乡镇4家，实现电影年度票房及附加产业收入1.5亿元。二是优化公共服务，确保文化惠民。作为湖南省农村电影发行放映改革试点地区，建立农村群众观影需求调查分析机制、菜单式预约放映服务机制，根据群众和观影需求调整放映结构，合理确定放映点布局和场次调剂，扎实推进重点惠民工程建设，在全国率先将农村公益电影进城市影院进行免费公益放映，探索农村电影放映公共服务与商业运营有机结合的新路子，全年农村公益电影放映35769场，城市广场公益电影放映2012场。三是推进体制改革，确保队伍稳定。推进市直电影文化企业改制，实现改变方法有利改制工作的顺利进行、改制方案有利于职工利益的平稳过渡，改革成果有利于电影事业的发展。依法妥善处理原人民公社放映员群体上访，营造和谐稳定有序的社会环境。（白石华）

新闻出版管理

【概况】　2015年，市文广新局一是不断加强新闻出版行业管理。严把舆论宣传导向。审读工作委员会6个审读小组，每个季度分组召开1次审读审评会，对全市内报内刊开展审读、审评。对一次性图书需科室负责人、分管副局长、局长三次审读后，才核发准印证号，保证出版物内容健康、市场有序。评选表彰一批印刷产业发展先进企业和印刷质量优秀企业，完成本年度内部资料性出版物、出版物发行单位、印刷企业年检核验工作，对全市印刷企业开展安全生产集中检查，出版物管理安全有序。开展版权保护宣传，配合国家检查验收组对岳阳市软件正版化工作进行抽查。开展“扫黄打非·护苗2015”专项行动——“绿书签”系列宣传活动。二是提升新闻出版公共服务水平。规范农家书屋管理，在全市开展创建“示范性农家书屋”及评选“模范管理员”活动，评选和表彰一批优秀农家书屋和书屋管理员，扩大农家书屋的影响；开展“书香岳阳”全民阅读公益广告征集活动，评选推荐21个作品报省新闻出版广电局；开展“全民读书”“七进”活动；开展“书香岳阳数字阅读”公益移动阅读平台推广、“传递书香传承文明”爱心送书、“岳州讲坛”等活动，营造良好读书氛围。

（本栏撰稿 孟日清）

报 纸

【《岳阳日报》社营造良好舆论氛围】 2015年，岳阳日报社围绕建设“一极三宜”江湖名城发展战略、创建全国文明城市、项目建设、民生实事等市委市政府中心工作，及时、准确地传播市委市政府决策部署。开辟“践行‘三严三实’、推进作风建设”“‘三严三实’大家谈”“两个责任书记谈”专栏，各版面推出相关报道200多篇。成立“建设‘一极三宜’江湖名城”宣传报道领导小组和核心报道组，刊发相关报道近800篇。精心策划城乡发展、民生改善的经济报道，挖掘来自一线的典型，推出《政府帮你免费培训圆创业梦想》《扶持政策助1.4万人圆创业梦》《大荆农民西瓜育出“高富帅”》等，报道全市在创新创业方面推出的最新举措；推出“赶集路上”系列报道，展示各县市区产业发展升级的亮点，全年刊发各类经济报道1000多篇。抓文明创建宣传，开辟“学雷锋我志愿”“创建文明城市建设幸福岳阳”等专栏，配合和推动全市文明创建工作。“我们的价值观岳阳故事”栏目推出报道30篇，大多数稿件在见报后被国内各大主流网站转载。还重磅推出“烽火湘北”系列报道和纪念抗战胜利70周年特刊。（陈 文）

【献计献策为报社注入创新活力】 2015年6月，岳阳日报社开展鼓励推进“大众创业、万众创新”全员献计献策活动，征集以创新为核心的创业项目，弘扬“敢为人先、追求创新、百折不挠”的创业精神。10月20日，举办“我为报社建言献策出项目”献计献策答辩会，30份建议和项目计划方案参加现场答辩。报社还出台鼓励创新创业的决定，员工既可以放弃现有岗位重新创业，可以在目前岗位上兼顾创业，也可以跨部门自组联合创业。通过政策激励，让有胆识、有才华，想干事、敢成事的员工在报社有用武之地。同时，报社制订项目申报流程，建立员工与报社双赢的创新创业机制，培养扶持一批独立的市场经营主体，打造形成以传统产业为主体，多元经营项目为重要增长点和有力支撑的发展格局。

（陈 文）

【长江信息报社发挥主流舆论阵地作用】 2015年，《长江信息报》社坚持加强对社会热点、敏感问题的引导，发挥党报系列新闻媒体的主流舆论阵地作用，推出《文明城市幸福岳阳》《奋力打造湖南通江达海的新增长极》《创新创业》等系列报道。还对一些重大突发性社会、民生新闻及时进行报道，如《运通街招待所3人命案》《“东方之星”客轮翻沉事件》《临湘特大暴雨灾害》《19岁女孩“铁网”中度过14年》《新开一女子精神失常被夫关7年》《汨罗八岁女孩欲割肝救父》等，把人民群众的心声第一时间反映出来。《长江信息报》与岳阳网（www.803.com.cn）强强联手，让网媒客户通过网络平台重新接触《长江信息报》，客户可以通过网络在最快的时间了解到新闻。报社还根据市场变化和发展需要，对所有版面设置进行重新调整，提出“用新闻纸建设岳阳”的办报方针，对报纸定位不十分合理的版面和版块进行调整，同时，大幅度增加本地新闻含量。调整后，《长江信息报》刊登本地新闻的版面10个以上，年度刊发公益广告190个之多。（田 蓉 王海燕）

【《洞庭之声报》贴近生活提升影响力】 2015年，洞庭之声报社围绕“深耕主业，多元开拓，加快转型，融合发展”的办报理念，先后策划两会、“岳商大会”“巴陵胜状”等10多个，参与并承办市委宣传部、市文明办、市妇联联合主办的寻找“最美家庭、最美家风、最美女性”活动大型系列报道。举办2015“新常态下的经济与产业发展”高峰论坛，编辑《最美家风润名城》《最美女性暖名城》两本书。创收工作立足报纸延伸平台，以活动增活力，以活力促效益，先后承办车展、家博会、岳阳市富民强市经济新闻人物评选、岳阳市首届舞龙大赛、首届荧光音乐跑、湖南省青少年科技创新大赛等大型活动，在维护、拓展品牌形象和引导客户的同时，创造GDP产值300多万元，真正让活动和经营实现良性互动。在做好报纸广告和办好活动的前提下，报社转型升级来势看好，全媒体矩阵稳步推进，品牌效应正在形成。按照融合式发展理念，报社构建涵盖多种媒介形式的全媒体矩阵，加快转型，向其他产业拓展，承办《文明岳阳》月刊、《经开区周刊》，出版《岳阳政协》杂志、《福建商会纪念画册》等书刊，取得良好的社会效益和经济效益。在新媒体推进这一块业绩不凡，岳阳城市网和洞庭之声微信公众平台粉丝量不断攀升，还率先在媒体行业成立洞庭商城电商平台和一家生活性的实体店，实现线上线下完美整合。（任言志）

【《岳阳文献》出版】 2015年12月，岳阳市巴陵历史文化研究所编纂首辑《岳阳文献》由团结出版社出版发行。此刊开辟《研史问道》《岳阳论坛》《史海新帆》《人物春秋》《巴陵史话》《经典重温》《美文视线》等栏目，内容丰富、图文并茂、生动活泼。旨在发掘岳阳历史，研究岳阳历史，问道岳阳发展，介绍岳阳英杰，汇览岳阳文萃，更好地为政治经济社会服务，为打造“一极三宜”江湖名城服务，为两个文明建设服务。年底，市委常委、宣传部部长徐新启，市政府副市长李为到巴陵历史文化研究所与史学专家座谈，徐新启部长希望各位专家深入调查研究，发掘好历史，为宣传岳阳历史文化名城、提高岳阳文化软实力做出贡献。（严 柯）

责任编校 邹 青

卫　生

综　述

【概况】　2015年5月18日，岳阳市卫生计生委（简称市卫计委）正式揭牌成立，权责统一、高效运行、协调一致的卫生计生工作体系焕发出新的生机：在全省30多年的人口计生工作考核中，全市首次进入全湖南省模范行列；血防工作代表全省，顺利通过国家验收；“相约周六赶健康集”爱民义诊活动形成品牌，被新华网和《湖南省领导参考》全面推介；完成“6·1”东方之星沉船事故医疗救援工作，得到国家卫生计生委和湖南省委、省政府等领导的高度评价；献血、献髓、捐献人体器官工作影响深远，造血干细胞捐献稳居全国同等城市第一。

一是深化医改获得新动力。全面实施县级公立医院综合改革，24家县级公立医院取消药品15%的加成，实行零差率销售，做到医改红利惠及于民。创新中医事业发展，建设中医药综合服务区85个，岳阳楼区、华容县成功创建全国中医药工作先进单位。完善新型农村合作医疗制度，人均筹资提高到470元，参保人数403万人，参合率99%，名列全省前茅，近19亿元农合基金平稳运行，风险可控。全市196家基层医疗机构全面实施基本药物制度，988个品规实行网上集中采购，统一配送，全部纳入医保报销范围，让群众最大限度地用上廉价药、放心药。

二是惠民政策全面落实。计划生育奖励扶助政策资金全部兑现。推进免费孕前优生健康检查项目，完成检查66740人，目标人群完成率83.21%。省定实事任务完成，800名贫困重性精神疾病患者得到有效救治，平江县和临湘市两家精神病专科医院改扩建项目全面竣工。开展儿童保健服务合格县市区创建活动，全市5岁以下儿童死亡率控制在5‰以内。市妇幼保健院成功诞生第一例试管婴儿，实现生殖医学领域零的突破。

【人口和计划生育工作】　2015年，岳阳市出生人口76279人，符合政策生育率82.11%，出生人口性别比108.13，完成节育措施77984例，查处“两非”典型案件72例，查处“两公”人员违法生育6人，违法生育人员立案11708件。在全省定量数据核查中，岳阳市连续三年唯一没有出生人口错漏报问题的市州。12月，计划生育工作年度考核，屈原管理区、汨罗市、华容县、君山区被评为全省优秀单位，岳阳楼区、湘阴县、岳阳县、云溪区、平江县被评为良好单位，临湘市被评为合格单位。

【红十字会工作】　2015年，岳阳市红十字会围绕“三救、三献”开展工作。春节期间，开展“博爱送万家”慰问活动，发放价值30万元

庆“6·14”世界献血者日岳阳市举办系列活动，现场800多名志愿者参与无偿献血　（王　艳　摄）

的慰问物资和10万元慰问款；6月14日，在会展中心举行庆“6·14”世界献血者日岳阳市首届无偿献血公益摄影大赛暨志愿者表彰颁奖仪式，活动现场800多名志愿者参与无偿献血。组织志愿者到社区、学校开展应急救护知识普及，受众4000多人，培训救护员1200人。全年组织3万人参与无偿献血，完成造血干细胞捐献志愿者采高分辨59人，体检21人，回访志愿者900多人次，成功完成造血干细胞捐献9例，实现捐献128例，稳居全国同等城市第一；45名志愿者加入到人体器官捐献队伍中，实现成功捐献10例。

【中医药事业】 2015年5月27日，《岳阳市人民政府关于扶持和促进中医药事业发展的实施意见》下发，岳阳楼区成功创建为全国基层中医药工作先进单位，华容县复评通过全国基层中医药工作先进单位验收，临湘市成功创建全省基层中医药工作先进单位。市中医医院接受湖南省中医药管理局组织的三级医院巡查，岳阳县中医医院、华容县中医医院通过二级甲等中医医院的等级创建。全市有46家乡镇卫生院建成中医药氛围浓郁，功能齐全的中医药综合服务区，能为基层群众提供10种以上中医药适宜技术服务。市中医院治未病中心改扩建完成2000平方米服务区域，开展中医治未病技术20多项。

【医学会工作】 2015年，岳阳市医学会指导并协助感染病学、眼科、输血等专业委员会进行换届选举。筹备成立生殖医学、皮肤性病学专业委员会。年底，医学会专业委员会达36个。市医学会各团体会员单位、专业委员会举办或承办各种学术会议25场次，召开专题学术报告会、学术讲座、培训、新技术推广及成果发布等会议50场次，组织各种科普宣传、义诊、讲座35场次，参加人数近2500人，发放各种资料4万多份。全年向湖南省医学会、省医师协会推荐专业委员会委员26名，青年委员4名。岳阳市医疗事故技术鉴定办公室全年接受医疗事故技术鉴定案例38例，召开鉴定会23场，终止案件1例，中止案件2例，其中属于医疗事故13例，占鉴定案例的56.5%。

（本栏撰稿　陈健康）

疾病预防控制工作

【急性传染病防控】 2015年，全市无重大传染病疫情的暴发和蔓延，无甲类传染病发生。报告乙丙类传染病25种，30275例，死亡23例，发病人数居前5位的分别为手足口病11378例、肺结核4442例、乙肝3397例、血吸虫3255例和梅毒1704例。采集霍乱外环境样品（水样和水生动物生物标本）1351份，并进行霍乱弧菌检测，未发现阳性标本。全市报告手足口病11378例，重症34例，死亡1例。报告狂犬病病例3例，完成流行病学调查和生物标本采样，1—12月，全市动物咬伤就诊人数25349人次，全程接种狂犬疫苗25307人份。

【免疫规划】 2015年，岳阳市常规疫苗接种率持续保持95%以上。全市报告麻疹、疑似病例476例（本地报告361例，外地报告48例），其中确诊病例259例，发病率为4.47/10万。及时控制麻疹疫情，保持无脊髓灰质炎工作状态，流脑、乙脑始终保持低发病率。疑似预防接种异常反应监测处置各项指标都达90%以上。免疫规划信息化建设工作实现温度监控全覆盖，疫苗入、出库扫码率、乡镇扫码接种覆盖率、产院扫码接种覆盖率不断提高。

【艾滋病防控】 2015年，岳阳市艾滋病整体疫情保持低流行，免费抗病毒治疗人数不断增加，因艾滋病死亡人数不断下降。按现居住地址统计，全市新增艾滋病病毒感染者/病人298例，其中新发现艾滋病病人117例，既往HIV转化艾滋病人41人；累计艾滋病病毒感染者/病人1480例，其中艾滋病病人807例，艾滋病病毒感染者/病人累计死亡352例。全市成人累计治疗1059例，正在治疗850例。在6个国家级哨点计监测2400人次。对11类重点人群开展干预检测，累计检测354263人次，确诊阳性221例。

【结核病防治】 2015年，岳阳市结核病防治定点医院模式稳步推进，全市检出活动性肺结核病人4081例。其中新发涂阳病人1564例，复治涂阳病人174例，涂阴病人2343例。非结防机构网络直报有效传报卡3975例，总到位病人3890例，总体到位率为97.9%。

【职业卫生】 2015年，全市完成67家企业作业场所职业病危害因素检测工作，检测作业点1345个，其中化学性有害因素作业点411个；粉尘作业点420个；物理因素394个；建筑卫生学作业点120个。完成全市79家医疗单位辐射工作场所的放射防护监测工作，检测作业点1264个。全市报告新发职业病病例16例，对全市56家企业开展健康监护，职业性健康检查3152人，从业人员健康体检9983人。

【卫生监测】 2015年，岳阳市完成全市公共场所监测30多家、市辖区学校直饮水监测15家、市辖区集中与饮炊具消毒效果监测11家、市管辖区游泳场馆直饮水监测8家。按生活饮用水标准完成城市生活饮用水监测，覆盖率100%；完成食品安全风险监测计划及网络上报，食源性致病菌监测采集样品268份，化学污染物和有害因素监测采集样品272份。食源性疾病监测方面，12个哨点医院，完成病例信息收集1860例，阴性标本339例，阳性标本21例，阳性率6%。

【消杀灭工作】 2015年，岳阳对市直36家医疗机构进行两次消毒效果常规监测。委检消毒监测6家，采样55次；脂肪芽孢杆菌委检采样86次；透析水监测10家，采样39次，采样机器覆盖率达100%。病媒生物密度监测按要求完成。

【地方病防治】 2015年，岳阳完成疟疾血片任务2870份，采集碘盐2700份，碘盐合格率96.4%，碘盐覆盖率为99.7%。报告5例输入性病人，开展登革热病毒主要传播媒介的监测。平江县、湘阴县消除疟疾工作顺利通过验收，全面完成地方病“十二五”规划终期考评。组织开展“4·26”疟疾宣传和“5·15”碘缺乏病宣传。

【慢性病防治】　2015年，岳阳组织开展重性精神障碍流行病学调查，完成2700户6502人次的现场调查，395人的复查诊断，查出精神病患者73人，患病率11.22‰。精神疾病防治继续强化，全市累计检出重性精神疾病患者22669人，检出率达4.00‰，在管患者20030人，患者管理率90.38%。全市建立健康档案485.75万人，完成4个社区、80户、182人的健康与营养调查，平江县启动慢性病综合防控示范区创建。

（本栏撰稿　潘　静）

卫生监督执法工作

【卫生迎检工作常态化】　2015年4—10月，市卫生监督执法中心将创建全国文明城市工作与日常工作结合起来，做到迎检工作常态化、全国文明城市常规工作标准化，基础管理水平有很大提升。卫生监督文明创建责任指标分为六大类，即五小门店整治、生活饮用水和二次供水卫生、医疗废弃物处置、中小学周边、集贸市场，列出检查指标28条，成立四个迎检组和六个督导组，领导包区包片，卫生监督员包街包路，形成领导重视、分工明确、措施具体、责任到人、督查有力的创建工作机制。6月，每周三下午定时定点召开调度会，中心班子成员每人联点一个区，开展督查指导，召开常规调度会16次，紧急调度会2次，下发督办函20份。对辖区内各类被监督单位开展无缝式排查，按照“指导一片、整治一片、规范一片、巩固一片”的目标，实行动态管理和集中整治。耗资20余万元，制作一批卫生监督信息公示牌、档案盒、皮肤病人专用工具盒、消毒记录本、禁烟标识、酒精，免费送到门店。对集中式供水单位市自来水公司、制水一厂、制水二厂、金凤桥水库重点指导，联合市水务局、房产局，对城区108家高楼可疑二次供水单位进行全面检查，现场指导开展水体消毒和水池清洗，免费进行抽样检测，最终确定二次供水单位71家，对30家供水单位主要负责人进行集中约谈，对130多名二次供水管理人员进行集中培训。对19所中小学校周边全面巡查，防止非法诊所和以人流性病为业务的个体诊所反弹。对城区39家医疗机构医疗废物和医疗污水处理进行三轮指导。

【卫生监督执法】　2015年，市卫生监督中心全面履行职责，依法进行卫生监督执法工作：一是对集中式消毒餐具监管，召开全市餐饮具集中消毒单位卫生监督工作会，全市17家餐饮具消毒单位负责人现场向社会公开承诺“提供安全卫生的放心碗”，并在《岳阳日报》公示。对市区内7家集中式餐具消毒企业进行强制性卫生监督抽样，合格率100%；对市区内32家药店开展消毒产品专项监督检查，全面查验药店消毒产品生产企业的卫生许可证、卫生许可批件、相应批次的检验报告、有效期、各类标签、说明书等内容。二是对生活饮用水卫生监督。对4个市政供水和10个城市二次供水进行丰水期和枯水期水质监测，监测样品146个。与市水务局密切合作，对各县市区农村生活饮用水现状进行调查，召开农村生活饮用水卫生监督专题会议，对存在的问题全部下达督办函。三是对公共场所卫生监督。对643家公共场所开展现场监督和监测采样，其中宾馆，招待所147家，美容美发245家，洗浴67家，游泳场馆12家，超市、影院、娱乐、茶楼，酒吧等173家，对管辖的所有门店日常监督覆盖率100%。会同市疾病预防控制中心对21家单位进行空气质量和公共用品采样监测，开展“五区”联动的公共场所卫生信誉度等级评定。深化文明城市创建，开展“五小”门店集中整治；7月至9月，对市区内14家持证游泳场馆进行专项监督检查，水质监测采样2次，采样96份，检验结果向社会公开；12月集中开展冬季游泳场馆、婴幼儿游泳馆专项检查。受理举报投诉7起，全部进行调查处理。四是进行放射卫生监督。检查放射诊疗单位64家，放射诊疗许可证持有率100%。对全市各放射诊疗单位和部分企业的490名从业人员进行个人剂量监测，监测率82%，市本级达100%。全年放射诊疗新建、改建项目29个，有16家单位进行职业病危害放射防护预评价审核，对竣工启用的13家放射诊疗单位全部进行职业病危害放射防护控制效果评价验收，验收率100%。开展以“防治职业病、职业要健康”为主题的《职业病防治法》宣传周活动，开办放射防护培训班两期，培训放射从业人员175名。五是对学校卫生监督。对辖区内1所小学、18所中学、7所大专院校开展两次传染病防治、饮用水安全、教学卫生监督检查，对市直14所直饮水学校进行专项卫生监督检查，并会同市疾控中心随机抽样检测2次，合格率100%；组织开展中小学校预防近视及学校卫生综合评价专项检查，对中心城区学校周边环境进行联合整治。

【医疗监督】　2015年，市卫生监督执法中心采取“科室联动、综合监管”的方式对33家市卫计委发证的医疗机构、4家省管医疗机构、3家采供血机构进行两轮日常监督检查，受理并办结群众举报18起。开展非法医疗广告专项整治行动，监控各类报刊452期，发现违规医疗广告215条。新发放射诊疗许可证17家，放射诊疗许可证持证率为100%；对全市550名放射工作人员开展个人剂量监测，监测率100%；对25家单位进行职业病危害放射防护预评价审核或控制效果评价验收，验收率100%。开展多部门联合打击非法行医行动24次，查处非法行医案件201起，罚款38.72万元，查扣药品435箱，器械101件，向公安部门移送案件5起，申请法院强制执行2起。

（本栏撰稿　李　佳）

医疗服务

【概况】　2015年，市卫计委对全市37家市直医疗单位和行业管理医院进行专项检查，受理岳阳市“12345”公众服务热线416起，市医疗纠纷人民调解中心接待前来咨询、投诉和申请调解的医患双方人员7200多人次，受理调解申请108件，直接调解结案102件，转行政、司法途径结案3件，调解结案率94.4%。医患双方自行协调36起。公安机关查处涉医治安案件27起，治安处罚40人，刑事拘留22名。长期开展“爱民义诊”，各医院派出副高以上职称医师422人次，护理人员342人次，接待患者咨询和就诊2.71万余人次，发放资料1.91余万份，免费发放价值5.66万余元的药品，“相约周六赶健康集”成为巴陵古城一道亮丽的惠民风景。全年有2600多人报名参加医师资格考试，经现场报名和省考区办资格审查后，2378人符合报考条件，1460人通过实践技能考试，1443人参加医学综合笔试考试，其中执业医师842人，执业助理医师601人，22名考生缺考。急救工作实现零差错、零纠纷，“120”有效出诊1.6万次，接诊病人1.5万人次。参加大型社会活动、拆迁、演习、突发性公共事件等救护车出警50多次，参与的医务人员100多人次；接诊病人204人次。岳阳市中心血站输血研究室被评为中华骨髓库“优秀合作实验室”称号，无偿献血总量达13.1吨，临床医疗供血安全得到保障。

（本栏撰稿　陈健康）

爱国卫生工作

【爱卫创建考评】　2015年，按照岳阳市“五创提质”考评工作的要求，考评工作坚持“每天一暗访，每周一检查，每月一讲评”，对城区“五区”和15个市直主要责任部门每月进行考评排名和情况通报。考评工作做到考评成绩分值量化、考评记录有据可查。以落实考评整改内容为重点，注重考评实效的成功经验，得到市分管领导和被考评单位的认可。

【城乡环境卫生整洁行动】　2015年，市爱卫办开展城乡环境卫生整洁行动，推进“五创提质”工作城乡一体化。按照《岳阳市2015年度农村环境整治工作方案》《农村环境整治工作考评方案》，采取会议促、暗访督、舆论推等有效手段，推动全市城乡环境整治攻坚，工作部署早、推进快、来势好。12月，组织开展美丽县城评选和全市城乡环境卫生整洁行动考评，对县市区进行综合考评排名。

【农村改厕项目】　2015年，市爱卫办在2014年农村卫生厕所普及率达到86.33%的基础上，提出2015年底卫生厕所普及率达到90%的目标。全年计划在全市新建卫生厕所4万座，其中农村三格化粪池无害化卫生厕所3000座，乡镇村组织村民自改农户卫生厕所3.7万座。12月，对各县市区农村改厕工作进行督导检查，完成全年改厕任务。

【基层卫生创建】　2015年，市爱卫办推进基层爱卫创建。指导平江县、华容县、岳阳县、湘阴县巩固国家卫生县城成果；将创建工作向村镇延伸，把创建省级卫生村镇与全市年度评选“美丽乡镇”“美丽村庄”相结合，重点对基础较好，基本符合条件的村镇加强调研、指导，年内创建26个省级卫生村，6个省级文明卫生单位，市级卫生镇5个，市级卫生村42个，市级文明卫生单位4个。

【病媒生物防制】　2015年，市爱卫办抓病媒生物防制，完善惩罚机制，将城区“四害”密度控制在国家标准范围内，顺利完成华容县“灭鼠”“灭蟑”、湘阴县“灭蚊”“灭蝇”的C级达标复查考核，并对临湘市“灭鼠”“灭蚊”“灭蝇”C级达标复查验收。

（本栏撰稿　陈健康）

农村卫生

【概况】　2015年，岳阳市农村卫生厕所普及率达90.07%，远超75%的目标任务。全市有403.65万人参加新农合，参合率99%。执业（助理）医师12431人，每千人口执业医师数2.22人，超额完成1.95人的目标任务。医疗卫生病床数30470张，每千人口床位数5.45张，各县市区每千人拥有床位数均达目标任务（4张）要求。5岁以下儿童死亡率4.97‰，各县市区均控制在8‰以内，远低于12‰以内的控制目标。开展“建设群众满意的乡镇卫生院”活动，印发《岳阳市开展“建设群众满意的乡镇卫生院”活动实施方案》，推荐20家乡镇卫生院开展创建工作，完成市级评估验收。

【对口支援工作落到实处】　2015年，下发《岳阳市2015年县级医院对口支援乡镇卫生院项目实施方案》，重点安排贫困县的县级医院对口支援乡镇卫生院，平江县安排2家县级医院对口支援2家乡镇卫生院医院。其他县市区在没有国家项目支持的情况下也开展此项工作，华容县人民医院分别派出内科、外科、妇科5名医师对三封寺镇卫生院、注滋口镇中心卫生院、鲇鱼须镇中心卫生院进行为期一年的对口帮扶。全年，诊疗咨询病人18760人次，协助手术104台次。

【卫生信息化建设加强】　2015年，全市启用湖南省农村卫生信息系统2.0版，对全市农村卫生信息软件进行升级，全市农村卫生信息化建设得到全面加强，达到“三个百分百”目标，即全省推广应用农村卫生信息系统2.0版本的乡镇卫生院达100%，每个县市区辖区内推广应用农村卫生信息系统2.0版本的乡镇卫生院达100%，具备网络条件的行政村卫生室推广应用农村卫生信息系统2.0版本的达100%。12月，全市社区卫生管理信息系统2.0版推广应用工作进行验收。

（本栏撰稿　陈健康）

基层卫生

【概况】　2009—2015年，岳阳市争取中央和省投资基层卫生服务体系建设项目987个。国家发改部门批复建设规模44.64万平方米；实际建设规模52.66万平方米；规划总投资9.79亿元，其中中央投资40708万元，省配套2020万元，市县财政配套11241.5万元，单位自筹41634.99万元。为全市80家乡镇卫生院安装80套DR和彩色B超机。年内人均基本公共卫生服务经费提高至40元。

做好12类45项国家基本公共卫生服务项目，城乡居民健康档案规范化电子建档率83.96%；举办健康教育讲座、咨询活动3246次，发放健康教育资料90.27万份；0~6岁儿童系统管理率81%；孕产妇系统管理率91.65%；65岁以上管理率59.72%。规范管理高血压患者20.35万人，规范管理糖尿病患者47624万人，登记在册重性精神疾病患者19191名，在管的18788名，传染病及突发公共卫生事件报告和处置率100%，卫生监督协管服务率100%。完成3996名老年乡村医生困难生活补助的发放工作。

【科教工作】　2015年，岳阳市卫计委推广科研成果，加强业务技术培训，各项工作按计划稳步推进。组织第五批74名基层医生参加全科医生转岗培训，11名基层医疗单位临床医生分别在湘雅、南华医院及省人民医院进行为期2至3年的全科医生规范化培训；启动首批住院医师规范化培训工作，其中市一人民医院应培训86人，实际培训57人，市二人民医院应培训17人，实际培训16人，完成率70.87%，二级及以上其他医院完成率均达50%以上。6月27日，全市举办基层骨干医师公益培训班，培训医师220人。选送基层骨干医师分八批次参加省卫生计生委组织的专项技术骨干培训。成功申报省卫生计生委科研课题4个，获得科研经费4万元；申报市级科技创新创业人才团队项目6个；9项科研成果获得市政府科技进步奖，其中一等奖2个，二等奖5个，三等奖2个。加大对病原微生物实验室的监管力度，对全市42家病原微生物实验室进行备案登记检查。组织7807名卫技人员进行信息采集；做好年内农村订单定向免费培养医学生招录工作，本市高考上线的4名志愿生源全部签订定向免费培养协议，完成率100%。与各县市区做好对接准备工作，按协议安排33名2010级订单定向医学生到基层医疗卫生机构工作；选拔16名具有中级以上专业技术职称的卫生技术人员作为市派医卫特派员到16家乡镇卫生院开展服务。

（本栏撰稿　陈健康）

医疗机构

岳阳市一人民医院

【概况】　2015年，岳阳市一人民医院门诊人次和住院人次稳步增长，完成门急诊93万人次，比2014年增长5.7%；入院6.8万人次，增长3.0%；住院手术2.4万台，增长8.8%。全院出院患者平均住院日8.8天，缩短0.6天。获全国文明单位、全国健康管理示范基地、全国改善服务创新医院奖，全省拥军爱民共建单位。

【市一医院管理】　2015年是岳阳市一人民医院"信息化建设年"。医院探索公立医院改革路径，运用新技术，建设新项目，提升信息化水平，打造医院核心竞争力。一是"互联网+医院"建设项目正式启动，成为湘北地区首家移动互联网医院和首家患者移动服务平台。患者通过关注医院微信公众号，足不出户便可用手机完成智能导诊、预约挂号、查询医疗信息等。通过使用该平台，患者在医院就诊时间平均缩短1~2小时。二是门诊流程更加优化，院本部和东院全面完成有收费项目科室的确费流程改造。三是信息化水平再上新台阶。手术麻醉系统全面上线，实现麻醉仪器数据的实时采集，手术医生接受住院医生开处的电子手术申请单并实现电子病历、检验检查报告图像的调阅。整合内镜中心信息系统，设计内镜中心登记排队叫号系统，改善患者就医体验。完善院感系统，调整上报模板及报表、院感预警功能、高危因素监测功能模板。同时，新版体检管理软件升级，与检验LIS系统及检查PACS系统连接，方便患者取得检验检查结果。

【开展十大重点医疗项目】　2015年，医院创新开展十大重点医疗项目，一是生殖医学中心建设项目，医院人类辅助生殖技术项目正式通过国家评审团队的评审，获得试运行资质。二是内镜诊疗中心建设项目，医院内镜诊疗中心成为湘北地区规模最完善、诊疗量最大、流程最合理的医疗中心。全年完成内镜检查3.1万人次，比2014年同期增长12%。三是肿瘤放疗中心建设项目，开展三维适形放疗，完成大型设备立项、规划和审批。四是乳腺病诊疗中心建设项目，医院麦默通乳腺微创手术示范基地开展全国性的培训班五期，培训学员100人。乳腺光散射设备到位，一体化的乳腺诊断中心成立。五是核医学科建设项目，六是健康管理中心建设项目，全年健康管理中心完成体检7.4万人次，比2014年增长16%。医院

岳阳市一人民医院荣获全国文明单位，院长唐敏和工会主席陆海湖代表医院领奖

（市一医院　供稿）

还获得“全国健康管理示范基地”称号。七是介入科建设项目，全年完成介入检查及治疗2337人次，比2014年增加35.3%。八是康复治疗中心建设项目，全年完成康复1.2万人次。九是儿童医疗中心建设项目，完成儿童门急诊15.23万人次，比2014年增加6.8%；完成住院8160人次，增加5.6%。十是脑卒中筛查与防治基地建设项目，完成7800多例脑卒中高危人群筛查任务及网络直报工作，实施静脉溶栓18例，成功18例。3月，“脑血管健康中国行”全国公益义诊活动在医院东院举行，全国著名神经内科专家王陇德院士等12名专家在东院开展义诊及培训活动。

【科教及学科建设】　2015年，岳阳市一人民医院有计划、有步骤地制定重点专科发展规划，全方位推动学科建设。一是专科发展愈趋精细化。骨科发展成5个亚专科，儿科发展成4个亚专科，普通外科发展成4个亚专科，肿瘤科发展成3个亚专科，心血管内科、胸心外科、内分泌科、神经内科、神经外科、泌尿外科、重症医学科等均发展成2个亚专科。二是重点学科申报有条不紊。在湖南省临床重点专科评审中，医院心血管内科、泌尿外科和临床护理3个专科被评为省级临床重点专科，普通外科等7个专科被评为市州级临床重点专科。医院省级临床重点专科达12个，居全省地市级医院首位。三是护理专科化蔚然成风。医院开展岳阳市伤口造口专业筹备委员会和糖尿病健康教育筹备委员会工作，通过开办培训班、免费接收全市各级医院进修学习、举办联谊活动、社区讲座、发放宣教资料等方式，使伤口造口人士和糖尿病患者获益。6月25日，两大专业委员会正式成立同时，医院申报科研课题20项，其中省科技厅立项2项，获资助10万元；省卫计委立项一项，获资助1万元；岳阳市科技局立项13项，其中6项资助课题获资助14万元。省卫计委和市科技局立项课题《膀胱白斑临床分型诊断标准及其应用价值研究》，经评审认为达到国内领先水平，部分达到国际先进水平。

（本栏撰稿　彭　令）

岳阳市二人民医院

【概况】　2015年，岳阳市二人民医院在深化改革、依法治院、强化职业道德、提高服务质量上下功夫，完成住院楼改造等12大工程及多学科协作等7项重点工作，完成全院信息化建设和廉洁风险防控平台建设，全年收到患者锦旗34面，医务人员拒收红包145人次，合计7.56万元。医院被评为“全国百姓放心百佳示范医院”，获得“湖南省援外医疗工作先进集体”等荣誉；康复科在全省康复治疗技能竞赛中获得团体一等奖。

【市二医院医疗质量管理】　2015年，岳阳市二人民医院完善质量管理体系，健全业务院长查房等质量管理制度，加强非常规时段的质量管理，强化医疗核心制度的督查与落实。加强临床用药监管，开展“三类药物”专项整治活动，对违规医生进行通报批评、诫勉谈话等处罚。发布预警通报4次，处罚违规科室9个，药占比由2014年的40%下降至36%。加强科间协作，相继成立急危重病人等3个多学科协作专业组，明确“超急性脑梗死溶栓”多学科协作治疗等六大病种的协作标准，保障病人生命安全。推进院感防控措施，在全省医疗机构依法执业、传染病防治工作检查中，获得岳阳所有参检医疗机构第一名。

【优化人才与学科建设】　2015年，岳阳市二人民医院加大人才引进力度，组织4批次公开招聘活动，引进各类专业技术人员90名，其中有硕士学历的17名，本科学历的33名。名科、名医、名护建设卓有成效。呼吸内科研究团队获评“岳阳市科技创新创业人才团队”；康复医学科、护理科2个专科顺利晋升为省临床重点专科；加大新技术、新项目的推广应用。评估审批新技术24项，其中立项22项，备案2项，新开展神经刺激引导下神经定位与阻滞等19个项目。科研教学工作投入200多万元。做好住院医师规范化培训基地前期工作，获得住院医师规培协同单位资格。通过湖南师范大学硕士研究生培养点评选。学术活动有声有色，承办湖南省第三届灾害医学学术交流会议。

【改善诊疗环境】　2015年，岳阳市二人民医院完成PET-CT机房施工、门诊妇产科改造及检验科实验室改造设计与评价工作，对住院楼6个临床科室进行装修改造。建成全市首家分子病理实验室和湘北地区最大的细胞生物实验室。推行“实名制”预约诊疗，设立“住院接待服务中心”，患者办理入院手续节省一半以上的时间。开展“优质服务百日竞赛”，倡导“三勤四主动五声六满意”等人性化服务举措，对病房实行限时探视管理。平安医院建设取得成效，受理医疗投诉84例，处理医疗纠纷37件，医疗赔偿113万元，较2014年132例、56例、185万有明显下降。全面升级信息系统，投资1000余万元的新HIS信息系统正式投入使用。

【医院参与扶贫帮困献爱心活动】
2015年，岳阳市二人民医院抽调专人常驻汨罗市玉池乡玉山村开展精准扶贫工作，投入扶贫资金10万元。组织175名医护人员参与无偿献血6万毫升，选派11名高年资主治医师，派驻临湘市人民医院等5家基层医院帮扶，与岳阳县二人民医院签订技术合作协议。参与市卫计委“爱民义诊”活动11次。金秋健康节期间，免费为岳阳抗战老兵爱心体检；对新办理入院手续的各类医保病人，减免门槛费300元。

（本栏撰稿　章枝柳）

岳阳市中医院

【概况】　2015年，岳阳市中医院成立全省地市级中医院首家博士后科研流动工作站和博士后创新创业示范基地。脾胃病实验室成为市级重点实验室。科研课题立项16项（省级重点课题3项，大学校级课题9项，市级4项）。医务人员发表论文56篇，其中SCI论文1篇，国家级核心期刊26篇，获得岳阳市科协优秀论文奖一等奖2篇，二等奖3篇。

获岳阳市科技进步三等奖1个。

【张氏正骨学术流派成功申报为湖南省非物质文化遗产】 岳阳张氏正骨学术流派成功申报为湖南省非物质文化遗产项目。“张氏正骨筋膜松解针”和“张氏正骨筋膜松解锤”被列为湖南省首批中医药专长绝技项目。

（本栏撰稿 胡 明）

岳阳市三人民医院

【概况】 2015年，岳阳市三人民医院突出“医院文化年”建设主题，在工作作风、业务能力、工作绩效、社会奉献等方面开展“四比四看”作风建设大竞赛活动，各项工作保持平稳向好趋势。全年诊治门诊病人63951人次，急诊10471人次，收治住院病人10306人次，手术1937台次，业务收入8338万元。

【提升传染病防治水平】 2015年，岳阳市三人民医院重新修订各种突发性、季节性、区域性传染病应急预案，增设预检室、分诊室、留观室和专用病房，加强隔离防护措施，杜绝院内交叉感染；组织开展全院传防医学知识集中培训2期，定期选派专业人员到上级医院进修升造，提升传染病防治水平，全年门诊和住院治疗手足口病6112例，麻疹74例，水痘148例，结核23例，猩红热15例，丙肝14例，流行性腮腺炎30例，其他传染病162例，所治病人全部康复出院，无一例医疗差错和责任事故发生。医院感染科成为品牌专科。

【强化医疗管理】 2015年，岳阳市三人民医院重新修订《医院制度汇编》，从落实医疗核心制度，完善会诊、转诊制度、《危急值报告制度》《临床科室病人专科专治的规定》入手，加强全院业务大查房和三级医生查房制度，坚持每月召开医疗质控与医疗安全讲评会，对存在的问题进行分析，提出改进措施，督促整改提高。对部分业务科室进行技术重组，调整心内科、急诊科、内分泌科等科室的科主任、护士长，充实临床医技力量。同时，医疗系统还先后组织开展医疗安全风险培训、医疗纠纷病例讨论、“危急值”报告制度培训、新技术项目审核等工作；组织脑血管病的诊断治疗、失血性休克处理体会、检验与临床沟通等业务知识讲座11次22课时，医疗操作考核4次，三基考试12次。医疗质量、医疗安全教育做到警钟长鸣，全年无大的医疗纠纷和医疗事件发生。

【拓展医疗新技术】 2015年，岳阳市三人民医院神经医学科运用颈动脉狭窄血管内支架成形术成功救治2例高龄严重脑梗塞患者。与湘雅医院神经外科达成双向转诊技术合作协议，在外三科建立“湘雅医院神经外科专家指导病房”，湘雅医院常年派驻一名神经外科专家担任外三科指导主任，轮派知名专家常年坐诊。血吸虫病·肝病专科成功实施胃镜下胃底静脉曲张组织胶注射联合食管静脉曲张套扎术，治疗肝硬化门脉高压—食道胃底静脉重度曲张病例拓出新的路径。省级科研课题、医院自主知识产权制剂《软肝丸治疗血吸虫病肝纤维化的临床研究》取得进展，药品疗效得到血吸虫病疫区患者认同。6月，来自非洲马达加斯加的男性曼氏血吸虫病患者刘·羌恩纳（AHTHION）在内三科康复出院，《岳阳日报》社、岳阳电视台新闻频道作专题报道。

（本栏撰稿 罗 斌）

血吸虫病防治

【概况】 2015年，岳阳市血防办抓急性血吸虫病防控、落实传染源控制措施等重点工作，全面开展血吸虫病综合治理，人畜血吸虫病感染率分别为0.34%和0.38%。全市完成查螺34633.48万平方米，灭螺6845.84万平方米，灭蚴1982万平方米，查病372608人次，化疗230218人次，连续四年没有报告一例急性病例。4月22—23日，省卫生计生委主任张健一行在华容县、岳阳县、湘阴县调研基层血防工作。12月10—15日，君山区与常德市澧县、益阳市赫山区代表湖南省接受国家血吸虫病传播控制达标验收，专家组经过居民查病、家畜查病、钉螺调查、野粪调查等七个现场考核调查，认为君山区达到国家血吸虫病传播控制标准。12月24日，国家卫计委牵头，水利部、农业部等对君山区进行综合考核，确认君山区达到国家血吸虫病传播控制标准。

（本栏撰稿 陈健康）

妇幼保健

【概况】 2015年，岳阳市妇幼保健院门诊达37万人次，住院1.3万人次，分娩4309人次，药品收入仅占业务收入的23%。医院顺利通过“爱婴医院”复评和试管婴儿项目正式运行评审，被评为湖南省PAC公益项目先进集体，在全市第四届医疗急救技能大赛中获得团体二等奖。

【岳阳市生殖医学技术取得突破】 2015年8月2日，岳阳市妇幼保健院自主培育的全市第一例试管婴儿顺利出生。11月22日，岳阳市医学会生殖医学专业委员会成立大会暨第一届第一次会议在岳阳市妇幼保健院召开。市妇幼保健院党委书记陈卓当选主委。12月15日，市妇幼保健院“体外受精—胚胎移植”项目（试管婴儿）顺利通过正式运行评审。

【妇幼保健工作】 2015年，全市孕产妇死亡10例，孕产妇死亡率16.52/10万；婴儿死亡率3.01‰；5岁以下儿童死亡率4.97‰。新生儿疾病筛查率94.63%；产前筛查率61.08%；听力筛查率99.36%。进行产前诊断2235人次，高危孕妇接受干预率81.2%。确诊先天愚型等染色体异常胎儿18例。全市全面实施农村住院分娩基本医疗全免费，补助金额1478.6万元。婚前医学检查率92.87%;叶酸服用率96.12%；艾滋病、梅毒、乙肝孕28周检测率均达98%以上。全年全市艾滋病阳性孕产妇7例，母婴阻断率100%。梅毒孕产妇146例，母婴阻断率100%。乙肝阳性孕产妇3688例，儿童3723例，儿童阻断3722例，阻断率99.97%。

对426490位农村妇女进行免费妇女病普查，检查率31.95%，查出妇女病人数144218人，疾病检出率33.82%。儿童保健完成224名国家肢体智力残疾儿童康复技术治疗项目工作。

【妇幼医疗保健服务】 2015年，岳阳市妇幼保健院一是综合急救能力上台阶。7月8日，为全省首例260斤超重孕妇剖宫产下6.6斤男婴（比全省报道最重的220斤孕妇还重40斤）。7月9日，成功抢救一例凶险性前置胎盘伴胎盘植入危重产妇。7月19日，43名医护人员合力救回产后大出血危重产妇。10月16日，医院在全市第四届医疗急救技能大赛中夺团体二等奖。12月24日，举办本院第一届急救技能大赛。二是儿科、新生儿科综合业务水平不断提升。新生儿科救治危重患儿896人次。成功救治“肺出血”患儿11例，“气胸”患儿16例；救治早产儿381例，极低出生体重儿（出生体重小于1500g）19例，超低出生体重儿1例（900g）；开展动静脉同步换血5例。三是创新优质护理服务模式。全面推行优质护理服务，在儿科、新生儿科打造“妈妈天使”品牌，在妇产科打造“姐妹天使”品牌，在全院护理人员中开展“三前”服务，即基础护理落实在红灯呼叫之前，生活护理做在病人需要之前，心理护理想在病人开口之前。

【坚持爱民义诊，开展对口帮扶】
2015年，市妇幼保健院选派优秀副高以上专家53人次参加市区爱民义诊20次，下乡义诊3次，免费发放宣传资料2万份，免费监测血糖1600人次，免费发放药品价值3万元，免费义诊咨询2万人次。深入农村、企业、社区、学校，为3000多名妇女讲授妇科疾病防治和更年期保健知识，为2000多名青少年讲授性保健知识。对口扶持岳阳县妇幼保健院、张谷英镇卫生院、饶村卫生院、临湘市乘风乡卫生院，配合市卫计委对汨罗市玉池乡卫生院进行扶贫。为新增国家省市“0~14岁贫困残疾儿童康复救助”项目儿童进行康复治疗，其中脑瘫49人、自闭症9人、智力障碍5人，资助每人2000元。为19名患儿捐赠爱心轮椅。

（本栏撰稿 邓 丹）

血站工作

【概况】 2015年，岳阳市中心血站以临床供血安全为中心，以“巴陵先锋先行”活动开展为动力，广泛宣传《献血法》，落实“两法三规”，完善采供血服务体系和质量管理，开展文明创建活动，被评为湖南省采供血卫生监督工作红旗单位，输血研究室综合质评第四次被世界卫生组织、国际输血协会、中国输血协会质量委员会联合评为Ⅰ类实验室，HLA实验室被中华骨髓库授予优秀实验室称号，血液核酸检测实验室顺利通过省临检中心验收，国家、省临检中心血液质量室间质评合格率100%，科研课题《HLA基因多态性与新生儿溶血病相关性研究》获得岳阳市科技进步“二等奖”。

临床供血得到保障。举办2015年“6·14”世界献血者日、首届无偿献血公益摄影大赛暨志愿者表彰活动，开展7期造血干细胞宣传进社区活动，组织开展12期“血站公众开放日”，并及时宣传，受众达数万人。全市采血总量14.28吨，比2014年增长2%，采血总量全省排名第二，全市（含湘雅医院部分）临床供血得到保障。

血液安全保障增强。组织内审和管理评审各2次，年度质量目标均顺利完成，C版在控质量体系文件与工作实际结合，具有充分性、适宜性和有效性。对541份各类血液产品进行检测，合格率100%。参加国家、省临床检验中心和澳大利亚国际室间质评结果准确率100%。12月，“中南大学湘雅医学院临床输血指导基地”顺利挂牌。

服务水平再上台阶。完成中华骨髓库下达的HLA组织配型实验数据3011人份，完成率100%，检测数据全部录入中华骨髓总库，优良率99.99%。全市造血干细胞成功配型累计达130例。疑难血型参比检测374例，结果准确率100%。参加WHO中国地区血型血清学输血实验室室间质评准确率100%。保持临床供血100%来自无偿献血，未发生一例血液质量和经血液传播疾病投诉件。

（本栏撰稿 陈宏伟 李鎏鑫）

责任编校 邹 青

社会民生

人民生活

【居民收入与支出稳步增长】 2015年，岳阳市城镇居民收入人均25202元，增长9.0%，扣除价格因素实际增长7.2%，高于全省平均增速0.5个百分点。构成城镇居民收入四大类情况是：城镇居民人均工资性收入16128元，增加789元，增长5.1%；城镇居民人均经营净收入2933元，增加527元，增长21.9%；城镇居民人均财产净收入1516元，增加431元，增长39.7%；城镇居民人均转移净收入4625元，增加334元，增长7.8%。全市农村居民收入人均12091元，增长9.3%，扣除价格因素实际增长7.5%，与全省平均增速持平。农村居民收入位居全省第六，较全省平均水平高1098元。构成农村居民收入四大类收入情况是：农村居民人均工资性收入6034元，增加339元，增长6.0%；农村居民人均经营净收入3539元，增加587元，增长19.9%；农村居民人均财产净收入144元，减少18元，同期回落11个百分点；农村居民人均转移净收入2373元，增加121元，增长5.4%。（陈艳飞）

【居民消费价格温和上涨】 2015年，岳阳市居民消费价格总指数比2014年上涨1.7%，呈现温和上涨态势。其中，居民消费价格八大类累计比指数呈现“七涨一降”的态势，食品类累计上涨2.9%，烟酒类累计上涨0.1%，衣着类累计上涨1.2%，家庭设备及维修服务类累计上涨1.0%，医疗保健和个人用品累计上涨1.7%，娱乐教育文化用品及服务类累计上涨0.5%，居住类累计上涨3.2%，交通和通信类累计下降2.3%。（陈艳飞）

【健全计生工作新机制】 2015年，全市计生部门突出“改革创新年”主题，完善考核方案，取消一类乡镇和降低模范乡镇符合政策生育率指标，为基层解压松绑。加大对弄虚作假行为的惩处力度，构建“暗访调查”和“数据核查”相结合的工作机制，不定期、不打招呼直接进村入户调查。构建村级信息直报新机制，在全省率先实现与全员人口数据库对接，村直报全面覆盖到全市3416个村，实现人口基础数据在村级互联、互通和互动。率先在全省全面启动生育服务证制度改革，取消一孩生育证，实行生育登记制度，简化再生育证、独生子女父母光荣证和流动人口婚育证明等办理程序，制定下发《关于全面推行生育服务证制度改革的通知》《岳阳市关于全面改革计划生育证件办理制度的业务规则》，实行代办和送证上门制度。，制定的业务规则，被省卫生计生委转发到各市州参照。（陈健康）

【做好计生惠民工作】 2015年，全市农村奖扶20636人，特扶3438人，奖励资金全部兑现。城镇独生子女父母奖励政策扎实推进，为90088人发放资金1.4亿元。加大失独家庭特别扶助力度，发放失独家庭特别扶助资金1012.38万元，帮扶失独家庭2338户。探索建立手术并发症人员扶助制度，为842名手术并发症人员发放扶助资金459.28万元，免费治疗4375人次，治疗费用838.97万元。推进免费孕前优生健康检查项目，标准由每对240元提高到300元。完成孕前优生检查66740人，目标人群完成率达83.21%。“单独两孩”生育新政实施以来，优化工作流程，缩短工作时限，确保政策落实零延误，全市“单独两孩”夫妇申请再生育4114对，审批办理生育证4091本，出生2600多人。（陈健康）

【查处“两非”典型案件】 2015年，市计生部门强化各级查处“两非”典型案件的责任，率先在全省将查处“两非”典型案件任务纳入县市区长向市长递交的计生责任状的重要内容。加大督查力度，全年抽查8个县市区21家医疗机构。各级公安、纪检和药监等部门认真履职，多次开展联合整治行动，有效遏制出生人口性别比偏高势头。岳阳楼区审理全省首例“两非”入刑案，对两名涉事医生给予判刑。岳阳市连续五年被评为全省综合治理出生人口性别比偏高问题先进单位，出生人口性别年同比下降2.62。（陈健康）

【夯实计生基层基础工作】 2015年，市计生部门履行职责，切实做好协同管理、信息共享和政策兼容等工作，健全组织机构，将管理责任网络延伸到县市区和乡镇，形成齐抓共管的工作合力。开展村（居）民自治示范村创建活动，加强业务指导，落实跟踪服务。全市有23个村被评为全国示范村（居），有96个村被评为全省示范村（居），实现群众自我管理、自我监督和自我服务。落实流动人口信息化管理，加强平台数据监测，流入地信息反馈及时率100%，流出地信息反馈及时率99.99%;PADIS协查接收率99.99%，通报接收率100%。融入环洞庭湖区域协作，与常德市开展广泛合作。（陈健康）

劳动就业

【推动创新创业】 2015年，岳阳市出台《关于推动创新创业带动就业的若干意见》《关于做好高校毕业生就业创业工作的意见》等文件，担保发放创业贷款1.9亿元。建立“众创空间”平台，举办28期创客沙龙及创意市集，组织8188人参加创业培训。开展“春风行动”“就业援助月”等专项活动，举办人才交流会46场次。实现城镇新增就业55459人，新增农村劳动力转移就业41117人；失业人员再就业28998人，就业困难对象再就业10142人；新增创业主体33912个，带动城乡就业52951人；城镇登记失业率控制在3.71%，超额完成年度目标任务。（何　龙）

【就业服务】 2015年，全市公共就业服务以可及性、均等化、全覆盖为目标，出台专门文件，完善基层公共就业服务体系。春节前后相继开展“春风行动”“就业援助月”等专项活动，有序引导农民工转移就业和城镇失业人员求职就业。举办大中专学生创新创业计划大赛，率先提出使每一名有就业意愿的在岳阳高校和本市籍大学生在毕业半年内实现就业创业，在“毕业季”不间断开展专项活动，并做好城乡家庭困难毕业生的托底安置工作，通过“定向座谈、定期回访、定员会诊”方式，逐步建立企业就业服务长效机制，由服务劳动者为主转变为服务劳动者和服务企业发展并重。制定规范就业援助管理办法，建立定期议事协商机制，实行“同城同步同标准”，就业困难对象和援助单位双方满意度明显提升，涉军、残障等群体信访量大幅下降。同时，及时为灵活就业人员发放社保补贴，为符合条件的主体办理税费减免认定，为就业见习对象落实补贴和跟踪服务，对离校未就业高校毕业生实名登记跟踪服务，让就业政策更多更好惠及民生。（蒋　辰）

【扶持家庭服务企业发展】 2015年，全市推出政策打捆扶持、行业规范制定、就业容量扩展等政策措施，壮大家庭服务业，支持家服企业品牌化、规范化发展，创建6家全国“千户百强”企业。实施“员工制家服企业培育”“家服企业进驻社区联动服务”两大行动，推动社区平台就业服务和家庭服务相融合。全市家庭服务业从业人员4.56万人，年内新增吸纳就业5730人，解决大批城镇失业人员和进城务工人员就业问题，成为带动就业的新增长点。（何　龙）

【开展“人才引进”活动】 2015年，市人事劳动和社会保障部门落实国家、省重大人才工程和市委市政府《巴陵人才工程实施方案》《加强高层次创新创业人才引进工作的实施办法（试行）》，承办“四海揽才”活动，开展3次人才需求摸底，举办2次人才需求信息发布会，组织293家企事业单位先后赴武汉市、深圳市、长沙市三地开展人才招聘活动，取得明显成效。招聘活动由市委常委、组织部长、统战部长王瑰曙带队，市委组织部、市人社局牵头组织，企事业单位自主报名参加，做到“五个统一”（统一组织、统一经费、统一展台、统一发布、统一来去），所需费用均从市人才发展专项资金中列支。推出绿色通道、安家补助、工作补助、政府奖励、生活补贴、创业扶持、配套服务等七项优惠政策吸引人才，年薪最高达100万元。与武汉大学、湖南大学等27家“211”“985”重点院校签署《人才合作框架协议》。武汉招聘会上，134名人才与企事业单位达成就业意向；深圳国际人才交流会上，51名高校毕业生与企业达成就业意向；长沙招聘会上，4000人与企事业单位达成就业意向。（何　龙）

社会保障

【人事人才管理提质】 2015年，全市完成公务员招录和市直事业单位公开招聘工作，机关事业单位工作人员工资调标工作有序实施，县以下机关公务员职务与职级并行制度和乡镇工作补贴制度全面启动，评选政府特殊津贴专家90人，安置57名军转干部及6名随调家属。“三支一扶”招募工作被国家人社部评为先进。指导市中医医院建立博士后流动站协作研发中心。完成13个类别、202场次、26800人次的笔试组考任务，未出现一例安全责任事故。

【社会保险运行平稳】 2015年，全市企业养老保险费费率过渡试点，实现城乡居民养老保险关系顺利转移接续、城镇职工医保互转互认，机关事业单位养老保险制度改革全面启动，“巴陵石化”“长岭炼化”公司医保移交地方管理。全市“五险”参保人数稳步增长，基金征缴企业养老保险、机关事业单位养老保险、城乡居民养老保险、医疗保险、工伤保险、生育保险、失业保险分别为24亿元、6.85亿元、2.1亿元、11.8亿元、1.985亿元、0.63亿元、1.1亿元，均超额完成年度目标任务。基本社会保险覆盖率95.1%，基本医疗保险覆盖率100%，基本养老保险覆盖率90.2%，超额完成省市小康指标任务。各项社会保险待遇均能及时足额发放。社保卡持卡人数320万人。

（本栏撰稿　何　龙）

住房保障

【加速农村危旧房改造】 2015

年，岳阳市政府出台《关于加快农村危（旧）房改造的实施意见》，明确由市住建局、市农业委共同牵头，至2017年底完成农村危（旧）房改造10万户的目标。年内，完成1.97万户改造任务，并争取到将武广高铁岳阳段沿线临湘市、云溪区、岳阳县、汨罗市纳入省级整体推进示范计划，其中，高铁临湘市段推进较快。全省农村危房及风貌改造现场会在岳阳市召开。开展“送图下乡”活动，精心评选50套优秀方案汇编成《农村村民建房示范图集》供农村居民选用。

（任　勇）

【住房保障取得新成效】　2015年，全市保障性安居工程建设任务44611套（户），全部开工。市本级梅溪乡635套公租房项目、逸馨花园配建116套公租房项目完成主体工程。湘阴县、岳阳县、汨罗市、云溪区、屈原管理区等地项目大多完成主体工程，部分项目建成交付使用。全市发放保障房租赁补贴2.44万户。市财政500万元资金用于经济适用住房货币补贴。落实国家开发银行棚户区改造专项贷款政策，市房产局会同市城市建设投资公司争取棚改专项贷款50.7亿元，华容县争取专项贷款2亿元。争取国家、省保障性安居工程专项资金14.7亿元。严格落实建设项目公开招投标制、项目部主任负责终身制、工程质量监理制，严把施工监理关、建筑材料关、竣工验收关，严格督查机制，强化现场专项督查、工作调度、讲评通报等措施，推动保障房项目建设，确保工程质量。对春和家园2064套保障性住房采取电脑公开摇号，实行阳光分配。岳阳县1008套保障房一次性摇号分配入住，湘阴县、平江县、华容县基本做到头年建设，第二年分配。春华家园、春和家园保障房作为全省“两房两棚、两供两治”工作现场会的重点迎检项目，得到杜家毫省长高度评价，市委、市政府通报表彰，《湖南日报》也对岳阳市住房保障工作进行专题报道，市本级春华家园、华容县家和花园被评为全省保障性安居工程示范项目。

（石　勇）

社会事务

【殡葬管理】　2015年，岳阳市殡葬管理和改革工作进一步深入。全市各级党员干部认真落实《关于党员干部带头推动殡葬改革的实施意见》，带头推进殡葬改革。市政府出台《关于印发〈岳阳市贯彻落实湖南省2015—2020年殡葬事业发展规划实施办法〉的通知》。利用横幅、标语、广播、宣传橱窗进行殡葬宣传，悬挂横幅、标语累计1652条；利用宣传车上街宣传，播放殡葬法规政策，上街宣传累计达296次；将有关殡葬改革工作汇编成册，深入街道，居民家中发放，累计发放宣传册4万多份。对不享受“五项免费项目”且进行火葬的其他城乡居民，实行普通殡葬专用车遗体接运费、三日内普通冷藏（冻）柜遗体存放费、平板式普通火化机遗体火化费、骨灰寄存1年等四项基本殡葬服务费999元包干；对在市殡仪馆集中简朴治丧和进行生态安葬的市城区居民给予补助奖励。将市城区分成13个片区，每个片区由专人负责巡查，每名局领导负责联点督查2个办事处，发现情况及时通知相关单位和社区，按各自责任劝导和制止违规治丧行为，全年累计开展重点巡查1247次，查处违规殡葬行为169起。

【朱楚材烈士墓园】　朱楚材烈士墓园位于华容县东山镇大旺村学校校园后。朱楚材烈士在土地革命战争时期担任红六军二纵队和过赤色警卫军江石军八大队参谋长，在1930年二克华容之役中牺牲，葬于大旺厂西北朱氏公地。2015年将墓地为大旺学校西北角。墓园面积约200平方米，花岗石围栏内石铺地面80平方米。长方形石棺放置中央，前立方形亭式墓碑，后置四块花岗石纪念碑牌，镌刻《朱楚材烈士墓迁建记》，四周围栏吊板刻有长沙、岳阳、华容、石首等地诗人撰写的纪念诗词。进门置校舍后栋东面，门楣隶书镌刻“烈士墓园”，大门两侧门框上镌刻楹联：“忠骨葬青山，先贤德旺声名远；英才源绿水，后辈人兴业绩高。”东面围堵刊刻当年湘鄂西省军校指战员的挽诗：“英雄长眼章台镇，官兵悲痛久思念。继承英雄革命志，前线杀敌写新篇。”西面围堵刊刻纪念七律一首。烈士墓园建成后，成为学校学生和周边群众祭奠凭吊的场所。

【婚姻家庭】　2015年，岳阳市婚姻登记工作进一步规范。按要求完成婚姻登记历史数据补录。组织各县市区民政局开展婚姻登记机关等级评定工作。全市婚姻登记规范管理，全市办理国内结婚登记51491对，离婚13504对，港澳结、离婚27对，合格率100%，无乱收费现象。

【福利事务】　2015年，岳阳市社会福利事务工作进一步发展。落实《关于加快发展养老服务业的实施意见》，支持发展养老服务业，缓解社会养老压力，全市新增养老服务床位1775张；出台《岳阳市城区社会养老机构建设及运营补贴具体办法》，由市级财政安排预算资金600万元，鼓励社会力量举办养老机构，凡符合规定的，可获得3000元/床的建设补贴和100元/人/月的运营补贴。争取福彩公益金3461.57万元，其中2329.05万元用于养老服务体系建设，投入比例达到67%。在岳阳职业技术学院开设老年护理专业，依托学院作为全市养老护理员培训基地。推行国家职业资格证书制度，开展养老护理相关职业技能鉴定，养老机构护理员持证上岗率100%。规范养老服务机构设立许可和监督，所有许可证的发放都严格按照有关程序执行。按照《湖南省孤儿基本生活费发放管理暂行办法》等文件精神，严格规范孤儿生活费发放管理程序，确保机构孤儿每人每月1000元、散居孤儿每人每月600元的养育标准100%落实到位。依法依规对福利企业进行年检，合格率95%，全市没有发生一起因残疾职工权益保障不到位而引发的群体性事件。落实《关于依法处理监护人侵害未成年人权益行为若干问题的意见》，完成市流浪未成年人救助保护中心项目建设。将全市分为四个片区，根据属地管理原则，明确任务，落实责任，救助工作人员实行昼夜24小时负责制度，通过开展白天街面主动施救、夜间重点区域搜救、设置临时救助点等专项救助行动，救助流浪乞讨人员，确保城市街面无流浪未成年人。坚持安全运行、健康发展的原则，加大福彩市场开拓力度，全市福彩销量5.05亿元，排名全省第三。

【慈善事业】 2015年，岳阳市慈善事业进一步发展壮大。加强慈善募捐体系建设，形成党政推动、慈善牵头、部门配合的全新工作格局。岳阳市特困家庭大病医疗慈善救助基金先后对6210名特困患者实施救助，累计发放救助金4345万元；投入2427万元开展爱心助学、金叶医疗救助、送温暖献爱心、“微笑列车”、关爱抗战幸存老兵等专项活动，1.9万多名困难群众从中受益。注重发挥慈善工作的社会效益，爱心超市在全市范围布点，建成并投入运行的爱心超市20家。健全包括公文管理、会议管理、财务管理、捐赠管理、信访接待等内容的各项规章制度，并严格贯彻实施。借助《岳阳日报》、岳阳民政网等平台，将募捐款物的接受、发放全程公布，接受社会监督。自觉接受省民间组织管理局、市审计局、市事业单位登记管理局等部门的监管，定期向捐赠者反馈。

【老龄工作】 2015年，岳阳市老龄工作进一步加强。落实老年优待政策，根据《关于进一步加强老年人优待工作的意见》，加大老年人优待力度，将市区内百岁老人长寿保健补助金标准提高到每人每月400元。出台《关于建立岳阳市基本养老服务补贴制度的实施意见》，建立基本养老服务补贴资料库，全市符合基本养老服务补贴发放政策的对象24956人，享受补贴的24956人，覆盖率100%，较2014年提高60%。投入35.2万元，为城区内5家养老机构（含2家民营）的1600张床位购买养老机构责任险，城区纳入医保的养老床位1000张；县市区投保率85%以上。发挥“老年维权示范岗”“敬老文明岗”等窗口单位的作用，形成市、县（市）区、乡镇、村（社区）老年人法律援助网络体系，将全市31家律师事务所、40家法律服务所纳入其中，全年为老年人提供法律援助364起。认真组织敬老月活动，弘扬尊老敬老传统美德，走访慰问送温暖，节庆文艺送康乐，营造良好的爱老助老社会氛围，提高全社会为老服务的法律意识。

【老区建设】 2015年，岳阳市老区建设水平进一步提升。争取老区扶贫项目资金343万元，扶持项目100个；争取革命老区转移支付项目资金3500万元。结合老区项目建设举办多期农村实用技术培训班和送科技下乡活动，为老区建设队伍输送新鲜血液，提高科技扶贫的质量，为树立科技扶贫理念打下良好基础。根据老区特点，发展优质、高产、高效、生态、安全的小型种养业等老区特色经济，推动老区经济社会发展。

（本栏撰稿 吴 伟）

责任编校 邹 青

县市区概况

岳阳楼区

中共区委员会
书　记　秧　励
副书记　陈阁辉　尤庆学
常　委　漆　胜　彭端生　杨林彬
　　　　钟　辉　李　峰　周岳雄
　　　　徐　平　黄良武
区人大常委会
主　任　贺景福
副主任　周幺龙　施　敏　罗加粮
　　　　卢红升　李建国
区人民政府
区　长　陈阁辉
副区长　漆　胜　杨林彬　李青松
　　　　徐　利　黎建欣　白铭科
　　　　高鸽子
区政协委员会
主　席　王梦华
副主席　张雪梅　袁公平
　　　　邓群政（兼职）　吴怡红
区人民武装部
部　　长　邹湖平
政治委员　黄良武
区纪律检查委员会
书　　记　周岳雄
区人民法院
院　　长　夏常凯
区人民检察院
检 察 长　汤尧光

【概况】 2015年，岳阳楼区完成各项工作任务。并按照县市区乡镇区划调整改革方案调整后，梅溪乡、洛王街道成建制合并设立洛王街道；三荷乡、西塘镇成建制合并设立西塘镇。辖17个街道、3个乡镇。实现地区生产总值521.45亿元，比2014年增长10%；社会固定资产投资167.91亿元，增长23.7%；社会消费品零售总额387.29亿元，增长12.7%；财政总收入21.17亿元，多项经济指标位居全市前列。

改革创新，各项工作活力迸发。以新思维拓宽发展路径，以新方式破解发展难题，三类十二项改革举措争相发力，一系列创新实践取得实效。一是创新思路谋发展突出城市发展工作重心，推进城市经济、城市服务、城市管理、城市保障，形成“四位一体”的城市工作体系。突出第三产业的主导地位，集中发展第三产业，努力谋求产业科学布局、提档升级，汇聚人气、繁荣市场。增强队伍素质的支撑功能，全面开展干部学习培训，以高素质队伍推动事业进步。增强上级支持的推动效应，全方位调动向上争项争资的积极性，全年争取基础设施、民生保障等项目69个，争资总额超过10亿元，比2014年增加3亿元、增长42%。二是创新机制增绩效。加快转变政府职能，编制政府权力清单、责任清单，减少权力事项362项，明确责任事项924项。完成行政审批流程再造，减少76项。在全市率先实施食品药品机构改革，完成卫生、计生部门合并。创立“大城管”机制，在湖南省县区中首创“大城管”模式，成立城管委，整合部门力量，整体联动、联合执法、现场办结，长效管理机制基本建立。构建社区治理服务体系，以建设“全国社区治理和服务创新实验区”为契机，实行公共服务下沉、网格化管理、居民自治“三合一”。完善考核讲评机制，每季度分别进行经济社会运行分析、安全生产和信访维稳讲评，每月进行“大城管”和社区治理服务讲评，改变年终考评“一锤定音”的做法，推动工作稳步前进。三是创新举措解难题。实行重点项目手续代办，成立重大项目审批代办服务中心，九大棚户（旧城）区改造项目的前期手续办理仅用60天，大幅提升工作效率、降低行政成本。改进征收拆迁工作方式，开展土地依法征收“百日攻坚”行动，推行“区级统筹、乡街负责，公有产权、公职人员带头签约，公权部门密切配合，法律顾问全程参与”的新模式，征收1400户、房屋面积21万平方米，腾地173.3公顷，22个项目“清零”，8宗土地挂牌出让、创历史新高。落实接访处访主体责任，实行“谁引发谁负责”“谁主管谁负责”“属地单位负责”，实现“三个下降”，信访总量下降26%，集体访下降33%，非正常上访下降65%，信访工作步入良性轨道。盘活资产资金化解政府债务，一方面改善贷款结构，降低利率，延长期限，另一方面对政府投资的保障房项目、城建项目强力清收，回笼资金。

转型升级，区域经济走势稳健。应对宏观经济下行压力等不利因素，以提高经济发展质量和效益为中心，千方百计上项目、兴产业，实现经济总量、发展质量、人均均量同步提高。产业项目来势良好。参加岳商大会等招商活动，新建续建产业项目46个，协议引资172亿元、到位32亿元，其中，投资5亿元以上的项目10个、10亿元以上的3个，签约项目全部开工。启动建设土桥品牌服饰街、南湖大道金融街等十条特色街区，推进南辅道旧改、东茅岭步步高城市综合体建设，启动四化建片区拆迁，万达广场确定选址，完成3517文旅新城规划设计。服务力度明显加强。召开加快第三产业发展座谈会和驻区大厂大校座谈会，听取意见建议，协商解决发展环境问题。在全市率先落实商事制度改革，新登记注册市场主体7000多户。持续开展“联手帮扶企业、产业发展升级”行动，结对帮扶80家重点企业，帮助申报技改项目29个。

【城市环境优化提质】　2015年，岳阳楼区以“宜居宜业宜游”为目标，加强基础建设，全面实施精细管理，城乡环境进一步优化。基础建设稳步推进。赶山路、天伦路、九家垄路、木鱼山北路正式通车，洛王路、城陵矶路建成主路基，提质改造郭麻路、拓宽丁家组铁路涵洞工程全面竣工，通海北路、加义路建设进展顺利。投入2000万元，实施“百条街巷改造惠民三年行动”，改造奇康路等道路12条，整治金鹗府邸、花园坡等低洼地段4处。市容市貌规范有序。对所有农集贸市场、马路市场、五小门店进行清理整顿，处置出店、占道经营近万起，拆除违法户外广告800多处。新建垃圾屋150座，新增果皮桶900个，进一步提高清扫保洁标准，在全市环卫月度考评中每次排名第一。拆除新增违法建设103处、1万多平方米，拆除存量违法建设294处、5万多平方米。生态环境持续改善。马壕污水处理厂等11个国家减排项目全部竣工运行，郭镇钒矿污染治理项目通过验收，查处污染企业21家，全面完成二氧化硫、氮氧化物、氨氮的削减任务。开展湘江流域保护和治理，加强南湖、东风湖、王家河等水资源管理，进一步改善城市水环境。

【社会事业统筹发展】　2015年，岳阳楼区以改善民生为出发点和落脚点，民生支出占财政总支出的78%，优质办理15件省市实事。社会保障扩面提标。新增城镇就业8900人，下岗再就业4150人，“零就业”家庭保持动态清零，南岳社区被人社部评为“充分就业社区”。发放低保救助9200万元、医疗救助1200万元，被民政部确定为“救急难”综合试点单位。惠民实事扎实办理。实施精准扶贫、项目扶贫，整体开发麻布、磨刀、建中3个省级贫困村，顺利实现1086人脱贫。实施安居工程，有序推进芭蕉湖、法水坡、蔡家等保障房建设，胥家桥安置房和洛王城中村棚改项目竣工，雷锋山、东腾花园、老垅坡等安置房项目交房入住，全年发放廉租房货币补贴500万元。投入资金1000万元，解决2.6万人的安全饮水问题。各项事业协调进步。成功承办全省第36届青少年科技创新大赛，九华山社区被评为“全国科普示范社区”。投入5000万元改造新路口小学等5所学校，顺利通过湖南

2015年岳阳楼区乡、街道办事处简况

表10

名称	国土面积（平方千米）	耕地面积（公顷）	年末总人口（人）	人均纯收入（元）	党（工）委书　记	乡长（主任）
郭镇乡	34.62	540	26740	15242	李大汉	沈为庆
枫桥湖街道办事处	3.565	3	27215	27877	徐铭喜	刘达鸿
奇家岭街道办事处	13.245	170	40624	27877	郭韶山	彭宪会
洛王街道办事处	31.2	431	81306	27877	吴曙光	柴石球
洞庭街道办事处	6.84		5670	27877	李　熊	周七亿
城陵矶街道办事处	6.09	10	30440	27877	杨志华	曹永柏
望岳路街道办事处	2.35		37366	27877	周上青	李永红
五里牌街道办事处	3.17		57642	27877	李亚东	易桥勇
东茅岭街道办事处	1.71		41837	27877	吴　珂	徐演铭
吕仙亭街道办事处	3.168		36097	27877	方文归	陈建明
三眼桥街道办事处	2.22		35486	27877	邓旭旺	李　敏
岳阳楼街道办事处	3.03		33847	27877	罗立兵	徐　佳
金鹗山街道办事处	2.988		41809	27877	李水平	黄黎明
站前路街道办事处	1.188		23912	27877	易小球	胡　定
王家河街道办事处	2.358	1	29116	27877	宋　辉	胡吉安

省第三轮县级教育工作“两项督导评估考核”，被省政府认定为“教育强区”。创建国家公共文化服务体系示范区，全部完成街道文化站、社区文化活动室标准化改造。改建区人民医院急救中心和梅溪卫生院，顺利通过“全国基层中医药工作先进单位”验收。

【社会大局平安稳定】 2015年，岳阳楼区以安定、安全为工作底线，筑牢防控网络，化解矛盾纠纷，切实加强安全监管，“平安城区”建设取得新成效。治安管理力度加大。从退役士兵中择优招录140人充实协警队伍，把警力最大限度地摆上路面，治安巡逻覆盖到每一条街巷。开展“五打五整治”“禁毒百日攻坚”等行动，严厉打击聚众赌博、地下“六合彩”、传销等违法犯罪活动，挂牌整治“两抢一盗”涉黄涉毒、涉黑涉恶等重点问题，做到“命案必破”。纠纷调处效率提升。成立民间借贷风险处置工作组，清理经营主体247家，立案查处非法融资12起。加强“三调联动”，成功调处五里牌工业品市场拆迁、天伦金三角商业街租赁等矛盾纠纷，挽回经济损失6000多万元。受理消费者投诉举报2500多件，办结率达100%。办理“12345”工单1.2万件，及时回应群众诉求。安全保障举措更实。贯彻新《安全生产法》，落实“党政同责、一岗双责”，开展安全教育“六进”活动，安排公共安全隐患治理资金1000万元，开展安全生产大检查、“九打九治”系列行动，全年未发生较大以上安全责任事故。新建消火栓80个，扑救火灾336起、挽回损失近亿元。开展食品药品“四小”整治、“四查”行动，严格监管粮油等农产品质量，保障饮食、用药安全，全年未发生一般以上食品药品安全事故。

（本栏撰稿　高　新）

云溪区

中共区委员会

书　记　田文静

副书记　邱　虹（2015年5月免）
　　　　余良勇（2015年5月任）
　　　　李运帷（挂职）　陶伟军

常　委　蒋雄波　余　炯　杜　宇
　　　　陈新宇　潘宏军　杨　斌
　　　　胡　蝶

区人大常委会

主　任　聂金华

副主任　颜跃飞　陈辉华　葛曙光
　　　　廖小谷　熊永初

区人民政府

区　长　邱　虹（2015年5月免）
　　　　余良勇（2015年5月代）

副区长　蒋雄波　袁正宏　王来平
　　　　刘敏杰　姜其胜　唐露尧
　　　　管　勇（挂职）　邓岳生

区政协委员会

主　席　肖云生

副主席　丁新华　周家冀
　　　　唐梓阳（兼职）　方奂奂
　　　　肖洋溢（兼职）

区人民武装部

部　长　杨　斌

政治委员　喻齐归

区纪律检查委员会

书　记　陈新宇

区人民法院

院　长　姚劲峰

区人民检察院

检察长　李建军

【概况】 云溪区土地总面积396.2平方千米，耕地面积8740公顷。按照县市区乡镇区划调整改革方案调整后，云溪乡、永济乡、云溪镇成建制合并设立云溪镇；文桥镇、路口镇成建制合并设立路口镇；道仁矶镇、陆城镇成建制合并设立陆城镇。辖1个街道3个镇。年末总人口为16.97万人，出生率为12.4‰，自然增长率为9.1‰。

地区生产总值120亿元，比2014年增长8%；规模工业增加值59.68亿元，增长8.7%；实现消费品零售总额20.46亿元，增长12.5%；完成固定资产投资76.57亿元，增长18.5%；财政总收入突破10亿元大关，达到11.25亿元，增长7.7%；城镇居民人均可支配收入29264元，农民人均纯收入15242元，分别增长9.1%和9.3%。三次产业比重优化为6.6∶61∶32.4，其中第三产业比重提高3.9百分点。

产业发展提速增效。工业经济增势较好。新增规模工业企业8家，金翰高科在“新三板”上市。绿色化工产业园污水管网复线、公共管廊等配套设施建设顺利推进，被评为“2015中国化工潜力园区10强”。全力推进“135”工程，新建标准化厂房10万平方米，引进东方通达等8家企业。农业经济稳步增长。新增现代家庭农场4家、农民专业合作社8个，完成农业总产值12.1亿元。做大做强生态休闲农业和特色水产养殖，白泥湖河蟹等品牌效应不断放大。第三产业发展来势看好。电子商务开始起步，商贸流通渐趋活跃，新增民营企业149家、个体工商户800户、各类经营网点10个，实现消费品零售总额19.36亿元。金融支持经济发展力度加大，全区金融机构新增存款余额10.8亿元，新增贷款余额15.2亿元。

项目攻坚扎实推进。全年向上申报重大项目15个、PPP项目7个、环洞庭湖经济区建设项目44个；引

2015年云溪区镇、街道办事处简况

表11

名称	国土面积（平方千米）	耕地面积（公顷）	年末总人口（人）	人均纯收入（元）	党（工）委书记	镇长、主任
云溪镇	179.79	1739.47	86700	12971	隋　强	杨建勤
路口镇	108.09	1867.07	38400	15030	郑　匡	李新安
陆城镇	112.48	2646.67	21000	12459	刘云飞	方　洪
长岭街道办事处	2.64		22700		丁平安	江和平

进“三新”项目45个，合同引资额97亿元，累计到位资金36亿元。实行“五个一”项目推进机制，保障15个市管重大项目和11个区管重点项目有序推进，催化剂二期、东方雨虹三期等产业项目，森凯、泓源等物流项目，临湖公路、道云路和路陆路等基础设施项目建设都得到较快推进。加大土地依法征收“百日攻坚”力度，征拆房屋177栋，腾地169.1公顷，核减永久基本农田233.3公顷，保障重大项目建设的用地需求。拓宽融资渠道，融资到位资金3.36亿元，松杨湖综合治理债券发行工作进展顺利。严厉打击强揽工程、强行阻工、强买强卖等“三强”行为，项目建设环境进一步优化。

城乡统筹步伐加快。加强厂地协作。全力支持大厂新建和改扩建项目建设，SEPS、350万吨炼油改造等项目前期进展顺利；坚持和完善厂地联席会议制度，协调处理转供水、液化气顺价、“二污”拆迁等历史遗留问题和突发矛盾纠纷202件。主动服务港区，强力推进综合保税区、汽车整车进口口岸、北斗导航等项目征地拆迁，拆除房屋150栋，交基腾地200公顷。保持“铁面禁违、铁腕拆违”高压态势，拆除违法建设125处，实现港区规划控制范围内“零”违建目标。强化城市建管。云港新城建设规模不断扩大，云象路、楠竹巷提质改造工程完工，城市品质不断提升。巩固文明创建成果，强化“五小门店”、城区保洁、市场秩序、交通秩序长效整治，城乡发展更加协调。加大“美丽乡村、美好社区、幸福家园”建设力度，农村水、电、路、通讯等基础设施和公共服务逐步同城镇相对接，城乡面貌持续改观。推进农村“五小”水利工程建设，完成张家冲等13座小Ⅱ型水库除险加固，解决安全饮水31万人。

民生保障力度加大。社会保障不断强化。持续加大民生投入，涉及民生的财政支出7.6亿元，占公共财政预算支出的75%。完成省市重点民生实事18件。持续扩大社会保险覆盖面，新增企业养老保险1500人，新型农村养老保险参保率85%，新农合参合率100%。全面启动城乡居民“社保一卡通”发放，完成机关事业单位养老保险和工资改革，离退休人员养老金、城乡低保、优抚抚恤、社会救助资金发放率100%。社会事业全面发展。扎实推进薄弱学校改造和教育教学设施配套建设，在全省第三轮县级教育工作“两项督导评估”中被评为先进单位。健全完善医疗卫生计生服务体系，完成区疾控中心改扩建和滨江村等5个村级卫生室建设。加大文化惠民力度，陆城镇社区居委会文化礼堂建成投用，长江之声云溪广播电台顺利开播，“一元剧场”、送电影下乡等活动受到群众普遍欢迎。社会大局和谐稳定。开展砂石码头、超限超载、油气管道隐患整治及“九打九治”打非治违活动，建立厂地安全生产监管应急救援联动机制，完成危货车辆监控平台建设，确保危化品运输经营以及工业园区等重点行业、重点领域的生产安全。规范信访秩序，依法处理涉法涉诉信访问题，打击各类违法犯罪活动，治安环境持续好转，综治民调排名居全省第45位。

【云溪区工业经济增势较好】

2015年底，云溪工业园入园企业达171家，完成技工贸收入203亿元，创税3.8亿元。先后获得批为国家循环化改造试点示范园区和国家低碳工业试点园区，成功纳入省级十大标志性工程之“千亿园区”培育工程，并被评为“2015中国化工潜力园区10强”，省政府挂牌“湖南省石化化工产业园”。

【云溪区生态建设成效明显】

2015年，云溪区关停园区外小化工企业13家，关闭粘土砖厂4家，整治养殖场49家；督促18家企业完善环保设施、改进生产工艺、减少污染排放，全面完成年度主要污染物减排任务，二氧化硫、化学需氧量排放总量均减少8%，氨氮、氮氧化物排放总量分别减少5%和3%，空气质量明显改善，优良率居全市前列。并成功申报白泥湖国家级湿地公园。

（本栏撰稿　李　朋）

君山区

中共区委员会

书　记　杨　昆
副书记　谢　胜　余　为
常　委　万　东　陈忠炎　罗　遥
　　　　朱彦翼　姜佳莉　李爱玲
　　　　马志光　张定根
　　　　吴　波（挂职）

区人大常委会

主　任　杨培菊
副主任　官学荣　陈可娟　张跃芝
　　　　何欣平　蔡国兴

区人民政府

区　长　谢　胜
副区长　余　为　万　东　姜佳莉
　　　　李卫兵　陈华生　彭　明
　　　　金　辉　兰录平　丰为民
　　　　宋志荣（挂职）
　　　　严　虹（挂职）

区政协委员会

主　席　李志文
副主席　杨才学　练小舟　练　伟
　　　　高本贻　何晓斌

区人民武装部

部　长　彭志展
政　委　张定根

区纪律检查委员会

书　记　罗　遥

区人民法院

院　长　付小勇（2015年3月免）
　　　　陈　勇（2015年3月任）

区人民检察院

检察长　何小山

【概况】　2015年，君山区土地总面积718平方千米，耕地面积2.66万公顷。按照县市区乡镇区划调整改革方案调整后，将柳林洲镇与西城街道成建制合并设立柳林洲街道；钱粮湖镇与采桑湖镇成建制合并设立钱粮湖镇。辖1街道4个镇。年末总人口24.31万人，人口出生率11.92‰，自然增长率6.93‰。年内气温最高度35.6℃、最低-0.6℃、平均气温18℃；年降水量1584毫米。

地区生产总值112.7亿元，比2014年增长9.5%；三次产业结构调整为21∶43∶36；完成财政总收入3.82亿元，增长12.2%。实现农业总产值40.1亿元，增长4.81%。

粮食、蔬菜、棉花总产量为16.2万吨、30.9万吨和0.99万吨，出栏生猪41万头、出栏牛0.8万头、羊1.37万头、出笼家禽284.8万羽、实现水产品总量3.8万吨。累计投资2.47亿元全面完成小农水“百千万”和沟渠疏浚等农田水利建设年度任务，实施水稻、蔬菜、茶叶等绿色防控面积4666.6公顷，顺利通过全国农产品质量安全创建县试点单位审定并公示，成功签约中国华电集团湖南分公司太阳湖渔光互补光伏发电项目，泰和现代农业示范农场完成全部基础配套设施建设，流转土地559.6公顷。洞庭湖绿色食品产业园完成高压电线架设、自来水主管网铺设和1万吨污水处理厂等建设，伟民食品等落户奠基。

规模工业产值214.76亿元，增长9.7%；完成规模工业增加值4.65亿元，增长7.9%；万元GDP能耗降低率为5.11%；全区工业用电量8058万度，增幅居岳阳市前列。新增立华包装、方菱机械、雅美时电子、广兴洲自来水厂、君山印象、中原创印刷等6家规模工业企业。专利申请56件，其中，发明专利申请6件；专利授权40件。31家入园企业实现产值77.12亿元，安排就业3000多人。

社会消费品零售总额18.27亿元，增长12.7%。洞庭湖博览园规划建设稳步推进，君山野生荷花世界和良心堡油菜花基地纳入岳阳市“烟花三月下洞庭”线路，新开辟“君山采摘一日游”线路。周逸群烈士墓列入“湖南省第二批红色旅游区（点）”，乡村之恋被定为岳阳市首批“市级涉外参观点”。新增外贸进出口企业1家、工商企业169户；广兴洲农贸市场和钱粮湖雅园农贸市场完成提质改造。竣工商品房22.3万平方米。金融机构各项存款余额50.22亿元，增长19.38%，其中储蓄存款38.13亿元，增长15.4%，各项贷款余额15.31亿元，增长24.37%。

固定资产投资105.21亿元，增长22.2%。推进市“双百工程”和区“三三一”工程项目建设，创新园区双周调度、重大项目效能考核等工作机制，抓招商引资项目建设，全年重大项目建设累计完成投资近13亿元。建设标准化厂房8万平方米，土地依法征收“百日攻坚”在岳阳市率先清零，招商引资签约项目8个、开工项目10个、投产项目11个。

存在的困难和问题主要是：经济实力依然不强；产业结构仍然不优，支柱产业还不成熟；城乡建设投入和生态环境保护压力较大，城镇管理存在薄弱环节；民生改善离人民群众的期望还有一定差距，全面建成小康社会还存在一些急需攻克的难点问题。

【君山区获批国家农产品质量安全县创建试点单位】 2015年7月31日，君山区被认定为全国103个首批“国家农产品质量安全县（市）创建试点单位”之一，成为岳阳市首个国家农产品质量安全县创建申报单位。君山区是农业大区，全区农产品种类丰富、数量充足，且商品率高，是保障岳阳市城区农产品市场供应主要基地。

【洞庭湖博览园开工建设】 2015年12月28日，总投资110亿元的洞庭湖博览园，在君山区柳林洲办事处正式动工兴建。洞庭湖博览园是一个以洞庭湖地理、文化、历史资源为基础，以洞庭湖博物馆为核心，以濠河湿地为环境，以文化旅游为业态、集文化展示、文物保护、文化旅游、文化创意、生态保护、休闲度假、电子商务、健康产业于一体的大型综合文化产业集群。项目分为核心文化展示区、鱼米文化体验区、水体休憩区、欢乐世界度假区、生态休闲区、生态宜居区、配套商业服务区7个板块，占地面积18平方公里。作为洞庭湖博览园的核心项目和首期工程的洞庭湖博物馆暨洞庭湖生态经济区规划展览馆，占地面积9.26公顷，总投资约8.75亿元。项目建成后，将成为中国唯一一座以展示洞庭湖自然资源、历史文化和生态经济区建设规划为基础，以表现我国大江、大湖、文化为特色，具有收藏展览、科普教育、学术研究、文化交流、旅游服务等多种功能的综合性高标准湖泊博物馆。

（本栏撰稿　熊　龙）

2015年君山区镇、办、场简况

表12

名　称	国土总面积（平方千米）	耕地面积（公顷）	年末总人口（人）	人均纯收入（元）	党　委书　记	镇（办）场长、主任
广兴洲镇	84.43	4492.51	37712	15485	吴国良	钟海波
许市镇	81.65	3521.98	30993	12934	易俊良	张兴隆
柳林洲镇	137.99	2667.72	42495	14998	李　伟	黄正洲
西城办事处	33.60	1842.67	32440	15311	吴朝军	周　勇
钱粮湖镇	89.79	4648.8	46192	14714	彭海泉	王　威
良心堡镇	69.87	4048.37	30101	12849	郭三涛	李华平
采桑湖镇	71.84	3307.63	19146	13249	杨曙东	杨剑波
君山芦苇总场	64.17	13.26	3961	18606	万　胜	黄志超
水产养殖场	6.8	23.01	2769	22109	何志能	李　伟

说明：1.农林场非行政区划人口、面积是所在行政区划总数的其中项。2.西城办事处总人口数含芦苇总场人口数。

平江县

中共县委员会
书　记　汪　涛
副书记　黄伟雄　谢瑞其
常　委　余岳雄（2015年9月任）
　　　　戴领梅　刘豪杰　徐教凡
　　　　张志超（2015年8月免）
　　　　李镇江　方　辉
　　　　彭喜丰（援藏）　童驾辉
　　　　张中霏（2015年8月免）
　　　　胡　伟（2015年8月任）

县人大常委会
主　任　黎耀辉
副主任　朱慕斌　李员明　何蒙珍
　　　　刘裕凡　李　泓

县人民政府
县　长　黄伟雄
副县长　刘豪杰　李镇江
　　　　潘如意　欧阳晓耀
　　　　姜伟南　陈　森
　　　　周虎光　吴　山（挂职）
　　　　易　赟（挂职）

县政协委员会
主　席　洪志凡
副主席　毛帅南　刘佑泉（兼职）
　　　　朱山东（兼职）
　　　　张满兰　向晓燕（兼职）

县人民武装部
部　　长　方　辉
政治委员　张　立（2015年2月免）
　　　　　舒葵阳（2015年2月任）

县纪律检查委员会
书　记　张志超（2015年8月免）
　　　　余岳雄（2015年8月任）

县人民法院
院　长　李　明

县人民检察院
检察长　徐立泉

【概况】 2015年，平江县土地面积4114.42平方千米，耕地面积5.63万公顷。按照县市区乡镇区划调整改革方案调整后，南桥乡、黄金洞乡、长寿镇成建制合并设立长寿镇；咏生乡、加义镇成建制合并设立加义镇。辖24个乡镇。地方生产总值216.95亿元，比2014年增长8.7%；全社会固定资产投资203.87亿元，增长23.7%；规模工业增加值增长8.8%；公共财政收入突破10亿元，增长10.5%；社会消费品零售总额58.91亿元，增长13%。人均均量稳步增加。城乡居民收入分别增长8.7%和6%，人均储蓄存款增长13.8%。发展质量稳中向好。三次产业结构调整为18.5∶45.9∶35.6，税收占公共财政收入比重为77.3%，万元GDP能耗下降6%，CPI保持在1.5%以内。小康指标提升较快。预计全面小康实现程度为85.1%，提高4.4个百分点。

县城品位加快提升。启动“一江两岸”概念性规划编制，完成专业规划4个、城市设计8个。开展联合执法行动，拆除违法建筑190处9992平方米。改造背街小巷70条，拆除机关院落实心围墙21处，更换路灯3000盏。新增绿化面积1.1万平方米，成功创建国家园林县城。规范烟花爆竹燃放、渣土运输等管理，整治城市“疮疤”682个，公共文明指数测评名列全省前茅。乡镇集镇加快开发。10个乡镇完成控详规编制，伍市镇获评省级示范镇，长寿镇被列为全省新型城镇化试点镇，南江镇、安定镇2个污水处理厂春节前可试运行，梅仙、余坪、加义、石牛寨、龙门、向家、虹桥、木金、三市、三墩、大洲、岑川等乡镇集镇建设有新亮点。美丽乡村加快建设。出台《关于进一步规范农村村民建房管理的实施意见》，长寿、石牛寨、三市、余坪等乡镇按照“五统一”要求启动试点。开展农村环境整治，新建安定、长寿、南江、伍市镇4个垃圾转运站，创建30个示范村。向家镇获评全国文明村镇，城关镇、伍市镇、安定镇江东村通过全国文明村镇复查。南江镇获评省级美丽乡镇，瓮江镇获评市级美丽乡镇，上塔市、虹桥、板江、大洲、福寿山等5个乡镇获评市级卫生乡镇。福寿山镇白寺村获评中国最美休闲乡村，伍市镇童家塅村获评全省美丽村庄示范村。生态环境加快改善。推进生态创建“十大行动”，取缔废塑加工企业16家，关闭实心粘土砖厂16家，持续加大长石、黄金、河道非法采砂和淘金整治力度，查处破坏生态环境违法案件35起。建立义务植树基地100个，完成“裸露山地”造林绿化333.3公顷，治理水土流失面积20平方公里，梅仙、南江、三墩长石矿区生态修复成效明显。芦头林场获得北罗霄国家森林公园。安定、瓮江、虹桥、石牛寨、余坪、浯口、童市、龙门、黄金洞等9个乡镇获评省级生态乡镇。

实事办理成效明显。实施通畅工程138公里，改造危桥66座，更新渡船28艘，完成106国道和308省道大中修。除险加固小一型水库4座、小二型水库14座，建成乡镇集中供水工程6处、单村工程50处，完成童市、虹桥集镇防洪治理工程2处，疏浚沟渠1200公里。南江110千伏变和童市、加义35千伏变完成改扩建，完成224个村农网改造或升级。新建通信基站86座。启动2619套公租房建设和2748户城市棚户区改造，援助改建农村危旧房3200户。社会保障扩面提标。发放小额贴息贷款1902万元，扶持259人创业。“五大保险”平稳有序推进，企业退休人员养老金实现“十一连调”。城乡医保人均财政补助标准提高到380元，参合农民住院费用综合补偿率居全省首位。农村五保集中和分散供养标准分别提高至每人每年5300元和2900元。城乡低保月人均补差分别为250元和107元。新建农村幸福院41所，改扩建三阳、咏生、浯口西江3所敬老院。适配残疾人辅助器具1230件。救治救助贫困重性精神病患者100人。社会事业齐头并进。建设校园项目218个，创建合格学校63所、实事项目园3所，义务教育教学质量稳居全市前三，高考综合排名全市第一。开展送文化下乡活动120场次，成功承办全省“过中国节·唱中国戏”快乐戏迷年度总决赛。建成露江山抗日英雄纪念园，启动看樑大屋等“省保”单位修缮保护，“国保”单位中共平江县委旧址（毛简青烈士故居）正式挂牌。周令钊美术馆开馆。南江镇获评“中华诗词之乡”“中华楹联之乡”。成功创建省级慢性病防控示范区，县一人民医院启动三级医院创建，县妇幼保健院晋升二级院。完成木金、黄金洞、福寿山3所乡镇卫生院改造，建设村级卫生室103个。人口计生工作保类进位。住房公积金归集、提取和贷款发放额均创历史新高。社会大局安全稳定。开展安全生产“九打九治”行动，整顿、关闭、取缔企业99家，立案处罚61人，没有发生较大及以上安全生产事故和食品药品群体性安全事故，危化品、烟花爆竹、校车、水上交通、特种设备等重点行业“零事故”，获评全省安全生产先进县。童市镇获评省级安全生产示范镇，伍市镇、上塔市镇获评市级安全生产示范镇。查处超限超载车辆2570台，超载率明显下降。引导群众依法逐级走访，进一步畅通群众诉求表达渠道，化解信访积案23件。落实“三调联动”机制，化解矛盾纠纷957起。开展打侵财、除黑恶、禁毒、禁赌等专项整治，强化巡逻防控、交通疏导、消防网格管理、社区矫正人员帮教等工作，综治民调排名全省第27位。

【平江县重点项目建设】 2015年，平江县全年实施重点建设项目53个，完成投资34.7亿元。能源方面，华电平江电厂获得核准，并正式启动建设；福寿山抽水蓄能电站前期工作推进顺利；伍市镇光伏发电完成投资2亿元。交通方面，蒙华铁路平江县段启动征地拆迁，6个工点开工；平益高速被湖南省交通厅列为2016年建设项目；S317龙门至石牛寨旅游公路完成土石方工程；幕阜林场至一峰尖公路6.7公里完成油化提质；平伍公路余坪至城关段15公里完成“白改黑”。市政方面，城区水位提升工程、东兴北路一期等项目竣工，甲山河风光带一期、严家滩广场、茶厂地段北城路和沿江路等项目春节前可完工，东兴北路二期与仙江路春节前可完成路基工程，碧潭大桥改扩建完成三分之一的工程量。三阳乡、城关镇完成项目征地183.3公顷，天岳、思源、姚家等安置区完成建设。产业方面，伍市镇工业区华文食品、诚今电梯部件、云天科技等13个项目竣工投产，方正达二期、新金刚二期、山润油茶二期等项目掀起园区二次创业高潮；天岳新区弘擎电

2015年平江县乡、镇简况

表13

乡　镇	国土面积（公顷）	耕地面积（公顷）	年末总人口（人）	人均纯收入（元）	党委书记	乡（镇）长
城关镇	5265.84	398.84	26016	6871		张新年
三阳乡	20507.46	2259.87	65725	5077	潘典宏	姚志宏
安定镇	1678..20	3679.8	77640	6230	熊江新	黄益武
福寿山镇	13808.09	2922.59	21451	4442	吴竞湘	潘　宏
三市镇	12565.79	1710.93	58453	5740	李祝荣	熊昭明
加义镇	31612.04	3803.24	54188	4862	毛高贤	向晓燕
长寿镇	49444.7	4149.28	62451	5693	尹佑祥	余刚要
龙门镇	20338.29	2278.1	39250	3890	朱　军	彭小林
木金乡	11893.88	1551.48	27193	4445	吴奕良	罗今昔
石牛寨镇	10831.76	1512.7	24089	4043	赖毅	曾要军
虹桥镇	18317.47	2618.99	37105	4559	黎秋桂	陈志军
南江镇	17863.37	2548.05	69591	4909	宋炼钢	李　明
上塔市镇	5985.75	1155.05	24591	4635	易林辉	刘长江
板江乡	7016.92	434.07	15506	3779	周阳波	杜　军
梅仙镇	20474.37	2597.35	68881	5236	李三军	黄进军
大洲乡	8747.79	485.96	21651	3551	陈梦月	林石柏
童市镇	15879.07	1386.32	30290	4799	段曙光	周红人
三墩乡	11753.68	1405.79	32053	3863	赵森涛	
余坪镇	18209.55	1409.7	40462	3626	罗江伯	张智鑫
岑川镇	9206.49	923.62	21409	4828	张生才	唐杏桂
瓮江镇	25387.44	2203.91	55768	3604	吴康乐	徐鹏午
浯口镇	18993.42	1609.2	38776	4180	张廉波	张　波
伍市镇	18636.18	3951.93	67930	6962	田　浩	刘日新
向家镇	4132.04	1007.17	18570	8355	张　文	黄明权

（党委书记、乡镇长以2015年12月31日在任为准）

子完成“三通一平”；运康体育、三贤食品、奇壮饲料等项目竣工投产。民生方面，东部供水枢纽一期工程实现通水，县一人民医院外科大楼投入使用，省安康医院启动建设，民政“三院”一期、公安“三所”、卫生“两所”等项目春节前可完成主体工程，卫生“两院”完成后勤楼建设。

【平江县新产业加速发展】 2015年，平江县新型工业加速扩张。开展“引老乡、建家乡”活动，引进亿元项目9个。实施“135”工程，建成标准厂房8万平方米。伍市镇工业区启动“扩区调规”，综合实力在全省148个工业园区中排名第21位，比2014年前进15位。传统产业加快转型升级，新上4条云母纸生产线、2条云母板生产线，新增中国驰名商标2件、省著名商标9件，天一科技完成重组，黄金洞矿业与“湖南黄金”、方正达与“茂硕电源”重组上市，成功创建“全国食品工业强县”“中国面筋食品之乡”。旅游产业持续升温。石牛寨依托“中惠旅”在新三板成功上市，接待游客突破100万人次，增长2倍。幕阜山景区引进市城投集团进行整体开发，成功承办广东卫视炫风车手节目总决赛，获评国家AAA级景区。亚马逊水上乐园开业3个月接待游客25万人次。自在平江县度假区一期项目试营业。全县游客接待量和旅游总收入均增长30%以上，景区直接财税贡献突破1000万元，增长3倍，获评全省旅游产业发展“十佳县”。现代农业稳步发展。粮食生产实现“十二连增”，获得省先进县。油菜面积增加1066.7公顷，获评全省产油大县。生猪、肉牛、黑山羊出栏量稳中有增。新增农民专业合作社213家，十里长坡特色水果产业示范园被评为省级示范园。主要农作物综合机械化水平60.4%。成功迎战13轮强降雨，实现安全度汛。森林火灾次数和受灾面积为近10年来最少。获评全国林业专业合作组织示范县和全国林下经济示范县。金融活力明显增强。平江农商银行挂牌营业。预计全县金融机构存款余额186.3亿元，稳居全市首位，增长21.45%；新增贷款22亿元，综合贷存比为46.7%，提高2.8个百分点。商贸等服务业加快发展。新增电商企业15家，电商交易额突破3亿元，比2014年翻一番。汽车交易市场完成土地储备。成交商品房2461套。

【平江精准扶贫见实效】 2015年，平江县争取50家省市单位支持，安排128家县直部门参与，启动新一轮97个贫困村驻村扶贫工作。开展精准识贫，甄别认定扶贫对象11.8万人。培训贫困农民2100人次，发放小额扶贫贷款5256万元，扶持发展高山有机茶和优质水果200公顷。在全省率先启动第二批库区移民避险解困试点，完成黄金洞库区120户易地搬迁，启动25个贫困村750户贫困农户危房改造。为2156名特困学生发放助学金140万元，联合湖南卫视为119名特困学生募集“心得乐”善款328万元。对2.9万名特困群众实行低保兜底，救助医疗资金2620万元。安排财政资金1000万元，落实各类项目资金8000万元，发动6227名干部结对帮扶6350户贫困户，2.7万人实现脱贫。

（本栏撰稿　李光键）

岳阳县

中共县委员会

书　记　毛知兵

副书记　张中于　汤小娥

常　委　李　勇　余泽世　喻飞跃　袁陆保　王保林　向风行　刘小良　刘行文　吴跃中（援藏）　黄艳娥（挂职）

县人大常委会

主　任　汤森林

副主任　许欧蛟　袁　文　张艳生　周建军　胡海平

县人民政府

县　长　张中于

副县长　李　勇　刘小良　黄艳娥（挂职）　易新岳　王卫兵　周　里　刘四清　彭碧芳　刘曙光

县政协委员会

主　席　彭西罗

副主席　陈　明　甘柏旺（兼职）　彭荣欣（兼职）　许安全　余望新（兼职）

县人民武装部

部　长　洪国明

政治委员　刘行文

县纪律检查委员会

书　记　向风行

县人民法院

院　长　杨水平

县人民检察院

检察长　段德平

【概况】 2015年，岳阳县总面积2809.83平方千米，耕地面积489.33平方千米，按照县市区乡镇区划调整改革方案调整后，城关镇、鹿角镇、麻塘镇成建制合并设立荣家湾镇；云山乡、毛田镇、相思乡成建制合并设立毛田镇；甘田乡、公田镇成建制合并设立公田镇；张谷英镇、饶村乡成建制合并设立张谷英镇；步仙乡撤乡设镇。辖14个乡镇。总人口743691人，其中城镇人口129152人，占17.37%，人口出生率13.99‰，人口自然增长率为7.76‰。境内年度最高气温为35.6℃，最低为-0.6℃，年降水量1590.0毫米。

全县完成地区生产总值260.86亿元，比2014年增长10.5%；财政总收入8.15亿元，增长1.9%；固定资产投资251.32亿元，增长22.9%；社会消费品零售总额84.89亿元，增长13%。三次产业结构继续优化，由2014年的18.5：49.9：31.6调整为18.5：48.3：33.2。工业化进程不断加快。县生态工业园成功获批省级高新技术产业园区和湖南省新型工业化培育发展战略性新兴产业·生物医药产业示范基地。“135”工程加快推进，新建标准厂房13.51万平方米，高压阀门、普爱生物科技等项目竣工投产，县生态工业园四期扩园基本完成，五期扩园正在推进。农业基础地位更加稳固。连续8年被评为全国粮食生产先进县或全省粮食生产标兵县；农业品牌创建成效明显，“洞庭春”茶被评为中国驰名商标，“颐神源”鸽肉获第十三届中国国际农产品交易会金奖，麻塘黄颡鱼养殖基地被评为国家水产健康养殖示范场；加快一产

“接二连三”，成功举办新墙葡萄采摘节，农民专业合作社带动能力明显增强。现代服务业来势强劲。张谷英村被评为全国特色景观旅游名村，中纪委网站、中央电视台新闻联播推介张谷英村家训族戒。大云山“三战三捷”摩崖石刻入选第二批国家级抗战纪念设施、遗址名录。中洲通航机场、公田温泉等项目加快推进。华融湘江银行落户并营业，湖南巴陵农村商业银行组建和农村信用社不良贷款清收工作全面启动。交通运输、物流仓储、电子商务等现代服务业蓬勃发展。

民生福祉不断改善。2015年城乡居民人均可支配收入分别达到22192元、12746元，分别增长9.1%和10.9%。17件25项省、市重点民生实事任务全面完成。实施精准扶贫，向58个贫困村派遣驻村帮扶工作队，3133户10162人实现增收脱贫。推进铁山库区“两保”工作，启动库区生态补偿和居民安置点、公墓山建设，完成库区25条渡船更新，实施大病救助和特殊困难救助，库区低保扩面；完成1655户“四池净化”户用污水处理设施建设，月田污水处理厂即将竣工投运，毛田污水处理厂正在抓紧建设。新建公租房500套，完成城市棚户区改造378户。化解义务教育债务1.45亿元、公办学前教育债务1388万元。推进县级公立医院改革，实现药品零利润销售；县人民医院门急诊中心加快建设。落实原中小学民办教师、代课教师、老年乡村医生困难补助和重度残疾人特殊生活补贴、护理补贴政策。“文化百姓”惠民品牌获得“三湘群星奖”，大家书屋被评为“全国服务农民服务基层文化建设先进集体”。

存在的困难和问题：经济总量不大，财政总收入偏低，全面建成小康社会压力较大；产业结构不优，经济增长动力不足，支撑发展、带动全局的大项目、好项目不多；民生改善任务繁重，社会保障能力有待进一步加强；安全隐患、风险隐患依然存在，社会治理创新有待进一步加强；少数公务员作风不实，不作为、慢作为、乱作为现象时有发生，等等。

【成功创建省级高新技术产业开发区】　2015年7月，经省人民政府批准，在岳阳县工业集中区的基础上，设立岳阳高新技术产业园区，该园区是湖南省9个省级高新区之一。园区先后成功引进科伦制药、健强药业、茂昌医药、同安医药、中粮米业、慧璟科技、大力神电磁机械、安达耐火材料、椰星饮料、盛路人防等40余家优秀企业，安置劳动就业6700余人，形成以生物医药为主、先进制造和新材料为辅的良好产业格局。集中区现有国家级

2015年岳阳县乡、镇简况

表14

名称	国土面积（平方千米）	耕地面积（公顷）	年末总人口（人）	农村居民人均可支配收入（元）	党委书记	乡（镇）长
城关镇	49.81	1069.46	99676	14710	杨　盛	刘四兵
麻塘镇	74.15	1602.12	25329	13172	任伟平	续广宁
鹿角镇	93.46	3612.15	38286	12819	姚正大	彭泽民
黄沙街镇	130.86	4652.03	54623	14929	吴旺兴	周立雄
新墙镇	75.97	2444.40	32012	14271	黎晓军	李革伟
柏祥镇	100.00	3048.55	33264	13564	童　铮	陈拥军
筻口镇	139.38	5304.34	60078	13510	付鸾声	梁亿仲
公田镇	89.18	1941.02	27712	12901	陈君辉	王　勇
毛田镇	79.94	911.38	22806	11398	付文勇	黄　晨
月田镇	175.40	2900.93	47173	10212	李凌峰	卢兴国
张谷英镇	132.13	741.46	29440	12588	刘映球	黄　洋
新开镇	132.80	3732.04	39542	13528	孙　肱	毛红波
中洲乡	72.90	3443.51	30572	12285	许吉程	费时铭
长湖乡	120.60	3320.88	40256	13359	张文毅	王四平
步仙乡	103.66	2314.29	34613	11904	廖亚辉	汤少文
甘田乡	57.29	1555.87	17672	11552	程立斌	高兴球
杨林乡	85.28	2977.70	33195	12524	陈庆军	吴红兵
云山乡	39.86	1033.14	12067	10182	毛　鸥	付海苗
相思乡	63.87	1683.29	21741	10145	邹飞跃	刘三军
饶村乡	45.23	827.29	16843	11666	周代建	綦小广

高新技术企业12家，组建湖南省大容量注射剂工程技术研究中心、岳阳市生物酶发酵工程技术研究中心等多家科研中心，集中区企业通过自主创新，获得各类专利授权250余件。集中区发展成推动科技成果转化、新产品研发的创新型园区。

【扎实推进铁山库区“两保”工作】2015年，岳阳县推进铁山库区“两保”工作。启动4个居民集中安置点建设，其中，2个建成，2个正在建设。出台《岳阳县铁山库区养殖业退出工作实施方案》，计划用三年左右时间，将铁山库区集雨区内畜禽养殖场全部关停或搬迁至集雨区范围以外。推进公共墓地建设，划定3个公共墓地建设点，其中，1个正在建设，2个在筹建。发放生态公益林补偿资金729.669万元。出台《岳阳县铁山库区特困户救助资金发放办法》《岳阳县铁山库区大病医疗救助资金管理办法》，实施大病救助和特殊困难救助，库区低保扩面。完成1455户“四池净化”户用污水处理设施建设，5个入库河道拦污工程均竣工投运，月田污水处理厂年底竣工投运，毛田污水处理厂正在抓紧建设。

【农业品牌创建成效明显】2015年，岳阳县把农业品牌创建作为打造现代农业的重要抓手，以“生产有标准、产品有标识、销售有规范、质量可追溯”为目标，确定无公害蔬菜、优质葡萄、鸽业、黄颡鱼、红薯粉、土鸡、黄茶、油茶、富硒产品等9大特色产品为创建重点，实行“一个产业、一名领导、一套班子、一个规划、一套方案”的运行机制，全县农业品牌创建工作有序推进。全年全县新增农业品牌17个、三品认证7个，其中，济美生态农业发展有限公司被评为全国健康养殖示范场，岳阳县盛源林业合作社被评为国家林下经济示范基地，洞庭春茶叶合作社、朝源食用菌合作社被评为全国农民合作社示范社。

（本栏撰稿 刘锦军）

华容县

中共县委员会

书　记　刘铁健

副书记　喻　文　蒋南贵

　　　　朱岳文（挂职）

常　委　付岳君　蔡勋华　严银辉

　　　　徐康荣　刘少红　黎朝晖

　　　　李学松　杨　景

县人大常委会

主　任　胡秋香

副主任　李新海　张兴中　潘维新

　　　　朱元敬　李东见

县人民政府

县　长　喻　文

副县长　蔡勋华　严银辉　张大宏

　　　　谢志辉　余　昕　赵群子

　　　　黄建明　周新建

县政协委员会

主　席　呙　飞

副主席　文丽萍　蔡宜生

　　　　罗绍洪（兼职）

　　　　鲁明河　刘云华（兼职）

县人民武装部

部　长　刘少红

政治委员　石　剑

县纪律检查委员会

书　记　李学松

县人民法院

院　长　郑　军

县人民检察院

检察长　杨　晖

【概况】2015年，华容县土地总面积1601.1平方千米，耕地面积7.2万公顷。按照县市区乡镇区划调整改革方案调整后，护城乡、胜峰乡与城关镇成建制合并设立章华镇；新建乡与梅田湖镇成建制合并设立梅田湖镇；终南乡与南山乡成建制合并设立禹山镇；宋家嘴镇与鲇鱼须镇成建制合并设立鲇鱼须镇；幸福乡与注滋口镇成建制合并设立注滋口镇。辖14个乡镇。年末全县常住人口72.56万人，其中城镇人口32.44万人。年内出生人口8973人，人口出生率11.88‰，人口自然增长率5.69‰。年降水量1337.3毫米。

地区生产总值280.02亿元，按可比价计算增长10.1%。按年均常住人口计算，人均生产总值39845元，比2014年增长8%。第一产业增加值41.94亿元，增长2.8%；第二产业增加值148.1亿元，增长8.5%；第三产业增加值89.97亿元，增长13%。第一、二、三次产业对经济增长的贡献率分别为6.1%、49.9%和44.1%。其中，工业增加值对经济增长的贡献率为47.8%，营利性服务业增加值对经济增长的贡献率为17.7%。

农林牧渔业总产值95.97亿元，较2014年增长2.94%，其中：农业产值49.38亿元，增长1.05%；林业产值1.02亿元，增长7.6%；畜牧业产值19.85亿元，增长1.42%；渔业产值24.33亿元，增长7.5%。粮食种植面积9.64万公顷，比2014年增长0.75%；粮食总产量56.26万吨，增长1.7%；棉花种植面积1.92万公顷，比2014年下降0.4%；蔬菜种植面积2.0万公顷，增长3.4%；油料种植面积4.0万公顷，下降3.9%。全年肉类总产量6.86万吨，增长0.1%。全县全年造林1867公顷，下降6.65%；苗木产量3000万株，增长7.14%；全县森林覆盖率为22.13%。

全县工业总产值比2014年增长8.1%，工业增加值增长8.6%；其中：规模以上工业增加值增长8.8%。年末有规模以上工业企业134家，其中本年新增规模以上工业企业9家，实现主营业务收入496.6亿元，增长8.9%；实现利润增长9.5%，其中集体企业增长3%，股份制企业增长36.1%。全年全社会建筑业增加值7.31亿元，增长7.0%。全县具有资质等级的建筑企业10家。

全社会固定资产投资完成269.13亿元，增长20%。其中，国有企业投资174.54亿元，新增固定资产239.8亿元，新开工项目301个，投产项目316个。其中：第一产业投资8.88亿元，增长21.8%；第二产业投资100.57亿元，增长56.7%；第三产业投资154.85亿元，增长0.65%。

房地产开发完成投资5.94亿元，降低2%。其中：住宅房完成投资额4.46亿元，房屋施工面积7.63万平方米，增长5.7%。其中：住宅竣工面积6.05万平方米，增长5.9%。

实现社会消费品零售总额91.48亿元，增长12.8%。其中，按销售单位所在地分，城镇实现社会消费品零售总额80.09亿元，增长12.6%，乡村实现社会消费品零售总额11.39亿元，增长13.5%.全年限额以上批零企业商品销售总额零售额39.01亿元，增长20.9%，占全年社会消费品零售总额的42.6%。

全年累计进出口总额（海关口径）1643万美元，下降25.82%。其中：出口额969万美元，下降11.74%；进口额674万美元，下降39.66%。

全年实现交通运输、仓储和邮政业增加值13.1亿元，增长0.7%；货运量481.5万吨，增长5%；货物周转量143.15万吨公里，增长4.8%；旅客周转量190421万人公里，增长5.0%。年末公路通车里程2871万公里，增长7%。其中高速公路61公里；实有公交车路数6路，公共汽车营运车辆数42辆，出租汽车数200辆。行政村客运班线通达率100%。全年邮电业务总量3亿元，增长9.5%。

全年城镇新增就业6780人，其中：失业人员再就业3612人，新增农村劳动力转移就业6933人，援助零就业家庭成员70人，城镇登记失业率4.0%。

全县有省级非物质文化遗产保护目录1个，艺术表演场所1个，艺术表演团体1个，群众艺术文化馆1个，影剧院1个，公共图书馆1个，藏书总量14万册；电影放映场次0.4万场；博物馆1个；全年新闻出版业销售收入1200万元，利润总额320万元。

【华容县项目建设取得重大进展】

2015年，华容县沿江开发项目神华国华岳阳电厂煤炭清洁高效利用示范工程，吹响建设动员令，实现引进央企500强新的突破，是华容县改革开放以来单体投资规模最大、前景最好的项目。工业地产项目完成19.1万平方米标准化厂房建设。产业升级项目科创纺织、科力嘉纺织、益和顺饮料、牧特电子二期竣工投产。基础建设项目蒙华铁路启动征拆工作，塔市驿码头开工建设，许东公路建成通车，东洪公路一期基本完工，S306、S203部分路段和桃花山红康线升级改造全面竣工，万庚超限检测站在全市率先建成；加固小（二）型病险水库32座，实施小农水工程2000处；完成110千伏官山变和范家岭、团洲2座35千伏变电站建设，启动投资2亿元的华容东220千伏变电站建设。

【华容县农业改革试点卓有成效】

2015年，华容县整合涉农资金2.64亿元，全部用于现代农业建设，财政支农改革成为全省试点。创新信贷支农模式，启动无抵押、无担保授信贷款，设立农业信贷风险补偿基金，金融支农改革成为全省样板。注册认定家庭农场368家，其中，示范性家庭农场132家；新增农民专业合作社82家，总数达334家。组建现代农业信息化服务平台，实现技术指导、农资购买、

2015年华容县乡、镇简况

表15

名　称	国土面积（平方千米）	耕地面积（公顷）	年末总人口（人）	人均纯收入（元）	党委书记	乡（镇）长
三封寺镇	75.8	3173	30076	10472	胡　军	黎志良
治河渡镇	43.92	2910	28430	10058	白　洋	符宏智
北景港镇	75.5	4065	39347	9842	朱智华	万　伟
鲇鱼须镇	107.2	6633	55043	10500	涂　娟	张哲君
万庾镇	98.5	4732	43558	10632	沈发金	王全军
东山镇	278	8160	81907	8322	谢光辉	付前洲
操军镇	104	5124	45504	9780	付春林	付耀华
梅田湖镇	91.4	5316	38910	8945	夏　季	张水锋
插旗镇	52.3	3381	29174	10258	王　鹏	付祖云
注滋口镇	125.4	7879	67426	10607	虢汉平	陈　飞
章华镇	122.7	6264	153090	17314	刘绍文	蔡远鸣
新河乡	70.5	4494	38264	8820	钟勇军	李建新
禹山镇	136.2	6020	46705	9800	姚书茂	胡先兵
团洲乡	50.15	3668	25459	9676	易　斌	石　正
新建乡	43.62	2266	20407	7935	夏　季	（缺）
南山乡	87.61	2976	26504	8544	谢光辉	卢　琼
终南乡	54	2288	20048	10380	姚书茂	（缺）
幸福乡	63.84	3856	31195	8350	虢汉平	（缺）
团洲乡	50.15	3356	25428	8956	易　斌	蔡远鸣

产品销售、政策分享等网上一体化服务。

【华容县民生实事有效办理】 2015年，华容县在就学方面进一步加快义务教育合格学校建设和校舍维修改造，提升农村教师幸福指数，在全省率先实施35所边远农村学校“五小”（小寝室、小厕所、小浴室、小食堂、小菜园）建设。在就业方面，努力拓宽就业渠道，加大就业扶持，城镇登记失业率3.9%，低于全省控制标准0.6个百分点。在就医方面，城镇职工、城镇居民医保参保率和新农合参合率均达到100%。完成华容县人民医院整体搬迁，新增病床位850张，成为全市及周边地区建筑面积最大、开放床位最多的县级医院。完成16所乡镇卫生院住院大楼、10所卫生院职工公租房和89所村卫生室建设。在养老方面，城乡居民养老保险实现全覆盖，参保率、基金征缴率、待遇支付准确率连续四年全省第一。企业养老保险发放标准比“十一五”末翻两番，每人每月达到1700元。完成18所乡镇敬老院、63所农村幸福院改扩建。在低收入家庭住房保障方面，新建公租房1400套，累计完成公租房建设4836套；完成棚户区改造1747套，累计完成5093套；改造农村危房3800户。在困难群体生活保障方面，城、乡低保实现应保尽保、扩面提标，低保总人数达到32175人，月人均补差标准分别达到255元、112元。五年发放低保、五保、优抚等各类民政资金6亿元，比“十一五”增长35%。在城乡安全饮水方面，总投资4.65亿元的长江引水工程正式投入运行，华容县县城及沿线5个乡镇部分居民饮用长江水，实现华容县人民多年的期盼。累计完成农村安全饮水工程115处，解决64.09万人的饮水不安全问题，华容县90%以上农户喝上干净、卫生的自来水。

【华容县民主法治和政府管理服务提升】 2015年，华容县始终坚持依法治县，严格依规依程序办事，推进政务公开，广泛开展普法宣传，干部群众民主法治意识加快提高。自觉接受人大、政协监督，办理人大代表、政协委员建议提案。加强社会治理，综治民调全省年度排名第10位，创历史最好成绩。落实“三张清单”制度，切实规范行政审批行为，对公共服务事项进行梳理、调整，依据上级文件减少行政审批事项18项，梳理确认政府工作部门行政权力3486项。

（本栏撰稿　赵　良）

湘阴县

中共县委员会

书　记　黎作凤
副书记　尹培国　闵秀明
常　委　邹国良（挂职）　刘正仁　彭岳武　吴学兵　彭方建　周太平　李爱佳　刘建民　姜开顺　周　鹏

县人大常委会

主　任　熊检华
副主任　孙　红　张亚玲　张跃进　周利人　郭　立

县人民政府

县　长　尹培国
副县长　刘正仁　周太平　甘文伟　张浩果　李自然　周　鹏　李力之　许　波　汤　静（挂职）

县政协委员会

主　席　周义军
副主席　吴星亮　甘灵杰　甘　政　陶　娜　熊国庭

县人民武装部

部　长　姜开顺
政治委员　张　琳

县纪律检查委员会

书　记　彭方建（2015年10月免）
　　　　刘建民（2015年10月任）

县人民法院

院　长　夏常凯（2015年12月免）
　　　　李卫东（2015年12月任）

县人民检察院

检察长　赵承卓

【概况】 2015年，湘阴县土地总面积1581.5平方千米，耕地面积4.2公顷。按照县市区乡镇区划调整改革方案调整后：文星镇、石塘乡、白泥湖乡、袁家铺镇、长康镇成建制合并设立文星镇；青山岛镇与三塘镇成建制合并设立三塘镇。辖14个乡镇。年末总人口77.9万人，人口出生率12.06‰，自然增长率4.41‰。年内最高气温36.9℃，最低气温-0.8℃；年降水量1584.8毫米。

地区生产总值310.71亿元，比2014年增长10.7%，其中，第一产业增加值39.49亿元，第二产业增加值178.54亿元，第三产业增加值92.67亿元，分别增长2.7%、10.2%、15.8%；一、二、三产业结构比为12.7：57.5：29.8；全县财政总收入12.32亿元，增长10%。

农林牧渔业总产值94.56亿元，增长7.7%；全年粮食种植面积103.04千公顷，油料种植面积4600公顷，棉花种植面积3700公顷；粮食总产量61.17万吨，增加1.14万吨；出栏生猪97.08万头，出笼家禽352.2万羽，水产品总量14.13万吨，粮食生产实现12连增，获评全国农业标准化示范县、全国“平安农机”示范县、全国粮油生产示范基地县、全国生猪调出大县、全省粮食生产标兵县、养殖业目标管理先进县、农产品质量安全示范县、“三品一标”示范县、农村能源建设先进县、农村土地确权颁证工作先进县，特色水产、畜禽和杨林寨、百树山蔬菜等农产品形成品牌。

工业总产值732亿元，增长8.4%。全年引进各类项目39个，其中投资过亿元项目14个。新开工项目36个，竣工投产项目19个，20多个项目扎实推进，“135”工程建设建成标准化厂房48万平米，招商引资和项目建设连续第六年获评省市先进，新型工业化考核连续5年排名全市第一。推进园区配套，金龙新区金凤大道拉通，安置房一期交付使用；工业园污水处理厂主体完工，健铭大道、新华路、顺湘路通车，蓝领公寓投入使用。

社会消费品零售总额71.14亿元，增长13.1%，增幅居全市第一。顺天洋沙湖项目悦榕湾、渔窑小镇一期主体完工，柳庄建设加速推进，青山岛旅游日益火爆。房地产新开工38万平米，完成投资4.5亿元。中南义乌小商品城等市场建设提速，市场监管同步加强，获评全省电子商务进农村示范县。县农信社改制顺利推进，清收不良贷款1.5

2015年湘阴县乡、镇简况

表16

名　称	国土面积（平方千米）	耕地面积（公顷）	年末总人口（人）	人均纯收入（元）	党委书记	乡（镇）长
文星镇	30.85	270	121238	24837	张　森	张　放
石塘乡	48.28	1620	23853	15282	朱岳军	何建平
长康镇	51.28	1340	26426	14065	杨　海	陈洪幸
袁家铺镇	38.27	820	23629	15938	杨　峰	黄新凯
白泥湖乡	37.33	1370	17183	15304	李　山	任术海
鹤龙湖镇	140.49	4650	73041	14321	冯　为	杨　敏
新泉镇	103.18	6840	85974	15232	吕　乐	焦洪桥
岭北镇	114.76	4080	82451	15239	周学斌	戴卓伟
湘滨镇	183.24	4530	62321	13294	柳艳秋	左一峰
金龙镇	44.48	1020	17773	16226	李　峰	杨　林
玉华乡	45.91	1220	21648	13502	易宇峰	杨建伟
静河乡	60.92	1460	31475	14350	王献平	胡建龙
樟树镇	55.19	1370	26742	14557	王　树	易志杰
三塘镇	40.53	1530	23688	15336	秦献鹏	王　雄
青山岛镇	26.96	130	1552	13418	刘界雄	任　剑
东塘镇	43.09	2120	31268	15379	王　锐	熊　伟
六塘乡	36.12	1050	16223	15340	宋　华	郑　剑
杨林寨乡	30.23	1740	26685	9042	聂晏斌	戴　翔
南湖洲镇	150.09	4500	62364	14457	熊　巍	徐昌文

亿元；稳妥处置民间借贷风险；洞庭资源公司10亿元债券成功发行。

社会固定资产投资完成271.29亿元，增长24.1%。交通建设提速。岳望高速湘阴段路基完工，新乔线及新泉寺大桥、机场公路动工，漕溪港码头二期水下桩基完工，实施县乡道大中修180公里，建设农村公路61公里，更新渡船44艘，城区6路公交开通。城市建设提质。东湖生态公园高品位建成，滨江路等7条城区主干道和背街小巷、改制企业院落提质改造即将竣工，“两供两治”、地下管廊建设加速，城区亮化升级、路灯节能换代同步完成，环卫保洁、绿化管养市场化改革完成，获评全市最美县城，省级园林县城创建顺利通过验收。镇村建设提标，以沟渠疏浚为重点的水利“661”工程完成，堤防、水库、涵闸除险加固工程完工，建成安全饮水工程22处，获评全省水利建设“芙蓉杯”。六塘、金龙、鹤龙湖、岭北镇等4个示范镇提质改造完成，规范农村村民建房全面启动，拆除违法建筑4万多平米，完成农网改造78个村，获评全省社会主义新农村建设先进县，月湾村被定为全省美丽乡村建设试点村。建成“绿色通道”300多公里，关停整顿畜禽养殖场450多家，节能减排任务全面完成，农村环境整治考核排名全市第一。

民生福祉持续增进。全年民生支出28.03亿元，占财政总支出的77%。居民收入稳步增长，城镇和农村居民人均可支配收入分别为24437元、14560元，分别增长9.3%、11.3%。实事办理更加惠民，省市下达的25项实事任务和县里确定的10大民生工程全面完成。创新创业扎实推进，新增各类市场主体3565户、城镇就业5584人，转移农村劳力5090人，五大保险继续提标，城乡低保阳光运行，老年养护楼主体完工；“两房两棚”建设加速，瓦窑湾棚户区和状元桥旧城改造动工，建成保障性住房1070套，改造农村危房1700户，住房公积金贷款突破4亿元。教育布局调整优化，知源学校建成招生，撤并4所学校重新组建左宗棠中学和湘江学校，121所薄弱学校改造完成。县人民医院整体搬迁工程主体竣工，血防控制整县达标，医改“湘阴模式”全国推广，防震减灾获评全国先进。公共文化服务体系示范区创建加快，郭嵩焘广场动工建设，广播“村村响”工程全面启动，县档案馆、新剧院主体竣工。攻坚精准脱贫，重点帮扶28个贫困村，落实项目资金1000多万元，完成脱贫11500人。计生服务提升，符合政策生育率、综合措施率等指标居全市第一。年度综治民调在全省128个县市区中排名第17位，人民群众安全感、满意度大幅提升。全国农机事故应急演练在湘阴县举行，全年未发生一起较大以上安全生产事故，获全省安全生产工作先进县。

【湘阴县获得全省全面小康建设"十快进县"】　2015年，湘阴县聚焦全面小康目标，突出抓关键、攻重点、破难题、补短板，合力攻坚精准扶贫，加力加速小康建设，对37个小康具体指标逐一明确责任县级领导和责任单位、责任人，特别是对短板指标严格实行"一个短板指标、一名县级领导、一套专门班子、一个工作方案、一抓到底"，层层压茬推进，以发展的实效促推全面小康进程，取得显著成效。在全面小康考核中小康实现程度居全省同类考核单位第3位，获全省全面小康建设"十快进县"。

【湘阴县年度综治民调满意提升】
2015年，湘阴县重视"平安湘阴"建设，抓信访维稳工作，组织开展大宣传、大接访、大排查、大化解活动，努力把矛盾和问题化解在萌芽状态。保持严打高压态势，全县社会治安形势持续好转。特别依法稳妥处置杨林寨部分移民群众上访事件，既惩治违法行为、打击歪风邪气，又伸张社会正义、维护大局稳定，工作得到省市主要领导和省委政法委的肯定。干部作风建设，开展"三访三解三比三促"活动，结对帮扶困难群众4196户，办结反映集中的民生实事254件，人民群众幸福感、满意度大幅提升。在2015年全省综治民调年度考核中，综合排名在全省128个考核单位中居第17位，是自2007年全省开展综治民调以来该县取得的最好成绩。

【湘阴县招商引资和项目建设获评省市先进】　2015年，湘阴县坚持项目导向、聚力项目一线，开展"项目攻坚年"活动，全年引进各类项目39个，其中，14个项目投资过亿元，项目资金到位率、增长率均居全市第一。奇思环保等36个项目开工，华隆重工等20多个项目扎实推进，地生智能车库等10多个项目竣工投产，"135"工程投建设建成标准化厂房48万平米，招商引资和项目建设再次获省市先进。

【湘阴县新型工业化考核排名全市第一】　2015年，湘阴县始终兴工强县旗帜，坚持科技引领、创新驱动，加快产业转型、推动质效提升。全县技改投资突破100亿元，新增规模企业12家、高新技术企业8家，5家停产企业实现"腾笼换鸟"，完成规模工业增加值192.4亿元，比2014年增长10%，万元规模工业增加值能耗下降4.5%。新申报国际商标、驰名商标、著名商标、地理标志证明商标18件，工业综合绩效考核、三提升、联手帮扶三项考核得分全市第一，在全市新型工业化考核中再次夺魁，连续5年排名全市第一。

【湘阴县获评全市最美县城】
2015年，湘阴县以建设"岳阳靓丽南大门、省会长沙卫星城"为目标，以创建国家卫生县城和省级文明县城、园林县城为抓手，加力加速基础建设，整治城乡环境，全力推动管理提质，推进美丽湘阴建设。东湖生态公园高品位建成，滨江路等城区七大主干道和背街小巷、改制企业院落提质改造基本完成，"两供两治"、地下管廊建设加速；夜景亮化、绿化养护、卫生保洁全面提质；县殡仪馆禁炮启动，超限超载、户外广告整治成效明显，顺利通过国家卫生县城、省级文明县城复检和省级园林县城创建验收，城市品位大幅提升，在全市首次美丽县城评选中排名第一，获评全市最美县城。

（本栏撰稿　姜　彬　胡　卫）

2015年，湘阴县获评全市最美县城。图为县城亮化夜景一角

（湘阴县　供稿）

临湘市

中共市委员会

书　记　黄俊钧
副书记　汪　灿　李伍华
常　委　许　永　易兴建　凌晓明
　　　　吴光文　李其报　胥春华
　　　　王友华　李孟阳　王才强

市人大常委会

主　任　魏新咏
副主任　刘岳旭　李璞珊　陈长英
　　　　曹小光　李炎利

市人民政府

市　长　汪灿
副市长　许　永　凌晓明　马　榕
　　　　彭海云　刘如乐　周　琦
　　　　陈卓懿

市政协委员会

主　席　廖祯祥
副主席　李征雷　李垂利　盛美华
　　　　陈步龙　廖小林

市人民武装部

部　长　王才强
政　委　樊　伟

市纪律检查委员会

书　记　易兴建

市人民法院

院　长　朱开颜

市人民检察院

检察长　李汉斌

【概况】 2015年，临湘市市域面积1740平方千米，土地面积1650平方千米，耕地面积3.42万公顷。按照县市区乡镇区划调整改革方案调整后，横铺乡、桃林镇成建制合并设立桃林镇；定湖镇、坦渡乡成建制合并设立坦渡镇；儒溪镇、江南镇成建制合并设立江南镇；乘风乡、源潭镇、聂市镇成建制合并设立聂市镇；白云镇、城南乡、长安街道成建制合并设立长安街道；五里牌乡、桥东街道成建制合并设立五里牌街道。辖3个街道10个乡镇。年末总人口53.75万人，人口出生率12.48‰，性别比为105.28，人口自然增长率6.25‰。年内最高气温41℃，最低气温-3.3℃，平均气温为17.6℃;年降水量2028.8毫米；全年降雨天数162天。

实现GDP213.57亿元，增长8.2%。一产业完成增加值28.74亿元，增长4.3%，二产业完成增加值118.1亿元，增长8.2%，三产业完成增加值66.65亿元，增长9.6%。三次产业结构比调整为13.5：55.3：31.2。固定资产169.1亿元，增长1%，城镇居民人均收入21854元，增长8.9%，农民人均收入12245万元，增长9%。社会消费品零售总额72.58亿元，增长12.8%。

农业总产值42.46亿元，增长4.42%。粮食32.49万吨，棉花3128.4吨，油料23158.3吨，出栏生猪71.31.5万头，牛9100头，羊2.57万只，出笼家禽197.6万羽，禽蛋产量2964吨，肉类达5.3万吨，完成放养水面15.81万亩，生产水产品3.97万吨，实现养殖业产值5.9亿元。粮食作物播种面积87.85万亩，蔬菜播种面积0.98万公顷。森林积量蓄229.55万立方米，绿化覆盖率达32.9％。

工业总产值367.32亿元，增长8.1%，规模工业增加值82.6亿元，增长5.8%。全年引进项目64个，引资36.9亿元；国家投资项目107个，到位资金18.1亿元。完成固定资产投资130亿元，比2014年增长15.2%。

【项目建设增强发展后劲】 2015年，临湘市全年实际引进内资36.9亿元，完成全年任务的102.5%，比2014年增长10.1%。引进三新项目64个。其中，总投资2亿元的宇恒化工唑嗪

2015年临湘市乡、镇、街道办事处简况

表17

名　称	国土面积（平方千米）	耕地面积（公顷）	年末总人口（万人）	人均纯收入（元）	党委书记	乡（镇）长、主　任
长安街道办事处	15	1377	50777	21854	刘　宝	赵飞雄
桥东街道办事处	12	1713	45150	21854	谢康华	胡子贵
忠防镇	116	24333	32808	12493	李开龙	汤勇兵
白云镇	39	14159	16630	11418	何华光	沈凡力
聂市镇	117	36240	26122	12943	张　韧	郑新宇
源潭镇	94	32180	16872	12318	陈小良	袁　胤
江南镇	83	67060	29220	14434	陈彦斌	郑　娟
羊楼司镇	276	45047	49680	13663	夏逢响	李志华
桃林镇	77	29975	38847	12719	戴季田	彭庆楚
长塘镇	58	30548	28520	12018	李　喻	陈西湖
白羊田镇	84	24233	23334	11085	沈国齐	陆　晖
詹桥镇	136	31331	40681	11047	李四海	吴　斌
儒溪镇	36	23783	12624	12717	谢继川	王文雄
定湖镇	74	41306	17753	11897	方腊初	张　华
黄盖镇	34	42147	10872	13275	李玮峰	李德才
五里牌乡	116	29589	26334	12185	张国辉	汪　浪
乘风乡	48	24474	11477	11907	周　伏	潘德明
坦渡乡	79	33742	17885	12476	黄　晓	何卫华
城南乡	53	13024	14669	12466	曹新旺	冯　奇
横铺乡	81	15410	19423	11029	夏志操	李正勇
桃矿街道办事处	6.92	/	7832	21854	刘庆明	王雪明

项目已经投产，投资1.5亿元的加佳螺旋藻项目正在进行厂房建设，投资4.2亿元的荆竹山风电项目通过评审，总投资7亿元的华能定子湖风电项目，建塔测风。总投资25亿元的LNG天然气项目，完成前期工作。二是争资立项力度大。全年申报国家政策性资金项目107个，到位18.1亿元，占全年任务的138%。申报各项强农惠农资金项目37个，到位资金1.2亿元。争取新增债券基金、置换债券资金和专项建设债券资金8.5亿元。总投资16.4亿元的黄盖湖防洪治理项目申报成功。项目申报的个数及资金在岳阳市排名第一。三是项目建设速度快。年初确定的96个重大项目中，有62个正在快速推进，累计完成41.45亿元。34个重大前期项目有18个提前开工建设，16个项目跻进国家和省、岳阳市建设规划。投资3.2亿元的湘北楠竹产业科技园项目，全面开工建设。投资2亿元的20兆瓦光伏发电项目，正在进行组件安装。投资3.8亿元的湖南金叶众望“退二进三”整体搬迁项目，2017年6月可建成投产。

【结构调整促现代产业发展】

2015年，临湘市一是工业经济运行平稳。完成标准化厂房建设10.75万平方米，在建32.23万平方米；引进企业9家，其中投资额在5000万元以上的企业5家，亿元以上企业2家。特别是环宇药业等企业相继投产，昊华等知名企业即将落地，海螺、兆邦、凡泰等传统支柱企业持续发力。园区完成规模工业增加值48.44亿元，增长11.7%，占全市规模工业增加值的比重达到57.9%。6家战略性新兴规模工业企业完成产值47.36亿元，增长9.6%，占全市规模工业总产值的比重为14.4%。二是农业生产保持稳定。新兴产业迅速崛起。湘北楠竹科技产业园、钓具（浮标）产业园先后开工建设，油茶、楠竹、苗木等新兴产业初具规模，各类特色农产品生产基地面积达3.34万公顷，农业生产总值达到40亿元，增长4.3%。农业专业合作社日益成熟。新增农业专业合作社70家，创建省级示范社2家。发展农产品加工企业750多家，其中省级龙头企业3家、岳阳市级龙头企业16家。争取各类水利项目资金2.14亿，被评为全省农田水利项目县。三是第三产业持续向好。利用“一区一港四口岸”等开放平台，支持引导8家进出口企业从岳阳口岸通关。新注册投资达100万的物流企业2家，新增外贸破零企业4家，新增外贸倍增企业2家。全年实现外贸进出口1400万美元，电子商务交易总额超过2亿元。湖南一叶舟钓具有限公司在深圳前海股权交易中心挂牌成功。品牌效应持续上升。全年创国家驰名商标2个、省著名商标10个，国家地理标志2个，获得国家农交、农博会“金奖”产品3个。

【兴办实事强化基本保障】 2015年，临湘市一是社会事业全面发展。投资3.8亿元的新一中正式开工建设，市六完小、中心幼儿园整体搬迁全面启动。教师公租房建设任务全面完成，阳光招生、教师队伍建设有序推进。投资1.3亿元的市妇幼保健院竣工，全市每千人拥有床位数达4.8张。投资8000万元的市人民医院门诊楼、投资3000万元的市精神病专科医院均开工建设。有线广播电视入户率达到70.57%。互联网普及率达31.01%，高出岳阳市标准1.01个百分点。建设投资900多万的乡镇文化广场1个，100万元以上的村级文化活动中心5个。二是社会保障更加完善。桃矿工矿棚改三期、市制线厂就业局棚改等项目加快实施。投资1.5亿元的灾后重建安置小区正在加速推进；重灾区道路恢复、水利恢复、教育及卫生设施建设等系列工程基本到位。农村危房改造3300户，竣工2700户，其余600户可确保春节前竣工入住。发放租赁补贴2275户。全市人均住房使用面积达到36平方米。全省农村危房改造省级示范项目整体推进现场会成功召开。投资1.35亿元的幸福岭水厂，主体工程基本完工，正在进行设备的安装调试，年内能够实现正式通水，可望解决路北片区16万余人安全饮水问题。按照精准扶贫的要求，选派2000名机关干部与贫困户结对子，开展一对一帮扶，全面完成6415人的脱贫任务。全年发放各项社保资金3.5亿元，争取民政资金1.64亿元，援助就业困难对象1019人。为2164名基本养老补贴对象发放补贴资金78万元。基本养老保险覆盖率为86.9%，基本医疗保险覆盖率为98.2%。三是精神文明成果丰硕。全市有业余文艺表演队伍156支，文化志愿者近1000人。《铁面税官》获得湖南戏剧最高奖“田汉新创剧目奖”，男女主角分别获得田汉表演奖。以全国劳模李国武为原型的首部微电影《良心的守护》获得“三湘群星奖”金奖，舞蹈《洞庭白鹭》获得银奖。在省“三湘蒲公英”活动中获得省级铜奖1个，岳阳金奖2个、银奖4个、铜奖1个；民俗舞蹈《天狮闹洞庭》获得岳阳市第三届文学艺术奖舞蹈作品类金奖。在公民道德建设方面，先后开展“公民道德宣传月”文明行为“随手拍”等活动；评选10名道德模范，开展巡回演讲32场次。

【建设城乡改善人居环境】 2015年，临湘市一是对《临湘市城市总体规划（2015—2030）》纲要进行修编。15个乡镇村镇布局规划、2个中心镇规划、4个居民点规划全面完成。城市承载能力不断增强。总投资2.8亿元的白云湖公园建设全面竣工，五尖山停车场、南太路提质改造工程基本完工，建新中路等城市道路改造工程相继启动。熊白公路硬化全面完成，临港公路一期、长桃公路全面开工建设。全力推进车辆超载超限整治工作，其经验先后在《湖南日报》《岳阳日报》等省市媒体上进行报道。目前，城镇化率为54.53%，增长幅度在岳阳县市区排名第一。二是美丽乡村建设成效显著。在硬件设施建设方面，完成2个市级集中建房点建设，启动2个乡镇集中建房点建设；完成安保工程建设135公里，新建、续建危桥改造项目开工26座；310个行政村客车通车率达99%。在美丽乡村建设方面，完成绿色通道建设409.5公里，农村垃圾集中处理率达到100%。聂市镇被列为省级历史文化镇；羊楼司镇被列为国家重点镇、省级边界镇、省级文化镇、特色产业镇；忠防镇被列为省级文化旅游镇；桃林镇被列为国家重点镇；儒溪镇被列为省级绿色化工镇。

（本栏撰稿 魏新敏）

汨罗市

中共市委员会

书　记　白维国

副书记　周金龙　倪运清

常　委　彭千红　朱　苇　朱平波

陈岭华　李冯波　林治学

陈培宏　向进良　谢兰兰

市人大委员会

主　任　郑晓之

副主任　杨　勇　何中良　任　坤

许向云　易　红

市人民政府

市　长　周金龙

副市长　彭千红　朱　苇　谢兰兰

王敏求　周育林　付学文

杨　峰

政协市委员会

主　席　周群开

副主席　徐德元　何秀伟　彭国光

李才红　郑叶新

市人民武装部

部　长　向进良

政　委　刘志勇

市纪律检查委员会

书　记　朱平波

市人民法院

院　长　孔　剑

市人民检察院

检察长　徐迪辉

【概况】　2015年，汨罗市市域面积1562平方千米，耕地面积4.15万公顷。按照县市区乡镇区划调整改革方案调整后，屈子祠镇、范家园镇、范家园茶场合并屈子祠镇；白塘乡、磊石乡合并白塘镇；桃林寺镇、火天乡、新塘乡合并桃林寺镇；由三江镇、智峰乡、八景乡合并三江镇；大荆镇和古仑乡合并大荆镇；高家坊镇、川山坪镇及玉池乡5个村合并川山坪镇；白水镇、原种场合并白水镇；由黄柏镇、沙溪镇合并神鼎山镇；李家塅镇、弼时镇及玉池乡10个村合并弼时镇；红花乡、黄市乡、天井乡合并罗江镇；城关镇、城郊乡合并归义镇。辖15个镇、一个办事处。年末全市总人口66.6万人，符合政策生育率86.03%，人口性别比例106，自然增长率5.87‰。年内最高气温36.6℃，最低气温-3.6℃，年降水量1537.8毫米。

地区生产总值319.21亿元，比2014年增长9.1%。其中，第一产业实现增加值38.01亿元，增长4.4%；第二产业实现增加值188.24亿元，增加8.1%；第三产业实现增加值92.96亿元，增长12.9%。三次产业结构比由11.9：60.6：27.5调整为11.5：60.3：28.2。完成地方财政收入17.37亿元，下降10.5%。

农业生产稳定。粮食产量50万吨，增长2.6%；蔬菜产量34.9万吨，增长0.8%；出栏生猪187万头、牛4.4万头、羊1.5万只，出笼家禽520万羽，生产水产品3.14万吨。培育农民合作社和家庭农场158家、种养大户1306户、标准化养殖小区86个，创建整建制推进高产创建示范乡1个、早稻高产创建万亩示范片2个、晚稻高产万亩示范片3个、高产玉米万亩示范片1个，获评湖南省粮食生产标兵县（市）。

工业经济持续向好。工业用电增长8.5%，用气增长44%。规模工业企业发展到214家，实现规模工业总产值750亿元、增加值169亿元。淘汰落后产能27.9万吨，万元GDP能耗降低率8%。高新技术企业发展到19家，高新技术产品增加值占规模工业增加值比重增长20%。循环经济产业园按“一园四区”规划，面积拓展到10平方公里，固废进口后续监管区纳入岳阳“一区一港四口岸”整体布局。长沙经开区汨罗市产业园入围湖南省重点项目，累计争取用地指标320公顷。“135”工程建成标准化厂房24.1万平方米，入驻项目26个。

社会消费品零售总额77.3亿

2015年汨罗市乡、镇简况

表18

乡镇场名称	面积（平方千米）	耕地面积（公顷）	年末总人口（人）	党委书记	乡镇场长
归义镇	26.62	899.99	87517	毛炼红	闵庆丰
汨罗镇	24.49	897.20	33857	黎中元	郝　光
新市镇	34.45	1884.80	26730	刘艳平	周　田
罗江镇	155.96	5109.76	60742	倪　勇	张　勇
古培镇	58.45	2150.42	27342	李亚江	郑　丰
弼时镇	156.00	3466.66	57000	张　奕	吴艳平
神鼎山镇	118.74	2276.12	34273	许艳辉	李鲜艳
白水镇	65.42	1865.09	36909	欧明目	胡亚运
川山坪镇	143.00	3594.60	58100	楚　军	李尚兵
长乐镇	70.73	1602.64	27083	陈学礼	凌红权
大荆镇	81.10	2634.12	26605	周爱煌	郭永恒
三江镇	129.12	2014.15	30997	陶文轩	仇文娟
桃林寺镇	150.57	4837.37	48515	周　振	刘成熟
白塘镇	73.34	2478.05	28263	李　旺	徐　波
屈子祠镇	93.72	3046.51	44842	黄　平	廖升红

元，增长12.8%。外贸进出口总额达902万美元。完成对外投资中方合同额420万美元。完成对外劳务输出549人。完成外派劳务合作营业额1597.16万美元。

社会固定资产投资306.89亿元，增长20%。持续推进城建“三年行动”，提质山塘路、劳动南路、汨新路，新建山水路，西延汨罗江大道，完成新汽车站征地拆迁，建成星火汽车站。屈子文化园完成屈子书院主体木结构，建成安置区2个。新市古镇开发完成管网铺设，恢复部分沿江码头，完成平汨公路沿线房屋仿古改造。汨杨公路、十古公路竣工通车，红花至屈子祠公路拉通土路基，G536汨罗段改线工程动工；改造危桥14座，所有渡口全部换用标准客运渡船；新修农村公路80余公里。改造灌区干渠4.5公里，整治沟渠4203公里，整修山塘2090口、河坝204处，建设高标准渠道398公里；启动“引兰入市”二期建设，扩建自来水二水厂。完成110千伏大荆变、35千伏川山变电站增容扩建，启动500千伏沙溪变电站建设，改造48个村农网。天然气入市铺设输气管线达134公里。建设义务教育合格学校2所，新建校舍21栋，维修校舍67栋。建设保障性住房878套，改造棚户区260户，改造农村危房2600户。

存在主要问题和困难：经济增长动能不足，新增长点培育还有待加快；经济结构不优，开放型经济、金融经济、市域经济整体实力还有待突破；环境治理、民生改善任务繁重，社会保障能力还有待提高；风险隐患依然较多，社会治理创新还有待加力；行政效能仍需提升，政府自身建设还有待加强。

【汨罗市获评全国电子商务进农村综合示范县】 2015年，汨罗市电子商务公共服务中心建成运营，建设79个镇村电子商务综合服务站点基础设施，完成电子商务人员培训1200人次，电子商务从业人员有7000人，电子商务发展指数名列全省第七。7月成功入选全国电子商务进农村综合示范县（市），为湖南省8个示范县（市）之一。

【汨罗市跻身国家级知识产权示范城市行列】 2015年，汨罗市发展高新技术企业19家，专利申请200件，授权150件。4月，汨罗市以90.25分的成绩顺利通过，进入国家知识产权示范城市行列。

【汨罗市农村规范集中建房成绩显著】 2015年，汨罗市按照“三鼓励、四禁止”要求，坚持“做精试点、全面推进”路径，引导农村村民规范建房。申报试点村9个（岳阳市级试点1个、汨罗市级试点3个、乡镇场试点5个），其中岳阳市级试点南托新村规划用地面积10.2公顷，其中村民建房规划5.2公顷，安置194户村民，每栋占地面积130平方米，腾退宅基地30.6公顷。

【汨罗市精准扶贫工作有成效】 2015年，汨罗市启动精准扶贫三年行动，识别建档立卡贫困户13470户、40847人、贫困村40个，按照“试点推、大面控、专业管”思路，以基础建设、产业带动、智力支持、搬迁安置、政策兜底为重点，扎实推进党建扶贫、教育扶贫、产业扶贫、项目扶贫、就业扶贫、安居扶贫、救助扶贫等、财政扶贫、金融扶贫、社会扶贫十大扶贫行动，全年脱贫9222人。

（本栏撰稿　许劲松）

屈原管理区

中共区委员会

书　记　孔福建（2015年4月免）
　　　　邱　虹（2015年4月任）
副书记　金　晨　田明清
常　委　曾兰芝　宋可权　田　荣
　　　　傅大斌　沈小星　曹正平
　　　　谢淼泉

区管理委员会

主　任　金　晨
副主任　田　荣　沈小星　刘柏荣
　　　　谢辉煌　韩德辉

区人大政协工委

主　任　谢忠厚

汨罗江国家湿地公园　（汨罗市　供稿）

副主任 周陆军 曹建赓

区纪律检查委员会

书 记 宋可权

区人民法院

院 长 易鹏飞

区人民检察院

检察长 吴健思

【概况】 2015年，屈原管理区辖2个镇、3个乡、1个街道，有62个村、8个居委会，耕地面积9000公顷，人口9.7万人，其中非农业人口5.4万人，人口出生率9.88‰，自然增长率4.83‰，全年最高气温36℃，最低气温-7℃，年降水量1635.5毫米，无霜306天。

地区生产总值78.43亿元，比2014年增长8.2%；完成固定资产投资45.33亿元，增长20%；完成规模工业增加值52.5亿元，增长8.1%；实现社会消费品零售总额8.05亿元，增长12.3%；实现农民人均纯收入17646元，增长10.8%，城镇居民可支配收入24594元，增长9.1%。同时，做实财政收入，完成公共财政收入1.49亿元，地方公共财政收入1.07亿元。

城乡环境明显改善 屈原管理区美丽乡村“七个一”示范工程建设、城镇提质改造、文明创建全面推进，城乡面貌、城镇品位、文明风尚明显提升。完成城区四条主街道提质改造工程的竣工扫尾工作；启动消防站片区、主干道临街立面改造、誉园休闲健身广场、污水处理厂等项目建设；整区推进规范村民建房工作，禁止城区红白喜事乱搭棚行为和随意燃放烟花鞭炮行为；治超治限专项整治考评排名全市第一。

【项目建设扎实推进】 2015年，屈原管理区争取项目101个，到位资金3.29亿元。抓好“十三五”规划编制工作。开展联手帮扶帮促活动，正虹科技、德科纺织、双胞胎饲料、湘天科技等企业稳步发展，凯迪电厂等“老大难”企地纠纷得到有效处理。中农联成生物饲料厂竣工投产，天下洞庭5万吨仓容一期项目投入使用并启动二期建设；吉林农投推山咀仓储物流园项目成功签约并如期开工。

【民生福祉普惠提升】 2015年，屈原管理区民生支出8.2亿元，占一般公共预算支出的82%。16项民生实事任务全面完成。湖南省统筹城乡就业示范区成功创建，全区城乡登记失业率为2.8%。社会保障不断加强，医保参保率达95.6%，养老保险参保率达97.2%，农垦职工月平均退休金达1664元。脱贫攻坚力度加大，全年减少贫困人口1620人。社会事业加快发展，启动区域教育信息化建设和“全面改薄”工程；推进公共卫生服务，居民健康建档率达70%以上；开展丰富多彩的群众性文化体育活动，成功出版《岳阳市屈原管理区志（1978—2011）》。社会改革有效推进，完成9大类56项改革任务。社会大局和谐稳定，重拳打击缠访闹访行为，集中开展“五打五整治”专项行动，成功破获一起特大贩卖毒品案和一起网络赌博案，有力地震慑违法犯罪。安全生产工作获得全市先进，社会治安综合治理民调工作排名全省第三、全市第一，连续第5年获得全省“平安县市区”称号。计划生育工作连续第12年获得全省优秀单位称号。

【屈原创建城乡一体化示范区】 2015年，屈原管理区依托农垦改制而来的农业基础，推动一二三产业融合发展、协同发展。推山咀航运物流园区和黄金农产品精深加工园区规划形成，入驻黄金园区的中农联成项目基本完成建设，预计年底正式开工；天下洞庭5万吨仓容建设项目竣工投入使用，二期工程启动建设；鑫源新材料高性能炭/炭复合材料、保温FR材料项目投入正式生产，成为中南大学产学研基地；海泰博农的天然栀子黄色素项目加速推进，打造全省最大的生物基因工程实验平台；年处理粪污3万吨、日处理病死动物1.5吨、年生产能力10万吨的富丰“世纪田王”缓释肥料项目正进行试生产；总投资3亿元的吉林农投（汨罗市港区推山咀作业区）仓储物流园项目成功签约。以乡、村为主导，因地制宜，因村制宜，推动“一村一品”产业发展，形成高效种养业和农村服务业同步发展的良好态势。城乡基础共建。加强基础设施建设，做到“两手抓”：一手抓城区基础建设。投入资金2亿元，先后完成五条主街道提质改造工程建设，启动城区道路拉伸、主干道临街立面改造等工程建设；并建设好休闲健身广场、一级消防站、社会停车场、污水处理厂等系列配套工程，一手抓农村基础建设。涉及16个村、25台配电变压器台区的农网改造项目正在实施，涉及16015户的集抄改造建设项目基本完成，35千伏河市变电站增容改造项目进展顺利；

2015年屈原管理区乡镇、街道办事处简况

表19

名 称	国土面积（公顷）	耕地面积（公顷）	年末总人口（人）	人均纯收入（元）	党委书记	乡（镇）长
营田镇	5211.27	3397.13	41782	17500	曹正平	徐荣新
河市镇	2187.47	1562.23	10015	16000	吴 伟	吴 亮
黄金乡	4434.55	3488.48	15746	15500	刘建云	胡 敏
凤凰乡	3310.91	2996.5	8821	15200	湛 江	谢家旺
琴棋乡	3407.3	2748.16	8570	16100	彭 伟	谢 亮
天问街道办事处	400		12100	17600	陈正勇	刘文恕

加强农村道路建设，硬化村级公路347公里，道路通达率达100%。城乡环境共创。启动城乡环境集中整治行动，部署开展以整治乱摆乱挂、乱搭乱堆、乱停乱靠、临街餐饮无序经营、集贸市场乱象、环境卫生脏乱差和违法建设为重点的城区管理“七大攻坚”和以整治主次干道、集镇市场、房前屋后、沟港河渠为重点的农村环境“四大整治”，并通过区级领导领导带头、分责分区落实、督查考核跟进，打响一场城乡环境攻坚战，有效改善城乡面貌。坚持“谁主管、谁负责”和“属地管理、分级负责”的原则，实行治安巡逻网络、矛盾调处网络、打击整治网络“三网”全覆盖，依法保障群众的合法权益，严厉打击违法违纪行为，营造风清气正、安定和谐的良好氛围。社会治安综合治理民调工作在湖南省排名第三、岳阳市第一。城乡服务共享。坚持以基本公共服务均等化为目标，顺应人民群众对美好生活的新期待。办好人民满意的教育，全面启动区域教育信息化建设和“全面改薄”工程，推动城乡教育的均衡化发展；完成投资200多万元的区中心幼儿园改扩建工程和投资400多万元的两所农村中心幼儿园建设工程，形成覆盖城乡的公办幼儿园教学网络。提升基层卫生服务能力，全区建设乡镇卫生院3个，标准化村级卫生室39个，推进乡村医生签约服务。推动公共文化服务，将屈原影剧院提质改造作为全区文化免费开放阵地，建起以农家书屋为基础、以文化健身广场为补充的基本覆盖的村级文化活动中心；搭建广场文化艺术节、民间戏曲艺术节、送文化下乡等文化艺术平台，全年累计送文艺演出下乡32场次。建好全省唯一的统筹城乡就业示范区，发挥好村级就业和社会保障信息服务平台的作用，全区城乡登记失业率为2.8%。巩固城乡居民医疗保险、城乡居民养老保险的成果，实行统一管理服务、统一缴费标准、统一保障待遇，全区医保参保率达95.6%，养老保险参保率97.2%，农垦职工月平均退休金达1664元。

（本栏撰稿　吴　平）

责任编校　邹　青

人　　物

新任市级领导干部

刘和生

湖南省祁东县人，汉族，1962年1月出生，1981年8月参加工作，1984年11月加入中国共产党，大学学历。历任共青团祁东县洪桥区委书记，共青团祁东县委副书记（其间：1986年10月至1992年6月在湘潭大学法律专业自考专科学习），共青团湖南省委青农部干事、主任科员，省委组织部组织指导处主任科员、副处级组织员、研究室副主任（其间：1999年8月至2001年12月在中央党校函授学院行政管理专业函授本科学习），攸县县委书记，省总工会副主席、党组成员，中共娄底市委常委、纪委书记、市人民政府常务副市长，中共郴州市委副书记，郴州市委党校（市行政学院、市社会主义学院）校（院）长。2015年5月任岳阳市委副书记、市人民政府市长候选人，2015年7月任岳阳市委副书记、市人民政府市长。

唐道明

湖南省邵阳县人，汉族，1965年6月出生，1985年7月参加工作，1984年12月加入中国共产党，硕士研究生学历。历任湘西自治州建筑规划设计院技术干部（其间：1987年9月至1989年12月在清华大学土木工程系建筑技术经济管理专业硕士研究生学习，获工学硕士学位），省建设委员会设计处干部、副科级干部、正科级干部（其间：1993年4月至1994年4月在香港理工大学土木系进修，任研究助理）、副处长，省建设厅建管处处长，省建设厅党组成员，总工程师，省住房和城乡建设厅党组成员、总工程师、副厅长（其间：2011年3月至2012年1月在中央党校中青年干部培训班学习），2015年3月任岳阳市委常委、市政府副市长候选人，2015年4月任岳阳市委常委、副市长。2016年4月任岳阳市委常委、市政府常务副市长、党组副书记。

万五龙

湖南省岳阳县人，汉族，1965年12月出生，1989年9月参加工作，无党派人士，硕士研究生学历。历任岳阳市农业局农业广播学校干部、优质农产品开发中心干部，市农业局计财科副主任科员，市花板桥农贸市场公安值班室主任，市农业局粮油科副科长、主任科员，市农业局副局长，云溪区人民政府副区长，岳阳市农机局局长，岳阳市林业局局长，2015年1月至4月任政协岳阳市委员会副主席、市林业局局长，2015年4月任政协岳阳市委员会副主席，市教育体育局副局长。

文春方

湖南省湘乡县人，1964年12月出生，1986年7月参加工作，1990年5月加入中国共产党，大学学历。历任长岭炼化公司设计院工艺室化工自动化设计员、工艺室副主任、技术科科长、设计院副院长（副处），中共云溪区委常委、区人民政府副区长，区委常委、统战部部长（其间：2003年12月获湖南大学工商管理专业工商管理硕士学位），中共云溪区委副书记，云溪区委常委、纪委书记，岳阳市工业经委主任、党委副书记，岳阳市经济和信息化委员会主任、党委副书记、党委书记，岳阳经济技术开发区工委委员、管委会副主任（排第一），2015年7月任岳阳经济技术开发区管委会主任、工委副书记。

喻岳兰

湖南省岳阳县人，汉族，1963年5月出生，1985年7月参加工作，1984年10月加入中国共产党，大学学历。历任岳阳地委讲师团干部，岳阳市直机关党委干部，市直机关团委、团工委副书记、团工委书记（其间：1992年9月至1994年7月在湖南省委党校党政干部研究班学习），岳阳市直机关纪工委副书记，平江县委常委、办公室主任，岳阳市总工会党组成员、副主席、党组副书记、党组书记，岳阳市妇联党组书记、主席，岳阳市招商局党组书记、局长，岳阳市招商局中国国际贸易促进委员会岳阳市支会党组书记、局长（会长），2015年4月任岳阳职业技术学院党组书记。

先进人物

张志红

湖南省华容县人，1962年10月出生，大专文化，中共党员，现任湖南省华容县防汛抗旱指挥部办公室主任。先后被评为湖南省水利建设先进个人、第五届岳阳市劳动模范、华容县最美基层干部等，2016年获得全国五一劳动奖章。

“他是水利工作的专家”，这是领导对他的评价。为熟悉江河湖泊的水情，当好防汛抗旱的参谋，他骑自行车完成了省境内“湘、资、沅、澧”四水及洞庭湖水系的实地考察，凭着过硬的游泳技术，他漂游长江完成省境内142公里河段的考察。他对华容的各项水利事务了如指掌。中央、省、市各级领导到华容县检查防汛和水利建设工作，他当“解说员”，让领导“一听了然”。

“他是爱岗敬业的榜样”，这是同事对他的评价。他总是大事小事亲力亲为，率先垂范。防汛查险，他带头钻涵洞摸到闸，防汛预案，他逐字修改逐手完善，防汛值班，他吃住全在办公室，防汛督查，他跑遍了全县的水库和大堤。每年汛期，他指挥调度全县的江河湖泊水库，努力减灾防灾。担任防汛办主任14年，力争全县洪、涝、旱灾的损失降到了最低。

“他是一名干实事的好干部”，这是群众对他的评价。2013年至2015年，县委县政府安排他牵头组织全县小型农田水利建设三年攻坚行动。为编制好规划，他对全县402个村进行实地考察，为实施好建设项目，他坚持到每一个工地督查。3年时间，全县旱涝死角得到有效治理，农业旱涝保收的能力进一步增强，他得到农民群众的一致好评。

徐　勇

湖南省岳阳市岳阳楼区人，1962年8月出生，高中文化，中共党员，现任湖南凯美特股份有限公司设备维修主管。他多次被评为公司优秀员工，2014年获得岳阳市劳动模范称号，2016年获得全国五一劳动奖章。

他进入湖南凯美特公司工作18年来，一直坚守在一线，凭借锲而不舍的精神和超乎常人的毅力，从一名普通钳工成长为二氧化碳装置维修、维护、技改的行业领头人，一名名符其实的“能工巧匠”。2012年，该公司引进三台离心式压缩机，依靠厂家售后，维修周期长，停产损失大。他在厂家调试时认真听、不懂就问，拜托同事将英文说明书翻译成中文，自己钻研，成功将离心式压缩的原理弄懂摸透，成为活塞压缩机的“活图纸”。他晋升为检维修队队长后，在现场安全规程、技术方案落实、施工协调、现场管理等方面摸索出了行之有效的办法。参与编制的作业指导书、安全生产指标、设备检修及配件更换流程，为企业安全生产打下坚实的基础。他多次开展生产装置的改善、改良，为企业节能降耗做出贡献。根据他提出的“用脱烃换热器降低进入液化器前二氧化碳温度”的技改方案，对装置进行改造，预计每年可为公司创造效益1000余万元。

他吃苦耐劳，以苦为乐，以劳动为乐，是一个闲不住的人，只要大家到设备现场都能见到他黑瘦的身影；他以苦为荣、以苦为乐、以实干为荣，用成绩说话是他一直遵守的一种工作态度和职业精神，他始终保持高尚的品格和富有魅力的人格修养，他精湛的维修技术，出色的工作业绩得到领导和同事们的一致认可，成为在二氧化碳装置改造技术的行业带头人。

责任编校　刘兴汉

统计资料

2015年年末岳阳市行政区划统计

表20　　　　单位：个

分　类	街道办事处	镇	乡	村委会	居委会
全市合计	23	89	15	1392	440
岳阳楼区	17	1	2	40	137
云溪区	1	3		36	23
君山区	1	4		53	23
岳阳县		11	3	161	42
华容县		12	2	161	49
湘阴县		12	2	153	46
平江县		19	5	496	46
汨罗市	1	17	1	178	43
临湘市	3	10		114	31

备注：岳阳楼区含 经济技术开发区和南湖新区数据；汨罗市含屈原管理区数据。

2015年土地利用现状一级分类面积

表21　　　　单位：公顷

地类代码	耕地	园地	林地	草地	城镇村及工矿用地	交通运输用地	水域及水利设施用地	其他土地	总计
	01	02	03	04	20	10	11	12	
岳阳市合计	353578.74	62286.00	585436.01	10224.70	103625.93	27699.92	40606.39	26477.21	1485778.73
岳阳楼区	8599.58	2574.51	11508.03	493.30	10172.06	1530.38	4827.63	1055.06	40760.55
云溪区	8697.50	1416.27	13209.61	290.80	4381.99	1095.48	7790.43	910.04	37792.12
君山区	26879.42	1070.72	4803.66	158.38	5432.90	2083.96	21921.06	359.52	62709.62
岳阳县	49944.20	3832.93	88391.66	3229.30	13472.60	3852.15	112516.60	5743.92	280983.36
华容县	72053.17	8734.13	18781.38	278.75	13035.03	3241.18	41953.96	1020.22	159097.82
湘阴县	42120.30	12667.56	17870.61	1006.15	11331.65	3334.05	64674.47	1141.65	154146.44

续表21

地类代码	耕地	园地	林地	草地	城镇村及工矿用地	交通运输用地	水域及水利设施用地	其他土地	总计
	01	02	03	04	20	10	11	12	
平江县	56240.55	15571.16	283624.64	3443.78	21102.61	4940.22	16564.76	9955.27	411442.99
汨罗市	50782.27	6920.74	61033.57	385.26	15837.11	4999.90	24237.55	2788.65	166985.05
临湘市	38261.75	9497.98	86212.85	938.98	8859.98	2622.60	21963.76	3502.88	171860.78

2015年岳阳市全市总产出

表22　　单位：万元

分　类	按当年价格计算		按可比价格计算		2015年发展速度（%）	2014年发展速度（%）
	2015年	2014年	2015年	2014年		
总产出	62262692	57364147	59069946	55013038	107.4	107.0
农林牧渔业	4901200	4452989	4375773	4212930	103.9	104.6
农业	2302436	2113758	2025669	1967815	102.9	104.3
林业	158702	146338	134103	124400	107.8	104.1
畜牧业	1536238	1378295	1435149	1394703	102.9	104.4
渔业	828803	746397	705831	657811	107.3	105.1
农林牧渔服务业	75021	68201	75021	68201	110.0	112.0
工业	36217690	34346188	35347897	33411443	105.8	105.9
采矿业	1031524	1015915	953164	886664	107.5	129.6
开采辅助活动	7401	7390	7695	7138	107.8	108.0
制造业	33861715	32018221	33112998	31268176	105.9	105.6
金属制品、机械和设备修理业	52737	52653	55169	50941	108.3	109.5
电力、煤气及水的生产和供应业	1324451	1312052	1281735	1256603	102.0	101.1
建筑业	3577154	3403573	3562902	3390011	105.1	100.8
批发和零售业	4389421	3701134	4051642	3636342	111.4	110.4
批发业	2998648	2598135	2809182	2544549	110.4	111.1
零售业	1390773	1102999	1242460	1091793	113.8	108.8
交通运输、仓储和邮政业	1575488	1595896	1527205	1511723	101.0	103.3
铁路运输业	159791	159762	147523	148863	99.1	98.4
道路运输业	1125788	1150984	1115491	1097924	101.6	103.0
水上运输业	231457	238332	215256	221229	97.3	106.2
航空运输业						
邮政业	36631	31309	32863	29421	111.7	116.9
其他交通活动	21821	15509	16072	14286	112.5	113.4
住宿和餐饮业	1444163	1322681	1419491	1213191	117.0	108.8
住宿业	227316	209617	217120	195957	110.8	108.0
餐饮业	1216847	1113064	1202371	1017234	118.2	109.0
信息传输、计算机服务和软件业	960408	829611	943300	844762	111.7	113.1
电信、广播电视和卫星传输服务	533184	453061	493337	447268	110.3	111.5

续表22

分　类	按当年价格计算		按可比价格计算		2015年发展速度（%）	2014年发展速度（%）
	2015年	2014年	2015年	2014年		
其他信息活动	427224	376550	449963	397494	113.2	114.9
金融业	958518	767647	842460	723222	116.5	117.2
货币金融服务	657997	527337	586870	506359	115.9	114.8
资本市场服务	119178	94958	96616	80918	119.4	149.2
保险业	174284	139579	152778	130803	116.8	111.6
其他金融业	7059	5773	6196	5142	120.5	118.1
房地产业	1099673	914419	738429	691057	106.9	107.2
房地产开发经营	487149	399902	218913	201392	108.7	110.4
其他房地产活动	124858	114061	118084	107349	110.0	109.4
自有房地产经营活动	487666	400456	401432	382316	105.0	105.0
租赁和商务服务业	1454612	1257541	1264252	1076876	117.4	116.2
科学研究、技术服务和地质勘查业	436312	348342	378638	324732	116.6	116.8
水利、环境和公共设施管理业	213839	161353	164679	145092	113.5	113.3
居民服务和其他服务业	1260207	1009548	997034	858033	116.2	115.4
教育	829940	681418	742108	640853	115.8	116.7
卫生、社会保障和社会福利业	933379	872523	954830	821006	116.3	116.9
文化、体育和娱乐业	428132	314884	328148	284357	115.4	116.1
公共管理和社会组织	1582556	1384400	1431158	1227408	116.6	122.2
第一产业	4826179	4384788	4300752	4144729	103.8	104.4
第二产业	39734706	37689718	38847935	36743375	105.7	105.4
第三产业	17701807	15289641	15921259	14124934	112.7	112.2

2015年岳阳市分县、市、区地区生产总值

（按支出法、当年价格计算）

表23　　单位：万元

分　类	全市	岳阳楼区	云溪区	君山区
生产总值	28862800	5214456	3017046	1127036
最终消费	13965940	2262858	391969	501530
居民消费	10448340	1382785	350407	381664
农村居民	7261768	1341882	285781	219457
城镇居民	3186572	40903	64626	162207
政府消费	3517600	880073	41562	119866
资本形成总额	14536160	2986783	2612220	484625
固定资本形成总额	12551590	1481456	1858010	398596
存货增加	1984570	1505327	754210	86029
货物和服务净出口	360700	-35185	12857	140881

续表23

分　类	岳阳县	华容县	湘阴县	平江县	汨罗市	临湘市
生产总值	2608628	2800156	3107084	2169521	3192058	2135699
最终消费	1239098	1181567	1296504	1237571	1306640	809725
居民消费	954380	833385	973409	849656	825796	729946
农村居民	524909	422501	631881	407055	445739	434882
城镇居民	429471	410884	341528	442601	380057	295064
政府消费	284718	348182	323095	387915	480844	79779
资本形成总额	1367927	1618556	1809255	856060	1874392	1324701
固定资本形成总额	1105285	1375773	1421270	748862	1319782	713640
存货增加	262642	242783	387985	107198	554610	611061
货物和服务净出口	1603	33	1325	75890	11026	1273

2015年岳阳市分县、市、区最终消费

（按当年价格计算）

表24　　　单位：万元

分　类	全市	岳阳楼区	南湖风景区	云溪区	君山区
最终消费支出	13965940	2262858	284312	391969	501530
一、居民消费支出	10448340	1382785	227132	350407	381664
（一）农村居民	7261768	1341882	227132	285781	219457
1.食品烟酒	2002038	345675	59879	65421	56350
2.衣着	654872	111572	27941	17542	41113
3.居住（含自由住房服务）	998546	298188	37958	16420	28298
4.生活用品及服务	468255	70052	18259	19754	23635
5.交通和通信	645243	158794	21830	15420	19895
6.教育文化娱乐	49096	25489	8717	29854	29655
7.医疗保健	782584	143948	16947	2041	15573
8.银行中介服务	397829	117184	2049	40142	1416
9.保险服务	868938	54785	26145	2345	989
10.其他商品和服务	394367	16195	7407	76842	2533
（二）城镇居民	3186572	40903		64626	162207
1.食品烟酒	720497	7478		16872	38902
2.衣着	173178	5033		2641	17350
3.居住（含自由住房服务）	890537	7380		12564	32286
4.生活用品及服务	245682	6852		10984	13164
5.交通和通信	209917	4944		1452	11627

续表24

分　类	全市	岳阳楼区	南湖风景区	云溪区	君山区
6.教育文化娱乐	485832	2535		1546	14359
7.医疗保健	93934			565	336
8.银行中介服务	38304	1606		2452	748
9.保险服务	272875	2660		4256	26067
10.其他商品和服务	55816	2415		11294	7368
二、政府消费支出	3517600	880073	57180	41562	119866

续表24

分　类	岳阳县	华容县	湘阴县	平江县	汨罗市	临湘市
最终消费支出	1239098	1181567	1296504	1237571	1306640	809725
一、居民消费支出	954380	833385	973409	849656	825796	729946
（一）农村居民	524909	422501	631881	407055	445739	434882
1.食品烟酒	108496	144592	261123	84221	105700	116527
2.衣着	27743	26599	55845	31268	45899	51554
3.居住（含自由住房服务）	172566	64593	44585	80285	62228	39300
4.生活用品及服务	65737	25195	49985	41371	52799	39636
5.交通和通信	43878	40521	52124	50365	63997	38140
6.教育文化娱乐	48074	76188	49012	41588	3802	1561
7.医疗保健	46240	32497	37085	56239	68237	29645
8.银行中介服务	1038	481	528	4553	29744	29745
9.保险服务	405	601	46115	6578	3668	55651
10.其他商品和服务	10732	11234	35479	10587	9665	33123
（二）城镇居民	429471	410884	341528	442601	380057	295064
1.食品烟酒	130911	147602	119655	91651	102563	69055
2.衣着	50690	34873	25542	28036	22504	15508
3.居住（含自由住房服务）	55475	60111	37565	82527	83301	40946
4.生活用品及服务	36424	18264	23276	41621	30954	12690
5.交通和通信	31744	50412	28685	59126	53897	39949
6.教育文化娱乐	22476	20210	40785	36831	37459	19527
7.医疗保健	973	3341	898	67935	5287	1749
8.银行中介服务	23652	616	651	8157	2899	39136
9.保险服务	42543	64685	39885	14439	32841	16276
10.其他商品和服务	34583	10770	24586	12278	8352	40228
二、政府消费支出	284718	348182	323095	387915	480844	79779

2015年规模以上工业增加值增速

表25

单位：个、万元

分类	单位个数		规模工业增加值		规模工业主营业务收入	
	2014年	2015年	2015年	±%	2014年	2015年
总计	1350	1283	11268201	8.3	45522066	47337484
一、按行政区划分						
岳阳楼区	31	33	298906	6.1	1243391	1310157
云溪区	93	97	1578745	7.3	8659359	7901397
君山区	68	69	465241	8.2	1888353	1792137
岳阳县	156	148	1180270	9.0	3956741	4554584
华容县	143	134	1206714	8.8	4583360	4653815
湘阴县	159	151	1532049	9.5	5242606	6030118
平江县	160	140	781028	8.8	3009376	3300015
汨罗市	231	216	1640771	8.7	6655832	7217322
临湘市	136	129	727665	8.3	3102307	3379800
经济技术开发区	117	111	1343173	8.1	5218379	5265514
南湖度假区	7	11	152906	9.0	397189	372730
屈原管理区	9	9	15980	-5.0	77493	83303
临港新区	40	35	344752	8.1	1487682	1476594
二、按轻重工业分						
轻工业	609	585	5006288	10.6	18914999	20298813
重工业	741	698	6261913	6.7	26607067	27038672
三、按隶属关系分						
中央省属工业	22	22	1675302	4.9	8494561	7656850
市及以下地方工业	1328	1261	9592899	8.9	37027506	39680634
四、总计中						
大中型工业	303	300	5904876	5.2	25079087	26312659
中小微型工业	1324	1258	9406052	9.9	35761674	38837580

2015年岳阳市地方财政收支情况

表26

单位：万元

科目	2015年	科目	2015年
一、税收收入	613889	一般公共服务	404573
增值税	105581	外交	0
营业税	189236	国防	4008
企业所得税	49694	公共安全	154009
企业所得税退税	0	教育	527649
个人所得税	17199	科学技术	36602
资源税	5812	文化教育与传媒	54101
固定资产投资方向调节税		社会保障和就业	702332

续表25

科　　目	2015年	科　　目	2015年
城市维护建设税	67275	医疗卫生	363530
房产税	21288	节能环保	73237
印花税	9886	城乡社区事务	256861
城镇土地使用税	22212	农林水事务	526856
土地增值税	30489	交通运输	167740
车船税	11003	资源勘探电力信息等事务	101081
耕地占用税	30762	商业服务业等事务	31426
契税	53452	金融监管等事务支出	1037
烟叶税	0	地震灾后恢复重建支出	0
其他税收收入	0	国土资源气象等事务	82631
二、非税收入	665893	住房保障支出	217353
专项收入	93212	粮油物资储备事务	13407
行政事业性收费收入	134717	债务付息支出	7695
罚没收入	48836	其他支出	31920
国有资本经营收入	1322		
国有资源（资产）有偿使用收入	153967		
其他收入	233839		
地方公共财政预算收入	1279782		
上划中央收入	1604131		
上划省级收入	143868		
财政总收入	3027781	本年支出合计	3758048

2015年岳阳市社会消费品零售总额

表27　　　　单位：万元

指标名称	全市	岳阳楼区	南湖风景区	经济技术开发区	云溪区	君山区	岳阳县	华容县	湘阴县	平江县	汨罗市	屈原区	临湘市
社会消费零售总额	10206439	3872902	176695	1126123	204583	182685	848854	914807	711387	589112	772978	80545	725769
一、按销售单位所在地分													
1. 城镇	8890582	3711692	157133	900899	173890	134187	715326	800958	588388	490240	602923	70621	544327
2. 乡村	1315857	161210	19562	225224	30693	48498	133528	113849	122999	98872	170055	9924	181442
二、按行业分组													
1. 批发业	1947898	580935	8625	337837	106383	30033	91414	126911	313488	98808	205622	612	47229
2. 零售业	5725162	1646618	132112	450449	59329	115278	676359	726975	294685	430003	527554	70565	595235
3. 住宿业	1019124	687124	12335	146696	10229	17375	8310	33043	57562	26381	10073	740	9256
4. 餐饮业	1514256	958225	23623	191141	28642	19999	72771	27878	45652	33920	29729	8628	74049

（本栏供稿　谢　亢）

责任编校　贺红霞

附　录

政府规章

岳阳市贫困重度残疾人特殊生活补贴实施办法

（岳政办发〔2015〕8号）

第一章　总　则

第一条　为切实保障贫困重度残疾人基本生活，着力提高贫困重度残疾人社会保障水平，根据中共中央国务院《关于促进残疾人事业发展的意见》（中发〔2008〕7号）、省委省政府《关于促进残疾人事业发展的实施意见》（湘发〔2009〕20号）等有关规定，结合本市实际，制定本办法。

第二条　本办法所称贫困重度残疾人，是指具有本市常住户口，持有第二代“中华人民共和国残疾人证”（含视力、听力、言语、肢体、智力、精神、多重残疾，以下简称“残疾人证”），无固定收入，年满18周岁，且残疾等级在二级以上（含二级）的贫困残疾人。

第三条　贫困重度残疾人特殊生活补贴实施工作，实行在市政府领导下的各级政府负责制。财政部门负责资金的筹措和监管，确保资金及时、足额到位。残联部门负责做好残疾人的政策宣传、调查摸底、残疾等级认定，申请对象的审批管理、汇总统计、定时上报，以及“贫困重度残疾人特殊生活补贴领取证”和补贴金的发放等工作。

第四条　各级残联、财政等部门应建立贫困重度残疾人特殊生活补贴工作评估、督导和考核机制，及时掌握有关工作进展情况，并组织力量对工作落实情况进行专项检查，做到规范发放，应补尽补。

第五条　实施贫困重度残疾人特殊生活补贴应遵循以下原则：

（一）特殊生活补贴与城乡居民最低生活保障相结合；

（二）公开、公平、公正；

（三）属地管理；

（四）动态管理。

第六条　以下情况不享受特殊生活补贴：

（一）通过招聘（录用）就业、按比例就业、集中就业、社区就业等形式享有工资待遇的；

（二）从事个体、私营、规模种植养殖业或其他经营活动，自由职业（自由撰稿人、艺术家、设计师、律师、经纪人、会计师、按摩师、歌手、画家等），且上年度月平均收入高于当地城乡居民最低生活保障标准的；

（三）享受城镇职工基本养老保险、工伤保险和机关事业单位退休待遇的（享受城乡居民基本养老保险的除外）；

（四）残疾人以本人或其家庭所有的物业出租且获得经济收入高于当地城乡居民最低生活保障标准的；

（五）由政府各级组织集中供养的城镇“三无”人员、农村五保户等。

第二章　申办程序

第七条　申请享受贫困重度残疾人特殊生活补贴由本人或法定监护人提出书面申请，无法定监护人且本人不能表达意愿的重度残疾人，可由村（居）委会代为申请，填写“贫困重度残疾人特殊生活补贴申请审批表”（以下简称“审批表”），提供居民身份证（或居民户口本）、第二代“残疾人证”。

第八条　村（居）委会自收到书面申请之日起5个工作日内进行核实，并将核实情况在所在村（社区）公示3日，无异议或异议不成立的，在“审批表”上签署意见，连同申请人的居民身份证（复印件）、第二代“残疾人证”（复印件），报乡镇政府（街道办事处）审核。

第九条　乡镇政府（街道办事处）收到申报审批材料后，应在5个工作日内完成审核，并将审核结果在所在村（社区）张榜公示3日，无异议或异议不成立的，在“审批表”上签署意见，同时将有关证件和证明材料一并报县市区残联审批。

第十条　县市区残联在接到申报材料后，应在7个工作日内完成对申报材料的审核、调查和审批工作，并将审批结果在申请人所在村

（社区）张榜公示3日，无异议或异议不成立的，发放《贫困重度残疾人特殊生活补贴领取证》，并报市残联备案。对不符合条件的，应当书面通知申请人并说明理由。

第三章　补贴对象管理

第十一条　贫困重度残疾人特殊生活补贴实行属地和动态管理，应建立乡、县、市三级数据库。县市区残联应在每年初按程序对补贴对象进行复核，符合条件的继续给予补贴，不符合条件的取消补贴，并及时更新数据库信息。对辖区内新增符合条件的对象，相关部门单位应及时办理审核、审批手续。

第十二条　贫困重度残疾人特殊生活补贴对象实行县、乡两级档案管理，做到一人一档。县市区残联建档内容包括“审批表”、第二代“残疾人证”复印件、补贴发放凭证、公示记录等；乡镇政府（街道办事处）建档内容包括“审批表”复印件、第二代“残疾人证”复印件、公示记录等。

第四章　资金管理

第十三条　实施贫困重度残疾人特殊生活补贴所需资金，市辖区由市与区按3：7的比例分担，其它县、市所需资金由本级财政负担。

第十四条　各级财政部门应将贫困重度残疾人特殊生活补贴资金列入年度财政预算，实现专项管理，专款专用。

第十五条　贫困重度残疾人特殊生活补贴金从批准之日的下月起由县市区残联按季度通过银行发放。县、市残联应在每年12月20日前，区残联应在每季度第三个月10日前将“贫困重度残疾人特殊生活补贴发放花名册”上报市残联。

第十六条　本市符合条件的补贴对象按每人每月50元的标准发放补贴金，不计入其家庭经济收入。

第五章　法律责任

第十七条　对工作不力导致政策执行出现偏差的，给予通报批评；对采取虚报、隐瞒、伪造等手段骗取补贴金的，由县市区残联给予批评教育、警告，追回冒领补贴金；截留、挪用补贴资金情节严重的，追究相关责任人员的责任；涉嫌犯罪的，移送司法机关依法追究其刑事责任。

第六章　附　则

第十八条　本办法自2015年1月1日起施行。

岳阳市农村村民规范建房试点示范实施方案

（岳政发〔2015〕7号）

根据岳阳市人民政府《关于引导农村村民规范建房的意见》（岳政发〔2015〕6号，以下简称“6号文件”）精神，为做好我市农村村民规范建房试点示范工作，制定本实施方案。

一、目标任务

（一）试点范围。全市选择屈原管理区所有乡镇及其他县市区10个乡镇（以下简称试点乡镇）开展村民规范建房试点工作。试点乡镇由乡镇人民政府自愿申报，县市区人民政府（管委会）组织竞争性评选，选定1个乡镇报市农委审查确认、备案管理。

（二）试点任务。

1.各试点乡镇村民所有新建房屋都必须实行先批后建、现场放线、按图施工、建新拆旧、竣工验收、一户一档。

2.试点乡镇应在2015年12月底前启动，2016年7月1日前建成1个集中建房20户以上、风貌协调、建筑美观、彰显特色、安全宜居、用地集约节约的示范点。

二、工作要求

各试点乡镇在严格执行“两鼓励、两禁止”（鼓励适度集中建房、鼓励按示范图建房，禁止占用基本农田建房、禁止在山洪地质灾害易发点和影响水工程运行地段建房）的基础上，做到“五有”：

（一）有村庄规划。各试点乡镇所有行政村都必须编制完成经济适用、简便易行的村庄规划，实现村庄规划全覆盖。村庄规划必须经村民会议或村民代表会议讨论通过后，报当地乡镇人民政府依法审批；属于城区规划范围内的村庄、乡镇政府所在地村按《城乡规划法》和《土地利用总体规划》编制规划，报县级人民政府审批。

（二）有审批手续。各试点乡镇人民政府设立村民规范建房审批窗口，政府主要负责人为村民建房审批第一责任人。各试点乡镇实行农村规范建房“零收费”，建房工作流程公示公开、建房审批手续限时办理，整个审批流程原则上在45个工作日内完成。

（三）有示范图集。各试点乡镇要大力推广由市规划局和市住建局联合编制的农村住宅建筑设计示范图集，免费提供给村民选择使用。各试点乡镇所有村民分散建房都要经过审查批准、按照村庄规划、参照示范图集建设。

（四）有施工管理。村民建房必须一户一档，实行“三到场”制度（批前选址到场、开工放线砌基到场、竣工验收到场）。切实加强村民建房质量安全监管，确保村民新建房屋的质量和安全。推行村民新建房屋施工公示牌制度，明确建房户主、建设地点、建造户型及层数、占地面积、批准单位、批准时间、监管人员和监督电话等事项，接受群众监督。

（五）有绿化美化。深入推进农村环境整治，继续开展美丽乡镇、美丽村庄、美丽社区创建，全面开展村庄绿化美化工作。试点乡镇必须抓好“空心村”整治，坚决拆除虽未建新但有碍美观、影响安全、废弃不用的杂房、露天厕所、空心房及残垣断壁。积极引导村民在房前屋后栽植花卉苗木，鼓励在集中建房点建设公共绿地，建成绿色生态家园。

三、保障措施

（一）加强组织领导。各试点乡镇成立规划委员会，作为乡镇政府议事协调机构，由政府主要负责人任主任，另外明确一名副职具体负责。乡镇规划委员会负责组织实施村庄规划的编制、管理工作，研究、审议村民规范建房各项措施。乡镇政府机关在内设机构限额内设立规划建设管理办公室，在不增加编制总额的前提下配备乡镇规划建设管理员；每个村明确一名村干部兼任村建房协管员，形成乡村联动的规范村民建房管理协调机制。

（二）提供资金支持。市、县两级财政每年整合安排村民规范建房专项资金，重点支持试点乡镇开展农村规范建房工作，主要用于示范点的基础设施建设和实行以奖代投。具体扶持奖补办法由市、县市区农委（办）部门会同同级财政部门制定并实施。同时，相关职能部门要主动配合、全力支持，整合新农村建设、新型城镇化、农村危房改造、移民搬迁、高铁走廊基础设施建设等相关政策资金，向试点乡镇倾斜。

（三）实行联点指导。将试点乡镇作为市级领导社会主义新农村建设联系点，由市级领导联点指导。

（四）大力宣传引导。采取群众喜闻乐见的形式，通过张贴标语、广播电视宣传、发送短信、召开会议、入户宣讲等方式，深入宣传村民建房的法律法规和惠民利民政策，大力营造“村民建新房，免费供图样，政府来服务，建好有奖励”良好氛围。

（五）强化执法巡查。试点乡镇要强化联合执法机制，组织专门力量开展动态巡查，及时发现、制止、查处违反“两鼓励两禁止”及其他违法违规建房行为。6号文件下发之前已经审批但未动工建设的农村建房户，一律按6号文件要求执行。凡违反本方案规定建房的，一律依法依规予以拆除。对违规建房制止不力的，追究乡镇、村相关责任人的责任。

（六）严格督查考评。市农委联合市住建局、市国土资源局、市规划局等部门单位，对试点乡镇规范村民建房试点示范工作进行督查考核，季度排名，年终总结。对规范村民建房工作开展不力、成效不明显的，通报批评，限期整改；整改不到位的，取消试点资格。监察机关对失职渎职、违纪违规的行政监察对象依法依规严肃处理；对涉嫌犯罪的，移送司法机关依法追究相关责任。

岳阳市人民政府关于加强大气污染防治的通告

（岳政告〔2015〕5号）

为进一步加强大气污染防治，切实改善大气环境质量，根据《中华人民共和国大气污染防治法》等有关规定，经市人民政府研究决定，现将有关事项通告如下：

一、燃煤企业应加强脱硫、脱硝、除尘等环保设施建设，确保达标排放。市城区燃煤锅炉（10蒸吨/小时以下）应改烧清洁能源，新建燃煤锅炉应报环保部门批准。

二、建筑、拆迁、道路、绿化、土地平整等施工场地，以及采矿点、砂石堆场码头、煤场、灰场、搅拌站应采取现场围挡、进出道路硬化、工地物料覆盖、场地洒水保洁、密闭运输、车辆清洗等措施，有效控制扬尘污染。

三、市城区运输渣土、砂石、煤炭、垃圾等物料及固体废弃物应当实行密闭式运输。

四、餐饮行业经营户应当落实油烟净化治理措施，不得出店、占道经营。

五、禁止违反规定焚烧秸杆、荒草、沥青、油毡、橡胶、塑料、皮革、树叶、垃圾等污染空气的行为。

六、炼油企业应全面推进油品升级改造，保证汽柴油质量，全面供应国Ⅳ柴油，减少污染物含量。

七、加大对机动船舶、机动车的尾气检测和治理力度，确保尾气达标排放。

八、油品供应企业及加油站点经营者应落实储油库、加油站和油罐车的油气污染综合治理措施，防治油气污染。

九、生产企业应积极推行清洁生产，升级改造设备和工艺，淘汰落后产能，减少污染物排放。

十、违反本通告规定的，由环保、城管、质监、商务、工商、交通、公安等有关行政主管部门依法查处，涉嫌犯罪的，移送司法机关依法追究其刑事责任。

十一、本通告自发布之日起施行。

文件目录

中共岳阳市委重要文件目录

△岳发〔2015〕2号　关于印发《岳阳市人民政府职能转变和机构改革方案的实施意见》的通知（2015年1月20日）

△岳发〔2015〕3号　关于岳阳市人民政府机构设置的通知（2015年1月20日）

△岳发〔2015〕4号　关于印发《巴陵人才工程实施方案》和《关于加强高层次创新创业人才引进工作的实施办法（试行）》的通知（2015年2月5日）

△岳发〔2015〕5号　关于加快发展现代职业教育的意见（2015年2月9日）

△岳发〔2015〕8号　关于印发《全力把岳阳打造成湖南新增长极行动方案（2015—2020年）》的通知（2015年4月7日）

△岳发〔2015〕9号　印发《关于落实〈中共湖南省委关于落实党风廉政建设党委主体责任和纪委监督责任的意见〉的实施办法》的通知（2015年4月29日）

△岳发〔2015〕10号　关于印发《岳阳市各级党委（党组）贯彻执行民主集中制的实施办法（试行）》的通知（2015年5月15日）

△岳发〔2015〕12号　关于进一步加强对领导干部从严监督管理的通知（2015年5月26日）

△岳发〔2015〕13号　印发《关于进一步激励干部想事干事成事的暂行办法》《关于进一步严格管理和监督干部的暂行办法》《岳阳市“为官不为”“为官乱为”问责暂行办法》的通知（2015年8月11日）

△岳发〔2015〕14号　关于印发《岳阳市精准扶贫三年（2015—2017年）攻坚行动方案》的通知（2015年8月17日）

△岳发〔2015〕16号　关于印发《岳阳市创建全省全国双拥模范城活动实施方案》的通知（2015年9

月2日）

△岳发〔2015〕17号　关于推进创新创业带动就业的若干意见（2015年9月30日）

△岳发〔2015〕18号　关于印发《岳阳市乡镇区划调整改革工作实施方案》的通知（2015年11月9日）

△岳委〔2015〕2号　关于落实省委省政府“打造湖南通江达海的新增长极”战略部署的情况报告（2015年1月27日）

△岳委〔2015〕9号　关于印发《中共岳阳市委常委会开展“三严三实”专题教育的实施方案》的通知（2015年6月19日）

△岳办发〔2015〕1号　印发《关于深入推进禁毒工作社会化的实施细则》的通知（2015年1月16日）

△岳办发〔2015〕2号　印发《关于贯彻落实〈2014—2018年全国党员教育培训工作规划〉的实施办法》的通知（2015年3月20日）

△岳办发〔2015〕4号　印发《关于巩固和拓展党的群众路线教育实践活动成果建立健全作风建设长效机制的实施意见》的通知（2015年3月27日）

△岳办发〔2015〕8号　关于实施《岳阳市人民政府职能转变和机构改革方案》任务分工的通知（2015年5月5日）

△岳办发〔2015〕9号　印发《关于在全市县处级以上领导干部中深入开展“三严三实”专题教育的实施方案》的通知（2015年5月15日）

△岳办发〔2015〕13号　印发《关于加强和改进新形势下档案工作的实施意见》的通知（2015年8月26日）

△岳办发〔2015〕14号　关于印发《中国共产党岳阳市代表大会代表提案暂行办法》等三项制度的通知（2015年8月27日）

△岳办发〔2015〕15号　关于印发《中共岳阳市委领导班子贯彻落实“三重一大”事项集体决策制度实施办法》的通知（2015年8月28日）

△岳办发〔2015〕16号　关于印发《岳阳市领导干部廉政谈话制度》《岳阳市市管领导班子廉政情况分析会制度》的通知（2015年9月2日）

△岳办发〔2015〕17号　关于印发《中共岳阳市委巡查工作办法（试行）》的通知（2015年9月10日）

△岳办发〔2015〕18号　印发《关于市属国有及国有控股企业落实党风廉政建设党委主体责任和纪委监督责任的实施办法》的通知（2015年9月24日）

△岳办发〔2015〕29号　关于印发《岳阳市一般及较大环境问题（事件）责任追究办法（试行）》的通知（2015年11月4日）

△岳办发〔2015〕33号　关于加快构建现代公共文化服务体系的实施意见（2015年11月16日）

△岳办发〔2015〕35号　关于印发《岳阳市森林防火工作责任追究暂行办法》的通知（2015年11月28日）

△岳办发〔2015〕39号　关于进一步促进产业园区发展的意见（试行）（2015年12月4日）

△岳办发〔2015〕41号　关于印发《岳阳市不动产统一登记工作实施方案》的通知（2015年12月15日）

△岳办〔2015〕7号　关于印发《省部相关厅（委）支持岳阳打造全省通江达海新增长极措施》的通知（2015年3月2日）

△岳办〔2015〕18号　关于印发《市委常委会组成人员和市政府副市长联系专家工作实施方案》的通知（2015年3月27日）

△岳办〔2015〕33号　关于认真做好2015年省市重点民生实事工作的通知（2015年5月5日）

△岳办〔2015〕34号　关于印发《岳阳市城区2015年土地依法征收“百日攻坚”行动方案》的通知（2015年5月11日）

△岳办〔2015〕36号　关于印发《市委市政府领导班子成员党风廉政建设责任分解》的通知（2015年5月15日）

△岳办〔2015〕37号　关于在全市退役军人中开展“双带双促”活动的实施意见（2015年5月15日）

△岳办〔2015〕38号　关于进一步完善村（社区）组织运转经费保障机制的通知（2015年5月26日）

△岳办〔2015〕45号　关于印发《岳阳市精准扶贫三年（2015—2017年）攻坚行动考核办法（试行）》的通知（2015年8月16日）

△岳办〔2015〕48号　关于印发《2015年度落实党风廉政建设党委主体责任和纪委监督责任目标管理考核办法》的通知（2015年8月21日）

△岳办〔2015〕49号　关于印发《岳阳市创建全国社会管理综合治理优秀市工作方案》的通知（2015年8月27日）

△岳办〔2015〕54号　关于开展“一区一港四口岸”大招商行动的通知（2015年9月11日）

（本栏撰稿　许　祺）

岳阳市政府重要文件目录

△岳政发〔2015〕1号　关于印发《促进岳阳城陵矶“一区一港四口岸”加快发展奖励办法（试行）》的通知（2015年1月23日）

△岳政发〔2015〕2号　关于扶持和促进中医药事业发展的实施意见（2015年5月27日）

△岳政发〔2015〕4号　关于公布市政府工作部门责任清单的通知（2015年7月21日）

△岳政发〔2015〕5号　关于加快实施“135”工程推进创新创业园区发展的若干意见（2015年8月6日）

△岳政发〔2015〕6号　关于引导农村村民规范建房的意见（2015年8月10日）

△岳政发〔2015〕8号　关于印发《岳阳市环境保护工作责任规定（试行）》的通知（2015年10月27日）

△岳政告〔2015〕1号　关于京港澳高速公路岳阳收费站改扩建工程主线沿线两侧永久性封闭及施工期间实施临时交通管制的通告（2015年4月15日）

△岳政告〔2015〕2号　关于整治违规使用长江岸线行为的通告（2015年4月15日）

△岳政告〔2015〕3号　关于开展南湖景区综合整治的通告（2015年8月20日）

△岳政告〔2015〕4号　关于加强王家河公园管理的通告（2015年9月6日）

△岳政告〔2015〕5号　关于加强大气污染防治的通告（2015年10月15日）

△岳政告〔2015〕7号　关于洞庭湖大桥至三江口水域砂石过驳作业区整体迁移的通告（2015年11月16日）

△岳政告〔2015〕8号　关于严禁在市中心城区棚户（旧城）区十大片区改造中谋取非法利益的通告（2015年12月11日）

△岳政告〔2015〕9号　关于加强市城区违法建设综合整治的通告（2015年12月13日）

△岳政办发〔2015〕1号　关于印发《岳阳市中介组织管理办法》的通知（2015年1月6日）

△岳政办发〔2015〕2号　关于印发《岳阳市气象灾害应急预案》的通知（2015年1月9日）

△岳政办发〔2015〕3号　关于印发《岳阳市安全生产事故应急预案》的通知（2015年1月14日）

△岳政办发〔2015〕4号　关于印发《岳阳市中心城区征收安置房办证税费及配套用房管理暂行规定》的通知（2015年1月14日）

△岳政办发〔2015〕5号　关于切实加强规范性文件管理工作的通知（2015年1月17日）

△岳政办发〔2015〕6号　关于印发《岳阳黄茶地理标志产品保护管理办法》的通知（2015年2月17日）

△岳政办发〔2015〕7号　关于《印发岳阳市主要污染物排污权有偿使用和交易管理实施办法》的通知（2015年3月3日）

△岳政办发〔2015〕8号　关于印发《岳阳市贫困重度残疾人特殊生活补贴实施办法》的通知（2015年3月24日）

△岳政办发〔2015〕9号　关于印发《岳阳市建设工程地震安全监督管理办法》的通知（2015年3月31日）

△岳政办发〔2015〕11号　关于印发《岳阳市森林火灾应急预案》的通知（2015年5月7日）

△岳政办发〔2015〕13号　关于印发《岳阳市安全生产“三三”重点工作实施方案》的通知（2015年5月19日）

△岳政办发〔2015〕15号　关于印发《岳阳市房屋白蚁防治管理办法》的通知（2015年7月3日）

△岳政办发〔2015〕16号　关于印发《岳阳市农村中等职业教育攻坚计划实施方案（2015—2017年）》的通知（2015年7月8日）

△岳政办发〔2015〕17号　关于印发《岳阳市推广中国（上海）自由贸易试验区可复制改革试点经验实施方案》的通知（2015年8月11日）

△岳政办发〔2015〕18号　关于印发《岳阳市贯彻落实〈湖南省2015—2020年殡葬事业发展规划〉实施办法》的通知（2015年9月25日）

△岳政办发〔2015〕21号　关于印发《岳阳市加速推进市中心城区棚户（旧城）区改造十大片区实施方案》的通知（2015年9月25日）

△岳政办发〔2015〕22号　关于促进房地产市场平稳健康发展的实施意见（2015年9月25日）

△岳政办发〔2015〕23号　关于印发《岳阳市防汛应急预案》的通知（2015年9月25日）

△岳政办发〔2015〕24号　关于印发《岳阳市社会力量参与公共文化服务促进办法》的通知（2015年10月8日）

△岳政办发〔2015〕26号　关于进一步明确岳阳市城区集体土地征收与房屋拆迁补偿安置有关事项的通知（2015年10月11日）

△岳政办发〔2015〕27号　关于印发《岳阳市实施第二期学前教育三年行动计划（2015—2017年）》的通知（2015年10月19日）

△岳政办发〔2015〕28号　关于印发《岳阳市高速公路突发事件应急预案》的通知（2015年10月25日）

△岳政办发〔2015〕29号　关于做好驻岳央企省企分离移交“三供一业”工作的通知（2015年10月30日）

△岳政办发〔2015〕30号　关于做好高校毕业生就业创业工作的意见（2015年11月8日）

△岳政办发〔2015〕31号　关于加强环境监管执法的实施意见（2015年11月10日）

△岳政办发〔2015〕32号　关于印发《岳阳市城市道路交通安全设施管理办法》的通知（2015年12月15日）

△岳政办函〔2015〕30号　关于明确岳阳市城区集体土地征收与房屋拆迁补偿安置有关事项的通知（2015年6月15日）

（本栏撰稿　卢盈颖）

责任编校　胡萍萍

索 引

说 明

一、本索引采用分析索引方法，按索引条目第一字汉语拼音（同音字按声调）顺序排列。第一字相同，按第二字音排列，依次类推。

二、部类用蓝体字标明。标引词后的阿拉伯数字表示内容所在页码，数字后的拉丁字母（a、b、c）分别表示从左至右第一、二、三栏。

三、本年鉴的“榜上有名”“统计资料”“文献法规”等未作索引。

数 字 首

A

B

H

T

W

Z

岳阳市委党校

2015年，市委副书记、市委党校校长李志坚为主体班做专题报告

2015年，市委党校秋季开学典礼暨“清正在心”系列教育第三次集中学习

2015年，中组部党建所重点课题“习近平总书记全面从严治党思想研究”调研座谈会在市委党校举行

主体班在任弼时纪念馆开展党性教育

主体班举行为“一极三宜”江湖名城建设建言献策演讲比赛

市委党校常务副校长王伊亮到敬老院慰问孤寡老人

岳阳市总工会

省、市领导莅临全市农民工入会和服务工作现场推进会指导工作

市人大常委会副主任、市总工会主席彭先政看望慰问一线环卫工人

市总党组书记、副主席谭志兰带领市总领导班子为市重点在建项目工地一线工人送清凉

2016年春风行动招聘会现场

全市工会开展“三争三赛”活动为打造“一极三宜”江湖名城建功立业

岳阳市人民检察院

1．市委书记盛荣华到市检察院检查两房建设工作

2．荆剑地区人民检察院在全省业务竞赛中取得好成绩

3．岳阳市检察机关举办学习贯彻十八届四中全会精神轮训班

4．国家宪法宣誓日，岳阳市检察院干警集体庄严宣誓

5．岳阳检察官袁荣被评为湖南省先进工作者

岳阳市中级人民法院

1

2

1. 5月26日，市中院院长彭世理到扶贫点华容县万庚镇吴家桥村慰问

2. 9月21日，全市法院开展司法警察岗位大练兵活动

3. 7月14日，一起提供劳务者受害责任纠纷案在工棚下开庭

4. 10月30日，全市法院系统60名法官赴北京大学培训

3

4

湖南陆军预备役步兵师第三团

参加全省预备役部队预任军官集训

4月7日，岳阳城区内涝救援

现役官兵参加“湘预杯”篮球比赛

参加岳阳市公祭日活动

组织基层整组工作检查

参加岳阳市植树节活动

火箭弹实弹射击训练

炮兵实弹战术演习

岳阳市公安消防支队

2015年6月4日，湖南省委副书记、省长杜家毫看望慰问“东方之星”沉船现场救援的岳阳消防官兵

2015年2月17日，岳阳市委书记盛荣华检查指导消防工作

1. 2015年11月6日，岳阳市委副书记、市长刘和生亲切接见岳阳市公安消防支队军政主管

2. 2015年11月5日，岳阳市公安消防支队参观举办第一届消防装备技能实战化比赛

3. 2016月3月6日，岳阳华达锦纶公司突发大火，岳阳消防成功处置

5. 2015年11月9日，岳阳隆重举行119消防宣传月活动启动仪式

岳阳市人民防空办公室

市人防办党组书记、主任范安晖与困难群众结对帮扶

人防志愿服务活动

开展应急支援演练

我为群众当义工

机动演练

道德讲堂

岳阳市经济和信息化委员会

2015年4月16日，副市长陈恢清调研考察湘阴县金龙新区西姆西焊接材料有限公司

2015年5月22日，市政协副主席李可波率领市经信委主任殷清华赴湖南渔米之湘有限公司调研企业帮扶情况

2015年11月12日，全市军民融合产业发展推进工作会召开，市委常委、常务副市长陈奇达、市政府副市长陈恢清出席会议并讲话

2015年11月13日，市政府与中国空间技术研究院签订战略合作框架协议

2015年5月18日，上海股权托管交易中心岳阳市企业挂牌孵化基地揭牌仪式在市经信委举行

2016年5月17日，岳阳市正式启动北斗应用教育信息化—“平安校园”建设项目

岳阳市发展和改革委员会

湖南省政协副主席葛洪元来岳调研加快洞庭湖生态经济区环湖公路建设

省发改委基础处处长夏钢到岳阳调研

市发改委主任谢春生到尚书山社区、雷锋山社区走访慰问困难群众

市发改委积极帮扶临湘市羊楼司镇灾后重建

市发改委召开 “三严三实”专题民主生活会

中央投资重大疾病防治设施建设项目岳阳市中心血站综合实验楼代建项目正式开工奠基

岳阳市民政局

市委书记盛荣华陪同国务委员王勇、省委书记徐守盛、民政部部长李立国在平江看望慰问困难群众

民政部部长李立国检查指导“东方之星”号客轮翻沉事件善后处理工作

市长刘和生在“重阳节”走访慰问老年人

市委副书记李志坚，市委常委、市委组织部部长王瑰曙，副市长熊炜出席全市乡镇区划调整改革工作推进会

市民政局局长刘树平陪同副市长熊炜在衡阳考察学习乡镇区划调整改革工作经验

市民政局局长刘树平在扶贫点华容县幸福乡新移村走访困难群众

岳阳市人力资源和社会保障局

2015年，岳阳市人力资源和社会保障局紧跟“四个全面”战略部署，扎实开展“三严三实”主题教育，落实“民生为本，人才优先”工作主线，践行民生为本、法纪为镜、事业为重、团结为要的“四为”人社精神，全力服务“一极三宜”江湖名城建设，各项目标任务圆满完成，多项工作在全省乃至全国产生较大影响，人社工作“十二五规划”圆满收官。就业创业工作稳中有进，全年帮扶22.24万人实现就业再就业，城镇登记失业率为 3.71%；人才高地建设优势凸显，“巴陵人才工程”顺利推进，评选首批90名享受市政府特殊津贴专家；“五险”参保总人数稳步增长，征缴基金44.63亿元；劳动关系更加和谐，法治人社建设全面实施；打造人社窗口业务“零公里”服务圈，人社服务更加便民。

岳阳市举办首届全民创新创业大赛总决赛暨颁奖典礼。时任市委书记卿渐伟，市长盛荣华、省人社厅副厅长蔡畅元等领导出席并为获奖选手颁奖

岳阳市组织召开部分企业军转干部代表座谈会。市委副书记、市长刘和生，市委常委、常务副市长陈奇达等领导参加座谈

市委常委、常务副市长陈奇达察看楼区人社服务基层网络平台建设情况

市委常委、组织部长、统战部长王瑰曙，副市长李为等领导出席在长沙举办的人才需求信息发布会暨长沙地区高校人才合作签约仪式

市人社局扎实开展“三严三实”专题教育活动

全市机关事业单位养老保险制度改革部署动员会现场

市人社局领导深入建整扶贫点海棠社区开展扶贫帮困工作

岳阳市国土资源局

国土资源部党组成员、副部长，国家测绘地理信息局局长、党组书记库热西·买合苏提带领的国家测绘地理信息调研组到岳考察调研

市委书记盛荣华调研土地依法征收工作

市长刘和生调研“数字岳阳”工作

局党组书记、局长胡辉在临湘市实地查看羊楼司“6·1”山洪地质灾害搬迁避让安置点建设

“2015年度突发性地质灾害避险应急演练”活动在平江县瓮江镇石坳小学开展——应急队员和医护人员进入现场展开救援

热舞青春　激情飞扬——全市国土资源系统第四届篮球赛在市局机关举行

环洞庭湖基本农田建设重大工程君山区项目竣工后的机耕桥

岳阳市教育体育局

2015年6月，市委书记盛荣华检查高考工作

2015年，岳阳市有中小学和幼儿园2347所，在校学生79.7万人，教职工5.76万人。全市教育体育系统围绕“提高质量、促进公平”，全面打造“清洁校园”“平安校园”“书香校园”，有效提升教育体育事业发展水平。

改革创新促发展。市教育体育两局完美合并。200多名校长、2000多名教师走教、支教、援教。市十四中置换搬迁到湖南理工学院西院办学，市三中初中部分离。建设市、县、校三级阳光服务中心（站、点）372个，省委《改革简报》《湖南日报》专题报道。

民生实事强基础。投入2.99亿元，改造薄弱学校477所。投入近2亿元，建设合格学校112所、农村公办幼儿园建设27所。全面推广教育信息化“华容样本”。岳阳楼区、云溪区通过国家义务教育均衡发展县（市）区评估认定。

重点环节求突破。注重发展方式转变，抓重点，攻难点，促跨越。深化阳光招生，市、县联动，义务教育就近入学，全面取消公办高中招收择校生。推进校企合作，举办了第二届校企合作大会。提升教学质量，高考文理科平均成绩均排名全省第四。发展体育事业，全民健身参与率34%，国民体质监测总体合格达标率91%，运动员周倩、彭林和熊敦翰在全国比赛中夺冠，将出征2016年里约奥运会。

队伍建设增活力。落实“四海揽才”计划，引进49名高素质人才。评选20名名师。教师节评选表彰180名优秀教师。参加“国培、省培、市培”的教师近万人。首次遴选24名精英教师，赴新加坡进行出国培训。开展“尊师重教保健康”活动，建立教师常规体检制度。

2015年10月，市委副书记、市长刘和生，市政协主席赖社光考察岳阳职院

2015年9月，市教育体育局党组书记、局长王德华带领干部观摩市十中教育信息化建设

2015年9月，全市师生文艺展演

岳阳市住房和城乡建设局

市委书记盛荣华考察王家河综合治理工程

全面加强质量安全管理，全市建设工程未发生一起重大安全生产事故

2015年11月18日，全省两房两棚两供两治工作现场会议在岳阳市南湖宾馆召开

2015年全市“两改”工作会议的召开

王家河生态浮岛，增强水质自然净化能力

岳阳市安全生产监督管理局

市长刘和生深入企业调研安全生产工作

市委常委、副市长唐道明带队检查安全生产工作

局长毛绍武深入联点企业调研

市党代表毛绍武上党课

全市安全生产暨油气管道安全隐患整治工作会议

市安监局“七一”表彰大会

岳阳市审计局

市审计局开发区分局局长彭乐君带领该局投资审计人员在施工现场

审计人员实地核查国际农业发展基金（IFAD）贷款项目执行情况

审计人员在某房地产工地开展现场审计

审计人员在被审单位核对防汛物资财务账和实物台账

市审计局赴革命老区平江县新庄村扶贫点走访调研

省内部经济责任审计培训班在岳阳开班

岳阳市地税局

湖南省地税局党组书记、局长张云英到岳调研工作

市地税局党组书记、局长龙晓红走访扶贫点

2015年，市地税局突出稳增长、强征管、转作风、提素质、保平安五个重点，圆满完成各项工作任务。一是创先争优硕果累累。市局机关荣获第四届“全国文明单位”，被省地税局评为绩效考核优秀单位、“三基”建设先进单位，被市委市政府评为综合绩效考核先进单位。全市系统新增省级文明单位2个、市级文明标兵单位1个、全省地税系统先进单位1个、“三基”建设先进单位2个和示范点1个。二是组织收入量足质优。全年完成各项收入82.7亿元，同比增长14.1%，高于全省平均增幅5.1个百分点。三是税收征管提质增效。金税三期如期平稳上线，通过涉税信息平台增加税收2000多万元，依托国税窗口代征地方税费4176万元，全年稽查入库税收5.29亿元，开展“免填单”和“同城通办”业务近20万笔。四是机关作风持续优化。全市系统清理腾退办公用房1539平方米，公务接待费下降12.2%，公务用车全程实时监管，财务检查全面深入实施，组织开展“走基层、支帮促”和“学比赶超”活动。五是队伍建设全面加强。全年举办各类培训班63期，公开选拔科级干部6名，交流轮岗干部45名，认真组织班子考察，深入开展文明创建，扎实抓好绩效管理，有效激发队伍活力。六是廉政建设不断深化。以落实“两个责任”为主线，向各级党组部署了“4221”具体任务，向纪检监察部门明确了“八监督、一查处”工作重点，形成齐抓共管的党风廉政建设工作格局。全年开展作风督查60次，下发情况通报23期，问责追究83人次。

1. 市地税局党组书记、局长龙晓红现场督导金税三期工程上线

2. 市地税局党组书记、局长龙晓红参加“12345”政府公众热线电话问政活动

3. 岳阳市地税局组织干部观看廉政花鼓戏《铁面税官》

4. 岳阳市地税局召开全市地方税收工作会议

岳阳市规划局

市长刘和生督查土地依法征收和禁违拆违治违工作

副局长许凇组织依法行政培训班学习

2015年上半年禁违拆违治违工作讲评会

到长沙市学习禁违拆违治违工作

1月12日，拆除湖滨办事处黄沙湾社区金泰饲料违法建设

4月15日，拆除岳阳县原种场袁XX违法建设

6月25日，拆除西塘镇真栗村XX违法建设

岳阳市房地产管理局

1．全省“两房两棚、两供两治”工作会议在岳阳召开。省长杜家毫在岳阳市委书记盛荣华、市长刘和生的陪同下考察市级保障房项目春华家园

2．3月31日，住建部住房保障司调研岳阳市棚户区改造工作

3．岳阳市召开推进城市棚户区农村危旧房改造会议

4．2015年房地产项目融资推介会召开

5．2月1日，全市房地产工作会议召开

6．市局党委中心组第二次学习

7．局长焦铎辉检查房地产现场交易窗口工作

8．秀美宜居的商品房小区

岳阳市住房公积金管理中心

省住房和城乡建设厅副厅长高东山到岳阳检查工作

三严三实专题讲座和演讲比赛

岳阳监狱警示教育

全市公积金系统篮球赛

清正在心讲党课

志愿者助残进社区

在扶贫村开展调研活动

岳阳市供销合作联社

省人大常委会副主任徐明华、省政协副主席杨维刚等出席2015第二届岳阳黄茶文化节开幕式

市委书记盛荣华、市长刘和生考察岳阳茶博城

市供销社党组书记、理事会主任陈琪钢调研基层网点农资配送情况

平江瓮江供销社主任缪桂秋荣获全国供销系统“红背篓”奖

汨罗市弼时供销社惠民综合服务中心开业盛况

市委书记盛荣华考察岳阳楼水域过往船舶情况

市长刘和生考察港区工作

岳阳市地方海事局

局长李白才在永济乡督查长江港口岸线清理整顿工作

局领导检查湘阴渡口

岳阳市地方海事局搜救队

开展船舶船员证书证件集中整治行动

岳阳市烟草专卖局（公司）

1

2

3

1. 2015年8月28日，省档案局党组成员、副局长蔡振武到市烟草专卖局开展档案行政执法检查，市人民政府副巡视员苏耀辉陪同检查

2. 2015年3月17日，省烟草局党组成员、副总经理程晓邵到岳阳调研

3. 2015年7月16日，省烟草专卖局（公司）党组书记、局长、总经理樊剑峰到市烟草局调研

4. 2015年5月7日，全省优秀市级局（公司）

5. 2015年4月23日，作为全省唯一家单位，被授予烟草行业优秀地市级局（公司）标兵单位

4

5

岳阳市食品药品监管局

市委书记盛荣华，市委常委、宣传部长徐新启考察“文明餐桌”行动开展情况

市委常委、市委秘书长樊进军在局长卢大平陪同下督查文明药店创建情况

2016年4月19日，局长卢大平陪同省食品药品监管局副局长李赤群一行到君山茶业有限公司调研指导

2015年2月12日，副市长李为视察食品安全工作

2016年5月5日，局长卢大平率局班子成员赴定点扶贫村临湘市壁山村开展扶贫济困送温暖活动

局长卢大平带队督查餐饮食品安全整治工作

2016年3月14日，岳阳市食品药品监管局在花果畈垃圾处理场无害化集中处理5吨假劣食品药品

岳阳市一人民医院

市长刘和生到市一医院调研

院长唐敏和工会主席陆海湖代表医院领奖

岳阳市第一人民医院

在国家卫计委医政医管局委托健康报社开展的“2015改善医疗服务创新亮点评选活动”中，荣获

改善服务创新医院

健康报社

改善服务创新医院

2015年6月10日，欢送“东方之星”翻沉事件幸存者张辉回家

市一医院荣获全国健康管理示范基地

岳阳市二人民医院

深入汨罗市玉山村扶贫点开展帮扶行动

市二医院专家深入边远贫困农村开展义诊活动

市二医院医护人员与岳阳抗战老兵合影

在纪念抗日战争暨世界反法西斯战争胜利七十周年前夕，市二医院为抗战老兵义诊和免费健康体检

岳阳市中医院

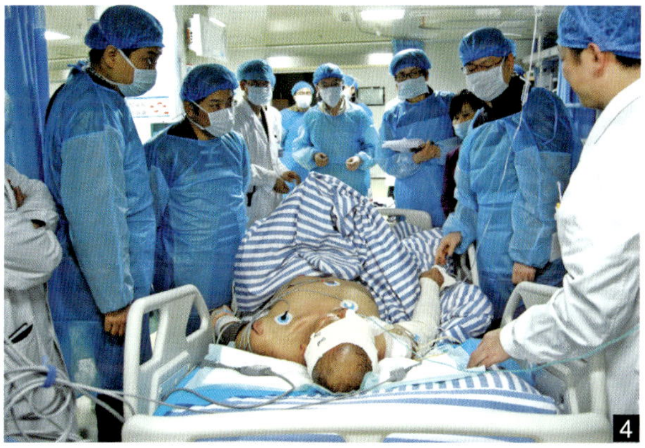

1. 2015年6月11日，院长向明波、副院长邹智国慰问望岳社区残疾困难户

2. 2015年12月19日，全国中医骨伤论坛中医药管理局局长邵湘宁出席

3. 2015年6月9日，博士后科研流动站协作研发中心授牌仪式

4. “3·19”事故省医疗救助专家组在ICU会诊重症伤员

5. 博士后科研流动站协作研发中心授牌

6. 市卫计委组织汨罗义诊

岳阳市中心血站

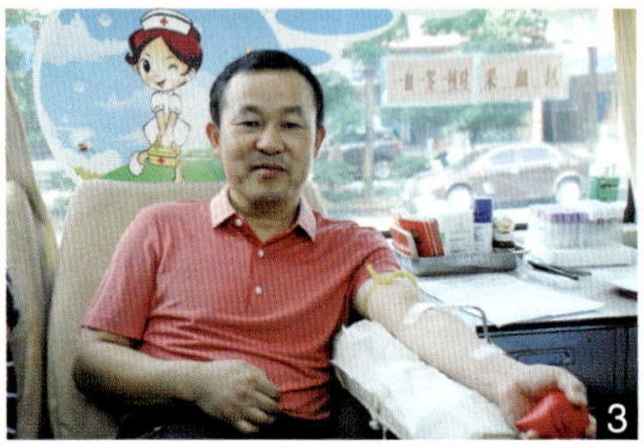

1. 市人大常委会主任李湘岳等领导与志愿者合影
2. 市委常委、组织部部长、统战部部长王瑰曙无偿献血
3. 市卫计委党组书记、主任彭纲要无偿献血
4. 湖南理工学院的志愿者参加无偿献血志愿活动
5. 庆祝第12个世界献血者日活动

湖南民族職業學院

美丽的校园风光

湖南民族职业学院荣获湖南省民族团结进步创建活动示范单位

艺术系表演唱《踏月瑶娘》参加全国第四届大学生艺术展演活动荣获二等奖，并参加了颁奖晚会演出

湖南民族职业学院联合岳阳各中高职院校、幼儿园所、行业企业，成立岳阳学前教育职教集团

少数民族学生丰富多彩的文艺活动

中国石油化工股份有限公司巴陵分公司

2015年4月2日，中国石化集团公司党组成员、股份公司总裁李春光带队，到巴陵石化现场视察并召开现场办公会

2015年4月24日，在全国文明单位总结表彰大会上，省委宣传部副部长、省文明办主任刘进能为公司授予第四届全国文明单位奖牌

2015年2月11日晚，巴陵石化举行2015年春节团拜会

2015年5月28日，由中国工程院院士舒兴田、高从堦、李仲平领衔的巴陵石化院士工作站正式组建成立

2015年12月10日，巴陵石化第三次党员代表大会隆重召开

中国石油化工股份有限公司长岭分公司

市委书记盛荣华在炼油二部中控室检查工作

市长刘和生在环氧丙烷装置现场检查工作

全国劳模、长岭炼化公司炼油二部主任工程师谢清峰作先进事迹报告

长炼炼化公司公开选拔年轻干部竞职演讲

长岭炼化第二届党代会

第六届科技论坛颁奖仪式

中国移动通信集团湖南有限公司岳阳分公司

总经理 武樵

移动工作人员到农村现场演示产品性能

移动改变生活

温馨服务

企业文化

工程技术人员外出作业

岳阳市城市建设投资集团有限公司

省委副书记、省长杜家毫考察马壕水质净化中心

市城投集团领导班子

市城投集团董事长游志坚、总经理涂克成走访华容县扶贫点

市城投集团领导班子参加“两学一做”学习教育

马壕水质净化中心

洞庭山庄酒店

岳阳市新体育中心

中国邮政集团公司岳阳市分公司

2015年10月10日，中国邮政集团公司总经理李国华(前排右一)在岳阳市邮政分公司八字门营业所调研，指导网点工作

2015年5月20日，湖南省邮政公司总经理徐茂君在岳阳分公司举办的邮品、贵金属鉴赏会上向工作人员了解详细情况

岳阳市邮政分公司积极融入地方经济发展，践行“一极三宜”。2016年2月6日，市委书记盛荣华在岳阳市邮政分公司生产一线视察慰问

2015年9月9日，岳阳市邮政分公司总经理李胜军跟班投递，了解市场行情，听取民意反馈

2015年4月24日，公司领导与先进代表们合影

2015年，双十一期间公司快递包裹取得历史性突破，日均9470件。市场占有率达到13.79%，在全市快递行业中排名第二

岳阳市公路局

局长冯嘉皇向交通部检查组组长汇报新开中心养护站建设情况

正在施工中的省道208线

公路治超现场

临长高速现场施工场景

岳阳市公路桥梁基建总公司

岳阳路桥八届二次职代会

岳阳路桥养护拌和中心

岳阳路桥承建的临湘市南太路

京港澳高速岳阳收费站西移项目施工

环南湖旅游交通三圈项目施工

平江县

市长刘和生在平江县调研

县委书记汪涛慰问困难群众

县委副书记、县长黄伟雄深入一线督促项目建设

亚马逊水上乐园

1. 平江一人民医院
2. 平江县华文食品有限公司
3. 平江工业园引进的紫树庄园罐装葡萄酒项目
4. 岑川隧道开工建设
5. 炫风车手晚会现场
6. 东兴北路一期工程
7. 县城调洪工程
8. 石牛寨玻璃桥

岳阳县

市委书记盛荣华在岳阳县调研

市长刘和生在岳阳县南庙村调研

县城新区

国家级重点中等职业学校——岳阳县职业中等专业学校

鹿角码头即将投运

蓬勃发展的岳阳县生态工业园

全国十大名茶之一“洞庭春”茶种植基地

张谷英国家AAAA级景区

岳阳县病死畜禽无害化处理厂

铁山水库

湖南普爱生物饲料有限公司正式投产

湖南省百强私营企业——湖南科伦制药有限公司

筻口万亩商品粮高产创建示范基地

华容县

副省长蔡振红到华容县调研，省市领导王光明、胡伯俊、熊炜和县领导刘铁健、蔡勋华等陪同调研

县长喻文陪同副省长戴道晋考察城关二水厂项目建设

市民生活

华阳社区便民服务大厅

华容县城

全省二星级敬老院——幸福乡敬老院

鲇鱼须大桥竣工

华容县连续四年蝉联“全国粮食生产先进县”

湘北最大的县级人民医院

君山大堤外滩

湘阴县

省委书记徐守盛在湘阴县调研东湖生态公园项目建设

省委常委、省委统战部部长黄兰香在湘阴县调研

市委书记盛荣华在湘阴县调研指导项目建设

市长刘和生在湘阴县调研企业生产

湘阴县综治民调居全省第17位。图为县委书记黎作凤在座谈走访群众

湘阴县获得全市全面小康综合绩效考核和县域经济壮大战略考核两个第一。图为10个工业项目集体开工

湘阴县获评全省全面小康建设“十快进县”。图为气化湖南湘阴项目开工现场

湘阴县城全面提质改造

群众文体活动蓬勃开展。图为幸福湘阴、醉美东湖文艺会演

湘阴县获评全市最美县城。图为县城亮化夜景一角

湘阴县新型工业化考核连续五年排名全市第一。图为湘阴工业园一角

湘阴县获评全国粮油生产示范基地县

洋沙湖国际旅游度假村一角

临湘市

临湘市大型现代花鼓戏《铁面税官》应邀赴省委党校进行专场演出

省级美丽乡村建设示范点—忠防镇双港村

临湘市十三村酱文化博览园

桃矿获得国家独立工矿区搬迁转型的政策支持。图为矿区接续替代产业项目—分布式光伏发电项目

国家AAA级景区—五尖山国家森林公园俯瞰

全国文明村镇—江南镇

羊楼司镇“6·01”灾后重建安置小区首批住宅楼封顶

临湘市被评为全省特色县域经济化工新材料重点县。图为临湘工业园滨江产业区

白云湖公园风光

建设中的湘北第一路

汨罗市

省长杜家毫调研汨罗农机合作社

市委书记盛荣华、市长刘和生调研汨罗“135”工程

超级稻专用肥生产基地落户汨罗

玉池山省级风景名胜区

十古公路竣工通车

汨罗“135”工程入驻投产企业

汨杨公路竣工通车

汨罗“三一”工程获高产

汨罗江大道

岳阳经济技术开发区

市委书记盛荣华在国信军创6906公司调研

市长刘和生到经开区调研土地依法征收工作

岳阳经开区现代装备制造产业园开工

中科电气工业展厅

岳阳收费站

岳阳连接线

金悦洋开工奠基

岳阳经开区举办第一届广场舞大赛

拆违

西塘镇千亩梨园

美丽金凤湖

岳阳市南湖新区

省委书记徐守盛调研南湖

省委常委、省纪委书记傅奎视察南湖

市委书记盛荣华、市长刘和生调研南湖

2015年10月8日，南湖新区举行揭牌仪式

2015年8月2日，岳阳市重大项目集中开工仪式

云梦新城举办迎新春晚会

2015年交付使用的金星路还建小区

环南湖千人健步行活动

环南湖旅游交通三圈航拍

岳阳楼区

市委书记盛荣华在岳阳楼区调研指导

市委副书记、市长刘和生在岳阳楼区调研指导

区委书记秩励现场调研

区委副书记、区长陈阁辉现场调研

岳阳楼景区鸟瞰

新建设的商业地产项目

重大项目集中开工

朝气蓬勃的岳阳楼区

为民义诊

金鹗山公园群众文化活动

君山区

洞庭湖博物馆暨洞庭湖生态经济区规划展览馆开工仪式

中国华电集团湖南分公司与君山区人民政府签约仪式

君山雅美时电子科技有限公司奠基仪式

宜居新城君山

濠河湿地

生态休闲农庄

洞庭湖六门闸生态鱼村

油菜花节

君山区顺利通过2015年由国家卫计委疾控局牵头组织的血吸虫病传播控制标准考核

野生荷花世界

云溪区

区委书记田文静调研美丽乡村建设

区长余良勇调研小城镇建设

丰富多彩的群众文化活动——广场舞比赛

鱼跃人欢——养殖户喜获丰收

园林式学校——云溪区第一中学

三大物流产业园区之——云溪区危货物流中心

生态良好的省级森林公园——清溪峡谷

保障群众住房需求胜利小区

省级经济技术开发区——湖南岳阳绿色化工产业园

日新月异的城市面貌——城南新区

天堑变通途——荆岳长江大桥

屈原管理区

省委书记徐守盛在市委书记盛荣华、市长刘和生的陪同下到屈原管理区检查指导春耕生产

市委书记盛荣华到屈原调研生态休闲农业

市长刘和生到屈原管理区营田镇义南村调研美丽乡村建设

区党委书记　邱虹

区党委副书记、管委会主任　金晨

乡镇合并改革

湘江、汨罗江、洞庭湖“三江”交会处水天一色

屈原第二届欢乐潇湘活动

农业机械化合作社

无人机水稻病虫害统防统治

屈原管理区风光

湖南城陵矶临港产业新区

省长杜家毫出席湖南城陵矶国际港务集团有限公司揭牌暨21世纪海上丝绸之路岳阳-东盟接力航线开通仪式

市委书记盛荣华调研港区口岸平台建设运营工作

市长刘和生在中粮城陵矶产业园项目签约仪式上签约

市委副书记、新港区工委第一书记李志坚调研港区项目建设

工委书记李永丰出席岳商大会签约仪式

工委副书记、管委会主任李运帷接待客商考察

岳阳城陵矶港成为全国内河第一家绿色循环低碳试点港口

12月22日，城陵矶综合保税区通过国家十部委联合验收

12月30日，城陵矶汽车整车进口口岸首批进口汽车到岸